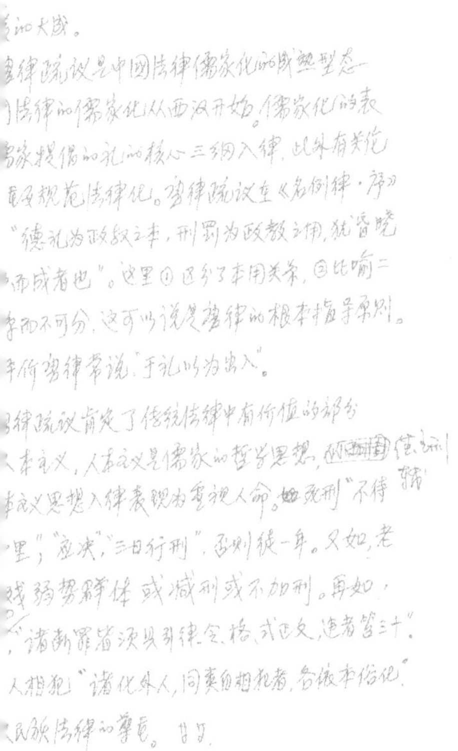

学术与生活

张晋藩 编著

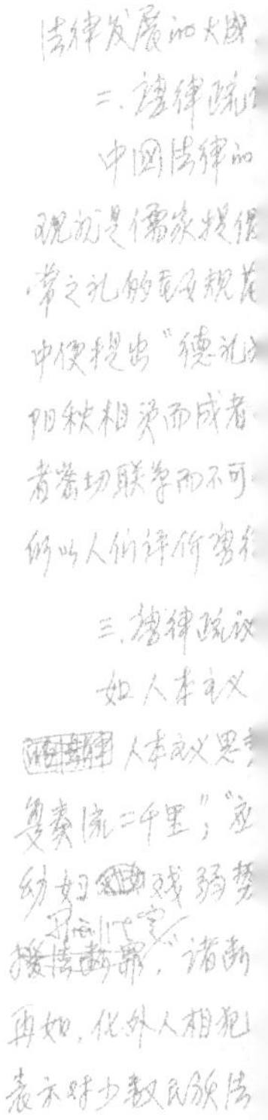

中国法制出版社
CHINA LEGAL PUBLISHING HOUSE

林中教授生平

林中教授，1931年8月29日出生于福建省连江县马鼻村，2018年4月30日于北京逝世，享年87岁。

1949年8月17日福州解放时，林教授虽已读至高中三年级，但因母亲逝世，无所依靠，遂毅然考入华东军政大学福建分校，正式入伍。1953年转业至中国人民大学法律系学习，1957年毕业，先后在天津市司法检察干部学校担任刑法教员兼任律师。1958年司法改革，该校撤销，遂调回北京，在北京市第三师范学校担任政治教师。1978年改革开放后，归队到北京政法学院担任法学理论课教师。1983年中国政法大学成立后，先后担任中国法律思想史

▶ 1949 年 8 月入伍时留影

副教授、教授、硕士生导师。1993 年于中国政法大学法学院离休。之后，一度从事律师工作，但更多的时间用于帮助丈夫张晋藩教授从事法制史学的研究和著述。

1984 年以后，林中夫妇经常到国内外讲学，赢得极大的声誉。林教授生于忧患，但新中国成立以后，无论生活与工作都平静安适。她为人襟怀坦荡、是非分明，尽心于教育事业，诲人不倦，桃李满天下。

写在前面

1955 年 7 月 27 日我与妻子林中结婚，至 2018 年 4 月 30 日林中逝世，在 63 年的夫妻生活中，绝大部分时间都是共同研究中国法制史、中国法律思想史。特别是在改革开放以后，不断地赴国内外各地进行讲学活动，顺便游览了名胜古迹与异域风光。本书分两部分：第一部分记述我与妻子林中共同治学、讲学与国内外游历所见。第二部分介绍林中的主要学术成果。书中真实地记录了改革开放以后，我们所焕发的学术生机，所获得的执教、育人的历史际遇。

林中在 1958 年后期患有家族遗传的耳聋，我便成了她的耳朵；而我在新世纪伊始，双眼黄斑变性，视力极差，林中又成了我的眼睛。所以我们不仅在学术成果上你中有我，我中有你，在生活上也同样互补互助，相知者都称我们是一对绝配。

林中逝世以后，我整理了她的遗著和我们共同讲学时的经历，编成《悠悠入梦的岁月》，出版时更名为《学术与生活》，作为永恒记忆和怀念。

张晋藩

2021 年 8 月

目 录

上编 治学与讲学

第一章 从科学研究始到科学研究终

第二章 踏遍祖国大地的讲学活动

第三章 国外讲学

下编 林中教授的主要学术成果

第一章 历史人物及其法律思想

上编

治学与讲学

第一章 从科学研究始到科学研究终

我和林中 63 年的婚姻生活中从来没有中断科学研究，可以说相爱始于科学研究，又终老于科学研究。

一、在科学研究小组活动中喜结良缘

1952 年，我在中国人民大学为法律系学生讲课时曾根据苏联大学在学生中成立科学研究小组的报道，也在法律系本科生中组织了科学研究小组活动，取得了不错的效果。同时及时总结经验，于 1953 年冬在校报上发表了《谈谈指导科学研究小组的几个问题》，主要内容摘录如下：

科学研究小组是以培养学生独立思考，独立工作的能力及从事科学研究的兴趣，使学生获得在将来的实际工作中独立解决问题的能力为目的的。

因此小组的活动内容应该以同学独立钻研为中心，而不是以教师专题讲述为中心，否则便形成课外辅导而丧失了科学研究小组的意义了。所以需要在开始工作之前弄清科学研究小组的性质及其目的性。

科学研究小组的活动内容应该是丰富的和生动的，譬如写专题报告、论文和书评，组织报告会、纪念会，参观，讨论等，如果每一次活动都能使小组成员感到有所启发和提高，他们就会始终积极支持，不致半途而废。

总之，科学研究小组，是培养学生独立思考，大胆创作，并将理论学习引向解决实际问题的重要方法之一。如果参加小组的同学，具有科学研究的兴趣，初步地学习和理解了马克思列宁主义的基本原理，并肯于大量付出劳动，那是一定可以从科学研究小组的活动中，得到收获的。

1954年下半年，我为法律系本科二年级讲授中国国家与法权历史课程，同时也鼓励学生参加科学研究小组活动，以提高科学研究能力，加深对法律知识的理解。结果有7位同学报名参加，其中，林中被选为科研小组组长。这样我们接触的机会就多了，林中经常向我反映组内成员的学习状况和思想活动。我对她的领导能力颇感意外，后来才知道她在部队工作时接受过这方面的锻炼。

在科研小组活动期间，林中撰写了《一九一二年中华民国临时约法的评述》，文章首先说明《中华民国临时约法》是1911年10月10日爆发的资产阶级旧民主主义革命——辛亥革命的直接产物，是中国民族资产阶级多少年来所向往的带有资产阶级共和国宪法性质的宪法文献。但是，随着辛亥革命的失败，临时约法也结束了自己的历史使命。报告的第二部分，着重评述了临时约法是在极为错综复杂的阶级关系和斗争中制定的，约法的全部内容都反映着斗争中的阶级之间实际力量的对比关系。文章最后指出，历史经验证明：中国民族资产阶级既然没有能力领导人民战胜外国帝国主义和本国反动派的联合力量，因此他们所追求的资产阶级共和国和资产阶级宪法，也就永远是一个不能实现的幻想。于是，“西方资产阶级的文明，资产阶级的民主主义，资产阶级共和国的方案，在中国人民心目中一齐破了产。资产阶级的民主主义让位给工人阶级领导的人民民主主义，资产阶级共和国让位给人民共和国”。中国人民在共产党的领导下，经过长期的曲折的革命斗争，才取得人民民主革命的胜利，才出现了真正人民民主的宪法。我国各族人民现在正在按照《中华人民共和国宪法》所规定的道路为把我国建设成一个伟大的社会主义国家而奋斗。在全校组织的科学研究小组论文检阅时，林中曾在法律系分组会上就这篇论文作了报告，并得到了肯定，报告会在全场热的烈掌声中结束。而且，校报也有一段报道：

“法律系分组会二年级中国国家与法权历史科学研究小组林中同志的报告是‘评述 1912 年中华民国临时约法’”。

在科研小组活动期间，林中经常到我房间来找我谈工作，我总是请她喝一杯糖水。日子久了，除了谈小组的工作外，话题逐渐多了起来，譬如家乡状况、求学经历、部队的生活以及个人爱好，等等，总之无所不谈，就在这期间由相识到相知再到产生了感情。1954 年年底考试以后，很快就放寒假了，林中找到我，谈了考试中的一些琐事，说起寒假中的一些安排，我说我要回沈阳探亲。在我送她走的路上，我鼓足勇气提出我们的感情是否可以进一步发展，她默默点头同意。就在共青桥边，我们握手告别，这是我第一次同林中握手，是初恋中的握手。

1955 年 2 月，我从沈阳回到学校，开始了我们的恋爱生活。大约 4 月间，也是春暖花开的季节，我们去动物园游玩，当时园内游人不多，除了鸟声喧闹之外，四围都很清静，我们牵手在一条小路上漫步，心情都很舒畅，正像小说中所描写的那样，陶醉在爱河之中了。这一年的 5 月 5 日，在北京首都剧场举行了纪念文化名人德国剧作家席勒诞辰的纪念会，我得到两张票，便约林中一起参加。她第一次参加这样的聚会，很高兴也感到很有收获。回校后她向同学们谈起此事，大家都很羡慕她能有这样的机会。

1955 年夏，我和林中相识日深，感情已经成熟了，就决定暑假结婚。这天，我们进城在大华照相馆拍了一张合照，我们把它看作结婚纪念照片。当时调干生结婚生孩子都是自由的。然而，这一年暑假并没有如期放假，而是进行了“肃反”运动。当时天气特别热，不要说空调，就连电扇也没有，每天坐在板椅上学习讨论。由于天热，椅面上的油漆都化了，以至于起身时，椅子上的油漆经常把裤子粘住。我和林中虽然在同一个系，但在运动期间也都没有见面。一天开干部会，我问林中所在团支部的书记，林中表现如何。他说林中是骨干，负责记录。

7 月 25 日晚，学校召开大会，我以为一定是宣布如何使运动进一步深入的动员会，但发现上台讲话的不是校党委书记，而是校团委书记，他的讲话出乎大家的意料，他说清查胡风分子的运动结束了，从明天起学校开始放假，大家心里都感到高兴。此前，1951 年暑假我就参加了土改工作队，去了呼和浩特土默特旗参加土改。散会以后，林中找到我，我们决定次日去王府井购买结婚需要的衣物。

7 月 26 日，天气晴朗、炎热，我们清晨便乘公共汽车到王府井给林中买了一件泡泡纱的上衣，是当时很流行的，还有一件绸裙、一双皮鞋，这件绸裙现在依旧完好。中午我们在东安市场森隆饭店吃午饭，由于情绪愉悦，这顿中餐也特别有滋味，婚后我们经常在这里吃饭。一切办妥便回学校了。7 月 27 日下午三点，举行婚礼，当时结婚非常简单，没有仪式，也没有酒宴，只是大家吃块糖，听讲恋爱经过，便结束了。我们教研室有一位同志结婚用度只花费了十元钱。我当时在校刊《教学与研究》上发表了一篇批判胡适的文章，12600 字，收到 126 元的稿费，这在当时相当于我两个月的工资，说明新中国成立初期稿费是很高的，所以我的婚礼办得颇为风光。

蜜月期间，我在《政法研究》上又发表了一篇文章，收到 88 元稿费。当时人大校园的西南角有一个小饭馆，物价很低，我记得一份猪肝汤一毛五，一份红烧桂鱼九毛。我从来不喝酒，但在这期间，小饭馆有青梅酒，是一种果酒，度数很低，我也能喝上一二两。当时学校每周末都举行舞会，记得上体育课时还专门教学交际舞，可能是受苏联的影响。我在读研究生期间便经常和我姐姐及同学一起跳舞，我的舞技在同辈中算得上是翘楚，经常从晚上 7 点第一场舞开始跳到 12 点最后一场舞结束，中间不休息。散会以后，我们常到对面小吃店吃一碗挂面，说明当时研究生生活也是很惬意的。林中不会跳舞，我慢慢训练，最后也可以跳三步四步了，直到林中怀孕后才不再参加舞会。此后，林中对跳舞的兴趣大减，我也不再涉足舞场。

1956 年夏，林中考试以后，我陪她去逛颐和园。当时游人很少，我们中午到石舫上吃饭，专门点了昆明湖的鱼，一边吃鱼一边看石舫周围的风光。现在不要说在石舫上吃鱼，就连石舫都不开放了。

1957年林中大学毕业，被分配到天津市司法检察干部学校做教员，讲授刑法课，我每次去天津看她时，也顺便帮助她备课，写讲稿，从这时起我们的笔墨生活便开始了。

1961年春，我承担撰写《中国国家与法权历史》古代部分的讲义，这时林中已调回北京工作，她有时间就帮我查找和核对资料，特别是帮我抄写讲义的定稿。林中写的一手好字，而且速度快，此后几十年的岁月，她一直为我抄写稿件，以致手指都有些变形。

二、共同治学，互相砥砺

改革开放以后，林中调入中国政法大学从事中国近代法律思想史的教学与研究工作。中国法律思想史与中国法制史是姊妹科学，具有紧密的内在联系，互相补充，这样我和林中在工作上互相支持，共同合作，协调而不可分。

打倒“四人帮”以后，万象更新，法学教育迎来了迟到的春天。“文革”期间被中央明令解散的北京政法学院和中国人民大学相继恢复。由于北京政法学院先于中国人民大学正式复办，所以林中就以北京政法学院作为目标申请归队。北京政法学院接到林中的申请后，立即派出法理教研室负责人甘绩华与北京第三师范学校党委商谈调动事宜，很快便办妥了一切手续。林中被分配到北京政法学院法理教研室担任教员，随即便为本科生上课。虽然与法学教育工作中断了二十余年，但由于业务基础扎实，她能够胜任教学并受到同学们的欢迎。

林中归队以后，精神振奋，除努力教学外，也积极从事科研，不断发表文章。1979年4月7日于《北京日报》发表《民主必须法律化》。1980年于《法律史研究》发表《论孔子的行政法思想》。1981年6月于《学习与探索》杂志发表《论孙中山的法律思想》，此文受到转载。所以，1981

年 12 月 31 日评定 55 名讲师时，林中列于首位。此后，林中由法理教研室转到法律思想史教研室，从事中国法律思想史的教学研究工作，所发表的文章也多属于中国近代思想史领域。1983 年 6 月于《学习与探索》发表《试论努尔哈赤的法律思想》。1986 年 2 月于《学习与探索》发表《论康熙的法律思想》。1987 年林中被评为中国法律思想史的副教授。1988 年 1 月于《政法论坛》发表《中国近代政治史上重要的一课》。1990 年 9 月 7 日于《法制日报》发表批评台湾当局的《有悖法理的民事诉讼原则》。1991 年 5 月于《政法论坛》发表《中国古代法律文化论纲》。1992 年 1 月 25 日于《法制日报》发表《在中西法律文化碰撞中的沈家本》。同年 10 月，出版专著《中国近代法律思想史新论》（中国政法大学出版社）。1993 年 1 月于《中国政法大学成人教育》发表《“中国法律思想史”课程简介》（上、下）。1993 年于“中国法律史国际学术研讨会”发表《中国法律近代化的历史进程》。1994 年被评为中国法律思想史教授。1995 年于湖北省公安学校发表《中国近代警察制度的由来》。1997 年被批准为离休干部。2006 年撰写了《康雍乾时期反理学的思潮》。2008 年于韩国的学术研讨会上发表《中国古代政治制度的特点》。

在林中任职期间，由于她是 1958 年的老律师，因此也在教学之余从事律师辩护工作。她经常带着郭成伟同志前往河北、福建等地办理案件。随着年龄的增长，她放弃了律师工作，全力协助我完成所承担的各种项目。所以，中年以后，林中的精力和心血大半都倾注在我所承担的课题当中。我常说，在我的学术成就中，有一半是林中的贡献。特别是我患眼疾以后，整理资料和誊写稿件（我们不会用电脑）的任务都落在林中肩上。我们多年来养成了一种习惯，每天早饭后便开始坐在一起工作，数十年如一日，乐此不疲。

林中归队后不久，中央筹备建立中国政法大学，取代北京政法学院。就在这时，我在法律出版社出版了《中国法律史论》，当时法律出版社的社长李波人同志看到了这本书，便托编辑带话来要见一见我，我应约而至。他看到我后大吃一惊，说：我以为此书的作者一定是位老先生，没想到你还这么年轻！实际当时我已经51岁了。他在谈话中了解到我的学历和经历，便告诉我中央即将成立中国政法大学，其中包括研究生院，他主动推荐我去政法大学负责研究生院的工作。对此我表示感谢，但并没有最后答应，因为当时，中国社会科学院研究生院院长温继泽（延安时期从事文化教育的老同志），也约我谈过，要我去做常务副院长。这时人大党委书记张腾霄知道有些单位要调我去，也曾当面挽留。在这种情况下，我犹豫不定。林中坚决支持我去法大，她说：社科院研究生院学科门类多，你不一定领导得了，留在人大也不可能建立直属学校的法制史研究所，而且容易影响专业的研究，只有去法大担任研究生院的领导工作最为合适：第一，你熟悉法学专业，又亲自经历了研究生的教育和培养研究生的工作，有条件胜任这项工作；第二，只有在法大才能建立独立的法史研究所，而这是你的夙愿。经过林中的分析，我最后决定到政法大学去。实践证明林中的意见是正确的，毕竟法大能够展我所长。这件事说明林中的思虑比较缜密，而且敢于决断。

2004年，国家清史纂修委员会确定《法律志》为首批委托的六个项目之一，并召集各项目负责人开会，讨论大纲。这次会议由教育部主持。我在会上谈了根据清朝法律的实际状况，要改变二十四史中的《刑法志》的篇目名称，改为“法律志”，以符合清朝立法的实际状况，打破以刑为主的惯例。我的这个意见得到一致赞同，会议通过了我所拟定的大纲。在大纲中，除刑法外，扩展到行政法、民法、经济法、司法制度、律学与法学等各项内容。工作开展以后，我除请人编写民法、经济法、司法制度外，自己首先着手编写关外肇基时期的法制，我对这部分资料比较熟，但也需要整理一个长编，即大事记。较为麻烦的是，要用中华书局出版的《满文老档》取代辽宁大学历史系重译的《满文老档》。我认为，辽宁大学翻译的《满文老档》，文字较为粗放，符合满族当时的状况，而中华书局新译的《满文老档》，文字上多有修饰，反而失去了真实感。但由于统一适用中华书局的译稿，替换工作非常繁琐，林中用了很多时间才完成。

▶ 2004 年于碧水云天家中书房共同治学

根据我的编写计划，民族立法部分也由我来撰写，这时我的左眼也患上了黄斑变性，不断地去医院治疗。看书已经很迟钝了。以致从《蒙古律例》起，清代的民族立法，都是林中帮我阅读、整理，陆续完成的。特别是《理藩院则例》，不知读过多少遍。最后总算完成了民族立法的撰写工作。

此外，我还撰写了行政立法，着力之处在则例上。现在看来，一个缺失就是清朝的监察法没有集中撰写，当时还没有认识到监察法的地位和重要性。

晚清时期，重要的立法活动首先是宪法性的立法，这部分由我自己编写，开始之前也由林中帮我做了晚清宪政活动的长编。由于这部分史实、史料都比较熟悉，写起来没有什么困难，只是最后的法学部分虽由我写好，但受到篇幅所限，被删掉了。以致晚清前有律学，晚清后期却没有法学了。

我们在 2004 年搬到碧水云天新居，书房很大，写字台前并排两把太师椅，每天早 8 时许，林中便端着两杯新茶，我们一齐落座，开始写作。虽

晚年共同治学一如往常

云研究工作艰苦，但我们都真正感到苦中有乐，乐此不疲，至今回忆起来仍感时光难再，无尽的遗憾与追思。

林中中年以后受遗传因素影响，听力严重下降，而我的听力又极佳，我就成了她的耳朵。我从 70 岁开始双眼黄斑变性，视力极差，读书、查阅资料都需要林中帮助，她又成了我的眼睛。六十几年的学术生涯就是这样度过的。在我们两人的学术成果中，你中有我，我中有你，所以熟悉我们的朋友都说我们是一对天生的绝配。

三、钻石婚宴上师生欢聚

1965 年 7 月 27 日是我和林中结婚十周年，当时物质供应已经不丰富。7 月 26 日中午，林中进城买了一些肉食，晚间只是我们两人边吃边聊。次日中午，林中乘车到城里铁狮子胡同一号人民大学去找我，当时我正在“四清”工作队，我曾对她说我经常中午到东安市场喝一碗小豆粥，吃三两肉饼，很是可口，所以我约她一起去用午餐。当时一碗小豆甜粥一毛五，三两肉饼四毛五，物价真是便宜，而且东安市场游客很少，当时各个单位的工作人员都埋头工作，没有人在非节假日逛街，吃过午餐我送林中上汽车回西郊。

1975 年结婚二十周年的时候，林中做了很丰盛的一顿午餐，请她在二炮担任汽车兵的外甥瞿理堂和孩子们来共进午餐，孩子们都很奇怪，不知道为什么请人来吃饭。他们始终也没有弄清楚这是他们父母二十周年结婚纪念日。

1985 年结婚三十周年的时候，我们住在西三旗，附近有一个很好的饭馆，这天晚上我们两人到这家饭馆用餐，点了非常好的蒸鱼，算是简单的纪念吧。

1995 年结婚四十周年纪念日，怎样纪念的我已经不记得了。

2005 年是金婚，当时在美国，女婿沈钧提议到游轮上庆祝金婚，加上益宏一家，我们一共六人一起乘坐美国到墨西哥的游轮，在海上四天。游轮是两万吨级的，七层楼高，有泳池，有攀岩的假山，还有赌场，最难忘的是准备了各国的各式各样的餐点。我感到最新奇的就是从卧室的玄窗看

1955 年 4 月订婚照和 1955 年 7 月 27 日结婚照

钻石婚婚宴

到海豚跃出海面。结婚纪念日的晚餐点了蛋糕，还在游轮上拍了一张纪念照。回到北京以后，在校的学生又组织了一次庆祝会，当时已经搬到碧水云天了，在附近的名为春天的饭馆，定了七桌，学校的校长和几位副校长都来了，很是热闹。一个经常写诗的学生叫陈弘泰朗读了一首诗，诗并不精彩但烘托的气氛很好。散会时我领导大家唱了一首《敖包相会》，大家离开时都从一个大花篮上取下一支花朵，说沾点喜气，将来他们也能有金婚的纪念。

2015 年是钻石婚了，由朱勇张罗钻石婚的庆典，所有的餐饮费用都由益宏承担，这天来的宾客百余人，共摆了十桌，我拿出珍藏的好酒，每桌一瓶，欢饮中间，博士生杨宗科唱了一曲秦腔，他女儿杨仪朗读了我写的古体诗，最后我上台表演了太极拳和八卦掌。这天益宏为她母亲买了一套非常漂亮的衣裙。林中容光焕发，笑容可掬。按习俗钻石婚是顶头了，再往上没有了，朱勇说七十年婚庆时就叫金钻石婚吧，可惜金钻石婚永远不能实现了。

四、完成《法史钓沉话智库》，为共同的学术生涯划上完满句号

2014 年，孙媳妇生下了一个男孩，这样我们家就是四世同堂了，林中和我都想去看一看。屈指算来，从 2008 年我患眼疾以后，已经六年没有去美国了。办理签证时，正好美国同意中国人可以办旅游签证赴美，这样我们在 2015 年拿到了签证，开始准备行装和完成手边的一些工作。本来我们每年都要检查身体，但是因为忙于申请签证，准备各项工作，异常忙碌，所以两年（2014、2015）没有检查身体，而就在那时林中患上了肺癌。

2015 年 8 月，益宏及我的七侄益民夫妇陪着我们一起去美国，为了照顾我们的身体，益宏为我们买了中国民航头等舱，价格奇贵，但服务一般。到了美国以后，很顺利地过了海关，益宏的儿子科林开车来机场接我们，

差不多经过两个多小时就到家了，这是益宏刚买不久的新居。因为是晚上十点钟到达，盥洗后就都就寝了。早上起来我和林中到院子里，看到满院各种果树和月季花，非常漂亮，花园中间还养了一缸鱼，我们算了一下园中的果树，不下十余种，有的已经开花结果了。这个居住区是新开辟不久的高档住宅区，当时正在闹土狼，因为此地当年是土狼筑窝觅食之地，所以每天晚上我们在小区内散步，手中都提着一根棍子准备打土狼用。美国的居民区，尤其是高档居民区，很少有人出来，所以非常寂静，只有我们一家每天晚饭后出来散步。益宏知道我和她妈妈喜欢打乒乓球，特意开辟了一间乒乓球室，我和林中还有侄儿们每天上下午都打乒乓球，算得上是乐此不疲。

到了美国几天以后，儿子、儿媳、孙子、孙媳、曾孙还有大女儿夫妇都到益宏处团聚，拍了一张四世同堂的全家福照片。不久就是中秋节了，

新居屋前

晚饭后六人坐在花园中，一边吃着水果月饼，一边闲谈。园中有一束灯光打在墙上，是圆形的，宛如一轮明月。

在美国住了将近八个月，这中间有趣的事就是逛花园。美国的花园同时也卖果树和各种花卉，我们经常买些花卉回来装饰花园。茶花最漂亮，但也最不好养。春天来临的时候，我们买了很多月季，有些品种是国内没有的，比如淡紫色的、淡蓝色的。除了收拾花园是一种乐趣之外，再就是到商店购物，尤其是在圣诞节过后，是大减价时期，益宏给她母亲买了一件长的羽绒大衣，为我买了一件短的羽绒大衣，据说在国内是很贵的。购物之余，到饭店吃饭也是一种快乐。我们经常去的是日本餐厅，吃过之后做了比较，感觉国内的饭店太贵了。有一次我们到华人开的饭店吃饭，的确做得好，但在美国饭后一定要付小费。

转瞬之间秋去冬来，圣诞节到了，益宏为了使我们快乐，买了一棵装饰了彩灯的圣诞树，两个灯饰的鹿和白熊，还有绕在窗前的一串彩灯。圣

诞节期间，益宏女儿娜塔莉从华盛顿回家一起过圣诞节。圣诞节过后，春节就临近了，这是我们在美国过的第三个春节。春节前儿子特意赶来，同我们一起过节，还给他妈妈买了一件紫色的羊绒衫。林中亲自做了福建的江米灌肠，孩子们都特别喜欢吃。

2015 年我们到小女儿益宏家享受四代同堂的天伦之乐时，按说可以轻松一阵子，但是多年养成的习惯，一天也不想空过，于是便商量写一本《法史钩沉话智库》的书。限于资料，本书除“法制兴则国势兴”为新著外，余则多为改写之作，但内容几经推敲较为精练，有些提法更为准确且有新意。写作过程中按照老规矩由我口述，林中笔录，然后琢磨形成初稿，发给北京博士生打印，他们再将打印稿寄回美国，由我加以修改成为定稿，发给出版社付印。当时的心情爽适、环境优雅，所以效率极高。没有想到的是，这本书竟然成为我们共同合作的绝响，也为我们从科学研究开始，又以科学研究了结的 63 年的学术生涯画上了圆满的句号。人生如梦，冥冥中自有定数。

第二章　踏遍祖国大地的讲学活动

一、辽宁电大录像与重访沈阳

改革开放以后不久，辽宁省电视大学准备录制各个法律学科以便进行电视教学，这在当时可以说是创举，我被请去录制中国法制史作为最高人民法院法官学习考试之用。隆冬季节，初到沈阳，颇感不适，特别是林中生于南方，从未到过冰封大地的东北沈阳，很快就生病了。一天傍晚，在沈阳的学生请我们到家里吃饭，行到半路，林中呕吐不止，遂即返回宾馆，次日便启程回北京。

由于课程没有录完，第二年春暖花开季节，再次赴沈阳录课。气候温暖了，林中也能适应，所以一直录了十天左右。当时住在北陵宾馆，餐厅服务员知道我们是教授夫妻，前来录制教学片子，很是热情，照顾周到。特别是每餐的小菜非常精致，适合我们的胃口，终于顺利地完成了录制。这套录像由古代直到当代，成为最高人民法院法官的基本教材。为了辅导学习，我几乎跑遍了天南海北。其间，也跟许多学生见了面。

事隔三十几年，2013 年，我和林中还有小女益宏应约到沈阳游览，我虽出生在沈阳，但由于 17 岁便离家到北京读书，沈阳虽是故乡，但除了故宫、北陵之外，对其他名胜一无所知，所以很愉快地接受了邀请。接待者非常热情，抵沈当晚便请我们在以东北菜闻名的饭店鹿鸣春用餐，吃了著名的东北菜白肉血肠。次日游览故宫，过去也曾经游览过，但这次比较详细地听了讲解，加之我对清史比较熟悉，所以听得、看得津津有味。由于天气炎热，陪同者还特别准备了两把折叠椅，供我们疲倦时休息。

除故宫外还游览了大帅府，大帅府是东北王张作霖的公馆，我过去虽知其名，但从没有去过，所以很有兴趣地参观了大帅府的院落，以及少帅张学良的办公楼和于凤至为赵四小姐修建的一座小楼，大帅府内除了传统的厅房外还有两座现代的小楼。大帅府称得上是雕梁画栋，特别是大厅的窗子下面都是雕刻精美的砖花，日本统治时期，帅府的家人用泥土涂盖上砖花，保留了这个艺术作品。在张学良的二楼会客室内，据讲解员介绍，就是在这间会客室内张学良命人枪杀了杨宇廷、常荫槐。杨宇廷曾经是奉军的参谋长，深得张作霖信任，看不起公子哥出身的张学良。常荫槐和杨宇廷力主扩军，严重威胁了张学良的统治，终于迫使张学良下决心除掉这两人，就在他们二人在客厅等待张学良接见时，突然闯进来一名刺客枪杀了杨、常二人，这段历史我小时候便听父亲讲过，但与真相大有出入。张学良在枪杀杨、常二人后，除命厚葬外，还命人送给常夫人一笔巨款，以表示对于杨宇廷辅佐老帅的一种感念吧。参观了张学良办公的小楼后，由于天热，林中感到疲倦，所以就没有登上专为赵四小姐修建的楼房，我颇感遗憾。

中午，我们到中街著名的老边饺子馆吃饺子，顾客甚多，应接不暇，我们品尝了各种各样的饺子，也并不觉得有哪些特殊之处。

次日驱车去北大营，参观了 1931 年“九一八”事变时炮轰的北大营。现在北大营已修成一个纪念馆，当年的营房旧址全部不见了，展馆内游人不多，展览的实物也并不很充实，看过之后，印象并不深刻。我和林中谈起游览所见，认为应该在纪念馆旁边保留部分被炮轰残破的遗址，这会令人加深印象。

大约在九十年代初期，我在美国看到过一本传记文学，里面收录了东北大学校长宁恩承写的《九一八之夜》，那篇文章真实地记载了日本炮轰北大营第一声炮响之后，人们惊恐无告的心情，也记述了宁校长悉心安排学生撤离的过程，最后他和总务处长关好了教室的窗户，然后从校门外面锁上大门，便离开了东北大学，此一别就是十四年。那篇文章非常真实地记述了九一八之夜的情景，我看过此文之后，心潮澎湃，当下写了一首诗：

冷月寒霜压古城，敌炮狂轰北大营。
三千倭寇凶如虎，守卒数万各西东。
江山一夜易颜色，常使哀歌伴秋风。
读罢痛史心犹痛，知耻而后国方兴。

多年来我所撰写的诗，林中总是第一个读者和评论者，对于此诗，她颇为赞许，说写出了真实的心境。

在沈阳游览期间，我们曾经寻找过我早年在沈阳中街的故居，那个胡同叫铜行胡同，80 多年过去了，旧居之地都已改作停车场，颇有沧桑之感。在沈阳的稻香村糕点店里，看到童年时代喜欢吃的一种点心，叫葱花缸炉，想不到几十年后依然原名原样摆在柜台上，但品尝之后已非原味了。尽管如此，沈阳的学生只要来京总要给我带一点缸炉来。

我在沈阳读小学、中学和大学，小学学校居然找到了，大学旧址也找到了，一天专门去寻找中学的旧址，也找到了，可惜学校已改为机关，谢绝参观。2013 年的沈阳之行，留下了很多美好的回忆。

二、难忘的古城西安

在祖国神州大地，我们去过最多的地方要算是古城西安了。早在 1983 年初夏，在西安召开中国法律史学会第一次年会，我和林中都参会了，我还被选为主持学会工作的常务副会长。会议期间，组织参观了中国原始人居住的半坡遗址、秦始皇陵遗址、汉骠骑大将军霍去病的墓和武则天的无

1983 年首游西安，谒秦始皇帝陵

字碑。这位女皇对自己的作为很有信心，因此她敢立下一座无字碑，让后人去评说。我和林中饶有兴趣地游览了华清池，看到西安事变期间，蒋介石卧室门外的弹痕以及蒋跑到后山山崖间避难之处（后改为避难亭），蒋赤足跑到这里，居然爬上了陡峭的山崖，说明当时他是何等情急。这是我们首次访问西安。

八十年代中期，在西北政法学院开设了中国法制史年轻教员的学习班，司法部委托我去讲课培训，在这期间我见到了五十年代在中国人民大学法制史教研室进修的马同志，他同我讲了西北政法学院的状况，他是比较老的同志，不久就退休了。

有一年春节前夕，也是为司法部组织的干部培训班讲课，我和林中再次访问西安，这次令我印象深刻的是，在讲课之后，学生汪世荣等人陪同夜游长安古城，时至春节前夕，城墙上布满了灯饰，我们在城上漫

▶ 1988 年 3 月游华山

步时感到庆幸的是保留了西安的古城，尽管不是全部，但也足以证明汉唐时期长安城的雄伟，由此不由得想到古都北京的“扒城”，真正是自毁古迹。我们在城上买了一对灯笼带回北京。直到今天，这对灯笼依旧完好如新，而且每年春节都要张挂，屈指算来这对灯笼的历史也近三十年了。

特别使我和林中难忘的是一次华山之行。久闻华山天险，只有一条路可通，我和林中当然不敢涉足，陪同我们的汪世荣夫妇说登山可以坐缆车，无须走路。于是，我和林中还有世荣夫妇四人以及一位不相识的游人搭乘一辆缆车登山，我们正向窗外眺望岩石峭壁的险峻时，缆车突然停了，半悬在空中，广播中播音员请大家安静不要恐慌，缆车马上就可以修好，车中五人面面相觑，谁也不发一言，最可怕的是缆车随风飘动，大约过了十分钟，总算启动了。到达山顶后，问起服务人员，才知道一位工人不慎手

2010 年参观秦兵马俑一号坑

指卷入缆绳，所以临时停车。这次经历总算万幸，此后，我和林中对于坐缆车登山都敬谢不敏了。

有一年春深时节，我、林中还有小女益宏一起到西安去，益宏对西安的博物馆印象极佳，多次参观，仍感到不足。这次住在大唐牡丹园内，算是唐朝的宫廷院落，建筑是仿古的，气魄雄伟，牡丹苑内牡丹盛开，春光旖旎，令人陶醉。最难忘的是，学生杨宗科专门安排了观赏新编排的《长恨歌》短剧。这天小雨之后，天气微凉，宗科给我们租借了棉衣。这场演出以骊山为背景，满山点缀无数小灯，如同繁星在天。剧中以唐明皇和杨贵妃为主要人物，描写他们七夕的款叙，直到皮鼓声中，烽火遍天，结束了唐明皇和杨贵妃的这一段爱情故事。观看这次演出印象极为深刻，以整个骊山为背景，飘荡着悠扬的音乐，人物的衣着华丽，表情惟妙惟肖，甚至烽火中的火光都给人以深刻的印象，连在美国经常观看歌剧的益宏也叹为观止。看过骊山的《长恨歌》歌剧之后，再看杭州西湖上的历史剧，便觉得小巫见大巫，索然无味了。

这次讲课时，益宏的美国朋友林达姊妹也在西安，她们还专门前来听我讲课。

还有一年初冬，我和林中带着儿子去西安游览，当晚大雪飘扬，以致次日高速公路封闭，只能从慢车道前行，先到秦兵马俑，其场景之伟大，令人啧啧称叹！特别是进入华清池的大门以后，远望骊山的楼阁，近眺池水的波纹，而这一切都在纷飞的大雪中显现，我虽然多次到华清池，但在雪中看华清池也是第一次，真如仙境！这种美景是常年居住在国外的儿子所看不到的。在华清池内还安排了一位模特坐在华清池旁表演浴罢出水的杨贵妃。如果说西安古都的风景使人陶醉，流连忘返，那么西安著名的一家羊肉泡馍却使我们感到名不符实，大跌胃口。这家羊肉泡馍是著名老店，号称天下第一碗。但吃过羊肉泡馍后，不要说我们这些外地游客，就是陪同我们的当地学生也感觉确实不怎么好。我记得早年在西安品尝羊肉泡馍时印象还不错，可是这次品尝之后，真正感到天下第一碗不过如此，盛名之下其实难副。

大约在 2012 年，我、林中、小女益宏三人应邀去西北岐山游览，岐山因周族发祥地而闻名，我记得小时候第一次算卦得到上上签，卦文至今仍然记得："凤凰落在西岐山，去鸣几声出圣贤，天降文王开基业，富贵荣华八百年。"所以我很高兴地接受了去岐山一游的邀请。到了岐山我还和几个学生一起爬上了岐山顶峰，瞻仰了文王庙。在岐山顶上观看周原地区，觉得周之灭商，除去商纣暴虐招致民众反抗之外，周族也具有一定的实力，所谓三分天下有其二，不单单是以德取胜。岐山流行的一种小吃——臊子面，一碗上来，吃几口便撤下，再换一碗，汤料都不一样，就这样我一共吃了七碗，实际是尝了七碗，很遗憾林中和益宏由于羊汤过于肥腻没敢品尝。尝过面后，我精神兴奋，当地的政法机关请我写字，我一挥而就，写了"为民执法"四个字。

还有一次，我、林中还有儿媳蔡茵一同去汉中游玩，从西安到汉中经过无数的山洞，说明地势的险要，正如古诗所现“西北望长安，可怜无数山”。在汉中，看到了当年刘邦拜韩信为将的点将台，很可能也是赝品。还看到了一座小的城池，城不高，但地势险要，据说当年诸葛亮摆空城计的西城就是这座小城。当时汶川地震不久，也波及汉中，有些建筑毁损，都在修复中。我们还到了定军山凭吊黄忠斩夏侯渊的遗迹。当时夏侯渊是在山脚下，黄忠飞马下山，山并不陡，使得夏侯渊措手不及，被斩首在定军山下，景点旁树立了一个木牌，上面写着“飞将军自重宵入”。

我们还从沙盘上看到当年诸葛亮六出岐山、讨伐魏国的路线，真是艰险异常，诸葛亮几次都因为粮草不济，被迫退兵，在那样险要的路径，运送大军所需要的粮草，其艰难可以想见，所以诸葛亮六出岐山无寸功，不在于他智力不及，而在于运粮之道太艰难。由此《三国演义》描写了诸葛亮制造木牛流马之说。尽管征魏，无论人力、物力、环境都不具备条件，但诸葛亮执意伐魏，表现了他鞠躬尽瘁、死而后已，忠于蜀汉的精神，以此来回报刘备的三顾之恩，古人重信义的高风亮节很值得今人学习。我们还在一段栈道上行走，想见当年入蜀就凭栈道，李白诗中说“蜀道难，难于上青天”。又想到当年项羽封刘邦为汉王，强迫他入蜀，而且蜀军过后，张良焚烧了栈道，由此，项羽对刘邦完全放松了警惕，因为栈道一烧，刘邦很难出四川了。没想到刘邦后来明修栈道暗度陈仓，出其不意，大军全部走出四川，陈仓就是今天的宝鸡。暗度陈仓经过六盘山，当年毛泽东长征时路过六盘山，特别赋诗“六盘山上高峰，红旗漫卷西风，今日长缨在手，何时缚住苍龙”。这次汉中之行看到了很多古迹，真是喜出过望。

上面谈到的怀古的往事，其实是在开会、讲课、考察课题之余，两全其美。

三、宋都纪事

改革开放以来，我和林中经常应各地学校的邀请，进行讲学，可以说足迹遍中国。记得最早是应河南大学法学院院长的约请，去开封河南大学讲学。我讲了恢复与重建中国法制史学科的设想，林中讲了她对中国近代法律思想的学科建设的意见。开封是一座文化古城，尤其是出现了包公这位清官的形象，更增加了开封城的分量。讲学之余，主人陪同我们游览白马寺，使我感到痛心的是，白马的雕像虽在，但禅堂的佛像都已不知去向。卖衣物的摊贩占据了所有的空间，这是历史所造成的。从白马寺又到少林寺，少林寺的命运也和白马寺一样，摊贩错杂其中，禅林的景象破坏无遗。

时隔数年，我们应河南省政法干部学校徐书记的邀请再访开封，情况

1994 年访包公祠

已有所改变，这次出访，从美国回来的儿子益青、儿媳蔡茵还有四岁的孙子毛毛也随行。讲学之余游览了开封铁塔，由于多年来的水患的淤积，铁塔的下半部都已被黄土埋尽了，听到解说颇有沧桑之感。

值得提出的是我们游览了当年大禹治水的黄河的一段，现在铸有大禹的雕像。毛泽东主席考察黄河也到过此地。时值四月春深季节，属于黄河枯水季，我们在黄河岸边徘徊漫步，遥想大禹治水三过家门而不入，这种精神真是值得中华民族的子孙牢牢记取。

又过了数年，我的学生陈景良担任法律系主任，他约请我和林中再访河大。这时的开封已经旧貌换新颜了，在中心街仿宋朝商店的旧貌修起了一条新街，号为宋朝御街。街旁的商店都仿宋制，有一座酒楼沿袭宋代的名称磬楼，我和弟子们在磬楼吃晚饭，当时心情很愉悦，我还写了一首磬楼夜宴诗，诗曰：

1991 年携儿子益青一家游开封

礬楼灯火夜色轻，
御街春暖柳吹风。
把酒长歌斯文事，
月上汴州分外明。

次日重游法门寺，禅堂内的摊贩全部清除，壁上露出僧人练武的画像，也看到了僧人站桩造成砖地塌陷的痕迹。我们还到寺庙后的群塔观赏，这些塔下埋有高僧遗骸。开封宫廷的古迹都已不存在了，只有近年建造的龙廷作为宋朝宫廷的象征。龙廷高数百尺，我和林中拾阶而上，凭栏下望，庭右一湖，俗称为杨湖，象征杨家将；庭左一湖，号称潘湖，象征潘美。当地人说杨湖水清，潘湖水浊，由此表达民众推崇忠良，鄙视奸佞的倾向。有感于斯，赋诗一首：

龙廷非复旧王城，
唯见御街酒旗风。
潘杨二湖同一水，
清浊自在民心中。

我们还游览了嵩阳书院，这是宋朝著名的理学家讲学的书院。书院的园内有两棵大柏树，据说汉武帝游此看到第一棵大柏树，叹为观止，封为大将军，进入二层院落，又见一柏树，更加雄伟，只好封为二将军，此后，前一棵树微弯，而后一棵树中间裂开一条缝，当地百姓说前一棵树是笑弯了腰，后一棵树是气破了肚皮，至今这两棵柏树依然郁郁葱葱。我在宋儒讲学的位置落座讲课，七八名学生分坐两旁，算是游览嵩阳书院的一个纪念吧。

2010 年，开封建成仿《清明上河图》的清明上河园，河南的学生邀请我们去讲学。我们欣然答应，很快便成行。讲学之余再游开封，在清明上河园内，引进了黄河水，并建起了仿真的码头，特别是那座占据画面主要位置的大拱桥，修建得很逼真。走过拱桥，是一座城门，尚未完工。尽管全部工程尚未完成，但现有的建筑也颇有宋代之风。后来，我们乘一辆牛车代步，得以游览了全园。

2012年春夏之际，吉林大学张文显教授为他承担的2011科研计划在开封河南大学召开研讨会。我作为该项目的顾问，便和林中带着即将毕业的博士生杨静一同去，当火车还没有离开北京时，天气还算可以，雾霾并不很重，进入河北以后立刻感到与北京的不同，雾霾的浓度随着列车南行越来越重，进入河南，隔窗远眺，已经看不清200米以外的小树，这是我多次去河南所从未感受到的。在开会的空隙，我们曾想到旅馆外散步，但一出门便感到雾霾扑面袭来，只好作罢。会议结束后，乘车到郑州，在省委工作的小袁接待我们，但始终也没能像过去那样散步远眺。以前多次到开封，从没有考虑过空气质量问题，曾几何时，由于雾霾已经视河南为畏途了。

开封作为一座文化古城，有那么多的历史遗迹和历史人物，还重修了天波杨府和开封府大堂，但总未能吸引更多的游客，究其原因，可能是当时开封没有像样的酒店，交通也不甚方便，许多仿真的古迹也带有较多人工雕琢的痕迹。

四、云贵纪事

1987年6月，云南政法干部学校负责接待中国法制史研究会在昆明开会。我作为会议的负责人提前一天到达昆明，和林中还有先期到达的几位同志忙不迭地放下行装，便去游览翠湖。翠湖春晓是著名的云南一景，湖面不大，但是白鸥极多，绕湖飞舞觅食。我们一行人游览过翠湖，看到路旁一个小饭铺，售卖云南米线。云南米线在民间也有故事流传，说的是一位书生，为了读书应试，闭门谢客，每天由他妻子送来一碗米线，唯恐米线凉了，无法进食，便浇上浓浓的汤汁以保持米线的温度，后来这位书生考中，米线的故事也就传开了。我们当然不会放过机会，就到小店吃米线，每碗两元，米线端上来，乍看好像是凉面，并不冒热气，仔细品尝才知汤极热，由于上面浮的都是猪油，保持温度，不易凉却。这碗米线虽然价廉不过两元一碗，但觉得鲜美异常，此后无论是干校还是当地的司法机关招待，也有米线，还配有各种配料，但是吃起来都不如我们在小店里吃的更具有特色，所以谈起米线，就想起两元一碗的米线的味道。对以后高贵配料的米线反而记忆淡漠了。

开会期间，我们与干校的书记一起吃饭，饭后一行人边走边聊天，当时随团来的有一位教育部的巡视员，五十多岁了，他很喜欢辩论，便和同行的乔伟两人争论不休，越辩越激烈，突然李巡视员坐在地上说不舒服，大家惊慌了，当时我已经走在前面了，他们赶忙把我叫回来，我随身带有速效救心丸和苏合丸等急救药，倒出一把来塞到他嘴里，同时派人到医院叫救护车，把这位李同志送到医院，两天以后又把他送回北京。等到我回北京以后，这位李同志登门感谢救命之恩，并问起我给他吃的什么药，嘴麻了两天。

云南由于地貌的原因，出现了一片石林，也是世界著名的奇观。后来由于编写少数民族法制史，我也曾多次到云南，游览了许多景点，《五朵金花》电影里的蝴蝶泉也去了，但季节不对，一只蝴蝶也没有，倒是三座各异的塔巍然矗立，显示了民族地区的风貌。

苍山洱海也有妙处，但当地干部说，日本人提出在洱海放养银鱼，每年收购，结果把洱海的水质搞得非常不好。我们还到抚仙湖游览，抚仙湖面积很大，据当地干部说，抚仙湖水下有一个都城，不晓得是否若干年前地质的变化，使得这座小城沉入水底。抚仙湖旁边的建筑都是欧洲古典式的，非常豪华，我们住在宾馆，吃了抚仙湖的鱼，晚饭后还打了保龄球。

告别抚仙湖以后，我们就去张家界了，当地一位国际饭店的经理陪

2002 年游云南蝴蝶泉

同我们先游览了宝丰湖，湖的长度大约十里，但每隔一段都安排了一艘彩船，土家族的歌女站在船上，每当游船经过，她们便唱起山歌，据这些歌女说，宋祖英当年也和她们一样在船上唱歌。宝丰湖虽然并不宽阔，但两岸群山对峙，很是壮观。游罢宝丰湖，晚餐吃了名菜佛跳墙，次日用过早餐，我们便整装去张家界。张家界单程十里左右，入口处有滑竿等候，但我和林中都拒绝滑竿，坚持徒步走过张家界，陪同的经理怕我们体力不支，要滑竿随后，我们也谢绝了，坚持徒步旅行，说明当时我和林中不仅身体好，而且游兴高，颇有点豪气。张家界以山著称，正像九寨沟以水著称一样。张家界的山并不是连成一片，绵延不绝，而是孤立的一座座拔地而起的山，形状像是山石叠加而成，并没有峰。沿路古

▶ 游览张家界

藤苍松，猿啼象吼，时而，又有不知名的小动物从你面前跑过，真有些应接不暇。走到终点，便是著名的金鞭溪，山势比较高耸，而且山石映日金光闪烁，据说古时仙人将鞭子投入溪中，由此得名金鞭溪。在路的尽头可以遥望天门山，有飞行员曾经驾机穿过天门山的洞，这在电视上放映过，现在我们站在天门山的脚下，远眺这个飞机穿越过的洞口，不禁为飞行员的高超驾驶技术而赞叹。

在昆明还有久负盛名的丽江，丽江还保留着当年纳西族首领居住的宫殿。由玉龙山流下的清泉横贯丽江街头，水质清洁而无杂物。无论儿童还是路过的居民，从无人向流水中投掷纸屑或食品、杂物，这不是法律的强制，而是宗教信条的使然。按宗教信条向流水投掷不洁物要受到神的惩罚，至今这个古老的信条还有约束力。大街小巷随处可见卖食品的小摊贩，也有写着英语的售货牌，算是改革开放后的新景象。

晚饭后，我们去欣赏纳西古乐，参加演奏的多属六十岁以上的老人，有的已经是耄耋之年，只有他们还记得并且能够演奏纳西古乐，其中有一位类似领队的人能讲一口流利的英语，他曾带队去西欧演奏纳西古乐。除纳西古乐这项著名的文化遗产外，纳西象形的古文字也保留至今。

在云南旅游期间，主人特意招待我们吃了各式野味，现在想起来真的有些后怕。

在云南省领导的支持下，历时数年，终于主编完成了前所未有的《中国少数民族法史通览》十卷本的编写工作，并获得教育部的一等科研奖。

2002 年，贵州民族大学建校纪念，邀请我和林中出席。我很想借此机会与在贵州民族系统院校工作的徐晓光见面，约他撰写云贵地区少数民族法制史，也请他帮我物色几位能够承担撰写少数民族法制史的人才。在院领导的欢迎会上我谈了编写少数民族法制史的设想和计划，与会的同志都对此项工作表示拥护。一位同志自告奋勇编写侗族的法制史，参会的中央民族出版社社长非常积极地愿意承担出版任务，我和林中当时都感到不虚此行。怀着愉快的心情，我们游览了花溪，当天微雨，花溪静寂无人，山泉流下，击石有声，游船旁岸，野渡无人，风景真是美极了！特别吟诗一首：

奇峰半落云雾中，
野渡无人舟自横。
山泉漫注花溪水，
梧桐叶下听雨声。

次日散会后，大家游览了黄果树瀑布和钟乳石洞窟，特别是参观了当年王阳明谪居的石洞，真是不胜感慨！

▶ 王阳明谪居的石洞

黄果树瀑布

五、一年经历了三个春天

记得是 1986 年 2 月，厦门大学法学院请我和林中去讲课，当时，北京还是春寒料峭的季节，然而飞机到了厦门，确是一派春深景象。南海普陀寺前的英雄花，已经是花落满地，英雄花是高大树上结的一种大红花，色彩非常鲜艳。我在厦大讲了编写中国法制通史的一些想法和进展情况，林中讲了近代法律思想史和她即将发表的《康熙的法律思想》(林中写此文，受到《历史研究》发表的邓拓写的《康熙皇帝与彼得大帝的比较》的影响)。林中认为，康熙帝是清朝定都北京后的第二代皇帝，也是清朝乃至封建时代最有作为的一位皇帝。在他统治的 61 年间，恢复和发展了遭受长期战争破坏的社会经济，抗击了外来的沙俄侵略，保卫了国家的边疆和主权，消灭了分裂割据势力，维护了祖国的统一。他不仅在政绩、武功、文字、经济各方面表现出了卓越的才能与成就，就法律思想而言，也在传承中有发展，带有时代的特色。他的法律思想表现为“一、设立法制意在

‘禁暴止奸，安全良善’；二、因时立法，宽严相济；三、尚德慎刑，依法断罪；四、‘有治人，始有治法’”。此外，他还确立了处理少数民族关系的法制原则。

当时主持厦大法制史教研室工作的胡大展是和我同期的研究生，曾被分配到内蒙古地区工作。后辗转调动到厦门大学。他对我说：“没有想到还能活到改革开放，还重操旧业，讲授外国法制史。”言下唏嘘不已。我们在厦大讲课之余，游览了厦门的景点日光岩和鼓浪屿。鼓浪屿古朴的风貌和优雅的环境给我们留下了很美好的印象，尤其是林中特别喜欢鼓浪屿。当时，正是提倡市场经济的初期，以致校园周围都是摊贩，一个著名的学府竟然处在闹市中，显得非常不协调。如果以这样的方式来领略市场经济，真有些滑稽了。

在厦大讲学结束以后，福建省法院派人接我们去福州省院辅导法院业余大学的法制史课程。他们说：“最好坐小车去，不要坐飞机，可以沿途看一看新农村的景象和新开辟的一个专卖香港衣物的摊点——石狮市。”我和林中都很同意这个意见，说来也巧，来接我们的省法院干部中有一位竟是我姐夫杨堪的二哥。他请我们到杨堪的妹妹家吃晚饭。

次日清晨，我们就坐上小轿车奔向福州，沿途经过的村落都在盖小楼，而且小楼表面镶有花色瓷砖，互相比美，争奇斗艳，在我看来却谈不上风雅。我在车上不禁担心，这样数百里比邻而建新楼得占用多少耕地？

到达了石狮市，就是一个大的市场，以贩卖牛仔衣裤为重点，除此之外也有麻将牌以及不能公开出售的所谓内部书刊。当时牛仔裤最盛行，购买者拥挤不堪。离开石狮市，在宾馆休息一夜，次日上午到达福州。在福州讲了一天课。当时在福建省工作的宋峻，是我的学生，听说我来了，他特地跑来看我。林中说起要到她当年读书的一个中学看看，他就带着我们乘车到了这所中学，已经是建筑很气派的省重点中学，校领导很热情，详细介绍了学校的情况，林中非常仔细地听讲解，也颇有惊喜之感。

告别了福州，我们又乘飞机到广西南宁市，辅导自治区高院学员的中国法制史课程。在南宁讲了一天课，然后到七星岩还有一处新开辟的岩洞去参观。岩洞内千百年形成的钟乳石，景象奇观，真如鬼斧神工，浑然天成。自治区高院的接待者执意约我们游漓江。漓江的风景早已名噪天下，能够游览，自然是欣然接受。漓江的江水清澈，两岸群山重叠，云雾迷濛，山下片片竹林，临风摇曳。在船上我们吃到漓江所产的鲜鱼，非常鲜美。经过了一处八骏图的山崖，据说只有丞相一级的高官才能看到八骏，一般人能看到三四匹马的图像就很难得了，我跟林中也注目观看，终究没有看到八匹马，说明非宰相之才。船行三四个钟头，到阳朔上岸，据导游介绍，桂林风景以漓江为最美，而漓江的风景又以阳朔为最。我们在阳朔游览了半天，并没有觉得有何出奇之处。

在广西讲课颇有一点感触，就是自治区高院的后院是法院职工的住宅，我们经过时看到家家都养鸡，家里的老人把捡来的菜叶剁碎了喂鸡，几乎

▶ 1986 年 2 月游漓江

家家都这样。以至于我在课堂讲课时，还听到后院鸡鸣不已，我很好奇，问法院的学员，他们告诉我，南宁无论是待客还是节假日，都喜欢吃白斩鸡，但由于工资菲薄，不可能经常从市场买鸡，所以家家都养鸡。我回来后在讲课中常以此事为例说明法官的俸薄使然。

告别了南宁，又飞到杭州，为浙江省的法院干部辅导。杭州的春天，真正是杂花生树，群莺乱飞，特别是西湖，由于水库放水，加上春雨潇潇，湖水较之平日高出很多。我们乘船到湖心亭，湖水已经漫了湖心亭的石阶，无法上去了。杭州以前也来过几次，但在阳春三月游杭州，还是首次。真如苏东坡诗中所言，西湖有它晴日的光彩，也有雨天的幻境。当时游湖的人很少，我们充分领略了西湖的春光。告别杭州飞回北京，北京正是春深季节，海棠花枝头尤艳，布谷鸟催耕正急，我和林中感到这个春天一直陪伴着我们，从厦门到南宁，从南宁到杭州，再到北京，真个一路春光伴我。这是我们一生中仅有的，在一年经历了三个春天。

六、成都揽胜

1995 年中华大典法律典编委会于成都召开编写组会议，我率领诉讼法编写组和刑法编写组一行十余人参加会议。会议期间，我介绍了法律典的编写情况和下一步的计划安排，经过讨论，编委会同意该安排，并要求出版单位——巴蜀书社与法律典编写组密切合作，早日观成。会后，巴蜀书社组织大家游览名胜。首先游览了都江堰。远在 2000 多年前的战国时期，李冰父子设计修建了都江堰，提出了“深淘滩低作堰”的治理经验，使 2000 多年后的四川人民仍然享受着都江堰之利。只有身在都江堰才能感受到李冰父子的伟大，才能领悟到中国古代水利工程设计者们的智慧。

为了远眺乐山大佛宏伟的雕像，我们特意乘船经过三江，然后弃船登岸，近距离地瞻仰大佛。有诗为证：

法相庄严对三江，
禅堂处处是道场。
心有莲华春常在，
山水犹涵贝叶香。

为了登峨眉山金顶揽胜，我特意让人准备了氧气袋，并叮嘱血压高的同志不要登山。一切准备就绪，便攀登金顶了。有些抬滑竿的工人看到我和林中年龄大，便跟在我们后面。我们俩执意不坐滑竿，轻松地登上金顶。日云雾笼山，远望山下茫茫一片，峨嵋之秀竟然未能目睹。下山时，带去的氧气袋派上了用场。一对年轻夫妇显出缺氧迹象。那位年轻的妻子用了氧气之后精神恢复，一再向我们表示感谢。下山之后，有一座庙宇，据导游介绍，当年老僧讲经时，附近的青蛙都有所领悟，鸣叫不已。他们说，现在雨后也常常听到蛙鸣。我们还看到了当年的蛙池。有感赋诗一首：

寒山倒影入蛙池，
碧水清风柳垂丝。
老僧圆寂千年后，
犹听绝响雨歇时。

据说峨眉山猿猴多，我们一只也没见到。导游告诉我们附近工程正在放炮开山取石，猴子都跑了。

七、顺江东下

1999 年，西南政法大学陈金全教授主持中国法律史学会的年会，约请我们参会。林中原不想去，我告诉她，长江大坝筑好，行将放水，许多景点难得一见。经我动员，林中欣然同行。陈教授长期在西南任教，人杰地灵，会议办得很出色。会后大家游览了白帝城。告别时，我们在游轮上订了一个单间，以便休息和观赏长江沿岸的风景。我们从朝天门码头上船，邮轮开动，徐徐东下。我在游轮甲板上向送别的人们挥手告别。望着云山远去，吟诗一首：

朝天门外舟欲行，
絮语叮咛有余声。
云山远去别流水，
穿袖轻寒是江风。

下午时分，船行至石宝寨，靠岸休息。李鸣、徐晓光陪同我们上岸。坐上滑竿，游览了小镇，看到山崖上刻有名将严颜的图像。然后我们登楼远望江景，我吟诗一首：

灵石由天落，宝寨依山成。
飞檐接日月，小窗纳群星。
登临期望远，大江贯西东。
岩刻将军像，煌煌身后名。

石宝寨行将没入江中，岸上除几副滑竿外，没有摊贩。上岸游览的也只有我们四人。

晚 10 时，船抵万县码头，在这里停泊一夜。游客都下船，拾阶而上，至万县城。所有的商店全部关闭，只有十几个小贩兜售手工艺品。万县原是一个繁华的县城，辛亥革命期间，万县接到成都发来的水电报，响应起义，名震一时。我以前游长江到万县，登万县城，商店林立，游人如织，喧闹异常。对比之下，今日的万县可以说已经是一座“死城”了。我们在万县停留了十几分钟便上船休息。想到沿江许多名胜古迹即将葬入江底，不胜唏嘘。

次日下午5时，抵达武汉，遂至姐姐家小住。匆匆间为湖北财经政法大学的硕士生讲了一次课，还游览了黄鹤楼。秋日登高，远眺长江，别有一番景色。诗曰：

大江东去楚国秋，
龟山遥对黄鹤楼。
闲云半遮晴川树，
小霜初醉鹦鹉洲。

八、河北散记

2000年，硕士毕业生王同学托他的同学高浣月表达要读我的论文博士的愿望。王是一位优秀的学生，我当即答应，随即收录在门下。王当时在河北工作，多次约请我去，我也乐于前往，指导他撰写博士论文。闲余时我们游览了河北的许多名胜古迹。我们游览了赵州桥，这是晋时工匠李春的杰作。桥的两端各有两个桥孔，作为涨水时泄水之用。说明当时漳河之水不像今日这样涓涓细流。几千年来赵州桥依然如旧，可见当时工匠技艺之精。

除赵州桥外还有一座古刹——柏林寺，一般说来古刹多建在深山宁静之地，而柏林寺却建在平原，大殿建有万佛楼，一般香客不能上楼，我和林中两次登楼礼佛，由一位知客僧接待。

赵县还有一个村庄，人们都姓于，据说是明朝于谦的后代。于谦是明英宗时的兵部尚书，土木堡之变英宗被俘，瓦剌兵临北京城下，于谦辅佐朱祁钰继位，然后整顿明军打退瓦剌，保卫了北京。英宗复位后，冤杀于谦，其三个儿子纷纷逃亡，我们所见的就是他的三子之一的后裔。于谦著名的

2000 年游赵州桥

诗句“留得清白在人间”概括了他彪炳史册的品格。

河北还有一处著名的革命圣地——西柏坡。解放战争时期毛泽东渡过黄河就在此地指挥了三大战役。也是从此地“进京赶考”，进驻北京。当年的西柏坡中央所在地由于修水库被淹没了，之前在临县构建了仿真的西柏坡所在地，也就是现在大家经常去接受教育的革命圣地。我们参观了中央五大书记的居室和毛泽东所住的院落。

大家经常看的电影《地道战》，这条地道就在河北冉庄，我们也去参观了。地道长约一千米，经过修整，人可以在地道内自如行走，但是走了几百米之后，便感到空气稀薄，林中想回去，但已经是行走过半了，便坚持着走过整个地道。出了地道口，林中便开始咳嗽，终夜咳嗽不止，本来还安排我们参观河北省的汉墓，但看到林中的身体状况，我坚持当

▶ 2000 年参观革命圣地西柏坡

天下午便返回北京。抵京次日便去北医三院治疗，立刻住院，经各种化验，始终找不到咳嗽原因，就在住院期间，咳嗽反而加重了，大夫们也感到束手无策，不得不出院。出院后，找到耳鼻喉科一位专家诊治，他说这是因为地道里霉菌太多，是过敏所致，服了他的药很快就痊愈了。过了一阵子，我们到三院老年科取药时，当时治病的大夫还问我们咳嗽是怎么好的。

九十年代，林中还承担着律师工作，也经常到河北去办案。有一次，她在行车途中看资料，突然感到不适，当时也是车行在半路，是回家还是继续前行，我当时决定就在所到的县城，找到县医院看大夫。经过检查和做心电图都没有问题，休息一阵逐渐恢复了，又前行到目的地。当地的医生认真检查给我留下了很好的印象。

河北省古迹最多最著名的要数邯郸了，邯郸是战国时期赵国的故都，著名的古迹有回车巷和黄粱梦的所在地。据说战国时期蔺相如由于渑池之会遏制了强秦，被赵王封为丞相，此事引起将军廉颇的不快。他认为一介书生竟凭借口舌辩论拜相，成为百官之长，因此蓄意要折辱蔺相如。每当上朝时两车相遇，廉颇命车夫驱车向前，蔺相如则让车夫回车躲避，廉颇以此自傲。有人问蔺相如为何惧怕廉颇，蔺相如说："廉颇与秦王相比，秦王的威仪胜过廉颇十倍，我不畏秦王岂畏廉颇？唯恐将相不和，危及国家。"廉颇听到后大悔大悟，亲到相府负荆请罪。我们站在回车巷，巷子很短，不过 50 米，是否当年的回车巷，经过两千年的岁月，还有烽火的洗礼，早已不知所在了，这只是后人之作，略以纪念当年将相和的故事。

除回车巷外，我们还到了卢生做"黄粱梦"的房屋。这也是一段故事，就是卢生路过此地，主人为他做黄粱饭，卢生睡着了，他在梦中梦到自己高官显赫，盛极一时，后又因罪处刑，等他梦醒时黄粱饭尚未煮熟，卢生因此感悟，看破红尘。这个故事我们早已耳熟能详，到了卢生梦处，尽管屋舍早已不是当年的样子，但假作真时真亦假，我们也认真地凭吊一番。我还写了两首诗。

《邯郸回车巷怀古》

英雄豪气扼强秦，
小巷回车谋国心。
将军肉袒真男子，
千秋佳话传古今。

《卢生黄粱梦处怀古》

飘絮落尽春已深，
胜日携游出都门。
偶过卢生留梦处，
梦在当时也是真。

2004年学生相自成到葫芦岛市工作，是年秋，相的妻子高浣月陪同我们去葫芦岛参观游览。为了欣赏沿途风光，我们乘汽车前往。车到天下第一关，因为林中从未到过山海关，我们下车后，便登上了天下第一关的城楼，饱览了关内外不同的风光和天下第一关的楷书。我们还乘兴下到长城入海处即老龙口，此地我也是第一次游览，看到当年筑城者为了防止关外侵略势力偷越，直把长城修到海中以便于守城者防御，其良苦用心足以标榜史册。

告别天下第一关，直奔东戴河，去看碣石。东戴河的海水较之北戴河清澈，沙滩细软，近眺海中凸起的礁石高约30米，傲然挺立于海中，任凭千百年来狂风巨浪的吹打侵蚀，不愧东海碣石之名。离开碣石东行2里左右，有一处茂密的丛林覆盖之地，据说秦始皇当年曾经巡游至此，由于赶

▶ 2004年东戴河碣石

路，我们没有去参观，但说明历史上东临碣石的第一名人并非曹操而是巡游至此的秦始皇。

在葫芦岛市小住数日，了解了该市的市政建设并参观了张学良修建葫芦岛港口的纪念碑，回程时，相自成亲自陪同。路过宁远城，这是明末清兵入关必争之地，明朝的许多名将如熊廷弼、袁崇焕都曾在此地驻守过。袁崇焕驻守期间还凭借明朝铸造的红衣大炮重伤努尔哈赤，不久努尔哈赤便身亡。皇太极为父报仇再次进攻宁远，继续受挫，之后绕过宁远从山路直逼京城，并使崇祯皇帝相信皇太极制造的袁崇焕与皇太极媾和的离间计，召回袁崇焕下狱并处以极刑。从此宁远城再无守将，并且使天下第一关直接暴露在清兵进攻的第一线。我怀着思古之情登上城楼。城不高，仍然列有数门铁炮。遥想当年，崇祯皇帝“自毁长城”，身死国亡，绝非偶然。平时读清史痛感宁远守将熊廷弼被传首九边，袁崇焕被碎尸万段，不禁扼腕叹息！可以说宁远城在我记忆中并不生疏，现在亲自登上宁远城，历史沧桑之感油然而生。

离开宁远到了九门口，九门口的城池坚固，处于两山之间，成了直奉战争必争之地。我们在九门口涉水上城，看到附近山头立有一块形似棒槌的石柱，当地俗称棒槌山。直系军阀王怀庆带兵行到此处，听说此山名为棒槌山，感到于己不利，立刻指挥军队掉头返京。就在此时，奉军乘势追击，直系大败。这是民国军阀战争史上有名的一段趣事：棒槌猛打王怀庆（磬）。

此次东游时间虽然不长，但亲临了宁远古城，观赏了东海的碣石，还凭吊了奉直大战的战场，很是难忘！这可能和研究历史者的情怀有关。对林中来说，更充满了新鲜感。

九、游苏州拙政园与寒山寺

1972年秋，我从干校返回北京，路过苏州时，特意下车，游览一天。当时的苏州景点没有修饰，花草树木也不繁茂，尤其是游人极少，可能多数是经过此地，顺路一游而已。我一个人漫步欣赏，自得其乐。西园、留园索然无味，只有狮子林叠石成山，极具匠心，很是震撼。当晚搭车回京，后来听说苏州拙政园称得上是江南园林之最，由此很想有机会一游。机会终于来了。

2006年我和林中应华东政法学院之约前去讲学，经安排专门游览城隍庙和拙政园。说实在的，过去不止一次在城隍庙用餐，但这次在陪同的引导下才算看到了城隍庙的真貌，重楼叠阁，犬牙交错，太湖石点缀其中幽雅恬静，是在闹市中不可多得的一处景点。

拙政园是明朝一位退休官员的私家花园，他以“拙政”为名，表现了他对官僚的态度。据说拙政园是著名画家文徵明设计的，无论山水亭榭各有意趣，确实不同凡响，更兼池水环绕，增添了诗情画意。兴之所至，赋诗一首：

▶ 游拙政园

春风吹絮落芳洲，池水微涟绕竹楼。
八方景色来天地，一园丘壑各春秋。
宦游归来哀政拙，命乖何须怨封侯。
躲进小园甘寂寞，风流人物自风流。

游罢拙政园，又去苏州城外寒山寺。寒山寺也是我幼时读游记所向往的地方。时近傍晚，寺内游人稀少，更增加了几分幽静。寺内悬钟，我和林中共同敲钟，领略唐诗中船到钟鸣的感觉。此次游寒山寺解答了我曾经对“江枫”的不解，张继诗中有“江枫渔火对愁眠”之句，究竟“江枫”何所指不详。游罢寒山寺，才豁然了悟，“江枫”原来是寒山寺外的两座桥，一名江桥，一名枫桥。这意外的收获使我诗兴大发：

游寒山寺

寒山寺外水悠悠，月照江枫几度秋。
钟声舒缓唐时韵，渔火星稀伴行舟。
古刹姑苏两不分，暮霭群鸦入诗魂。
眼前景色儿时梦，徘徊吟咏近黄昏。

十、周庄巧遇

周庄原是上海远郊区一个小镇，也是有着建镇900年历史的古镇。近年来周庄名噪一时，原因之一是日军占据上海以后却一直没有到过周庄，尽管相距不过二三十里，使得周庄保留了完整的旧日风貌；原因之二是明太祖朱元璋蓄意打击的大富豪沈万三就住在周庄。

2008年春节后，我的学生上海师范大学法学院院长蒋传光约我和林中去上海讲学。我欣然答应，带着回国拜年的儿子益青一起去上海。在上海讲学后的次日，便兴致勃勃地赶赴周庄。周庄原来只有百十户人家，以捕鱼为业。现在仍有些人以捕鱼为谋生手段。镇中央一条宽不过十米的小河穿街而过，河两旁盖有鳞次栉比的商店和民房，很类似秦淮河上的河房。商店主要售卖当地的特产，而以酱肘子为多。在街中间，一座大院落就是沈万三的故居。故居五进院落，雕梁画栋，非常精致。在介绍沈万三的事迹中，提到他愿意捐资修筑一面城墙，以示好朱元璋。结果城墙修好了，沈万三还是被流放到福州。据说他在流放福州途中发现了一种商机，到海南后重又做大，但此说颇与正史不符。我正在专心致志地看解说词，突然有人轻拍我的肩膀叫张老师，我回头一看，原来是我的韩国留学生郑然镐和他的朋友。在此地不期而遇，我真是大喜过望！就在一个临溪的酒楼上面，六人开怀畅饮。和风吹来，尽管是严冬，却没有一丝寒意，席间品尝了周庄特产酱肘子。郑然镐不仅为我们拍照，还马上下楼配了镜框，送给我们留念。酒酣耳热之际，我赋诗两首。

2008 年 2 月 17 日在周庄巧遇韩国留学生郑然镐和一位韩国教授

其一：

古镇小巷有人家，
但知网罟远桑麻。
双十桥下听流水，
渔舟归处看晚霞。

其二：

尘封雾锁九百年，
狂虏难越远兵燹。
宋明天子成泥土，
至今人犹说万三。

十一、四游海南

2000年2月，海南的学生童光政约我前去。二月的北国还是千里冰封，万里雪飘的季节，然而海南却是阳光和煦，百花盛开，俨然是春深季节。童光政陪我们到天涯游览。幼时常听人说起天涯海角，形容路途的遥远，现在面对镌刻在山石上的“天涯”二字，我感到非常兴奋。沿路西行，有山耸立，此即所谓“寿比南山”的南山！傍晚，游兴隆植物园，但见落日衔山，湖水宁静，板桥茅屋，蛙声四起，顿感精神舒缓，赋诗一首：

青山留影夕照里，
板桥茅舍听蛙鸣。
名园幽深风伴我，
鸟雀归巢静无声。

2001年岁末，海南省高院约我去讲座，省院大楼仿欧式建筑，别具匠心。我们住在距海岸不过200米的温泉宾馆，每天早晚推开房门，走上十步，便是温泉浴池。近海能有温泉，我一直不解。会后，我们游览了尖峰岭。岭不高，但树木葱茏，在万绿丛中竟然发现一株绽放的桃花，这在冰雪覆盖的北京是很难想象的。我随即赋诗一首：

群山倒影入天池，
雾重云低雨丝丝。
崖畔桃花才吐蕊，
正是南疆送春时。

当晚住在尖峰岭尚未营业的新客店，老板总算为我们弄了一桌晚饭。次日，在七仙岭下洗温泉，四处犬吠蛙鸣，不禁想起晋惠帝问左右：“蛙鸣为公乎？为私乎？”信口诌一首：

浴罢归来夜色轻，
溪边犬吠伴蛙鸣。
惠帝若在又当问，
为公为私浑不清。

2006 年 2 月初，海南的学生叶英萍、广州的学生张洪林请我们去海南，恰逢儿子益青也在北京，便一起前往。益青说海南亚龙湾的沙滩可以与夏威夷的沙滩媲美，只是游艇太多，应避免污染海水。在海南请吃海鲜是待客的常理，但我们还是对一次海鲜大排档的印象最为深刻。由于益青急于回美国，所以匆匆告别了海南。

2013 年 5 月，研究院在海南召开中国法制史的年会，我和林中都参加了。会议期间一位女同志找到我，谈话中说起她是马占山将军的外孙女。马占山是“九一八”事变后首起抗日的名将，江桥一站曾经重挫日本侵略者。1946 年东北光复以后，我还听过他的讲演。大会结束后，我和林中还有朱勇的妻子成亚平留在博鳌小住。白天叶英萍的学生照顾我们，傍晚则一起进餐，她也住在博鳌宾馆。此地曾是博鳌论坛的所在地，后论坛迁至岛上，这里就改作宾馆，设备比较齐全，景致也极其优美，还有一所简易的医院。我和林中经常坐在阳台上，一边品茶，一边观赏棕榈树迎风摇摆，有时也到海滩散步。成亚平喜欢拍照，为我们拍了几张海边留影。博鳌宾馆也有温泉浴池，一天晚饭后叶英萍提议我们一起泡温泉，林中怕水，明知水浅，也不敢下。我们泡了几分钟就回去了。每天用晚餐的饭店坐落在沙滩旁边，离大海百米之遥。就在我们用餐期间，海风呼啸，涛涌浪作，瞬间淹没了我们曾经拍照的沙滩。涨潮之速使外来客感到震撼。我曾写过

海南尖峰岭上

一首博鳌观潮：

云低海天成一色，
浊浪卷起千堆雪。
栏外风光常如此，
只是惊煞观光客。

一天下午，林中与陪伴的同学谈话后，感觉头痛，宾馆的医生建议去医院，我打电话通知叶英萍，叫来救护车，送到当地医院。这所医院据说是湘雅医院的作风，医生和护士都在门口等待，但不让陪同者进急诊室，我说我不讲清楚发病经过，你们怎么诊治？这才让我进了急诊室。拍了头部 CT 片后，认为是腔隙脑梗，这对 80 岁以上的老年人来说是常见病，不足为怪。但医生很紧张，立刻进行静脉点滴。这时陈秋云夫妇也都来了，一直到深夜才一同回到宾馆。次日上午，林中一切都恢复正常，但也不想再留住了，便搭机返回北京。这是我们最后一次去海南。

十二、西夏怀古

2001 年 10 月，我的学生李鸣从西北讲学归来，告诉我银川有西夏王陵，很值得一看。我颇为心向往之。不久，银川的函授学生请我去讲课，讲课之余，顺便游览西夏国的遗迹。当日，飞抵银川市，为函授学员讲一次课。次日便去游览西夏王陵。西夏是宋朝时期占据西北的羌族王朝，多次侵犯宋朝的疆界。岳飞曾经慷慨赋诗，踏破贺兰山缺，收复失地。西夏王朝的宫殿遗址都已不复存在，只有孤零零的王陵散落在各地。在纪念馆中，西夏朝的遗物也很少，曾经雄踞一时的西夏国为元朝所灭。值得提出的是，保留至今的西夏《天盛改旧新定律令》说明了西夏有严整的文字和颇具规模的法律制度，这说明西夏国能够存在数百年绝非偶然。

凭吊了西夏王陵之后，我写诗一首：

落日余晖笼大漠，
贺兰山下秋风瑟。
王陵残塚泣斜阳，
黄沙埋尽西夏国。

之后我们还参观了张艺谋拍摄《红高粱》的摄影地。

2008 年夏，我和林中率监察制度史写作组再访银川，游览了很多地方。我曾针对古诗所说“大漠孤烟直，长河落日圆”反其意而作之：“长河流日

2008 年夏贺兰山下

月，大漠换人间。”一天，我们去看山间岩画。车至山下，山石呈黑紫色，我问司机这是什么山。他说是贺兰山。听到这三个字，我感到极大的震撼，这就是岳飞诗中日思夜想所要到达的贺兰山！岁月悠悠，沧桑变幻，昔日遥不可及的贺兰山就在脚下，由此感到国家统一的历史性的巨变。激动之余，写下两首咏怀，

其一：

幼读满江红，遥知贺兰山。
沉冤莫须有，涕泪湿衣衫。
沧桑九百载，青史写新篇。
王陵成遗迹，谁复道贺兰。

其二：

精忠难报国，
昏佞图苟安。
读书应读史，
莫忘贺兰山。

十三、从金陵到扬州

2006年春，南京大学法学院、扬州大学法学院相继约请我去讲学。古时金陵与扬州都是文人墨客诗歌文集中经常提到的地方。所谓腰缠十万贯，跨鹤下扬州，我也很想观赏扬州瘦西湖的景致。由金陵到扬州，江南胜景可以一览无遗了。在南京大学法学院、南京师范大学法学院讲学之后，专门到警官学校讲学。该校卜安淳教授经张中秋介绍与我相识，多次请他参

加我主办的研讨会。此次参会之余，南京的夫子庙、贡院、乌衣巷、秦淮河都尽情参观了。贡院是南京科举考试的场所，当年考生的活动范围不过是斗室之地，一切生活起居都在室内，难怪说考试之后，考生像是囚徒出狱一样。可以想象读书不易，科考尤难，但读书人乐此不疲，原因就在于一朝考中，如登龙门，田舍郎顿时成为国家官员。贡院的对面就是明末著名的爱国名妓李香君的楼房，是否当年的绣楼已无从考究。

到乌衣巷时已近黄昏，王谢厅堂早已灰飞烟灭，只剩下一口古井还在，沧桑之感油然而生。赋诗曰：

王谢高堂何处寻，
乌衣巷里夜深深。
六朝繁华成一梦，
唯有遗井证古今。

秦淮河我们在白天已经游览过，据说夜间两岸灯饰辉煌，尤为可观，所以晚饭后又夜游秦淮河。

在南京期间，我们品尝南京的风味，席间还听了江南的乡间小调，一切都有新鲜感。告别南京，直下扬州。陈煜曾经在扬州小住，便成为向导。讲课之后，首游瘦西湖。湖面确实较杭州西湖狭窄，冠以“瘦”字显示了文人用字之妙。在瘦西湖园内，参观了类似北海的白塔，据说乾隆游江南时曾到过此地，说起此园类似北京的北海，只是少了一座白塔。听说后，当地盐商一夜修起了一座白塔，乾隆皇帝也深感江南盐商雄厚的财力物力。院内有一座仿古的拱桥，我顿时想起杜牧的诗句“二十四桥明月夜，玉人何处教吹箫”。游罢瘦西湖，还游览了何园。何园是何祚庥院士的家族庭园，何园因何家累代多出名人而名声大噪。我也赋诗一首：

2006 年游扬州瘦西湖

江南院落春来早，
曲水游廊花木深。
文运独钟何家子，
累代不绝读书人。

扬州花园以个园为代表，占地广阔，根据四季的自然环境分成春夏秋冬四园。花草树木湖石堆砌各有特色，反映了园林设计者的用心。扬州不仅园林使人陶醉，小吃也使人深感是舌尖上的享受。一天早晨 8 时，陈煜带我们去一家著名的扬州小吃店吃早点，座无虚席，异常火爆。服务员告诉我们，第一批食客已经离去，我们算是第二批。此地的小笼包异常鲜美，而且用几种茶叶泡制的茶也非常清纯。总之，扬州风味小餐不虚此名。

游罢金陵与扬州，用去了 10 天左右的时间。无论是凭吊古迹还是欣赏园林、品尝美食，都使我们深感心情愉悦，是难得的机遇。

十四、最后一次游杭州

2014年春四月，华东师范大学的蒋传光又一次约请我们去讲课，会后闲余时间游崇明岛。记得幼时读地理方面的书籍知道崇明岛每年向陆地延伸，所以很想亲历一游。讲完课后，蒋传光约了在上海武警学校担任教授的周健一同前往，并由周健安排之后的活动。

这天早晨，我们一行四人乘车去崇明岛。春雨潇潇，两岸景色若隐若现，田间油菜花和紫云英黄紫相间，装点出江南的春色。崇明岛没有大的建筑，植被清翠，花木繁盛，尽管天下着雨，游人仍然很多，饭店座无虚席。游罢归来，印象并不深刻。

▶ 2014年于杭州西湖宾馆

在武警学校，讲完课还参观了学校的校史展览。在上海短暂停留时，也看望了林中的侄女，在上海经营饭店的小霖夫妇。

告别了上海，周健陪同我们去杭州，住在西湖饭店，这是一座花园别墅，据说毛泽东主席曾在此地下榻。

当晚我们游览了苏堤。苏堤春晓是杭州一景，也是苏轼治杭为民兴利除害的政绩之一。我虽多次来杭，但在春日游苏堤却还是第一次。兴之所至，写了一首诗：

苏堤烟柳唤春光，
桃花香气溅衣裳。
湖上风起灯影乱，
人间天上是苏杭。

然后，坐乌篷船到平湖秋月，船是船夫摇橹，不是机械推进的，每一次摇动船都有一些倾斜，林中特别害怕，因为她生平畏水，一路上惊魂不定。

这次在杭州最难忘的是在狮峰下品龙井茶，天气还是雨雾迷濛，茶山一片新绿，一些采茶女工在茶树丛中采茶，这情景真是充满了诗情画意。我们在狮峰下看到了乾隆时代遗留下来的十八棵老龙井茶树，仍然枝繁叶茂；顺便在茶屋品了刚刚泡制好的新龙井茶，真是茶香四溢，沁人心脾。茶后，又拾阶登上了狮峰，继续在另一个茶屋品茶，临窗四望，绿满江南，令人心旷神怡。

在西湖还看了一场表演，是张艺谋导演的一幕发生在西湖的古装剧，由于我视力极差，模模糊糊，看得索然无趣。

此次游览西湖，还留下几首诗，算是永恒的记忆。

其一：

夕照雷峰塔影斜，

平湖把酒赏月华。
天子多情酣歌舞，
梦断江南忘故家。

其二：

山泉眷顾九溪水，
狮峰着意送春来。
但得佳茗常贻我，
功名寂寞亦快哉！

第三章 国外讲学

一、美国讲学

美国讲学之一

1984年11月，我和林中应美国哥伦比亚大学爱德华兹教授的邀请讲学三个月。之前两年我自己连续到美国、日本讲学，所以并无新鲜感。林中是第一次出国，可以到百货大楼四层国际服务部去做衣服，最后，林中做了一套西装，买了一件大衣，以及一些出国必需的杂物。1984年11月24日，乘国航直飞纽约，林中第一次乘国际航空公司的飞机，感到很新鲜，并没有觉得十分疲倦。在美国时间11月24日傍晚抵达纽约。爱德华兹教授到机场迎接，我们在哥伦比亚大学对面的420号宾馆安顿。一室一厅，外带一个小厨房。当时，在哥大学习的中国学者，有北大的罗豪才、法大的姚教授，还有石油部、旅游局的一些同志，由于我是作为高级访问学者去的，待遇比较好，而且每天中午可以在教授餐厅自由用餐，没有限额，这项规定使中国的留学人员非常羡慕。

到哥大不久，爱德华兹教授组织了一个小型研讨会，主要是听我讲解中国法制史研究与教学的情况。会上决定翻译我的一篇著作，对于究竟选择哪一篇，由于美国杜克大学的欧中坦教授坚持要翻译我写的《红楼梦中的司法制度》一文，最后，大家同意他的意见，并由他负责翻译工作。这次会后便开始给爱德华兹的四名学生讲课，两名是来自我国台湾的学生，

哥伦比亚大学图书馆

两名是美国学生。其中，一名叫做芭芭拉的美国女大学生很聪明，也肯钻研，经常由她提出问题，后来我女儿益宏到美国学习，与芭芭拉结识，相处甚欢。我每次讲课爱德华兹也去听，并对我说美国是案例法的国家，所以他讲法制史从大清《刑案汇览》入手，通过具体案例讲解《大清律例》，我对他的这种教学方法感到新奇。

在纽约期间，我们还应美国白仁杰一家的邀请到布伐洛他家中访问，由于我曾经请白仁杰担任中国政法大学研究生院的英文教师，所以他们一家都非常热忱地接待我们。白仁杰的哥哥是眼科医生，他请我和林中在一家匈牙利餐厅用晚餐，由于林中不喜欢匈牙利的饭菜，吃得很少，以致白仁杰的哥哥一再表示歉意。值得提出的是，白仁杰陪同我们观赏了尼亚加拉瀑布。说起尼亚加拉瀑布，我在 1983 年访美时曾经观赏过，但对林中来说却是第一次，她为瀑布降落时的轰鸣声以及瀑布横面的宽广、落差的陡峭而感到震撼，尽管我们距离瀑布仍有二三百米，但迸散的水雾已经落在我们头上和衣服上，作为世界第一瀑布确实名不虚传。

在纽约期间，加拿大皇后大学陈东璧教授邀请我们到加拿大皇后大学去讲演，陈教授曾多次访问中国政法大学，都是由我接待，所以是熟人。由于去加拿大是离开美国了，所以又办了出入美国的签证。当晚，乘火车到加拿大的国王街陈家住宿。加拿大积雪很厚，一眼望去白茫茫一片。这种冰雪世界是我幼年生活在东北沈阳所少见的，陈家除陈教授夫妇外，还有他的岳母，再就是被视作儿子的一条狗，叫威利。这条狗很友善，赖在我们的卧房不走，陈夫人几次召唤，它才不情愿地跟着走了。

次日中午在皇后大学与法学院的教授见面，并且谈了中国的法学教育，皇后大学的教授们都对中国很感兴趣，希望我能邀请他们去政法大学讲学。

1985 年在加拿大皇后大学

根据计划，在哥大讲学一个多月，然后按照爱德华兹教授的安排从东到西一路讲学过去。首站是芝加哥大学，由陶博教授在芝加哥机场迎接我们，他告诉我们说，当天的气温是芝加哥六十年来最低的。中午我们吃饭，谈起湖广债券的问题。他告诉我们，缘起是由几名律师提出的，他们拿到了一些湖广债券，要向中国政府兑现，中国政府认为，清朝政府发放的湖广债券早已随同清政权的结束而成为废纸，为了应对这个案件，中国政府请陶博教授辩护，所以他讲起来十分细致。陶博教授中文非常好，而且也是研究中国法制史的，我们很有共同语言。当天晚饭后他请我们到芝加哥市最高的一座饭店的顶层去喝咖啡。由于天气奇寒，整个咖啡厅只有我们三个人。

次日，林中在台湾的表弟的一位内亲潘先生接我们到他家去吃晚饭，他也在芝加哥市工作。在潘家，林中与她表弟通了话，可惜此后与潘先生失去联络，林中和她表弟的这次通话也就成了绝响。

次日下午，我要在芝加哥大学讲演。早饭后在芝加哥大学任教的何炳棣教授来看我们，顺便看看我的讲稿，他说听讲的都是名教授，一定要准备好，我说没有讲稿，他大为惊愕，他请我把讲课内容向他介绍一下。谈完以后，何先生很高兴，说讲课没问题，并且自告奋勇做我的翻译，他说会议安排的翻译翻不了。当晚的讲课很受欢迎，何先生还送我一本书作为此次见面的纪念。此后在 1989 年和 1995 年两次与何先生见面，并且在一起吃饭，他谈起他是天津大学世界史教授雷海忠的学生。

离开芝加哥，下一站是明尼苏达大学，当晚深夜到达明城，明大法学院院长斯坦因教授亲自到机场迎接，当时法大有一位在明大的留学生叫赵燕，她就充当了我们的翻译。斯坦因教授为人和蔼可亲，此前他到中国曾经访问过政法大学，由我负责接待，所以也算是老朋友了。在明城只停留了三天，离开的前一天晚上斯坦因教授请我们去听音乐会，这对我来说也是首次在国外听音乐会，这在外国被看作一种高雅的音乐欣赏会，所以出席的听众都是盛装，记得在音乐会休息中间，有两位老妇人很兴奋地走到我们面前说她们刚从中国回来，说明当时的中国之旅很受美国人的青睐。

告别明大，下一站是圣路易斯大学，该校的法学院教授琼斯曾经作为福特基金会资助的学者在法大讲学一个月，在这期间我多次看望他，并请他吃饭，所以我到了圣易路斯，他非常热情地请我们住在他家里。他的家里只有夫妇两人，没有子女和其他亲人。琼斯夫人是美中法学教育交流委员会的图书资料负责人，我和她也有一面之缘，因为1983年以后，我被任命为中美法学教育交流委员会的中方副主席。

在圣路易斯，给我们留下深刻印象的是一座象征美国开辟西方的天桥。这座天桥是由合金钢做成的，高四五十米，可以从桥内坐电梯到桥顶浏览风光，这座桥被美国人赞为下一个世纪的产品，当年美国开发西部就是从这里出发的，所以立此拱桥以示纪念。这座桥的造型和整个建筑都非常新颖，确实令人叹为观止。我在圣易路斯法学院作了一次讲座，之后，便赶赴旧金山伯克利大学法学院访问。该法学院院长名叫科林贝格，也是美中法学交流委员会的委员，他特别请我参观了伯克利大学图书馆收藏的罗马时代的书籍，该书收藏在一间恒温图书室的冰箱内，他们为我打开冰箱取出这本古籍，书是羊皮封面，古罗马文字。因为是世界珍品，我也只看了十分钟便请他们收藏好。在加州虽然是冬季，但我却看到了街旁白玉兰盛开。在伯克利大学，中国的访问学者颇多，有来自北大的，也有社科院法学研究所的。记得，法学所的访问学者信春鹰陪同我们游览了伯克利的校园。在该校的讲演会上大多数听众是中国留学生，所提的问题也多是国内法治建设方面的。因为加州盛产葡萄酒，所以告别时开怀畅饮一番。告别伯克利大学，一位美国教授安排我们抽空访问斯坦福大学。该校校园广阔而美丽，我们登上具有纪念性意义的胡佛塔，有两位中国学生负责接待，我同他们谈话，他们一句也听不懂，原来他们出生在美国，是地道的美国人。

在美期间，香港中文大学校长马林邀请我顺路访问香港中文大学，但由于夏威夷东西方中心主任李胜利邀请我访问，所以我决定先赴夏威夷然后再赴香港。飞机到达夏威夷已经是午夜，便在安排好的宾馆就寝了。天亮时被群鸟叫声吵醒，我拉开窗帘，被绿色的山岚、鲜花的争艳、百鸟的啼鸣惊呆了，慌忙叫醒林中快看夏威夷山中的美景。早上8时左右，东西方中心的职员请我们吃早饭，是日本餐厅。饭后到东西方中心，李胜利主任亲自接待，并委托夏威夷大学法学院院长安排讲座。午饭后，由夏威夷大学法学院的一位教授陪同我们游览海滨。次日清晨，我们又游览了珍珠港，看到海底被击沉的战舰，虽时隔五六十年，但水面仍浮有油渍。林中要在这拍照，我说算了，不要在这拍照，因为在美国人眼里，中国人和日本人很难区分，如果他们误认为我们是日本人在此地留影可能会被刺激。在夏威夷停留了三天，主要的岛屿瓦胡岛基本游遍了，看到海岸边上的黑礁石，那是火山喷发的遗迹。

离开夏威夷，最后一站就是香港了。香港中文大学马林校长请我在他办公室用茶，下午，由行政系翁主任陪同为大学生作报告，之后，在香港逗留了两天并品尝了当地的美食，而后经广东到深圳。深圳当时正在建设中。几个花园已初具规模。当时的深圳还处在起步阶段，与今日的深圳不可同日而语。深圳是这次旅程的最后一站，之后便乘机返回北京，结束了难忘的访美之旅。

美国讲学之二

1989年，益宏的毕业典礼将在5月25日举行。出国报告获得批准后，我们随即到美国大使馆办理签证手续。5月22日清晨，我和林中搭机赴美。抵达美国的第三天便参加了益宏的毕业典礼，法学院院长坎特特别向出席的来宾介绍了我和林中，大家都鼓掌表示欢迎。毕业典礼后，益宏请一些教授和同学在家里聚餐。为准备这顿午餐，头天夜里几乎忙了个通宵。6月3日，益宏的朋友苏珊请我们到她家去做客。苏珊在北京时，我曾经请她给研究生教英语，也比较熟悉，我们就同意了。苏珊家住在西雅图，3

在美国 UCLA 校园

号我们在苏珊家里过夜，她计划次日带我们游览一些名胜。

这次访美的时间不长，祝贺女儿取得 JD 学位，也是很难忘的。

美国讲学之三

1995 年加州大学洛杉矶分校历史研究所请我去讲学三个月，对于这个邀请，我立刻答应了，因为该校历史研究所所长黄宗智曾请我讲学一段时间，并列入了该所的计划，但后来我因故匆匆回国，使他们的计划落空，所以这次邀请我不能不去。4 月中旬我偕同林中第三次访问美国，讲课的计划是三个月，每周讲课三小时，辅导两小时，其余的时间完全由自己支配。我们住在该校图书馆馆员陈某准备的房间，他对洛杉矶市的名胜非常熟悉，所以星期天经常由他带我们出去游览名胜，我们还参加了旅游团体，游览了大峡谷，特别是游览了好莱坞影城和迪士尼乐园，感到非常兴奋。我们当时身体都好，没有心脑血管疾病，血压也不高，所以游览了一些有慢性病的人不能参加的活动，比如“回到自然去”，仿佛人飘在空中，经历了各种惊险的刺激。在好莱坞影城，还经历了模拟八级地震的情境。在旅游计划中，还有一项是去拉斯维加斯赌城，我们居然赢了二百美元，这二百美元都是硬币，从赌博机流下来，便用纸筒去接，硬币的声音哗哗作响，使我们很兴奋。讲课结束后，搭机飞往波特兰益宏处，在波特兰上空，刚刚是小雨过后，凭窗下望，整个城市被绿树繁花所笼罩，真是美极了！我们在益宏家稍作停留，便返回北京了，因为益宏这时也已决定不日即到北京工作，我们要在北京准备接待她。

二、韩国讲学与参会

1993年春天，韩国首尔大学（时称韩国汉城大学）法学院院长朴秉豪教授请我们夫妇赴韩国作短暂讲学，朴教授是研究中国法制史的学者，我们经常进行交流，算是老朋友了。他的约请我欣然允诺，由我的韩国留学生，也是朴教授的硕士生金德贤陪同。当时北京和首尔（时称汉城）还没有直接通航，还要先到天津才能飞赴首尔，路程不远，差不多一小时就飞到了，朴秉豪院长热情接待了我们。我首次讲课以后，他们听说林中也是政法大学的教授，很是惊异。因为当时韩国的大学没有女教授。这样，林中不仅在首尔大学讲一次课，还应约到昌源大学讲课。林中出的风头，要比我热络多了，所以我们都很高兴。所到之处，还参观了类似中国古代的书院，四面回廊都有座位，以备学生听讲之用。墙上油漆的标语，都是三纲五常之类的中国文化。由此可见，中韩之间文化交流的悠久。有些礼俗直到今天依然相同，比如长房长子作为宗子负责祭祀，这是宗法制度的遗痕。所以，韩国人在习惯上是重男的，因为男孩负责延续宗支。一次，金德贤父母带着他们的儿媳、孙子请我们吃饭，金德贤的儿子见我们便跪下磕头，也是中国传统的礼节。在这方面，韩国保留的比中国还要多，譬如晚辈在长辈面前喝酒时一定要转过头去，表示不敢面对长辈直接饮酒。

初到韩国之日，对韩国菜很新鲜，每餐必点。不过三天之后，便觉得口味单薄了。韩国朋友喜欢喝酒，我带去两种酒，一种是孔府家酒，一种是酒鬼。按酒的种类讲，酒鬼大大优于孔府家酒，但我不懂。把孔府家酒送给了朴教授，反而把酒鬼送给了另外一位教授。一天，金德贤陪同林中到市场上买一件皮大衣，价钱本来已经说定，但看我们真要买，立刻便涨价了，给我的印象很差。

在首尔大学，我和朴教授商定，共同整理中韩两种文字的法律书籍。我说，等我回国后，根据工作安排，请你到北京再细谈，他很高兴地便答应了。但等他到京时，他已经退休了，继任者没有执行这项计划，为此，朴教授多次向我表示歉意。

在我们返回首尔的途中，正是稻熟季节，稻田里仿佛是一片金浪在飘动，兴之所至，吟诗一首：

峰缠云雾雾缠山，
草木经霜黄紫间。
稻熟摇风飘金浪，
冷雨催秋洒江天。

大约在 2009 年，首尔大学举办了一次中韩法文化研讨会，请我和林中参加。顺便带了三位老学生去：他们是屈超立、李青、焦利。由我的韩国留学生郑然镐陪同。会上，我做了主旨讲演，林中讲了中国古代政治制度的特点。

学术讨论会后，由郑然镐陪同，到韩国的名胜——釜山游览。釜山在朝鲜半岛最南端的海边。海岸边都是细碎的礁石，但也算是得天地之盛景。当时国内正值韩剧流行，郑然镐带着我们沿途参观了摄影圣地，我很少看韩剧，同行的人看到韩剧的布景所在，很是兴奋。在韩国，我们吃了名贵的河豚鱼。河豚鱼的血毒性很大，在中国的渔民中流行“舍命吃河豚”之说，但韩国的河豚都不是野生的，没有毒性，吃起来味道很鲜美。在韩国的时候，已经是深秋了，我和林中在公园散步，踏着树叶发出的沙沙声，很有意趣，和学生们说说笑笑，其乐融融，拍了不少优美的照片。

三、日本揽胜和《中国近代社会与法制文明》提纲的萌生

我在 1983 年 12 月曾在日本中央大学法学部讲学，同时审定该大学法制研究所翻译的《中国法制史》第一卷，匆匆忙忙过了一个月，后来 1992 年又应横滨大学的约请率团访问，并进行讲学。此次访问日本，是 1998 年岁末。我的日本留学生石田请我和林中去日本，此前我已经两次赴日讲学，没有太大的新鲜感，只是林中还没有去过日本，所以我也就同意由石田去安排。石田住在东京，专为我们腾出一间房间，以就便照顾，我很同意他的安排。在日本期间，日本法史界的前辈滋贺秀三夫妇请我们吃饭，饭后又陪同我们在东京街头散步，边谈话边欣赏东京街头景色，很是惬意，石田为我们拍了一张很有纪念意义的照片。可惜，这是我和滋贺秀三最后一次见面，不久他就辞世了。

在东京见到了林中的硕士生李青，保送在日本留学。李青带我们游览了东京著名的一个景点——浅草市场，还请我们吃了日本的寿司。这次见面林中建议李青读我的论文博士，李青接受了这个意见，不久她便回国读了我的论文博士，现在中国政法大学法律史学研究院担任教授。

我们游览了富士山，乘车可直达半山腰。富士山是日本的一座火山，当年爆发时，岩浆由山顶喷出，均匀地散落两侧，形成金字塔式的山体。我们走出车门，山就在眼前，仿佛伸手可以触摸到。时值隆冬季节，寒风

在著名学者滋贺秀三家中就餐

凛冽，我们赶紧进入一家咖啡厅，饮上一杯热咖啡。这次游富士山，我和林中都很开心。

1998年岁末这天，台湾黄源盛教授兄弟二人请我们游览了明智神宫，观看日本岁末的节日气氛，当我们吃过晚饭乘地铁返回住处时，整个地铁车站就我们四个人，日本人都回家过年了。

元旦这一天，我们与石田及其父母一起吃饭，然后石田陪同我们一起到北高尾山药王院拜佛。在日本，信仰佛教的大有人在，元旦时礼佛各处寺庙香火都很盛，药王院的禅堂差不多有三四百信众，大家听了方丈的祝福，然后游览寺院，许多日本人都在这时许下心愿，并把许下的心愿写在木牌上，再挂在树上。我看到有些高中毕业生许下考某所大学的心愿。我在药王院礼佛时，写了一首七绝：

▶ 富士山下

缕缕香烟绕山门，
寸心清静不染尘。
无风无雨春常在，
得从此身识前身。

在日本期间，我和林中还拟就了撰写《中国近代社会与法制文明》的提纲，归来后便根据这个提纲进行了写作，《中国近代社会与法制文明》的问世，就发端于在日本旅游期间。

四、参加西柏林大学的研讨会与欧洲之旅

2001 年春天，我和林中应邀参加德国西柏林大学关于中国法制史的学

术研讨会，我们想就便访问欧洲，于是便应约出席，并带张中秋、王涛一起参会。会后，我们首先游览德国柏林，看到现在国会大厦的顶端还有当年的弹痕，可以想见攻克柏林时炮火之猛烈。当年为隔开东西德修筑的柏林墙，还有一段作为纪念保留下来，听讲解员解说修建柏林墙的经过不禁有感：

一墙之隔若云天，
朝去东都夕不还。
离愁难解人易老，
归来不觉两鬓斑。

在柏林期间，我和林中还专门到马恩塑像前瞻仰，马克思、恩格斯是我们年轻时最为钦仰的革命导师，直至今日，他们所完成的革命理论，仍然是我们心中所尊重的。

我们从柏林到奥地利。奥地利是音乐名城，我们在一所公园内休息，听着一双男女吹笛，名园风光，笛声清悦，使人陶然。这座名园就是《音乐之声》那部电影的拍摄地点。吹笛人旁边有一个箱子，听众可以随意资助，显然他们并不是借此谋生，很可能是自寻其乐的一种享受。我们的的确确在名园之内享受了音乐的盛宴。

在游览法国巴黎时，真正感受到它不愧为世界著名的文化名城，大卫的雕像就摆在市中心，凡尔赛宫的豪华与气派显示了当年路易十四的追求，特别是在卢浮宫看到了镇馆的三宝，一是蒙娜丽莎的画像，一是断臂维纳斯的雕像，还有战神的雕像。观者如堵，也允许用闪光灯拍照。据展厅的人员介绍，曾经给维纳斯雕像安上了双臂，但无论如何不能形成一体。

我和林中在参观说明上看到卢浮宫展览有巴比伦王朝时期法典的楔形文字碑，出于专业的爱好，尽管我和林中已经很疲倦了，还是鼓足勇气找

▶ 卢浮宫前留念

到了这座法典碑，并拍了照片。巴比伦是著名的文明古国，汉谟拉比法典也是值得研究的奴隶制时期的法典。这部法典曾以楔形文字铭刻在一座黑色的石碑上，久已闻其名，今幸得一睹，是我们的一大收获。此外，还游览了凯旋门、巴黎铁塔、巴黎圣母院，并在塞纳河上乘游船。我和林中还去了巴黎著名的“老佛爷”百货公司，虽然货物丰富，但色彩趋暗，我们转了一圈便离开了。总之巴黎承载着西欧卓尔不群的文化，值得细细欣赏。我们只是匆匆一瞥，连走马观花都说不上，我和林中相约他年有暇再游卢浮，可惜这个相约永远不能实现了。

在巴黎，我和林中还有几位年纪大的同行者购票观看了红房子的演出，是很有名的，门票很贵，除观看外，还有美食和红酒，为了显示红房子悠久的文明，墙壁上贴满了已经变色发黄的红房子的海报，我们边饮酒边看演出，并无难得之处，只不过是一般的舞蹈，中间有杂技的节目，但出场的女演员都全裸上身，这也许是红房子招徕顾客的一种方式吧。

2001 年在卢浮宫内的汉谟拉比法典旁

我们还参观了巴黎最著名的景点之一凯旋门。凯旋门是为了纪念拿破仑打败俄奥联军的胜利而修建的，以凯旋为建筑命名，以备迎接胜利之师。凯旋门于 1806 年开建，1836 年竣工。在凯旋门的墙面上，有“出征”“胜利”“和平”“抵抗”4 组浮雕，门内刻有跟随拿破仑远征的 386 名将军和 96 场胜战的名字。巴黎市区 12 条大街以凯旋门为中心，向四周放射，气势磅礴。

在意大利我们乘船游览了威尼斯，按罗马字义，威尼斯是回头看之意，就是说风景之美使游览者虽离去却不断地回头看。我们在意大利的街头看到很多卖艺的，也有一名中国人在那表演杂技。著名的比萨斜塔由于近年来倾斜加剧，已经禁止登塔，斜塔在夕阳的映照下，也颇有一番景象。意大利给我留下不好的印象就是小偷太多，严重的几乎近于强抢。记得一位同游者要打开箱子找衣服，立即遭到司机的制止，而且严肃庄重，要求他立刻把箱子搬上汽车。我当时颇觉奇怪，看看四周并无闲人，值得如此紧张吗？后来才听意大利朋友告知，有人在打开箱子挑拣衣服时，不知从何

凯旋门前留念

处而来的暴徒一拥而上，抢光为止，由此我才知道为何司机严厉阻止当街翻捡衣物。

五、访问以色列希伯来大学

2005年，经美国犹太裔学者鲍恒联系，希伯来大学拟与中国政法大学法律史学研究院建立学术联系，并表示派团访问中国政法大学。经研究，决定邀请希伯来大学法文化专业学者来京参加中以法文化研讨会。希伯来大学应约于10月初派来二十几位学者参会。这次会议取得圆满成功，并决定次年（2006年）法律史学研究院组织学者访问希伯来大学，再次讨论中以法文化问题。

2007年12月由我担任团长，率团回访。团员有林中、曾尔恕、李青、顾元、杨丹东，还有翻译张青。我们搭乘以色列班机飞往耶路撒冷，次日凌晨到达耶城。稍事休息后鲍恒陪同我们在以方团长的引领下参观了国会，并与以色列最高法院院长座谈，下午进入学术讨论。以方法文化专家四十余人出席，我发表了主旨演讲，随后双方各有代表发言，直至晚 8 时才休会用餐。我和林中都感到疲倦，草草吃了几口便回宾馆休息了。次日，安排游览耶路撒冷古城风貌，从早晨直到傍晚。参观了公元三世纪罗马入侵时的建筑遗址，特别是保留了以色列古殿堂的一堵墙垣，长七八十米。以色列人每见到这堵城垣，便会想起令

比萨斜塔前留念

▶ 死海边留念

人悲伤的过去，所以叫做“哭墙”。现在也有以色列人遇有伤心事便到哭墙旁来哭泣，借以消除心中的悲哀。我们参观时看到男女分开，各有百余人对着哭墙哭泣。

在会议结束前，又组织我们游览死海。死海由于海水盐分过高，人浮在海面上如同飘木一样随波飘动而不下沉。我和林中从海底捞出一把泥，竟然有大量结晶盐。会议结束后我们乘车抵达以色列首都特拉维夫，该城建在地中海沿岸，还保留着斗兽场的遗址。当晚以方会议主持人请我们在他家里用餐，饭后送我们去机场返回北京。

去以色列参加会议我颇有几分安全方面的担心。以色列给我留下印象最深的就是无论出租车司机还是宾馆服务员，都以以色列人在科学研究方面的成就而自豪。在谈话中总是流露出这种精神。事实也确实如此，一个沙漠地带的国家居然创造出世界闻名的滴灌系统。国不在大小，在于它的人民奋发进取，敢于创造人间的奇迹，这是最可宝贵的思想品质。

下编

林中教授的主要学术成果

第一章　历史人物及其法律思想

试论孔子的行政法思想*

孔子是中国古代伟大的哲人、思想家和教育家。孔子虽然没有专门对法律问题进行系统的论述，但从他的较为零散的言论中仍然能看出涉及面较广而且饶有新意的法律思想。它为儒家学派正统法律思想的形成和发展奠定了最重要的基础，也为汉以后封建统治者的立法和司法实践提供了最基本的原则。孔子的法律思想多年来被他的光辉的哲学思想、教育思想所掩映，没有引起应有的重视。本文拟就孔子的行政法思想谈一点肤浅的认识。

中国是一个历史悠久的国家，大约在公元前21世纪的夏朝，已经形成了早期的统一部落国家。地下文化遗址的发现证实了夏朝的王都和宗庙已具有一定的规模。夏朝不仅建立了行政机关和军队，而且也形成了赋税制度和天文历法。继夏而起的商朝进一步确立了以商王为首的奴隶主贵族专政的政体，实行亲贵合一的国家组织原则，并且建立了比夏朝远为发展的国家行政机关和行政管理制度。

至西周是中国奴隶制发展的高峰，形成了以宗周为中心的国家结构，进一步确立了宗法等级分封制度。特别是通过周公制礼，使得中国奴隶制

* 本文收录于《孔子法律思想研究论文集》，山东人民出版社1986年版。

的政治制度得到了重大的发展。诸如命官、朝觐、爵禄、谥法等都逐渐制度化、法律化，尤其是周的行政事务逐渐从神职官中分离出来，这比起商朝是一个明显的进步。随着西周奴隶制国家的发展和行政管理制度的规范化，中国古代的行政法也得到了发展。在中国这样一个立国悠久的国家里，为了保证国家的统治，调整国家机关的活动以及相互间的权利义务关系，统治者很早就重视任官和行政管理制度的建设。《尚书》中许多篇章把任官和立政联系在一起，以任官得人为立政的根本。唐尧虞舜时代著名的司法官皋陶在一次关于立政问题的讨论中，撇开了与他的职务相关的立法与司法，而大谈任人（官）之道。至周朝，周公所制的礼在一定意义上是具有行政法的内容的。以祖述尧舜、师法周公自诩的孔子，其法律思想中也包含有较为丰富的行政法思想，这是古代特定的物质生活条件的产物，也是在社会大变动中如何改良国家行政管理的一种要求和反映。孔子的行政法思想上承周公，同时对后世也有着重要的影响。

一、孔子的行政法思想源于周礼

礼原是祀神祈福的一种形式。《说文》："礼，履也，所以事神致福也"。进入阶级社会以后，礼逐渐被统治者改造成为调整社会关系、实现奴隶主贵族专政的一种手段，所谓"礼义以为纪，以正君臣，以笃父子，以睦兄弟，以和夫妇，以设制度"①。西周建立以后，周公在原有的周族之礼的基础上，吸收夏殷之礼，把礼进一步系统化、制度化、法典化，这就是所谓的周公制礼。《左传·文公十八年》引季文子的话，说"先君周公制周礼"，可见历史上确有其事。孔子在论证夏商周三代关于礼的沿革时说："殷因于夏礼，所损益可知也，周因于殷礼，所损益可知也，其或继周者，虽百世可知也"②。周礼的内容极为广泛，是西周奴隶制国家有关礼乐刑政等一切典章

① 《礼记·礼运篇》。

② 《论语·为政》。

制度的总汇，也是中国最早的具有代表性的成文的行政法。《周礼》以六官区分六典：天官冢宰掌邦治，地官司徒掌邦教，春官宗伯掌邦礼，夏官司马掌邦政，秋官司寇掌邦禁，冬官司空掌邦事。"以官府之六职辨邦治：一曰治职，以平邦国，以均万民，以节财用；二曰教职，以安邦国，以宁万民，以怀宾客；三曰礼职，以和邦国，以谐万民，以事鬼神；四曰政职，以服邦国，以正万民，以聚万物；五曰刑职，以诘邦国，以纠万民，以除盗贼；六曰事职，以富邦国，以养万民，以生百物"。其中治、教、礼、事四典纯为行政法内容，政、刑两典则为司法行政和军事行政。周礼的产生以及周礼体系的确立，是中国古代政治历史与文明历史的重大发展，它全面地确认了奴隶主贵族的特权，将广泛的社会关系纳入奴隶主贵族所惬意的轨范。

生活在由奴隶制向封建制过渡的社会大变动时期的孔子，不仅以周公为楷模，而且是以恢复周礼作为他匡政救世的目标。他赞美禹、汤、文、武、成王、周公运用礼的统治手段说："此六君子者，未有不谨于礼者也"，所以"天下国家可得而正也"①。孔子从总结历史经验中深刻认识到礼所起的怀柔作用，他曾明确表示："上好礼，则民易使也"②。孔子对于周礼是全面肯定并加以美化的。例如他非常欣赏周礼所确定的贡赋法三原则："施恩惠要厚，用民力要平，收赋税要轻"③。考察周礼，可以看到在周公的思想中非常重视设官分职和用人行政。他在《尚书》立政篇中谆谆告戒成王如何设官分职和用人行政的道理。对此，孔子也是津津乐道，身体力行的。他曾概括地表示"吾从周"，以示对周代礼法文化的向往。他在回答颜渊问"为邦"及治国之法时，特别提到"服周之冕"，冕是礼冠，"服周之冕"也就是行周之礼。直到晚年，他还慨叹说："甚矣，吾衰也。久矣吾不复梦见周公"④。所谓梦周公就是遵循周公之礼的思想，行周公之治。事实上，孔子是在时

① 《礼记·礼运篇》。

② 《论语·宪问》。

③ 《左传·哀公十一年》。

④ 《论语·述而》。

时梦周公的。

总而言之，孔子的行政法思想是植根于周礼，导源于周公的行政法思想，并在新的历史条件下得到了丰富和发展。

二、孔子行政法思想的主要内容

1. 纳礼入法，礼法为治

如前所述，三代以来的统治者在动用国家机器进行统治的同时，也十分重视运用礼来实现统治者的意志，调整有利于奴隶主贵族专政的各种社会关系。由于礼能够起到法所起不到的作用，统治者从实践中认识到“礼为政本”，是“君之大柄，王之大经”。在礼法关系上，礼法不仅同源，而且有些法是出于礼的。所谓“礼，法之大分也”，“信而好古”，因此，非常重视总结历史经验的孔子，认真比较了任礼和任法在施政方面的优劣之后，得出了这样的结论：“道之以政，齐之以刑，民免而无耻；道之以德，齐之以礼，有耻且格”[①]。正由于德礼为本，政刑为用，力图在行动上纳礼入法，礼法为治。

孔子的行政法思想深深地打上了纳礼入法的烙印，集中表现就是他在回答齐景公问政时所说的“君君、臣臣、父父、子子”。显而易见，这是贯穿于周礼中的“尊尊”与“亲亲”的礼治原则的具体化，孔子在这时提出这个礼法相结合的行政法思想不是偶然的，因为他生活在礼崩乐坏的时代。礼崩乐坏最突出的表现就是君不君，臣不臣。西周盛时，“礼乐征伐自天子出”，春秋以降，“礼乐征伐自诸侯出”，甚至“陪臣执国命”。周初确立的封爵制度，东迁以后遭到了破坏，不仅列国诸侯僭而称公，执政的卿大夫也自行称子。鲁之季氏，齐之田氏，晋之三家，均已上升为诸侯。甚至楚与吴越僭称王号。原有的巡守、朝聘、述职之礼也都废而不行。总之，政治的中心由周王室逐渐下移到各诸侯国，周王事实上成了强大诸侯国的附

① 《论语·为政》。

庸。正如司马迁在《史记·十二诸侯年表》序中所说，自厉王奔彘，“是后或力政，强乘弱，兴师不请天子，然挟王室之义，以讨伐为会盟主。政由五伯，诸侯恣行。淫侈不轨，贼臣篡子滋起矣”。

面对这样的现实，孔子提出“君君、臣臣、父父、子子”。一方面是要恢复尊尊与亲亲的礼治原则，强调治国以礼。他说：“能以礼让，为国乎何有，不能以礼让为国，如礼何”[①]。另一方面是提供了一个行政法范畴的基本原则和基本规范，以此来约束君臣关系。作为天下“有道”与“无道”的标志，违背了就要受到行政制裁或刑罚制裁。在君臣关系上，孔子主张“君使臣以礼，臣事君以忠”[②]。正由于人臣事君以礼者少，孔子哀叹说：“事君尽礼，人以为谄也”[③]。当鲁国季桓子破坏了周初的礼法以“八佾舞于廷”时，孔子因其既违礼又违法发出了愤怒的谴责：“是可忍也，孰不可忍也”。为了说明臣事君以忠，孔子提出“君命召，不俟驾行矣”，以示急趋君命。又说：“所谓大臣者，以道事君，不可则止”[④]，以道事君的内容之一，就是“勿欺也，而犯之”[⑤]。至于君如何使臣以礼而行君道，孔子以二帝三王为例加以说明，那就是“谨权量，审法度，脩废官，四方之政行焉，兴灭国，继绝世，举逸民，天下之民归心焉。所重民食丧祭，宽则得众，信则民任焉，敏则有功，公则说”[⑥]。

可以看出，在中国古代行政法中礼法占有重要的地位，秦汉以来随着行政管理制度的发展，国家规模的扩大，行政法的规范也得到了进一步丰富。如果说纳礼入法是中华法系的特点，那么周公和孔子在这方面都是先驱。

---

① 《论语·里仁》。
② 《论语·八佾》。
③ 《论语·八佾》。
④ 《论语·先进》。
⑤ 《论语·宪问》。
⑥ 《论语·尧曰》。

2. 重治人，慎选官

中国从虞夏起就重视选人任官，至西周，周公明确提出为政必须“任贤”的思想，“继自今立政，其勿以憸人，其惟吉士，用励相我国家”[①]，并先戒子弟说：“其勿误于庶狱，惟有司之牧夫。其克诘尔戎兵，以陟禹之迹，方行天下，至于海表，罔有不服，以觐文王之耿光，以扬武王之大烈”。他自己“一沐三捉发，一饭三吐哺，起以待士，犹恐失天下之贤人”[②]。孔子继承和发扬了周公的任贤思想，他重治人，慎选官，这是他行政法思想的另一个重要内容。

马克思主义认为，官吏是政权的实体，是执行国家职能的具有人格的工具，没有官吏，政权也就成为一个空壳。中国古代的统治者也从实践中认识到“官为国之基，治国图治首在吏”，国之兴亡是和官是否称职、吏治好坏分不开的。孔子在主张“为国以礼”，“为政以德”的同时，还把人治、礼治、德治结合起来，强调“为政在人”，“其人存，则其政举，其人亡，则其政息”[③]。他举例说：“舜有臣五人，而天下治”[④]。

孔子选贤任官的标准，一是孝悌，在这方面他的弟子有子表达了他的思想，有子说：“孝悌也者，其为仁之本欤。”“其为人也孝悌，而好犯上者鲜矣。不好犯上，而好作乱者，未之有也”[⑤]。孔子还以“出则事公卿，入则事父兄”[⑥]，来说明忠孝二者的一致性。二是仁义，在孔子看来，仁义是区别小人和君子的分水岭，他说“唯仁者，能好人，能恶人”，“君子去仁，恶乎成名，君子无终食之间违仁，造次必于是，颠沛必于是”，又说“君子喻于义，小人喻于利”[⑦]，进而论证了选官得当对于治国所起的重要作用。

---

① 《尚书·立政》。

② 《史记·鲁周公世家》。

③ 《礼记·中庸》。

④ 《论语·泰伯》。

⑤ 《论语·学而》。

⑥ 《论语·子罕》。

⑦ 《论语·里仁》。

当鲁哀公问孔子“何为则民服”时，孔子对曰：“举直错诸枉，则民服，举枉错诸直，则民不服”[①]。一次“樊迟问仁。子曰：爱人。问知，子曰，知人。樊迟未达，子曰，举直错诸枉，能使枉者直。樊迟退见子夏曰，乡也。吾见于夫子而问知，子曰，举直错诸枉，能使枉者直。何谓也？子夏曰，富哉，言乎，舜有天下，选于众，举皋陶，不仁者远矣。汤有天下，选于众，举伊尹，不仁者远矣”[②]。

正因为如此，孔子把选用贤士为官看作国家重要的政事，所谓“政在选臣”[③]。孔子从他所设定的选官标准出发，认为他的弟子可以分别担任不同的官职。“求也千室之色，百乘之家，可使为之宰也”；“赤也，束带立于朝，可使与宾客言也”[④]；“雍也，可使南面”[⑤]，即可以担任为诸侯治理一国之大官。由于子路明断笃信，孔子赞许他“片言可以折狱”，是一个好司法官。子游为武城宰时孔子问他是否得人，子游说“有澹台灭明者，行不由径，非公事，未尝至于偃之室也”[⑥]。无疑孔子对澹台灭明的德行也是赞赏的。季康子一次问孔子：“仲由可使从政也与，子曰，由也果，于从政乎何有”。又问“赐也。可使从政也政也欤。曰，赐也达，于从政乎何有。”又问“求也，可使从政也欤，曰，求也艺，于从政乎何有”[⑦]。这不仅说明孔子对他的学生了解深刻，也反映了孔子的任官标准。孔子提倡贤人为官，阐述“善人教民七年”，不仅可以使民知礼义，而且可以富国强兵，“亦可以即戎矣”[⑧]，与此同时，讥讽“今之从政者”都是“斗筲之人，何足算也”[⑨]。

---

①《论语·为政》。
②《论语·颜渊》。
③《史记·孔子世家》。
④《论语·公冶长》。
⑤《论语·雍也》。
⑥《论语·雍也》。
⑦《论语·雍也》。
⑧《论语·子路》。
⑨《论语·子路》。

孔子还论证了当政者应该严于律己。他认为君子之道有四："其行己也恭，其事上也敬，其养民也惠，其使民也义"[①]。实际上是提出了当政者严于律已的一般原则。他甚至说："事君敬其事，而后其食。"[②]就是说臣事君应该尽力、尽职，做出成绩，然后要食君之禄。除此之外，孔子十分注重为政者德行修养所起的化民作用。他说："政者，正也。子帅以正，孰敢不正"[③]？又说"其身正。不令而行，其身不正。虽令不从"。如果当政者不能正其身，也就不能去正人，"不能正其身，如正人何"[④]？他曾对季康子说："子为政焉用杀？子欲善而民善矣"[⑤]。他还用风和草来比喻有德的君子所起的影响："君子之德风，小人之德草，草上之风必偃"[⑥]。由于孔子重视为政者自身的影响，他强调"君子求诸己"[⑦]，要"躬自厚，而薄责于人"[⑧]，"修己以安百姓"[⑨]。

不仅如此，孔子还提出为政者应该勤于学习。他曾对子路说过不好学的六蔽："好仁不好学，其蔽也愚；好知不好学，其蔽也荡；好信不好学，其蔽也贼；好直不好学，其蔽也绞；好勇不好学，其蔽也乱；好刚不好学，其蔽也狂"[⑩]。孔子的弟子子夏说"百工居肆以成其事，君子学以致其道"[⑪]，特别是子夏关于"仕而优则学，学而优则仕"的议论，揭示了仕和学的内在联系和相互关系，这无疑是反映孔子思想的。

---

① 《论语·公冶长》。

② 《论语·卫灵公》。

③ 《论语·子路》。

④ 《论语·子路》。

⑤ 《论语·颜渊》。

⑥ 《论语·颜渊》。

⑦ 《论语·卫灵公》。

⑧ 《论语·卫灵公》。

⑨ 《论语·宪问》。

⑩ 《论语·阳货》。

⑪ 《论语·阳货》。

3. 严任官之责，权责分明

孔子遵循周礼所规定的“以典设官”“以典明职”的要求，在慎选贤才的同时，强调当政者要权责分明。他提出“不在其位，不谋其政”[①]，以便使其专于职守，互不侵权。孔子在回答子贡问政时说：“足食足兵民信之矣”[②]。“足食足兵民信之”也就是当政者的主要职责。足食则人知礼节，足兵则不轨畏威，民信之则服命从化。在孔子看来在这三者中最重要的是民信之，其次是足食，再次是足兵。能够做到这三点就可以称得上是尽职尽责。孔子在回答子张问政时说：“居之无倦，行之以忠”[③]。根据《论语·正义》，所谓居之无倦，就是“若居之于身无解倦”；所谓行之以忠，就是“行之于民必以忠信也”。显而易见，这不仅是当政者的品德，也是对当政者的要求。孔子在回答仲弓为季氏宰问政时提出三点：“先有司，赦小过，举贤才。”[④]先有司就是配备好属史，使其各有所司，而后再责其成事。赦小过意在宽则得众。举贤才是为了使官得其人，野无遗逸。孔子批评为臧文仲“知柳下惠之贤”[⑤]，而不举于朝廷，是“窃位”，即偷安于位而不尽职尽责。孔子赞赏担任司法官的柳下惠尽管受到“三黜”，但不愧为“直道而事人”的典范[⑥]。

孔子在主张权责分明的同时，希望当政者谨慎用权，恪遵职责。他反对“不教而杀”，“不戒视成”，“慢令致期”，“出纳之吝”，把这四者视为“四恶”，他说：“不教而杀谓之虐，不戒视成谓之暴，慢令致期谓之贼，犹之与人也，出纳之吝，谓之有司”[⑦]。为了论证明权明职，他在回答子张的“书云，高宗谅阴，三年不言，何谓也”时说：“何必高宗，古之人皆然，

---

① 《论语·泰伯》。
② 《论语·颜渊》。
③ 《论语·颜渊》。
④ 《论语·子路》。
⑤ 《论语·卫灵公》。
⑥ 《论语·微子》。
⑦ 《论语·尧曰》。

君薨，百官总已，以听于冢宰三年”①。冢宰按周礼是执掌建邦之六典，以佑王治邦国的所谓天官。当天子诸侯居丧三年不理政事时，冢宰就应起而执政。三年以后再由王自己听政。孔子举此例来说明在特定条件下冢宰的权和责。孔子既严格要求职官明职明责，又勉励他们谨慎地严肃地行使权责，譬如他提出作为使臣，应该是“使于四方，不辱君命”②。作为三军的统帅一定要做到“临事而惧，好谋而成”，那种“暴虎冯河，死而无悔者”不可以为将③。他坚决反对不学无术的人担任某种职官，例如卫灵公问陈（阵）孔子，他便实事求是地说：“俎豆之事，则尝闻之矣。军旅之事，未之学也。”④

孔子关于严任官之责，权责分明的观点，实际上包含有考绩、奖惩的意义，特别是他注意把职官置于特定环境下来考察他的德才素质，这可以说是我国古代行政法思想中闪光的部分。

总括上述，孔子关于行政法的思想是其整个法律思想中的重要组成部分，它同德治、礼治互相联结而显示出它的特点，在中国古代行政法由萌芽向奠基时期发展的过程中起了重要的指导作用。

试论努尔哈赤的法律思想*

努尔哈赤（1559—1626年）是我国女真族杰出的领袖和清朝政权的奠基人。从1583年起兵攻打尼堪外兰时起，努尔哈赤便开始了统一女真各部的事业。经过三十余年的斗争基本上完成了女真各部的统一。

努尔哈赤在建立后金政权前后，从斗争的实践中逐渐认识到建立法制、

① 《论语·宪问》。
② 《论语·子路》。
③ 《论语·子路》。
④ 《论语·卫灵公》。
* 本文发表于《学习与探索》1983年第6期。

管理诉讼的重要。1615年设置了理政听讼大臣五人，以下设“扎尔固齐”（理事官）十人分掌诉讼、检察等事。

在诉讼程序上先由扎尔固齐十人审问，再由五大臣复查，并将案情报告诸贝勒讨论议决，不服可以申诉，由努尔哈赤最后审断裁决。努尔哈赤统治时期虽然法规还比较原始，刑罚也比较简单，但是他十分强调要有法规，使人有所遵循，以便形成包括权贵在内的畏法、奉法、守法的社会风气。努尔哈赤的法律思想不仅对后金政权法制的形成有着根本指导意义，也对建立以满洲贵族为主体的统一政权有着重要的影响。

一、努尔哈赤法律思想的主要内容

1. 立国之道，法令要严格

努尔哈赤从统一女真部落和对明朝的战争中，认识到用法制来约束军民、贯彻政令、统一本族力量的重要性。同时，他还总结出明朝政治腐败、人心混乱、国力衰微、每况愈下的原因就在于“法令不公平，不严明”。[①]因此，他把严格法令提到“立国之道”的高度，说：“如果讲立国之道，怎样才能巩固，议事要忠诚，法令要严格，这样才行。……蔑视制定的严格法令，那样的人无益于政治，乃国家的魔鬼。”[②]努尔哈赤所说的法律要严格的主要含义，就是要求普遍遵守纪律。他曾告诫八旗将领说“要怀公正之心，教导国人牢记法令”[③]，并强制八旗将领“立誓”守法，“把誓言上告”。根据努尔哈赤的指令，领兵的一等大臣以下，五牛录额真都立了如下誓言：“要把汗下达的各种法令，牢记在心，并勤加传达。”[④]努尔哈赤特别重视权贵守法，视为后金统治的根本利益所在，明确指出：“悖道行乱，就依法惩

① 《重译满文老档》第十一卷。
② 《满文老档》癸丑年十二月。
③ 《重译满文老档》第十一卷。
④ 《重译满文老档》第十一卷。

办。就是掌管国人执政的诸贝勒，也依法惩办。”[①]即使违反法度的是努尔哈赤的兄弟子侄，也无一例外地依法予以惩治。例如，在后金建国之前，他曾经诛杀了参与“刚盖通谋篡位”的女婿蒙格布禄；[②]夺去了意欲分离自立的弟弟舒尔哈赤的所属军兵；[③]圈禁并处死了心怀异谋的长子褚英。[④]后金建国以后，子侄辈代善以下，缘事治罪的也不为罕见。身居大臣之列的养子达尔汗虾，因向诸小贝勒勒索财物，受到了降职、圈禁、罚银的处罚。[⑤]历史的和现实的斗争经验使努尔哈赤认识到“国家生存之道，在于使宗族强盛者不得越分，庸懦孤弱者不被欺压”[⑥]。因此他才强调用法律约束权贵，法所当加，无所规避。后世的史官称颂努尔哈赤统治时期，确实做到了“有罪者即至亲不贯，必以法治；有功者即仇敌不遗，必加升赏”[⑦]。明朝人陈仁锡也指出：后金“法令之严，无徇无纵”。[⑧]

随着努尔哈赤专制权威的不断发展，一切法令均由汗出，汗的法令也就是国家的法令，违反者处重刑。在审理昂古、锡喇纳私运财务一案时，理事官们便明确指出：“汗的法令，你们怎么违背呢？”[⑨]在一次作战中，纳林违背太祖命令，定为死罪，后虽免死，但“赶出夫妻二人，没收家中的全部东西”[⑩]。

2. 严惩危害社会秩序的犯罪

努尔哈赤非常重视对危害社会秩序和内部团结的杀人、盗窃、通奸、反叛等各种行为的法律制裁。他在给科尔沁的鄂巴台吉、众贝勒的书信中

---

① 《重译满文老档》第五十一卷。
② 《清太祖武皇帝实录》卷二。
③ 《满文老档·太祖》卷一。
④ 广禄李学智译注《清太祖朝老满文原档》。
⑤ 《满文老档·太祖》卷四十二。
⑥ 《满文老档·太祖》卷四。
⑦ 《清太祖武皇帝实录》卷二。
⑧ 《无梦园初集》“海一”。
⑨ 《重译满文老档》第十卷。
⑩ 《重译满文老档》第七卷。

说："若杀人，就定罪，若夺财，就赔偿，如果那样，才是杜绝犯罪之道。"[①]他把破坏国家法度的人看作"魔鬼"，强调对这样的人不能仍旧"爱养"。[②]由于后金统治区内生产力水平低下，物质匮乏，因此对于盗窃罪的处罚特别严重。在盗窃犯的处刑办法中规定："小人盗取大物，刺耳、鼻。盗取次等物品者，射十骲头箭。盗取小物者，打脸十次。"[③]特别是努尔哈赤创立了夫盗妻死，奴盗主罚之法。天命八年七月十六日努尔哈赤根据"男人偷盗的财物粮食，女人不要谁要"的认识，宣示"今后如果男人为盗，要女人脚踩赤红的炭，头顶灼热的铁锅，处以死刑。如果畏刑，就要很好地规劝各自的夫，不听规劝，就要告发"。并因雍舜为盗，杀了雍舜的妻。此外，谁的牛录犯盗罪的人多，"要给予该牛录额真、六章京，百甲以惩罚"。[④]企图借此杜绝偷盗罪。

随着努尔哈赤专制统治的发展，一切侵犯皇家财物的行为都处重刑。天命六年十二月初八，努尔哈赤发布文书："无论谁发现盗走甬路的树的人时，一定要杀死"[⑤]，盗御衣的也都处死。天命六年努尔哈赤的奴仆富汉偷去他的缎子衣服给外孙被逮捕，经过审理，将富汉和他的外孙一并处死。甚至守卫御门疏忽，也处以严刑。

进入辽沈地区后，随着统治区的扩大，奴隶制与封建制的矛盾日渐突出，对汉族人民采取奴隶制的残酷剥削压迫，造成了"逃叛者纷纷倡乱"，各地"人民击杀八旗官兵"的严重形势。为此，努尔哈赤实行对"倡乱者""诛其首要，尽法惩治"的严厉措施，并奖励告发。投降汉民魏英克、曾则游"告发了共谋叛变的僚友"，受到赏银、赏蟒缎衣服，升为备御、千总官职的奖赏。努尔哈赤就此发布文书："所有地方的人，像这样先来告发

① 《满文老档》第五十三卷。
② 《满文老档》第五十三卷。
③ 《重译满文老档》第九卷。
④ 《重译满文老档》卷五十八。
⑤ 《重译满文老档》卷三十。

时，就这样升职小人，你们为何不告呢？”[①]

3. 区别用刑

努尔哈赤统治时期，在用刑上注意有区别地定罪量刑。

如区分首恶和共犯、故意和过失。天命六年，努尔哈赤的包衣汉出哈等四人，杀死道旁汉人并夺取衣服、马匹及其它牲畜。经过审理，由努尔哈赤断决：“杀首恶阿哈岱，其他三人鞭打五十，刺鼻耳释放”[②]。同年七月二十五日，张球“牛录”三人，杀死图梅“牛录”一人，由于是共犯，遵照汗意将“张球牛录的三人都杀死”。[③]在区别共犯的问题上，努尔哈赤还规定：父有罪但儿子没有参与其事者无罪，如果参与则同罪。兄有罪，弟如果参与，“犯该杀的罪一并处杀，犯没收的罪，一并没收”。此外，如果因错误获罪，即使犯死罪也不杀死，但有意乱政败道者绝不宽贷。进入辽沈地区以后，汉族人民采用暴动、投毒、击杀等方式进行反抗。努尔哈赤要求认真地调查审理，“释放没投（毒）的人，应杀事实俱在的人”[④]。需要指出的是，努尔哈赤晚年下令对反抗的汉人和读书识字的秀才全都杀掉，这种野蛮的屠杀完全破坏了他自己所强调的有区别的定罪量刑的原则。

努尔哈赤还提出满汉人同罪异罚的原则。他说：满人“犯罪”，“如果有一点理由，就希望作为免罪的依据”。至于汉人，“本应处死。如果还不尽心竭力，仍为盗贼，为什么不全杀其子孙、亲戚呢？为什么责打就释放呢？”他要求审断的大臣，要像对待“不能使之返回的牛和骡一样”，对待汉人，绝不能和满人同样审断。[⑤]此外，对于满人还实行议功减罪，满人犯法，议罪之前“先问功，问做什么工作”，功大者减罪亦大，例如，一等总兵官杨古里以屡有战功，努尔哈赤明令：“即使犯死罪，也不杀死。即使犯

① 《重译满文老档》卷五十五。

② 《重译满文老档》卷二十四。

③ 《重译满文老档》卷二十四。

④ 《重译满文老档》卷二十二。

⑤ 《重译满文老档》卷五十二。

没收财物的罪，也不没收财物，免一千五百两的罪。”[①] 又如，参将雍舜误用骲箭射死人，依法“定赔偿人的罪，降参将职为游击”，但努尔哈赤“念其兄阿兰柱阿哥的功，赔人、降职的罪都免了”[②]。伊达明奇以隐藏户口，定为大罪，其弟巴班捏造谎言庇护，拟定死罪，努尔哈赤“返念其父的功”，“不定大罪，免除死罪”。议功减罪的刑法原则，和当时频年发动的攻明战争有关，企图借此保护后金将士。同时也反映了满洲统治集团内部法定的等级特权的发展。这就为努尔哈赤所说的用法要“公正、公平”作了阶级和民族的注脚。

4. 用法律调整经济关系，改革社会陋习

1616 年努尔哈赤建立后金时，统治的地区已扩展到四千余里，人口增加到四五十万，社会生产力迅速发展，特别是大量汉民流入后金以后，带来了先进的农业技术，极大地推动了农业生产。为了保护和推动社会经济的发展，努尔哈赤开始注意用法律加以调整。凡是破坏农、工、商业的，皆处以刑罚。根据满文老档记载，天命六年五月，努尔哈赤告诫在牧群中代替为额真居留的游击、参将说：“不要夺取猪、鸡、鸭、鹅、园的庄稼等物。在堡居住的兵不要侵犯妇女。不掠夺任何东西。马和牲畜不进庄稼地。”[③] 天命八年七月十五日，“放牧八贝勒牛群的人，毁坏田的庄稼，各鞭二十。八贝勒庄的庄头，各鞭四十”[④]。天命七年六月十五日，由都堂下达文书：“开店的诸申（满）和尼堪（汉），要把店主的姓名刻在石头或木头上，立在店前。如果没有标明店主姓名的将治罪。凡是不开店的行商一律禁止。”[⑤] 对不纳税者按违法交易治罪。据满文老档记载：“夸台吉派他家的包衣人暗地里

① 《重译满文老档》卷五十一。
② 《重译满文老档》卷十七。
③ 《重译满文老档》卷二十二。
④ 《重译满文老档》卷二十二。
⑤ 《重译满文老档》卷二十二。

和尼堪做生意，不纳税，破坏法令做生意，定罪，革游击职。”[①]

随着生产的发展，劳动力的使用价值也提高了，对于俘获汉人不任意杀害，违者治罪如“拜出喀的弟射杀尼堪，定为死罪的人”。努尔哈赤还从发展后金统治区生产的角度，进一步阐明杀戮俘虏、夺取财物“只是暂时的、有限的”，应该采取收养办法，用他们的手“生产的好果实，好东西，那是永久的利益”。[②]

此外，努尔哈赤还运用法律的强制力革除社会旧习。如严禁满人像汉人那样到庙上报恩烧纸，违者处重刑。天命八年，努尔哈赤听到汗家的郭钟济的妻子以及阿福尼、郭辛的夫妻、伊郎阿的夫妻模仿汉人旧习烧纸等事以后，削郭钟济妻的鼻耳、割嘴，用刑三天后就杀了，对郭辛夫妻、阿福尼、伊郎阿夫妻定各百两的罪。

5. 重视司法，偕众听断

1615年，努尔哈赤挑选公正处理国事的人，充当理政听讼五大臣，以下又设十名理事官分掌诉讼，要求他们“勿索财物，秉公执法”。他特别强调诉讼要“经众审理，而后入告，勿独自入告”[③]。

针对凡是满洲贵族都有断狱治罪的权力的旧习惯，努尔哈赤于天命元年七月明令予以禁止。他告诫贝勒大臣说：“凡事不可一人独断，如一人独断，必致生乱。”同时宣布诉讼要在公所，五日一审断，他说：“国人有事，当诉于公所，毋得诉于诸臣之家……其诉于私家不执送而私断者，治罪不贷。”[④]努尔哈赤以明末司法混乱，贿赂公行，招致国势日颓为借鉴，深知公平执法的重要，他要求诸贝勒“公平地审断”，“正确的审断”，把它提到顺天意的高度，说“这样才能顺天意……使国家太平，对天是大功，对自己

① 《重译满文老档》卷二十二。

② 《重译满文老档》卷二十。

③ 《满洲秘档·太祖行军记》。

④ 肖一山：《清代通史》。

是大福”[①]。并对索取财物，违法判断的理事官治罪。天命六年十一月初四，“武格纳随意判罪，定罚三十两的罪”。同年十二月，“都堂汤古岱……因随意判罪、定罪，削五十两的功”。天命八年二月二十三日，备御纳秦被判处死刑的罪名之一，就是将罪犯“带到自己家去审问”，后努尔哈赤饶了纳秦的命，给硕托贝勒收养。

二、努尔哈赤法律思想的特点和形成的历史根源

努尔哈赤作为女真少数民族的领袖，又处于由家内奴隶制向庄园奴隶制过渡的阶段，因此他的法律思想具有一些鲜明的特点。

1. 把汗令与国法直接结合

在努尔哈赤统治时代，家族血缘关系还有很强的约束力。努尔哈赤既是后金的汗又是女真族的家长，他的至高无上的权威是由政权和族权两个系统支持的。在他的法律思想中，汗令与国法是没有区别，没有界限的，汗令就是国法的表现形式，两者直接结合。这种结合表现了汗权与家长权的统一。在努尔哈赤的这种思想指导下，虽然当时已开始出现个别的条例形式，但由汗所发布的令是最基本的法律渊源。

2. 顺应天意，执行天令

由于努尔哈赤统治时期生产力还较为低下，自然的力量还表现出强大的支配力。因此，努尔哈赤也迷信和利用天来进行统治。他接受了汉族统治者关于君权神授的传统观念，说：“天任命汗，汗任命诸大臣。”他认为政治上的清明是符合天意的。

为了笼络统治区内的汉人，对汉族人民宗教信仰标志之一的庙宇给予法律保护。天命六年十一月三十日，努尔哈赤颁布文书：“不准任何人毁坏庙宇，不要在庙里拴马牛，不要在庙里出恭。发现违背指示，或毁庙或拴

① 《重译满文老档》卷四。

牛马的人时将逮捕治罪。”①

在努尔哈赤的法律思想中虽然有敬天的一面，但是历史和现实的统治经验也启迪他认识到暴君虐政是亡国的重要原因。他说：“诸国的皇帝忧患不是从外来的，而是从本身产生的，从前的桀王、纣王、秦二世皇帝、隋炀帝、金完颜亮皇帝等，全都沉溺于烧酒、黄酒、女色、财帛之中，不为国忧虑，不治政事，因为他们本人的罪恶亡国的。”②

3. 带有原始民主制的某些遗痕

努尔哈赤提出的偕众听断的审判思想和后期提出的八王共治的政权思想都反映了原始民主制的某些痕迹。在婚姻关系上，同样具有这种色彩。如天命六年努尔哈赤处理一件婚姻纠纷时便明确指出：“如果女儿、儿子愿意，可以嫁娶，如果不愿意，就废除。”③这是汉族封建法律中所不曾有的。

4. 渗透了奴隶制等级特权的精神

努尔哈赤在他制定的刑法适用原则中明确规定了议功减罪。天命六年正月，他还与诸王约誓“不诛宗室”。对其他权贵犯罪一般也不处死，不施身体刑，可以用银折罪。受到惩罚的权贵也可以戴罪立功。但是努尔哈赤为了树立个人的专制权威和贯彻政令法制的需要，对特权者也规定了必须承担更多的义务，对某些违法的权贵的处罚，如罚银、罚牛马，常较一般人为重。

努尔哈赤法律思想的来源，除以原有的女真的传统观念和习惯法为基础外，还接受了汉族先进文化的影响。努尔哈赤非常重视吸收汉族的先进文化，他爱读《三国演义》《水浒传》等书。汉族文化与他的生活、思想（其中包括法律思想）和他的统一事业都有着很大关系。为了建立后金的法律制度，他十分重视研究明朝的法规律例，作为借鉴。天命六年，他下达文书，令都堂阿敦、副将李永芳、毛右铭和明降将众游击，要求他们“把尼堪（汉）

① 《重译满文老档》卷二十九。
② 《重译满文老档》卷二十八。
③ 《重译满文老档》卷二十九。

行事的各种法规律例，全都写在文书呈送上来。抛弃不适当的地方，报告适当的地方”。[①] 从努尔哈赤法律思想的形成、发展和特点可以看出后金社会物质生活条件所起的决定性作用。

努尔哈赤的法律思想远不系统、不完整，却表现了一个处于上升阶段的民族的进取精神和一位杰出领袖的政治抱负。它对后金法律制度的形成以及皇太极统治时期政治、法律制度的进一步发展和清朝入关以后的法制建设，都有重要的历史意义。

论康熙的法律思想 *

康熙皇帝——玄烨（1654—1722）是清朝定都北京以后的第二代皇帝，也是清朝乃至中国封建时代的一个有作为的皇帝。在他统治的六十一年间，恢复和发展了遭受长期战争破坏的社会经济；抗击了外来侵略，保卫了国家主权；消灭了分裂割据势力，维护了祖国的统一。他不仅在政绩、武功、文治、经济各方面表现出了卓越的才能与成就，就法律思想而言，也于继承中有发展，有些还带有时代的特色。

一、设立法制意在“禁暴止奸，安全良善”

康熙十八年（1679 年）九月十四日，康熙帝在上谕中明确阐述了“国家设立法制”的目的在于“禁暴止奸，安全良善”[②]，他把“安全良善”列在“图治”之首，“禁暴止奸”排于“劝善”之先，说“图治首在安民，劝善莫先惩恶”[③]。这不仅是他对法律作用的概括，也是指导他进行立法、司法建设的准则。从康熙朝宫中档案朱批中可以看到“禁暴止奸”的锋芒

① 《重译满文老档》卷二十。

* 本文发表于《学习与探索》1986 年第 2 期。

② 《清实录》卷 84。

③ 《清实录》卷 103。

主要是指向盗贼的。他在赵弘灿《恭进依样熔炼钢觔折》上，批道“广东惟海贼时刻留心”。在任福建、浙江等处总督的梁鼐的请安折上，批道：“近闻浙江四明山有许多贼地方官所管何事，察明具奏。”在梁鼐关于《贼党聚窜情形》的奏折上批道“余贼必须搜尽”。康熙五十二年十月十二日，在镇守陕石宁夏等处地方总兵官范时捷的请安折上还作出“内地人亦宜严管”的朱批。

此外，对于危害国家统治和扰乱社会秩序的重大刑事犯罪，康熙帝也严令不得从宽，不得任意援引缓决之条。他在诏谕中指出：“犯十大恶乱之人，情实即宜正法。强盗乃有越狱脱逃者，此等凶徒，不可又待一年”（指缓决）。“情实可恶”的杀人犯也不立拟入缓决，否则“恶人何所惩创”。他特别要求执法之人“但当洋情据理以定罪”，如果“一味从宽，则恶人何所儆戒”①。

不仅如此，处于民族矛盾、阶级矛盾错综复杂，君主专制极端强化时期，康熙帝已把皇帝的个人专断推上了历史的高峰，他公开表示“今天下大小事务，皆朕一人亲理，无可旁贷。若将要务分任于他人，则断不可行。所以无论巨细，朕必躬自断制”②。专制皇权的发展，必然要把它的触角伸向思想文字领域，以致一切所谓的“异端”思想都被当作“奸邪”，而严加惩治。从康熙二年至康熙五十一年，多次兴起文字狱。所谓文字狱是封建专制主义文化统治政策的组成部分，它是和专制统治的不断加强成正比发展的。在明朝专制时代，文字狱已经层出不穷。至清朝更达到震慑社会的惊人程度。以康熙朝为例，康熙二年“庄廷鑨明史案”诛戳七十余人，边远充军及流放者一百余人。此后康熙四年，发生“邹流骑刊刻《鹿樵纪闻》案（吴梅村著）”，康熙五年发生“黄培道诗案”，康熙六年发生“沈天甫案”，康熙二十一年发生“朱方旦案”，康熙四十八年发生“朱永祚案”。

---

① 《清实录》卷222。

② 《东华录》康熙朝卷91。

特别是康熙五十一年发生的戴名世在所著《南山集》中，用明桂王永历年号，不用清朝年号，被当作“罔视君亲大义”的大逆案，不仅本人凌迟处死，而且株连数百人，这就是有名的“戴南山狱”。从法律上看，清代并没有专门惩治文字狱的法律条款，而是援引大逆的条款定罪处刑。所以文字狱一经立案，不仅本人处死，往往全家全族都要受到株连。以戴名世案为例，戴氏、方氏（戴名世同乡方孝标，戴写南山集曾参阅方著）家族男子十六岁以上者立斩，女子及十五岁以下者给功臣家为奴。同族人有职衔者一律革退，作序人汪灏、方苞、王源等立斩，捐款刊书之方正玉、龙云鹗等及其妻子发宁古塔流放（后有所宽免）。康熙帝对于文字狱案的镇压正是在发挥法律所具有的“禁暴止奸”的作用。清朝的文字狱造成的严重后果，直到清朝后期著名思想家龚自珍还在诗文中写道，“避席畏闻文字狱，著书只为稻粱谋”[①]。

至于说到“安全良善”，主要是用法律来保护作为清王朝社会基础的地主阶级，当然也有借此赢得民心的用意。早在关外时期，清朝统治者便意识到“治天下在得民心”[②]的重要性。康熙帝本人尤其如此，他在以武力平定国内叛乱之后，便采用各种政治手段加强与各民族的团结，并且通过日讲经筵，亲祭孔庙，尊孔子为万世师表，列朱熹为十哲之次，以及开科取士来笼络汉族士大夫，所有这些都是为了收拾人心，正如他所说，“金革之余，加意文字，不惟收拾人心”[③]。“帝王治天下自有本原，不专恃险阻，秦筑长城以来，汉、唐、宋亦常修理，其时岂无边患。明末，我太祖统大兵长驱直入，诸路瓦解，皆莫敢当，可见守固要道在修德安民，民心悦服，则邦本得而边境自固，所谓众志成城者是也”[④]。

不仅如此，康熙帝还把“禁暴止奸”看作实现“安全良善”的重要措施，

① 《龚自珍全集·咏史》。
② 《清史稿·范文程传》。
③ 《康熙文集》卷三十四。
④ 《清圣祖圣训》卷九。

他在朱批中经常把止盗和安民联系在一起。例如，在王文雄奏陈《清理营伍整饬水师》折上批道："朕览奏折前后调理颇得大体，但日久始终如能止盗安民才好。"在江西巡抚郎廷极奏报《江西各属雨水米价》折上批道："凡地方大小事关于民情者必须奏闻才是，近来南方盗案颇多不可不细心察访。"

为了"安全良善"，康熙帝还严惩诬良为盗的地方官。康熙二十四年，易州知州韩文煜等诬良为盗，刑部题奏韩应革职遣戍，知府以上降革有差。对此，他批道："不肖官员，止为一己考成，诬良为盗者甚多，百姓受冤莫诉，深可悯恤，今后应作何立法劝惩，俾善良得安，民无冤抑，庶不负朕祥刑之意。"根据康熙帝的朱批，大臣会议议定："如有盗案其关系人命之事，该督抚亲加详审……如有地方不肖官员，仍诬良为盗……据实题参，照律例从重治罪，若督抚不自审出，或部院衙门查出，或被害人告发，将督抚一并严行议处"[①]。

以上可见，康熙帝"安全良善"的着眼点不在于悯恤百姓，而在稳定社会秩序，巩固清王朝的统治。

二、因时立法，宽严相济

康熙帝亲政之后，提倡"凡事以实心行实政"[②]，并说他平日读书穹理，"总是要讲求治道，见诸实行，不徒空言耳"[③]。正是管理国家的实践活动和国内外险象环生政治事变的磨炼，使他不相信"天不变，道亦不变"的传统观念，相反认为"事多变易"[④]，国家的治乱兴废，无不取决于人事，他说"朕观古之废兴之际……堕失天命皆自取"[⑤]。正是由于康熙帝面对现实，孜孜求治，所以他不墨守常规、不拘于既定之法，而主张参酌时宜进行立法。

① 《清实录》卷120。

② 《康熙起居注》。

③ 《康熙政要》卷一。

④ 《清圣祖圣训》卷九。

⑤ 《清内阁档案·南书房记注》。

他说："自古帝王治天下之道……原无数百年不蔽之法，果属不可行者，自应参酌时宜，归于可久。"[①] 他还明谕刑部"……故律例繁简，因时制宜，总期合于古帝王钦恤民命之意"[②]。在中国历史上，从先秦法家到清初启蒙思想家都持"法与时转则治"的观点，但作为帝王主张因时立法不拘于成法者，确是不多见的。即使在治河这样一个具体问题上，他也认为要从变化了的地理条件出发，制定相应措施，而不徒依古法，"今河昔河不同……然则古法未可尽行矣"。继位的雍正皇帝在总结康熙帝的统治经验时，说："皇考六十余年丰功伟烈，布在方册，皆因事治事，因人治人。"[③] 这个总结是有概括性的，表现了康熙帝不囿于成事成法的有作为的性格。但是他也反对法令变易无常，"朝令夕改"[④]。

康熙帝还总结了中国古代由来已久的"宽猛相济"的统治术，他在遗诏中说："共四海之利为利，一天下之心为心，体群臣，子庶民，保邦于未危，制治于未乱，……宽严相济，经权并用，以图国家久远之计"。综观康熙帝一生的政绩，确实把宽严两手运用于实际，他在镇压抗清的群众，起义的"盗贼"，以及消除统治阶级内部的鳌拜集团和三藩上是严厉的、坚决的。除此之外，他停止圈地和更名田，蠲租免诫，特别是康熙五十一年颁布了"盛世滋生人丁，永不加赋"的法令，表现了他在施政中宽的一面。从滋生人丁永不加赋到以后的"摊丁入地"，不仅是康熙朝最重要的财经改革，也是崭新的财经立法。清初规定：民年十六至六十岁为成丁，须纳丁银，即使无地有丁的贫苦农民也须交纳丁银，以致常常迫使贫苦农民逃亡以避丁税。康熙五十一年为了缓和丁增地未广所引起的社会动荡，下令以康熙五十一年的人丁二千四百六十万一千三百二十四口永为定数，嗣后所生人丁不再加征钱粮，从而使丁银固定化。至康熙五十五年又从法律上承认已

---

① 《清圣祖圣训》。

② 《清实录》卷四十八。

③ 《雍正四年起居注》。

④ 《康熙文集》卷九十四。

经在部分地区实行的“丁随地起”的政策，宣布展开“摊丁入地”的赋役改革。这项改革首先在广东、四川两省施行。至雍正年间已在全国建立起地丁合一的赋役制度，“摊丁入地”以后，无地的“市民”“乡民”“佃民”都不再纳丁银。从秦朝以来实行的“口赋丁税”制度基本废除了，封建国家对农民的人身束缚相对削弱，田粮的平均负担有所降低，从而稳定了社会秩序，出现了“保甲无减匿，里户不逃亡，贫民免敲扑”[①]的安定局面。

宽严相济既是康熙帝治国的久远之计，也指导了立法与司法的实际活动。例如康熙十六年，他指令刑部把诱取良人与撂卖良人子女罪，由原来的“论戍”“论徒”改为“为首者立绞，为从者系旗人枷责，系民人杖流”，以示从严。康熙二十五年，他面谕三法司官员，指出“刑法者，专以禁戢凶暴，若豪强奸慝，固难宽宥，其贫贱愚昧者，略施宽贷，亦未尝不可”[②]。他还严饬司法官要公平断狱，不得轻毙人命，说“夫治狱之吏，以刻为明，古人所戒也。近见引律烦多……出入轻重之间；率多未协于中，何以使民气无宽，而谳法允当欤”。为此，他提出了“疏网禁，以昭惇大，缓催科以裕盖藏，务使物阜民安”[③]的主张。不仅如此，他还经常谕示刑部派员至各地检查狱讼，对于“已结重案逐一详加审理，务使情法允协，有枉必伸”，“矜疑等犯，必再三详审，尽得实情方可”[④]。当然对于危害清朝统治的重大犯罪，不仅重判，而且不得援引缓刑的条款（详见前，不赘）。

三、尚德慎刑，依法断罪

康熙帝从总结历史经验中深知“守固”之道不在于关塞险阻，而在于“修德安民”[⑤]，他继承了中国封建统治者所倡导的德主刑辅之说，注意“化

---

① 《康熙朝政纪》卷三《纪丁随地起》。

② 《清实录》卷125。

③ 《清实录》卷41。

④ 《清实录》卷82。

⑤ 《清圣祖圣训》卷9。

民”。他在谕示三法司官员时，明确指出“以德化民，以刑弼教，……敬慎庶狱，刑期无刑”，从而把明罚敕法与礼教德化联系起来。值得提出的是康熙帝是以程朱理学相标榜的，他在接受儒家学说时对于朱熹特别垂青，认为“孔孟之后，有裨斯文者，朱子之功最为宏距”①，他把“朱熹升配大殿，敦序为十一哲”，还编写了《性理精义》，重新刊刻《性理大全》，并为李光地编辑的《朱子大全》作序。其所以如此，就在于朱熹所宣扬的三纲五常的封建教条，有助于清王朝的统治，为清王朝统治者所急需。康熙帝在御纂《朱子全书》序言中，清楚地表达了这一点，他说：“至于朱夫子，集大成而迷千百年绝传之学，开愚蒙而立亿万世一定之规，穹理以致其知，反躬以践其实，释大学则有次第，由致知而平天下，自明德而止于至善，无不开发后人，而救来者也。……至于忠君爱国之诚，动静语默之敬，文章言谈之中，全是天地之正气，宇宙之大道。朕读其书，祭其理，非此不能知天人相与之奥，非此不能治万邦于衽席，非此不能仁心仁政施于天下，非此不能外内为一家”②。从康熙帝所说的“忠君爱国之诚”，“治万邦于衽席”和“外内为一家”，可以看出以满洲贵族为主体的清朝皇帝“崇朱”的政治目的和“尚德”的时代特色。正因为如此，康熙帝亲政不久就颁行了以“修身、齐家、治国、平天下”为核心内容的《圣训十条》。程朱理学是康熙治国之纲，牢笼士人与百姓之具，也是指导法制建设的理论基础。

正如历来讲求德化的统治者都没有放松过刑罚一样，康熙帝也只是在崇德的前提下，要求臣下慎刑而已，他的慎刑思想集中表现为“矢公得中”，就是决狱要做到“审鞫精详，谳决平允”，“从公审断，勿徇一时私见”。具体说来，则有以下规定：督抚审拟案件有错，准予改正，并免于议处；无故久禁平人，承审官革职，因而致死，或因审讯致死者，照例处分；禁止贵

① 《东华录》康熙朝卷89。

② 御纂《朱子全书》序言。

族或旗下官杂坐听讼，影响公正鞫讯，恶棍包揽词讼，从重治罪；一案未结，不得又委别官；告状只限正犯，不许波及无辜，牵连妇女；故出入轻重人罪，及枉坐人罪，承审官革职；误拟死刑，已决者抵死，狱吏酷刑滥刑，捕役私刑，及随意用枷者治罪，错判逼供，虐囚致死，主管官员革职罚俸；衙役诈赃十两以上者，并妻子安插奉天；诈赃一百二十两者，照枉法拟绞。这些规定对于约束官吏之间上下其手，肆意虐民，起到了一定的作用。康熙五十年二月他在水围围场发现外省人二名“叩阍”申诉被掠情由（叩阍是清代直诉的一种方式，法律是允许的，但如不实则治罪）。在赵弘燮为此而上的奏折上，康熙批道：“朕河西屋地方见过此叩阍的人，也曾问他大概还记得，总未览状字，今细看状字，未必是实，但有此状，只得察察更好，尔即将此状密送湖广总督处察访，果有此事令总督密折奏闻”。这也是康熙帝慎刑的一种表现吧！无论是慎刑还是尚德，目的都是稳定社会秩序，维护国家的有效统治。慎刑思想是汉唐以来的开明君主、政治家多所主张的，但很难长期坚持和贯彻，这是封建法制的本质决定的。康熙帝倡导尚德慎刑之时，不断发生的文字狱，就为其实质作了清楚的注脚。

与慎刑思想密切联系，康熙帝也提倡依法断罪：（1）官吏必须依照法律问罪处刑。为了防止承问官任意出入人罪，或幕吏利用例以遂其私，他规定“无律援例，有律不得援例”，承问官不依律问罪，严加议处。总之，要“使法蔽其辜，毋纵毋枉，必得其情，始免屈抑”[①]。为此，他还指令刑部官员整顿狱政，改变囚犯“未死于法，先死于狱”的状况。（2）任何人犯罪都要依法制裁。康熙帝深知贵族、高官、绅衿，常常依靠权势，凌驾于法律之上。他在顺天府尹俞化鹏奏陈《京尹重任事多掣肘》折中说“或亲鞫、或发审时辄有戴翎骑马之人直入公门，或称王府差官，或称公主使令，非嘱托原呈即曲庇被告，臣从公鞫狱，即肆咆哮”，特别朱批“凡有此等人来说情，尔即具密折奏闻”，又批“此折甚是京中说情之事从来久了”。他

① 《清实录》卷125。

还借惩治挞辱诸大臣侍卫的阿哥们，来树立法律的权威，并传谕诸随从大臣说："朕为天下元后，凡事但遵大义而行，无罪之人，未尝枉法处治……八议……所以敦国体，非为臣下也。诸阿哥擅辱大小官员，伤国家大体"，嗣后如再发生，"即赴朕前叩告"[①]，侍卫闻此而不告发者，治罪正法。从这道谕旨可以看出康熙帝认为无罪者不得枉法处治，有罪者贵为阿哥也要一体治下，这是攸关"国家大体"的，即使皇帝本人也只能"遵大义"行事。为了查处直隶各省地方纵暴肆虐、贪婪害民的豪强绅衿与旗下庄头，他曾派遣大臣"前往会同该抚，巡历地方，有势要豪强，旗人庄头，大为民害者，廉访确实恶劣，指名题参，重加惩处，以警奸徒，用安良善"[②]。一次康亲王旗下人辱骂府丞，康熙帝下旨从重处治本人，而且察议其主，断然表示："朕止论事之是非，不论其为何人也"[③]。太常寺少卿胡简敬父子兄弟霸民人妻女田产，诬良为盗，在审理此案时，康熙帝下谕："若矜绅七豪，依势横行，凌辱小民，藐法从恣，毫无顾忌，穷黎受害，何所底止"[④]，最后分别判处绞流之刑。

康熙帝依法断罪的思想在一定程度上体现在实践当中，对于建立清初的法制秩序起了积极的作用，当然他没有也不可能坚持照此办理，不仅有文字狱粗暴破坏法制之举，而且晚年对于贪官也多所姑息。

四、"有治人，始有治法"

康熙帝认为："国家有戡乱宁民之略，必有协理宣力之臣，用能延布天威，廓清海宇。"因此在治人与治法的关系上，他侧重前者。在他的言论中有时说得较为缓和，如"有治人，始有治法"[⑤]，"治国家者，在有治人，不

---

① 《清实录》卷233。
② 《清实录》卷103。
③ 《清实录》卷123。
④ 《清实录》卷146。
⑤ 《清实录》卷43。

患无治法尔”[①]，有时说得截然了当，如“有治人，无治法”[②]。这不是偶然的，是针对具体问题而发的。他在总结历史经验和清朝奠都北京以后的数十年统治经验的基础上，深感“设法定例”，虽然难期于尽善，但毕竟可以日近规模，症结在于虽然有“良法美意”，但官吏们“或借端营私，巧为掩饰，或推诿卸过，冀免处分，或徇庇情面，曲为弥缝，凡行一事，每滋弊端”，以至于“泽未下究”，“累已及民”[③]。因此，他意识到“为政全在得人”，如果能有一大批“公而忘私，国而忘家，和衷协恭，实尽职业”的官吏来奉法、执法，就可以使“良法美意”，泽得下究。由此，他得出了“有治人，始有治法”的结论。不仅如此，他对于“徇私利己者多，公忠为国者少”的清朝腐败吏治，是极为不满的，他发出的“有治人，无治法”是愤懑之辞，也是对治人的强调与渴望。正是从强调治人的认识出发，康熙帝把注意力放在吏治上，力图实现吏治清、长吏贤、百姓安的政治局面。康熙帝在亲政以后，每天亲自批阅奏章、以便“面见群臣，咨询得失”[④]。他在御案上写的四条座右铭之一就是“用人与刑名钱粮等事关系非小，不可不慎”[⑤]。

为了整饬吏治，使所任官吏成为“治人”，康熙帝采取了一系列措施，其中包括行政立法和行政监督。

1. 提出了做官之道。康熙四十九年，张伯行在奏报江南各属二麦收成折中，提到“平粜救饥，慎狱省刑、禁止餽遗，严绝陋弊，凡有益于民生者靡不殚心筹画，务期家给人足，闾阖乐业……”，康熙帝对此批道：“做官之道，此折内都说尽了，朕有何言，只看后来如何。”可见张伯行奏折中所言，就是康熙帝心目中的做官之道。康熙五十年在张伯行奏为《钦承恩训恭谢天恩》折中的“务仗匪类屏迹，闾阖安枕”一句上特加眉批“此数

① 《清实录》卷8。

② 《清实录》卷41。

③ 《清实录》卷73。

④ 《清圣祖圣训》卷七。

⑤ 《康熙文集》卷二八。

句得封疆大臣体”。康熙四十九年在郎廷极奏陈《总兵高文熠等操守》折上批道：“古人有言文官不要钱、武官（不）惜死，不怕天下不太平，信哉”。康熙五十一年在郎廷极奏谢《奉旨代理两江总督》折的朱批中特别突出了公正清廉的重要，说：“做官之要莫过公正清廉。”康熙五十二年在王文雄奏请《清理营伍整饬水师》折上朱批“颇得大体”，因为王文雄的调理有助于“止盗安民”。可见，康熙帝所要求于臣下的做官之道虽有许多，但止盗安民是首要之点，这就是康熙帝所说的“大体”。

2. 强调按官制官规行事。见于康熙朝宫中档案的有以下几例：康熙四十九年，曹寅奏请《恩准满都署理运使》折中，推荐“清理有方，催科有法”的满官满都为两淮运使。但康熙帝没有同意，理由是与“满洲从未作运使之例，不合”。康熙五十四年，赵弘燮奏陈《楝员请补理事同知）折中，荐举丁忧在任守制的判瓦尔达为同知。康熙帝根据守制之官的有关规定，批道：“在任守制之官，不便题升迁，恐有议题”。康熙五十五年何天培在请安折中并陈整修船只事，受到申斥：“奏事折子与请安折子一处，不合”。以上说明康熙帝强调按官制官规行事，不得马虎。

3. 划一满汉官品。清朝在顺治时期，满洲统治者对汉族官僚是公开歧视的。表现在官品上，满汉官职相同，但品级各异。例如，满洲大学士、尚书、左都御史都是一品官，但汉族大学士是五品官，尚书、左都御史是二品官。官同品异，当然不利于调动汉官的积极性。顺治十五年虽曾尝试划一品级，但没有推行。至康熙时期，康熙帝标榜“满汉文武，皆为一体”，“不分满汉，一体包容”，“一以公正处之”。于康熙九年重新划一满汉官品：“满汉大小官员职掌相同、品级有异，应行画一”①。从此形式上达到一致，这对发挥汉官的作用是大有裨益的，但事实上汉官仍是有职无权者多，所谓“相随画诺不复可否”而已。

4. 加强对官吏的监督考察。从康熙时起实行每两年一次对官吏的保举

① 《东华录》康熙朝卷 10。。

和劾奏，每三、五年“大计天下”官吏的考绩监督制度，通过大计区分功业卓异、贪、酷、不谨、才力不及、年老、浮燥各项等次，然后分别升贬。除定期考课外，康熙帝每次出巡不仅“观赏民风”，同时也“询察吏治”。他还支持臣下之间以密折形式互相参奏。康熙五十年赵弘爕密奏各部苛求陋规折中，涉及户、刑二部官员，康熙帝朱批道：“但凡奏折（指此类奏折）断不可令人知道”。康熙五十五年在师懿德奏陈理藩院主事石锺狂妄招摇折上批道：“此密折所奏甚是，朕即传回他来京，亦不令人知觉，尔亦密之”。特别是设在江南充当康熙帝耳目的江宁织造曹寅，更是经常受命密折奏陈汉官的情况。

5. 严格限制官吏之间的往来。为了防止官吏之间结党营私，因缘请托，康熙帝规定督抚司道官员赴任时，不准谒见在京大臣，不准从任所差人向大臣问候，不准其家人、传递文书官员来往大臣之家。在京大臣不得与督抚司道之间互赠礼物。违反上述规定要受到革职或正法的制裁。

6. 惩治贪污、失职、违法官吏。康熙帝鉴于前朝官吏贪污、加派，激起民变的教训，对贪官制裁较严。他在上谕中指出：“今设有贪污之臣，朕得其实，亦必置之重典”[①]。对于贪官不轻于赦免，即使赦免也不许复职，甚至原荐举者也要“从重治罪”。康熙二十三年，他亲自审理一起重大贪污案，总督、侍郎、道员等七八名官员或拟斩，拟绞，或立斩。对于州县官，凡不详细呈报“民生疾苦”者革职，永不叙用；侵吞赈饥及蠲免的钱报以肥己者，革职拿问，上司官不行稽察，也要革职处分。如果私派劳役，加派税金，视情节或革职或拟绞，上司容隐一并治罪。为了保证吏治，康熙帝对捐纳为官之举比较慎重。康熙五十五年，直隶总督赵弘爕为州县歉收，恳请“开捐纳以实仓廪”，对此康熙帝批道：“直隶地方断断开不得捐纳，若少米朕自有米”。

康熙一朝之所以政绩显著，是和康熙帝唯才是举，能用人，会用人分

① 《清实录》卷154。

不开的。他在选拔人才时，不为议论所左右，确如他所说："好疑惑人非好事。"① 在统一台湾的问题上，他力排众议，坚定地信赖施琅，"非施琅台湾断不能定"②，终于取得了成功。

五、确立处理少数民族地区的法制原则

清朝是中国古代统一多民族国家最稳定的时期。清朝对少数民族地区的立法是从统一国家的利益和政策考虑的，是清朝法律体系的一部分，有些则是大清律例的分支，但其中无疑包容和保留了一部分地方民族的习惯法与社会风俗。康熙三十五年发布的特别法典——《蒙古律书》便具有因地制宜的特点。蒙古兼办一切刑名贼盗案件的扎尔扈齐就是"官则仍其旧制，易以新衔"③。康熙四十六年对贵州巡抚陈诜在直陈土司情形的奏折上所作的朱批中，提出了少数民族地区的法制原则：（1）"土司种类最繁，风俗各异，自古王法不能绳，若以内地民情治之断不能行……不过将就大概治之"。（2）"若以法制之太严，其烦不可胜言，制之太宽必然犯法者尤多，只以不生事为主，若多事必致尾大难收"。概言之，内地之法不能全行于少数民族地区，只能是大概，而且宽严要适中。

康熙五十七年贵州巡抚黄国林奏陈流棍绑卖子女折中，拟将潜入苗寨勾通本地玩法之徒将民间子女拐去贩卖的贵州流棍就地处死。对此康熙帝颇为审慎批道："此系人命之事须具题才是。"康熙帝所确立的处理少数民族地区的法制原则，继承清开国时期至蒙古地区宣布《盛京定例》的旧传统，同时又有了新的发展，对以后的制定少数民族聚居区的单行条例，有着重要影响。

总括上述，可以看出康熙帝的法律思想内容较为丰富并饶有特色，指导了当时的清朝法制建设，对于恢复社会经济秩序和政治上的安定起了积

---

① 《清圣祖庭训格言》。

② 《清圣祖庭训格言》。

③ 《西域图制》卷二九《官制》。

极作用。但是康熙帝执政时期，仍采取闭关自守的政策。以海禁为例，虽有弛有禁，但以禁为主。在台湾统一前，借口“海寇未靖，船员不宜出海”，台湾统一后，于康熙二十二年，一度开海禁，沿海贸易随之兴起，但至康熙五十年又行海禁。他的闭关锁国的思想于康熙五十六年又转化为法律，出现了洋船偷越禁地及多带粮食，私卖船只罪，严禁卖船给外国和运粮出口。如将船卖给外国，造船与卖船之人皆立斩。出海船只携带的粮食按人计日不得多钱，否则严拿治罪。外国的商船，也须由“地方文武官员，严加防范”。这样就打击了沿海工商业的发展。尤其是康熙帝几次掀起的文字狱，实行禁锢思想的文化专制统治，给清朝开了恶劣的先河。在康熙帝执政的十七、十八世纪是西方资本主义生产方式迅速发展时期，而中国却依然在封建主义的藩篱中踱步，因此对康熙帝思想中的消极一面及其造成的后果也要予以充分估计。

中西法律文化碰撞中的沈家本法律思想*

一、中西法律文化碰撞的必然性

在历史悠久的中国，中外文化的交流也是源远流长的。早在公元前二世纪西汉张骞出使西域，便揭开了中西文化交流最早的一页。唐代，西方文化通过传教的形式传到了中国。十三世纪中叶，元朝统治时期，基督教盛于一时，罗马教皇尼古拉四世特派遣传教使约翰·孟德高维诺首先踏上了中国的土地，他是罗马天主教在华传教活动的先行者。明清之际，天主教的耶稣会、方济各会和多明我会相继传入我国东南沿海一带，广建教堂和修女院，发展教徒达十余万人。至十八世纪，由于清朝政府实行严格的闭关锁国政策，禁止西方传教士来华传教，从而顿挫了基督教在中国的发

* 1990年是沈家本诞辰150周年，为了表达对这位先驱者的纪念，6月22日中国政法大学法律史学研究所召开了一次座谈会。会后，将参会者提供的文章汇编成册，由法律出版社于1990年11月出版，名为《沈家本法律思想研究》。本文收录于该书。

展势头，直到十九世纪初，才又重新崛起。

在这漫长的历史中，中国文化对西方的影响也是多方面的。中国的养蚕术、文学、绘画、音乐，以及体现中国高超的手工艺艺术的丝织品、瓷器等，通过不同的渠道，在不同的历史时期输出到西方，中国的丝织品大约在公元六世纪以前传入欧洲，当时丝绸的价格远比黄金昂贵，以至于被宫廷里的贵妇人当作珍贵的饰物。法国路易十四时代，宫廷中的装饰和服饰也受到了中国艺术的一些影响。十八世纪法国启蒙运动的思想家们也颇为欣赏中国文化，赖赫淮恩在他所著《中国与欧洲》一书中说："中国文化对于洛可可运动的影响不在文学方面，而在乎中国轻脆的瓷器和各种丝绸绚艳悦目的光泽，这种光泽暗示欧洲十八世纪社会一种想象中的快乐人生观。"

十七、十八世纪，资产阶级在建立和巩固政权的过程中，形成了反映自身特征的资产阶级文化。虽然西方各国限于地理环境、历史文化传统、民族习惯、宗教信仰以及经济发展的不同，在文化的特征方面也有所差异，但总的说来，这个新文化体系中，既保留了古希腊罗马文化中注重个体、主张开放的因素，又创造了以资产阶级人性论和人道主义为基本内涵的人文主义，同时也吸取了中世纪宗教文化中寻求灵魂解脱和精神安慰的内容。不仅如此，资产阶级自身的经济利益还决定了这个新建的文化体系具有明显的对外扩张性。

正当资产阶级文化洋溢着新鲜的内容和活力，向着世界进军的时候，中国的传统文化却仍踱着方步，在充满惰性的轨道上缓慢地前进。

长期占统治地位的自给自足的自然经济结构，不仅成为中国文化起源早却进步迟缓的原因，还赋予了其突出的封闭性和保守性。在封建专制主义二千年的高压下，中国传统文化所一贯渲染的是大一统，而大一统的核心是"尊君"。这被看作万古不易的教条和最高的道德准则。

此外，由于宗法制度的长期延续，宗法观念广泛深入到社会各个阶层。因此以"亲亲"为核心的伦理道德文化，在中国封建文化中占有突出的地位。"父为子纲""夫为妻纲"同样被看作万古不易的教条和最高的道德标准。

同时由于中国地处东北亚大陆，物产丰富，适于农耕，可以长时期地维持自给自足的自然经济结构，因而中国古代文化不仅具有独立性，也具有孤立性。

这一切，与以开放性、个体性为特征，并且具有强烈扩张欲的资产阶级文化形成极大的反差。

直到1840年鸦片战争以后，中国传统的古老的文化才面临资产阶级文化的强大冲击与挑战，而处于一种必变的境地。战败了的清朝政府，闭关锁国的门户终于被侵略者的炮火彻底轰开了，西方的资产阶级文化像潮水一样涌入中国。英、美、俄、德、法等国组织大批传教士到中国传教，同时兴办各类学校，建立各种所谓的慈善机关，进行以强权为后盾的一系列文化渗透活动。由于中国传统的封建文化是和资产阶级文化完全不同的、格格不入的，因此对于资产阶级文化的渗透，必然产生顽强的抗体，并进行着激烈的斗争，以致清朝皇帝也不得不以其至高无上的权威发布“天不变，道亦不变”的上谕，为封建文化的继续统治呐喊助威。但是封建文化的没落和清王朝的衰亡都是历史发展的必然趋势。在咄咄逼人的资产阶级文化的进攻面前，封建传统文化只能是节节败退。

还在1840年鸦片战争前夜，先进的中国人如林则徐已经提倡“开眼看世界”，初步认识到了解和吸收西方资产阶级文化对于中国富强的必要性。鸦片战争中清朝的战败，一度在一些人中间产生了外国之胜在于船坚炮利的心理，从而把眼光投向吸收资产阶级的器物文化上。第二次鸦片战争以后，一批早期的改良主义者，随着对西方文化了解的加深，逐渐认识到西方列强之所以强盛，不尽在于船坚炮利，而在于制度优越，因而把设议会、明法制、行立宪作为救国自强的良方。发展到十九世纪末终于出现了一场以建立君主立宪政体为目标的戊戌变法运动。戊戌变法的瞬间失败，不仅说明了旧制度的难以改易和保守势力的强大，同时也说明了旧文化传统的根深蒂固。

在中西新旧文化的激烈冲突中，传统的封建文化虽然逐渐丧失了昔日的统治力量，但在清政权的支持下，仍希图维持原有的阵地。而资产阶级的文化虽然挟着不可阻挡之势，使“西学东渐”成为时代的潮流，但在中国却缺乏必要的物质基础和阶级力量，不仅一时不能取而代之，反而遭到激烈的抵制和反抗。因此，碰撞的结果形成了一种新的文化形态。这种新的文化形态，一方面吸收资产阶级文化的形式和某些思想内容，另一方面又杂糅封建文化的意识和某些原则。这种新的文化形态既表现为洋务派所主张的“中学为体，西学为用”，也表现为十九世纪六十年代至十九世纪末的改良主义者所追求的立宪与革新。在这个半殖民地半封建的文化圈中先有洪仁玕，后有康有为、梁启超。至于沈家本，也同样是这个文化圈中的代表人物之一，只不过他的思想、活动表现在修律方面而已。从沈家本的法律思想特点中不难看出，在这个文化圈中，新与旧、改革与保守、前进与倒退的斗争所加给他的烙印。

二、沈家本法律思想的特点

沈家本生活的时代，是资产阶级文化与中国传统的封建文化猛烈碰撞的大斗争时代。这个特定的历史条件，决定了沈家本法律思想的特点，概括如下：

1. 既详考旧律，又探求西人之学

沈家本青年时期就在刑部为官，长期的工作环境，使他得以浏览历代法典王章、刑狱档案，系统地考订了中国古代法律的沿革源流，又较为细致地总结了法制建设的经验以及与国家治乱兴衰的关系。他是近代中国谙熟中国古代法律，所谓“以律鸣于时”的法学家。由于面对的中国现实是一个“屡经变故、百事艰难”的局面，他深感旧律已经不足以治国，如要“国势日张”就需要开阔视野，“旁考（西方）各国制度，观其会通”，努力研究和吸取西方的法律文化，以期“采撷精华、稍有补于当世”。他说：“彼法之善者当取之，当取而不取是之为愚。”这种“参考古今，博稽中外”的治学理念与实践，正是中国海禁大开以后，新旧递嬗之时，沈家本不同于前此所有的法学家的重要特点之一。

沈家本之所以探究西人之学，是因为他把西方国家的强盛，归结为法学昌明、法制先进。他说："泰西各国……十九世纪以来，科学大明，而研精政法者复朋兴辈作，乃能有今日之强盛，岂偶然哉？"又说："日本旧时制度，唐法为多，明治以后，采用欧法，不数十年，逐为强国。是岂徒慕欧法之形式而能若是哉？其君臣上下同心同德，发愤为雄，不惜财力以编译西人之书，以研究西人之学，弃其糟粕而撷其英华，举全国之精神，胥贯注于法律之内，故国势日张，非偶然也。"为了借西法为中国修律的"考镜之资"，他不仅自己研究西方法律，而且还奏请设立法律学堂，派人出国考察法制，聘请外国法学家担任法学教授和参加修律。他很重视法学家的活动对于制定良法、改善政治的作用，他说，西欧各国从前的刑法，"较中国尤为惨酷"，只是近百数十年来，经律学家几经讨论，逐渐改重从轻，政治日臻美善。

沈家本谙悉旧律，这使他有可能与西法进行比较，吸彼之精华，弃我之糟粕。又热心研究西法，而不固步自封，使他自己眼界大开，并把他所主持的修律工作与世界法律的发展衔接起来，力求跟上时代的步伐。

2. 反对恪守成法，以改律求维新

1840 年鸦片战争以前，清朝虽已江河日下，但仍坚持"祖宗家法"，奉行"天不变，道亦不变"的教条。鸦片战争战败以后，尽管海禁大开，强弱异势，可是顽固的保守势力继续反对了解西方，反对师夷长技，反对用夷变夏，为此他们用武力镇压了太平天国农民起义和戊戌变法运动。迄至 1900 年义和团运动以后，清朝政府已处于大厦将倾的危机时刻。为了苟延残喘，当政的慈禧太后被迫宣布"变通政治"，"变法维新"，说："世有万古不易之常经，无一成罔变之治法。""大抵法久则弊，法弊则更"，"法令不更，锢习不破，欲求振作，须议更张"。

具有现实感的沈家本反对恪守成法，主张变法修律。他从中国古代思想家所奉行的进步历史观出发，认为"法律之损益，随乎时运之递迁，……

推诸穷通久变之理，实今昔之不宜相袭也”，“法律之为用，宜随世运为转移，未可胶柱而鼓瑟”。尤其是鉴于中国处于世界“法典革新时代”，更增加了修律的迫切感，他说：“我中国介于列强之间，迫于交通之势，盖有万难守旧者。”

不仅如此，沈家本还把修律看作“实预备立宪之要著”，他以日本明治维新为例，向清朝统治者陈词说，日本明治维新“以改律为基础”，一跃而为“亚东之强国”。应该说在沈家本的法律思想中直接涉及宪法、政体的是不多的，他的着眼点是在修订实体法和程序法，在这一方面，他与戊戌变法时期的康有为、梁启超、谭嗣同等有所不同。他受到资产阶级法律文化中“法律至上”“法律救国”的影响颇深，他所追求的是“举全国之精神，胥贯注于法律之内”，以改律求维新。这一方面反映了沈家本力图将修律作为变法维新的一项内容；另一方面也企图借此贯彻清朝统治集团预备立宪的主张，减少修律的阻力。从中国历史上来看，主张变革法律以张国势的思想家是不乏其人的，但把改律和立宪联在一起，并作为其“要著”的，沈家本是第一人。

沈家本作为清政府中具有新思想的官僚，他的认识体现了当时由追求“坚船利炮，声光化电”的器物文化向着制度文化的转变。譬如，他推崇西方的“三权分立”的体制说：“近今泰西政事，纯以法制，三权分立，互相维持”。他把“司法独立”看作“东西各国宪政之萌芽”，因此，极力谋求清政府的“司法独立”，看作“异日宪政之始基”。为此，领导制定了《法院编制法》，成为清末修律的重要内容之一。

3. 会通中西，改良法制

这一点最足以反映在中外文化碰撞中，所形成的沈家本法律思想的特点。晚清修律是在西方列强巨大的挑战和社会内部危机严重的大背景下提出来的。清政府在甲午战争中的失败，使得洋务派所追求的“坚船利炮，声光化电”的器物文化和表面的改革遭到了彻底失败。此后，清朝统治者才被迫进行制度改革。光绪二十八年四月初六日清廷发布修律上谕，指派沈家本负责修律事宜。在修律上谕中便提出了“务期中外通行”的要求，这反映了清朝统治者进一步向列强妥协投降和中国社会向半殖民地深化。沈家本受命修律以后，立即全身心投入到这项复杂艰巨的工作中去，从而开始了他一生中最辉煌的时期。

长期受中国法律文化传统熏陶而又在刑部任职多年、精研旧律的沈家本，洞悉清朝法律的弊端以及与西法悬绝之处。因此他主持修律期间，力图借西法之长补中法之短，通过改良法制，达到“会通中西”，延续清朝国祚的目的。在会通中西的思想指导下，沈家本既没有完全撇开中国固有的法律文化，同时对西法也没有采取简单的拿来主义，如同他所说，中国修律若“不深究夫中律之本原而考其得失，而遽以西法杂糅之，正如枘凿之不相入，安望其会通哉？是中律讲读之功，仍不可废矣”。这就决定了沈家本组织下的修律仅限于从表层意义上改良旧律，没有也不可能触及法律背后的整个社会政治文化结构问题，没有也不可能从宏观的角度触及清朝的专制政体。此点在他的《删除律例内重法折》中表现得十分明显，在这个奏折中，他认为就刑制罪名而言，中重而西轻者多，以致“西人每訾为不仁”，因此他奏请删除大清律例中重法（刑），那就是凌迟、枭首、戮尸、缘坐、刺字而代之以斩决、绞决、监候，不知情者不得缘坐，应刺字者改定收所习艺，按罪行轻重定年限。沈家本这个奏折是在儒家仁政观念基础上渗进了资产阶级的某些民主思想。废除酷刑，改重为轻，既无伤大清刑律的根本，又适应了清朝立宪的政策，因而得到了肯定：“凌迟、枭首、戮尸三项，著即永远删除……至于缘坐各条，除知情者仍治罪外，余皆悉予宽免。其刺字等项，亦着概行革除”。

除此之外，沈家本在主持修律期间所提出的“死刑惟一”，“改虚拟死罪为流徒”，“旗民一体同科”，“废除旗民交产”，“禁革买卖人口和畜养奴婢”，“废除比附，律无正条不为罪”，实行惩治教育，主张政刑分离，“司法独立”，改革传统的律典结构等，虽然都是针对旧律例中的弊端，但所有这些主张也都只是参酌西方法律，一点一滴地改良旧律例、旧法制而已。

"会通中西"对于中国法律的近代化确实作出了令人瞩目的贡献。但在帝国主义列强扶植下的清王朝继续存在的条件下，欲求所修之律会通中西，也只能是改良而已。

4. 通过修律收回领事裁判权

沈家本曾经明确表示，企望通过修律收回领事裁判权，达到变法自强。他说："中国修订法律，首先收回治外法权，实变法自强之枢纽，……原以墨守旧章，授外人以口实，不如酌加甄采，可默收长驾远驭之效。"沈家本产生这种思想认识，不是偶然的。1903 年，当张之洞以兼办通商大臣身份与各国修订商约时，英国曾表示"尽力协助"，整顿"中国律例"，一俟中国法律"皆臻完善"，便放弃"治外法权"。美、日、葡等国也作出同样的姿态。显而易见，西方列强在中国攫取治外法权并不是因为中国法律不完善，而是凭借武力所获得的保护侵略者在华利益的司法特权。帝国主义列强在 1903 年之所以作出这种承诺，是在饱经义和团沉重打击之后，力图扶植清王朝这个工具，用以对付反抗帝国主义侵略的中国人民大众。也就是说，他们尽量不使清王朝这艘破船在革命风浪的冲击下沉没，对于这一点，无论是清王朝还是沈家本，不仅没有认识到，反而为其所愚弄，错误地以为只要修改旧律，就可以提高中国的国际地位和收回治外法权。

值得提出的是，对待修律持顽固守旧态度的张之洞，却在与帝国主义列强打交道中对他们的伪善有一定认识，不相信通过修律可以收回治外法权，认为关键是"视国家兵力之强弱，战守之成效以为从违"。

沈家本从自己的认识出发，提出以"模范列强"为修律宗旨，这样就同他主张的"甄采各国法律，当取者取之，当去者去之"，发生了矛盾，同时又把中国的修律纳入适合帝国主义列强需要的轨道，从而表现了思想上的软弱性与局限性。

5. 不悖固有的礼教民情

沈家本在修律过程中，虽然力主吸收西方法律文化，但同时又强调新修订的法律要“不戾乎我国世代相沿之礼教、民情”，只有“旧不俱废，新亦当参”，才能使新修订之律“融合贯通，一无扞格”。这反映了沈家本在中西法律文化激烈冲突下对待修律的矛盾态度，以及他法律思想中不可克服的封建法律文化的羁绊。沈家本没有也不可能触动作为中国传统法律文化支柱的纲常礼教。事实上他是在传统法律文化仍然起着制约力的前提下，参酌西方法律的。

1907年沈家本进奏新刑律草案时，军机大臣张之洞便攻击新刑律违背“因伦制礼，因礼制刑”的原则，要求凡是“有伤伦理之处，应全行改正”。1908年清廷也下令：“旧律义关伦常诸条，不可率行变革”。在这种压力下沈家本没有也不敢抗争，而是“恪遵圣旨”，于有关伦纪各条都“加重一等”，并于新刑律正文之后，附以刑律五款：“大清律中十恶、亲属容隐、干名犯义、存留养亲、以亲属相奸、相盗、相殴并发冢，犯奸各条，均有关于伦纪礼教，未便蔑弃”，犯者按旧律惩办；“危害乘舆、内乱、外患及对尊亲属有犯”，应处死刑者，仍用斩刑；卑幼对尊属不得适用正当防卫之法；等等。这样就在模仿资产阶级刑法而修订的新刑律中拖着一条沉重的封建尾巴。

1909年12月，在修正刑律草案进呈以后而展开的又一次争论中，守旧派谴责沈家本“专摹外国不以伦常为重者，特狃于一时之见”。对此，沈家本虽然进行了反驳，但又常常借助于“外人着眼之处”和“收回治外法权”来为自己辩护。这说明沈家本在思想深处并没有抛弃固有的礼教。因此，他的反批评是苍白无力的。作为一个封建世家子弟，而又几十年跻身于封建官场，耳濡目染使他不能彻底摆脱封建道德的羁绊，是不足为怪的，也是不应苛求于沈家本的。

6. 提倡法学研究和培养专门人才

这在沈家本法律思想中是闪光的部分。由于沈家本把中国法制的改良和进步放在认真研究、引进西方法律文化的基础上，所以他把翻译西方法律、法学著作，摆在首要地位。他说：“欲奉西法之宗旨，必研究西人之学、尤必编译西人之书”。

从鸦片战争前的林则徐开始，一些有识之士大都认为，为了国家富强，需要向西方学习，而向西方学习“译书为第一政务”，这是中西文化碰撞中所产生的一种新认识，也是一个使中国文化走向近代化的步骤。沈家本继承了由林则徐开其先河的译书传统，积极组织译书人才，把译书作为修订法律馆重要的工作内容。沈家本还以日本明治维新时的译书为例来论证译书的重要性，他说，明治维新时日本君臣“上下发愤为雄，不惜财力，以编译西人之书，以研究西人之学”。光绪三十三年五月十八日，沈家本在奏折中阐明了修订法律馆成立以后译书的过程和看法。除译书外，沈家本还重视培养法律专门人才，他说：“法律为专门之学，非俗吏所能通晓，必有专门之人”。为了造就司法人才，他奏请拨款设立法律学堂。他在向清帝的奏折中论证了法学教育的重要性，说：“各国法理昌明，学校林立，法律思想普及全国，其高等法学毕业之人，皆足备法官之登进，取才初不为难，故可由司法大臣专任其事”。经过沈家本的热心筹办，法律学堂几年之内“毕业者近千人，一时称盛”。

总括以上，沈家本法律思想的特点不是偶然形成的，它是中外法律文化碰撞的产物和反映。因此中西杂沓、新旧并存，既矛盾而又统一，成为一种新的法律文化的代表。但总的看来，沈家本体现了近代中国由封建法制向资本主义法制过渡的历史趋势，他引进的西法对中国法制的近代化起了重要的借鉴作用，而在他主持下制定的一系列法律，可以说是中国近代法律的重要渊源，为民国以后北洋政府、国民党政府的立法建制奠定了重要基础，在这一点上沈家本是获得了某种成功的。但是沈家本修律的目的是改良法制，适应西方列强的需要，改善清朝的统治，使其在四面环逼的革命冲击中渡过危机，在这一点上沈家本又是失败者，清朝政府并没有因为沈家本的改良法制而得以续命。

严复改革旧法的法律思想*

严复（1853—1921）是十九世纪末我国最早比较系统地介绍西方资产阶级法律思想的启蒙思想家，同时又是戊戌维新运动中主张变法图强、改革旧制的维新派。严复生活在中华民族与帝国主义的矛盾日益尖锐，国内政治风潮跌宕起伏的时代，他的思想就是那个特定时代的产物和反映。

中日甲午战争以后，清政府战败求和，签订了屈辱卖国的《马关条约》，促使民族危机更加深重，一时之间反帝爱国运动蓬勃兴起，变法自存的声浪越来越高。在思想上久已郁积着向西方学习、变法维新的严复，卷入这场爱国图强的运动。他从 1895 年 2 月起，连续发表了针砭时弊的《论世变之亟》《原强》《救亡决论》《辟韩》等洋溢着战斗精神的论文。同时着手翻译了赫胥黎的《天演论》、孟德斯鸠的《法意》、亚当·斯密的《原富》、耶芳斯的《名学浅说》等八大名著。他所译之书都经过审慎挑选，是为反对君主专制制度，要求变法，破除宋明理学的精神枷锁服务的。例如，严复借“物竞天择，适者生存”的所谓“天演”规律，反对顽固守旧，论证了中国若不变法就会在“生存竞争”中被帝国主义列强吞没，弱肉强食。他系统地阐述了“天道变化，不主故常”，“犹水之东流”，“虽圣人无能为力”[①]的客观发展进程，强调中国“早一日变计，早一日转机，若尚因循，行将无及”，“中国不变法，则必亡是已”[②]。严复以《天演论》为理论根据，论证变法的必要性，在当时的思想界令人耳目一新，起到了警醒的作用。他在《译天演论·自序》中说：“于自强保种之事，反复三致意焉。”

严复的法律思想比较集中地体现在他为译著《原富》《社会通詮》，特别是《法意》所加的按语中，具体为下。

---

* 本文完成于 1980 年，未发表，是为协助张晋藩教授撰写 18 世纪清朝反理学思潮而作。

① 《论世变之亟》。

② 《救亡决论》。

一、抨击君主专制，提倡君民共治

严复继承了十九世纪八十年代以来中国早期改良主义者提出的，改革封建专制政体以发展资本主义的主张，把批判的锋芒指向了君主专制制度。《辟韩》一文就是公开抨击封建专制制度，宣传西方资产阶级民主政治的代表作。严复反对君权神授之类神化帝王的说教，他根据卢梭《民约论》的观点，阐述了国家的起源和君民关系，指出君的出现并非天意，而是由于人群之中发生了"强梗欺夺"之患，为了"通功易事"，才"择其公且贤者，立而与之君"，所以"君也……缘卫民之事而后有也"。君主治国理政也是靠人民"出什一之赋"，才可能"作刑政、甲兵，以陈强梗，备其患害"。"君也，臣也，刑也，兵也，皆缘卫民之事而后有也"。由此得出结论：君权来自民权，只有民才是"天下之真主"，民所享有的自由，也是"天之所畀也"。不久之后，他在《法意》的按语中论证了"西方之君民，真君民也，君与民皆有权者也。东方之君民，世隆则为父子，世污则为主奴"，是君有权而民无权者也。他批判韩愈鼓吹的尊君思想是"知有一人而不知有亿兆"，进而还阐发了在国家遭受欺凌之际，君主不能卫民，不能促进国家"日进富强"，民就有权废君的激进观点。严复还从专制制度本身的局限性论证，专制制度下君主既是暴君，又是蠢物，这是专制制度所决定的。他说，中国的封建君主除了缔造之君，发变闾阎以外，其余的都是"生于帷墙，长于阿保，其教育之法虽不善，故尊为明圣，而其实则天下之最不更事人也"①。因此，"专制之制""百无一可"。以君主专制的落后之国与先进国家为邻，是一定要吃亏挨打的。为了变法维新，严复在批判君主专制的同时，从西方君民共主的政治蓝图出发，呼吁"兴民权"，说"吾未见其民无自由者，其国可以自由也；其民之无权者，其国可以有权也"②。然而严复的理论与实践是脱节的，他赞美天赋人权的学

① 《法意》卷二十，按语。

② 《原富》，按语。

说和资产阶级的民主自由，但又认为人民必须先有自治能力，才有资格谈论民主自由；他尽管猛烈抨击了君主专制制度，却又以中国“民之智，德力皆窳”[①]为理由拒绝马上废除君权，在他看来，民主共和并不理想，而主张君主立宪。即“设议院于京师，而令天下郡县各公举其守宰”，作为变法的实际步骤，幻想通过这种办法实现“君与民皆有权”，“君与民共治”的改革方案。这当然不可能实现。

二、废除天子身兼“三大物”，主张“三权分立”

严复从孟德斯鸠三权分立的学说中，吸取了批判封建专制制度和变法维新的理论武器，他尖锐地揭露了在专制制度下，“天子之一人身兼宪法、国家、王者三大物”的实质，指出“自秦汉以来，无所谓天下也，无所谓国也，皆家而已”。“一姓之兴，则亿兆为之臣妾”，“其兴也，此一家之兴也，其亡也，此一家之亡也”。正是这种专制制度成了中国社会发展的严重桎梏，“四千余年，仅成一治一乱之局面而半步未进也”，“安不得不治世少，而乱世多乎”。

严复还特别指出了“中国之制，自天子至于守宰，皆以一身而兼刑、宪、政三权者也”的另一个弊害，就是冤狱迭生。“故古今于国事犯，无持平之狱”[②]。为了废除天子一人身兼“三大物”的专制政体，严复指出应向西方国家学习，在法律上确立三权分立的原则。他建议设议院，立选举法，推选官吏，说“设议院于京师”，“法令始于下院，是民各奉其所由之约而非率上之制也”[③]。同时要“立选举之法”，废除科举取士任官的制度，“宰相以下，皆由一国所推择，是官者民之所议以厘百工，而非徒以遵奉仰戴者也”[④]。他欣赏西方资本主义国家打破了来自钦定的立法权，说“立

① 《法意》卷八。
② 《法意》。
③ 《原强》。
④ 《原强》。

宪之国最重造律之权，有所变更创垂，必经数十百人之详议，议定而后呈之国主”[①]。司法官的裁判曲直，也不受国中的其它权力的干涉。因此，在三权分立的体制下，“人人传其意，中其言，上下之势不相隔，君不甚尊，民不甚贱，而联若一体”[②]。

严复关于三权分立思想的内容，虽然缺乏进一步的阐述，在封建制仍居于统治地位的中国更不具备实现的条件，但他是从打破专制主义的“身兼三大物”的制度出发而提出来的，因而有其历史进步意义。

三、改革封建的旧法

在严复变法维新的主张中，仿效西方资产阶级法制，改革中国封建的旧法是一项重要的内容。他历数了封建专制旧法的弊害，指出专制旧法以君主个人意志为立法的主要渊源，是“为上而立也”，因而只“求利于上，而不求使于民”[③]，甚至以“毁人身家”为施行的代价。这种“蝟毛而起”的法令，“其什八九，皆所以坏民之才，散民之力，漓民之德”[④]，成为秦专制王朝建立以来“治世少而乱世多”[⑤]的重要原因之一，然而国君则起于这种“驱迫束缚于臣民”的“法之上”，他可以“以意用法，易法，而不为法所拘”[⑥]。一切专制旧法的基点都在于维护君权。因此，专制之国是“无法”之国，专制之君是“无法”之君。用这种法去治国，“其国必不进也”。他认为“治国之法，为民而主者也，故其行也求便于民”[⑦]。治国之法也应该合于“天理人性”，即“自然之律”和“天赋之人性”。他从变法维新，御侮国强的需要出发，积极鼓吹变更法制，他说，“今者事事，方为更始，而法典居

① 《法意》卷十九。
② 《原强》。
③ 《法意》卷二十六，按语。
④ 《辟韩》。
⑤ 《法意》卷二十，按语。
⑥ 《法意》卷二十，按语。
⑦ 《法意》卷二十六，按语。

其最要”[①]。

严复根据《天演论》的原理，痛斥视现实成法不可改变的陈词滥调，论证了法律的可变性。他说“呜呼之法者，方相时之宜为操纵，而或以是为地维天柱之不可摇，何见之囿也”[②]。又说“同一法也，施之彼时而利生，出之此时而害著，其见于历史者众矣。一曰形式之不同，二曰用人之各异，三曰用意之有殊”[③]。结论就是“方今吾国以旧法之疲弛……道在变革，谁曰不宜”[④]。至于究竟怎样改革中国的封建旧法，正像他以西方资产阶级国家的立宪政体为模式，改革中国封建专制政体一样，也以西方资产阶级的法制作为改革中国封建旧法的模式。他对西方资产阶级法制颂扬备至，强调中西之异在于法制，说“泰西之政制，有甚异而必不可同者，则刑理一事是已”[⑤]。他曾怀着倾倒的心性追忆刚刚接触资产阶级法制的情景。“犹忆不佞初游欧时，尝入法庭，观其听狱，归邸数日，如有所失。尝语湘阴郭先生（郭嵩焘，为清驻英公使），谓英国与诸欧之所以富强，公理日伸，其端在此事。先生深以为然，见为卓识”[⑥]。

四、发挥法律治国卫民的作用

严复从资产阶级法治主义出发，十分重视法律对于实现国家统治的重要性。他说：“国有禁令谓之法”[⑦]，法是国家用来改“争且乱”为“安且治”的工具。为了做到法立之后，“上下所为皆有约束”，严复把法制的改革纳入到变更政体、实现君主立宪的总方案中去，指出“今日所谓之宪，不止有恒久之法度已也，将必有其民权与君权且分立并用焉，有民权之用，故

---

① 《法意》卷二十九，按语。
② 《法意》卷四，按语。
③ 《原强》。
④ 《法意》卷二十九，按语。
⑤ 《原富》戊部篇，按语。
⑥ 《法意》卷十一，按语。
⑦ 《法意》卷一，按语。

法之既立，虽天子不可以不循也”[①]。

严复还接受了资产阶级超阶级的法律观，鼓吹法律有卫民、利民、便民的作用。他说“必有法之国家，而后有保民之效耳”[②]。为了发挥法律的“卫民”作用，就需要明确法律所承担的“一曰痒恶；二曰禁未；三曰革非”[③]的任务。同时要改变专制时代“塞奸之是九，而善国利民之事一”的立法指导思想，把善国利民置于首位，他说“居今而言变法，其首宜变者，在乎此旨”。

不仅如此，他还从法立而国安的美好愿望出发，希望中国也能像西方国家那样，在工、商、兵各方面都有一套便于民的法律，他把这看作为民而立的治国之法，说“治国之法，为民而立者也。故其行也，求便于民。乱国之法，为上而立者也。故其行也，求利于上，而不求便于民”[④]。正是着眼于卫民、利民、便民，严复很欣赏西方司法审判中“有辩护之律师，有公听之助理”能够“抵瑕蹈隙，曲证旁搜”，有助于查明案情。他把这看作西方资产阶级法制“其所为善”的内容之一。由此出发，他谴责当时清朝封建法庭“狱未定而加人以刑”，徒以刑讯逼供为能事，愤怒地指出，“吾国治狱之用刑讯，其酷惨无人理，传于五洲，而为此上之大垢矣”[⑤]。

五、改革法制，收回领事裁判权

在严复的改革法制的思想中，还含有收回领事裁判权的爱国主义的积极内容。他说：“地之所在，法之所行也”[⑥]。“法民入英，必守英法，英民入法亦然”，“独纵之至吾土地，则悍然不服吾法。不服吾法，则其人有罪，非吾吏所能治，于是乎领事之设”。以至于中国一国之内，竟然“有数十

① 《法意》卷二，按语。
② 《法意》卷五，按语。
③ 《法意》卷六，按语。
④ 《法意》卷二十六，按语。
⑤ 《法意》卷六，案语。
⑥ 《原富》，按语。

国之律令淆行其中，为此而不终至乱者，未之有也”[①]。因此，他建议“集合各法律之学者，杂议公允，造为一律，以专治来寓中土之外国人”，并且任命总理各国讼狱大臣一人，负责办理中外交涉和在华各国人之间的交涉。他以为这样就可以使“前之领事国官理刑之权悉去之”[②]。严复力图通过修律谋求收回领事裁判权的意见，在当时是很有影响的。不久之后，清朝修订法律大臣沈家本就曾持此说，向清朝统治者奏请修律：“夫西国首重法权，随一国之疆域与界限，甲国之人侨寓乙国，及受乙国之裁判，乃独乎中国不受裁判，特予我不仁之名，此亟当幡然变计者也。方今改定商约，英美日葡四国均允中国修订法律，首先收回治外法权，实变法自强之枢纽。臣等奉命考订法律，恭绎谕旨，原以墨守旧章，授外人以口实，不如酌加甄采，可默收长驾远驭之效”[③]。然而，通过修律来回收领事裁判权，不仅是不切实际的幻想，也陷入了帝国主义者的圈套。帝国主义侵略者在强迫清政府签订不平等条约，攫取领事裁判权时，提出的口实就是中国法律落后且野蛮。事实很清楚，收回领事裁判权要靠中国的独立与强大，而不是制定迎合帝国主义需要的法律。在这个问题上，再一次表现了资产阶级改良派的幼稚与软弱。

总括以上，严复在中国旧民主主义革命时期是向西方国家寻找真理的代表人物之一。他为改革中国腐朽的专制主义制度，勾画了蓝图。在专制主义统治下的黑暗中国，起到了重要的启蒙作用。梁启超曾经评价说：“西洋留学生与本国思想界发生影响者，复其首也”[④]。特别是他的法律思想，对清末变法修律有着直接的影响。但是严复作为资产阶级改良主义者，在政治上、思想上都有很大的软弱性和妥协性。他的改革主张，随着戊戌变法的失败而束之高阁，从此他的战斗生涯也就结束了。面对资产阶级革命不

---

① 《原富》，按语。

② 《原富》，按语。

③ 《寄簃文存》一，《删除律内重法折》。

④ 梁启超：《清代学术概论》。

断高涨的形势，他仍然坚持改良主义路线，这就必然走向时代的反面，以致在辛亥革命以后，完全倒向旧学，竟然鼓吹“天下仍需定于专制”，不宜“共和”①，“现在一线生机，存于复辟”②，成为拥护袁世凯复辟帝制的“筹安会”成员之一。不仅如此，这个曾经倡导新学的代表人物，还站到了反对五四时期新文化运动的营垒。严复的悲剧是发人深省的，是资产阶级的软弱性以及封建文化的严重束缚的反映，这是旧中国半殖民地半封建的特殊国情所决定的，是严复无法克服的阶级的和时代的障碍，同时也表明在专制主义统治下的中国，要进行政治改革不是一件容易的事。

论孙中山的法律思想*

孙中山是我国近代史上“适乎世界之潮流，合乎人群之需要”的资产阶级民主革命的领导者和向西方寻找真理的先进思想家。孙中山的法律思想也和政治思想一样是近代社会矛盾的产物，有着许多光辉的建树。

一、重视法治

早在 1878 年 5 月，孙中山随其兄孙眉抵达檀香山以后，看到当地“地方秩序良好，物产丰富，商业发达，人民安居乐业”，与清朝封建专制主义腐朽统治下的黑暗中国，迥然不同，印象十分深刻，因而促使他去探索，得出檀香山之所以取得上述成就，“实由政府有法律，民众得保障所致”③，这可以说是孙中山法治和民权思想最早的展露，也是他重视法律效用，接受资产阶级法治思想洗礼的最初的言论。1897 年孙中山在英国为寻求救国救民的真理，阅读了大量的书籍，其中法律是他所关注的重要的内容。据

① 《与熊纯如书札》。

② 《与熊纯如书札》。

* 本文发表于《学习与探索》1981 年第 6 期。

③ 胡去非：《总理事略》。

康德黎记述，孙中山经常“阅读有关政治、外交、法律、军事海军的书籍,……占据了他的注意，而且细心和耐心地研究”[①]。这对孙中山的理论体系（包括法制理论）的形成，是有着重要意义的。经过艰苦的探索，特别是实际斗争经验的积累，使形成了“国家除了官吏之外，次重要的是法律”[②]的概念，认识到参加政权的统治阶级的代表人物和法律在国家中的重要地位和作用。

孙中山不仅重视法律的作用，并且将其看作奠定资产阶级共和国政治休制的根本，他曾明确指出“约法……共和国之命脉也”[③]。在就职临时大总统之前，他便表示要通过实行法治来整顿混乱的局面，巩固共和制度。1911 年 12 月，他经香港与廖仲凯会谈后说：今之大患在无政府，新政府一旦建立，则“人民及党人所望于我者……乃在收拾残破之局，以拨乱反治也”[④]。在就任临时大总统以后，他立即着手进行立法工作，在《咨参议院法制局职制》一文中指出，“窃维临时政府成立，所有一切法律命令，在颁行编订，法制局之设，刻不容缓”[⑤]。根据孙中山的意见，于南京临时政府设置法制局，由宋教仁担任局长。孙中山不仅强调“民刑各律及诉讼法，均关紧要”[⑥]，而且为迅速制定中华民国临时政府组织法，特咨参议院：“又查临时政府现已成立，而民国组织之法尚未制定，应请贵院迅为编定颁布，以固民国之基……”[⑦]

但是，孙中山深知制定法律、实行法治是一项事关重大的艰巨任务，不仅要和顽固的封建势力与积习作斗争，还必然受到政治形势、军事形势的影响。他说：“革命之事，破坏难，建设尤难”，“建一议，赞助者居其前，则反

---

① 康德黎:《孙逸仙与新中国》，第 144 页。

② 《三民主义之具体办法》,《孙中山全集》第 3 集，三民公司 1927 年，第 41 页。

③ 《中山先生之乐观——东京归客述》,《民国日报》1916 年 5 月 6 日。

④ 《国父全书》，第 494 页。

⑤ 近代史资料《辛亥革命资料》，第 353 页。

⑥ 近代史资料《辛亥革命资料》，第 353 页。

⑦ 近代史资料《辛亥革命资料》，第 25 页。

对者居其后矣。立一法，今日见为利，则明日见为弊矣。又况所议者，国家无穷之基，所创者亘古未有之制，其得也五族之人受其福，其失也五族之人受其祸……矧为北虏未灭，战云方急，立法事业，在与戎机相待为用”①。

为了开展卓有成效的立法工作，他发布大总统令，规定“民国一切法律，皆当参议院议决宣布乃为有效”②，并且严令内务部取消未经参议院议决、自无法律之效力的《暂行报律》。不得以“暂行”或“从权办理”为托辞。为了顺利地完成编订法律的艰巨任务，孙中山认为必须组织中外专家参加，他说：“查编纂法典，事体重大，非聚中外硕学，积多年之调查研究，不易告成”③。

孙中山在就任临时大总统的誓词和宣言中宣告了南京临时政府法制建设的方针：“颠覆满清专制政府，巩固中华民国，图谋民生幸福”④，“尽扫专制之流毒，确定共和，以达革命宗旨，完成革命之志愿”⑤。具体来说是以民族统一、领土统一、军政统一、内治统一、财政统一和对外的“和平主义”作为指导政策，表现了南京临时政府法制建设的方向和性质。南京临时政府在短短的三个月里，根据资产阶级的法治思想，进行了两个方面的立法活动：一方面是从组织上确立资产阶级共和制度，主要的立法是《修正中华民国临时政府组织大纲》《中华民国临时政府中央行政各部及其权限》《中华民国临时约法》；另一方面是以“去专制之淫威，谋人民之幸福”，“人权神圣为轴心，制定了一系列反映革命民主精神的单行的法律法令。

二、批判与援用清朝法律

孙中山从推翻满洲贵族操纵的清朝政权的民族革命和政治革命出发，

① 近代史资料《辛亥革命资料》，第6页。
② 近代史资料《辛亥革命资料》，第257页。
③ 近代史资料《辛亥革命资料》，第353页。
④ 近代史资料《辛亥革命资料》，第2页。
⑤ 近代史资料《辛亥革命资料》，第3页。

深刻地揭露了清朝统治的腐朽与黑暗，指出清王朝是中国封建专制主义发展的最高峰。他说："前清沿数千年专制之秕政，变本加厉，抑又甚焉"[①]，"政治不修，纲维败坏，朝廷则鬻爵卖官，公然贿赂，官府则剥民刮地，暴过虎狼，盗贼横行，饥馑交集，哀鸿遍野，民不聊生"[②]，"夫中国专制政治之毒，至二百余年来而滋甚……"[③]。他以深沉和愤懑的笔触历数了在清王朝二百六十年的统治下，中国人民所遭受的深重灾难。

孙中山在揭露清朝专制主义统治种种弊症的同时，也揭露了其在司法镇压方面的罪恶，指出清朝法律的锋芒所向就是镇压人民，以保护专制主义统治。他说："对于人民的行动，于皇位有危险的，便用很大的力量去惩治。故中国一个人造反，便连到诛九族，用这样严重的刑罚，去禁止人民造反，其中用意，就是专制皇帝要永远保守皇位"[④]。他还指出，在清朝统治下，"法令益严，罪罟益密。磋我汉人，有重足倾耳嵌口结舌，以葆性命不给"[⑤]，"国家之法律，非人民所能与闻"[⑥]，除去公开的大量的律例以外，皇帝随时颁发的诏谕，甚至地方长官的命令也起着法律的作用。孙中山对此指出："官场一语，等于法律"[⑦]，而"国民对于现法律典章，不敢违反，惟有凛遵而已"[⑧]。在严密的法网束缚下，中国社会"无一非困于黑暗之中"。清朝司法镇压的野蛮残暴确为历代少有，"其身为官吏者，操有审判之全权，人民身受冤枉，无所吁诉"。司法官吏之间"上下相蒙相结，有利则各饱其私囊，有害则各委其责任。贪婪勒索之风，已成习惯；卖官鬻爵，贿赂公

① 近代史资料《辛亥革命资料》，第302页。
② 《兴中会宣言》，《孙中山全书》第3册，第1页。
③ 近代史资料《辛亥革命资料》，第3—4页。
④ 《民权主义》，《孙中山选集》下卷，第682页。
⑤ 近代史资料《辛亥革命资料》，第136页。
⑥ 《伦教被难记》，《孙中山选集》上卷，第23页。
⑦ 《伦教被难记》，《孙中山选集》上卷，第22页。
⑧ 《伦教被难记》，《孙中山选集》上卷，第23页。

行”[1]。在清朝的法庭上，法官们根本“不依照适当的法律程序，而剥夺我们（被告）的各种权利”[2]。

孙中山对待清朝法律制度的态度，也像他对待整个清朝政权的态度一样，主张彻底予以废除。（即使清朝统治时期所订立的人口买卖契约，也下令“悉予解除”。）他批评内务部颁布《暂行报律》的理由之一，就是唯恐使人怀疑“满清钳制舆论之恶政，复见于今”[3]。

但是，在南京临时政府存在期间，百废待兴，各种任务纷至沓来，法制建设尤为繁重。虽然根据孙中山重视法律、讲求法治的思想进行了一些必要的和可能的立法活动，但是不可能在短时期内制定出刑、民、诉讼法等基本法典。然而当时由于处在社会变革时期，又急需法律来维护革命的秩序，保护人民群众的利益。因此，各省多半根据清朝后期制定的刑律略加修改，暂时执行。例如，湖南省按照清末修订法律馆制定的大清新刑律草案，删去其不合民国国体的条文，拟定出《湖南现行刑法》。内务部颁布的《暂行报律》电文中也指出：“民国完全统一，前清政府颁布一切法令，非经民国政府声明继续有效者，应失其效力”[4]。就是说，如经民国政府声明，则可以援用，使其继续有效。在袁世凯宣誓就任大总统后，尽管孙中山尚未解除临时大总统职务，袁世凯仍迫不及待地电令从前清朝“施行之法律及新刑律，除与民国国体抵触，各条应失效力外，余均暂行援用”，对此孙中山并没有表示异议，而且在三月下旬即南京临时政府结束的前夜，对于司法部部长伍廷芳“拟就前清制定之民律草案，第一次刑律草案，刑事、民事诉讼法，法院编制法，商律、破产律，违警律中，除第一次刑律草案，关于帝室之罪全章及关于内战罪之死刑，碍难适用外，余皆由民国政府，声明继续有效，以为临时适用法律，俾司法者有所依据”的呈文，

① 《伦教被难记》，《孙中山选集》上卷，第22页。
② 《中国问题的真解决》，《孙中山选集》上卷，第60页。
③ 近代史资料《辛亥革命资料》，第257页。
④ 近代史资料《辛亥革命资料》，第239页。

明确批示："该部长所请自是切要之图"，咨请参议院议决。

孙中山既主张废除清朝的封建法律，却又批准援用清朝的民、刑、诉讼律草案，这种矛盾的做法不是偶然的。一方面，南京临时政府还不具备制定重要法典的条件，也无暇进行这方面的准备工作，只好暂时援用清朝的法律，以补充法制建设上的空白。另一方面，清末经沈家本、伍廷芳修订的民刑律草案和民刑诉讼法草案，虽然杂有封建法律的某些内容，但在性质上已经不是纯粹的封建法律，而是主要以法日大陆法系作为蓝本，有的还是外国资产阶级法学家参加起草的。无论在体系、原则和具体条文规定上，都取法于资产阶级国家的有关法典。因此，剔除其有关封建性质的法律规定和名词术语外，在孙中山看来是可以有条件地加以援用的。需要指出，袁世凯抛出援用清律作为复辟制的一个试探气球的阴谋，没有引起孙中山的警惕，反而默认其合理，这里既有认识上的原因，也表现了对旧势力的妥协退让。

三、五权宪法

宪法思想是孙中山法律思想中的重要内容之一。他在总结中外法制历史经验的基础上，创造性地提出了五权宪法的理论，并指导了建设革命政权的实际活动。孙中山的宪法思想是在半殖民地半封建中国的特定历史条件下，西方资产阶级宪法学说与中国的历史实际相结合的产物。尤其可贵的是孙中山的宪法思想没有停滞不变，而是随着革命斗争的发展不断地丰富、提高。

首先，孙中山提出了关于宪法的概念，他说："……到底什么叫做宪法呢？简单地说，宪法就是把一国的政权分作几部分，每部分都是各自独立，各有专司的"[①]，"宪法者，国家之构成法，亦即人民权利之保障书也"[②]。又

① 《五权宪法》，《孙中山选集》下卷，第572页。

② 《中华民国宪法史前编序》，《孙中山全书》第4册，广益书局，第7页。

说："政治上的宪法，就是支配人事的大机器……讲民治就是要把机器给予人民"①。

其次，孙中山论证了为什么要制定宪法。指出"要有良好的宪法，才能够建立一个真正的共和国"②，才能使人民有集会、结社、言论、出版、居住、信仰之绝对自由权。在孙中山主持下，南京临时政府制定的具有资产阶级共和国宪法性质的《中华民国临时约法》，其精髓就在于通过根本法的形式，巩固辛亥革命所取得的伟大成果，确立资产阶级共和国的国家制度，规定人民的民主权利。譬如，"中华民国之主权，属于国民全体"，"中华民国以参议院，临时大总统，国务员，法院，行使其统治权"，"中华人民一律平等，无种族阶级宗教之区别"，人民享有人身、居住、财产、营业、言论、集会、通信、信教等自由，以及请愿、陈诉、诉讼、任官考试、选举及被选举等项权利。此外，孙中山还力图通过宪法的形式，来限制总统权力的行使，妨止擅权与专断。早在同盟会纲领中便明确规定了"制定中华民国宪法，人人共守"。南北议和达成以后，孙中山在向袁世凯交出政权时，特别指出："总统不过国民公仆，当守宪法，从舆论"③。在第二次讨袁宣言中，孙中山再一次强调约法是"民国开创时国民真意之所发表，而实赖前此优秀之士，出无量代价以购得之者也。……违反约法，则愿与国民共弃之……尊重约法，则愿与国民共助之"④。

1920年8月，孙中山在总结民国以来围绕宪法而展开的斗争时，还肯定了约法对保卫民国、反对复辟帝制的历史作用："民国约法……此四万万人民公意之表示也，是故袁世凯以洪宪奸之于前而不可，张勋以复辟之于后而辄败"⑤。孙中山不仅主张制定全国的宪法，并且主张各省人民得自定宪

① 《五权宪法》，《孙中山选集》下卷，第582页。
② 《五权宪法》，《孙中山选集》下卷，第575页。
③ 近代史资料《辛亥革命资料》，第138页。
④ 《孙中山选集》上册，第101—102页。
⑤ 《中华民国宪法史前编序》，《孙中山全书》第4册，广益书局，第7页。

法，自举省长，以实现地方自治，贯彻中央与地方的“均权主义”原则。

再次，孙中山以批判的眼光总结了欧美各国宪法，并参酌中国固有的考试制度和监察制度，形成了五权宪法的理论。他说，历观各国宪法，“有文宪法是美国最好，无文宪法是英国最好。英是不能学的，美是不必学的”，因为经过一百余年，随着美国文明的进步，财富的增长，“当时的宪法，现在已经是不适用的了”。1906 年 12 月，他在《民报》创刊周年纪念会上第一次提出五权宪法。他说：“兄弟的意思，将来中华民国的宪法，是要创一种新主义，叫做‘五权分立’”。“五权分立，这不但为各国制度上所未有，便是学说上也不多见，可谓破天荒的政体”①。由于“五权分立”是“立宪政体之精义”，因此，以五权分立为基本内容的宪法，就称作五权宪法。孙中山说：“五权宪法是根据于三民主义的思想，用来组织国家的，……总而言之，三民主义和五权宪法都是建国的方略”②。

所谓五权分立，是在欧美各国实行的立法、行政、司法三权分立之外，另立考选权和纠察权。五权分立和三权分立之间并没有实质上的不同。前者是在后者的基础上发展而成的，意在克服三权分立的弊病。孙中山认为三权分立的弊病在于人民没有直接民权，易于出现议会专制。同时，他从欧美资本主义国家的统治现实中发现，经过选举和委任两个途径产生的政府官员，“难免于埋没人才和任用私人”。因此，他提出建立独立的考试机关执掌考选权，经过考试选用合格的大小官吏，建立独立的监察机关，专管对官吏的监督弹劾。只有这样才是“完全无缺的治理”。

1924 年前后，在中国共产党的帮助下，孙中山的思想从旧三民主义飞跃到新三民主义。在国民党第一次全国代表大会宣言中，强调他所主张的民权应“为一般平民所共有，非少数人所得而私也”。民权运动要以五权分立为原则，才能“既以济代议政治之穷，亦以矫选举制度之弊”。从这里可

① 《孙中山选集》上卷，第 79—81 页。

② 《孙中山选集》下卷，第 498 页。

以看出，孙中山五权宪法的指导思想是人民掌握政权，政府实施治权为了扩大直接民权，人民还应拥有选举、罢免、创制、复决四项权利，以保证立法权和对官吏的监督权。同时要使政府真正成为“万能的”、高效率的，必须实行五权分立，使其互相制约、互相配合。

孙中山关于人民掌握政权、政府行使治权的理论，着眼点在权与能的分治。这种分治不是对立的，而是统一的。即人民掌握政权是为了造成一个为其服务的“万能”政府，政府行使治权是通过职能上的分工合作，实现有效率的统治，以确保人民掌握政权。可见，五权分立是直接民权的结果，又是直接民权的保证。孙中山说：“现在讲民权的国家，最怕的是得到了一个万能政府，人民没有方法去节制它，最好的是得到一个万能政府完全归人民使用，为人民谋幸福”①。这正是孙中山五权宪法的主要内容。

孙中山的宪法理论，除上述五权分立、权能分治之外，他还认为要实现立宪的民国，须经过军政、训政、宪政三个时期。与这三个时期相应的，是“军法之治”“约法之治”“宪法之治”。划分建国三时期的根据是所谓“中国人民久处专制之下，奴心已深，牢不可破”②。因此，须首先用武力“扫除一切障碍，而奠定民国基础”。然后“督率国民建设地方自治”。最后达到宪法之治的宪政时期。他说：“宪法颁布之日，即为革命成功之日”③。建国三时期的理论显然忽视了劳动人民的政治觉醒，及其推动历史前进的伟大作用，是在唯心史观支配下形成的。

最后，孙中山的宪法思想，也是奠基在法国资产阶级革命时期提出的“自由、平等、博爱”以及主权在民的理论基础之上的。他曾把“自由、平等、博爱”的口号和美国总统林肯提出的“民有、民治、民享”，与三民主义等而视之，说：“法国的自由和我们的民族主义相同，……平等和我们的

---

① 《孙中山选集》下卷，第 792 页。

② 《孙中山选集》上册，第 157 页。

③ 《中华革命党宣言及总章》，《中国国民党史稿》第一册，第 161 页。

民权相同，博爱和我们的民生主义是相通的”[①]。“民有、民治、民享主义就是兄弟的民族、民权、民生主义”[②]。

南京临时政府成立以后，孙中山通过制定约法把人民主权的思想固定下来，后来他曾追述说：“‘中华民国主权属于国民全体’的那一条，是兄弟所主张的”。他还多次阐述“夫中华民国者，人民之国也，君权时代则大权揽于一人，今则主权属于国民之全体”。“国民为一国之主，为统治权之所出”[③]。他所说的国民全体的真正含义与阶级内容是可以从辛亥革命以后颁布的《国会选举法》所规定的各项选举条件中，窥见一斑的。这种主权在民的理论，虽然是资产阶级的理论，但比起“朕即国家”的封建专制主义，无疑是历史的巨大进步，它激起了人民群众要求民主的热情，鼓励他们进行反对封建专制统治的革命斗争。

不仅如此，在主权在民的理论指导下，孙中山还主张让各民族“皆能取得国家参政权”[④]。在他主持制定的《中华民国临时约法》中，明确规定：“中华民国人民一律平等，无种族、阶级、宗教之区别”，这在中国历史上是第一次赋予民族平等思想以法的效力，也是第一个以民族平等为号召的立法，它表现了孙中山的民族思想和民主思想的密切联系和互相渗透。

由于孙中山重视并夸大了宪法的作用，因此在袁世凯和以后的北洋军阀，为了实现军阀独裁而猖狂毁法的时候，孙中山以恢复《临时约法》为号召，发起并领导了反对北洋军阀政府，保卫民国的护法运动。护法与毁法的斗争，是以孙中山为代表的资产阶级革命派和以北洋军阀为代表的封建买办势力之间，围绕真共和与假民国而展开的激烈斗争。正如之后孙中山所阐明的“拥护约法即所以拥护民国，使国人对于民国无有异志也”。他

① 《三民主义的解释》,《孙中山全书》第三册，第 23 页。
② 《三民主义的解释》,《孙中山全书》第三册，第 23 页。
③ 《孙中山选集》，第 587、157、340 页。
④ 《总理全集》第 2 集，第 82 页。

曾发愤借此“为民国一清官僚盗贼之害，以树立真正之共和”[1]，坚持既以护法为职志，则只有努力奋斗，期必达目的而后止[2]。但是，护法运动仅以恢复《中华民国临时约法》为目的，缺乏积极的政治内容，因而远远不能满足人民的迫切要求，起到组织和动员群众的作用，以至于“闻有毁法者不加怒，闻有护法者亦不加喜”[3]。孙中山在护法军政府“艰难支撑一年之久，孑然无助，徒为亲者所痛，仇傲所快，终至于解职而去”[4]，严酷的遭遇使他认识到“护法断不能解决根本问题”[5]。护法运动的失败，不仅说明以孙中山为代表的资产阶级革命派迷信无政权为后盾的法律“效力”和以法律限制军阀独裁幻想的破灭，而且标志着中国旧民主革命已经陷入了绝境，从反面教育了孙中山，在中国共产党的帮助下，他认识到：“宪法之所以能有效力，全恃民众之拥护，假使只有白纸黑字之宪法，决不能保证民权，俾不受军阀之摧残……故知推行宪法之先决问题，首先在民众之能拥护宪法与否，舍本求末，无有是处，不特此也，民众果无组织，虽有宪法，即民众自身亦不能运用之，纵无军阀之摧残，其为具文自若也”[6]。不以武力彻底消灭封建军阀势力，即使制定颁布了宪法，也无异于一张废纸。他以深沉愤怒的心情从总结历史经验的角度指出“元年以来，尝有约法矣，然专制余孽，军阀官僚盗窃，擅权，无恶不作，此辈一日不去，宪法即一日不生效力，无异废纸，何补民权”[7]，“宪法之成立，唯在列强及军阀之势力颠复之后耳”[8]。“辛亥之役，汲汲于制定《临时约法》，以为可以奠民国之基础，而不知乃适得其反。……试观元年临时约法颁布以后，反革命之势力不惟不

① 《复港商陈庚如函》，胡汉民：《总理全集》第3册。
② 吴忠慈：《中华民国宪法史前编序》。
③ 《制定宪法大纲宣言》，《中山丛书》第四册，上海太平洋书店1927年版，第21页。
④ 《复港商陈庚如函》，胡汉民：《总理全集》第3册。
⑤ 《中山丛书》讲演，上海太平洋书店1927年版，第5页。
⑥ 《孙中山选集》下卷，第522页。
⑦ 《孙中山选集》下卷，第522页。
⑧ 《孙中山选集》下卷，第522页。

因以消灭，反得凭借之以肆其恶，终且取缔临时约法而毁之”[①]。在半殖民地半封建的旧中国，军阀势力猖獗，封建余孽盘根错节，即使颁布一种好宪法，也必然被封建势力所阻挠，被顽固分子所障碍，要想顺畅实行，是不可能的。[②]

马克思主义认为，宪法是阶级力量对比关系的反映，它的实施不是靠善良的愿望，而是凭借实力和斗争。列宁指出：“什么是宪法？宪法就是一张写着人民权利的纸。真正承认这些权利的保证在哪里呢？在于人民中意识到并且善于争取这些权利的各阶级的力量。”[③]

孙中山晚年的宪法思想所达到的新的境界，说明了他以十分严肃的态度总结历史的经验和教训，无愧为站在革命潮流前面，指导革命的伟大先行者。

四、编定官制、官规以整饬吏治

孙中山把官吏看作维持国家统治最重要的工具，因此，他非常重视人才的选拔，要求实行文官考试制度，注意现任官吏的铨选。为了使政府机关部门在组织、活动等方面有法可循，他强调编定官制官规，以整饬吏治。这也是孙中山法律思想中的一个重要内容。

孙中山认为“人能尽其才”是欧洲富强的首要因素之一，他批评清朝政府洋务派在“仿行西法以筹自强”时，只着眼于“坚船利炮”“是舍本而图末也”[④]。他赞赏欧美各国对官职的人选“务取所长”，使得“泰西之官无苟且，吏尽勤劳”。他说：“人既尽其才，则百事俱举，百事俱举矣，则富强不足谋也。”[⑤]

---

① 《制定建国大纲宣言》，《中山丛书》四，宣言，太平洋书店 1927 年版，第 21 页。

② 《新民主主义宪政》，《毛泽东选集》第二卷，第 693 页。

③ 《两次会战之间》，《列宁全集》第九卷，第 448 页。

④ 《上李鸿章书》，《孙中山选集》上卷。

⑤ 《上李鸿章书》，《孙中山选集》上卷。

从这种认识出发，他在选拔官吏问题上，确定了“任官授职，必赖贤能”[①] 的原则。当广东各届团体议举孙中山之兄孙眉为粤督的时候，他公开表示反对，说其兄“素不娴于政治，一登舞台，人易欺以其方。粤督任重，才浅肆应，决非所宜”[②]。说明他对这个任官原则是身体力行的。他还提出以考试作为选拔官吏、整饬吏治的办法，“尚公去私，厥惟考试”[③]，“整饬吏治，惟有举行官职试验，以合格人员分发各省，以资任用”[④]，并且“令法制局迅将文官试验章程草案，妥为编纂”[⑤]，在“法制未颁，考试未行”的情况下，为了防止“干进者存乘时窃取之心，用人者有高下随心之便”，特令各部总次长，务必“悉心考察，慎重诠选”，“以肃官方而饬吏治”。鉴于清朝末年仕途腐败，“亲贵以贿招诱于上，士夫以利禄市易于下”，涂炭人民，招致灭亡的教训，他着重指出：民国初建之际“肃正吏治，时不可失”[⑥]。在孙中山的敦促下，南京临时政府法制局拟定了文官考试委员会官职令、文官考试令、外交官及领事官考试委员会官职令、外交官及领事官考试令，由孙中山咨送参议院议决。为了使官吏的甄选有法有章，孙中山提出“必定论选之程”[⑦]，同时建议根据“官惟其才，赏惟其功”的精神，设立稽勋局[⑧]，以杜绝有伤国本的“借官为酬”“有功不录”等现象发生。

为了改革官制，建立和逐渐完善中央行政机关和司法机关组织，还在南京临时政府成立不久，孙中山便提出：“所有各部官制通则及各部局官制，亟应编定以利推行”[⑨]。2 月初，孙中山将法制局拟就的《各部官制通则》和

① 近代史资料《辛亥革命资料》，第 193、168 页。
② 近代史资料《辛亥革命资料》，第 170 页。
③ 近代史资料《辛亥革命资料》，第 168 页。
④ 近代史资料《辛亥革命资料》，第 168 页。
⑤ 近代史资料《辛亥革命资料》，第 151、152 页。
⑥ 近代史资料《辛亥革命资料》，第 353 页。
⑦ 近代史资料《辛亥革命资料》，第 193、160、68 页。
⑧ 近代史资料《辛亥革命资料》，第 193、160、68 页。
⑨ 近代史资料《辛亥革命资料》，第 193、160、68 页。

各部局（财政、实业、海军、司法等部除外）的官制各一件，咨送参议院议决。此外，还命令法制局审定司法部呈拟的《临时中央裁判所官制令草案》。除中央机关官制外，3 月 10 日孙中山以临时大总统名义公布了《南京府官制》二十三条。南京府是民国临时政府所在地，直隶于内务部，南京府设知事一人，受内务部总长的指挥和监督。南京府官制的订立，不仅对南京临时政府所在地区新政权的建立和统治秩序的稳定有着重要的作用，同时也为相类似地区的地方官制的确定提供了范例。

改革官制和整饬吏治是关系到国家政权的建立和巩固的大事。对待这个问题，孙中山花费了很多心血，不仅提出了原则、论证了必要性，而且强调要制定相应的法律，用法律来确定政府机关的组织、职权和活动准则；调整相互之间的关系：规定官吏的选拔、奖惩、任免等事项。孙中山在这方面的法律思想完全不同于封建时代的专制主义统治者，表现了资产阶级民主与法治的精神。虽然在当时的历史条件下，特别是南京临时政府只存在了短暂的时间，他所确立的官制、官规没有能够实行，但对以后是很有影响的，某些历史经验在今天也有一定的借鉴意义。

五、依法保护人民的权利

为了保护人权，健全法制，废除封建专制的弊政，改革腐败的社会陋习，在孙中山主持南京临时政府期间，根据资产阶级天赋人权和自由平等博爱的原则，颁布了一系列符合人民利益的具有民主性的法律、法令。其主要内容如下。

（一）确认各族人民的平等权

主张各族人民一律享有选举、参政等公权和居住、言论、出版、集会、信教自由等私权。孙中山在通令《开放蛋户惰民等许其一体享有公权私权文》中指出："天赋人权，胥属平等。自专制者设为种种无理之法制，以凌跞斯民，而自张其毒焰，……前清沿数千年专制之批政，变本加厉，抑又甚焉。若闽粤之蛋户、浙之惰民，豫之丐户，及所谓发功臣暨披甲家为奴，即俗所称义民者，又若雄发者并优倡隶卒等，均有特别限制，使不得与平民齿。一人蒙垢，辱及子孙，蹂躏人权，莫此为甚，当兹共和告成，人道彰明之际，岂容此等苛令久存，为民国玷。为此特申令示，凡以上所述各种人民，对于国家社令之一切权利，公权若选举、参政等，私权若居住、言论、出版、集会、信教之自由等，均许一体享有，毋稍有歧异，以重人权而彰公理。"[①] 由于中华民国以国民为主体，"总统官吏皆国民之公仆也"[②]，孙中山不仅严申反对封建专制制度下官吏所享有的任意欺压人民的法定的和法律外的特权，而且还下令内务部通知各官署革除清朝统治时期各官厅反映官僚等级特权的称呼，指出："官厅为治事的机关，职员乃人民之公仆，本非特殊之阶级，何取非分之名称。查前清官厅，视官等之高下，有大人、老爷等名称，受之者增慙，施之者失体，义无取焉。……嗣后各官厅人员相称，咸以官职。民间普通称呼则曰先生、曰君，不得再沿前清官厅恶称。"[③] 孙中山还论证了妇女应享有和男人平等的法定权利，他说"天赋人权，男女并非悬殊，平等大公，心同此理"，并阐述了妇女在准备革命期间的贡献，"女界女才，其入同盟会，奔走国事，百折不回者，已与各省志士媲美"，"扫平鞑虏，女界亦与有功焉"。因此，他强调，共和国成立以后，女子之有参政权是"事所必至"[④]。为了革除损害肢体的缠足陋习，他下令通饬各省劝禁缠足，并把这一点提到"以培国本"的高度，如果"有故违令者，予其家属以相当之罚"[⑤]。在孙中山平等思想中，五族共和的民族平等思想，是最具有光彩的部分。辛亥革命后不久他在致喀尔沁亲王的电文中便明确

① 近代史资料《辛亥革命资料》，第302、216页。

② 近代史资料《辛亥革命资料》，第302、216页。

③《令内务部通知革除前清官厅称呼文》，1912年3月2日，《孙中山全集》第2卷，第155页。

④ 近代史资料《辛亥革命资料》，第69、70页。

⑤ 近代史资料《辛亥革命资料》，第280页。

宣布："实欲合全国人民，无分汉满蒙回藏，相与共享人类之自由。"[①] 在他主持下制定的《中华民国临时约法》是中国历史上第一个承认各族人民享有平等权利的法律文件，虽然它是资产阶级民主性质的，它所规定的平等权利缺乏物质保证，但不可否认它"为着唤醒人民，为着争取自由和彻底民主的制度"[②]，起到了历史的进步作用。

（二）保护人民的人身自由权

清朝统治时期，法律公开认可买卖人口，鸦片战争以来，帝国主义为了从中国掠夺廉价劳动力大量地贩卖"猪仔"（华工），孙中山针对这种严重侵犯人权的现象，特颁发命令严加禁止。在《大总统令内务部禁止买卖人口》文中提出，"嗣后不得再有买卖人口情事，违者罚如令。其从前所结买卖契约悉予解除，……不得再有主奴名分"[③]。在大总统令外交部妥筹禁绝贩卖华工及保护华侨办法文中，他以一个主权国家临时大总统的身份，"严行禁止猪仔出国"，"杜绝贩卖"，"保护侨民正当的合法利益"[④]。

（三）保护人民的财产权

孙中山根据资产阶级关于私有财产神圣不可侵犯的原则，认为"财产之重，等于生命"[⑤]。为此，特通令内务、陆军两部保护人民之财产。"凡假托名义擅自查封房屋，搜抄家产诸弊端，必须切实防杜"[⑥]。内务部遵照孙中山的命令颁布了五条保护人民财产的法令，其中规定凡在民国势力范围内人民，所有一切私产，均应归人民享有。1912 年 3 月 30 日，孙中山在解

---

① 近代史资料《辛亥革命资料》，第 30 页。

② 列宁：《中国各党派的斗争》，《历史研究》，中共中央马恩列斯著作翻译局译，1978 年第 2 期。

③ 近代史资料《辛亥革命资料》，第 216 页。

④ 近代史资料《辛亥革命资料》，第 312、168 页。

⑤ 近代史资料《辛亥革命资料》，第 312、168 页。

⑥ 近代史资料《辛亥革命资料》，第 312、168 页。

除临时大总统职务的前夕，鉴于地方军政长官“凭借权势，凌轹乡里”，或者依法进入民宅搜索财物，或者托名筹饷，强迫勒索，甚至任意逮捕人民，擅行处死抄没家财，等等，再次通令各省都督保护人民生命财产，强调“各省都督具有治兵察吏之权，务须严防所属，勿许越法肆行，……人民有受前项疾苦者，许其按照临时约法来中央行政院陈诉，或就近向都督府控告。一经调查属实，立予尽法惩治”[①]。

（四）禁烟禁赌，改革社会陋习

对于清朝专制统治所造成的危害家庭、国家、社会以及个人身体健康的吸食鸦片与赌博等恶习，孙中山多次发布禁令，力图以法律的强制力移风易俗，彻底革除。他在《大总统令禁烟文》中指出：近百年来鸦片流毒中国，不仅使个人“失业废时，耗财殒身”，更有甚者将会招致“种姓沦亡”。因此，布告天下严予禁绝，凡是“沉缅忘返者，不可为共和之民”，“于立法时剥夺其选举、被选举一切公权，亦不与齐民齿”[②]。禁烟之外，还明令禁赌。

上述法令是孙中山民族、民主主义法律思想的具体现实，它同清朝残民以逞的封建法律形成了鲜明的对比，表现了中国人民反对帝国主义奴役，维护主权独立的斗争精神，对于革除危害人民的封建积习、激发人民群众的民主热情和民族自豪感都起了积极的作用。

孙中山在长期的革命斗争中，逐渐懂得了“一国之趋势”，系于“万众之心理”的道理，因此，力图通过法律的形式，确保人民的民主权利，贯彻民主共和的主张。但是，他当时还不理解，没有政权，任何法律都等于零。由于袁世凯窃国，南京临时政府迅速解体，使得上述立法没有能够实行。

① 近代史资料《辛亥革命资料》，第 383 页。

② 近代史资料《辛亥革命资料》，第 215 页。

六、建立资产阶级的司法制度

根据资产阶级三权分立的原则，孙中山强调“司法为独立机关”[①]，在《中华民国临时约法》中明确规定了“法官独立审判，不受上级官厅之干涉”，“法官在任中不得减俸或转职，非依法律受刑罚宣告，或应免职之惩戒处分，不得解职”。

为了保证法官谙习法理，胜任称职，孙中山明令“所有司法人员，必须应法官考试，合格人员，方能任用”[②]。

在改革封建司法制度方面，孙中山首先从废止刑讯入手。1912年3月初，明令内务、司法两部门通伤所属禁止刑讯，指出刑罚的目的应该随着文化的进步，而有所“递擅”，“昔之揭威吓报复为帜志者，今也则异。刑罚之目的在维护国权、保护公安。……国家之所以惩创罪人者，非快私人报复之私，亦非以示惩创，使后来相戒，盖非此不足以保持国家之生存，而成人道之均平也”。他谴责清朝统治下滥施刑讯、草菅人命的罪行：“三木之下，何求不得……转相师法，日糜吾民之血肉以快其淫威”。郑重申明“本总统提倡人道，注重民生……对于亡清虐政，曾声其罪状，布告中外人士。而于刑讯一端，尤深恶痛绝，……今者光复大业幸告成功……当肃清吏治，休养民生，荡涤烦苛，咸与更始。为此令仰该部转伤所属，不论行政司法官署，及何种案件，一概不准刑讯。……其从前不法刑具，悉令焚毁”[③]。鉴于封建时代审判专以口供为根据，即所谓“罪从供定”，致使刑讯合法化，因而宣布“鞫狱当视证据之充实与否，不当偏重口供”。为了使这项命令贯彻实施，孙中山还采取了具体的措施，即“不时派员巡视，如有不肖官司，日久故智复萌，重煽亡清遗毒者，除褫夺官职外，付所司治以应得之罪”[④]。

根据孙中山的命令，内务部咨司法部严令所属各官厅、各省府厅州县

---

① 近代史资料《辛亥革命资料》，第357页。
② 近代史资料《辛亥革命资料》，第357页。
③ 近代史资料《辛亥革命资料》，第215页。
④ 近代史资料《辛亥革命资料》，第216页。

所有行政司法部门，一律停止刑讯。接着，司法部又咨各省都督，传达了孙中山关于不准刑讯的命令全文。

然而时隔数日，上海南市裁判所在审讯案件时，发生了“犹用戒责，且施之妇女”的情况，为此，孙中山再次命令内务部司法部通饬所属禁止体罚。他严厉地指出：“近世各国刑罚，对于罪人或夺其自由，或绝其生命，从未有滥加刑威，虐及身体，为体罚之甚者。……乃有图宣告之轻便，执行之迅速，逾越法律，擅用职权，漫施笞杖之刑，致多枉纵之狱者，甚为有司不取也。夫体罚制为万国所屏弃，中外所讥评。……以沪上开通最早，四方视听所系之地，而员司犹踵故习，则其他各省官吏，保无有乘民国初成，法令未具之际，复萌故态者。硕宜申明禁令，迅予革除。为此令仰该部速行通饬所属，不论司法行政各官，审理及判决民刑案件，不准再用笞杖，枷号及他项不法刑具，其罪当笞杖枷号者，悉改科罚金、拘留。详细规定，俟之他日法典。”[①]

对于民国的审级制度，孙中山认为：“四级三审之制，较为完备，不能以前清曾经采用，遂尔鄙弃。”他驳斥江西南昌地方检察长郭翰提出的“轻案采取二审制度”，是“不知以案情之轻重，定审级之繁简，殊非慎重人民生命财产之道。且上诉权为人民权利之一种。关于权利存废问题，岂可率尔解决”[②]。他还在另外的有关批文中，再次肯定了人民的上诉权利，并规定了上诉审级的某些具体职权：“上级司法机关自有提调人证职权”[③]，“人民对于判决如有不服，可径赴该管检察厅上诉”[④]，以利于昭雪冤枉。

为了保护诉讼当事人的辩护权，孙中山主张建立律师制度。1912年3月，内务部警务局局长呈送《律师法草案》，他在转令法制局审定的批文中指出：“查律师制度与司法独立相辅为用，夙为文明各国所通行。现各处既纷纷设

① 近代史资料《辛亥革命资料》，第271页。
② 近代史资料《辛亥革命资料》，第265页。
③ 近代史资料《辛亥革命资料》，第241页。
④ 近代史资料《辛亥革命资料》，第242页。

立律师公会，尤应速定法律，俾资依据。”这表明资本主义国家通行的律师制度已在这个新政权的辖区以内兴起。

孙中山虽然反对以刑罚作为私人报复的手段，对于滥施刑讯的官吏要给以适当的行政处分或法律制裁，借以表示“人权神圣”，“刑期无刑”，但对于危害革命，危害人民生命财产，证据确凿的罪犯，坚决依法严惩。武昌起义前杀害革命烈士和士兵的清朝宪兵长夏祖庆就是奉大总统命令被“立予枪毙”的。对于袁世凯为赦免曾经镇压过革命的前清军政府官员所颁布的大赦令，孙中山坚定表示应根据约法，“须得参议院之追认，方能有效”①。至于一些受人蛊惑或欺骗的保皇党人，孙中山则反对“挟私复怨，借是为名，擅行仇杀”，提出“法令所加，只问其现在有无违犯，不得执既往之名称以为罪罚”②。

根据孙中山关于改革审判制度的一系列指示，南京临时政府主张采用文明办法审理案件。1912 年 2 月下旬孙中山电令沪军都督审理前山阳县令姚泽擅杀一案，司法部认为此案情节重大，必须审慎周详，以示尊重法律。司法部总长伍廷芳电呈孙中山，拟采用以下文明办法进行审讯：由司法部派精通中外法律的官员承审，另选通达事理、公正和平、名望素著的人民陪审员，准许聘请辩护士到堂辩护，审讯时，任人旁听，等等。南京临时政府采用欧美资本主义国家的司法制度，提出公开审判，实行陪审制和辩护制，较之封建专制时代的坐堂问案，刑讯取供，专横武断，无疑是一个明显的进步，但在南京临时政府存在的短暂时间里，真正实行上述文明审判的，还极为少见。

总括上述，可见孙中山的法律思想是其政治思想中的重要组成部分。它包括两个方面的内容，一方面从革命的需要出发，比较深入地批判了以清朝为代表的封建专制主义法律制度；另一方面根据天赋人权、自由平等

① 近代史资料《辛亥革命资料》，第 362 页。

② 近代史资料《辛亥革命资料》，第 7 页。

博爱的原则，阐发了资产阶级的民主法制。他的法律思想反映了近代中国民主革命的先行者向西方寻找真理的具体成果，也是中国漫长的可资借鉴的法律思想发展历史经验的总结。因此，可以说孙中山的法律思想是近代中国法律思想史上具有代表性、影响深广的资产阶级法律思想。但是，孙中山作为一个资产阶级的革命家、思想家，不能不受到历史条件和本身阶级地位的限制，他的法律思想基本上还没有摆脱资产阶级法律观的束缚，他所主张的法治、主权在民等，还是抽象的超阶级的，而且过分迷信法律的效力，忽视政权是法律实施的保障。直到晚年在接受中国共产党帮助的情况下，他才在法律和政治、法律和阶级力量对比关系、法律和民众等基本问题上，产生了认识上的飞跃。他的一生无愧为站在时代前面指导革命的伟大先行者，孙中山的法律思想在中国法律思想史上也同样闪烁着灿烂的光辉。

第二章　中国古代法律文化

社会的遽变与法律的呼应——以春秋战国为视角 *

一、春秋战国时期的社会转型

自公元前770年周平王东迁雒邑，至公元前221年秦统一，是中国历史上的春秋战国时期，也是社会型态由奴隶社会向封建社会转型的剧烈变动时期。这个变动是由铁制生产工具的应用使生产力提高引起生产关系发生变化的结果。

春秋中叶以后，铁制生产工具广泛应用于农业生产，迅速提高了生产力，“千耦其耘”的奴隶制集体耕作方式，被以一家一户为生产单位的小农经济所代替。商鞅变法时曾规定“民有二男以上不分异者，倍其赋”①，表明商鞅以法律的强制力推动一家一户为单位的小农经济结构的形成。

铁制农具的使用还大大加强了“辟草莱”的能力，新开垦出的土地归开垦者所有，以至于私田的数量不断增多，而且经营远较公田出色。在这个过程中土地国有制逐渐瓦解，土地私有权开始确立，由此而发生了土地买卖、转让、交换、赔偿等一系列民事法律行为，当事人多为贵族、卿大夫。由于土地所有权的变更是重大民事行为，有时周王也派官参加土地转让的仪式，并且铸铭文于铜器之上，以示郑重无悔。

---

* 本文选自2011年1月中国政法大学出版社出版的《社会转型与法律变革研究》。

① 《史记·商君列传》。

生产关系的变化，以及各国所采取的变法，使原有的社会结构也发生了重大变化。商鞅变法时为奖励耕战，实行凡“僇（努）力本业，耕织致粟帛多者，复其身（即免除徭役）；事末利及怠而贫者，举以为收孥（官奴隶）”；“有军功者，各以率受上爵”，“宗室非有军功论，不得为属籍”①；庶人工商立有军功也可以上升为士，所谓“庶人工商遂”；家内奴隶立有军功，亦可开释为一般民众，所谓“人臣隶圉免”。

随着地方经济的发展与军功爵的推行，世卿制度逐渐没落，盛行的“见功而兴赏，因能而授官”②的选官原则，出现了一批有才干的布衣卿相，如管仲之起于罪隶，宁戚之起于牧竖，百里奚之起于乞丐，商人弦高竟可干预国家大事。

在地方诸侯纷起争霸的战争中，周初“诸侯并列，王室独尊”的局面和王臣公、公臣大夫、大夫臣士的等级制度遭到彻底破坏。礼乐征伐不再自天子出，而自诸侯出、自卿大夫出。

过去调整等级秩序的“礼”，也在赤裸裸的权力之争中丧失了约束作用。为了适应社会的发展，摆脱由于落后的生产关系所带来的社会危机，各国都进行了以田制为核心的改革，并纷纷制定和公布了成文法，以推动改革和保护改革的成果。春秋战国的社会大变动也在思想文化领域引起了百家争鸣的局面。法家学派以显学的拥有者纷纷登上了历史舞台，体现了前所未有的法观念的更新，呼应着社会的转型。

二、法观念的更新

夏、商、西周时期，作为罚罪之刑和法是同义语，夏之禹刑、商之汤刑、周之九刑亦即夏、商、周三代之法的泛称。至春秋时期，法家纷纷执政，法家学说成为显学，为了显示法的公平性，法家改刑为法。“法”字最早见

---

① 《史记·商君列传》。

② 《韩非子·显学》。

于金文《大盂鼎》:“灋保先王。”《说文解字》:“灋，刑也。平之如水，从水，廌所以触不直者去之，从廌去。”早期法家代表李悝著《法经》，以法代刑作为法典名称，是春秋战国时期法观念进步的体现。

至于改法为律，按《唐律疏议》和《唐六典注》记载，始于商鞅相秦，所谓“商鞅传授（法经）改法为律”，“商鞅传《法经》，改法为律以相秦”。事实上，在商鞅改法为律之前，律的形式已经出现，商鞅只是以一个改革者的权威在秦国正式宣布改法为律而已。新兴地主阶级的统治者为了保证改革的胜利，特别强调法的统一适用，由于律具有整齐划一之意，《易·师》有云“师出以律”之文，孔颖达疏曰“律，法也……师出之时，当须以其法制整齐”，故而改法为律。由刑改为法，由法改为律不是简单的一字之改，而是体现了法观念的更新，它所特有的内涵正是社会大变动的反映。律逐渐成为主要的法律形式，在云梦秦简中“律”字出现了八十八次之多。

然而社会关系的复杂性，决定了法律调整形式的多样性，就在改法为律的战国时期，令的形式也频频出现。例如，公元前 350 年颁布了否定奴隶制土地制度的《开阡陌封疆令》，公元前 348 年颁布了按照田亩和人丁收取赋税的《初为赋令》。此后，又相继颁布了《垦草令》《统一度量衡令》《什伍令》等。

法观念的更新还表现在以下方面：

第一，针对奴隶制时期贵族们垄断法律知识，坚持“刑不可知，则威不可测”的法律秘密状态，法家主张法律的公开性。管子说：“和民一众，不知法不可。”[①] 韩非说：“法者，编著之图籍，设之于官府，而布之于百姓者也。……故法莫如显。”[②] 商鞅变法时，力主公开法律，他认为只有吏民皆知法，才能使“吏不敢以非法遇民，民不敢犯法以干法官”[③]。经过商鞅的法

---

① 《管子·法法》。

② 《韩非子·难三》。

③ 《商君书·定分》。

制宣传，“妇人婴儿皆言商君之法”①。

第二，针对奴隶制时代“刑不上大夫”的宗法等级法制的特权性，法家强调法的公平性。慎到说：“法者，所以齐天下之动，至公大定之制也。”②商鞅更以明确的语言阐述了“刑无等级，自卿相将军以至大夫庶人，有不从王令，犯国禁、乱上制者，罪死不赦”③。他不仅是言者，也是行者。太子犯法也“刑其傅公子虔，黥其师公孙贾”④。韩非还从不同的侧面论证了法的价值就在于“刑过不避大夫，赏善不遗匹夫”，“法之所加，智者弗能辞，勇者弗敢争”⑤。不仅如此，法家还借助度量衡器的公平客观来比喻法的公平性，管子书中说：“尺寸也，绳墨也，规矩也，衡石也，斗斛也，角量也，谓之法。”⑥“法律政令者，吏民规矩绳墨也”⑦。

第三，针对儒家囿于成法反对改革，法家从历史进化论的立场出发，主张法与时转。韩非说：“故治民无常，唯治为法。法与时转则治，治与世宜则有功。……时移而法不易者乱，能治众而禁不变者削。故圣人之治民治，法与时移，而禁与能变。”⑧

第四，为了推进法治，法家强调法律的权威性。商鞅变法时，如对新法“损益一字以上，罪死不赦”⑨。法家虽然是君主专制体制的拥护者，但君主亦须从法，而且法律的权威高于君主的权威。管仲说：“不为君欲变其令，令尊于君。”⑩为使法律具有权威性，须保持统一与稳定，韩非说：“法

① 《战国策·秦策一》。
② 《慎子·佚文》。
③ 《商君书·壹刑》。
④ 《史记·商君列传》。
⑤ 《韩非子·有度》。
⑥ 《管子·七法》。
⑦ 《管子·七主七臣》。
⑧ 《韩非子·心度》。
⑨ 《商君书·壹刑》。
⑩ 《管子·法法》。

莫如一而固，使民知之。”[①] 又说：“言无二贵，法不两适，故言行不轨于法令者必禁。”[②] 他举韩国申不害“不一其宪令”所造成的弊端，作为史鉴：“晋之故法未息，而韩之新法又生，先君之令未收，而后君之令又下。申不害不擅其法，不一其宪令，则奸多。”[③] 邓析子还从有法必行的角度论证维护法律的权威性的重要。他说：“夫治之法莫大于私不行，……今也立法而行私，与法争，其乱也甚于无法。”[④]

第五，针对儒家“治人之道，莫急于礼”和“为国以礼”的治国方略，早期法家管仲提出“以法治国”的方略。他说：“威不两错，政不二门，以法治国，则举措而已。”[⑤] 韩非对管仲提出的“以法治国”进行了诠释：“巧匠目意中绳，然必先以规矩为度，上智捷举重事，必以先王之法为比，故绳直而枉木断，准夷而高科削，权衡县而重益轻，斗石设而多益少，故以法治国，举措而已矣。”在韩非理想的“明主之国”，实际就是“法治国”之中，“无书简之文，以法为教；无先王之语，以吏为师；无私剑之捍，以斩首为勇。是境内之民，其言谈者必轨与法，动作者归之于功，为勇者尽之于军。是故无事则国富，有事则兵强……超五帝、侔三王者，必此法也”[⑥]。韩非还从总结历史的经验主义出发，总结出实行法治与国家兴衰的关系，得出了千古不朽的结论。他说：“国无常强无常弱，奉法者强则国强，奉法者弱则国弱。”[⑦]

第六，法家主张“信赏必罚”“以刑去刑”作为推行以法治国的手段。管仲说：“劝之以赏赐，纠之以刑罚”[⑧]。商鞅变法期间，力主“信赏必罚”

---

① 《韩非子·五蠹》。

② 《韩非子·问辩》。

③ 《韩非子·定法》。

④ 《邓析子·转辞》。

⑤ 《管子·明法》。

⑥ 《韩非子·五蠹》。

⑦ 《韩非子·有度》。

⑧ 《国语·齐语》。

与“赏厚而信，刑重而必”，无论赏与罚所重者一为“信”，一为“去私”，他说：“民信其赏，则事功成；信其刑，则奸无端。”① 此外，《战国策·秦策一》盛赞商鞅施行赏罚无私无畏：“商君治秦，法令至行，公平无私，罚不讳强大，赏不私亲近，法及太子，黥劓其傅。”韩非一方面指出德治之不足为恃，他说：“威势之可以禁暴，而德厚之不足以止乱也”，“明主之治国也，使民以法禁而不以廉止”②；另一方面阐述了“信赏必罚”将会取得的社会效果：“以赏莫如厚而信，使民利之；罚莫如重而必，使民畏之，……故主施赏不迁，行诛无赦，誉辅其赏，毁随其罚，则贤不肖俱尽力矣”③；“赏厚，则所欲得之也疾；罚重，则所恶之禁也急……是故欲治甚者，其赏必厚矣；恶乱甚者，其罚必重矣。”④

综括上述，春秋时期社会的大变动反映在思想领域，就是礼治思想的衰微，法治思想的兴起；“天命”思想的没落，“重民”思想的萌芽。由于齐、晋两国封建生产关系发展相对较早，因而也是法家思想的摇篮。管仲、邓析之后李悝、申不害，直到韩非、李斯有如群星灿烂，人才辈出，他们是封建法治的积极鼓吹者和实践家，不仅进行了法理学上的探讨，而且将法律学说与立法、司法密切结合，指导了变法改制，对于封建法制的形成起着开拓先路的作用。顾炎武曾经描绘了战国时期“援法而治”取代“治人之道，莫急于礼”⑤和“为国以礼”⑥的过程，他说：“春秋时犹尊礼重信，而七国则绝不言礼与信矣；春秋时犹宗周王，而七国则绝不言王矣；春秋时犹严祭祀、重聘享，而七国则无其事矣；春秋时犹论宗姓氏族，而七国则无一言及之矣。”⑦ 其实战国时期儒家学说的法观念也发生了某种变化，其代表

---

① 《商君书·修权》。
② 《韩非子·六反》。
③ 《韩非子·五蠹》。
④ 《韩非子·六反》。
⑤ 《礼记·祭统》。
⑥ 《论语·先进》。
⑦ （清）顾炎武：《日知录·卷十三·周末风俗》。

人物为荀况。

作为韩非之师的荀况，是战国时期儒家学派的主要代表。他的礼法论把法与礼会通，成为一体，为后世引礼入法、礼法合流的封建法制的形成，提供了理论先导。荀况，战国时人。其学以儒家学说为主，但是战国末期社会形势的变迁，百家异说的文化环境的启迪，使他形成了由儒兼法、介于儒法之间的新的儒学思想，成为继孔孟之后特色鲜明、影响深远的儒家学派。

荀况是性恶论的主张者，他说，“人之性恶，其善者，伪也”[①]，一切“残贼”、“淫乱”、破坏社会秩序的行为，都源于性恶，为了“化性起伪”，既需要礼义，也需要法度的教育、规范、改造。他说：“故圣人化性而起伪，伪起而生礼义，礼义生而制法度。然则礼义、法度者，是圣人之所生也。”[②]又说：“古者圣人以人之性恶，以为偏险而不正，悖乱而不治，故为之立君上之势以临之，明礼义以化之，起法正以治之，重刑罚以禁之，使天下皆出于治，合于善也。是圣王之治，而礼义之化也。”[③]由此可见，性恶论是荀子关于礼法的起源、作用、关系等思想体系的理论基石。他摆脱了传统的天命观的束缚，凸显了人创造礼法的主动性，使得古代人文思想有所前进。在荀子的法思想中，礼法一体综合为治，是其核心。荀子认为“治之经，礼与刑”[④]，“故非礼，是无法也”[⑤]，“礼者，法之大分，类之纲纪也”[⑥]，而“法者，治之端也”[⑦]。礼与法在治国、理政、驭民、育人方面，有其效用。因此他强调既隆礼又重法，“隆礼尊贤而王，重法爱民而霸”[⑧]，“隆礼至法

① 《荀子·性恶》。
② 《荀子·性恶》。
③ 《荀子·性恶》。
④ 《荀子·成相》。
⑤ 《荀子·修身》。
⑥ 《荀子·劝学》。
⑦ 《荀子·君道》。
⑧ 《荀子·强国》。

则国有常”[1]。

隆礼重法体现了由春秋时期的儒法对抗，逐渐走向儒法合流的变化，这是历史发展的必然反映。因为在世变之极的时代，法的价值较之空泛的仁政学说更具有实际意义，这充分说明了荀子也不愧为“圣之时者也”。

荀子还针对慎到重势尚法的观点，提出了重人的问题，他说：“有治人，无治法”[2]，“法不能独立，类不能自行，得其人则存，失其人则亡”[3]。由此而被后人列入人治论的开创者行列，受到了法治论者的批评。近代梁启超便尖锐地指出：“荀卿有治人无治法一言，误尽天下，遂使中华数千年，国为无法之国，民为无法之民。”[4]其实对荀子的这种批评是不公允的，荀子从未离开治法而论治人，与其说他是人治论者，不如说他是重人执法论者。

荀况所说治人与治法，着眼点是为了解决法与人的关系问题。他认为法有“良法”与“乱法”，人有“君子”与“小人”，良法亦即治法，君子则为治人。他在《君道》篇中非常清晰地论述了治人与治法的关系。他说：“有乱君，无乱国；有治人，无治法。羿之法非亡也，而羿不世中；禹之法犹存，而夏不世王。故法不能独立，类不能自行，得其人则存，失其人则亡。法者，治之端也；君子者，治之原也。故有君子，则法虽省，足以遍矣；无君子，则法虽具，失先后之施，不能应世之变，足以乱矣。不知法之义而正法之数者，虽博，临事必乱。故明主急得其人，而暗主急得其势。急得其人，则身佚而国治，功大而名美，上可以王，下可以霸；不急得其人，而急得其势，则身劳而国乱，功废而名辱，社稷必危。”可见荀子针对重势而提出的有治人无治法，是以治法为前提的，他从未撇开治法而孤立地谈治人，更没有漠视良法对于治国的作用。只是在法与人的关系上，强调了人的能动性，如果以荀子的重人执法论与法家的法治论相比较，可以看出

① 《荀子·修身》。
② 《荀子·修身》。
③ 《荀子·修身》。
④ 梁启超：《论立法权》，《饮冰室文集》。

在以法为治世之具的认识上是完全一致的。对于法律的实施，荀况依靠君子，法家凭借君主，二者也有异曲同工之处。荀况重人执法论的观点对后世有着深远的影响。唐时白居易说："虽有贞观之法，苟无贞观之吏，欲其刑善，无乃难乎。"[①] 明末清初王夫之也提出："责人而授以法，使之遵焉"[②]，"进长者以司刑狱，而使守画一之法"[③]，这样才能使"国事大治"。

以上可见，荀况的法思想是在批判吸收诸子百家之说的基础上，经过综合而成的。他所提出的礼法二柄、治人、治法等学说，开创了中国古代法文化的新天地，打破了孔孟之儒与法家学派的壁垒。汉代以后的外儒内法、儒法合流的大势，可以说是导源于荀子的。荀况学说的丰富性、时代性，都使他当之无愧地成为新儒学的奠基人，他对中华法制文明的贡献是巨大的、富有历史意义的。

三、成文法的涌现

春秋战国社会的转型引发了一系列新的法律关系，亟须制定新的法律予以调整，因此在各国进行的政治改革中都含有制定和公布成文法的内容，并以此来推动改革，打击守旧势力，巩固改革的成果。

公元前636年，晋文公重耳即位，锐意改革，制定《被庐之法》。《汉书·刑法志》应劭注曰："蒐于被庐之地，作执秩以为六官之法，因以名之也。"楚国于楚文王时作《仆区法》。

《左传》昭公七年芋尹无宇曰："吾先君文王（楚文王），作仆区之法。"杜预注："仆区，刑书名。"服虔曰："仆，隐也，区，匿也。为隐匿亡人之法也。"以此打击侵犯他人财产的逃犯。楚庄王时又作《茆门法》。据《韩非子·外储说右上》："楚庄王有茆门之法，曰：'群臣、大夫、诸公子入朝，马蹄践霤者，廷理斩其辀，戮其御。'"茆门，也称雉门，是宫门之一。《茆

① （唐）白居易：《长庆集》卷四十八。

② （清）王夫之：《读通鉴论》卷十。

③ （清）王夫之：《读通鉴论》卷三。

门法》是一项专门的宫门立法，显示了在礼崩乐坏的历史背景下，诸侯国王力图借助法律树立新的权威。《茆门法》是后世宫门卫禁法的前身。

至春秋晚期，郑、晋二国率先公布成文法，掀起了新一轮震动社会的法律变革浪潮。《左传·昭公六年》记载“郑人铸刑书”，杜预注曰：“铸刑书于鼎，以为国之常法。”由于子产“铸刑书于鼎”，打破了“临事制刑，不预设法”的旧传统，对贵族们任意化无罪为有罪、变有罪为无罪的擅断权是一种剥夺，因而引起了极大的震撼，遭到晋国以叔向为代表的旧贵族势力的激烈反对。叔向致书子产大加抨击，理由就是：“昔先王议事以制，不为刑辟，惧民之有争心也，……今吾子相郑国，……铸刑书，将以靖民，不亦难乎……‘国将亡，必多制’，其此之谓乎？”但子产以“救世”之辩不予“承命”。所谓“救世”就是顺应社会的变化改革旧法制创造新法制，推进社会进步。

郑铸刑书二十三年以后，晋国“铸刑鼎”，也公布了“刑书”。《左传·昭公二十九年》记载如下：“冬，晋赵鞅、荀寅帅师城汝滨，遂赋晋国一鼓铁，以铸刑鼎，著范宣子所为刑书焉。”对此，孔子也进行了抨击：“仲尼曰，……贵贱不愆，所谓度也。……今弃是度也，而为刑鼎，民在鼎矣，何以尊贵，贵何业之守，贵贱无序，何以为国？”孔子所说“民在鼎矣，何以尊贵”，同叔向“民之有辟，则不忌于上”的攻讦如出一辙。

但孔子把这个问题提到了“何以为国”的高度，表现了斗争的激烈。春秋时期成文法的公布，反映了正在形成中的新的生产关系的要求和社会结构的变动。为了维护不断发展的私有财产权，确认变动中的社会关系，调整由于宗法等级制度的松弛而形成的政治结构，巩固新势力已经获取但尚不巩固的权力，代表新兴地主阶级的政治家以极大的勇气和魄力公布了成文法。围绕公布成文法所展开的争论是新旧势力的权力之争，是封建性法制取代奴隶制法制的历史进程中所不可避免的。但是，新生的事物终究是要战胜旧事物的，公布成文法自郑、晋开其端，其他各国也群起仿效。至李悝著《法经》，为春秋各国公布成文法的历史性运动作了一次总结。

《法经》大约成书于公元前 407 年（周威烈王十九年），但早在汉朝以前便已湮灭失传。《汉书・艺文志》载有《李子》三十二篇，列为法家之首。班固在注中也仅仅说明李子“名悝，相魏文侯，富国强兵”。其后《晋书・刑法志》在论述秦汉律的沿革时，对《法经》的来历和内容作了概括性的介绍：“是时（指魏明帝制定曹魏新律之前）承用秦汉旧律，其文起自魏文侯师李悝，悝撰次诸国法，著《法经》。以为王者之政莫急于盗贼，故其律始于《盗》《贼》。盗贼须劾捕，故著《网》（疑为“囚”之误）、《捕》二篇。其轻狡、越城、博戏、借假不廉、淫侈、逾制以为《杂律》一篇。又以《具律》具其加减。是故所著六篇而已，然皆罪名之制也。商君受之以相秦。”唐时《唐律疏议》和《唐六典》所言《法经》的结构与源流，与《晋书・刑法志》大略相同。《唐律疏议・名例律》疏云：“魏文侯师于李悝，集诸国刑书，造《法经》六篇，一盗法、二贼法、三囚法、四捕法、五杂法、六具法。商鞅授之，改法为律。”可见，《法经》是秦汉律之所宗，奠下了封建法制大厦的基石。战国时期，各国继续春秋以来制定公布成文法的潮流，相继制定了具有封建性质的法律。概括如下：

赵国约于公元前 403 年由公仲连实行以选廉举贤、任官使能、改革法制为主要内容的改革，由此而产生了成文法《国律》。《国律》的实行带来了赵国的兴盛，它的废弛也使赵国的国势衰微。韩非对此评论说：“当之方明《国律》，从大军之时，人众兵强，辟地齐、燕；及《国律》慢，用者弱，而国日削矣。”这是一个很值得重视的历史经验。

楚国约于公元前 390 年用吴起为令尹，主持改革，实行以法治国，“塞私门之请，易楚国之俗”，并由屈原奉命制定《宪令》。据《史记・屈原列传》：“怀王使屈原造为宪令，屈平属草稿，未定。上官大夫见而欲夺之，屈平不与，因谗之曰：‘王使屈平为令，众莫不知，每一令出，平伐其功，曰以为非我莫能为也。’王怒而疏屈平。”屈平虽为王所贬，但《宪令》继续实施未废。

楚国另有一部影响较大的法典——《鸡次之法》。据《战国策・楚策》：

“吴与楚战于柏举，三战入郢，……蒙谷遂入大宫，负鸡次之典以浮于江，逃于云梦之中，昭王反郢，五官失法，百姓昏乱，蒙谷献典，五官得法，而百姓大治。”

齐国齐威王于公元前357年任用邹忌为相，进行改革，邹忌提倡谨修法律而督奸吏，并以管子关于“则、象、法、化、决塞、心术、计数”等思想为指导，制定了《七法》。《七法》的推行使齐国的改革得到了保障。

韩国约于公元前355年由著名法家申不害进行改革，他主张以术为中心，使国君操其权柄，以加强国家法制。在申不害法治思想的指导下，产生了韩国的成文法典《刑符》。

魏国在改革中产生了《太府之宪》，又称《魏宪》。据《战国策·魏策》：安陵君曰：“吾先君成侯，受昭襄王以守此地也，手受太府之宪；《宪》之上篇曰：子弑父，臣弑君，有常不赦。国虽大赦，降城亡事不得与焉。”

战国时期各国立法基本上是新的法观念的产物，所确认的经济结构是以一家一户为单位的农本主义的经济结构，政治体制是以国王为最高权威，以相、将为文武官之长的官僚制度。原有的世卿制度没落了，周天子的权威也已荡然无存。礼乐征伐不再自天子出了。法制秩序是君臣上下皆以法，开辟了以法治国的新局面。文化形态是百家争鸣诸说并存，但在论辩斗争之中而有显学之分。总而言之，春秋战国时期的社会转型决定了法制的变革，而法制的变革又巩固了新社会的基础，这是历史的规律性的反映，但明君贤相、智者贤者的作用也不可以低估。

清朝“因俗制宜”的民族立法*

一、清朝民族立法的概况

清朝制定的调整民族关系和民族事务的立法，是其整个立法中的重要

* 本文写于2005年，为协助张晋藩教授编写《清史·法律志》中民族立法而作。

组成部分，无论数量和内容都达到了中国古代民族立法的顶峰。

早在入关之前，皇太极便注意把清政权的法制推行到少数民族地区，即所谓宣布“盛京定制”。

顺、康二朝，在调整各族关系的法律中，以对蒙古的立法为代表。顺治十年规定外藩蒙古亲王以下，公以上，随从人员的服色和人数。顺治十一年规定外藩王、贝勒、贝子、公元旦来朝给赏例，顺治十二年规定赐恤外藩蒙古王公例。顺治十五年议定理藩院大辟条例。康熙朝，对漠南蒙古继续实行联姻政策，对曾经反清的察哈尔部，由清廷直接任命官吏进行统辖，不设札萨克和王公封爵。

雍、乾时期，对东北地区的少数民族以及西南地区的苗族，颁行了一系列法令，对于回族聚居地区，以及维吾尔族、藏族也都进行了卓有成效的立法调整。

嘉、道以后，国势转衰，民族立法在雍、乾两朝的基础上虽有某些发展，但总的趋势处于停滞状态，有的立法已成具文。

清朝民族立法的主要成就是嘉庆朝编纂的体系严整、内容丰富的《理藩院则例》和《回疆则例》。此外，从乾隆初叶起，便开始制定适用于西藏地区的重要章程。至光绪三十三年，又完成了《新治藏政策大纲》十九条。清政府对青海地区聚居的少数民族，制定了《青海善后事宜十三条》《禁约青海十二事》《西宁青海番夷成例》等三部法规。其中以《西宁青海番夷成例》较为稳定。对于苗疆地区，清政府在一定范围内确认苗、瑶、壮、彝等少数民族的传统习惯法，即所谓《苗例》的法律效力。同时也制定了适用于苗疆地区的条例、禁约、善后章程，这些法律推动和巩固了清政府“改土归流”的政策，促进了苗疆地区法制建设的内地化倾向。

清朝之所以重视民族立法，并取得了超乎历代的成就，首先，是与满洲贵族为政权主体的历史特点分不开的。他们从在关外时起，便注意通过各种形式加强民族联盟，以壮大本民族的实力，因此，积极进行民族立法。其次，清朝统治者重视总结历代的统治经验，在民族立法上所采取的因俗制宜，就是历代经验的成功总结。最后，在清朝二百余年的统治期间，是中国各族法律文化交融渗透迅速发展时期，正是在中华民族各族法律文化大融合的基础上，才有可能产生比较成熟的、系统的、稳定的清朝民族立法。

二、《蒙古律例》与《理藩院则例》

顺治十五年九月，议政王贝勒大臣等议定理藩院大辟条例，成为之后制定《蒙古律例》和《理藩院则例》的原型。康熙三十五年，随着国家的巩固，理藩院将清太宗以来陆续发布的一百二十五条有关蒙古的法令，汇编为《则例》，作为处断蒙古事务，调整、巩固蒙古封建主对清朝的臣属关系和蒙古社会内部关系，以及社会秩序的法律依据。①

乾隆时期，随着清朝国土的扩充，国力的强盛，民族立法也走向系统、定型和完备阶段。其中具有代表性的是《蒙古律例》和《钦定西藏章程》。《蒙古律例》共有十二卷，二百零九条。主要内容如下。

官衔门：关于蒙古王公的职衔、承袭、品秩、仪制、恩赏等；户口差徭门：关于户口管理、基层组织、差役徭役、婚姻继承等；朝贡门：关于蒙古王公的年礼庆贺，朝贺进贡等；会盟行军门：关于会盟时间与纪律、行军纪律和军器管理等；边境卡哨门：关于侵界、偷猎、贸易往来、买卖军器等；盗贼门：关于强劫、抢夺，偷窃和对贼罪的处理等；人命门：关于杀人、伤人等；首告门：关于诉讼的限制和程序；捕亡门：关于捕获、隐匿逃人、拿获隐匿贼人、踈脱斩犯等；杂犯门：关于违用禁物、失火放火、发塚犯奸、诱卖人口等；喇嘛例门：关于喇嘛服饰、喇嘛班第、喇嘛寺庙管理及喇嘛犯罪的处理等；断狱门：关于罚罪牲畜的数目、王公犯等的议处、死罪的审决与收赎等。可以看出，《蒙古律例》是一部适用于蒙古地区的涉及行政、民事、刑事、军事、司法程序各方面的民族法规，它是清朝民族立法走向系

① 《蒙古旗简史》，内蒙古人民出版社1985年版，第218页。

统化的产物，它为《理藩院则例》的制定打下了最重要的基础。

嘉庆十六年，以《蒙古律例》为基础，编纂《理藩院则例》，于嘉庆二十二年刊刻颁行，共七百一十三条。《理藩院则例》分“通例”上下和“旗分”等六十三门。适用的对象是蒙古族与藏族；适用的地区是蒙古、西藏与青海；在内容上诸法并存，包罗详备，可以说是集清朝开国以来民族立法之大成。

《理藩院则例》虽经道光、光绪二朝修改，但体例不变，只是增加了“捐输”一门，条文增至九百六十五条。《理藩院则例》既以《蒙古律例》为基础，又是《蒙古律例》的重要发展。凡录入《理藩院则例》的蒙古律例条文，都根据适用范围的扩大和社会的发展，作了删修增补。

在司法制度中，规定了办理蒙古案件。如蒙古例中无专条者，准比照刑律或吏、兵、刑部则例引用。蒙古与民人之间的案件，各按案发地区，分别依例定拟。由此可见，清朝在制定《理藩院则例》时，注意协调传统的蒙古律例与内地律例之间的关系，反映了因族制宜，援俗为治的特色。

《理藩院则例》也以法律的形式确立了西藏地区的职官制度，规定了驻藏大臣和西宁办事大臣的设置和权限以及西藏地区的军事、财政和喇嘛管理等项制度，从而加强了清政府对于蒙、藏、青海地区的行政、司法管辖权。

三、西藏、回疆、青海、苗疆的民族立法

（一）清朝对西藏地区的民族立法，主要是制定了六部章程

六部章程，即乾隆十六年制定的《酌定西藏善后章程》十三条，乾隆五十四年制定的《设站定界事宜》十九条，乾隆五十五年制定的《酌议藏中各事宜》十条，乾隆五十八年制定的《钦定藏内善后章程二十九条》，道光二十四年制定的《酌拟裁禁商上积弊章程》二十八条，光绪三十三年制定的《新治藏政策大纲》十九条。在不同时期制定的这六部章程，各有其针对性和侧重点。如乾隆十六年章程，是在平定西藏企图摆脱清政府管辖

的事变之后制定的，因此它规定了西藏地方不再封藏王，以免地方大贵族权力集中，而设四噶隆主持地方政府的常务，重要事务“务须遵旨请示达赖喇嘛并驻藏大臣酌定办理”[①]。同时革除了噶隆在私宅办理公务的弊端，章程中关于驻藏大臣的一系列管理权，体现了清政府加强对西藏地区管辖的意图。

乾隆五十四年章程，是在清政府平定由于西藏地方官员在贸易中苛待廓尔喀，引起军事侵犯之后制定的。因此，该章程严格驻防制度，规定了西藏对外贸易官员的职责和收税标准。特别是对西藏地方的司法制度作了专条规定：“凡有关汉、回、外番等事，均令郎仔辖呈报，捧员会同审理”。[②]表现了清政府对西藏地方司法管辖权的发展。

乾隆五十八年章程是在战胜廓尔喀入侵西藏之后制定的，根据乾隆帝授意，由大将军福康安等人会同达赖、班禅等人拟订并经乾隆帝批准，故称《钦定藏内善后章程二十九条》。其主要内容是创立了达赖、班禅等活佛转世灵童的“金瓶掣签”制度，使活佛的继承人制度法律化；强化了驻藏大臣的职权，驻藏大臣督办藏内事务，应与达赖喇嘛、班禅额尔德尼平等，共同协商处理政事，所有噶伦以下的首脑及办事人员以至活佛，皆是隶属关系，无论大小都得服从驻藏大臣，西藏政府的高级官员噶伦和代本，须呈请皇帝任命，中下级官员由驻藏大臣和达赖喇嘛任命，并发给满、汉、藏三种文字的凭证；统一了西藏地方的币制和税收；确认了政教合一的政治体制；加强了清朝对西藏地方的司法管辖，对犯罪者的惩罚包括没收财产，均须经驻藏大臣审批，限制了地方噶伦乱定罪名，擅加罚款的弊端。《钦定藏内善后章程二十九条》强化了清政府对西藏地方政府的全面管理，稳定了西藏地方的政治局面，产生了深远影响。

① 《清代藏事辑要》第 179 页。

② 《清代藏事辑要》第 240 页。

（二）《回疆则例》

道光二十三年刊刻印行的《回疆则例》，继承了清朝在统一回疆立法中所确认的“伯克”制度、货币制度，并根据形势的发展，作出新的补充规定。如详列维族地区职官的设置、职掌、品秩、承袭、任用、休致等规定，其中贯穿着因俗设官、因地制宜的原则。对于维族上层晋封王、贝勒、贝子、公者，其服色、坐褥准照蒙古王公例设置，借以加强满、维贵族集团的联盟，同时严格维护清朝皇帝在任用维族地方职官的最高决定权。《回疆则例》还对维族地区的年班、赏赉、度量衡、货币、赋役、贸易、驻军管理等各项制度作了专门规定。对于维族地区的宗教管理制度和刑事案件的管辖制度，也作了具体规定。

《回疆则例》作为适用于维族的专门立法，对于治理回部、稳定边疆，具有重要的历史意义。但由于《回疆则例》成书较晚，清朝的国运已日趋衰微，从而限制了其作用的发挥。

（三）青海地区少数民族法规

雍正二年，清军在青海平叛之后，经雍正皇帝批准颁行《青海善后事宜十三条》，主要内容是仿照漠南蒙古与漠北蒙古的行政体制，在青海蒙古地方实行札萨克制度，每百户编一佐领，该管台吉授为札萨克，每年定期会盟，盟长奏请皇帝决定。为了统一青海地区少数民族的事权，雍正三年设置“总理青海蒙古番子办事大臣”（简称西宁办事大臣），作为清政府派驻青海地方的最高行政长官。如果说《青海善后事宜十三条》基本上是行政立法，那么作为该法重要补充的《禁约青海十二事》就是刑事与民事条款。如“背负恩泽，必行剿灭；恪守分地，不许强占；差员商贾往过，不许抢掠；父殁不许娶继母及强娶兄弟之妇；察罕诺门汗喇嘛庙内，不得妄聚议事”等等。

青海地区的民族立法中，具有代表性的是《西宁青海番夷成例》（又称《番例条款》）。它完成于雍正十一年，共六十八条，是作为适用内地律例之前的过渡性法规。由于该条款符合青海少数民族的风俗民情，收到因地制宜之效，因此至乾隆十三年下令：凡命盗等案应继续依照番例处理。嘉庆十四年，清政府以番例实行七十余年，遂“不用再行修改”。

《番例条款》主要来源于《蒙古律例》，虽然也有些军事、民事与诉讼方面的规定，但偷盗、杀伤人，以及逃人的内容，占很大比重，基本上是一部刑事法规。

（四）苗例

清时所谓苗疆地区泛指云、贵、川、广、湖南各省苗民分布之地。所谓苗民泛指苗、瑶、壮、彝、黎等少数民族。适用于苗疆地区的民族立法，不仅有清朝确认其法律效力的苗、瑶、壮、彝等少数民族的传统习惯法，即所谓“苗例”。更重要的是清朝制定的条例、禁苗条约和善后章程。其中编纂在《大清律例》中的调整苗疆地区的条例，共计三十六条。主要内容是：规定了土官严格约束苗人的职责，对于苗民发生危害地方秩序的，劫掠仇杀等罪，依照大清律例严加惩处。同时严禁苗民带刀出入和私藏违禁物，“违者照民间私有应禁军器律治罪，该管头目人等知而不报者，杖一百。地方文武官弁失察，照例议处”[①]。这条规定的目的显然是严防苗民起事反抗清朝政府。为了防止苗民与内地民人发生纠纷，条例禁止民人无故擅入苗地，苗人也不得擅入民地。民人如贩卖军器与苗民者严惩。[②]

关于苗疆地区的司法制度，条例也作了规定。如：承审苗民案件有一定期限。自报官之日起，六个月，杂件限四个月，限满不结，须向上司报告，[③]对于苗人之间的争讼，依照苗例处理，如系重大犯罪，一律按大清律审断，苗民与内地民人发生奸拐贩卖嫁妻逐婿等事，根据民例治罪。在黔

① 《大清律例》卷九十，条例。
② 《大清律例》卷二十，卷三十五，条例。
③ 《大清律例》卷二十，卷三十五，条例。

省苗疆审理命盗案的期限，有所缩短，寻常命案三个月审结，盗案及性命重案两个月审结，不得展限。

苗疆立法对于整顿改土归流以后的地方环境，发展民族经济，加强民族往来，输入汉族的先进文化，起了积极的作用。

总括清朝的民族立法，具有以下三个明显的特点：

第一，在继承历代悠久的民族立法的基础上，民族立法的体系更为严整，内容更为规范，制度更为详备，作用更为突出，可以说是中国封建时代民族立法发展的顶峰。

第二，贯彻因地制宜，缘俗为治的原则，不同地区、不同民族、不同时期的立法，各有针对性，因而也各具特色。

第三，以加强中央集权为主线，用法律的形式深化清政府对少数民族聚居地区的行政管辖、军事管辖、司法管辖，将中央与地方的权利义务关系，纳入法制的轨道。

对待传统法文化的一点浅见 *

一、重视吸取中华传统法文化的资源

社会主义的法文化是以中国的社会主义制度作为载体发展起来的，经过了迂回曲折的道路，达到了今天的水平。但总的看来，迄至改革开放前，对于传统法文化的价值，以及传统法文化对建设社会主义法文化的作用，仍然重视不够。原因是：

第一，曾经在“左”的思想影响下，对于悠久的传统法文化，以阶级分析取代了历史唯物主义的分析，没有分清精华与糟粕，哪些应该舍弃，哪些应该批判继承，以致传统的法文化失去了应有的地位。根据马克思主义的唯物史观，文化现象的发展总是以前人所积累的思想资料为前提的。

* 本文是林中在1994年中国法文化研讨会上的发言提纲。

尽管历史条件的变化会给新的法文化打上时代的烙印，但是传统法文化中所积淀的民主性因素是民族的智慧的结晶，是新文化发展的基础。中华民族有着五千年的文化传统，是世界文化宝库中的瑰宝，是值得珍视、分析和继承的。

第二，新中国成立以后一段时间，片面地一边倒学习苏联，视之为最高类型的法文化。结果封闭了自己的耳目，禁锢了思想，不能从悠久的优秀的中华法文化中吸取建设社会主义法制的资源，更无以从世界范围内接受、吸收先进的法文化。而互相借鉴与吸收正是各国法文化发展的共同规律。

二、克服非历史主义法律观所造成的影响

第一，由于法律本质作用被片面地夸大为阶级专政的工具，执法者被视为执掌刀把子的，这就使得法学理论僵化和法律工具主义盛行。

第二，由于法制建设缺乏正确理论的指导和论证，忽略了法律与政策之间的关系，以致出现了政策就是法的错误认识。

第三，依法治国被视为资产阶级法制观念，混淆了社会主义法制与资产阶级法制的根本区别，以致出现了砸烂公检法的非理智行为。

第四，全民的法制意识受到严重损害，宪法和法律在实践中不具备应有的权威性。

上述种种违反马克思主义法治观的现象，不利于社会主义法治国家的建设，需要认真清除。而改革开放以后，党的政策为我们提供了良好的契机。

三、丰富社会主义法文化的途径

基于法文化的贫乏，不可能形成建设社会主义法制的自觉，也不可能建设完善的社会主义国家的认识。改革开放后，党通过一系列政策措施，大力宣传社会主义的法治观，重视从传统法文化中吸取建设社会主义法文化的营养。总结经验，我有以下几点认识：

第一，用社会主义法文化教育全民，提高全民的法律意识，增强守法、用法的观念，培植深厚的依法治国的群众基础。

第二，牢固树立法学是科学的观念，扶植法学家队伍，发挥他们应有的积极作用。

第三，中国近代的法制现代化的历史经验，一方面，证明了法观念的更新、法理论的探讨、法权威的树立，对于国家政治经济制度的重要作用，另一方面，也证明了只有走社会主义的法治道路才能够实现人民民主与法治的国家。因此，要从国情出发，有目的地、有效地借鉴和发扬中华法文化中的民主性因素，学习和吸收世界先进的法文化成果。同时，总结改革开放以来法制建设上的经验教训，并使之上升为理论，以指导法制建设。

中国古代政治文化的基本特征*

中国是一个有着五千年历史的文明古国，在漫长的发展过程中，由于国情条件的特殊性，形成了政治文化的特有传统。无论是政府组织、行政机构的设计，还是文官制度与礼乐刑政综合为治的缔造，都表现了中华民族对政治文化的创造力。

一、以君权为核心的统治机制

君主专制制度是封建国家的基本政治制度，经过二千多年的发展过程，不断趋于强化。君主专制制度的核心是皇帝享有终身、世袭、不受约束的至高无上的权力。他是最高的立法者和最高的行政官、司法官。在历史上虽有传为美谈的个别皇帝纳谏和屈己从法的事例，但那是皇帝个人的品格

---

* 本文为林中2009年第二次出访韩国时在首尔大学（时称汉城大学）学术研讨会上的讲稿。

和维护大局的开明之举，而不是制度上的“民主”。至明初废除相制，皇帝独裁更无所限制。但是君主专制制度是以统一的官僚机构和统一的军队作为两个重要支柱的，没有这两个支柱不可能建立君主专制制度。虽有这两个支柱，但不够强有力，也不可能建立强有力的君主专制制度。

为了将全国臣民的思想纳于君为臣纲的轨范，并为大一统的皇权辩护，确立了儒家思想为官定的统治思想。

除此之外，皇帝还借助父权来加强皇权，君是天下庶民之父，民是君的子民。

从历史的眼光看，君主专制制度初建时期有利于经济、国防、文化、公共工程的发展，因而不断地完善。但是封建性的小农经济的狭隘性与君主的个人专断相结合，必然导致国家的封闭与保守。这种封闭与保守又由于长期推行重农抑商、闭关锁国的政策而得到加强。最终导致凭皇帝的个人意志决定国家的活动和衡量是非。

二、体现官僚政治本质的文官制度

作为实现国家职能的官的出现，最迟不晚于夏代，但官僚政治却是在进入封建社会以后，是君主专制制度的派生物。体现官僚政治本质的文官制度的历史也是源远流长的。

中国古代的文官制度，体系、功能、制度、法规都十分完备，是世界各国所少有的，是反映中国古代政治文化的一个重要方面。

文官制度的内涵，包括遍及中央与地方的文官结构，以及有关文官的考选、等级、品俸、考绩、监察、奖惩、休致等各项制度。为了确认文官的组织、权责及各项制度，秦汉时期开始制定类似文官律的法律条款，它是秦汉行政立法的重要内容。魏晋南北朝时期随着文官组织规模的扩大，在典、格、令中也增加了文官制度的新内容。至唐代六典的出现，则是文官法成熟的标志，也是唐朝经济、政治、文化高度发展的反映。经过宋元至明清，形成了文官法体系，肯定了结构严密的文官等级制，确认了多种任官途径，划分了权责明确的职官分类，严格了定期的考课与经常性的监察，规定了职务犯罪应负的法律责任。凡此种种，保证了古代文官制度历久而不衰。

文官制度对于保证国家机器的运转，全面实现国家的职能，起着重要的作用。某些制度如隋唐确立的文官考试制度，就是一项伟大的创造，对于国家的统一、巩固，文化教育的发展，人才的选拔、使用，都起了积极的作用，甚至影响了近代西方国家文官考试制度的建立。

但是，君本位的政治制度，宗法伦理的亲情约束，儒家纲常名教的思想影响，等等，都给文官制度打上了烙印。随着科举制度愈来愈程式化，官僚的素质也逐渐下降，限制了文官制度积极作用的发挥，逐渐形成因循守旧的官僚主义的保守性格，遂使幕吏擅权，出现了“官无封建，而吏有封建”的现象，加速了官僚政治的腐败。

三、中央集权与地方分权

中央集权是国家政权的结构形式，是指中央政府与地方政府之间的权力分配关系。自秦汉以来，大一统、中央集权与专制主义三者之间，便形成了密切的内在联系。

中央集权有助于统一多民族国家的形成与发展，并为社会经济的发展提供了稳定的政治环境，因而是国家完整性的象征。但是中央集权与地方分权在权力分配上经常发生矛盾，而且往往由于调整不当给国家带来损害。譬如，中央集权过大，则地方缺少应变的能力和主动性；地方权力过大，又使中央政令不能下达，造成尾大不掉的割据形势。因此如何分配中央与地方的权力，是历代的政治思想家注意的焦点，也是中国古代政治文化的重点内容。

在中国历史上，统一虽然是经常的现象，但由于占主导地位的封建自然经济的分散性和割据性，使得在统一之中仍然不可避免地保留着某种程度的割据状态。

中央集权和地方割据之间的斗争，是统治集团内部矛盾的主要表现形式。历代的封建统治者都十分重视调整这个矛盾，以便整合力量，加强统治。这个矛盾的激化，有时也会导致流血战争和国家的分裂。但自秦汉以来形成的促进统一的历史条件，是经常起作用的因素。因此，在分裂的形势下，也仍然存在着统一的内在发展趋势。以至于专制主义和中央集权都沿着螺旋上升的轨迹不断地强化。

四、君权与族权、神权三者结合

中国古代君权与族权、神权三者是密切结合的。族权是以血缘关系为纽带的权力体系，是统治广大族属成员的实体。政权与族权的结合是由来已久的。先秦时期的王，既是国家的首领，又是大家族之长，他一身就体现了政权与族权的统一。秦以后在二千多年的历史发展中，反映中国国情的宗法制度，一直发挥着广泛的影响。历代统治者尤其是封建社会后期，为了巩固统治基础，都以国家法律的形式确认族权的存在，确认各地家法族规的合法性，借以获得族权的强有力支持。

中国古代的神权政治随着“重人事、轻鬼神”的儒家思想被确立为统治思想，呈现出衰减的趋势，但是汉儒所鼓吹的皇帝“受命于天”“奉天承运”的教条，仍然反映了借助天的权威来加强皇帝的权威，并为现实的政治统治辩护。

历代进行的祀天地、祭日月的庄重仪式，都表现了神权政治的遗痕。中国古代君主专制制度经历了二千多年，是和族权与神权的支持分不开的。因此 1919 年五四运动时期，高举民主与科学的大旗，批判封建家族制度，破除宗教迷信不是偶然的。

总括上述，中国古代政治文化的内容是丰富的，特色是鲜明的，其中不乏民主性的精华。研究中国传统的政治文化，就是要去除其封建性糟粕，吸取建设当代中国的有益的经验与借鉴。

第三章　中国法律近代化

中国法律近代化的历史进程*

一、抨击封建专制法律的勇敢呐喊

中国封建专制主义的国家制度，经历了两千年的发展过程不是偶然的。它以封闭型的自然经济结构为经济基础，以宣扬纲常名教的儒家学说为思想基础，以统一的官僚机构和军队为两个强大的支柱。当这些因素受到破坏时，某个专制王朝就会崩解，而新的王朝的出现又正是这些因素发挥作用的结果，以致许多王朝虽然崩解了，而专制制度反而愈久愈强化。从历史主义的观点看，秦汉封建专制主义创建时期，专制制度也起过推动历史前进的积极作用，促进了统一的封建经济的形成，缔造了从中央到地方专制主义集权制的大帝国，抵御了少数民族对中原的侵扰，发展了以儒家为显学的封建文化并有助于中华民族发展成为稳定的民族共同体。但是专制制度所带来的权力的滥用，从一开始就孕育着消极的影响。

十六、十七世纪，当西方世界已经在叩击资本主义的大门时，中国却依然停留在一个完整的封建专制主义的历史圈内，对外封闭隔绝，对内将专制主义的触角伸向政治、经济、文化各个领域，继续推行重农抑商的禁榷政策，保持着古老的自然经济，桎梏着极其微弱的资本主义萌芽，并通

* 本文是林中为1993年夏于雁栖湖召开的中国法制史国际学术研讨会而作，收入该研讨会论文集。

过制定反逆大罪等各种罪名，严厉打击任何不利于专制统治的思想和行为。

作为专制主义集中体现的皇权，到十七世纪的明朝已经膨胀到无以复加的地步，以至于皇帝的亲军和太监执掌着国家的拟诏、出令和监军、监法、监矿等大权。封建政治已经腐朽到一切合法的典章制度都已被非法所代替，国家机器的运转失灵。就在这时，崛起于中国东北的满族趁明末农民大起义打垮了明朝统治基础之机，挥戈东进，入主中原，南渡长江，统一中国。这对于明末汉族士大夫来说是天崩地解的巨变，他们称满族为异族，认为满族入主中原之后，强令胡服剃发，不仅是一个王朝的终结，而且是汉族的衣冠扫地，不仅是丧国，而且是丧天下。他们以惶惑的心情思索着，为什么不足二十万人口的满族却能够进据中原？为什么统治了几百年的明王朝，竟然摧枯拉朽般转瞬覆灭？明朝的庞大国家机器究竟出了什么毛病？复兴汉族社稷的出路在哪里？这些问题困扰着他们，严酷的现实逐渐使他们清醒，这一切弊害的根源就在于专制制度，因而大声疾呼以天下之法取代一家之法，这确如石破天惊，振聋发聩，他们的代表人物就是浙东学派的黄宗羲。

明末清初先进思想家黄宗羲，于 1663 年撰写了充满批判精神的反专制主义的《明夷待访录》一书，他突破了纲常名教的束缚，揭露了历代君主均以国家为私产，在为“子孙创业”的私欲推动下，争权夺利既得政权之后，又“敲剥天下之骨髓，离散天下之子女”，供君主一已之享乐，并视为理所当然的“产业之花息”。黄宗羲认为君主是“大私”“大利”之人，因为君主“以天下之利尽归于已，以天下之害尽归于人”。因此君主是“寇仇”，是“为天下之大害者”，这个抨击发生在高度专制主义的明朝刚刚被推翻之后，确如惊雷骇电，发人深省。

黄宗羲也把批判的锋芒深入到法律领域，他赞美三代以上的法律，称之为“天下之法”，不是“为一已而立”，所以“法愈疏，而乱愈不作”，是“无法之法”。三代以后，立法为私，是为了祚命长久，子孙永享帝业而立，因而是“一家之法”。在“一家之法”中，何曾有一毫为天下之心。他把这种

“一家之法”称作“非法之法”。这样的法“愈密，天下愈乱”。黄宗羲对三代以上“天下之法”的论述，不在于讴歌古世，而在于抨击现实的专制主义的法律制度，尽管他并没有从根本上否定封建专制制度及其法律，而是希望从批判中极大地改良封建专制法制，将君主“一家之法”回归于社会大众的“天下之法”，以此作为重建汉族封建政权的实际步骤。

黄宗羲的上述法律思想，可以说是前无古人的，在同时代的先进思想家王夫之、顾炎武中也是最为激进的。如果中国法律的历史按照黄宗羲所设计的发展下去，结合他提出的“工商皆本”的主张，也将会走向民主法制的彼岸，只是时间要漫长一些。但可惜的是继明而起的是一个专制主义更加强化的封建王朝——清朝。其在平息了反清起义之后，便着手打击反清的民族意识和启蒙的民主思潮。黄宗羲的反专制思想当然是首当其冲。

黄宗羲进步的法律思想，是社会大变动、大转折时期所作出的历史性的总结，是在批判传统的自然观、伦理观、社会政治观基础上揭示出的新思想的端绪，尽管他还无法摆脱阶级的和历史的局限性，但毕竟提供了前人所未曾提供的新思想，一百多年以后资产阶级改良派为改革中国而重读《明夷待访录》时，仍然感到它是“昭苏大地的雷声”，“刺激青年最有力之兴奋剂”。

二、“睁眼看世界”，改制更法

清朝经过百余年的康乾盛世以后，终于不可阻挡地走向没落。地主官僚疯狂地兼并土地，道光朝官僚贵族琦善竟然占地二万五千余顷。封建地租剥削和高利贷资本的剥削，共同压在广大农民身上，使得农民失去了土地，补充了庞大的流民大军。清朝的专制政治也更加腐败，阿谀逢迎，因循苟且，“多磕头少说话”成了官场升迁的秘诀。

清朝的腐败在立法和司法方面更为突出。掌握最高立法权的皇帝，可以任意毁法改法，各级执法官员只问贿赂的轻重，不管案情的是非，而且听信刑名幕吏玩法行私、鱼肉百姓。

还在鸦片战争之前，具有改革精神的官僚士大夫，已经敏锐地意识到改制更法的历史必然性。龚自珍指出："自古及今，法无不改，势无不积，事例无不变迁，风气无不移易"。魏源从历史进化论的认识出发，提出"小更革则小效，大更革则大效"，"变古愈尽，便民愈甚"，他大声疾呼"天下无数百年不弊之法，无穷极不变之法，无不除弊而能兴利之法，无不易简而能变能通之法"。

为了论证改制更法的必要性，他们也奋起抨击了清朝的律令和司法。龚自珍说："天下无巨细，一束之于不可破之例"，犹如用绳索捆绑人之四肢而不能自由行动。在司法中官官相护，"不问事理之虚实，唯以周旋寅谊为心"，以致小案不结，酿成大狱。龚自珍、魏源等虽然敏锐地感觉到清朝已经是面临悲风骤至神鬼思变易的衰世，如不及时改制更法，将会爆发大祸乱，他们在公羊学说的指导下，提出了更革时弊的具体方案。尽管他们还限于小修小补，而没有触动封建法律的基础，但毕竟勇敢地举起了改革的旗帜。特别值得提出的是爱国官僚林则徐，他提倡"睁眼看世界"，把眼光投向西方资本主义国家，主张了解和引进西方文化，为此组织力量翻译西方的书籍，购置西方的新闻报纸。他倡导和组织编成了《华事夷言》《四洲志》《海国图志》，已经开始冲破"用夷变夏""师事夷狄"的狭隘的大汉族主义的羁绊，成为推动历史潮流的先驱者。

三，移植西方法律，建设"天国"的设想——《资政新篇》

鸦片战争后十年，中国爆发了一场惊天动地的太平天国运动。在太平天国领导集团中，洪仁玕曾在香港研读了西方资本主义国家的自然科学和政治学著作，是接受西方法文化影响较多的知识分子。他在总理太平天国政事期间，强调"国家以法制为先"，把整饬天国法制作为"万不容已之急务"。他的改革法制的思想与龚自珍、魏源不同，主要是仿行资本主义国家的法律，其代表作是著名的《资政新篇》。他的出身和经历，使他能够从中国与世界相互关系的角度，提出度势行法的命题。他主张仿照西方用法律来调整商品经济，开拓水陆交通，建立由国家经营的邮亭，颁布保护私人投资的法律，兴办银行，开采矿山，保护专利权，等等。

他认为如此才能达到国家富强，从而“与番人并雄”。可见出身农民家庭的洪仁玕，经过较长的流亡香港的生活，了解了西方资本主义的生产方式和英美等国的政治制度，探究了西方国家富强的原因，接受了西方的法律文化，因此他所提出的《资政新篇》是一个涉及政治、经济、社会，法律各方面内容的，带有浓厚资本主义色彩的纲领。洪仁玕的法律思想不仅有别于龚、魏，也有别于洪秀全。他的法制建设的主张，由于太平天国的失败而没有变为现实，但无疑是中国古代法律走向文明的一个重要阶段。

四、君主立宪的蓝图与法律维新

十九世纪七十年代，中国资本主义性质的商品经济得到了明显的发展，出现了近代新式企业，一部分地主官僚也开始向资产阶级转化。这为十九世纪七十年代开始的改良派法律思想的形成、发展和实践，提供了重要的基础。

十九世纪七十年代资本主义列强对中国加紧侵略所造成的严峻形势，使得早期改良派提出了学习西方进行变法的主张。陈炽提出“西人决不能用，而西法必应仿行”，并且赞美议院与君民共主的制度；马建忠还特别介绍了资产阶级的三权分立制度。在早期改良派的法律思想中，重商、恤商与制定商律，是一个重要的内容，这反映了民族资本主义发展的要求，同传统旧律的重农抑商形成了尖锐的对比。

至十九世纪末，以康有为、梁启超、谭嗣同、严复为代表的维新派，在中日甲午战后民族危机日益紧迫的历史条件下，发动了一场戊戌变法，把他们的宪政与法制思想变成了一次实践。虽然戊戌变法遭到了失败，但他们的法律思想却是召唤法制文明的号角。

维新派认为“无百年不变之法”，“时移而法亦移”，他们根据《天演论》的庸俗进化论，认为“中国不变法，则必亡是也”。而变法的依据是采用西方的法律制度，例如谭嗣同主张“尽变西法”，以新法治天下。他还以切身的经历和敏锐的观察，谴责以专制皇权为核心的封建纲常，提出“冲决天之网罗”，“冲决伦常之网罗”，并且愤怒谴责“三纲之慑人，足以破其胆，而杀其灵魂，有如此矣”，故曰“礼者，忠信之薄，而乱之首也”。这实际上是向传统封建法律的理论基础发出了勇敢的挑战。但维新派具有代表性的法律思想与改革法律的主张并不在于抨击旧律，而在于学习西方的“良法美意”，去改变封建专制主义的政体，实行君主立宪。他们关于君主立宪的构想：

1. 设议院开国会。戊戌变法时期所提出的有关议会的主张，是十九世纪七十年代以来改良主义政治思潮的总结。康有为在《请定立宪开国会折》中说：“国会者，君与国民共议一国之政法也”，“今欧日之强，皆以开国会行立宪之故”。维新派认为设立议院之后，把中国改造成英国式的君主立宪国家就会带来富强。他们对此充满信心，严复说：“设议院于京师，而令天下郡县，各公举其守宰，是道也，欲民之忠爱必由此，欲教化之兴，必由此，欲地利之尽必由此，欲道里之辟，商务之兴必由此，欲民各束身自好，而争濯磨于善必由此。呜呼，圣人复起，不易吾言矣”。

2. 制定宪法。康有为指出：“变法全在变典章宪法”。因此他以“开制度局而定宪法”作为变法维新的重要的步骤，其理由就是制定宪法之后，才能使推行新政具有根据和保证。所谓“宪章草定”才能“奉行有准”。康有为的弟子梁启超也是制定宪法的鼓吹者。他说：宪法“为国家一切法度之根源”，“无宪法不足以为国”。

3. 三权分立。他们接受了资产阶级三权分立的理论，认为“三权立，然后政体备”。百日维新期间，康有为进一步阐述了“三权分立”理论的内涵和在中国实行的意义。他说：“自三权鼎立之说出，以国会立法，以法官司法，以政府行政，而人主总之”，“行三权鼎立之制，则中国之治强可计日待也”。

特别应该提出，维新派还倡导民权，尽管他们的民权观带有很大的局限性。他们还提出了重法治、为民立法，并且探讨了法律的产生以及消灭犯罪的途径等。他们在引进西方法律的功绩上主要是翻译了有关的政治法律书籍，如《天演论》《法意》。特别是提倡翻译日本的法律书籍，这对于中国法制走上近代化的大道无疑有着重要的影响。

五、晚清修律，中国法制近代化的重要步骤

二十世纪初在中华大地上爆发了义和团运动，尽管失败了，却沉重地打击了垂危的清朝的统治。帝国主义列强对中国的盘剥与威胁，使得民族危机更加深重，反对清朝的旧民主主义革命已然如野火春风不可扼止。在这样的历史条件下，清朝统治集团颁发了变法上谕，提出实行新政和立宪，并以修订法律，作为新政和立宪的重要内容。由沈家本、伍廷芳担任修订法律大臣，组建了修订法律馆。晚清修律虽然时间不长，但却建立了新的法律体系，使中国的法律开始和资本主义法律接轨，宣告了封建法系的基本终结。

沈家本是一位通晓传统旧律而又面对世界法律发展大势的清醒的官僚，他以饱满的爱国主义热情和坚持进取的精神，基本完成了修律的任务。在修律的指导思想上，他主张西法与中法结合，创新与改良结合，修律与立宪结合，立法与立人结合，刑罚与人道主义教化结合，等等。特别是他以“会通中西，务期中外通行”为目标。他的修律宗旨在当时说来是可行的。他反对“参用西法时”一切“模范列强”，坚持“我法之不善者当去之”。为了广泛地吸取资本主义的法律文化，他组织力量翻译了大量的资本主义法律，派出修订法律馆成员去国外考察法律，并建立了法律学堂，聘请外国法学家担任教授，甚至个别的日本法学家直接参加了修律工作。

从总体上看，晚清修律按照大陆法系建立了新的法律体系，完成了新刑律、商律、民律、民事诉讼法、刑事诉讼法和法院编制法。传统的“诸法合体、民刑不分”的立法模式宣告终止，尽管晚清所修之律大部分还是草案，没有付诸实施，但其历史价值是不容置疑的。沈家本作为一位具有

改良新思想的清朝官僚，在修律中虽然迫于上命而对于封建的某些立法原则进行妥协，这也是符合他本人的经历与思想状况的。在他所处的文化圈中都存在着新与旧、改革与保守、前进与倒退的斗争。在中国法制重要转向时期，沈家本扮演了重要的角色。

总括上述，中国法律近代化的历史进程经历了漫长的岁月；历史的趋势推动着这个进程向着文明的方向前进，虽然是缓慢的，但却是明确的。在这个大趋势中，睁眼看世界的先进人物的魄力与胆识是令人钦敬的，而披荆斩棘、勇开先路的思想家们的贡献，也是载入史书熠熠生辉的。这个时代的思想家们确如群星灿烂，他们的主张或多或少地冲破了旧律的窠臼，随着中华民族危机的加深和世界法制的影响，他们的法律思想和改革法律的方案也日渐成熟。这是一大批顺应时代而产生的精英，他们奔走呼号，真如云蒸霞蔚，俊采星驰，谱写了中国法制近代化的一曲壮丽的乐章。

中国近代警察制度由来*

在中国五千多年法制史中，职掌警察职能的机构，在秦汉时已经有了明确的记载，秦朝设在地方上的亭，相当于现在的警察派出所，专门缉拿匪徒，管理户籍，负责部分审判工作。据《汉高祖本记》记载，刘邦曾经担任泗上亭长，刘邦喜欢喝酒，常到酒馆喝酒，不付酒钱，老板娘看刘邦相貌奇特，很可能有大作为，就把赊账撕掉了，这是正史记载，说明亭长很有权势。有的亭长还善于调解民间纠纷，受到基层百姓的欢迎。历史发展到唐朝，进入了盛世，法制取得新的发展，朝廷设立的左右金吾卫，是职掌警察职能的专门机构，在府、州、县分设专门的官职，负责治安管理、户籍管理，也审查赴外地经商的商人有无通行证，即“过所”，报县批准。

* 本文是2001年林中为张晋藩教授给武汉警官学院作报告而提供的资料。

“警”“察”两字连在一起，就是从唐朝开始的，颜师古给《汉书》做注时说：“密令警察盗贼，不欲宣露也。”此处“警察”二字是警戒盘查之意，不是近代意义上的“警察”。

宋朝在县、州、乡设巡检司，作为行使警察职能的机构，主要是巡逻、缉私、消防、捕盗。在河道、沿海、驿道、沿边设专门巡检，类似现在的水上警察、公路警察、边防警察。巡检司长官资格选用严格，多从宋禁军军官中选派。宋仁宗时，巡检司官员资格提高，由担任过州、县官并且从未犯过贪污罪的人担任。沿海的巡检需要武举出身，由精通航海术，曾在海上捕过盗贼并且立过功的人充当巡检。可见，资格选任非常严格。

至清朝，执行警察职能的机构及制度都有所发展，京师维持治安的机构是步军统领衙门，相当于市公安局，主要职责是夜间巡逻、防火、捕盗，掌管城门的出入。除步军统领衙门外，还设有五城兵马司维持治安。雍正年间在全国普遍建立保甲制度，十户为排，十排为一甲，设甲长，十甲为一保，设保长。保长负责清查户口，稽查盗贼，守卫乡村。对于清朝的治安，特别是基层治安，起了重要作用。嘉庆五年上谕中说，保甲“稽察奸宄，肃清盗源，实为整顿地方之良法”。

康熙时期，在东北、蒙古、西北建哨所，执行边境警戒，防卫警报，及时捕盗，相当于边防警察。

以上是中国古代职掌警察职能机关的概貌。

1894年，中日甲午战争中，清朝战败，民族危机深重，全国掀起救亡图存运动，康有为等领导维新运动，把建立近代警察制度提上议事日程，并在地方做了尝试。湖南省按察使黄遵宪参照日本警事厅、上海租界巡捕房制度，在长沙设湖南保卫局，揭开中国近代警察史的序幕。黄遵宪认为，警察制度是新政的根底，若根底不立，新政是空言。保卫局设总局、分局，在县设小局，并制定了警察保卫章程。首先明确了它的职责是“去民害，卫民生，检非为，索罪犯”，这概括了保卫局的职责和设立的目的。湖南保卫局也有一定的审判权，总局设总办，分局设局长，小分局设巡查长。保卫局有很大的司法权，审理违反保卫局章程和徒流案件，保卫局的系统、职责组成和古代执行治安的机关有所不同，与基层的保甲也不同，是近代意义上的警察制度，但它带有初创时期的特点，是官绅合办的。维新运动失败以后，湖南保卫局也被撤除，但从法制文明的眼光来看，保卫局的设立有着历史的意义。

1900 年义和团运动失败以后，清朝被迫实行新政，也把建立警察制度作为新政的一项内容。1901 年，在北京设“工巡总局”，作为维持京师治安、执行警察职能的机构，工巡总局直接隶属于皇帝，由工程巡捕事务大臣统辖。除维持治安职能外，也审结杖以下罪犯，同时处理民事纠纷。由于它直隶于皇帝，所以也负责接受京控案件，同时还监管土木工程事务，所以还不是专门的警察机构，而是警察、司法、市政三者合一的机构，但以警察为主。所属的警察，从满洲旗人和汉军旗人中选任，可见清政府对此是很重视的。

1905 年 9 月，清政府为把警察系统统一，加强京师治安，建立了巡警部。清政府派五大臣出国考察宪政，出发时被炸伤二人。为此，袁世凯建议设巡警部，这是中国最早的中央警察机关，设尚书、左右侍郎、郎中等官职，具有专一的警察职能。下设五司：警政司、警法司、警保司、警学司、警务司，并在全国设巡警，“巡警”一词由此开始。

1906 年，清朝进行官制改革，巡警部改为民政部，内设警政司，是主要警察机构。由于巡警部归到民政部，所以成为内务行政机构，此时，工巡总局改为京师内外巡警总厅，是专门负责警政的警察机关，下设侦缉队、司法警察、消防所。以上是晚清京师的警察机构设立的情况。

在地方，1902 年，袁世凯在天津设巡警局，分总局、分局两级组织。在保定也建立了巡警局，以清查户口为要务，制定了一系列禁令，违反禁令要受处罚。总局、分局警官的薪俸由官方发给，巡警的薪俸由地方乡村支付。袁世凯说：“这样做，取之于民，用之于民。”实际为巡警勒索地方提供了方便。不久，清政府下令，各地仿效天津设地方警察机构，省设巡警总局，州县设巡警局。1907 年，清政府撤销各省警察总局，改设巡警道，作为省级警政机关，由督抚领导，民政部监督，但此建制各省并不统一。

在近代警察机构建立的同时，也颁行了一系列警察法规，1901—1902 年，有二百余种警政法。其中，1906 年颁行的《内外城巡警厅示范章程》，对巡警厅的组织、职责、隶属关系、权限划分做了规定，还可以处理违警案件，但不能擅自处理民事诉讼。又如 1908 年通过《违警令》，包括政务违警罪、交通违警罪、风俗违警罪、财产违警罪等，以及对违警的处罚。按规定，拘留 1—15 天，最多不能超过 30 天，此外，还有违警罚金，从 1 角—15 元，限定 5 天内交齐。被处罚的当事人无权向司法机关申述。1909 年，北京内城设派出所 204 个，外城设派出所 136 个。1910 年编辑发行《京师警察法律汇编》。

清末对警察教育也给予重视，1901 年庆亲王同日本警事厅长官共同创办北京警务学堂，培训巡警。学员的来源是招考和报送。1906 年，成立京师高等巡警学堂，培养警政干部，招收对象是现任警官、举、贡、生、监，共毕业 600 余名学生，同时还举办巡警教练所，培养 3000 余名巡警。在地方，1904 年云南设警察学堂，培养地方警官，后又成立高等警察学校，学制一年，专设铁道警士班；广东创设高等巡警学堂，共举办 19 期，培养 3000 余人。袁世凯还在天津建立北洋巡警学堂，其必修课是警察律令、宪法、行政法、裁判所构成法、刑法、民法、民诉法、监狱法、国际公法和司法等，还有选修课如测绘、理化，以及补习科等，可见很重视法律教育和文化教育，还有必要的基础课程。这是清末警察制度的概况。

在解放区，1930 年，陕甘宁边区政府设公安总局，在行政公署和县设公安局，在专署设公安督察专员，城镇设公安派出所，任务是维护治安、管理户口、清查特务汉奸、稽查犯罪，这是我党领导革命史上建立的最早的公安机关。抗日战争胜利后，先后在哈尔滨、大连、石家庄建立了公安组织。新中国成立后，根据共同纲领，对人民公安的性质、任务都提出了明确的指导方针，建立了新的体制。

以上是整个警察制度发展的大略。

中国近代法律思想史新论*

一、鸦片战争前后中国社会的剧变与地主阶级改革派的法律思想

（一）鸦片战争前夜的中国和世界

1644年入关以后的清朝，经历了康雍乾盛世，至嘉庆年间已经急遽衰败。遍及五省的白莲教起义，猛烈震撼着清朝的统治基础，进一步暴露了封建制度的各种弊病，社会矛盾日趋尖锐化。嘉庆后期，天理教起义竟然攻进了皇城，标志着人民的反抗进入了一个新的高涨时期。至道光朝建立，更是陷入了“岌岌乎皆不可以支月日”的窘境。

在清朝封建制度下，广大农民没有土地，或只有很少量的土地，遭受着地主阶级的残酷剥削，加上频频发生的水旱灾害，使得大批农民贫困破产，挣扎在饥饿死亡线上。农民的贫困破产，给了地主官僚兼并土地以良机。乾隆时期，湖南巡抚杨锡绂在奏疏中描述了土地集中的状况，他说：“近日田之归于富户者，大约十之五、六。旧时有田之人，今俱为佃耕之户；每岁所入，难敷一年口食。”①如以皇帝直接、间接掌握土地计算，乾隆末年共四十三万顷，约占全国土地百分之六弱，至嘉庆十七年（1812年），直接、间接掌握在皇帝手中的土地已增加到八十三万顷，约占全国耕地面积百分之十一弱，可见土地集中速度之快。至于地方上的大地主，著名的如“怀柔郝氏，膏腴万顷”②，“山右亢某，家钜富，仓庾多至千数”③。嘉庆初年，

---

* 内容录自林中著《中国近代法律思想史新论》，中国政法大学出版社1992年版。

① 《皇朝经世文编》卷39《陈明米贵之由疏》。

② 昭梿：《啸亭续录》卷一。

③ 马国翰：《竹如意》卷下。

权臣和珅被抄家时，抄出土地八千余顷。嘉庆朝的官僚百龄占地也达数千顷。道光朝的官僚贵族琦善占地竟多达二万五千余顷。一般占地数百顷或数十顷的地主，南北多有，比比皆是。清朝土地的集中现象超过了明朝。失去土地的农民补充了流民大军，构成了对清政府的严重威胁。

农民除遭受封建地租剥削外，还承担着高利贷资本和封建垄断性商业资本的压榨。在十八世纪的中国，高利贷资本的剥削活动十分猖獗，不仅存在着数量众多的经营高利贷盘剥的官民当铺，而且部分大地主、大官僚、大商人也向农民和手工业者放债。魏际瑞在《四此堂稿》卷二《因灾禁逼债》一文中作了深刻的描写："有为富不仁之人，肉视穷民，重利盘剥。或折数折色，少放多收；或抵物抵衣，虚银实契，或垂涎其妻女；或觊觎其田庐；又或贪其畜产，图其工器；预先放债，临时倍征。甚者串指旗丁，倚借豪势，偿不还契，索取无餍。乘其危急难还之时，合并盘算屡年之负，逼准妻子，勒献家私。穷民衔冤而莫伸，天心赫怒而降祸。"

清朝垄断性的商业资本，继续实行传统的专营专利，而且涉及的工商业领域较之明时更为广泛，对民间的小工商业者肆意掠夺。例如为了铸钱的需要，清朝设立了"官铜店"，以低价收购云南各矿所生产的百分之九十以上的铜，摧残了铜业的生产。李绂在《与云南李参政谈铜务书》中说："自滇省设立官铜店而滇铜遂不出矣。"

以上所述，土地集中与高利贷资本、垄断性商业资本三者的互相结合、转化及恶性发展，标志着封建的生产关系已经成为生产力发展的严重桎梏，封建社会已经进入了衰亡时期。

从政治上看，也更加腐败。封建君主专制制度的极端发展，使得皇帝"乾纲独断"，没有任何可以制约皇权行使的机制，一切立法、司法、军事、行政的决策权都集中于皇帝之手。皇帝的谕旨可以不经任何封驳的程序而直达地方，地方官的奏折也不经过任何机关而直达帝座，地方属吏的任免权也由皇帝钦定，甚至把君臣关系发展成公开的主奴关系，这是清朝以前历代封建统治所没有的。清朝专制制度的极端发展，更加深了官僚政治的腐败，大臣们以“多磕头少说话”为信条，阿谀逢迎，因循苟且。如同龚自珍所揭露的那样：“官益久，则气愈媮；望愈崇，则谄愈固；地益近，则媚亦益工。”[①] 吏治的败坏，还表现为临民之官的更加贪婪和残暴，他们“贪以朘民之脂膏，酷以干天之愤怒”[②]。嘉庆朝官刘蓉在《养晦堂文集》卷三《致某官书》中揭露说：“今天下之吏亦众矣，未闻有以安民为事者，而赋敛之横，刑罚之滥，朘民膏而殃民命者，天下皆是。……国家设官分职，本以为民，而任事者罔惟不恤，又从而鱼肉之，使斯民之性命膏血，日呼号宛转于豺狼之吻而莫之救以死，……又有甚者，府吏胥徒之属，不名一艺，而坐食于州县之间者以千计，而各家之中，不耕织而享鲜美者，不下万焉。……今之大吏，以苞苴之多寡，为课绩之重轻，而黜陟之典乱；今之小吏，以货贿之盈虚，决讼事之曲直，而刑赏之权乖，……”腐败的吏治又激化了社会的矛盾，加深了清朝的统治危机。

清朝的政治腐败，在司法方面也极为突出。由于最高司法权集中于皇帝之手，因此圣意可以任意予夺生杀，改法毁法。各级司法官员只问贿赂的轻重，不管案情的是非，他们虽无刑名法律的知识，却精通勒索敛财的技巧，而刑名幕吏的玩法行私，操纵狱讼，更是大量冤狱的渊薮。

不仅如此，清朝对思想文化的专制统治也超过以往历代。被称为盛世的康雍乾三朝，竟兴起文字狱一百余起。这种以严刑惩罚思想，造成了知识界苟且偷安、脱离实际的空气。清朝考据之学之所以得到发展，就是因为士人为了逃避文字狱的威胁，而埋头书斋，考据古籍。为了把士人的思想纳入统治者所惬意的正轨，清朝大力提倡程朱理学，以朱熹的《四书集注》作为科举考试命题和立论的根据。不按朱注解释四书，常常是发动文字狱的借口，这就严重地窒息了学术上的自由探讨，束缚了人们的思想，整个知识界沉闷窒息，万马齐喑。事实正像龚自珍诗句所描写的那样：“避

① 《明良论二》，《龚自珍全集》第1辑。

② 《黄英树斋鸿胪书》，《张亨甫全集》。

席畏闻文字狱，著书只为稻粱谋。”

正当清朝急遽衰落的时候，西方资本主义国家已完成了产业革命，而且把扩张政策推向世界各地。

从1640年开始的英国资产阶级革命，一直延续到1660年。这次革命是英国资本主义发展的产物，革命后的英国工业迅速发展，新的企业大量涌现。至十八世纪，英国已成为世界上拥有雄厚资金、广大殖民地和海外市场的最强大的经济大国。尤其是经过产业革命，进一步推动了资本主义经济的发展，为了抢占海外市场，英法经过七年的战争，战胜了的英国把侵略的触角引向了东方，成为海上霸主。

法国革命是从1789年7月14日巴黎人民打开象征封建专制制度的巴士底狱开始的，经过三个阶段，到1794年完成。法国资产阶级革命，是典型的也是彻底的资产阶级革命，它给法国资本主义发展开辟了道路。法国革命以后，拿破仑建立的独裁政权进行了长期的侵略外国的战争。

十九世纪前半期，资本主义内在的矛盾造成了周期性的经济危机。为了避免经济危机，英国发动了一系列掠夺殖民地的战争，东方的印度变成了英国的殖民地。十九世纪初期的美国，在经济上虽不及英法，但也显露了侵略亚洲国家的野心。当时的亚洲国家，除日本经过1868年明治维新，建立了远东第一个资本主义国家以外，基本上成了西欧资本主义国家侵略的对象。

在欧洲国家经过资产阶级革命和产业革命，迅速发展的时候，清朝腐朽统治下的中国依然在封建主义的窠臼中缓缓踱步。当英国侵略者的魔掌已经举起，即将叩击中国的大门，清朝统治者却还在歌舞升平，酣嬉沉睡，这就难怪清政府在鸦片战争中一败涂地。战败的清政府被迫签订了《南京条约》。接着，在英、美、法等侵略者的胁迫下，又签订了《虎门条约》《望厦条约》《黄埔条约》。根据这些不平等条约，除赔款、割让香港外，西方列强还攫取了协定关税、领事裁判权、沿海自由航行权、片面最惠国待遇等特权，破坏了中国的主权、独立和领土的完整，为他们进一步侵略中国创造了条件。

鸦片战争以后，外国资本主义势力大肆侵入中国。鸦片输入和工业品进口都增加了，随之而来的“银荒”“银贵钱贱”的问题，比战前更为严重，东南沿海地区的手工纺织业也受到一定的打击。外国资本主义势力还逐步地操纵了中国的丝茶出口贸易，把通商口岸逐渐变成半殖民地性质的城市，并在这些城市中培植了一批为他们服务的买办商人。“国中之国”的租界地在十九世纪四十年代中期也出现了。这样，中国社会就离开了正常的发展轨道，而沿着半殖民地半封建社会的方向滑下去。中华民族和外国资本主义侵略者的矛盾，人民大众和封建主义的矛盾，成为此后中国社会的主要矛盾。中国人民反对帝国主义和封建主义的民主革命，从鸦片战争起便揭开了序幕。

（二）鸦片战争前后地主阶级改革派法律思想的代表人物

鸦片战争前后社会的动荡，政治的危机，外来的威胁，也反映到社会思想领域。地主阶级中的一部分人士，开始摆脱当时弥漫于统治阶级中的粉饰太平、因循苟且、逃避现实的风气，警觉到清王朝的衰世已经来临。一向妄自尊大的“天朝”，却在鸦片战争中丧师割地，不堪一击，使他们在民族气节上感到蒙受了奇耻大辱，同时他们也看到，历来被鄙视的“外夷”却已拥有船坚炮利等“长技”。为了“匡时济世”、富国强兵，以克敌制胜，他们冲破闭关锁国的思想藩篱，提倡“筹夷情”和“师夷长技以制夷”。这样，在地主阶级中就出现了一个不同于保守思潮的、要求社会改革的思想政治派别，一般称之为近代地主阶级改革派。这个派别中的不少人长期生活在东南地区，对于商品经济、资本主义萌芽有较多接触，对于外国殖民势力的侵略也比较了解，从而有利于他们摆脱植根于封建自然经济的狭隘保守思想。他们都有较好的学术素养，而且都具有民族气节。这个派别上承清初进步思想家的积极思想传统，下开后来的资产阶级改良派的先路，他们以乾嘉之际重新兴起的今文经学为号召，借“微言大义”评议时政。

他们当中的一些人，还以地方官或幕宾的身份，参加过刑名、钱粮、漕运、盐课等实际工作，对于清朝统治的腐败，刑狱的黑暗，财政经济的积弊和民生民瘼，都较为熟悉。所有这些因素都是他们能够扬弃因循守旧的积习，主张更法改图的重要主观条件。

这个派别在历史转折时期，起了承上启下、振奋民族精神的作用，他们的代表人物是林则徐、龚自珍、魏源、包世臣、黄爵滋、张穆等人。

林则徐（1785—1850），福建侯官人，出身于官僚地主家庭。他虽受传统的封建教育，但主张为学要“实事求是，不涉时趋，……尽识先朝掌故及兵刑诸大政，益以经世自励”[①]。科举入仕以后，历任道员、巡抚、总督，主掌过河工、漕运、盐政、屯垦等方面的重要事务。鸦片战争发生前，林则徐是禁烟运动的领导者和实践者，他以钦差大臣的身份奉命去广州查禁鸦片时，雷厉风行，通过周密的部署迫使英国鸦片贩子交出鸦片，于1839年6月3日在虎门海滩销毁。同时积极奋战，英勇抗击了英国侵略者的武装进犯。由于得到广东人民的积极支持与调度得法，英国侵略者饱受重创，未能得逞。林则徐不愧是中国近代史上严禁鸦片、抗击外国武装侵略的民族英雄。不仅如此，林则徐又是中国近代史上第一个提倡“睁眼看世界”，了解和引进西方文化的封疆大吏。

林则徐刺探西事，翻译西书，购置新闻纸的出发点，并非对西方文化的景仰，而是为了知己知彼，百战不殆。他组织编译了《华事夷言》和《四洲志》，这在当时清朝大吏中是仅有的，因而受到了顽固守旧势力的嘲讽和轻蔑。即便是抗击英国侵略者，以身殉职的闽浙总督裕谦，也曾发布过“见有传抄夷书夷事者即行销毁，不准传播”的命令[②]。由此可见，林则徐的思想与见识，远远高于当时他的同僚。林则徐在被发往伊犁“效力赎罪”的遣送途中，还委托好友魏源完成《海国图志》的编纂。魏源所提出的“师

① 金安清:《林文忠公传》,《续碑传集》卷二四。

② 《裕忠节公遗书》卷二十。

夷长技以制夷”，就其思想发轫是始于林则徐的。尽管林则徐不是一个文化人，但他所起的作用和影响，是当时一般文化人所不及的。他提出的“睁眼看世界”，以及由此而进行的文化方面的实践，显示了一个受传统封建教育的封建官僚已经开始突破所谓“用夷变夏”“师事夷狄”的羁绊，成为站在历史潮流前面的先驱者。

与林则徐同时期的龚自珍，是第一次鸦片战争时期“开风气之先”的思想家，也是地主阶级改革派的重要代表人物和近代资产阶级改良派的思想前驱。

龚自珍（1792—1841），又名巩祚，字璱人，号定盦，浙江仁和（今杭州）人，嘉庆二十三年考中举人，道光九年成进士。自幼从外祖父段玉裁学习经学，受到严格的汉学训练。但他没有沿着外祖父所期望的道路走下去，而是从青年时代起就重视“经世之务”，注意研究“东西南北之学”。1819年又从今文经学家刘逢禄学《公羊春秋》，进一步培养了以经论政的学风。他指责道学家们空谈“性命”，“何施于家邦”；批评某些师儒沉溺于“琐碎饾饤”的训诂考据，而不讲求通经致用；他还抨击八股取士，使少壮之心力早耗于“禄利之筌蹄”，无益于家国。他在二十三四岁时，就写了《明良论》《乙丙之际箸议》等评议时政的论文。但仕途却不得意，二十九岁起任内阁中书、礼部主事等职，身居“冷署闲曹”凡十余年，一生“困阨下僚”，不得志于宦海。

龚自珍还是一位深明民族大义的爱国者。他在十九世纪二十年代就作《西域置行省议》，提出加强西北边防的建议，而且对西方殖民势力窥伺中国东南海疆表示关注。他支持林则徐赴广东查禁鸦片，并建议林则徐防备外国的武装侵略。

1839年龚自珍在权贵的排挤下辞官南下，讲学于丹阳云阳书院，1841年秋暴卒。他的作品被后人汇编为《龚自珍全集》。

龚自珍生当封建末世，社会的沉落，封建制度内在矛盾的尖锐化，特别是经历了白莲教、天理教等农民起义，触目惊心的阶级斗争，使他意识到清封建统治已由盛转衰。父辈和他本人的京官生涯和仕途的坎坷，使他对统治集团中的腐败内幕有较多的了解，从而加深了他对清王朝统治现实的不满。而他所具有的学术素养，也使他能够从经术中吸取有用的成分，作为自己改革主张的理论根据。这些主客观条件，使龚自珍在那死气沉沉、急需变革的社会气氛中，站出来披露时弊，呼吁“更法”，以惊世骇俗的言论，展示了他的社会批判思想和社会改革主张，起到了开风气之先的作用。

中国近代史上另一位地主阶级改革派的重要代表人物是魏源。

魏源（1794—1857），字默深，湖南邵阳人，道光二年考中举人，此后，长期充任幕僚，参予筹划改革漕运、盐课等事项。1840年鸦片战争爆发后，他作为两江总督裕谦的幕宾，直接参与了抗英斗争，后来又一度充任督皖军钦差大臣周天爵的幕宾。道光二十五年（1845年）考中进士，历任江苏东台、兴化知县及高邮知州等职。太平天国建都南京后，他以清朝地方官身份，与太平天国农民军对抗，不久因故被免官。晚年因“遭遇坎坷，世乱多故，无心仕宦”，遂在家潜心研究佛学。魏源一生著作颇为丰富，他曾应江苏布政使贺昌龄的聘请，代他编辑《皇朝经世文编》。著有《古微堂集》《元史新编》《老子本义》《圣武记》等书。尤其是受林则徐的嘱托编成的《海国图志》，对中国近代进步思想的发展，有较大的影响。

魏源生活的年代，正是外国资本主义势力开始侵入中国的历史时期。尖锐的内外矛盾，将封建社会的弊病与黑暗更明显地暴露了出来，使他能够较为清醒地认识到，在社会急遽的变化中，必须进行改革。由于他长期生活在商品经济比较发达的东南地区，因而眼界开阔，有可能摆脱基于封建自然经济而形成的狭隘保守思想。多年的幕僚与地方官的生活，以及参与漕、盐等政的改革，也使他增长了政治和经济方面的实际知识。他在编辑《皇朝经世文编》与1928年留京任内阁中书期间，广泛地涉猎典籍掌故和财经、刑兵等“经世”的文献，获得渊博的学识。不仅如此，他还接受了明清之际进步思想家的某些优良学术传统，并且师从刘逢禄学习以“微言大义”为特色的公羊学。主张“贯经术政事文章于一”，反对当时空疏的脱离实际的腐败学风。他批评汉学“锢天下聪明智慧使尽出于无用之一途”[①]；讥刺道学家们满口“心性”，实际上却是“民瘼之不求，吏治之不习，国计边防之不问”，“无一事可效诸民物”[②]，痛斥这些腐儒的无用误国，“亦同于异端”。正是从经世致用的观点出发，魏源迫切感到需要有一批既有实学，又有志于改革的人材。他说：“今夫财用不足，国非贫，人材不竞之谓贫”；“故先王不患财用而惟亟人材”[③]。他甚至认为一个国家的兴衰，关键在人材：“人材进则军政修，人心肃则国威遒。”[④]魏源的这些言论，实际上是对封建专制政治埋没人材、摧残人材的批判，这同龚自珍提出的“不拘一格降人材”一样，都反映了时代的呼声。

鸦片战争后，中国社会的激烈变动以及外国资本主义侵略势力深入国门，使魏源在林则徐提出的“睁眼看世界”的基础上，进一步主张研究夷情，并开始收集、了解外国情况的资料，明确提出“师夷长技以制夷”的思想，这对于冲破封建主义的思想牢笼，转变风气，有着重要的影响，也可以说是中国思想领域中的新动向。梁启超说，魏源“好言经世之术，为海国图志，奖励国民对外之观念，……数新思想之萌蘖，其因缘固不得不远溯龚、魏”[⑤]。

与龚、魏生活在同一时代的包世臣，也是鸦片战争前后地主阶级改革派的重要代表人物。

包世臣（1775—1855），字慎伯，号倦翁，安徽泾县人。少时家道贫寒，务农为业。嘉庆十三年中举，道光十五年成进士。青年时代当过塾师。由于他擅长刑名、河工、盐课、漕运等政务，熟习历史掌故，被誉为“善

① 《武进李申耆先生传》，《魏源集》上册。

② 《默觚下·治篇一》，《魏源集》上册。

③ 《圣武记序》，《魏源集》上册。

④ 《圣武记序》，《魏源集》上册。

⑤ 梁启超：《论中国学术思想变迁与大势》，上海古籍出版社2001年版，第127页。

经济之学”，而为某些封疆大吏所器重，常常“屈节咨询”。包世臣长期担任地方大吏办理刑名、钱粮的幕僚，六十余岁时才当过一年江西新喻县令，不久就受排挤而去官。

包世臣在学术思想上深受顾亭林等人“经世致用”之学的影响，而他所处的西方资本主义国家开始侵入的时代，使他比较早也比较清醒地觉察到封建统治危机日趋严重，产生了匡时济世和进行社会改革的愿望。正是从“拨乱涤污”、“补偏救弊”、解救封建社会的危机出发，包世臣反对当时流行于士大夫中的空谈心性、专务词章的脱离实际的不良学风。认为要想寻得“振起而补救”的办法，就应重视研究现实的问题，尤其必须讲求“经济”之学。包世臣本人就很注意研究各种“治术”，他兼采各家之长，譬如“思所以禁暴除乱，于是学兵家”；“思所以劝本厚生，于是学农家”；“思所以饬邪禁非，于是学法家”①。不仅如此，包世臣还是一个具有民族气节和爱国之心的知识分子。早在鸦片战争前二十年，他已经注意到鸦片贸易的危害，而主张严禁。他还较早意识到英国殖民势力窥伺中国的野心，提醒清朝统治集团要早作预防。鸦片战争爆发后，他力主抵抗，积极献策。对于三元里和其他地区人民的抗英斗争，备加赞扬。清政府在战争中失败，被迫签订了《中英江宁条约》，包世臣对此深表愤慨，指出：“英夷犯顺，至抵江宁城下以逼和，其所诛求，前无比并。今以蕞尔之英夷，去国数万里，孤军悬天堑，以恫喝全盛之中华，而所欲无不遂，所请无不得，英夷之福，中华之祸，盖俱极于此矣。”② 这些言论是很有见地的。

（三）地主阶级改革派法律思想的主要内容

1. 抨击清朝腐朽的政治，揭露黑暗的司法

地主阶级改革派的思想家们，由于痛感西方资本主义侵略者的威胁和

① 《再与杨季子书》，《安吴四种》卷 8。

② 《歼夷议》，《安吴四种》卷 35。

对于国家民族命运的忧虑，逐渐意识到，“人畜悲痛，鬼神思变置”的清朝专制统治是招致内忧外患的根源，封建社会也已经发展到“日之将夕，悲风骤至”的崩溃阶段。他们有的预言一场巨大的变乱即将爆发，有的则寄希望于“山中之民”，显示了理想主义的光辉。而大多数则挺身而出，口诛笔伐，力图冲破粉饰太平、苟且偷安的气氛，其锋芒所向侧重于抨击腐朽的政治与昏暗的司法。

地主阶级改革派的代表人物龚自珍，谴责清王朝“开捐例、加赋、加盐价”是“割臀以肥脑，自啖自肉”①。他抨击官僚、富商侵夺兼并，造成占有财富的“大不相齐”，并由此而引起社会的动乱。他痛斥腐朽昏聩的清朝官僚集团如同行尸走肉，只“知车马、服饰、言词给捷而已”。在贪敛民财上，有如“饕餮之馋腹”。包世臣抨击清代官僚机构“百为废弛，贿赂公行，吏治污而民气郁”。他揭发河工每岁动帑数千万两，而水患不已。他披露作为清朝重要财源的盐课，大量为吏胥商所“中饱”。他更指责漕赋成为“官吏利薮”，“浮收勒折，日增一日，竭民力以积众怒，东南大患，终必在此矣”②。龚自珍特别把批判的笔触指向专制帝王，说：专制帝王“未尝不仇天下之士，去人之廉，以快号令，去人之耻，以嵩高其身；一人为刚，万夫为柔，以大便其有力强武”③。所有吏治的腐败，世风的日下，人才的缺乏，都与帝王的专横统治密切相关。这不是君臣个人的道德问题，而是制度问题，龚自珍在当时朦胧地意识到了这一点。

魏源也抨击专制君主以“势、利、名私一身”，从而引起觊觎争夺之乱。他要求专制帝王改变“高危自处”的情况，使庶民与他息息相通。他以人的躯体比喻国家机构与社会，说：“后元首，相股肱，诤臣喉舌。然则孰为其鼻息？夫非庶人与！”所有“九窍、百骸、四支之存亡”，全“视乎鼻息”，

---

① 《西域置行省议》,《龚自珍全集》。

② 《庚辰杂著三》,《安吴四种》卷3。

③ 《古史钩沉论一》,《龚自珍全集》。

“口可以终日闭，而鼻不可一息梱”[①]。只有下情上达，才有利于治理天下。所谓“独得之见，必不如众议之参同也”，“合四十九人之智，智于尧、禹”。[②]与这种重视庶民的思想相联系，他又提出“天子者众人所积而成”，要求“天子自视为众人中之一人，斯视天下为天下人之天下”[③]。魏源反对帝王以天下为一己之私，强调君民上下不相隔，尤其是要求帝王将自己看成众人中的一员的观点，与封建专制的政治观念是抵触的，但与资产阶级改良派的某些观点却比较接近。从这一点来说，魏源的思想已具有某些民主色彩。

清朝为了加强专制主义统治，采取了各种措施，特别是利用法律的手段加紧对臣民的约束与控制，因此清朝的法律是以完备为特征的，典章宏阔、条例苛细，就像一条巨绳紧紧地捆住人们的手脚，使之无法也不敢有所作为，对此，龚自珍勇敢地提出批评：“天下无巨细，一束之于不可破之例，则虽以总督之尊，而实不能以行一谋、专一事。”[④]他比喻说：好像一个人得了“疥癣”或“疮痏之疾”，总是要去抚摩患处，但现在却“卧之以独木，缚之以长绳，俾四肢不可以屈伸，则虽甚痒且甚痛，而亦冥心息虑以置之耳”[⑤]。其所以如此，就是因为在专制制度下，不仅法网繁密，而且专制帝王每每以苛察为能，以致群臣动辄得咎。一旦触犯“龙威”或律条，“官司之命，且倒悬于吏胥之手”。轻则罚俸、降级、革职，重则身家性命难以保全。在这样的政治法律环境下，即使有管仲之才，诸葛亮之忠，都难保不发生过错，更不用说那些庸碌之辈了。在官场中，所谓好官也只能做到“奉公守法”，明哲保身，不敢也不能有所作为，更多的则以希迎上意，阿谀谄媚为能，以致封建吏治越来越腐败，各种流弊越积越深。龚自珍希望“圣天子”“删弃文法，捐除科条，……内外臣工有大罪，则以乾断诛之，其小故

① 《默觚下·治篇十二》，《魏源集》上册。
② 《默觚上·学篇五》，《魏源集》上册。
③ 《默觚下·治篇三》，《魏源集》上册。
④ 《明良论四》，《龚自珍全集》。
⑤ 《明良论四》，《龚自珍全集》。

则宥之，而勿苛细以绳其身”[①]。

清朝专制政治造成的吏治腐败，必然导致刑狱的黑暗。地主阶级改革派对此进行了较为深刻地揭露。龚自珍对清朝断狱之吏的主观擅断、是非颠倒，进行了猛烈的挞伐。他指出，“古之书狱也以狱，今之书狱也不以狱”，就是说执法之官却不亲自审理、判决讼案。即使执法之官亲自审案，所谓“视狱自书狱”，也往往不顾案情实际主观断案或任意援引律例比附，以致与律例的规定相悖。所谓“书狱者之言将不同”，“或成文章，语中律令，或不成文章，语不中律令”[②]。这就为官吏屈法贪赃、枉断曲直提供了方便，很多冤狱错案，便由此而生成。不仅如此，清朝为了集中司法权而实行的案件审转制度，也使得上司在审核下级呈送的案件时，往往故意对下级进行刁难，而且在审核中更加主观擅断，更加没有是非标准。有的案件虽经下级官员根据案情亲自认真审理，却被无端驳回；有的案件主管官员并未亲自审理，而是由幕僚胥吏胡乱作出判决，反而得到核准。整个刑狱就是这样黑幕重重，是非颠倒。

清朝狱讼的昏暗与幕吏擅权不是偶然的，是和当时的教育与选官制度分不开的。清代仕途，以八股科举为主，辅之以捐纳、门荫等途径。不论从哪一个途径进身的人，都不具备刑名、钱粮等方面的知识，也不了解各地的风土人情。因而有关刑名、钱粮等事务，不得不经常依靠幕僚胥吏去办理，从而为这些吏蠹所操纵。包世臣指出：“该幕等根深蒂固，招聚徒从，荐与府县，管理刑钱重务。府县知延其徒从，则公事顺手，并可借为关通，外省吏治之坏，多由于此。”[③]龚自珍更以生动的笔触，描绘了官吏的昏庸腐朽和幕僚胥吏对官僚的控制操纵。“是有书之者，其人语科目京官来者曰：京秩官未知外省事宜，宜听我书。则唯唯。语入资来者曰：汝未知仕宦，宜听我书。又唯唯。语门荫来者曰：汝父兄且慑我。又唯唯。尤力持以文

① 《明良论四》，《龚自珍全集》。

② 《乙丙之际塾议三》，《龚自珍全集》。

③ 《庚辰九月为秦侍读条列八事》，《安吴四种》卷31上。

学名之官曰：汝之学术文义，懵不中当世用，尤宜听我书。又唯唯。今天下官之种类，尽此数者，既尽驱而师之矣。”[①]有清一代，上自封疆大吏，下至州县官，都可以自聘幕僚。幕僚虽不是官，却经管着地方重要政务，不仅构成了清代官僚制度的组成部分，也是清代官僚制度的重要特点。至于胥吏，则是地地道道的官府的鹰犬，他们除接受主官的领导外，也听命于幕僚。幕、吏勾结，联络地方豪绅，串通上级官署，以致出现了“官去弗与迁”“吏满弗与徙”“豺踞而鹗视，蔓引而蝇孳”[②]等现象。他们是清代官僚系统中最腐朽的势力，即使是地方长吏也畏惧三分。由这些人掌握刑名狱讼，不可避免地出现贪赃枉法、市狱等种种弊端。

清朝刑狱的黑暗还表现为治狱之官的官官相护，“不问事理之虚实，唯以周旋寅谊为心”。不少案件明知其为错案冤狱，但为了维护官府的权威和周旋关照同僚，却要颠倒黑白，严刑拷掠，迫使无辜的受害人“甘心就枉”。官僚们对此不仅不以为非，反而习以为常，视为当然，并美其名曰：“事关全局，不可长讦上之风。”[③]

至于办案拖延，积案不清，扰累平民，是清代狱讼的又一顽症。据包世臣揭露，积案不决的危害，一是妨碍农事，拖累小民，许多人家由此而倾家荡产。他指出，由于案件迁延，久而不决，以致“署前守候及羁押者，常数百人，废时失业，横贷利债，甚至变产典田，鬻妻卖子，疾苦壅蔽，非言可悉”[④]。二是小案不结，酿成大狱。由于小案不能及时解决，当事人既迫于讼累，又愤于冤屈不得伸张，往往会发生各种自发的报复行为，如径寻仇人报复，要路杀仇，集众械斗等。原本属于“雀角细故”，却终于酿成了命案，甚至发展成反抗官府的严重事端。正因为如此，包世臣对于清理积案一事极为重视。

---

① 《乙丙之际塾议三》，《龚自珍全集》第1辑。

② 《乙丙之际塾议三》，《龚自珍全集》第1辑。

③ 《书三案始末》，《安吴四种》卷31下。

④ 《为胡墨庄给事条陈清厘积案章程折子》，《安吴四种》卷31下。

根据包世臣多年充当刑幕的体会，他认为清朝狱讼之所以如此黑暗，主要原因在于吏治的腐败。官僚们“以钱漕为利薮，案牍为权威”，至于“风俗之淳漓，闾阎之安扰，以其无利于己也，而置之不问”[①]。遂使“天下无一不犯法之官”，整个狱讼的状况是“无非同有非，无罪同有罪”。

针对上述流弊，包世臣提出了一些相应的改革建议，主要是清理积案，对治狱实行考成，改革幕僚制度，提倡官员学律等。总的说来，多属于清代刑狱中的具体问题，并未涉及清王朝政治、法律根本制度的改革。他们所论证的是与非、罪与非罪，归根结底是从维护清王朝的统治出发，以封建主义的道德法律观念作为衡量标准的。但是，在“避席畏闻文字狱”的年代，在官场内外弥漫着一派对清政府歌功颂德、粉饰太平的气氛中，地主阶级改革派敢于揭露清朝律例的桎梏作用，大胆指陈封建司法领域的种种弊端，对于转变风气，使人们正视封建社会中丑恶腐朽的现实，无疑有着启迪的作用。尽管他们对封建法律制度阴暗面的暴露，主观上意在“补天”，是为了向统治者敲警钟，是改革封建专制制度下的弊症，而不是否定。也因此，他们的批判和暴露只能限于某些现象，没有也不可能触及制度的根本性质，这表现了他们思想的局限性。然而在当时的历史条件下，他们的言论无疑在一定程度上反映了对封建统治中丑恶腐朽现象的憎恶和对人民疾苦的某些同情，因而仍值得称道。

至于在封建制度业已糜烂，清王朝反动统治日益腐朽的历史条件下，想用小修小补的办法来改善清王朝的统治，是根本不可能的。作为地主阶级的思想家和改革派，虽然要求对陈法旧章进行改革，但最终目的仍在于挽救清王朝的统治危机，因此在改革的方法与步骤上，强调温和，不能过急过猛。包世臣曾这样说：“知举事骇众则败成，常求顺人情，去太甚，默移转运而不觉”，“稍有窒碍，则不惜详更节目”[②]。

① 《永康州知州方君寿序》，《安吴四种》卷32。

② 《读顾亭林遗书》，《安吴四种》卷8。

2. 论证改制更法的历史必然性

龚自珍是具有朴素辩证法和进化历史观的思想家。他认为，“一匏三变，一枣三变，一枣核亦三变”[①]，自然界的一切事物都在变化之中。对于人类社会，他同样认为处于不断的变易状态，“自古及今，法无不改，势无不积，事例无不变迁，风气无不移易”[②]。由于龚自珍研读春秋公羊之学，他从“据乱世、升平世、太平世”的三世说中，引出三等之世的历史发展阶段论，即治世、乱世和衰世，表现了进化的历史观。这种变易的世界观和进化的历史观，构成了他主张社会改革的哲学基础。由此出发，他向清朝统治者呼吁更法改图，反对“拘一祖之法”“率由旧章”等陈腐迂见，尖锐地指出：“一祖之法无不敝，千夫之议无不靡，与其赠来者以劲改革，孰若自改革？”[③]并号召以宋朝王安石为榜样，进行政治、经济、司法全方位的改革。

与龚自珍相同，魏源也具有朴素的辩证法观点和变易进化的历史观。他认为社会在不断变化进步，后世之事，胜于三代，今又胜于古，这是他的社会改革主张与法律思想的哲学基础。基于这种认识，魏源提出了“小更革则小效，大更革则大效”[④]“变古愈尽，便民愈甚”[⑤]的重要观点，显示了他的变革思想比龚自珍、包世臣更为强烈，也更接触到社会的现实问题。不仅如此，魏源较之龚自珍更进一步地从理论上阐明了法律必须改革的观点。他举中国历史上许多典章制度、律例法令无不随时势而变化为例，来证明法律同其他事物一样，也是不断变化发展的，在人世间从来没有万世不易的法律。譬如：“封建”变而为郡县；乡举里选变而为门望，门望变而为考试；肉刑为治变而为废除肉刑；等等。魏源不仅列举史实证明法律的变迁与发展，而且还论证了这种变化是朝着进步的方向运行的。他说：汉文

① 《壬癸之际胎观第五》，《龚自珍全集》。
② 《上大学士书》，《龚自珍全集》。
③ 《乙丙之际箸议第七》，《龚自珍全集》。
④ 《御书印心石屋诗文叙录》，《魏源集》上册。
⑤ 《默觚下·治篇五》，《魏源集》上册。

帝废肉刑，就比古代进步，“三代酷而后世仁也”。尽管魏源的进化观还是朴素的、直观的，未能触及社会与法律变化的根本原因，更没有阐明法律发展的动力和规律性，但同那些颂古非今，泥古不化的腐儒相比，还是开明通达得多。

从法律可变和必变的观点出发，魏源认为，久而不变的法律必因不能适应新的时势而发生流弊。他说：“天下无数百年不弊之法，无穷极不变之法，无不除弊而能兴利之法，无不易简而能变通之法。”① 因此，作为当政者不能固执成法陈规，而应重视因时制变，“三王”尚且“不沿乐”，五帝尚且“不袭礼”，如果在海禁已开的二十世纪中叶的清朝还拘泥古法，讲什么肉刑以治，那就不仅是“大愚”，而且是“大戾”。魏源的结论就是“善治民者不泥法”，“守陈案者不可与言律”②。

魏源不仅主张立法要因时而为之变通，还认为法和刑的具体运用也要因时势而异。他指出：“天下有重典而不为酷者，惩一儆百，辟以止辟是也；有最轻之典而人莫敢犯者，有耻且格是也。”③ 可见法的宽严，刑的轻重，都要根据不同情况而定，不能默守一格。例如，汉承秦末苛法暴政之后，采用法简刑轻之治，就是正确的。从汉高帝的“约法三章”，尽革秦之苛政酷刑，到文景时的几于刑措之治，就是汉初统治者根据当时的形势所采取的基本国策在法律上的表现。在魏源看来，如同用药，比如病毒发生于秦，而项羽又用“酷剂”去攻治，转使病情加重。汉初统治者高明之处，就在于论病求源，对症下药，以休养生息之剂，调理因用虎狼之剂而虚弱不堪的躯体，自然可以转危为安。

魏源虽然主张“为政尚简恕”，但并不是一概反对用严法峻刑。当太平天国农民军进入江南以后，魏源不仅在军事上与其对抗，而且在他的辖区实行“重赏以作士气，峻刑以靖内奸”的政策，并以严法峻刑镇压农民起义。

---

① 《筹鹾篇》，《魏源集》下册。

② 《默觚下·治篇五》，《魏源集》上册。

③ 《军储篇一》，《魏源集》下册。

这正是他的法律思想的阶级性的反映。

与此同时，魏源也建议林则徐用重典来推动禁烟。魏源是一个爱国者，非常重视维护民族的权益。当他看到输入鸦片烟严重损害我国的民族利益时，力主厉禁。他建议对于吸食鸦片烟的人，首先责令限期戒烟，逾期不戒的，则处以黥刑（纨袴温饱之家，许纳赎金，改黥面为刺手），如果受黥刑仍然不戒，就应处死刑。他说："大清律刺面之法在，今再下令，三月不戒者黥，黥后再三月不戒者死。"[①] 并且提出沿海各郡县，对于为首贩烟者立予斩枭，则"枭一人而万人肃"，可以收到雷厉风行之效。显而易见，他的这一主张是从维护国家和民族利益出发的，不同于以重典治起义农民，应予以肯定。

林则徐虽然没有提出像龚自珍、魏源那样犀利的更法改制的思想言论，但是他从禁烟与反侵略的实践中勇敢地肩负起新的时代使命，并用行动革除或摒弃了陈腐的思想观念。譬如，他打破了"夷夏之防"的传统观念，以及"用夷变夏"的莫须有的威胁，提倡"睁眼看世界"，号召了解夷情，把目光投向西方世界。他曾经提出："以通夷之银，量为防夷之用，以此制炮必求极利，造船必求极坚。"[②] 这种卓有见地的建议，早于洋务派近二十年，而又不同于洋务派，而且是魏源"师夷长技以制夷"的思想原型。在禁烟和御敌的斗争中，林则徐也打破了"官民之防"的传统观念，提出"民心可用"，"民力可恃"，他在御敌中取得胜利，恰恰表现了民心与民力的作用。以上足以说明林则徐虽然不是以改革家著称于世，但实际上却具有一个真正改革家的胆略和实践。

总而言之，地主阶级改革派要求的变法改制，还停留在制造舆论阶段，这除了他们自身的条件局限外，还在于他们所面对的顽固守旧势力还具有强大的力量，祖宗家法还受到最高统治者的严格维护。嘉庆皇帝在上谕中

---

① 《林则徐集，奏稿》，第 884 页。

② 《海国图志》，《筹海篇四》。

一再申明："圣训煌煌，可为万世法守"[①]，"夫立法创自祖宗，百余年来奉行勿替，朕只守成宪"[②]。道光时期，牛鉴致璞鼎查照会中说："今上皇帝圣神文武，事事敬天法祖，岂于今而忽改旧章？"[③]尽管如此，由于地主阶级改革派是从统治阶级内部站出来揭发封建政治的黑暗与制度的不合理，并大胆地提出政治改革主张，从而标志着中国政治法律思想史进入了一个新的发展阶段。

3. 法产生于"不齐""不平"

地主阶级改革派不仅以经世致用的精神，探讨改革清朝弊政的方案，而且还从法理学的角度阐述了君权、刑法的起源。龚自珍指出："古者未有后王君公"，"未有礼乐刑法"，即在那人类裸体杂居，以"天谷"为生的远古社会，人们平等相处，没有明显的差别，既不存在君王、礼乐，也没有刑与法。就是后来转化为君主的人，也是普通的农耕者，所谓"其初尽农也"。随着人类逐渐进化，开始从事农业生产，"天谷没，地谷苗"，使人工种植的农作物取代了野生植物，成为人类主要的生活资料。此后，人们开始将所耕种的土地据为己有，凡智与力强的人就占有更多的土地，生产出更多的财富，因而出现"贵智贵力"的现象。而占有较多土地和财富的智者与强者，能够庇护他的子孙，进行丰富多彩的宗教祭祀活动，有能力制定有关人们身份地位的规章制度，在这种条件下，礼、乐、刑法才出现。从上述认识出发，龚自珍明确指出：帝王、官员、礼乐、刑法等都是人类自身活动的产物，是由下而上形成的，并不是上天的降赐。是在社会发展中，因为人们的智和力的不同，才出现了差别。由于受智者和强者所庇护的人日渐增多，遂从五人之政、十人之政，发展到"万人之大政"。"政事"的日趋繁忙，就需要有"传语"即传达政令与管理事务的人员，这些人"后名为官"，其中最大的就是"君"。他们所制定的有关名分的条章等，就是

① 《清仁宗实录》卷四三。
② 《清仁宗圣训》卷六七。
③ 《中国近代史资料丛刊》，《鸦片战争》第五册。

礼制与刑法。总而言之，从帝王、官员到刑法等，都是在人类自身活动过程中由下而上、由小而大的，是由“众人自造”，既非某一圣人的独创，更不是上天的赐予。可是后来的儒者“失其情”，把历史的真相颠倒了，“卒神其说于天”。就刑法而言，在人伦未明的“所传闻世”和人伦甫明的“所闻世”，刑都“不若是之重”，只是由于“施教也久，用心也精，责忠孝也密”，才形成后世严密的法网和峻苛的刑罚。龚自珍关于君主、官制与刑法由“众人自造”而非圣人所独创，产生于地上的实际需要，而不是上天的赐予的思想，是与统治阶级历来所宣扬的君权神授、圣人制法等观点相悖的，表现了他超出当时人的卓越见解。

龚自珍正确地指出了君权、刑法并非自古有之，而是人类社会发展到一定阶段的产物，这就从起源的角度否定了封建君权与法律的永恒性。他对于流行二千年“神其说于天”的君权神授说的批评，等于否定了维护封建君主专制的重要理论支柱，不论他本人主观上是否意识到，从当时的历史实际来说，都具有无可置疑的反专制的意义。龚自珍生活的时代，文字狱刚刚过去，文化专制的淫威犹存，他敢于冒非圣无法的罪名，反对神化君权以及有关的法律制度，的确是可贵的。

龚自珍在一般描述君主、刑法由“众人自造”之后，接着阐明了刑法产生的具体原因。在他看来，由于人们之间存在着贫富“不相齐”和“不平”，因而就发生了互相侵夺的现象，出现诸如上侵下、下侵上、强暴羸，以及“少不后长”“支不后宗”等争夺，导致刀兵之灾的问题。为了惩处与制止这种行为，便需要“折藿析木而挞之”，于是刑狱开始出现。可见，龚自珍已经看到了刑狱的产生首先有其经济原因，即“贫富不相齐”。其次也分析了由此而产生的争夺。但他还不能进而从阶级斗争的角度考查，这种由于历史时代所造成的龚自珍思想上的局限性，是不应给予苛责的。

4.“贵礼”“明刑”为致治之道

地主阶级改革派的法律思想中，虽然含有批判专制主义的闪光部分，但总的说来并没有超出封建正统法律思想的范畴。他们接受并且宣传传统的“德主刑辅，以刑辅治”的法律思想。龚自珍说，兴王之治“全德不恃力，莫肯不服，其次用力”①。他所说的力，包含刑罚与征伐的内容。他之所以把力置于次于德的地位，是因为在他的心目中，一个王朝的治乱固然与社会经济有密切关系，但最根本的还在于“人心”。人心是“世俗之本”，而世俗又是“王运之本”，如果人心亡，世俗坏，则“王运中易”。要正人心，主要靠德教，因为“非礼无以劝节，非节非礼无以全耻”②。反之，如果不重德教，而专任刑罚督责，不但不能正人心，还将造成道德的败坏。他认为当时世风之所以日下，人心之所以日非，溯本追源就是清统治者以强力苛法摧锄所致。为了说明德教在治天下中的作用，他举汉初的历史为例，说：西汉初之所以能做到“户口蕃息，风俗淳庞”，就在于朝廷不专以刑狱赋税之事督责地方官。而地方守令也重视以德化民，并“皆有移风易俗之权”。由此他得出结论，要使天下重新臻于治平，就应该重视以德教正人心，恢复淳朴的风习。要做到这一点，应先从官员士大夫做起，使他们讲求节操，树立廉耻道德的风范，然后逐渐扩及整个社会。为此，他要求帝王对百官“厚以礼，绳以道”，不要对大臣滥施苛法酷刑。他指责在明朝专制主义统治下，所施行的“夷三族之刑，士大夫妻女发乐籍之刑，言官受廷杖，下镇抚司狱之刑”，违反了德教仁政，以此治官则官无廉耻，以此化民则民心不靖。

包世臣的法律思想，也基本上承袭了封建的传统观点，具有重礼治的倾向。他把礼与刑都看成是“齐民”之术，但从为治之道的角度来考虑，“贵礼”比任刑更有利于稳定清朝的统治。他说：“《语》曰齐之以礼，斥齐刑之政为不足得民耻。故曰刑自反此作，则刑与礼固对待之具也。治狱之于治民，末已。”③他之所以以礼为主，以刑为末，是因为礼“犹堤之防溢水也”，可以防止人们发生越轨行为，从而起到防患于未然的作用，所以明礼

① 《农宗答问第五》，《龚自珍全集》。

② 《明良论二》，《龚自珍全集》。

③ 《齐民四术目录叙》，《安吴四种》卷 25 上。

可以止刑，礼与刑尤为重要。他认为当时犯罪增多，刑罚蕃繁的重要原因之一，就是礼制不行。包世臣在礼的功能上和龚自珍持相同的见解，提出礼治德教有正人心、养廉耻之功。礼乐不兴，人们就将丧失道德廉耻之心，而人不知耻，就要走向犯罪。他说："凡以耻者，人所共受于天，怀于心则为耻，见于事则为义。人而无耻，惟利是趋，无所不至。是故吏无耻则营私而不能奉令，士无耻则苟且而不畏辱身，民无耻则游惰敢于犯法。"[①]可见包世臣把吏之敢于营私违令，士之不畏辱身，民之游惰犯法，都归之于无廉耻之心；而无廉耻之心，正是德教不兴的结果，成为犯罪广泛发生的原因之一。包世臣把人们的道德修养水平与罪案的多少联系起来，表明了他对社会问题的认真观察与思考，并在探索解决的途径。但是包世臣没有也不可能从阶级剥削和压迫的角度对封建制度下所出现的种种社会问题，进行科学的分析。相反，他站在剥削阶级传统的立场上，指责民"无耻"而"游惰敢于犯法"。事实上当时许多农民被迫沦为流民，直至揭竿而起，进行反抗斗争，正是地主阶级的残酷剥削、压迫和土地兼并逼迫所致，并不是有无道德的问题。至于官吏士大夫的堕落，则是地主阶级腐朽本质的表现，道德廉耻的丧失只是加速其腐化的一个因素而已。

包世臣对于道德和犯罪的关系的议论，也是抽象的，没有也不可能从阶级斗争的角度揭示道德与犯罪的真实关系。譬如，在封建制度下纲常名教是道德的基本内涵与最高标准，违反纲常名教即为犯罪，因而成为束缚劳苦大众的精神枷锁，稍有违犯便要受到刑罚的惩处。包世臣稍后的维新派谭嗣同，就痛斥纲常名教的惨酷害人，而起义农民的反抗斗争则是正义的。

由于包世臣认为丧失道德廉耻之心是犯罪的重要起因，所以他得出结论：要制止犯罪，应从"礼以教之"做起，不能只靠刑罚。因为要改变衰风弊俗，改善人们的道德面貌，不是靠惩罚所能办到的，"非伤肌刻肤之所

① 《庚辰杂著一》，《安吴四种》卷28上。

能奏效也”。在他看来，如果专任督责、刑罚，不注重教化，只能是“网密而奸不塞，刑著而民愈嫚”。

魏源也是从封建正统的法律思想出发，来探讨道德教化与刑名在实现阶级统治中的作用，以及两者的关系。他虽然把礼乐、刑狱都纳入治道的范围，但在他心目中，德教重于刑名。因此将宏扬道德教化作为治国的上策。他说：“圣人在上，以《诗》、《书》教民，以礼乐化民；圣人在下，以无体之礼，无声之乐化民。”[①] 只有如此，才能收到更好的效果。反之，如果不重视教化而专任刑罚，只能使仁义退，世风日下，欲求治反而致乱。他认为：“劝惩所及者，显恶显善而已；阴慝阴善，则王法劝惩所不及。”[②] 就是说，刑罚只能解决已暴露出来的问题，而礼乐教化则可以防患于未然，使人们在潜移默化之中改恶向善，而不至于走向犯罪。就为治之道而言，恩威并用要比专任刑罚督责好，只靠刑罚，虽能使人畏惧于一时，但不能使人心服。作为统治者，既要严于执法，还要对民有“恺悌之心”，注意以道德仁义化民，才能真正收到治效。魏源举历史为例加以论证，他说：邓析和子产“同一竹刑也”，邓析受诛而郑人不怜，子产执政，却受郑人拥戴讴歌；商鞅和诸葛亮“同一严法也”，商鞅被车裂而秦人称快，诸葛亮去世，百姓却“巷祭路哭，白帽成俗”。这些历史事实证明应该恩威并济，不能专以严刑为胜。魏源的上述论断是有现实的针对性的。自嘉庆朝以来，由于地主阶级的残酷剥削和土地兼并的发展，民不聊生，农民起义不断爆发，而清朝统治者却一味以严刑镇压。如，嘉庆年间，对于所谓“江洋大盗”适用“斩首枭示”之刑。到道光二年，又扩大到爬墙行劫的罪犯。凡发生在京城及大兴、宛平县境的劫盗，准许地方官不奏报朝廷，就可将罪犯“就地正法”。但这种做法，并未能缓和矛盾，所以，魏源强调应重教化，要注意恤民。

---

① 《默觚下·治篇十三》，《魏源集》上册。

② 《默觚下·治篇十六》，《魏源集》上册。

作为封疆大吏的林则徐，是晚清著名的封建法制主义的推行者，他虽然没有像龚自珍、魏源、包世臣那样明确地提出以明德为主，教化为先，但是他也强调“与其惩办于事后，莫如防范于未形”[①]。他认为清朝在腐朽的专制主义统治下，官场的弊病与官吏的劣迹比比皆是，“若概绳之以法，则不独州县之浮动，旗丁之刁难，胥吏之侵渔，莠民之挟制，均为法所不宥，即凡漕船径由处所，与一切干涉漕政衙门，在在皆有把持，几于无一可恕”，因而是罚不胜罚的。他所提出的解决办法——“惟有持清勤以端其本，慎张弛以善其施”[②]，即正本清源，张弛相济，实际上与德主刑辅之说有异曲同工之用。

地主阶级改革派虽然重视德的教化，但并没有否定法律的作用，相反，他们认为法律也是治国的一种工具，要在重德治的前提下，用法律相辅以治理国家，发挥法律所具有的“以刑狱止刑狱”，“以辟止辟”的作用。龚自珍说：“刑书者，乃所以为礼义也；出乎礼，入乎刑，不可以中立。”[③]就是用刑法来维护礼治，强制人们遵守礼的规范，越礼的行为必定要受到刑法的惩罚。不仅如此，龚自珍还明确提出，要进行社会改革，就需要有法律加以保证。要解决社会上财富占有的“大不相齐”，除了统之以“至澹之心”外，还要试之以“至难之法”，齐之以“至信之刑”。这显然是把实行严明的法令与刑罚，作为推行社会改革的重要手段。特别是在禁绝贩运和吸食鸦片问题上，他主张使用重典。1838 年，当林则徐赴广东主持禁烟时，龚自珍便建言说：“鸦片烟则食妖也，其人病魂魄，逆昼夜，其食者宜缳首诛！贩者、造者，宜刎脰诛！兵丁食宜刎脰诛！此决定义，更无疑义。”[④]对于那些触犯中国法律，破坏抗敌斗争的“不逞夷人及奸民”，他也主张“就地正典刑”。至于官员、幕友、游客、商贾、绅士当中，如有阻挠禁烟和破

① 《严防粮船水手聚众械斗片》，《林则徐集》。
② 《严防粮船水手聚众械斗片》，《林则徐集》。
③ 《春秋决事比自序》，《龚自珍全集》。
④ 《送钦差大臣候官林公亭》，《全集》第 2 辑。

坏抗敌的人，也“宜杀一儆百”。这些言论，表现了龚自珍“刑乱邦用重典”，以刑辅治的思想。但更重要的是反映了龚自珍的爱国心与民族自强的强烈愿望。

魏源在注重道德教化的同时，也主张兼用刑名。他说：“兼黄、老、申、韩之所长而去其所短，斯治国之庖丁乎！”[①] 在他看来遵奉儒家德礼之说的同时，兼行黄老申韩之术，就能够有效地治理国家，成为治国之庖丁。他比喻说，譬如药物有甘辛酸苦，只要适于病情，便可以“对症为功”，这是关键之所在。只要有利于治国，不论是儒家的德治，还是王霸道杂用，或黄老的无为而治、法家的刑名法术，都可兼而用之。只要执法公平，即使严法峻刑也不是不可采用的。

魏源受“用刑以治野人，用礼以节君子”的传统观念影响，主张法律的锋芒是针对庶民百姓的。所谓“刑赏者所以劝惩天下之中人”，“刑以防淫，庶民之事”。而对于君子则公开表示“以名教治天下之君子”。

包世臣一方面认为礼是治道的根本，因而在重要性上礼重于刑。但从治狱关系到百姓生命财产等切身利益，以及发挥法律“禁邪饬非”的作用而言，也绝不可以忽视刑名狱讼。包世臣历来主张学习申韩的刑名法术。他说：“世臣私念科第，则当入仕，深恐以雕虫无用之学，殃民而自贼，遂潜心研究兵、农、名、法治人之术。”[②] 又说：“于经则《诗》、《礼》，于子则孙、吴、孟、荀、韩、吕。”可见，法家学说在包世臣法学思想中占有重要的地位。

包世臣还把刑名看成“经世”之学的一部分。正是从“经世”考虑，他提倡士子“读律”。指出，讲读律令是隋唐以来的定制，士人读律，除了懂得刑禁，不敢以身试法，有“省身”之效外，更重要的还在于他们一旦出任官职，就会懂得慎刑恤民的道理，并能“详审律式轻重，以救时弊，而挽颓风”，起到匡时济世、造福地方的作用。从这个基本点出发，他认为

① 《默觚下·治篇三》，《魏源集》上册。

② 《答钱学士》，《安吴四种》卷29。

清朝多数封建官僚士大夫不懂律例，是造成许多弊端的根源。

包世臣长期担任刑名幕府，因而他从实践中体会到法律是“齐民”之一术，特别是断狱是否公正，不仅是“万民托命于此”，关系到百姓身家性命，而且与安定社会秩序也有密切的关系。治狱不慎，特别是徇私枉法，枉杀良民，常常孕育着百姓聚众反对官府的危险。所以他呼吁：各级官吏要“明于律令”，在听讼中要注意“恤民”，以维持清王朝的安定。

包世臣反对封建审判中由于重口供而使刑讯逼供合法化的制度。他指出承审官从主观臆断出发，先教供而后又逼供，再施以严刑拷掠，“是非安得不颠倒”。他强调执法断狱无需动用刑讯，他自己在南昌四十日，结案二百三十余起，“未尝一用掌责笞责”。和这一主张相联系，包世臣要求断狱“必之参验而不诬”。所谓“参验”，是指判断认识的是否正确，要经过事实的验证，为此强调调查证据。包世臣的可贵之处就在于他将这个观点运用到审判活动之中，他说：“韩子曰：无参验而必之者诬也。夫谳狱莫重人命，定谳必凭尸伤。”①

包世臣上述重调查证据，反对刑讯取供的思想，在当时的历史条件下，无疑是有价值的，特别是在官员吏胥们普遍使用刑讯，借屈打成招结案的情况下，更具有反潮流的意义。

作为地方大吏的林则徐是明刑的身体力行者，他强调减少犯罪首先要“申明定例，从严约束……出示晓谕，俾其咸知儆惧”②。如果法律不严密，则急需立法以补救，他在《查议银昂钱贱除弊便民事宜折》中便就纹银出洋一事，提出户部则例与《大清律例》不同，户部则例规定：“洋商将银两私运夷船出洋者，照例治罪”，“而刑部律例内，……并无银两出洋作何治罪明文”，为此奏请皇帝“敕部明定例禁，颁发通行，有以纹银出洋者，执法严办，庶奸商亦知儆畏，不敢公然透越矣”。在审判中他十分注意执法原

① 《书粤刻补洗冤录集证后》，《安吴四种》卷31上。

② 《第一次署两江总督任内折片》，《林则徐集》。

情，但对于触犯刑律的人则“有犯必惩”，他说：“原情虽不无可悯，而禁暴则不得不严。”①

由于林则徐深知刑名胥吏勒索民财、左右诉讼的弊病，因此强调“必以察吏为最亟也”②，“如有地保朋比，胥役分肥，并即按律惩办”③。“而察吏莫先于自察，必将各属大小政务逐一求尽于心，然后能举以验属员之尽心与否。”④“总使有司畏朝廷之法，则积弊去而吏治清。”⑤

综括上述，地主阶级改革派关于德主刑辅，以刑辅治的思想，是传统的封建主义法律观念的延续，但时代的变化赋予这个旧观念以一定的新内容。表现如下：其一，具有针对时弊的现实性，既反对专制帝王的专横暴虐，也抨击当时官僚集团的道德败坏。其二，在肯定法律作用的同时，主张以法律推动社会改革，推行禁烟和保证抗敌斗争。其三，根据他们的切身经历与体会，批判腐朽的封建刑狱，提出了改革法律的主张。作为鸦片战争前后这一历史转折时期的思想家、改革家，在思想上处于矛盾的状态。他们一方面对封建社会中某些腐朽现象表示憎恨，对专制主义法律制度表示不满，并给予暴露和批判，进而要求“更法”，这些无疑反映了时代的进步要求。但是另一方面，他们虽然对封建制度的某些弊端作了较为激烈的抨击，但又提不出什么有效的措施，而且他们主张改革的立足点仍是维护清王朝的统治，支撑那腐朽的封建专制制度。甚至有的改革主张并不是向前看的。这除了他们本人的阶级、教养的限制之外，也还有一定的客观原因。在鸦片战争前后的一段时间，封建经济在整个社会中仍居于统治地位，资本主义萌芽虽有所发展，但还很微弱。因而反映这种新经济关系的法律关系同样处于萌芽甚至是更幼弱的状态，在这种社会条件下，自然不可能形

① 《江苏各属拿获凶盗要犯分别审办情形片》，《林则徐集》。

② 《查明灾赈积弊及现在办理情形折》，《林则徐集》。

③ 《查议银昂钱贱除弊便民事宜折》，《林则徐集》。

④ 《密陈所属司道府考语折》，《林则徐集》。

⑤ 《查明灾赈积弊及现在办理性形折》，《林则徐集》。

成反映资本主义关系的法律观念。尽管如此，林则徐、魏源等人已经提出了了解西方的主张，并进行了一些工作，表现了地主阶级改革派开风气之先的历史作用。

5.“明农”“习法”为治平之要

地主阶级改革派从安定社会，巩固清王朝统治出发，都较为重视发展生产。譬如包世臣便指出：“未有既贫且弱，而可言王道者也。”因而发展社会生产，繁荣社会经济的根本是“明农”，即重视农桑生产。所谓“治平之枢在郡县，而郡县之治首农桑”。为了发展农业生产，他们反对嘉庆以后土地高度集中的现象，认为一个朝代初兴之时，土地一般相对均匀，随着贫富差距的扩大，便逐渐导致衰亡。为了遏制土地的集中，龚自珍在《农宗》篇提出按农宗授田，具体说来就是把家族人等分为大宗、小宗、群宗、闲民四个等级，然后按等分田，企图借此限制大地主的土地兼并，从经济上振兴清朝。他指出清朝出现“鬼神思变置”的危机，都是由于“贫富不相齐”引起的。在他看来，“若有平均之心，即试以至难之法，齐之以至信之刑，统之以至澹之心，有天下者，不十年几于平矣”[①]。按农宗定分田的多寡，一则反映了他对农业的重视；再则表达了他对土地兼并的强烈不满。但他的分田方案带有复古的色彩，违背了历史发展的规律，因而是没有出路的。与此相类似，他对商品经济的认识也是肤浅的、直观的。

在“明农”与“习法”问题上，最具有代表性的是包世臣。他受管子“国多财，则远者来；地辟举，则民留处”“仓廪实，则知礼节；衣食足，则知荣辱”[②]的思想影响，进行了充分的论证，他说：“孔子曰，使民以时。既庶矣，又何加焉？曰富之。孟子曰，民事不可缓也，易其田畴，薄其税敛，民可使富也。夫民归农，则谷植繁，奸邪息。上明农则力作劝，侈靡衰。仓廪实而知礼节，先王之本政已。”[③]从包世臣的论证中可以看出，他认为

① 《平均篇》,《龚自珍全集》。

② 《管子·牧民》。

③ 《农政》,《安吴四种》卷25上。

经济和道德、经济和犯罪之间有着密切的关系，其中社会经济是基础，所谓“谷植繁，奸邪息”。社会经济发展了，百姓衣食丰足了，就可改善人们的道德风习；农业生产好转了，流民自然会减少，“作奸犯科”“犯上作乱”之事也会较少发生，从而达到“国富君尊”、社会安定的境界。包世臣是从经世致用的角度探讨经济、道德与犯罪这个复杂的社会问题的。他已经初步揭示了社会经济情况与犯罪之间的关系，尽管他没有也不可能从本质上阐明犯罪的根源。包世臣在社会经济情况和犯罪活动之间有着密切关系的认识基础上，很自然地将“明农”与“习法”结合起来。他指出：“兵无异术，治兵者先必明农而习法，暗于农则无以食人，疏于法则无以防人，能食以防，国体尊矣，则兵之深也。”① 所谓“明农”，就是注意发展农业生产，使百姓能维持生活，不致因无生计铤而走险。所谓“习法”，就是统治者应懂得运用法律去制止犯罪。如果把这两方面结合起来，就可以使封建国家稳定而有力量。正是从“明农”为治平之要的观点出发，他主张司法审判活动要利农而不要妨碍农事。比如，州县审理的案件，如可能影响到农耕，则需申报上司，延期审理。但如涉及水利界址纠纷的案件，如不及时处理，就会妨碍农务，则应及时审理结案，以利农耕。为了不妨碍农事，减少扰民，提高办案效率，包世臣还主张凡是事理较轻，人证在乡的案件，可以划分成若干区域，由地方官派员下乡办案。包世臣认为这样做可使官民接近，减少胥役从中作弊，提高办案效率和有利于农耕。包世臣作为一个地主阶级思想家，能从便民利农的角度来考虑司法审判工作，应该说是面对现实的。多年的刑幕生涯，使他耳目所及尽是由于讼累而破产的农民，这使他为清朝的治平感到忧虑，所以他的明农、利农思想都带有明显的阶级烙印。

比包世臣稍晚的魏源，在经济改革方面，与包世臣的利农主张有所不同。魏源认为，无论漕运还是盐政，都应实行“用商”“利商”的政策。他

① 《将本章第一》,《安吴四种》卷33。

甚至别开生面地主张“缓本急标”，“货先于食”[①]。这反映了鸦片战争以后，时代剧变与自然经济的解体对他思想上的影响。

6. 立法、执法在人

地主阶级改革派的法律思想，在一定程度上受到荀况、孟轲等人的“有治人无治法”“治法本于治人”的影响。例如，魏源将法律看成是弓矢一样的工具，如何制作和运用它，都在于得人。所谓“弓矢，中之具也，而非所以中也；法令，治之具也，而非所以治也”[②]。基于这种认识，魏源强调立法、行法都必须得人。他认为人的立法活动，有如医生开药方。处方正确，能治病救人；处方错误，也可害人杀人。所以立法要“得人”。但魏源认为更重要的还在于立法之后，需要有贤才认真加以推行。在人、财、材三者之间，魏源认为材最为难得，他说：“天下有不可强者三，有其人，无其财，一难也；有其财，无其人，二难也；有其人，有其财，无其材，三难也。”[③]对此，他综合历史经验指出，有些弊政并不是法律本身的毛病，而是执法不良所引起的。例如，同一青苗法，如果由韩琦、程伯子来办，“必不至厉民”；同一周朝辙法，如果由阳货、荣夷公去实行，“断无不为暴”。因此，魏源强调：“不汲汲求立法，而惟求用法之人。”“不难于得方而难得用方之医，不难于立法而难得行法之人。”他比喻说，用法如同驾车，得其人“转五寸之毂，引重致千里”，不得其人“跬步不前”[④]。魏源之所以强调立法、行法在人，除了受传统思想的影响之外，还有当时的历史原因。清中叶以后，司法极端黑暗。官吏上下勾结，胥吏操纵狱讼，主观擅断，任意比附律例，鬻狱市法的现象比比皆是，因此，魏源深感只有法律尚不足以为治，还必须有正确执法之人。他说：“法信令必，虽枷杖足以惩奸，法不信令不

① 《军储篇一》，《魏源集》下册。

② 《默觚下·治篇四》，《魏源集》上册。

③ 《海国图志》，《筹海篇三》。

④ 《海国图志》，《筹海篇四》。

必，虽重典不足儆众。”[①] 在当时的清朝，司法、行政、经济都迫切需要有贤人出而主持其事，他饱含激情论证了人材的重要：“官无不材，则国桢富；境无废令，则国柄强。桢富柄强，则以之诘奸，奸不处；以之治财，财不蠹；以之蒐器，器不窳；以之练士，士无虚伍。”[②] 为了使“法信令必”，加强法律的执行和效果，魏源大声疾呼，汲汲求行法之人。然而如果不改变封建的法律制度，即使认真执法，也不过是更好地体现统治阶级的意志，谋求统治阶级的利益而已。但是将官吏的压榨限制在法定范围以内，比放任其追逐“习惯权利”，毕竟有利于人民群众。

7.“师夷长技以制夷”

如前所述，还在第一次鸦片战争中，为了抗敌的需要，林则徐已经开始收集和研究西方各国政治、法律的资料。他批评当时“沿海文武员弁，不谙夷情，慑于英吉利之名，而实不知其来历”，并要求必须“探访夷情，知其虚实，始可定控制之方”[③]。由于他注意了解夷情，翻译西书，购其新闻纸，受到腐朽昏庸的贵族官僚琦善的指责：“以天朝大吏，终日刺探外洋情事，实有失体统。”[④] 然而当时住在中国的西洋人却说：“林则徐留心外国事务”，“足见其学识长进之效验”[⑤]。

魏源继林则徐之后，不仅提倡研究有关西方国家的情况和知识，并且明确提出“师夷长技以制夷”的主张，他说：“不善师外夷者，外夷制之。”[⑥] 又说：“欲制外夷者，必先悉夷情始，欲悉夷情者，必先立译馆翻夷书始。”[⑦] 他在《海国图志》序中，阐明了著此书的目的：“为以夷攻夷而作，为以夷款夷而作，为师夷之长技以制夷而作。”师夷长技以制夷是魏源总结鸦片战

① 《筹海篇四》,《海国图志》卷二。

② 《默觚下·治篇四》,《魏源集》上册。

③ 《洋艘证抚记》,《魏源集》。

④ 《洋艘证抚记》,《魏源集》。

⑤ 《澳门月报》。

⑥ 《大西洋欧罗巴洲各国总叙》,《海国图志》卷2。

⑦ 《筹海篇三》,《海国图志》卷2。

争失败的经验教训而提出的主张。他认为中国要富国强兵，要战胜西方侵略者，必须改变过去那种闭关锁国，对外国蒙昧无知的状况。他驳斥了顽固分子们所谓了解西方是“多事”，师夷长技制造船炮是“糜费”的谬论；批评那些昏庸保守的人物，“徒知侈张中华，未覩寰瀛之大”[①]，对于通市二百年的外国，竟然“莫知其方向，莫悉其离合”。

魏源提出的师夷长技的主要内容是提倡学习西方的船坚炮利和某些民用的工业生产技术，建议准许商民兴办新式船械厂局，实行具有资本主义性质的商品生产，一句话，输入声光化电等器物文化。除此之外，魏源在《海国图志》中也介绍了各国的历史、地理，并开始接触到西方各国的政治、法律制度。魏源在介绍美国的民主制时说：“议事听讼，选官举贤，皆自下始，众可可之，众否否之，众好好之，众恶恶之，三占从二，舍独徇同，即在下预议之人，亦先由公举，可不谓周乎。”[②]他还指出，美国总统由选举产生，不但“不世及”，而且四年一更换，“一变古今官家之局，而人心翕然，可不谓公乎”[③]。他赞扬美国“以部落代君长，其章程可垂奕世而无弊”[④]。魏源对于“不设君位”，只立“官长贵族”来治理国事的瑞士，更是赞誉备至，说是“惩硕鼠之贪残而泥封造绝”的“西土之桃花源”。

在司法制度方面，魏源介绍了西方“主谳狱”的刑官由“推选充补”，如有“偏私不公”则“众废之”的体制。尽管他对于西方资本主义政治、司法制度的介绍还十分肤浅，甚至是朦胧的，但从他肯定的语气，他已经将资产阶级民主制看成优越于中国封建君主专制的制度。这就在当时中国沉浊的气氛之中注入了一点新鲜的空气，对于把眼光投向西方的政治法律制度具有积极的意义，并使输入器物文化转向输入政治法律文化。

魏源的“师夷”论，是地主阶级改革派的社会改革思想的重要发展。

---

① 《武事余记》，《圣武记》。
② 《外大西洋墨利加洲总叙》，《海国图志》卷59。
③ 《外大西洋墨利加洲总叙》，《海国图志》卷59。
④ 《〈海国图志〉后序》。

他所辑录的有关法律的资料还远不完备，评介也很肤浅甚至是错误的，但从中国近代法律思想史的发展实际来看，国内知识分子接触外国的资产阶级法律知识，并模糊地意识到资产阶级民主制优于封建君主专制，却是从魏源开始的，这对于后人有一定的启蒙意义。

总括以上，地主阶级改革派是在近代中国特殊历史条件下产生的。他们中间或通晓河工、漕运、盐课，或精于刑名断狱；或为幕宾，或为封疆大吏；或反映鸦片战争前夜的尖锐斗争，或反映鸦片战争后的社会剧变。但他们共同的特点，是要求改革，其动因是西方资本主义侵略者的威胁和清朝专制制度的危机。这是时代和历史的进程向封建社会提出的要求。其理论基础是主张经世致用的今文经学。其方向是救弊补偏，抗敌御侮。其内容涉及经济、政治、法律、军事、文化等各个方面。其影响在于转变风气，开拓先路。梁启超曾经评价说："定盦颇明民权之义。语近世思想自由之向导，必数定盦。"又说："数新思想之萌蘖，其因缘固不得不远溯龚魏。"[①]

在地主阶级改革派的法律思想中，虽不乏前人唱过的老调，但也开始把视野投向国门之外的西方资本主义国家的法律制度。这反映了社会剧变加给他们的时代烙印，同时对中国近代法律思想的发展具有启蒙的意义。

二、太平天国领导集团的法律思想

（一）太平天国革命运动的蓬勃兴起

1851年，在中国大地上爆发了伟大的反封建反侵略的太平天国农民起义。这次农民起义是中国旧式农民革命战争的最高峰，也是中国近代史上第一次革命高潮。其规模宏大，历时十余年之久，对于我国近代反帝反封建革命斗争的发展有着深远的影响。

太平天国革命是发生在鸦片战争后十年，中国社会急遽变动的时期，

① 梁启超：《清代学术概论》。

清政府在第一次鸦片战争中失败以后，西方资本主义势力肆无忌惮地侵入中国，从而加剧了国内矛盾。特别是鸦片的输入，由于清政府再也不敢查禁而进一步增加，白银外流更加严重，银价也随之进一步上涨。鸦片战争前已经存在的货币危机日益加剧，严重影响了社会经济生活。与此同时，西方工业品对华输出也逐步增加，特别是洋纱洋布的进口，沉重打击了中国的纺织手工业。西方资本主义国家在强行取得了中国沿海自由航行的特权以后，来往各港口的西方国家的船只有增无减，这对中国本来就不发达的海运业无疑是致命的打击。外国资本主义的侵入，造成了许多小手工业者及其他劳动者的失业和破产。

清廷在战争中的失败，进一步暴露了它的昏庸腐朽，而为了支付《南京条约》所规定的赔款和填补战费所造成的财政亏空，进一步加紧向民间搜括。虽然当时赋税名义上是由土地所有者负担，但地主则转而“诛求于佃户”，这样在佃农身上不仅负担旧税，又承受了新捐，使得本来已极度困苦的农民更无法维持生计，出现了“饿莩流离，暴露如莽”的悲惨景象。广大农民为了生存被迫揭竿而起，进行公开的武装反抗斗争。据统计，在第一次鸦片战争后的十年间，全国各地人民共发动起义一百多次，反抗的烽火燃遍大江南北和边陲地区。这就意味着在白莲教、天理教起义失败后，农民武装斗争暂时处于低潮的形势已经结束，开始走向新的高潮。

太平天国革命发生于广西，同样不是偶然的。在中国近代史上，广东是最先受外国资本主义经济侵略和军事侵略的地区，也是中国人民最早展开反对外国侵略斗争的地区。鸦片战争爆发后，广东人民长期坚持抗英斗争，不仅有力地打击了侵略者，还惩治了某些媚外惧外的清政府官员。他们的斗争经验对广西、湖南等地区产生了很大的影响。不仅如此，广西发动革命的群众基础也较全国各地深厚。当时，农民、手工业者及其他劳动者的破产、失业现象，“最多最甚者莫如两粤”。在十九世纪四十年代中，两广地区连年发生天灾，劳动人民的生活日益困苦，阶级矛盾更加尖锐化，革命形势一触即发。

此外，广西地区地处边陲，清朝的统治力量相对较为薄弱，这为太平天国革命的发动提供了较有利的客观条件。这样，在全国农民起义的形势推动下，经过一段时间的酝酿，终于在广西爆发了太平天国农民大起义。

太平天国革命是由洪秀全领导的，以贫苦农民为主体的反封建反侵略的农民革命运动。1851 年 1 月 11 日，由洪秀全创立的“拜上帝会”在广西桂平县金田村领导起义。9 月进入永安，进行休整，建立各种制度，洪秀全被举为天王。永安建制以后，起义大军顺江东下，水陆并进，清军望风披靡。1853 年 1 月，太平军攻克武汉三镇。1853 年 3 月 19 日又攻克南京，改称天京，建立了与清王朝对峙的农民革命政权。

就太平天国法制而言，也较单纯的农民战争有了重大的发展。概括说来，经历了三个发展阶段：

第一阶段，自道光三十年十二月（1851 年 1 月）金田起义到咸丰三年二月（1853 年 3 月）太平军攻克南京，是太平天国法制的初创阶段。早在金田起义之前，拜上帝会的领袖就“不从清朝法律”。金田起义时，颁布了简明纪律五条，既是军律也是法律。至永安建制，又颁布了《十款天条》和《太平条规》，这些条规平时是拜上帝会会众共同遵守的生活准则，起义时遂成为具有法律效力的、既治民又治军的军事纪律和军律。对于约束起义队伍、打击各种危害农民战争事业的犯罪行为和推动农民战争的迅速发展，起了重要作用。

第二阶段，自咸丰三年二月（1853 年 3 月）太平天国定都天京至咸丰六年（1856 年）秋“天京变乱”，是太平天国法制的初步发展阶段。咸丰三年冬制定和颁布的《天朝田亩制度》是太平天国的土地纲领，也具有太平天国土地立法的性质。此外，天王洪秀全以及各王颁布的许多诏令、诰谕、命令、条例等，也都具有法律的效力，是太平天国立法的基本渊源。在这个阶段，太平天国法制已初具规模，在实现太平天国管辖区的某些社会改革，保持农民起义队伍的纪律，捍卫农民阶级的合理权益，镇压敌人的破坏，促进社会经济的某种发展等方面，都起了积极的作用。但是，不少带有空想性质的规定，却与社会生活脱节，因而无法成为现实。

第三阶段，自咸丰六年（1856 年）秋“天京变乱”至同治三年六月（1864 年 7 月）天京陷落，是太平天国法制松弛、封建化加深，直至最后瓦解的阶段。随着斗争形势的逆转，在立法的原则和具体规定上，封建的等级特权性取代了农民起义初期的朴素平等精神，因而大大减退了作为广大农民意志的体现的鲜明色彩，钝化了它曾起过的积极作用。咸丰九年（1859 年），洪仁玕总理天国朝政后，在向天王洪秀全条陈的《资政新篇》中提出过改革天国的法制、革故鼎新的一系列主张，洪秀全也曾表示同意。但由于时代和阶级的局限，洪仁玕倾心挽救太平天国法纪、力挽天国危局的努力，最后全部落了空。他无力阻止天国法制的封建化，以及由此导致太平天国的最终败灭。

从太平天国建立军政法度起，直到形成一整套特色鲜明的法律制度，体现了太平天国革命领导人的法律思想。起义的领袖们继承了历代农民起义的“均贫富”“等贵贱”“均田免赋”的思想，在他们制定的具有革命建国纲领和法律文件意义的《天朝田亩制度》中，完整地表达了农民反对封建土地私有制的思想，反映了他们希望获得土地的要求。他们还批判了清朝的专制君主，宣传了朴素的平等观念。他们对法制的作用也比较重视，注意利用法律来维护太平天国起义队伍的战斗力，用法律来镇压阶级敌人的破坏活动，保卫太平天国的政权。后期还把健全法制作为改革内政的重要内容。他们的这些法律主张具有明显的反封建的革命性，是地主阶级改革派思想家所不可能迄及的。

太平天国领导人的法律思想有其积极的进步的一面。但是，农民小生产者的经济地位，以及封建统治阶级思想的影响，又使他们的法律思想存在不少错误的东西，带有很大的局限性，这些在实践中起了消极的作用。

太平天国革命百万起义大军转战南北十八省，坚持十余年之久，直到 1864 年，才在中外反动派的联合镇压下失败。太平天国革命在中国社会转变关头所完成的伟大业绩和历史意义，是过去任何一次农民战争所不能比拟的。太平天国英雄们英勇顽强可歌可泣的斗争精神，也在中国人民近代革命斗争史册中写下了彪炳千秋的光辉篇章。太平天国农民起义还提供了一个重要的历史经验，那就是在反对外国资本主义侵略势力和中国封建统治者的新的斗争中，农民虽然是主力军，但却囿于阶级的局限性，无法战胜这两大敌人，完成民主主义的革命任务。他们所提出的“天国”的国家方案，也不能挽救中国，而且这个天国缺乏现实的根基，当它和半殖民地半封建的社会土壤接触以后，便不可避免地向着封建的传统体制蜕化，这是时代和阶级所决定的。

（二）太平天国法律思想的代表人物

太平天国革命的组织者、发动者和精神领袖是洪秀全。

洪秀全（1814—1864），广东花县人，他是中国近代向西方寻求救国救民真理的先进人物之一。他七岁入塾读书，十六岁因为家计困穷辍学务农。他对农民所受的剥削和压迫的痛苦，以及他们要求摆脱贫困的愿望，有亲身的感受。十八岁时以才优文异被聘为本村塾师，教书为业。

洪秀全作为一个中农家庭出身的知识分子，在封建教育的影响下，也和许多知识分子一样，曾经把自己的前途寄托在科举功名上面。从十六岁时起，他曾先后四次到对外开放的广州，参加科举考试。虽然名落孙山，却开阔了眼界，对清政府的昏朽腐败有了进一步的认识，并且了解到外国殖民主义的侵略和掠夺给中国人民所造成的“民之财尽矣，民之苦极矣”[①]的深灾重难，从而使他的思想发生了明显的变化。鸦片战争以后，连绵不绝的农民起义，特别是两广天地会提出的“忠义堂前无大小，不贪富贵不欺贫”的平等思想影响着他，使他逐渐摆脱某些封建纲常观念的束缚，抛弃了对科举仕途的幻想，认真探索救国救民的真理。1836 年，洪秀全赴广州参加科举考试时，偶然从街头得到了一本梁阿发编写的基督教的布道书

① 《万大洪告示》，《太平天国》第 1 册。

《劝世良言》，其中所说的只有上帝是真神，一切人皆是上帝的子女，是平等的，应该拜真神不拜邪神，等等，使洪秀全受到很大的启发。1843 年洪秀全再次应试落第，终于下决心走起义反清的道路。他站在农民阶级反抗封建统治和外国殖民主义侵略的立场上，为了拯救中国的需要，改造了西方基督教的教义，创建了“拜上帝会”，作为宣传革命、组织群众的工具。拜上帝会要求人们改邪归正，把“天堂”“天国”建立在人世间。

洪秀全的法律思想，既接受了西方基督教义中的某些因素，也继承了中国古代的大同理想。特别是在新的历史条件下吸收和发展了中国历代革命农民反对封建统治的朴素的平等、平均观念，并将它提高到空前的水平。洪秀全的法律思想，具体体现在不同时期所发表的著作、纲领、诰谕、条例以及他所创建的太平天国的各项设施当中。

1845 年至 1846 年，洪秀全先后写出了《原道救世歌》《原道醒世训》《原道觉世训》等著作，提出了以“政治平等、经济平等、男女平等、民族平等、天下一家、共享太平”为主要内容的民主思想，表达了农民群众反抗清朝君主专制和封建等级制度以及地主阶级压榨的强烈愿望与要求，成为指导太平天国起义的思想武器，也是公开向清朝专制政权宣战的檄文。

1851 年 1 月 11 日，在洪秀全的领导下，拜上帝会于金田村揭旗起义，建号太平天国。1853 年定都南京以后，为了巩固农民革命政权，解决农民的土地问题，借以推进革命，经洪秀全批准颁布了具有建国纲领性质的《天朝田亩制度》。《天朝田亩制度》继承和发展了以往农民起义提出的“均贫富”“等贵贱”“均田免赋”等革命口号和思想，形成了更明确、更完整的农民革命的土地纲领，规划了理想的天国蓝图。可以说，它是洪秀全革命思想的集中表现。但是这个纲领要求在小生产基础上废除一切私有制，绝对平均分配一切财富，显然是不可能实现的。

洪秀全晚年降旨颁行的由洪仁玕提出的《资政新篇》，是一个力图在军事、政治、经济各方面建立“新天、新地、新人、新世界”的施政纲领。虽然《资政新篇》并不具备实行的条件，但洪秀全的批语说明他的思想没有停留在过去的阶段，没有完全沉缅在宗教的幻觉当中。

太平天国法律思想另一重要代表人物是洪仁玕。

洪仁玕（1822—1864），号益谦，别字吉甫，广东花县人，是洪秀全的族弟，参与拜上帝会活动，后去香港，以教书为业，研读了西方国家的一些自然科学和社会政治学著作，是当时接受西方资本主义影响较多的知识分子。1859年至天京，被封为干王，总理政事，是太平天国后期主要领导人之一。

在他总理天国政事期间，针对法纪废弛、国势日衰的严峻形势，强调“国家以法制为先”，指出整顿法制是“万不容已之急务”。他以太平天国革命初期胜利发展的事实和英、俄、法等先进国家强盛的现状，来说明整顿和完善法制对于扭转形势，革除弊端，增强国力，争雄世界的重要意义。

洪仁玕认为实行法制的关键是在有了完善的法律以后，真正做到“奉法、执法、行法”。为此，他提出一切禁革法令，“先要禁为官者，渐次严禁在下”，如有联盟结党、拥兵自重、阴谋僭乱者，即使官居王位，也要“奉行天法”，“律以大辟”。他认为“设法”和“用人”都是治国所必需的，因而注重以法整饬吏治。

洪仁玕根据教法兼行的思想，注重从教化入手，以防止犯罪。特别是，他主张运用法律保护近代资本主义工商业的发展。但由于革命形势急遽逆转，洪仁玕的法律思想没有变成现实。

1864年7月天京陷落，10月洪仁玕于石城被清军俘获，11月于南昌殉国。洪仁玕著有《资政新篇》《英杰归真》《立法制喧谕》等。他的法律思想是农民阶级反对地主阶级斗争实践的结晶，又带有某种资本主义色彩，表现了企图用资本主义社会的经济、政治、法律来改造中国的新的历史趋向，这在十九世纪中叶的中国很有代表性，也对以后产生了重要的影响。

太平天国领导人所处的时代的变化，使他们的法律思想开始受到西方资本主义的影响。洪秀全吸收并改造了西方传教士传入中国的基督教的某些教义，用来为组织、发动农民起义服务。而受资本主义思想文化影响更多的洪仁玕，在到达天京以后，便提出了以革新太平天国内政为目的的《资政新篇》。在这个重要的纲领性文献中，他不仅提倡在中国发展资本主义经济，还强调在太平天国健全法制，并建议在某些方面采用西方资本主义的立法。这是中国近代法律思想史上，最早出现的关于采用西方法律的主张。如前所述，在中国近代史上，魏源是最先明确提出“师夷”之说的人，洪仁玕则是继魏源之后，提倡向西方学习的重要人物。他们两人所代表的阶级不同，向西方学习的出发点也不同。但是从有利于中国资本主义发展的这一可比的内容来说，洪仁玕的主张较之魏源又有了明显的发展。在鸦片战争后的近二十年间，地主阶级和农民队伍中，先后都有人提出向西方学习的主张，并且不同程度地表现了发展资本主义的思想倾向，这确是中国近代史初期一个值得注意的动向，此后的进步思潮正是沿着这个方向继续发展的。

（三）太平天国领导集团法律思想的主要内容

1. 以农民的“天国”取代地主阶级的清朝

太平天国革命，从一开始就以夺取清朝政权为目标，他们设计了“天国”的国家方案，以取代清朝地主阶级的封建专制主义的政权。这在洪秀全的早期著作中已有所表述，例如，在《原道觉世训》中他把当时的社会划分为两个对立的营垒，一面是“正”和“善”的代表，即“皇上帝”和“皇上帝的子女”，另一面是“邪”和“恶”的化身，即“阎罗妖”和“妖徒鬼卒”。这“正”与“邪”两者之间的对立和斗争，是现实世界中革命农民和以道光皇帝为首的地主阶级之间对立斗争的反映。他认为皇上帝不仅是真神，而且是唯一的上帝，因此清朝皇帝“敢靦称帝”是“僭越”，是“妄自尊大”，“自干永远地狱之灾也”。他宣布作为皇上帝子女的兄弟姊妹都是平等的，这种思想使得农民群众确实在精神上得到一次解放。他号召皇上帝的子女，要遵照天父天兄的指令，“斩邪留正”，消灭“阎罗妖”及其“妖徒鬼卒”，实际上就是号召农民用武装斗争的手段推翻以道光皇帝为首的清朝统治。

值得提出的是，洪秀全并不是要在推翻清朝统治之后恢复汉族地主阶级的政权，他在评三合会的政治口号时指出："我虽未尝加入三合会，但常闻其宗旨在'反清复明'。此种主张，在康熙年间该会初创时，果然不错的；但如今已过去二百年，我们可以仍说反清，但不可再说复明了。无论如何，如我们可以恢复汉族山河，当开创新朝。如现在仍以恢复明室为号名，又如何能号召人心呢？"此时洪秀全所要建立的政权不是封建政权的翻版，而是一个"天地新、朝廷新、天国新、天堂新、世界新、爵职新、山海新、臣民新、景瑞新、万象新"的新朝。

洪秀全所设计的天国的主要打击锋芒是清朝的所有军政礼制与皇帝百官。凡清朝的官为"妖"，"朝衣、朝冠、袖褂、翎领"为"妖服"，"称士曰妖士，兵曰妖兵，吏曰妖差"[①]。太平军每到一地，公开宣布："官兵不留，百姓勿伤"[②]，"共同剿灭胡权，同扶真主"[③]。可见，这个天国在打击谁、保护谁的根本问题上是代表农民阶级利益的，尽管它存在着严重的封建主义的斑痕。

针对清朝专制统治下的阶级不平等、民族不平等、男女不平等的严酷现实，洪秀全主张在革命内部建立一种新的平等与有限民主的关系。提出"天下多男人，尽是兄弟之辈，天下多女子，尽是姊妹之群"。力图把"凌夺斗杀之世"改变为"公平正直之世"，使"有无相恤、患难相救"，"强不犯弱，众不暴寡，智不诈愚，勇不苦怯"。在这个朴素的平等思想的指导下，太平天国广泛吸收被压迫的劳动者参加政权。李秀成在自述中就指出：太平军的主要成员是"农夫之家、寒苦之家"。太平天国农民的朴素的平等与民主观念，在太平天国官吏的铨选、黜陟制度中也有明显的体现。太平天国起义初期，为了督励全军兵将同心放胆杀"妖"，洪秀全颁布了记录功罪

① 《苏台麋鹿记》。

② 《武昌纪事》，《太平天国》第4册。

③ 《殿右陆拾肆指挥元勋加一等晓喻》。原件藏安徽省博物馆。

的诏令："小功有小赏，大功有大封。"[①] 1853年冬颁布的《天朝田亩制度》，把官吏的铨选、黜陟的规定加以制度化，确定了太平天国官民以是否遵守《十款天条》和命令，是否尽忠报国和力农，作为区分忠与奸的标准。忠者，"由卑升至高，世其官"；奸者，"由高贬至卑，黜为农"。选拔基层官吏时，要"列其行迹，注其姓名"，层层保举直到天王，最后由天王审定降旨，任命作乡官。"举得其人，保举者受赏，举非其人，保举者受罚。"官吏的升贬以三年为期，但也有不定期的。监军以上可以互相保升奏贬，监军以下，只许上级保奏下级；如有"大功大勋及大奸不法"，下级也可以随时保升奏贬上级。与此同时，还实行打破门第出身、财产界限的招贤制度和考试制度。太平天国前期，广大官兵士气高涨，从者如流，是和坚持实行论功行赏、选贤任能的官吏铨选、黜陟制度分不开的。但是1856年杨韦内讧以后，随着军事、政治形势的急转直下，铨选、黜陟制度也遭到了严重破坏，如同洪仁玕所说："东王在日，即末秩微员，升降必由天廷转奏，片文只字，刊刻必自京内颁行，故官虽少而足贵，从无越队求荣；印虽小而可珍。"后期则"……以升迁为荣，几若一岁九迁而犹缓，一月三迁而犹未足"[②]。太平天国官吏的铨选、黜陟制度，虽然具有一定的民主性，但是整个太平天国的官制带有浓厚的封建主义色彩，官吏由上级保举，不可避免地会出现个人专权和朋党之弊。洪仁玕说"国家机要，惟在铨选"，就是针对太平天国官制之滥而发的。后期大封诸王、乱赏乱罚，甚而捐钱粮也得以封王，竟然有两千多个王。至此天朝政事越发不可收拾了。

太平天国的领导人虽然要在地上建立一个平等的天国，但是，在小农业和家庭手工业相结合的、分散的小生产基础上，他们的国家方案虽然添加了当时农民所能设想出的民主的色彩，但在实践中却是不可能长期坚持下去的。封建的经济基础只能产生封建专制主义的政权。洪秀全虽然反对

---

① 《天命诏旨书》，《太平天国》第1册。

② 《立法制喧谕》，《洪仁玕选集》。

清朝封建专制统治，并发出了严厉的诘问："天人一气理无二，何得君王私自专。"但是作为农民阶级的领袖，他同样是皇权主义者。他塑造了一个无所不能的皇上帝，同时也把他自己的人格加以神化，渲染成皇上帝在世俗的代理人。他要建立一个与"阎罗妖"相对立的新的太平天国，然而他只能从固有的思想资料和旧制度中寻找可以为自己接受的政治体制，而不可能提出建立新的政治体制。从永安建制到奠都天京，从《太平礼制》到《天命诏旨书》所规定的一套实为君主专制的体制，都是以洪秀全的思想为指导的。洪秀全沿袭历代帝王为辩护君主专制而炮制的"君权神授"之类的谎言，说"天生真主，命作君王"。他在《天命诏旨书》中，假借天父的名义宣布："我差尔主下凡作天王，他出一言是天命，尔等要遵。尔等要真心扶主顾王，不得大胆放肆，不得怠慢也。"在洪秀全批准刊行的《幼学诗》中，直截了当地提出"生杀由天子，诸官莫得违"，"王独操权柄，谗邪遁九渊"。在《天父诗》中他又写道："只有人错无天错，只有臣错无圣错。"特别是《太平礼制》规定了一整套严格的等级制度和森严的君臣秩序，完全是封建专制主义的，没有任何近代的民主精神。所谓人人皆为兄弟姊妹的平等原则，在《太平礼制》面前遭到猛烈冲击、破坏。需要指出：太平天国的政体是以天王为首的专制主义的集中统治，但在一定时间、一定程度上又体现了农民朴素的原始的民主原则，因而才有可能在劳苦大众中引发那样旺盛的革命创造力与牺牲精神。随着革命形势的逆转，太平天国的革命性也越来越钝化，甚至向着相反的方向转化。洪秀全思想中的封建专制主义和宗教的神秘主义成分也更加浓厚。1861 年洪秀全改"太平天国"为"天父天兄天王太平天国"，只有洪秀全父子才拥有上承天父天兄来治理这个国家的神圣地位。革命初期的"天下一家、共享太平"，变成了洪氏"父子公孙"，"江山万年"，兄弟之称流于形式，这就必然引起太平天国内部将领的反感和民心的瓦解。

2. 废"妖法"，立"天法"，行"天法"

太平天国革命领导人，视清朝法律为妖法，对待"妖法"采取坚决废除的态度，而代之以太平天国政权所制定的法律，即所谓“天法”。洪秀全在早期的著作中便提出了“除妖安良，政教皆本天法”，“斩邪留正奉天命，赏罚分明天法彰”的思想，表示要以太平天国的革命立法，取代清朝地主阶级的封建法律，并且以鲜明的形式显示了“天法”的锋芒所向，揭露了清朝“妖”法桎梏人民、镇压人民的本质。在以东王杨秀清、西王肖朝贵的名义发布的，反映洪秀全思想的《奉天讨胡檄》中，对清朝利用法律钳制人民的罪恶进行了深切的揭露和尖锐的批判。指出：“纵贪官污吏，布满天下，使剥民脂膏，士女皆哭泣道路，是欲我中国人贫穷也。官以贿得，刑以钱免，富儿当权，豪杰绝望，是使我中国之英俊抑郁而死也。”“造为妖魔条律，使我中国之人无能逃其网罗，无所措其手足”，“凡有起义兴中国者，动诬以谋反大道，夷其九族，是欲绝我中国英雄之谋也”。

洪秀全关于废“妖法”、立“天法”、行“天法”的法律思想，指导了太平天国初期的立法活动，划清了太平天国革命立法与清朝封建法律的严格界限，对于广大劳苦大众冲破清朝法律的束缚参加起义，起了重要的作用。金田起义时，洪秀全便以诏谕的形式向太平军和革命群众发布五条纪律，这五条纪律同时也是军律和法律：“一遵条命，二别男行女行，三秋毫莫犯，四公心和傩，各遵头目约束，五同心合力，不得临阵退缩。”这是太平天国早期最简单的法律形式。永安建制时，洪秀全又把摩西“十戒”改为《十款天条》，强调崇拜皇上帝，不得拜邪神，不得杀人、害人、奸淫、偷窃、抢劫。《十款天条》原是拜上帝会教徒的行为规则，被改造成了具有法律效力的军律。它对于整肃革命队伍，推动革命的发展，起了重要的作用。在《十款天条》的基础上，又颁布了内容更为充实，而且直接以军律形式出现的《行营规矩》和《定营规条十要》。要求太平军恪遵天令，熟识天条，不得私藏金银器饰、吸烟饮酒，不许谎言国法王章、讹传军机将令，不得掳掠、奸淫、妄取一物，不得无故杀害平民、烧毁房屋，不得滥役民夫、入乡造饭取食，男女不得授受相亲，等等。这两部军律的颁布，反映了洪秀全对于“立天法”更为重视，力图用法律来调整革命队伍内部日益复杂的各种关系和行为规则，以推进革命。由于太平天国以军事组织作为社会的基本组织，因此军律既是全军官兵上下必须遵守的法律，同时也用来治民。在这些军律中虽然有浓厚的宗教色彩，并确认了严格的等级制度，但就基本的方面而言，它体现了农民的一些道德、法律观念。这些诏令、规条的颁布，使拜上帝会的基本的宗教信条，通过法律的形式得到了进一步的贯彻和执行。特别是对于组织群众、约束群众进行残酷的武装斗争，发挥了重要的作用。

1853 年 3 月太平天国建都天京，正式建立了与清王朝对峙的农民革命政权以后，太平天国领导人进一步加强了立法活动，形成了自己的一套军政法度，颁布了具有根本指导意义的太平天国革命的总纲《天朝田亩制度》。还在《十款天条》《太平条规》的基础上制定了太平天国的刑事法律（现已发现 62 条）。洪秀全为了加强太平天国法律的权威和精神威慑力量，在所有的法律条例之前都冠以“天”字，如“天法”“天令”“天条”。洪秀全在他新发布的革命文告中，反复强调天国军民要遵天令奉天法，“身宁受刀，莫犯天条”。在《天情道理书》中有这样一段记载：“……奉天法以严军令，本天戒以正人心。凡有不遵天令者必定从重究治；……间有违令犯法之徒，一经发觉，东王（天京变乱前执掌太平天国军政大权）莫不痛心含泪，奉天行法。”

显而易见，太平天国革命初期，为了适应斗争的需要，洪秀全迅速把建立革命法制的任务提到实际的议事日程上来。革命形势的顺利发展，是和太平天国领导人打碎清朝反动法律的枷锁，严于执行太平天国法律分不开的。太平天国的法律对于在天国统治区内推行社会改革，维护革命秩序，镇压阶级敌人的破坏，都起了积极的作用。以至于清朝统治者也不得不承认太平军之所以所向披靡“全恃行军有法”，“严号令，肃纪律”。[①] 一些到过太平天国统治区内游历考察的外国人，也对太平天国法律的严明赞不绝

① 《贼情汇纂》,《太平天国》第 3 册。

口。英人麦都思写道，太平天国“设立国政，法律严正，又颁发新历书，行军恒有法度，分行晰伍，最为肃穆”①。同情和参加过太平天国斗争的英人呤唎，在其所著《太平天国亲历记》一书中说：“在他们（太平军）所经过的丰饶肥沃、人口稠密之区的全部一千五百英里的长途行军中，像掠夺、屠杀和强奸等那些在亚细亚战争中所经常伴随着的行动，是被切责痛斥了，并且被处以死刑。……他们厉行十诫的十条道德规则，并且对它的辞句附加了更严格的解释。”

3. 设计了“天国”的蓝图

太平天国革命提出了一个在没有更先进阶级领导下的单纯农民战争所能提出的最高的纲领，这就是《天朝田亩制度》。《天朝田亩制度》是在太平天国定都南京以后颁布的。它设计了天国的蓝图，是金田起义以来三年革命战争经验的总结。它回答了农民革命的理想，以及要建立一个什么样的社会与国家的问题。从法律思想的角度看，它同样是内容丰富，特点鲜明的。

（1）平均土地和财产

作为中农家庭出身，并参加过农业劳动的洪秀全，对于中国封建社会后期土地集中日益加剧，地租剥削更加沉重，“农工作苦，岁受其殃”②，“饿莩流离，暴露如莽”③，是充满悲怆与愤慨之情的。他深刻揭露了世道乖戾，人心浅薄的根源“一出于私”。他的革命目标就是建立一个“人无私财”的新世界，实现“天下一家，共享太平”④的大同理想。由于土地问题是农民革命的根本问题，而在清朝统治下，地主土地私有制是封建社会生产关系的主要内容和君主专制制度的基础，所以《大清律例》以刑罚惩治任何侵犯土地私有权的行为。而以反封建主义为首要任务的太平天国农民政权建

① 《太平天国史料》。

② 《诰四民安居乐业谕》，《太平天国》第2册。

③ 《奉天讨胡檄布四方谕》，《太平天国印书》第3册。

④ 《原道醒世训》，《太平天国印书》第9册。

立以后，在它权力所及之处，首先要反映中国广大农民关于土地问题的要求。因此，改革封建土地制度，解决土地归谁所有及如何分配的问题，便成为中心议题和《天朝田亩制度》的核心内容。从某种意义上说，《天朝田亩制度》就是太平天国的土地立法。

《天朝田亩制度》确认天国的土地所有权归于皇上帝，实际是天王所有，所谓“百姓之田皆系天王之田”[①]，在此基础上以平均土地的思想来改革封建的土地所有制。它规定：“凡天下田天下人同耕，此处不足迁彼处，彼处不足则迁此处，天下田丰荒相通，此处荒，则移彼丰处以赈此荒处，彼处荒，则移此丰处以赈彼荒处”，“有田同耕，有饭同食，有衣同穿，有钱同使，无处不均匀，无人不饱暖”，为此将天下的土地按照产量分为九等，然后以户为单位，根据人口平均分配。分田时“杂以九等”，“好丑各一半”，十六岁以上的成年人比十五岁以下的多分一倍。

《天朝田亩制度》不仅确立了平分土地的原则，而且还描绘了一个乌托邦式的农村生活图案。“凡天下，树墙下以桑，凡妇蚕绩缝衣裳。凡天下，每家五母鸡，二母彘，无失其时。凡当收成时，两司马督伍长，除足二十五家每人所食可接新谷外，余则归国库。凡麦豆、苧麻、布帛、鸡、犬各物及银钱亦然。”“凡二十五家中所有婚娶弥月喜事，俱用国库，但有限式，不得多用一钱。”“凡二十五家中力农者有赏，惰农者有罚。”

《天朝田亩制度》所确立的天国所有、农民耕种的土地所有制，是对以保护地主土地所有权为基本内容的清朝封建法律的无情破坏，是长期以来广大农民要求获得土地的意志的表现，是单纯农民战争所能提出的最完整的土地纲领。它虽然没有完全实行，但鼓舞了广大农民参加革命的积极性，对太平天国统治区已经实行的土地法令具有某种指导意义。

《天朝田亩制度》出自何人之手，虽已无从考证，但它的思想理论基础，无疑是来自洪秀全的。从否定地主阶级的土地所有权，肯定农民的土地所

① 佚名：《金陵被难记》，《太平天国》第4册，第750页。

有权的角度来看，洪秀全的法律思想，无疑具有强烈的反封建的革命性质。如同列宁所说：“‘地权’和‘平分土地’的思想，无非是为了完全推翻地主权力和完全消灭地主土地占有制而斗争的农民力求平等的革命愿望的表现而已。”[①]《天朝田亩制度》的空想性的一面，也和洪秀全在农民小生产基础上形成的绝对平均主义思想分不开，这在实践中，是必然要碰壁的。在战争的动荡环境中，《天朝田亩制度》所规定的土地立法不可能付诸实现，终于为其它的一些形式所代替。即或者宣布清朝官吏以及坚决与革命为敌的地主的土地为“妖产”，实行“田尽入公”的政策；或者实行“以实种为准”，允许并保护农民占有地主的土地，不再向地主交租，即所谓“租不输业”，“不复交田主粮”的政策；[②]或者允许地主收租但限制租额，地主必须“领凭收租”，交纳钱粮，“不领凭收租者，其田充公”。[③]太平天国后期，某些地区由于地主分子钻进太平天国地方政权，出现了向地主颁发田凭，支持地主设局催租，禁止农民“霸租抗粮”等现象，这和严重的组织不纯有着密切的关系，也和洪秀全后期严重的深居简出、思想蜕化、滥事封赠分不开。这标志着太平天国已由一个农民性质的革命政权，逐步地向着封建政权转化。

除平均分配土地以外，根据洪秀全提出的“天下皆是天父上主皇上帝一家，天下人人不受私，物物归上主”，“人无私财”的思想，主张消灭一切私有制。这里，一是强调了“人人”，即无论任何人都不能拥有私有财产。二是强调了“物物”，即所有财产都要归天父上主皇上帝。由此而建立了以公有制为基础的“圣库制度”。圣库制度实行于起义之初，它的内容是“将一切所有缴纳于公库，全体衣食俱由公款开支，一律平均”[④]。洪秀全曾经颁发诏谕说：“为公莫为私”，“凡一切杀妖取城，所得金宝绸帛宝物等项，不

① 《纪念赫尔岑》,《列宁选集》第2卷。

② 《乙丙日记》卷2。

③ 《太平天国史料丛编简辑》第4册。

④ 《太平天国起义记》。

得收藏，尽缴归天朝圣库，逆者议罪”①。圣库制度开始实行于军中，以后推广到天京城内。根据时人的记载，太平天国军民私藏金不许过一两，银不得过五两。《太平刑律》规定：“凡私藏金银，……定斩不留”，“凡典圣库圣粮及各典官，如有藏匿盗卖”，岁“即治以点天灯之罪”。这些都是农民反对私有财产和平均主义思想在有关分配与消费的法律规定上的反映。

建都天京不久，太平天国领导人曾出示宣告：“天下农民米谷，商贾资本，皆天父所有，全应解归圣库。”②“凡物皆天父赐来，不须钱买。”③并依法将商人资本、店铺货物没收，分别由太平天国的总典买办、总典油盐等职官管理。至于城内军民生活日用品均由圣库按定制供给。当时的都城天京以及镇江、扬州、苏州、嘉兴等商品经济发达和资本主义萌芽的主要城市，都不许经商。这种违反社会经济发展规律的法令，造成天京城市市场萧条，经济衰落，军民生活供给十分困难。因而，“此令已无人理，究不能行”④。太平天国领导人为了解决现实生活中的实际困难，在咸丰四年（1854年）左右，在天京城内北门桥一带开设公营商店，并在天京城外开辟买卖街，作为指定的商业区域，允许商人自由贸易。天京以外的太平天国所辖各地城镇，对待民间商业则始终采取保护和奖励的政策，并颁行《征税规则》《规定税率》。英国人呤唎说：“太平天国的税收机构与腐败不堪的满清厘卡适成鲜明的对比，是公平的、正规的、简便的。……税率总是适度的。”⑤

太平天国除保护合法贸易外，还严厉打击囤积居奇，投机取巧，有害民生的奸商。咸丰十一年十一月十七日（1861年12月18日）天国官员陈坤书发给金匮县荡口镇黄兴和头绳花布店的商凭中就规定：“一切货物务须公平交易，既不得奇货自居，亦不得高抬市价；如敢垄断渔利，有害民生者，

---

① 《太平天国诏旨书》，《太平天国》第1册。

② 张德坚：《贼情汇纂》卷10，《太平天国》第3册，第275页。

③ 张汝南：《金陵省难纪略》，《太平天国》第4册，第716页。

④ 张德坚：《贼情汇纂》卷10，《太平天国》第3册，第275页。

⑤ 呤唎：《太平天国革命亲历记》下册，中华书局1961年版，第380、381页。

准尔铺户指明禀究。”[①]

总括上述，太平天国以法律的强制保证废除私有制，确认平均主义的分配与消费政策，在一定时期一定范围内起了积极的作用。但由于它违背客观经济发展的规律，没有也不可能贯彻实行。到1859年洪秀全在批注洪仁玕拟订的《资政新篇》时，对于发展资本主义的倡议表示同意，这反映了洪秀全的“人无私财”“逆者议罪”的思想已发生了变化。

（2）提出以军政合一、兵农合一为基础的社会组织改革方案

《天朝田亩制度》除了主张实行土地天国公有、平分农民耕种的规定以外，还对农村的政治、经济、文化等各方面的生活方式都作了具体规定，试图建立农村公社式的社会基层组织。例如，每13156家，先设一军帅，次设师帅、旅帅、卒长、两司马、伍长。从军帅到伍长，均由居民保举本地人充任，故称乡官。在军帅之上直接领导乡官的，郡有总制，县有监军，皆受命于朝为守土官。

农村的社会基层组织称为“两”。由25家人组成。每一“两”设一两司马主持，总管行政、生产、分配、宗教、教育、司法、赏罚、保举、警卫以及军事训练等，权力极大，是农村生活的组织者和领导者。两司马所在地设一国库（又称圣库，即公库），设一座礼拜堂。每一家农户为一个生产单位，农民既要耕种土地，参加农业生产，还要从事家庭副业和手工业生产劳动。“力农者有赏，惰农者有罚”，“凡二十五家中陶冶木石等匠，俱用伍长及伍卒为之，农隙治事”[②]。

两司马根据“天下人人不受私”，“天下大庭，处处平均，人人饱暖”的原则，督率伍长负责25家的分配，禁止私藏金银和私有财产。凡25家中所有婚娶、弥月、喜事，所需费用都由国库按统一规定支付领取，鳏寡孤独废残者，也均由国库供养。

---

① 《金匮商凭》，《太平天国》第2册，第874页。

② 《太平天国》第1册，第322页。

《天朝田亩制度》还蕴涵了一种寓兵于农的思想，“凡天下每一夫有妻子女约三、四口或五、六、七、八、九口，则出一人为兵”，“每年每家设一人为伍卒，有警，则首领统之为兵，杀敌捕贼；无事，则首领督之为农。耕田奉尚”[①]。每个军，既是农村的行政机构，也是一个民兵系统。

《天朝田亩制度》所设计的“两”，是一个没有贫富之分，绝对平均、自给自足的小农经济的社会基层结构。无数这样的单位，就组成一个社会。这样的社会，即“四有两无”——“有用同耕，有饭同食，有衣同穿，有钱同使，无处不均匀，无人不饱暖”“通天下皆一式”的理想社会，[②]在这个理想社会，“天下一家，共享太平”。这就是洪秀全所描绘的极其动人的地上天国，也就是他用宗教语言所宣传的“小天堂”。

（3）宣扬男女平等思想和民主的婚姻制度

洪秀全早在所著《原道醒世训》中，便第一次从教义的角度提出男女平等的思想，他说：“天下凡间”皆由“皇上帝主宰化理”和“生养保祐”，因而“分言之则有万国，统言之则实一家”。“天下多男人，尽是兄弟之辈，天下多女子，尽是姊妹之群；何得存此疆彼界之私，何可起尔吞我并之念”。男女平等的思想，在太平天国革命发动的过程中，不断地得到充实。咸丰元年闰八月（1851 年 9 月），太平军攻占永安州城后，洪秀全在建制时连续发布诏令，要求全体官兵恪遵《十款天条》。其中第 7 条规定：天国男女都是“天堂子女”，因而是平等的。这种思想一反数千年来压迫奴役妇女的封建礼教，破天荒地承认妇女享有平等的社会地位，赋予她们和男子一样的参军、参政和经济上的平等权。这一点连当时的地主阶级文人也不得不承认：太平天国是“男呼兄弟，女呼姊妹，不别尊卑，不分贵贱”[③]。

除此之外，太平天国也在一定时期、一定范围、一定程度上废除某些封建包办买卖婚姻，确认妇女解放、婚姻自由的法律和制度。《天朝田亩制

① 《太平天国》第 1 册，第 326、321 页。
② 《天朝田亩制度》，《太平天国》第 1 册，第 321—332 页。
③ 王永年：《紫蘋馆诗抄》，《太平天国史料丛编简辑》第 6 册，第 392 页。

度》明确规定："凡天下婚姻不论财"，由两司马"办其二十五家婚娶吉喜等事，总是祭告天父上主皇上帝，一切旧时歪例尽除"[①]。这种婚姻还由太平天国乡官颁发"合挥"凭证。

太平天国反对纳妾，强调"一夫一妇，理所宜然"[②]，并尽可能以法律的强制力保证在普通士兵和居民中实行一夫一妻制。英国友人呤唎说他目睹"太平天国的下层人民，一人只许娶一个妻子"，"如果认为太平天国是普遍推行多妻制的，那是大错特错的"[③]。

太平天国不仅不干涉寡妇的婚姻自由，相反，寡妇再婚受到鼓励。这是对"寡妇无再醮之义"的封建礼教的反抗，表现了太平天国婚姻立法中的某种民主因素。

为了保证一夫一妻制的实行，太平天国严禁娼妓。北王韦昌辉、冀王石达开曾发布告示，规定："娼妓最宜禁也。男有男行，女有女行，……倘有习于邪行，官兵民人私行宿娼，不遵条规当娼者，合家剿洗，邻佑擒送皆有赏，知情故纵者一体治罪，明知故犯者斩首不留。"[④] 在太平天国管辖区内，娼妓大大减少，或者基本绝迹。

太平天国法律还禁止摧残妇女和儿童；禁止缠足、买卖蓄婢、溺婴等封建恶习。据张德坚《贼情汇纂》记载："贼婆皆粤西溪峒村娼，赤足他步，无异男子。初至江宁，即传伪令妇女不准缠足，违者斩首。"

上述思想及其法律化，冲击了中国封建社会数千年来压迫与束缚妇女的纲常礼教和法律传统，使太平天国管辖区的妇女得到了相当的解放，有利于发动妇女支持太平天国农民战争，促进社会生产力的发展、改变陈旧的社会风尚。咸丰二年二月（1852 年 4 月），在永安突围战争中，天王洪

① 《太平天国》第 1 册，第 322 页。
② 张德坚：《贼情汇纂》卷 6，《太平天国》第 3 册，第 225 页。
③ 呤唎：《太平天国革命亲历记》上册，第 245 页。
④ 张德坚：《贼情汇纂》卷 7，《太平天国》第 3 册，第 225 页。

秀全号召全军："男将女将尽持刀，同心放胆同杀妖。"[①] 可见参军的妇女在太平天国农民战争中的战斗能力。甚至连敌人也说她们"赤足裹头，攀援岩谷，勇健过于男子。临阵皆持械接仗，官军或受其衄"[②]。英人呤唎赞扬说："太平天国革除了两千年来妇女所受到的被愚昧和被玩弄的待遇，充分地证明了他们的道德品质的进步性。""这是太平天国的辉煌标志之一。"[③] 泰勒也说："太平天国所给予妇女之新地位，在其时代人民的眼中，也同样是具有革命性的。"[④] 咸丰十一年（1861年）英国侵略者胡思礼曾到太平天国都城天京调查，据他在《天京观察记》中说："这里跟全国我所曾游的其他城市大异的地方，即是妇女随便游行，或乘马于通衢大道，而又绝不装模做样害怕外国人如其他中国妇女所常为者，亦不回避我们。他们几乎人人都穿着苏州出产的奇巧的绸缎丝服，美丽之极。"[⑤] 以上这一切，不能不引起外国人的惊叹：这真是"世界得未曾见之奇观，即人类的幻想亦未能形状其伟大"[⑥]。如果说"在任何社会中，妇女解放的程度是衡量普遍解放的天然尺度"[⑦]，那么太平天国妇女地位的改善，也是衡量太平天国统治下的农民阶级和整个社会普遍解放的天然尺度。但是，由于农民自身的阶级局限性，洪秀全在《幼学诗》中竟公然宣扬："妻道在三从，无违尔夫主，牝鸡若司晨，自求家道苦"，"女道总宜贞，男人近不应"。在《天父诗》中还提出"只有媳错无爷错，……只有臣错无主错"。以及举止要端庄、仪容要修饰、殷勤侍候之类的封建教诲和家规，表现了封建纲常礼教对洪秀全思想的束缚。而在太平天国领导人中间假借上帝旨意实行的法定的多妻制，又直接破坏了太平天国比较民主的婚姻关系，维护了封建性质的特权。

---

① 《天命诏旨书》，《太平天国》第1册，第68页。
② 张德坚：《贼情汇纂》卷3，《太平天国》第3册，第111页。
③ 呤唎：《太平天国革命亲历记》上册，第231、232页。
④ 泰勒：《太平天国革命的经济背景与社会学说》，转引自《典制通考》（中），第1196页。
⑤ 转引自罗尔纲：《太平天国史事考》，三联书店1955年版，第339页。
⑥ 《华北先驱周报》174号，1853年10月26日。
⑦ 《社会主义从空想到科学的发展》，《马克思恩格斯选集》第3卷。

（4）试图建立具有民主精神的诉讼制度

太平天国领导人朴素的平等思想，在诉讼制度中也有明显的反映。根据《天朝田亩制度》的规定：各家有争讼，两造赴两司马处申诉，由“两司马听其曲直”，如对判决不服，可以依次上诉，直到“典执法及军帅，军帅会同典执法判断之”。判决以后，再由军帅逐级上报，由天王降旨令军帅以下逐级“详核其事”。如无出入，然后军帅、丞相、检点及典执法等直启天王主断。“天王乃降旨主断，或生或死、或予或夺，军帅遵旨处决”。这种由基层起，层层申诉，层层复核，并重视客观证据的审判程序，确实与清朝封建专制主义主观武断的审判制度有根本的区别，表明了太平天国领导人对案件审判的重视。《贼情汇纂》有以下记载：“其踞江宁刑人必问供，俱禀伪侯王，层层转达，以取伪旨。洪逆批准，由伪翼王交伪翼殿刑部尚书盖印，赴天牢提人屠杀。”可见，《天朝田亩制度》中所规定的死刑层层复核制，是以实践为基础的。但由于极端紧张的战争环境，不可能完全按照这套程序进行审判，更多的情况是由地方长官审结执行，所谓“狱讼钱粮，由军帅、监军区划，而取成于总制，民事之重皆得决之，虽大辟不以上闻”①。

为了便于受屈含冤的民众申诉冤情，太平天国在官府“大门走廊内置大鼓两面，凡受害申冤或要申诉的人们均可自由击鼓，要求官长主持公道”②。“市井中有以小事入告者，随即坐堂，听审颇明允，不索讼费，以致日向公事，观之者如星。”③

太平天国的审判不单纯以口供定罪，还注意根据客观事实，判断是非曲直，也不拘泥于法律条文是否详备。呤唎说，太平天国“所有的审判全都以是非曲直为准则，而不拘囿于条文，因此很少发生欧洲法庭中因法律

① 《贼情汇纂》，《太平天国》第3册。

② 《太平天国革命亲历记》。

③ 《养拙轩笔记》。

上的专门术语及诡辩经常所导致的显然不公正的现象”[①]。

由于洪秀全从起义之前便重视宣传教育群众，所以太平天国对于重大案件的判决，常常召集群众大会，“宣示于众曰，某人现犯何罪，应得何罪，对众行刑”[②]。有时，还让犯罪分子向群众坦白认罪。如阴谋反革命叛变的周锡能在被审判后便向群众坦白说：“众兄弟，今日真是天做事，各人要尽忠报国，不好学我周锡能反骨逆天。”[③]

（四）体现重刑惩罚主义的刑法思想

洪秀全在起义之前曾宣传过“止杀”。他说，“是以先代不嗜杀，德合天心天眼开”[④]，“乡邻互杀断非仁，天生天养和为贵”[⑤]。起义爆发后，在极其残酷的战争环境中，在清王朝对起义农民“并无丝毫恻隐慈悲之心”，实行“一律斩薙无遗”“一律剜目凌迟”的血腥屠杀政策的刺激下，洪秀全逐渐认识到只有严厉镇压反革命犯和刑事犯，才能维护太平天国的统治，因而形成了严刑惩罚敌人的重刑思想。1857年年底，李秀成提出了一篇“依古制而惠四方”“宽刑以待万方”的“奏谏”，洪秀全当即予以痛斥。1859年，洪秀全在洪仁玕所著《资政新篇》第六天条曰“勿杀”上特加眉批：“爷今圣旨斩邪留正杀妖杀有罪不能免也。爷诫勿杀，是诫人不好谋害妄杀，非谓天法之杀人也。”表明他始终坚持对阶级敌人和违背天朝法令、宗教戒条的罪犯，实行重刑惩罚主义。这个思想在《太平刑律》中表现得非常明显和具体。

根据清人张德坚《贼情汇纂》一书所载62条刑事法令，太平天国似乎已有独立的刑法典，即所谓《太平刑律》。现有62条刑事法令中，主要犯

① 《太平天国革命亲历记》。
② 《贼情汇纂》，《太平天国》第3册。
③ 《天父下凡诏书》，《太平天国》第1册。
④ 《原道救世歌》，《太平天国印书》第9册。
⑤ 《原道醒世训》，《太平天国印书》第9册。

罪有奸细、通敌谋反罪、违反军纪侵犯群众利益罪、违反拜上帝教教规罪、不敬官长罪、贪污渎职罪、奸淫及烟毒罪、口角赌博斗架罪、传播封建文化思想及异教罪。

太平天国的刑事法令，不仅在规定上十分严密，刑罚手段也极为残酷。太平天国的刑罚有枷、杖、死刑三种。枷、杖没有轻重的规定，杖刑自 5 板至 20 板。死刑最重的是点天灯，依次为五马分尸、斩首示众等。后来，又有桩沙、剥皮等酷刑。枷、杖多适用于处罚内部违反纪律和轻微犯罪。死刑主要适用于反叛罪犯、贪污盗窃罪犯、强奸罪犯、杀人罪犯以及其它扰乱破坏社会秩序的罪犯。根据《太平刑律》，对奸细、通敌、谋反等反革命分子处最重刑，规定："凡我们兄弟如有被妖魔迷懞反草通妖，……即治以点天灯、五马分尸之罪"；"凡有人私带妖魔入城或妖示张贴谋反诸事，……定将此人点天灯，其知情不告者一概斩首不留"，"凡有反草通妖之人，……通馆通营皆斩首"[①]。在实践中查获的一系列反革命案件，如周锡能"反骨逆天"案、陈先进"通妖作怪"案、朱大妹毒害东王案、张继庚里应外合案等，都分别处以极刑。

对于扰乱、破坏革命秩序和侵犯群众利益的犯罪，也列为打击重点："凡行军黑夜发妖风惊营，必寻出起首嚷叫之人斩首示众"；"凡私盗关凭，混出城卡，一经盘获，定斩不留"；"凡焚烧外小房屋者斩"；"凡无故杀害外小者斩"[②]。李秀成在谈到太平军的军纪时说："何官何兵无令敢入民房者，斩不赦，左脚踏入民家门口者，即斩左脚，右脚踏入民家门口者斩右脚。"[③]另据《天情道理书》记载："李裕松假冒天国官员，自造金印，身穿黄袍，在湖北一带地方藉天威而肆虐劫人货财，夺人妻女，大干天法，大犯天条……当经秋官正丞相研究……将李裕松焚化成灰。"[④]这些规定体现了太

① 《贼情汇纂》，《太平天国》第 3 册。

② 《贼情汇纂》，《太平天国》第 3 册。

③ 《忠王李秀成自传原稿笺证》。

④ 《太平天国史料丛编简辑》第 1 册。

平天国领导人重视维护革命秩序，保护人民生命安全的法律思想。

由于太平天国禁止私有财产，因此《太平刑律》规定："凡追杀妖魔所遗金玉衣物，自然皆为我得，必须杀尽妖魔，将残妖追出四五十里外方准收拾妖物，解归圣库。自后杀妖之时，路旁金银衣物，概不准低头拣拾，以及私取私藏，违者斩首不留。"显然这是为了保证战斗的胜利和维护以公有制为基础的圣库制度。在太平天国，"偷盗劫掠"的窃盗与强盗罪被视为罪犯天条的大罪，处死刑。对于宣传信奉异教者，以"邪术惑众犯天诛"①也应处死。

此外，根据洪秀全提出的"第一不正淫为首"②"邪淫最是恶之魁"③"好淫者，名为变怪，最大犯天条"④等思想，对于侵犯妇女人身的强奸罪，一经"妇女喊冤，定即斩首示众"⑤。潜伏天京的反动分子胡恩燮所著《患难一家言》记载：一个太平军士兵因强奸肆主童养媳不从杀人，立被"缚至伪刑院，讯明枭首示众"⑥。如"系和奸，即属同犯天条，男女皆斩"⑦。

为了以太平天国的教义统一思想，"凡一切孔孟诸子百家妖书邪说者，尽行焚除，皆不准买卖藏读也，否则问罪也"。"但世间有书不奏旨、不盖玺而传读者，定然问罪也。"⑧"凡一切妖书如有敢念诵教习者，一概皆斩。""凡一切妖物文书一概毁化，如有私留者，搜出斩首不留。"⑨

太平天国对封建科举制度也作了某些改革，主要表现为考试题目皆出自太平天国文献，不得以五经命题，如有违反，严予治罪。例如，天试状

① 《原道救世歌》，《太平天国印书》第 9 册。
② 《原道救世歌》，《太平天国印书》第 9 册。
③ 《天条书》，《太平天国印书》第 4 册。
④ 《天条书》，《太平天国印书》第 4 册。
⑤ 《贼情汇纂》，《太平天国》第 3 册。
⑥ 《太平天国史料丛编简辑》第 2 册。
⑦ 《贼情汇纂》，《太平天国》第 3 册。
⑧ 黄再兴：《诏书盖玺颁行论》，《太平天国》第 1 册，第 313 页。
⑨ 张德坚：《贼情汇纂》卷 10，《太平天国》第 3 册，第 232 页。

元武立勋奉命前往安徽担任天国考官，以五经为题，被天王洪秀全等痛斥为“妖”，罢其官职，降为伍卒。后期另一苏州掌试官，竟“因出《五经》、《四书》题，被诛”①。

太平天国刑法还规定：“唱邪歌，皆是犯天条。”“凡邪歌、邪戏一概停止，如有聚人演戏者，全行斩首。”在洪秀全重刑思想指导下，甚至对太平天国内部有抽烟、喝酒、赌博、演戏、口角打架、冒冲仪仗等行为的人，也都“斩首不留”。

特别需要指出，洪秀全对于吸食鸦片是深恶痛绝的，他说：“洋烟为妖夷贻害世人之物”，吸食鸦片为“妖魔恶习”。《十款天条》把“吹洋烟”提高到“犯天条”的高度。1852年3月17日，太平天国在永安发布禁烟令：“一经查出，立即严拿，斩首示众，决无宽赦。”②以后又在刑事立法中规定：“凡吹洋烟者，斩首不留。”③不仅贩卖者、吸食者斩，而且知情不禀者一体治罪。由于执法严肃，南京地区“鸦片烟断绝”。

太平天国领导人的重刑思想有其明确的针对性，在实践中也注意运用一些对敌斗争的政策和策略，以集中力量打击清朝统治势力。

首先，区分妖魔与良民。金田起义前夕，洪秀全就提出“斩邪留正”是上帝的旨意，上帝叫他用宝剑“斩除鬼魔”，但要“慎勿妄杀兄弟姊妹”。④金田起义后，太平天国诸王对下级的谕令中，要求“遇妖即诛，见民必救”⑤。太平军攻破武昌入城时，公开宣布：“官兵不留，百姓勿伤。”⑥太平军攻克南京时，东王杨秀清发布诰谕：“只准诛戮妖魔之官兵，不准妄杀良民

---

① 陈庆甲：《金陵纪事诗》，《大太平天国史料丛编简辑》第6册，第401页。

② 《贼情汇纂》，《太平天国》第3册。

③ 《贼情汇纂》，《太平天国》第3册。

④ 韩山文：《太平天国起义记》，《太平天国》第6册，第841页。

⑤ 韦昌辉：《诚谕国宗石凤魁等统兵分巡湖北各郡县》，《太平天国文书汇编》，中华书局1979年版，第177页。

⑥ 陈徽言：《武昌纪事》，《太平天国》第4册，第592页。

一人。”[①] 太平军将士皆恪遵条令，“专杀贪官污吏劫掠者，死不赦”[②]。当时清方撰写的《徽难全志》也记载，咸丰四年（1854 年）太平军在皖南徽州，“不杀百姓，不烧民房，只杀官兵，劫库而矣”。[③]

其次，对于坚决与太平天国为敌的清朝官兵与愿意投降太平天国的清朝官兵，采取区别对待的政策。太平天国曾发布法令，没有官衔的一般汉族地主士绅，除“帮妖守城打仗”者“必屠杀净尽”外，其余则号召他们“投降纳贡，以助军饷”，“共同剿灭胡奴，同扶真主”[④]。太平天国建都南京后，在太平军“各大营前壕外，悉竖白布方旗，书‘投降免死’四大字，得能设法逃出或临阵脱逃者，只须奔至免死旗下即有兵丁带入大营，证明无伪，许其自新”[⑤]。咸丰十年（1860 年），忠王李秀成不仅在进攻杭州城之前，“奏准天王准赦满人”[⑥]，而且与干王洪仁玕共同发布谕令，号召汉族“妖兵妖官”，“弃暗投明”，“倾心归附”，“共扶真主”。[⑦]

最后，反戈一击者受奖。太平天国在严惩清朝反动派的同时，对那些原在清朝营垒能够弃暗投明、改恶从善、反戈一失击者，不但既往不咎而且可以立功受奖。咸丰二年（1852 年）东王杨秀清、西王肖朝贵联合发布的《救一切天生天养中国人民谕》中宣称：“特谕中国人民：从前误在妖营帮妖逆天，今闻本军师谕有能即明大义”，“速即反戈替天诛妖”，“约同中国人民擒斩妖胡头目首级亲到天朝投降者”，“本军师不独赦宥尔等前愆，且将奏明天父，有大大天爵天禄封赏尔等”。并且提出了“顺天有厚赏，逆

① 杨秀清：《诰谕南京人民》，金毓黻等编：《太平天国史料》，第 138 页。

② 柯悟迟：《记癸丑二月十六日得金陵来信》，《漏网喁鱼集》，第 17 页。

③ 《徽难全志》，《安徽博物馆抄本》，第 2 页。

④ 《殿右陆拾肆指挥元勋加一等敕晓谕》，安徽省博物馆藏件。

⑤ 王永年：《紫平馆诗抄》，《太平天国史料丛编简辑》第 6 册，第 394 页。《忠王李秀成自述》，影印本。

⑥ 王永年：《紫平馆诗抄》，《太平天国史料丛编简辑》第 6 册，第 394 页。《忠王李秀成自述》，影印本。

⑦ 《洪仁玕李秀成等劝谕》，《太平天国史料》第 155、156、157 页。

天有显戮”的政策。[①] 张德坚在《贼情汇纂》中也承认，太平天国号召：“富者出资，贫者效力，事平之后，皆封赏显官世袭。”[②]

总之，在农民战争风暴中产生的、与清朝法律制度相对峙的太平天国刑事法律、法令的确发挥了农民反抗封建统治斗争的作用，连敌人也不得不承认：太平天国“其法至严，……不敢徇情，略无姑息”。因此，“群焉俯首，甘心服役，至身临矢石而不惴，膏涂草野而无悔矣”[③]。其谓“贼之炽张，则全恃行军有法”[④]，全恃“严号令，肃纪律”，“以其法为足恃也”。[⑤]

太平天国领导人的严刑思想，也反映了农民阶级所固有的局限性和他们头脑中封建落后的思想毒素。甚至滥施刑罚于革命队伍内部的一般犯罪，如吃黄烟、饮酒、口角打架、超过三天不能熟记《天条书》、夫妻同宿、传令听讲道理一再无故不到、剪发剃须刮面、官兵雇请民妇洗衣缝纫等过失，都要处以死刑。[⑥]

张德坚在《贼情汇纂》中说：太平天国是“毛细之过，笞且不足，贼辄律以斩首”，“即使商鞅定律，周来执法，恐亦持笔难下也。贼之枭（炽）张，则全恃行军有法，贼之灭亡，则在虐民无人理。诸伪制皆足亡之，而尤以伪律为至酷耳”[⑦]。太天平国使用的“点天灯”“五马分尸”等酷刑，是流行于下层会党的极其野蛮的刑罚手段。至于“通馆通营皆斩”，实际是封建性的“株连”之法。这些都是洪秀全重刑惩罚主义思想的具体表现。

在重刑思想指导下，太平天国的刑事法律对于打击反革命势力，保卫革命成果发挥了积极作用。但是，滥施严刑峻罚，也危害了革命队伍内部的团结，不利于分化敌人和争取社会同情，引起了太平天国其他领导人的

① 《颁行诏书》，《太平天国》第 1 册，第 166—167 页。
② 张德坚：《贼情汇纂》卷 11，《太平天国》第 3 册，第 299 页。
③ 张德坚：《贼情汇纂》卷 8，《太平天国》第 3 册，第 108、227、118—119 页。
④ 张德坚：《贼情汇纂》卷 8，《太平天国》第 3 册，第 108、227、118—119 页。
⑤ 张德坚：《贼情汇纂》卷 8，《太平天国》第 3 册，第 108、227、118—119 页。
⑥ 张德坚：《贼情汇纂》卷 8，《太平天国》第 3 册，第 227—232 页。
⑦ 《贼情汇纂》卷 8，《太平天国》第 3 册，第 227 页。

不满。1859 年陈玉成建议制定明赏慎罚的制度，洪仁玕提出“善待轻犯”的原则，都是针对太平天国法峻刑过之弊而发的，可惜未能引起洪秀全的注意和采纳。

（五）度势行法，整饬法制

1859 年 4 月洪仁玕到达天京以后，鉴于太平天国由于天京变乱所造成的严峻形势，急于着手整饬法制。他以“因时制宜，度势行法”[①]为整饬法制的指导原则，以整饬法制为重振天朝纪纲的实际步骤，这不是偶然的。久居海外的洪仁玕对于世界资本主义的发展有所了解，因此他从中国与世界相互关系的角度，提出了度势行法的命题。又鉴于立法是为治之本，所以力图从整饬太平天国法制入手，矫正纪律松弛、法令不行的弊端。为了贯彻“度势行法”的意见，洪仁玕介绍了一些资产阶级的法制原则，期望能够借此兴利除弊，“与番人争雄”。为了壮大整饬法制的声势，洪仁玕也同当时的主要军事将领互相援引支持。例如，与洪仁玕声气相通的英王陈玉成，也“早见及此”，并且驰书洪仁玕，请定章程以救时弊。陈玉成在书中“所议赏罚之法，致为森严”，受到洪仁玕的赞许：“本军师嘉其忠款”，立即“携原书缮本呈奏”[②]，并经洪秀全批准，颁行全国。

在英王陈玉成“驰书来府，请定章程”以后，洪仁玕写了《立法制喧谕》上呈洪秀全，并经洪秀全批准颁行。《立法制喧谕》开宗明义从正面论证了法制对于维护国家统治的重要作用。他说：“国家以法制为先，……有法制而后有国家，此千秋不易之大经，而尤为今兹万不容已之急务也。”此外，他在《资政新篇》中也阐述了健全法制的意义，他说：“所谓‘以法法之’者，其事大关世道人心，如纲常伦纪、教养大典，则宜立法以为准焉。是下有所趋，庶不陷于僻矣。……此立法善而施法广，积时久而持法严，代有贤

① 《资政新篇》，《太平天国印书》第 16 册。

② 《立法制喧谕》，《洪仁玕选集》。

智以相维持，民自固结而不可解，天下永垂不朽矣。”这两段论的思想是一贯的，各有侧重，互相补充，表明洪仁玕已经开始认识到国家与法制的内在联系，以及法制的重要作用。任何一个国家都需要建立法制，以维护统治阶级的统治，调整国家机器的运转，保持稳定的社会秩序。没有法制的国家是不存在的，法制废弛的国家也不可能强大和长存，这是进入阶级社会以来的通理。洪仁玕阐述法制的重要性，不是理论上的一般探讨，而是为了整饬和重建太平天国革命法制，以挽救衰败之局的紧急措施。正是形势的严峻，才促使他“与众弟等痛绝言之”。为了使“国家以法制为先，……有法制而后有国家”的立论更加雄辩有力，洪仁玕陈述了欧美各国由于立法制而臻于富强的事实，他说，英国“于今称为最强之邦，由法善也”。俄国学习法国的“邦法，……大兴政教，百余年来，声威日著，今亦为北方冠冕之邦也”①。由此他得出结论：“足见纲常大典，教养大法，必先得贤人，创立大体，代有贤能继起而扩充其制，精巧其技，因时制宜，度势行法，必永远不替也。”②

洪仁玕整饬法制有其着眼于世界的一面，因此，在依靠什么人来制定法律的问题上，他反对由那些“既无才情，又无算计”，“朝中之人甚不欢悦”的亲贵嬖臣去立法，也反对由一般蒙昧无知、闭目塞听的庸人去立法。而主张“立法的人必先经磨炼，洞悉天人性情，熟谙各国风教，大小上下，源委重轻，无不了然于胸中者，然后推而出之，乃能稳惬人情也”③。洪仁玕提出由富有实践经验和了解世界形势的人负责立法是很有见地的，同时也是对当时洪仁发等庸人执政的抨击。

在立法的原则上，洪仁玕认为涉及国家体制和根本政策的“大纲”虽不能改变，但一些具体的规定即所谓“小纪”，是可以变动而且需要变动的。

① 《资政新篇》，《太平天国印书》第16册。
② 《资政新篇》，《太平天国印书》第16册。
③ 《资政新篇》，《太平天国印书》第16册。

“盖法之质在乎大纲一定不易，法之文在乎小纪每多变迁”[1]。为了防止法制久立，以致不能适应形势的变化，“更当留一律以便随时损益小纪，彰明大纲也”[2]。他用“律法者无定而有定，有定而无定”，来表达法制的稳定性和具体条文的可变性。他吸取了中国古代进步思想家提出的“法与时转，治与时宜”的一贯立法思想，同时也渗入了某些资本主义国家的立法经验。

（六）革故鼎新，重振天国

“革故鼎新”，“建立新天、新地、新人、新世界”，是洪仁玕政治法律思想的核心。他一方面坚持扫荡妖氛、推翻清朝封建政权的革命战争；另一方面强调“治国必先立政”，大力整顿太平天国的朝政，革除时弊。

为了论证“革故鼎新”的合理性，他用朴素唯物主义的观点阐述了自然变化的规律。他说：“云净而月明，春来而山丽，衣必洗而垢去，物必改而更新，理之自然者也。”[3] 他用这种认识去分析太平天国的政治与法制，得出了为政必须适应形势及时革故才能鼎新的结论。即所谓：“事有常变，理有穷通，故事有今不可行而可豫定者，后之福；有今可行而不可永定者，为后之祸。其理在于审时度势，与本末强弱耳。然本末之强弱适均，视乎时势之变通为律。则自今而至后，自小而至大，自省而至国，自国而至万邦，亦无不可行矣。其要在于因时制宜，审势而行而已。”[4] 革故鼎新是有针对性的，它的具体要求是：

1. 以严法确保“权归于一”，消除“弱本强末”之弊

鉴于天京变乱以后，“人心冷漠”，在军事、政治活动上出现了“事权不一”、“僭乱”随心等严重危害革命的现象，洪仁玕着重指出：“事权不一，

① 《资政新篇》,《太平天国印书》第 16 册。
② 《资政新篇》,《太平天国印书》第 16 册。
③ 《英杰归真》,《太平天国》第 2 册。
④ 《资政新篇》,《太平天国印书》第 16 册。

虽久安长治之国犹未可保，矧当国家初造，妖势尚横，而谓可保无虞耶！”[①]因此，他强调由中央统管一切权力，“自大至小，自上而下，权归于一”。如果违背上下之序，任意僭越者处严刑。即使官至王位，也不得“私与官职”，否则按律“大辟”。对于“私受官职者”，“亦明正典刑”。他回顾了太平天国初期，东王总理政务时，用人大权集中于天廷的情形，说：“末秩微员，升降必由天廷转奏，片文只字，刊刻必自京内颁行”，“孰敢私镌伪铸，其郑重为何如也”[②]。当时正因为革命的指挥权集中在天廷，才使得革命军队之间互相策应，取得了“势如破竹”“所向无前”的伟大胜利。他渴望通过整顿，集中军政指挥权，挽回太平天国革命的颓势。与此同时，他也注重基层政权的建设，提出由“公义者”担任乡官，并规定了乡官的职权范围和乡兵的具体活动。这是针对太平天国后期乡官成分复杂，严重妨碍太平天国政令的贯彻而采取的一项措施。

洪仁玕虽然主张“权归于一”，即集权于天王，但他反对明清两代那种封建极端专制主义的倾向。为了做到既可“以辅圣聪之不逮”，又避免专制权力的滥用，他提出在君侧设立“一无情面之谏议”。另外，洪仁玕还根据他在香港所接触到的资产阶级民主，主张设置意见箱，使“上下情通，中无壅塞弄弊者”；设立新闻官“以资圣鉴，则奸者股栗存诚，忠者清心可表”；设立书信馆，“以为四方耳目之便，不致上下梗塞，君民不通”[③]。显而易见，这些辅弼圣聪、贯通上下的主张，反映了某些资产阶级民主政治的色彩。

2. 恢复铨选之法，严禁朋党

洪仁玕总结中外政治得失的经验教训，认为立政的关键“惟在设法与用人之得其当耳”[④]。因此他十分重视铨选，说“国家机要，惟在铨选”[⑤]，坚

① 《立法制喧谕》，《洪仁玕选集》。

② 《立法制喧谕》，《洪仁玕选集》。

③ 《资政新篇》，《太平天国印书》第16册。

④ 《资政新篇》，《太平天国印书》第16册。

⑤ 《立法制喧谕》，《洪仁玕选集》。

决反对封建官场上流行的“私门请谒”“卖官鬻爵”的陋习，郑重指出：“凡子臣弟友，各有分所当为，各有奉值，各有才德，各宜奋力上进。……岂可攀援以玷仕途？”他严正谴责文官武将只追求个人的利禄，“动以升迁为荣”，而置国家安危于不顾。他强调对于破坏太平天国铨选之法的受贿滥举者，审实之后，要革职罚罪，以期做到“器使群材、赏罚严明”。为了选贤任官，洪仁玕肯定了奠都天京以后举行的两次科举取士，并亲自拟定了《士阶条例》。他还把资本主义国家公选官员办法介绍给天王，说：美国“取士、立官……则限月日，置一大柜在中廷，令凡官民有仁智者，写票公举，置于柜内，以多人举者为贤能也，以多议是者为公也”，“邦长五年一任，……任满各省再举”。甚至“别邦人有能者”，也可以“册立为官”。[①]

鉴于太平天国后期，臣下结盟联党，严重分裂革命队伍，危害革命事业，他在《资政新篇》“用人察失”类中，首列“禁朋党之弊”。指出：“朝廷封官设将，乃以护国卫民，除奸保良者也”，如果朝臣中联结朋党，“下有自固之术，私有依恃之端”，就会造成“外为假公济私之举，内藏弱本强末之弊。为兵者行此，而为将之军法难行；为臣者行此，而为君之权谋下夺”。为了消除朋党之弊，对于“真知其为朋奸者”，首先要“潜消其党”使之无所凭借，或“赐杖以愧之”。但是切忌“发泄而不能制，否则反遭其害，贻祸不浅”[②]。他在《立法制喧谕》中进一步提出解决朋党办法：先解除“弄兵”“逆命”的主将的兵权，并“拿其阖家”，然后由偏将“统其原队”，“官员交别将统带，属员改列朝官，身兵改为宿卫，均令安堵，毋使稍惊，则党羽自除，虽欲逆命而不能，弄兵而不得”。

总括上述，身负重任的洪仁玕，在抵达天京以后，发现随着革命形势的逆转，太平天国内部弊病丛生，“锐气减半”，深感这个农民革命政权“犹未可保”。因此，他提出“革故鼎新”的号召，力图挽救颓势，重振天朝。

---

① 《资政新编》，《太平天国印书》第18册。

② 《资政新篇》，《太平天国印书》第16册。

他的有针对性的主张，一方面继承了太平天国早期政权与法制建设的优良传统；另一方面也输入了资产阶级的民主与法制的某些原则。“革故鼎新”的提出，虽然没有从根本上改善太平天国政权，但随着清军江南大营被击溃，进军苏杭的胜利，使太平天国一度转危为安。然而斗争形势的极端尖锐、紧张，加上太平天国内部的呼应不灵，左右掣肘，已经不可能实现“革故鼎新”的主张了。

（七）改革刑制，教法兼行

太平天国自天京变乱后，出现了法纪松弛、用刑过滥、妄杀无辜的严峻现象，以致革命队伍内部人人自危，损害了官兵的团结，危害了革命的发展。接受资本主义法律文化影响的洪仁玕，对太平天国以报复和恐吓主义为特征的落后与野蛮的刑制，极为反感。因此他在整饬法制的同时，坚指改革刑制，主张实行“罪人不孥”“罪止一身”的制度，反对无罪株连。他说：“罪人不孥，若讯实同情者及之，无则善视抚慰之，以开其自新之路，若连累及之，是迫之使反也。”[①] 只是对于那些“弄兵”“道命”的严重犯罪者，才株连他的父母妻子。

对于死刑犯的处决手段，洪仁玕主张用“大架吊死”。他虽然没有明确提出，但隐含废除太平天国常用的“五马分尸”“点天灯”等酷刑。与此同时，他十分重视法律与教化的相互作用，提出“教法兼行”“以教为先”的命题，借以防止犯罪。他说：“昭法律，别善恶，励廉耻，表忠孝，皆借此以行其教也，教行则法著，法著则知恩，于以民相劝戒，才德日生，风俗日厚。”[②] 洪仁玕根据“礼者禁于将然之前，法者禁于已然之后”的儒家传统观念，将太平天国颁行的《十款天条》作为最主要的道德与教化的标准，指出：“《十款天条》治人心恶之未形者，制于萌念之始；诸凡

---

① 《资政新篇》，《太平天国印书》第 16 册。

② 《资政新篇》，《太平天国印书》第 16 册。

国法，治人身恶之既形者，制其滋蔓之多”，“必先教以天条，而后齐以国法”[①]。这样不仅避免了“不教而杀”，而且还能够达到“有耻且格”的积极目的。他进一步解释说：“法外辅之以法而入于德，刑外化之以德而省于刑也。”

由于洪仁玕重视教化的作用，《资政新篇》中专设《风风类》，提倡“以风风之”，即用良好的道德风尚去革除社会的陋习和种种腐败的风气。如同在整饬法制方面，洪仁玕强调应由权威者率先遵行一样，在改善道德教化方面，洪仁玕同样认为，要“自上化之”。他说：“惟在上者以为可耻之行，见则鄙之忽之，遇则怒之挞之，民自厌而去之，是不刑而自化，不禁而自弭矣。”[②]

对于已经触犯刑律的罪犯，洪仁玕也反对单纯惩办主义，而主张使其“改过自新”，尤其要“善待轻犯”。具体说来，就是给他们以饮食、衣服，并使他们参加修整街渠道路的劳动，期满释放。这样，“一以重其廉耻，二以免生他患，庶回时改过自新”。他认为这是“恩威并济之法也”[③]。

为了对广大群众进行法纪教育，避免触法戕身，他提出处决罪犯时，要先公布罪状和处刑日期，使“观者可以股栗自儆，又少符勿杀之圣诫焉”[④]。对于逆命弄兵的人，明正典刑之后，也要“传示各处，震栗众心”[⑤]。

（八）法制以遵行为要

透过洪仁玕整饬法制的主张，可以看出他除了论证加强立法的重要性外，还强调阐述了“奉法、执法、行法”的必要性。他说：“国家以法制为先”，但是“法制以遵行为要，能遵行而后有法制”，并把这看成是“千秋

① 《资政新篇》，《太平天国印书》第16册。
② 《资政新篇》，《太平天国印书》第16册。
③ 《资政新篇》，《太平天国印书》第16册。
④ 《资政新篇》，《太平天国印书》第16册。
⑤ 《立法制喧谕》，《洪仁玕选集》。

不易之大经”，“万不容已之急务”。这当然是针对太平天国后期有法而不能行的弊端而发的。但就历史发展的总体而言，任何一个时代，任何一个国家的法律，如果得不到普遍遵行，必然要损害其权威，甚至成为一张废纸。为了使太平天国的法制得到一体遵行，洪仁玕一方面仿效洪秀全借助天的权威来加强法律的约束力，强调“旨准领行之法，即天法也”①。就是说，奉行太平天国的法律就是奉天行法，就是按天的意志行事。凡是不遵行太平天国的法律就是“逆天”，就要受到天罚。另一方面，又严申只有“持法严”，才能“使人皆服法”。作为“在上者”，尤其需要以身作则。他很有见地地指出：“奉行者亲身以倡之，真心以践之，则上风下草，上行下效矣。否则法立弊生，人将效尤，不致作乱而不已。岂法不善欤？实奉行者毁之尔。”洪仁玕还主张明赏严罚，以使“奸者股栗成诫，忠者清心可表”，只有如此才能达到人皆服法的目的。他在《资政新篇》中提出的“以法法之”的核心，就是要官民上下都遵守太平天国的法制：“以法法之之法……诚能上下凛遵，则刑具可免矣。”无论是历史的经验还是太平天国的实践教训，都充分证明了法律的权威在于执行，而执行的关键又在于拥有权势的上层能否身体力行，只严于下而宽于上是不能维护法制的。

不仅如此，洪仁玕还正确地论证了设法与用人之间的关系，他说：“盖用人不当，适足以坏法；设法不当，适足以害人，可不慎哉！然于斯二者并行不悖，必于立法之中，得乎权济。”他举历史为例说明这两者相辅相成的重要意义：“昔周武有弟旦，作《周礼》以肇八百之畿，高宗梦帝赉弼，致殷商有中叶之盛，惟在乎设法用人之得其当耳。”②

如前所述，他曾经预见到随着形势的发展，法律的“大纲”与“小纪”之间是会有矛盾的，而“小人坏法”便常常乘“小纪每多变迁”的空隙，以“护掩已私”。为了克服这个弊病，他强调“奉法执法行法之人有以主之，

① 《立法制喧谕》，《洪仁玕选集》。

② 《资政新篇》，《太平天国印书》第16册。

有以认真耳”[①]。有了好的法律，而且“代有贤者以相维持”，便可以收到固结人心、天下永存的功效。

（九）以法调整商品经济，革除社会陋习

洪仁玕是太平天国中唯一着眼于发展资本主义的领导人。他主张发展近代的水陆交通事业、保险与金融事业、工矿事业。他在《资政新篇》中提出要兴建联络全国各省的“二十一条大路，以为全国之脉胳”，又辅以郡、县、乡公路，通“车马之利”。又“兴舟楫之利”，疏通黄河、江淮水道，既以防凶旱水溢，又便利水陆交通。“邮亭由国而立”，“以通朝廷文书”。另设“书信馆以通各色家信”。书信馆和新闻馆都准许富民出资开设。

洪仁玕主张颁布保护私人投资法，鼓励“有百万家财者”兴办银行，也准许“三四富民共请立，或一人请立，均无不可也”，由银行发行“银纸”，认为“此举大利于商贾士民”。并且规定金融资本的剥削率，即准许“兴办银行”的“富民”“获利十分之三”。此外，还拟兴办保险事业。

洪仁玕还在《资政新篇》中阐明允许私人投资开采矿山的思想，他认为地下矿藏，“虽公共之物，究亦枕近者之福”，应当允许和鼓励私人开采。譬如，“总领”“招民探取”，如“有争斗抢夺他人之所先者，准总领及地方官严办”。并规定产业资本的剥削率为百分之二十。

洪仁玕还主张“奖励发明，保障专利权”。他认为火车、轮船、电火表、千里镜以及其他各种仪表均为“正正堂堂之技……永古可行者也”。应该“任乎智者自创”。“首创致巧者，赏以自专其利，有能够精奇利便者，准其自售。他人仿造，罪而罚之。”至于享受专利权的时间，根据专利发明的作用，小者五年，大者十年，“限满准他人仿造做”。

《资政新篇》中也反映了洪仁玕允许“富者请人雇工”的思想，即承认剥削和允许工矿企业中雇佣制度的存在。为了得到所需的劳动力，他一方

① 《资政新篇》，《太平天国印书》第16册。

面，主张“不得买奴”，“禁妻子为奴之例”，不许借口“生女难养，准为女伺”，反对奴隶劳动，废除人身依附的封建制；另一方面，主张通过教育和强制手段，迫使“惰民”接受资本主义的劳动纪律，向产业工人转化。

上述洪仁玕的这些法律思想，是太平天国其他领导人包括洪秀全在内所不曾有的。这固然与洪仁玕“对于夷情最谙谏（练）”，对于西方之“长处颇能变通用之”[①]有关，但也是十九世纪中叶，近代中国社会商品经济和资本主义萌芽发展在上层建筑领域中的反映，特别是和天国统治区内，在解除了种种封建束缚后，城乡资本主义因素有所发展，“百货川流，万商云集”的实际状况分不开的。[②]《资政新篇》提出的发展资本主义的纲领，是有一定的客观经济基础的。

洪仁玕还主张用法律强制改革社会恶习，多次严申禁止吸食、贩运、种植鸦片，违者处重刑。他在恭录《天王禁鸦片诏》而向全国军民发布的通令中，明确指出：“本军师曾游诸洋，深悉外洋鸦片烟甚为中国害……必除�此弊，方能永保我民。”强调吸食鸦片就是违反“煌煌圣训，致蹈国法”，必将招致“自贻伊戚”的后果。在禁绝方法上，他提出：“先要禁为官者，渐次严禁在下，绝其栽植之源，遏其航来之船，或于外洋入口之烟不准过关，走私者杀无赦。”此外，禁止买卖人口为奴。禁止溺婴，“溺者罪之”。革除游手好闲、不务正业、养鸟、斗蟋蟀以及缠足等社会恶习。反对“修斋、建醮”、“阴阳八煞”、庙宇寺观等封建迷信。

（十）制定“柔远人之法”

洪仁玕在处理涉外关系上较洪秀全明智和宽松，他主张在不干涉太平天国内政，“不得毁谤国法”的条件下，与各国通商，允许外国牧师、科技人员来中国传授科学技术知识，甚至“准其为国献策”。在他看来，这是与

① 《熊静居士日记》8，《太平天国史科丛编简辑》第3册。

② 《太平天国文物图相别编》。

“番人并雄”所必需的。为了调整中外关系，他认为“必有一定之章程，一定之礼法”，才能有所依据，“不致妄生别议”，因此提出制定“柔远人之法”。所谓“柔”，含有约束、抵御之意，“远人”无疑是指西方资本主义国家。柔远人之法，表现了洪仁玕与清朝政府截然相反的维护国家主权的鲜明立场和与西方各国竞存并雄的抱负。不仅如此，洪仁玕在对外关系方面的言论，结合他的发展资本主义工商业的纲领，说明他要走一条新路，来建设新的国家。

总括上述，太平天国领导人的法律思想，前期以洪秀全为代表，后期以洪仁玕为代表。在洪秀全的法律思想中，体现了对于历代农民战争的斗争经验的综合，同时他又热心向西方寻找救国救民的真理，他的思想和主张为太平天国革命奠定了重要的理论基础，指导了政权与法制建设。但是农民阶级小生产者在思想上的落后性、保守性，使得洪秀全的法律思想充满着矛盾，存在着两重性。譬如，洪秀全反对清朝的专制制度，但同时又确认天王享有专决独断的大权和世袭制。咸丰元年二月二十一日（1851 年 3 月 23 日），洪秀全东乡登极，自称天王。十月二十五日（12 月 17 日），在永安建制，指令太平军将士今后称他为“主”。在广西起义六王中，以天王为君，东、西、南、北、翼王为臣，“辅佐朝纲”。[①] 洪秀全也沿袭历代帝王“君权神授”之类的舆论欺骗，在他撰写的《太平天日》中，自称“朕是天差来真命天子”，“禀承天命，承掌河山”[②]。“天生真主，命作君主”[③]。他是神天上帝的代表，凡间“万民之主”，拥有“天下万国朕无二”[④]，“天下万郭（国）人民归朕管，天下钱粮归朕食”的无上权威。而在《天朝田亩制度》中，进一步从法制上肯定了天王驾凌一切、专决独断的政治制度。只有天王拥有生杀大权，所谓：“天朝严肃地，咫尺凛天威，生杀由天子，诸官莫得违。”

① 《秦日纲等颂赞》，《太平天国史料》，科学出版社 1959 年版，第 136 页。

② 《太平天日》，《太平天国印书》上册，江苏人民出版社 1979 年版，第 35—50 页。

③ 《诏书盖玺颁行论》，《太平天国》第 1 册，第 356—357 页。

④ 《贬妖穴为罪隶论》，《天王诏旨》，《太平天国》第 1 册，第 283 页。

他一出言“旨是天命”，如有违反处死刑。他自称“万岁”，凡属下“上言皆呼：万岁，万岁，万万岁”。[①]他还册封年仅三岁的幼子洪天贵福为“幼主”，作为自己法定的继承人。《太平礼制》规定“王世子臣下呼称幼主万岁”[②]，但不三呼。目的在于维护“一姓一氏”主宰天下，统驭寰区。

洪秀全虽然要求建立平等的太平一统的国家，但由于太平天国因袭了封建君主制度，遂不可避免地在“天命”的掩盖下肯定了封建的等级特权制度，讲究贵贱上下尊卑秩序。在《太平礼制》中规定了十分繁琐的封建性质的礼仪，甚致红黄二色也被特权者垄断，平民不许使用。“红黄二色为天朝贵重之物，凡有官者，即遵官职制造穿着。无官之人，仅准红色包头，其汗袍蚊帐足裹尤不准用。逾限者斩不留。”[③]

此外，还有各种回避制度、禁讳制度，例如，“后宫娘娘姓名位次永不准臣称及谈及，臣下有称及谈及后宫姓名位次者斩不赦也。后宫面永不准臣下见，臣下宜低头垂眼，臣下有敢起眼窥见后宫面者斩不赦也。后宫声永不准臣下传，臣下女官有敢传后宫言语出外者斩不赦也。臣下语永不准传入，臣下话有敢传入，传递者斩不赦，某臣下斩不赦也。”[④]又如，“凡东王、北王、翼王及各王驾出，侯、丞相轿出，凡朝内军中大小官员兵士如不回避，冒冲仪杖者，斩首不留”。“凡东王驾出，如各官兵士回避不及，当跪于道旁，如敢对面行走者斩首不留。”“凡检点指挥各官轿出，卑小之官兵士，亦照路遇列王规矩，如不回避或不跪道旁者斩首不留。”[⑤]这些规定与清律这一封建特权法相比，不仅毫无二致，甚且过之。

洪秀全还维护夫权统治，他为后妃们制定了比“三从四德”等封建礼教还残苛的“十该打”和“四不准”等清规戒律，要求后妃们绝对服从丈夫，

---

① 《太平天国》第1册，第18、181页。

② 《太平天国》第1册，第103页。

③ 张德坚:《贼情汇纂》卷7,《太平天国》第8册，第223页。

④ 《天命诏旨书》,《太平天国》第1册，第69页。

⑤ 张德坚:《贼情汇纂》卷8,《太平天国》第3册，第230页。

把她们当成奴隶。“十该打”是：“服事不虔诚，一该打；硬颈不听教，二该打；起眼看丈夫，三该打；问王不虔诚，四该打；躁气不纯静，五该打；讲话极大声，六该打；有嘴不应声，七该打；面情不欢喜，八该打；眼左望右望，九该打；讲话不悠然，十该打。”①“四不准”是：“一不准多嘴争骂；二不准响气喧哗；三不准讲及男人；四不准讲及谎邪。”②宫中如此，民间亦同。官书《幼学诗》规定：“妻道在三从，无违尔夫主，牝鸡若司晨，自求家道苦。”“女道总宜贞，男人近不应。幽闲端住内，从此兆祥祯。”③

总之，封建主义的毒素，传统的封建思想的影响和农民小生产者的阶级局限性，使洪秀全从农民领袖逐渐蜕化为实质上的封建皇帝。

洪秀全的法律思想也渗透了浓厚的宗教色彩，他把太平天国的法律说成是“天法”，违法者是“致干天法”，对罪犯的惩治也是“奉行天法”。特别是他用宗教的教义去附会法律条文，以致出现了许多莫名其妙的苛法严刑。例如，“凡剪发剃胡刮面，皆是不脱妖气，斩首不留”④。结果恰恰限制了太平天国法律的作用的正确发挥。洪秀全还假借上帝之命，实行多妻制。他在《钦定前遗诏圣书·保罗达提阁之书》第一章眉批道：“今上帝圣旨，大员妻不止，钦此。”⑤咸丰四年五月（1854 年 6 月），东王杨秀清复英人的三十一条中有一条说：“一复兄弟聘娶妻妾，婚姻天定，多少听天。”⑥太平天国的英国友人呤唎也不隐讳：“根据旧习惯，并以之作为高级品位的标志，只保持一妻数妾。”⑦这就严重破坏了太平天国自己所颁布的“一夫一妇，理所宜然”的规定，严重脱离了群众，引起广大军民对太平天国领导集团的不满。

---

① 洪秀全：《天父诗》，《太平天国》第 2 册，第 435—436、495 页。

② 洪秀全：《天父诗》，《太平天国》第 2 册，第 435—436、495 页。

③ 洪秀全：《幼学诗》，《太平天国》第 1 册，第 233、234 页。

④ 张德坚：《贼情汇纂》卷 8，《太平天国》第 3 册。

⑤ 金毓黻等编：《太平天国史料》，第 84 页。

⑥《文史》第 1 辑，中华书局 1962 年版，第 71 页。

⑦ 呤唎：《太平天国革命亲历记》上册，第 231—232 页。

由于洪秀全不具备科学的世界观，不能科学地区分“正”与“邪”的界限，不能正确地处理敌我和革命队伍内部两类不同性质的矛盾。因此，也就不能准确地划分罪与非罪的界限。对于革命队伍内部本来不属于犯罪的行为，如饮酒、口角打架、超过三周不能熟记《天条书》，甚至官兵雇请民妇洗衣缝纫等都要判处死刑。一味严刑的结果，严重挫伤了广大群众的革命积极性，危害了革命队伍内部的团结，激化了上下左右之间的矛盾，造成普遍的不满和不安，非但未能维护太平天国的革命法纪，反而妨碍了革命事业的发展。

洪秀全法律思想中的矛盾，归根结底来自农民阶级的阶级属性。在半殖民地半封建的旧中国，农民阶级不是先进生产方式的代表，洪秀全虽然接受了一些新的思想，但就总的思想体系来说，还没有摆脱封建主义的束缚。因而他的朴素的平等观念终究为专制特权思想所淹没。用以取代旧的封建法制的天国法制，也不可避免地废弛，最后发生质变。他所幻想的“天国”在现实的土地上没有也不可能建立，因为这个理想的“天国”不是以新的生产方式作基础，而小生产者的空想是不符合历史发展的。

在鸦片战争后，社会危机、民族危机日趋严重的情况下，农民阶级提出的太平天国的救国方案，已被历史证明不能救国。这个天国也只存在了十几年，便在中外反动势力联合绞杀下，归于殒灭。

至于洪仁玕，虽然也出生在广东花县的农民家庭，但他经历了较长期的流亡香港的生活，使他接触到资本主义的生产方式，认真研读了西方资产阶级的自然科学和社会政治学说，留心考察了美英等国的政治制度，探究了他们富强的原因。因而他的法律思想与洪秀全有着明显的差别。洪仁玕不仅是一个有理想、有见识、忠于太平天国革命的领导人，同时又是近代中国较早传播资本主义思想的启蒙人物。他在 1859 年向洪秀全提出了目的在于“善辅国政，以新民德”的《资政新篇》，通过介绍世界各国情形，阐明“治国必先主政，而为政必有取资”，取资的关键在于“因时制宜，度势行法”的主张。这是一个内容涉及政治、经济、社会、立法各个方面的带有浓厚资本主义色彩的纲领。表明他企望在农民革命的基础上建立自强富足的资本主义国家。同年，他又在《立法制喧谕》中，详细阐述了健全太平天国革命法制，整顿弊政，重振朝纲的重要意义。这两篇革命文献，是洪仁玕向西方资本主义国家学习的结晶。在这两个文献中所阐述的法律思想在中国近代法律思想上有着重要的地位。

洪仁玕的法律思想，不是自发的农民运动所能提出的。它虽然具有总结农民革命战争实践经验的成分，但更重要的是向西方学习的成果。这在十九世纪中叶的中国具有进步的意义。然而洪仁玕并没有把他所设想、所追求的资本主义工商业得到自由发展的新社会，同消灭封建制度联系起来。他所拟制的纲领没有提到广大农民最关心的土地问题，在他的法律思想中也没有反映出否定封建土地所有权的内容。而洪仁玕所投身的革命斗争却是以解决土地问题为中心任务的农民革命，这就使得这个“旨准颁行”的《资政新篇》，没有在太平天国革命中发挥出它的积极作用。他那“驱逐胡虏，宰治中原”，使中国成为“东洋之冠冕”[①]的伟大抱负也随之落空。

洪仁玕作为中国近代较早向西方寻找真理的先进中国人之一，他的思想比起首倡“师夷长技以制夷”的魏源又有重大的发展。魏源的“师夷”说，主要是主张仿效西方资本主义的生产技术，至多只谈到允许商民仿设船械厂局。至于政治、法律方面，则刚刚开始有一点接触，还没有提出在这一领域采用西法的问题。洪仁玕比起前者对西方资本主义世界有更多的了解，因而，他不仅提倡采用西方的生产技术，而且进而主张采用某些西方资本主义的经济制度，在中国近代史上第一次提出了发展资本主义的纲领，而且明确地主张采用某些资产阶级的法制原则，从而把中国近代进步法律思想的发展向前推进了一大步。洪仁玕的法律思想在中国近代法律思想发展史中占有不容忽视的重要地位。

① 《资政新篇》，《太平天国印书》第16册。

三、洋务派的法律思想

（一）洋务派法律思想的产生

洋务派是清王朝统治集团中的一个重要派别，其代表人物是日趋买办化的官僚集团。它产生于半殖民地半封建社会土壤之上，既受帝国主义和封建主义的制约，也带有封建性和买办性的烙印。洋务派的法律思想是反映中国买办性大封建官僚集团的利益，直接为半殖民地半封建统治秩序服务的一种意识形态。这个派别的法律思想一般说来由曾国藩等发其端，李鸿章等继其绪，张之洞总其成。

在中国近代史上，林则徐是最早注意“夷务”即洋务的人，他注意夷务的着眼点是魏源所说的“师夷长技以制夷”，借以坚决抵抗外国侵略者。洋务派是为了维护封建统治秩序，在向外国侵略势力容忍的情况下，筹办洋务和向洋人学习的。

洋务派的理论原则，可以溯源到 1861 年充当李鸿章幕府的冯桂芬所著的《校邠庐抗议》。他在书中提出“法有不善，虽古先吾斥之；法苟善，虽蛮貊吾师之”[①]。同时在如何向西方学习的问题上，他提出了一个著名的原则，即“以中国之伦常名教为原本，辅以诸国富强之术”[②]。这个原则可以说是洋务派“中体西用”论的原型。

《北京条约》签订之后，恭亲王奕訢、大学士桂良、户部左侍郎文祥，在奏折中说：“就今日之势论之，发捻交乘，心腹之害也。俄国壤地相接，有蚕食上国之志，肘腋之忧也。英国志在通商，暴虐无人理，不为限制，则无以自立，肢体之患也。故灭发捻为先，治俄次之，治英又次之。”[③] 这里所说的治俄、治英实际上是联俄、联英，目的在于剿灭作为心腹之害的“发捻”。因此，洋务派在外交上一贯实行的是迁就、妥协、投降的方针。他们

① 《校邠庐抗议·贫民议》。

② 《校邠庐抗议·采西学议》。

③ 《咸丰夷务》卷 71，第 18 页。

提出自强的办法就是“废弃弓箭，专精火器”，“仿立外国船厂，购求西人机器”①。但是洋务派虽以自强为号召，却没有给中国带来真正的富强。他们奉行的指导原则“中体西用”，即在保持孔孟圣道、纲常名教不变的前提下，在练兵、工艺、法制等非根本性的问题上，可采西法以应世变，以利于维持清王朝的统治。张之洞是“中体西用”论的集大成者。然而由于社会的急遽变化，特别是在文化思想上发生的激烈冲突中，已不可能维持原有的“体”，而外国侵略者瓜分中国的野心和活动，也使得洋务派所谓的“用”不可能取得积极的效果，最后只能以破产结束。

洋务派的法律思想是“中体西用”论在法律领域的体现，具有浓厚的封建性与买办性，清朝最腐朽的封建顽固派攻击他们采西学、用西法是“用夷变夏”，甚至叫嚷“宁可亡国，不可变法”。但洋务派的法律思想对于改良主义的法律思想的形成，以及二十世纪初期清朝的变法修律，都有一定的影响。

（二）洋务派法律思想代表人物

洋务派法律思想的主要代表人物是曾国藩、李鸿章和张之洞。

曾国藩（1811—1872），字伯涵，号涤生，湖南湘乡人，出身于封建地主家庭，是近代洋务派的创始人之一。他于道光十八年（1838年）中进士，选翰林院庶吉士，不到十年升至礼部右侍郎衔内阁学士，以后历任两江总督、直隶总督兼北洋通商大臣等要职，并因镇压太平天国农民起义有功而被封侯。他的著作汇编为《曾文正公全集》。

曾国藩早年致力于程朱理学，追随权贵穆彰阿、倭仁。太平天国农民起义爆发以后，为了维护封建纲常，他先以在籍侍郎身份在湖南办团练，继则组织湘军出省和太平军作战。由于曾国藩矢忠于清王朝，全力与起义农民为敌，得到清廷的信任，授予他两江总督的职务，节制江南四省军务。

① 《李文忠公朋僚函稿》卷5，第34页。

第二次鸦片战争以后，为了镇压太平天国农民起义，曾国藩主张“借夷助剿”，进行购买和仿造西方新式船炮的活动。在奕訢、曾国藩等人的提倡下，中国近代史上的洋务活动逐步开展起来，于清朝统治集团中逐渐形成了一个新派别——洋务派。

作为程朱理学的信徒，曾国藩的哲学思想属于唯心主义。他将道德范畴的“诚”看成宇宙一切事物的根源。他说：“窃以为天地所以不息，国之所以立，贤人德业之所以可大、可久，皆诚为之也。故曰，诚者，物之始终，不诚无物。”①就是说，“诚”是万物的本源，没有“诚”，宇宙就停止活动，国家就不能存在，封建地主阶级的事业就不能长久。总而言之，没有“诚”就没有宇宙的一切。这是很典型的唯心主义世界观。曾国藩之所以鼓吹“诚”，首先在于以“诚”来维系封建的纪纲，加强地主阶级尤其是统治集团内部的团结，共同反对太平天国农民起义。其次，在中国社会发生剧烈变动，农民起义迅猛发展，清朝面临严重危机的条件下，曾国藩为了取得外国资本主义势力对清朝统治以及军阀官僚集团的支持，也利用“诚”来为他们的妥协投降的对外政策辩护，主张对西方侵略势力“宜坦然以至诚相待”，委曲求全，不得“少存猜疑”。

曾国藩还宣扬儒家“仁”的思想，他说：“孔门教人，莫大于求仁。”②按照他的说法，有了“仁”便可以“平物我之情，而息天下之争”。实质上是企图用仁义道德的说教，来调整地主阶级内部的关系，组织对抗农民起义的阶级力量。他的“仁”的学说的内容，也随着太平天国起义的发生而有所变化。譬如，他把救助受农民起义冲击的地主分子，称为“仁”。说抚恤资助因太平天国农民起义而“流转迁徙”“栖止靡定”的绅民，就是“孟子所称‘是乃仁术也’”。他认为：“小仁者大仁之贼，多赦不可以治民。”③正是在这种理论的基础上，曾国藩主张严刑峻罚。为了给血腥镇压寻求理

① 《复贺耦庚中丞》，《曾文正公全集》（后文中简称《全集》）书札，卷1。

② 《日课四条》，《全集》家训，卷下。

③ 《笔记·赦》，《全集》杂著，卷2。

论上的支持，曾国藩不仅宣扬上述儒家仁义道德的学说，同时也公开主张采用管、商、申、韩之术。

曾国藩一再强调办理“夷务”所应遵循的“不外孔子忠信笃敬四字”：“忠者无欺诈之心，信者无欺诈之言，笃者质厚，敬者谦谨。”① 又说：“自古圣王，以礼让为国。”② 他向清王朝建议，对于协助清王朝镇压太平军的外国侵略势力，应该做到“胜必相让”，“但有谦退之义，更无防范之方”。甚至宣布：“克城所获，……任其取携。”③

就曾国藩的法律思想而言，既含有封建的正统法律思想，又初步体现了“中体西用”的洋务派的法律思想。他的法律思想带有鲜明的时代烙印，是为他对内实行镇压太平天国农民起义和对外推行屈辱求和的政策服务的。

洋务派法律思想的集大成者是洋务派后期的重要代表人物张之洞。他把洋务派的思想更加理论化、典型化。与洋务派初期代表人物曾国藩相比，他的思想在洋务派当中更有代表性，影响也更大。

张之洞（1837—1909），字孝达，一字香涛，河北南皮县人。清同治二年进士。先任翰林院编修和湖北、四川学政等职十余年，与宝廷、张佩纶等人结交，称为清流派，对洋务派的某些官员，多所纠弹。1881 年后，历任山西巡抚、两广总督、湖广总督、军机大臣及学部大臣等职。张之洞“学兼汉（学）、宋（学）”，而“最恶公羊”，认为是“乱臣贼子之资”。

中法战争爆发时，张之洞正在两广总督任上。他主张抗法，并与湘军将领彭玉麟等共同部署作战，起用冯子材等将领，重创法军，表现了效忠清朝，抗击外国侵略者的立场。也正是在两广总督任上，他和英国资本主义势力逐渐建立联系，逐步地发现封建的老路在新的历史背景下已经走不通，因而产生了有限度的变革思想，成为洋务派要员。甲午中日战争以后，资产阶级改良派发起变法维新运动，张之洞一度对康有为、梁启超的活动

① 《复李少荃》，《全集》书札，卷 18。
② 《复毛寄云中丞》，《全集》书札，卷 19。
③ 《复潘玉泉观察》，《曾国藩未刊信稿》。

表示支持。1895 年，严复发表《辟韩》一文，宣传近代资产阶级政治思想，抨击封建君主专制。这时，张之洞以严复的文章“溺于异学”，指使屠仁守著文攻击。1896 年，慈禧太后下令封禁康有为组织的强学会。随后，张之洞的思想发生了转向，他站在封建卫道士的立场上，攻击谭嗣同、梁启超在湖南所办的《湘报》《湘学报》，诅咒他们宣传的维新主张“必致匪人邪士倡为乱阶”。1898 年，当资产阶级发动的维新运动走向高潮的时候，张之洞特意写作《劝学篇》，反对变法维新，获得中外反动势力的喝采，甚至被誉为“中国唯一的希望”。1900 年他又血腥镇压了唐才常组织的“自立军”。至义和团运动爆发，八国联军侵略中国的严峻时刻，张之洞、刘坤一等却和外国侵略势力勾结，实行“东南互保”，共同镇压境内人民群众的反帝斗争。直到辛亥革命前三四年，张之洞仍以封建卫道士自居，顽固地用纲常礼教，对抗资产阶级的革命民主主义思潮，指责有进步思想倾向的青年学生，“不守圣教礼法”，“不遵朝廷法度”，继续鼓吹“明伦必以忠孝为归，正学必以圣经贤传为本”[①]。不仅如此，他还对湖北地区的革命活动进行镇压。

以上可见，张之洞在封建正统思想的主宰下，使他对于革新的潮流由观望到进行某种投机，到望而生畏和公开抵制。他对把矛头指向清朝和以资产阶级共和国为纲领的旧民主主义革命，更是深恶痛绝。这个号称“清流”的顽固保守人物，随着形势的变化，特别是在他举办洋务新政的过程中，增加了对于帝国主义列强的依赖。例如：中法战争时期，他经手向英国汇丰银行借款七百万两，从此和英国资本势力发生关系，以后又和德、日资本势力建立联系。在外国势力扶植下，张之洞开始了他的洋务活动。尤其是他移督湖广之后，陆续开办了汉阳铁厂、萍乡煤矿、武昌织布局等一系列近代企业，势力日益扩大，成了和李鸿章相抗衡的洋务派后期的重要代表。

① 《创立存古学堂折》，《张文襄公全集》，卷 68。

张之洞从接受李提摩太的“西化”方案以后，开始了向洋务派转化。而后兴实业、练新军、办学堂，从事三十余年的洋务活动，对中国近代工业的发展也有着重要的影响。

他的法律思想的集中代表是“中体西用”。实际上是以封建主义的传统法律观念为主干，以资本主义的法律原则为装饰，其立脚点仍在于维护现存的以清政权为代表的半封建半殖民地的统治秩序。主流是保守的反动的，这一点并不因为他标榜通达时务，在某些方面侈谈采西法而有所改变。

（三）洋务派法律思想的主要内容

1.“一秉于礼”，维护封建专制统治秩序

洋务派出身于封建官僚集团，因此在他们思想中必然受到封建礼教纲常的影响。尽管时代发生了剧变，他们仍然以礼作为修、齐、治、平的手段，企图以“隆礼”来恢复被太平天国革命猛烈破坏的封建统治秩序。曾国藩是程朱理学的信徒，他极力维护儒家道统，鼓吹封建纲常礼教的“礼治”。他说：“舍礼无所谓道德”，“舍礼无所谓政事”①，要求“以礼自治，以礼治人”②。他所主张的“隆礼”，就是要弘扬封建纲常名教，把三纲看作神圣不可侵犯的教条。他强调“三纲之道”是“地维所赖以立，天柱所赖以尊”，“君臣父子，上下尊卑，秩然如冠履之不可倒置”③。正因为如此，当太平天国农民起义的领导人提出朴素的平等思想，颁布《天朝田亩制度》的时候，曾国藩痛斥太平天国革命：“举中国数千年礼义人伦，诗书典则，一旦扫地荡尽。此岂独我大清之变，乃开辟以来名教之奇变，我孔子、孟子之所痛哭于九原！”④

封建的纲常名教是封建宗法等级秩序的总括和封建伦理的最高准则，

① 《曾文正公全集·杂著》。

② 《曾文正公全集·日记》。

③ 《讨粤匪檄》，《全集》文集，卷3。

④ 《讨粤匪檄》，《全集》文集，卷3。

也是封建专制主义法律的基石。因此曾国藩法律思想的核心，也就是坚持固有的封建主义法律的根本原则和思想理论基础。他在主张“隆礼”时又借用孔子的仁学思想加以论证。认为礼和仁是互为表里的，是孔门最重要的思想，又是调整人与人之间的关系和约束人们行动的极重要的规范。他说：“昔仲尼好语求仁，而雅言执礼，孟子亦仁礼并称。盍圣王所以平物我之情，而息天下之争，内之莫急于仁，外之莫急于礼。”[①]又说：“先王之制礼也，人人纳于轨范之中，自其弱齿，已立制防。”[②]由于礼是引导人们按照封建统治秩序行事的行为规范，将人们的言行拘囿在封建主义的轨道之中，从而具有约束人们的行动，防患于未然的作用。所以，曾国藩强调：“修身、齐家、治国、平天下，则一秉于礼。”[③]在他看来，统治者们学礼，就是学“经世之术”，士大夫们学礼，是为了“辅世长民”，而一般人学了礼，就会“循规绳矩”。从这里不难发现曾国藩所主张的礼或礼治，并不是要施仁政于民，而是把它当作维护清王朝统治的一种重要工具。在洋务派后期代表人张之洞所宣扬的“中体西用”的法律观中，所谓“中体”的“体”也就是中国的封建正统思想孔孟“圣道”和纲常名教。

2. 兼用管、商、申、韩之术，“振之以猛”

鼓吹“隆礼”，只是洋务派法律思想的一部分，当农民群众起而反抗清王朝，猛烈地冲击封建统治秩序的时候，他们也主张采用管、商、申、韩之术，借以为严刑镇压起义农民的舆论准备。奉行儒家正统法律思想的曾国藩、汪士铎等，竟然也举起法家的旗帜，这可以说是当时法律思潮的一个重要动向。

曾国藩一直奉行用严刑峻罚镇压农民的反抗斗争。早在湖南办团练时，他就提出“世风既薄，人人各挟不靖之志，……幸四方有事而欲为乱，稍

① 《王船山遗书序》,《全集》文集，卷3。
② 《江宁府学记》,《全集》文集，卷4。
③ 《礼》,《全集》杂著，卷1。

待之以宽仁，愈嚣自肆”[①]，因而主张采用管、商之法，“振之以猛”。他曾告诫州县地方官说：“管子、荀子、文中子之书，皆以严刑为是，以赦宥为非。子产治郑，诸葛治蜀，王猛治秦皆用严刑，以致刈安。”[②]即所谓“振之以猛”。无论是在湖南办团练还是总督两江期间，他都是按照这个主张行事的。曾国藩直言不讳地说他在湖南时“惟以练兵除匪二者为要，得不法之徒，立予磔死”[③]。他认为如果对起义农民“不治以严刑峻罚”，“痛加诛戮”，就会使封建统治者“无复措手”，就不能“以折其不逞之志，而销其逆乱之萌”[④]。因此他一再宣称，只有“壹意残忍，冀回颓风之万一”。他多次表示，既不怕他人攻讦“武健严酷”，也不怕“有损于阴骘慈祥之说”。甚至向清朝最高统治者表示：“即臣身得残忍严酷之名，亦不敢辞。”[⑤]在这种思想的指导下，曾国藩的军队残酷镇压农民起义。资产阶级维新派的谭嗣同曾指责，湘军所到之处，“借搜缉捕匪为名，无良莠皆膏之于锋刃，乘势淫掳焚掠，无所不至。……若金陵其尤凋惨者也。中兴诸公，正孟子所谓‘服上刑者’，……”[⑥]。

太平天国农民起义爆发以后，清政府的财政危机更加严重，为了迫使民间按时交纳赋税以应军费所需，曾国藩主张对“抗欠之罪，断不少宽”，而应予严刑重责。他饬令各州县，对于欠纳赋税者，三日一比，严惩不贷，“治以军流之罪”。对于那些所谓公开倡言抗纳的人，要求地方官“经查获，即行正法”。

太平天国颁布的《天朝田亩制度》，虽然由于它的空想性质和异常紧张的战争环境而未能实现，但在太平天国统治区内却没收了一些官僚、寺庙

---

① 《与魁荫亭太守》,《全集》书札，卷2。
② 《劝诫州县四条》,《全集》杂著，卷3。
③ 《与张润农》,《全集》书札，卷2。
④ 《严办土匪以靖地方折》,《全集》奏稿，卷2。
⑤ 《严办土匪以靖地方折》,《全集》奏稿，卷2。
⑥ 《仁学》,《谭嗣同全集》，卷1。

的田产；有的地区一度明令田地归佃耕者所有，并发给田凭；也有些地区的农民自发地起来抗租夺田。这些触及封建土地制度的措施和行动，使得地主阶级极为恐慌和仇视。曾国藩作为地主阶级的政治代表，为了维护地主阶级的根本利益，竭力攻击《天朝田亩制度》，说关于分配土地给农民耕种的规定是“农不能自耕以纳赋，而谓田皆天王之田”[①]，因而是“名教奇变”之一。曾国藩所谓的“农”，主要是指地主，而所谓“农不能自耕以纳赋”，就是替失去土地的地主喊冤。不仅如此，曾国藩在与太平军作战中，还以恢复和保护地主土地所有权自任。他向地主们许愿：“日后回乡，仍将原田归还。”当他占领原太平天国的统治区时，就“以查亩为第一义”，勒令“各归其业，各垦其田”。为此，他每攻占一个太平天国的地区，就成立由绅董主持的“清理田产局”，清查田产，“有契者验契给单，无契者取田邻户族保结给单”，“查出无单之田，勒令充公”[②]；对于“流亡归业之民”，如果遗失田契，“准其补契”。至于那些业主未归，“佃户并无人者”的荒田，则由清理田产局经管，“声明业主何人，倘日后回乡，仍将原田归还”[③]。为了保证恢复地主的土地私有制，他也主张用严刑相随，声称“占人田产，掯（抗）不退还者，仍照甘心从逆论”，使用严刑重罚威迫农民交出土地。总而言之，用严刑峻法维护清王朝的统治和地主阶级的经济利益，反对太平天国革命运动，是曾国藩法律思想的一个主要点，也是他的法律思想具有浓厚封建性的突出表征。

张之洞作为一个以机变著称的洋务派官僚，也是善于运用镇压与欺骗的两面手法的。为了有效地进行统治，他主张宽猛相济，刚柔结合。说：“抚良民则以煦妪宽平为治，惩乱民则以刚断疾速为功。”就是根据形势的不同和人的状况的差异，运用不同的统治方法。有时要用严刑峻法，有时则要讲“尚德缓刑”。例如，在太平天国农民起义军和捻军被清王朝镇压下去之

① 《讨粤匪檄》，《全集》文集，卷3。

② 《全集》批牍，卷5。

③ 《全集》批牍，卷5。

后，张之洞就主张实行“赋敛轻”“刑罚平”的政策，以利于“结民心”。他指出：“尝考从古帝王所以享国久长者，财力兵力权谋术数皆不足恃，惟民心为可恃。”[①]说明他深知运用“牧师”的职能来笼络人心，巩固地主阶级的统治。

但是当人民群众起而反对清王朝的统治时，张之洞马上收起“宽仁”之类的说教，他沿袭曾国藩的故伎，强调惩“乱民”要严要猛。例如，他任山西巡抚时，为了“惩乱”，不仅主张扩大处死刑的范围，还要求朝廷授他以就地处决“土匪马贼会匪游勇”的权力，以便他放手进行血腥的屠杀。又如，在两户、湖广任上，张之洞以“变通之道，因时而宜，重典之刑，因地而用”为理由，一再要求清朝廷让他掌握“就地正法”的杀人权力。他任两广总督一年就杀了所谓“斗匪”九百余人；任湖广总督时，单是镇压唐才常的自立军一事，就杀人数百。

3.“中体西用”的法律观

“中体西用”是洋务派的指导思想和基本观点。早在冯桂芬《校邠庐抗议》中所提出的“以中国之伦常名教为原本，辅以诸国富强之术”，便已拟制出了“中体西用”论的蓝本。此后，“中体西用”论虽然受到某些大官的批评，例如，两广总督张树声指出：西方“育才于学堂，论政于议院，君民一体，上下同心……此其体也；轮船、火炮、洋枪、水雷、铁路、电线，此其用也。中国遗其体而求其用，无论竭蹶步趋，常不相及，就令铁舰成行，铁路四达，果足恃欤”[②]。安徽巡抚邓华熙也批评洋务派，“不揣其本而末是求”。但是“中体西用”论始终是洋务派奉行的根本理论，而且经过张之洞作了进一步的发挥，并将它贯穿在自己办洋务的主张当中，他所写的《劝学篇》，就是一部宣扬“中体西用”论的代表作。

张之洞所说的旧学或中学，主要是指以君权为核心的封建的纲常名教，

① 《重案定拟未协折》，《全集》卷1。

② 郑观应：《盛世危言自序》。

所说的新学或西学，主要指西方的自然科学、生产技术以及同西方国家交往中所需要的外国政治、法律知识，即所谓的“器械”、“工艺”、“格致之学”与“西政”等。“旧学为体，新学为用”就是要求维护封建的纲常伦理，坚持以孔孟“圣道”作为统治人民的根本，在这个基础上，根据新的形势和适应外国殖民主义势力的要求，适当地采用西方新式武器与工业技术，学习外国语言文字、政治法律知识，并对清朝某些制度作枝节的修改，以应付时势的变化。正如张之洞所说，要学习西学，应“先以中学固其根柢，端其识趣”，如果不以中学为根柢，而单纯追求西学，“其祸更烈于不通西学者”[①]。反之，如果能坚守孔孟“圣道”和纲常名教，“虽孔孟复生，岂有议变法之非者哉？”[②]张之洞还具体阐述了“中体西用”的作用，他说：“中学治身心，西学应世事。……如其心圣人之心，行圣人之行，以孝悌忠信为德，以尊主庇民为政，虽朝运汽机，夕驰铁路，无害为圣人之徒也。”[③]又说：“夫不可变者伦纪也，非法制也；圣道也，非器械也；心术也，非工艺也。”[④]这就是说，在法制、器械、工艺等方面，可以“择西学之可以补我阙者用之，西政之可以起吾疾者取之”[⑤]。在他看来，这样做是“有其益而无其害”的。显而易见，张之洞所说的“中体西用”，就是既要保存封建制度的躯体，又要缀之以若干西方资本主义的皮毛，借以对付不断高涨的阶级斗争的新形势，维护清王朝的现行统治秩序。正因为如此，他标榜自己的主张，既不同于维新派，也不同于顽固派。颇为自诩地说：“图救时者言新学，虑害道者守旧学，莫衷于一。旧者因噎而食废，新者歧多而羊亡；旧者不知通，新者不知本；不知通则无应敌制变之术，不知本则有非薄名教

① 《劝学篇·循序》。
② 《劝学篇·变法》。
③ 《劝学篇·会通》。
④ 《劝学篇·变法》。
⑤ 《劝学篇·循序》。

之心。”[①] 张之洞就是用这个“中体西用”的理论，来对抗资产阶级改良派的变法维新运动，同时又用它来显示自己通达时务。张之洞确因此受到中外反动势力的赏识，清王朝曾经下令刊印鼓吹“中体西用”论的《劝学篇》，赞扬该书“挟论平正通达，于世道人心大有裨益”。

如前所述，“中体西用”论并不是张之洞的发明创造，除冯桂芬外，西方殖民分子赫德、李提摩太等人，也已经提出了“中体西用”论的原型。赫德说：“外国之方便，民均可学而得；中国原有之好处，可留而遵。”[②] 李提摩太说得更明确：“如以中国之声名文物为原本，辅以诸国富强之术，不更善之又善哉！”[③] 在 1896 年 4 月到 6 月间，沈寿康、孙家鼐又先后以明白的语言概括出了“中学为体，西学为用”的基本观点。张之洞只是在这些认识的基础上，对“中体西用”论作了具体的阐述和贯彻，使它成为维护半封建半殖民地社会秩序的一个重要理论。

“中体西用”是洋务派的基本理论，因此洋务派的法律思想事实上就是这一观点在有关法律问题上的体现。例如，洋务派虽然面临清朝法制必须改变的历史潮流，却仍然一再强调清代的现行法律制度必须坚持维护纲常名教的原则。张之洞说：“三纲为中国神圣相传之圣教，礼政之原本。”[④] 又说：“法律本原实与经术相表里，其最著者为亲亲之义，男女之别，天经地义，万古不刊。”[⑤] 可见他认为封建的纲常和封建专制统治下的等级关系是天经地义而不可改易的。法律必须以圣道纲常为主要内容，否则也不成其为法律。张之洞深知纲常名教是维系封建社会秩序的支柱，他从多年的官场生涯中也深深懂得法律对于维护清朝统治秩序的作用，因而从戊戌年间到清王朝覆亡前，他一直坚持清朝的法律制度必须贯穿纲常名教的精神，不

① 《劝学篇序》。
② 《局外旁观论》，《筹办夷务始末》（同治朝）卷 40。
③ 《时事新论》。
④ 《劝学篇序》。
⑤ 《遵旨复议新编刑事民事诉讼法折》，《张文襄公全集》卷 69。

许稍有违背。无论是康有为的变法主张，还是沈家本主持的清末修律，凡是与封建纲常名教有抵触的，都遭到他的强烈反对。

戊戌变法期间，以康有为、梁启超、谭嗣同为代表的资产阶级改良派，宣传民权、平等、自由的思想，要求立宪法，设议院，实行君主立宪制，同时主张改革旧的法律制度，采用西方国家的法律制度，这些都遭到了张之洞的强烈反对。他在《劝学篇》中写道："君为臣纲，父为子纲，夫为妻纲，……天不变道亦不变之义本之，……此其不可得与民变革者也。……人之所以为圣人，中国之所以为中国，实在于此。故知君臣之纲，则民权之说不可行也；知父子之纲，则父子同罪免丧废祀之说不可行也；知夫妇之纲，则男女平权之说不可行也……近日微闻……公然创废三纲之议者，……怵心骇耳，无过于斯。"这套针对康有为、谭嗣同、梁启超等人的主张而发的言论，既涉及政治问题，也涉及立法的指导思想与基本原则问题。张之洞反对实行君主立宪制，也反对改变封建主义的立法原则和在法律中体现资产阶级的平等、自由、民主的精神。

1905 年以后，清王朝迫于形势，"既内恐舆情之反侧，又外惧强邻之责言，乃取戊、己两年初举之而复废之政，陆续施行"[①]，作出了准备"立宪""变法"的姿态。并在推行预备立宪的同时着手编纂新法典。1907 年，在修订法律大臣沈家本、伍廷芳等人的主持下，编订了一部《刑事民事诉讼法（草案）》。这部法典一方面抄袭了资本主义国家的诉讼法，渗入了一些维护帝国主义侵略势力在华司法特权的条款；另一方面也保留了一些中国旧法律的内容。由于这部法典基本上是仿效西法的，其中难免有和中国固有的纲常名教相抵触的地方，这就引起了张之洞的责难。例如，新法典草案关于查抄财产的规定中，谈到"父子异财""兄弟析产""夫妇分资"的问题，张之洞便根据纲常伦理和清律原有的规定加以反对，指出"中国立教首重亲亲，定律祖父母、父母在子孙别立户籍分异财产者有罚，且列

① 《论中国必革政始能维新》，《东方杂志》第 1 年，第 1 号。

诸十恶内不孝一项之小注”，而新法典草案却允许犯罪者的亲属和罪犯本人分财析产，显然是“悖理甚矣”，“万不可行”。①

又如，新法典草案中关于命妇到堂供证的规定，他也认为“名教所关”，断不可实行。对于新法典所采取的罪刑法定主义，他更加反对，说这一原则“施诸中国适开刁徒趋避之端，恐为法政废弛之渐”②，不应采用。在张之洞看来，这部新法典草案“于中法本原似有乖违”，“坏中国名教之防，启男女平等之风，悖圣贤修齐之教”③。一言以蔽之，违背了孔孟圣道和纲常名教，因而万万不能采用。针对清末修律出现的吸收和援引西方资本主义国家立法的原则和条款，张之洞强调指出立法固然要因时，西方各国的某些法律也可以采用，但首先仍要注意它是否合乎中国的“政教大纲”，尤其要注意按照“有体有用，先体后用”的原则办事。从这里更可以清楚地了解所谓“中体西用”的思想实质了。

1908 年，沈家本聘请日本学者冈田朝太郎编纂了《大清新刑律》（草案）。这部刑法典在清统治集团中引起了更广泛的争议。如资政院议员劳乃宣认为该法典对“干名犯义”“犯罪存留养亲”“无夫奸”“子孙违教令”等内容都未作任何规定，没有体现中国固有的纲常伦理的精神，有失“明刑弼教”之义，从而大加抨击。此时，张之洞调任军机大臣兼学部大臣，他同样从这个角度责难这部刑法典。攻击该法典中没有关于“奸通无夫妇女治罪”的条文，是“蔑视礼法”；指责“内乱罪无纯一死刑”的规定，并就这个问题诬蔑沈家本“勾结革党”。这就更加暴露了张之洞维护封建纲常名教，反对维新、反对旧民主主义革命的顽固立场。

张之洞用上述言论为他“中体西用”论的法律观作了清楚的注脚。在基本保存封建社会制度的基础上，适应殖民势力的要求和洋务派办洋务的需要，只能允许对清王朝的现行法律制度作点滴的修补。这和资产阶级维

① 《遵旨复议新编刑事民事诉讼法折》，《全集》卷 69。

② 《遵旨复议新编刑事民事诉讼法折》，《全集》卷 69。

③ 《遵旨复议新编刑事民事诉讼法折》，《全集》卷 69。

新派主张建立资本主义经济制度，实行资产阶级的君主立宪制，仿行西方的法律制度，有着原则上的区别。所以，张之洞的“中体西用”论及其法律观受到严复、何启、梁启超等人的批判。

何启、胡礼垣在批评张之洞的“中体西用”论时指出：“心法不明，则歧途杂出。故其言曰中学为内学，西学为外学，中学治身心，西学应世事。不知无其内安得有其外，有能治身心，即能应世事；苟能应世事，即可知其能治身心。身心世事一而二、二而一也。无实学之心焉能为格致，无富国之心焉能为铁路，无自强之心焉能为兵备，无持平之心焉能设陪员，今止言学其外而不学其内，此而名之曰会通，何会之有，何通之云。”[①]他们在另一篇文章中作了这样的解释：西方各国由于实行了民权制，“朝廷政令可否皆决于议院”，“讼狱曲直皆判于陪审”，使得“上有清明之法度，下有平恕之民情”，他们称为“富强之体”。在这样的条件下，又有各种科学，如天学、地学、人学以及实际运用的医科、律科、工艺等，使得“心计之巧，月盛日新，学无不成，人无不学”，而这就是“富强之用”。根据这些分析，他们驳斥“中学为体，西学为用，中学为本，西学为末，中学为经济，西学为富强”的论调，“皆于其理有未明也”。[②]

梁启超则以不屑的口吻批判《劝学篇》，他说：“张公著劝学篇，以去岁公于世，挟朝廷之力以行之，不胫而遍于海内，其声价视孟德斯鸠之万法精理，卢梭之民约论，弥勒约翰之自由公理，初出世时，殆将过之。噫嘻，是嗫嗫嚅嚅者何足道，三十年将化为灰烬，为尘埃野马，其灰其尘，偶因风扬起，闻者犹将掩鼻而过之。”[③]由此可以窥见洋务派和资产阶级改良派之间在主张上的原则分歧，同时也可以看到张之洞的“中体西用”论提出以后，立即遭到进步思想家的批判。

---

① 《劝学篇书后》，《新政真诠》5编。

② 《康说书后》，《新政真诠》4编。

③ 梁启超：《自由书·地球第一守旧党》，《饮冰室合集》专集之二，中华书局2015年版，第4773页。

张之洞除以“中体西用”论从理论观点上反对维新派外，还在实际活动方面残酷地镇压维新派。例如1900年镇压唐才常的自立军时，“逮捕帝党弥围海上，凡少有言维新者皆将加诛焉。惨酷之毒，比之戊戌之淫威，殆有过之”[①]。这个指责是康有为发出的。他从另一个侧面揭露了张之洞在镇压维新运动上的反动立场。

4. 整顿中法，讲求公法之学

1900年，八国联军侵入北京，慈禧太后逃往西安。为了欺世盗名，摆脱十分被动的局面，她发布变法上谕，说：“世有万古不易之常经，无一成不变之治法，……盖不易者，三纲五常，昭然如日星之照世，而可变者，令甲令乙，不妨如琴瑟之改弦。”这个上谕的基调是和洋务派的“中体西用”论完全合拍的。因此，张之洞、刘坤一立即积极响应，遵旨上了“江楚会奏”三折，提出了所谓“变法”的具体建议。其中关于修改法律制度的基本主张是：“整顿中法”，“所以为治之具”；“采用西法”，“所以为富强之谋”[②]。

张之洞久于仕途，因此他深知清朝统治下的狱讼“滥刑株累之酷，囹圄凌辱之弊”，以及民间对于司法审判种种黑暗的不满。所以他和刘坤一在筹议“整顿中法”时，以“恤刑狱”为第一要务，并在“恤刑狱”的名义下，提出了改进刑狱的九点建议：

（1）“禁讼累”。在清代的狱讼中，吏胥的敲诈勒索，贪赃枉法，扰累百姓，是司空见惯的，虽然一再受到各方面的谴责，但由于这种现象是清朝封建司法制度的本质所决定的，以致虽受到抨击依然没有改变，从而加剧了民间对清王朝的不满，不利于清王朝的统治。针对这一情况，张之洞建议革除吏役，代以警察，以便消除吏胥扰民坏法的弊政。

（2）“省文法”。在清朝，由于“承审之例限处分太严”和“盗案之例案开参太严”，以致官吏们怕受惩处而少报、不报和谎报命案、盗案；民间

① 《与张之洞书》，《戊戌变法》第二册。

② 《遵旨筹议变法谨拟整顿中法十二条折》，《全集》卷53。

也因担心报案之后反受讼累，以致案发而不报，结果就造成了各地发生了命案、盗案，常常是民不报官，官不上闻，以致“民冤不伸”，“寇乱潜伏”，这对于清王朝的统治自然很不利。针对这一情况，张之洞、刘坤一建议“减宽例处”，以消除“拖延命案，讳饰盗案”，或发案不报酿成祸端的积弊。

（3）“省刑责”。清朝和历代封建王朝一样，在审讯中盛行拷囚制度。在海禁大开以后，这已成为资本主义侵略者攻击清朝法制落后的一个根据。因此，张之洞、刘坤一建议在审案中限制刑讯拷掠，“除盗案命案证据已确而不肯供认者，准其刑吓外，凡初次讯供及牵连人证，断不准轻加刑责”。另外，建议笞杖等罪，可酌改羁禁。

（4）“重众证”。自唐朝以来，开明之世虽也实行据众证定罪的审判原则，但相对说来仍以口供定罪为主，由此而牵及刑讯逼供的不可避免。为此，张、刘建议除了死罪应有输服供词之外，军流以下各罪，如果众证确凿，又经上司层递亲提复讯无疑，犯人虽无口供，仍可按律定罪，奏咨立案。

（5）“修监羁”。就是改善监狱羁所的居住和生活条件。为了标榜自己的“德政”，张之洞还聘请一名留学日本学习监狱学的人，仿照日本监狱式样，建造一座监狱，名之曰“湖北省城模范监狱”。

（6）“教工艺”。建议让犯人学习生产技能，“将来释放者可以谋生改行，禁系者亦可自给衣履”。太平天国时期洪仁玕也提过类似的思想，说明了教犯人习艺是受西方法律文化影响下的一种新思潮。

（7）“恤相验”。按照清代的司法制度，命案验尸，费用要由被告的家庭或族邻承担。这种办法使民间不胜扰累。于是张之洞建议仿行四川由绅民粮户捐资立“三费局”的办法，来解决相验费、夫马费、招解费。

（8）“改罚锾”。建议除盗案命案，应按律治罪，窃贼地痞恶棍伤人诈骗讼棍等罪犯，宜量予扑责监禁，不准罚赎外；其他如户婚、田土、家务、钱债等案件，由于发生争讼的“多系绅衿”，所以可改刑责为罚锾。

（9）“派专官”。主张有关监狱事务，派专官管理稽察。

上述整顿中法的九条，多半属于程序和量刑方面的具体措施。其中有些是前人早已提出了的。有些无疑参考了西法。但这九条并没有触及清朝司法制度的实质，而且其基本的出发点是维护清王朝的统治以及官吏、缙绅的利益。

至于讲求公法之学，从奕訢、李鸿章到张之洞都很重视，这是因为公法学是他们办洋务中经常碰到的一个课题。1862年，美国传教士丁韪良首先翻译了《万国公法》，当时主持总理各国事务衙门的恭亲王奕訢看到以后便欣喜地说："此乃吾所急需者也。"[①] 其后，洋务派把持的译书机构同文馆，相继出版了18部外国法律法学著作，其中大多是国际公法。张之洞在谈论采西学时，就把"公法学"列为"洋务五学"之一。洋务派之所以提倡学习"公法学"，按照张之洞的解释：第一，西方各国在和中国进行谈判交涉时，"恒以意要挟"，不按国际法行事，可是中国方面没有熟悉国际法的人才，无法根据法理去和他们争辩，所以在办理对外交涉的事件中，经常吃亏。第二，华民到外国去，要遵守所在国的法律，而外国人来华，却不受中国法律的约束。这种情况的存在，必然加剧中国人和外国人之间的矛盾，"积久成愤，终滋事端"。这对于维持"中外和好"的局面，稳定清王朝的现行统治，自然是不利的。基于上述理由，张之洞强调应讲求"公法之学"，"以资自强而裨交涉"，并提出了两条建议：其一，参酌中外法律，制定"通商律例"，作为处理在华外国人案件的法律根据。其二，培养熟悉中外法律的人才，以适应这种需要。

毫无疑问，在处理对外关系中，自然要懂得国际法，但值得注意的是清朝当时的国情，既没有完整的主权，又不断丧失领土。在这样的特定背景下，张之洞的重视讲求公法之学的言论中，却完全无视帝国主义"弱肉强食"的侵略本性，以及帝国主义者为了他们的侵略利益，公开践踏国际法的大量事实。洋务派讲求公法之学的主张，一方面是为了满足洋务交涉的需要，另一方面是要在法律领域打破闭关自守的状态，以面对帝国主义

① 丁韪良：《花甲忆记》。

的环伺，这不能不说带有积极的意义。但过分迷信公法学，也表现了“中体西用”论者的局限。

洋务派官僚不仅提倡讲求公法之学，而且随着中外经济往来的增多和法律关系的复杂化，也主张广采西法，制定有关的法律。

十九世纪末，外国资本主义在中国投资设厂、开矿筑路的活动日益增加，与此同时，洋务派除了兴办军事工业以外，为了解决资金与原料等问题，也向经营民用工业、矿业和交通运输业的方向发展。这样就出现了新的财产关系、债务关系上的法律问题；加之来华的外国人日益增加，教案不断发生，使得涉外的民事和刑事案件有增无已。而洋务派的官僚们既负有办洋务的任务，又和外商有着密切的经济联系，这就使他们感到还需要有国际私法、国际刑法、商法的知识和有关的法律条例。于是，张之洞借筹议“变法”之机，建议清朝廷聘请各国律师，博采各国矿务律、铁路律、商务律、刑律等，为中国编纂简明矿律、路律、商律、交涉刑律，说制定此四律是“兴利之先资”，“防害之要著”。这些主张清楚地说明，张之洞所要采用的西法，只限于洋务派的经济活动和外交活动所需要的极有限的内容。至于清王朝原有的刑律，他则认为涉及中国固有的统治秩序的许多问题，“中外迥异，猝难改定”。而且，在张之洞眼里，清律是好的，也无须改定。在戊戌变法期间，他就吹捧清律“立法平允，其仁如天”，并列举了清律的所谓十项“宽仁”来加以具体说明。这就证明洋务派只不过是在保持清王朝固有法律制度的基础上，适应中国半殖民地化的需要，引进若干资本主义法律的皮毛而已。这正是洋务派“中体西用”论的实质。

5. 曲全邻好，媚外求存

随着外国资本主义势力侵入中国，涉及中外关系的法律问题不断发生，尤其是在第二次鸦片战争后，更日益增加。并且在这个过程中开始了中外反动力量的勾结。当时，任两江总督的曾国藩，为了镇压太平天国农民起义，便和外国资本主义侵略势力结合在一起，同时他又通过办洋务活动，和外国资本主义侵略势力有较多的接触和联系。镇压太平天国以后，曾国藩调任直隶总督兼北洋通商大臣，根据北洋大臣的法定职掌负有处理对外关系的权与责。在他任职期间，提出了一些处理对外关系的法律主张。

在镇压太平天国农民起义的过程中，曾国藩懂得要想稳定清朝的统治，必须取得西方资本主义势力的支持和采用西方的坚船利炮等军事技术。因而主张在“万国交通”的形势之下，不应一切拘泥于成法，在某些方面可以有所变通。他认为凡涉及封建统治的基本方面也就是“体”，万不能改变；但“器械、财用，选卒、校技，凡可得而变革者，正赖后贤相时制宜，……弥缝前世之失，俾日新而月盛”①。可见，曾国藩还没有像张之洞那样作出明确的“中体西用”的概括。咸丰十年，曾国藩提出：“目前资夷力以助剿济运，得纾一时之忧；将来师夷智以造炮制船，尤可期永远之利。”②在处理同西方关系的问题上，他反对深闭固拒的态度，而主张与西方列强“通好”，“相亲”，以达到“共保人财”的目的。他提出以“守定和议”，“委曲求全”，“曲全邻好”，作为处理对外关系、包括涉外案件的基本方针。所谓“守定和议”，就是严守西方资本主义侵略者强迫清政府签订的屈辱的不平等条约，他将《中英江宁条约》说成是清朝廷“不得不权为和戎之策……实出于不得已，但使夷人从此永不犯边，四海安然如堵，则以大事小，乐天之道，孰不以为上策哉”③。这在曾国藩处理的天津教案中得到了最直接的体现。

同治年间，天津地方官以迷拐人口案件捕获拐犯王三、武兰珍、安三（教民）等，罪犯“当堂直供，系天主堂主使”。消息传出后，人心激愤，群集于天主教堂前和教士理论，法国领事丰大业就这件事往见直隶总督崇厚，竟当众向崇厚及天津知县刘傑开枪，击毙仆从一人。从而引起群众的义愤，殴毙丰大业，烧焚教堂，并杀死法国商人、教士等十三人。这一事件，反映了中国人民对外国侵略者的憎恨，从本质上看是人民群众自发的反侵

① 《金陵楚军水师昭忠祠记》，《全集》文集，卷4。

② 《复陈洋人助剿及采米运津折》，《全集》奏稿，卷15。

③ 《道光二十二年九月十七日家书》，《全集》家书，卷1。

略斗争。事件发生后，法国对清政府进行恫吓威逼，提出了种种无理要求。为处理此案，清朝廷派曾国藩赴天津查办。曾国藩到天津以后，处处曲循回护外国殖民势力。说“天主教本系劝人为善”，“彼以仁慈为名而反受残酷之谤，宜洋人之忿忿不平也”[①]。而在给奕訢的一封信中，说得更直接：“即今审得确情，实系曲在洋人，而公牍亦须浑含用之，外国既毙多命，不肯更认理亏，使在彼有转圜之地，庶在我不失柔远之道。如其曲不在洋人，凭谣言以煽乱，尤须从重惩办。……我中国宣示大信，平情结案，只能酌议赔款，以还教堂器物！缉拿凶手，以备抵偿各命，彼虽兴波作澜，亦惟忍默处之，不能遽议其他也。”[②] 在上清帝的奏折中，更明确提出津案“惟有委曲求全之一法”，而且强调在处理外事方面，“以后仍当坚持一心，曲全邻好”。从《唐律》到《大清律例》所规定的“化外人有犯”的条款，实际成了一纸虚文。正是在“曲全邻好”的思想指导下，曾国藩不追究外国人挑起事端的责任，而一味强调重办中国方面的所谓“滋事人犯”。清政府派崇厚赴法国谢罪，以此作为“慰各国之意”。对天津教案的处理，使中国的国家尊严和主权又一次受到损害，中国的司法权又一次遭到践踏，引起了舆论哗然，受到了全国人民的愤怒谴责。曾国藩自己也承认：“办理过柔，以致谤议丛积，神明内疚，至今耿耿。”[③] 清政府为了平息民愤，只好把他调任两江总督。

以上可见，曾国藩的法律思想不仅含有浓厚的封建性，又带有明显的买办性，代表了早期洋务派的思想。由于曾国藩为捍卫传统的封建纲常而操练湘军，誓死与太平天国为敌，又以“隆礼”来恢复被太平天国震撼了的清朝秩序，再用上他充当清朝政府与外国侵略者的桥梁，因而受到清政府的青睐，死后谥号为“文正”。

---

① 《复陈津案各情片》，《全集》奏稿，35卷。

② 《复恭亲王》，《全集》书札续抄，卷5。

③ 《复罗研生广文》，《曾国藩未刊信稿》。

6. 增设媚外的外交机关

1840 年第一次鸦片战争以后，根据英国侵略者强迫清政府订立的《南京条约》，开设五口通商，由五口通商大臣负责主持通商事宜。1861 年第二次鸦片战争以后，英法侵略者又强迫清政府增设办理洋务的外交机关，以便更直接地负责对外交涉事宜。以奕訢为首的洋务派官僚认为“发捻交乘，心腹之害也”，而资本主义列强之间，俄国“肘腋之忧也”，英国“肢体之患也”，“故灭发捻为先，治俄次之，治英又次之”。在这个认识基础上，他们确定了“以和好为权宜，战守为实事”的国策，实际就是对外投降，对内镇压。在奕訢等人拟订的统筹全局的六条章程中，第一条就是在京师设立总理各国事务衙门，“以专责成也”，就是作为办理殖民地外交的总机构。同时开放南北口岸，增设南北洋大臣，也负有一定的外交权责。

在此之前，清朝接待和管理藩属贡使和外国使臣的机关，是礼部、理藩院和鸿胪寺。鸦片战争以后，清朝国势衰微，处于资本主义列强的包围之中，原有的机关已经不能胜任与外国侵略者的交涉事宜。同时外国侵略者也拒绝与原有的办理“外夷”事务的机关发生关系。在这种情况下，清朝统治者不得不决定设立总理各国事务衙门，作为洋务外交的总机关。咸丰十年十二月初十日（1861 年 1 月 20 日）颁布上谕：于京师设立“总理各国通商事务衙门”。清朝统治者的原意是以“通商”来限定总理衙门的权限，但由于外国侵略者不同意，清政府被迫取消“通商”二字。

总理衙门的规制仿军机处，以恭亲王奕訢为总理大臣，以下设总理大臣上行走、总理大臣学习上行走，总办章京、帮办章京、章京等。总理衙门分设五股，即英国股、法国股、俄国股、美国股、海防股，各股分管与外国的事务。设立总理衙门，本是迫于外国侵略者的威胁，实际上是办理投降外交的总机构。而恭亲王奕訢、大学士桂良、户部左侍郎文祥等洋务派官僚，却无耻地称之为“羁縻”外夷的需要，并且以设立总理衙门之后，外夷“欣喜非常”而向清朝皇帝请功。

设立总理衙门以后，还根据统筹全局的六条章程，奏准设置南、北洋大臣。南洋大臣由两江总督兼任，驻上海；北洋大臣由直隶总督兼任，驻天津。南、北洋大臣既是地方最高长官，又侧重管理对外交涉、通商、海防、军备、关税等方面的事务。洋务派头子李鸿章就曾经担任北洋大臣二十年之久。

为了培养对外交涉的买办人才，清政府还于1861年在京师设立同文馆。招收年轻的举人、进士和五品以下的官吏，以及十几岁的在旗的儿童为学员，聘请外国人为总教习，专门学习外国语言。同文馆也负责翻译外国的律例。

以上国家机关的变化，是在洋务派官僚当政期间，在媚外思想指导下进行的。这没有给清朝带来独立和富强，而只是适应外国侵略者的要求进行丧权辱国的活动。这些机关的设置，标志着中国固有的行政法开始了半殖民地化，也是洋务派媚外的法律思想的突出表现。

总括上述，洋务派是清王朝统治集团中日趋买办化的一个重要派别，他们的法律思想带有浓厚的封建性与买办性。具体表现为坚持封建的纲常名教作为立法的指导原则，他们鼓吹“天不变，道亦不变”，直到二十世纪初期修订新律时，仍然如此，以纲常为政令法度的永恒的本原。他们在对外交涉中曲意媚外，为了调整中外之间发生的法律关系，以及调整中国社会发展中新出现的复杂关系，极力引进西方资本主义的法律，以补充旧律之不足。例如，他们较早地主张学习公法学，制定交涉法律，同时也主张制定矿律、路律和商律。在对付人民反抗的问题上，他们沿袭礼刑并用的传统的“安内”措施，只是加进了利用洋枪洋炮和借洋兵助剿等新内容。

在洋务派的代表人物中，由奕訢、曾国藩发其端，李鸿章继其绪，张之洞总其成。张之洞总结的“中体西用”论是洋务派思想的概括，它涉及的方面很广，也适用于洋务派的法律思想。洋务派引进西方的法律，目的是维护清朝的专制统治，但客观上也促进了中国近代法制的发展和法律思想的变化。

四、改良派的法律思想

（一）改良派法律思想的产生及其发展

在太平天国农民起义失败后的三十年间，是中国社会半殖民地化进一步加深，民族灾难更加深重的时期。中国的思想界也发生了急遽的变化，一种新的具有启蒙意义的改良主义的思潮开始出现。这种思潮是中国近代政治、经济发展的产物，表现在法律思想、法律文化上也较之地主阶级改革派、农民阶级革命派和统治阶级的洋务派有了全新的、更能反映时代进步的内容，成为中国近代法律思想史的重要发展时期。

中国从十九世纪六十年代起，除了封建自然经济结构继续瓦解，商品经济继续有所发展之外，在这个历史时期，出现了一批近代新式企业。这批新式企业一部分是由洋务派兴办的军用工业和民用工矿交通企业；另一部分则是由民族资本家兴办的机器工业，这种商办性质的新式企业从七十年代初出现，至1894年，大约办起了一百多家，资本总额五百多万元。虽然他们的规模很小，经济实力薄弱，而且处在帝国主义和封建主义的双重压迫下，发展极其艰难。但是这些企业的出现，在中国近代史上却有着重要的意义，它意味着近代民族资本主义经济的产生，并且构成了资产阶级改良派法律思想赖以产生和发展的经济基础。这时一部分地主官僚也开始向资产阶级转化。一部分商办的企业家、工厂主逐渐上升为民族资产阶级。他们作为一种新兴的社会力量领导了变法维新运动。他们的代言人逐渐把社会改革的眼光移到政治制度与法律方面上来。

如果说魏源、林则徐对西方文化的态度侧重于器物文化，他们所提倡的“师夷之长技”主要还是学习西方的科学技术、洋枪洋炮。那么至洪仁玕、冯桂芬已经前进了一步，而把目光逐步投向西方资本主义国家的政治制度与法制。洪仁玕的法律思想集中表现在《资政新篇》当中。冯桂芬的思想与洪仁玕相近，尽管他们分属于敌对的阶级。冯桂芬对中西文化的比较观察与研究确实深入了一步。他承认中国不如西方船坚炮利，但更重要的是“人无弃才不如人，地无遗利不如人，君民不隔不如人，名实必符不如人”[①]。因而提出“改科举”，“采西学”，“制洋器”，“以中国之伦常名教为原本，辅以诸国富强之术”。

十九世纪七十年代，从洋务派中分化出一部分地主官僚知识分子，如薛福成、马建忠、王韬、郑观应等，他们是中国早期的改良主义者。他们比起林则徐、魏源、洪仁玕、冯桂芬，在更广阔的方面接触了西方世界。他们的眼光已经不限于学习西方的船坚炮利的科学技术，而是注意到了与资本主义生产力发展相适应的上层建筑的某些方面，因而要求扩大向西方学习的规模。他们的法律思想集中表现为介绍西方资产阶级的民主与法制，赞美西方国家的君主立宪制度。从他们的著作与改革方案中，仍然可以窥见“中体西用”的痕迹，似乎发展资本主义与巩固封建政治是可以并行不悖的，以致减弱了他们鼓励发展工商，鼓吹议会政治与法制等主张的光辉。但就历史发展的进程而言，没有早期改良主义者对西方文化的倡导与评价，也就不可能有戊戌变法时期康有为、梁启超等人的宪政理论与实践。

中日甲午战争以后，清政府承认外国人有在中国投资设厂、开矿、筑路的权利。同时也不得不允许本国商民集资办厂。特别是在中日战争以后，民族危机越来越严重的情况下，为了抵制列强的经济侵略，一些爱国人士强调设厂自救，于是在甲午战争后的四年间，国内出现了一个民间设厂的高潮。据不完全统计，在这期间新建的规模较大的商办厂矿有五十多家，资本总额达一千二百万元。正当中国近代民族资本主义经济产生和初步发展的时候，西方资本主义已经向垄断资本主义阶段过渡。与中国相邻的日本，在甲午中日战争以后，通过强迫清政府签订的不平等的《马关条约》，正式获得了在华投资开办厂矿的权利，为资本输出打开了通道。在这个新的历史条件下，东西方各资本主义强国除了继续扩大对华输出商品之外，都加强了对华的资本输出。他们通过投资直接在中国兴建工矿铁

① 冯桂芬：《校邠庐抗议》。

路，并且利用向清政府贷款和在华设立的外国银行，进一步控制中国的经济、金融命脉，加紧对中国人民的经济掠夺，从而一方面造成中国社会进一步陷入了半殖民地的泥潭，另一方面也迫使中国民族资本主义经济只能在夹缝中发展。

与中国民族资本主义经济的发展相适应，阶级关系也发生了新的变化，民族资产阶级产生了，并且逐渐地作为一种新兴的社会力量开始活动于十九世纪末的政治舞台。在民族资产阶级中，由于经济地位不同又可分为上层和中下层。前者主要是从官僚、地主、商人转化而来的，后者则是由较小的企业主、手工工场主以及华侨工商业者组成的。但在十九世纪末，在政治舞台上起主导作用的是民族资产阶级的上层。其中以康有为等人为政治代表，不仅宣传变法自强，还发动了一场维新变法的政治运动。

随着社会经济关系、阶级关系的变化，思想领域的斗争也与以前不同。这个时期，思想领域的主要斗争已转变为新学和旧学，资产阶级思想和封建、买办思想的斗争。就思想政治派别而言，则有封建顽固派、洋务派与资产阶级改良派之间的斗争。上述的种种变化以及政治、思想上的斗争，都不同程度地反映在法律思想领域之中。

中国近代资产阶级改良派的法律思想，是新兴的民族资产阶级的意识形态。资产阶级改良派目睹国内经济的落后、政治的腐败以及封建势力对于发展民族资本主义经济的阻碍，同时又面对列强的侵略，外国资本势力对我国民族工商业的排挤打击，因此深感要救中国，必须维新。于是他们从提倡采西学、制洋器，进而主张以工商立国，采用资本主义经济制度，又由此进而要求政治改革，建立按照三权分立原则组织起来资产阶级君主立宪制。正是在列强的侵略步步深入，民族危机日益加深的形势下，才发生了民族资产阶级上层领导的救亡图存的戊戌变法运动，但很快就被以慈禧太后、荣禄为首的反动统治势力镇压下去。戊戌变法的失败教训，对于1900年发生的人民群众自发的反帝斗争的义和团运动，特别是对于孙中山领导的资产阶级民主革命的兴起，具有一定的触媒意义。从十九世纪七十年代到十九世纪末，改良派提出的法律思想，表达了民族资产阶级上层希望通过立法推行政治改革，发展民族资本主义经济，保护政治权益的阶级意图。

（二）改良派法律思想的代表人物

大约在十九世纪七八十年代，早期资产阶级改良派的一些代表人物，如王韬、马建忠、薛福成、陈炽、郑观应、陈虬、何启、胡礼垣等人应运而起。他们对于西方资本主义社会有了进一步的了解，在提倡振兴商务、开展“商战”的同时，也将西方国家政治、法律制度的情况进一步介绍到国内。

王韬（1827—1897），江苏吴县人，十八岁考取秀才后，屡试不中。1849 年在上海受雇于英教士麦都思所办的墨海书馆。1862 年在香港为英人理雅各翻译中国经书，以后又游历了英、法、俄等国。1874年在香港创办《循环日报》，宣传变法自强。晚年曾与洋务派李鸿章发生交往。他一生著作甚多，但以《弢园文录外编》集中反映了他的政治法律思想。王韬赞扬英国的君主立宪制度，要求向西方学习，主张发展资本主义工商业，鼓吹抵制外国侵略，废除治外法权和关税协定，但他并不是要从根本上改变封建统治秩序，同时对英、日也抱有幻想。

马建忠（1844—1900），江苏丹徒人，“幼好学，通经史”。在第二次鸦片战争以后，他“愤外患日深”，抛弃科举，“专研西学”，曾协助李鸿章办理洋务。1877 年留学法国，学习政治法律。1880 年回国后长期充当李鸿章的幕僚。1890 年曾任轮船招商局和上海机器织布局总办。主要著作有《适可斋记言记行》。他的经济思想带有浓厚的重商主义色彩；他的政治法律思想表现为肯定西方国家实行的三权分立，“故其政事纲举目张”。并赞扬西方的议会制度，反对西方强迫清朝订立的不平等条约和关税协定。他在早期改良主义者中，属于思想激进的人物。

薛福成（1838—1894），江苏无锡人，副贡出身。先后充当曾国藩、李鸿章的幕宾。他在担任宁绍道台时，抗击过法舰入侵。1889 年至 1893 年曾任英、法、意、比四国公使。主要著作有《庸庵全集》。他主张发展民族资本，认为“商”是“握四民之纲者”。在政治法律思想上，以英、德两国为楷模，要求改君主专制为君主立宪。

陈炽（？—1899），江西瑞金人，曾任刑部郎中、军机处章京。他钻研西学，并亲访香港、澳门等地。著有《庸书》内外百篇。他提倡仿行西法，改革封建专制制度，发展民族资本主义，但又主张维护封建的纲常名教，说：“泰西之所以长者政，中国之所以长者教，道与器别，体与用殊，互相观摩，互相补救。”戊戌变法前夜，他与康有为等在北京设立强学会，任提调，并以拒李鸿章入会名噪一时。

郑观应（1841—1921），广东香山县人，早年充当英商宝顺洋行买办，后由李鸿章、盛宣怀委派为上海机器织布局会办、轮船招商局会办等。辛亥革命后寓居上海，成为商界著名人物。郑观应的代表作是《盛世危言》。他热心学习西学，主张以“商战为本”，建议设立议院，变法自强，抵制外国侵略，挽回权利。他受洋务派的影响，认为应该“主以中学，辅以西学”。

陈虬（1851—1903），浙江乐清人，1889 年中举。著有《治平通议》八卷。他认为“欲图自强，自在变法”，并以“开议院、广言路、更制举、培人才”等为“治之法”的首要问题。1898 年曾列名康有为的保国会，戊戌政变后，有令缉捕，先期逃脱。

何启（1859—1914），广东南海人，留学英国，长期居住香港，担任香港议政局议员和律师。从 1887 年至 1900 年，他和胡礼垣合作发表了许多鼓吹变法的文章，要求发展资本主义经济和进行政治改革，辑成《新政真诠》一书。

如果说十九世纪七十年代的早期改良主义者，还受洋务派的影响，在他们的主张中既较为庞杂而又缺乏主体和中心，那么至十九世纪末，以康有为、梁启超、严复、谭嗣同等人为代表的维新派，则前进了一大步。

康有为（1858—1927），又名祖诒，字广厦，号长素，广东南海人，出身于“世以理学传家”的小官僚地主家庭。光绪二十一年中进士，授工部主事。康有为幼年受封建正统教育，十八岁从朱次琦学经史，颇受他的“济人经世”思想的影响。1879 年以后，康有为开始接触西方资本主义国家的书籍，又因赴京途中经过香港，看见“西人治国有法度”，引起他对西学的兴趣。1882 年，康有为再次赴京路经上海，目睹上海的繁盛，更向往西方资本主义文明。于是悉购《海国图志》、《瀛环志略》及江西制造局所译西书研读。1884 年中法战争，再次暴露了清王朝的腐败无能，使他愈加感到要救国必须变法，从而锐意于讲求西学。

1888 年，康有为在京以国子监监生身份，第一次上书清帝，提出“变成法”“通下情”“慎左右”等主张，但没有上达。不久回到广东，聚徒讲学，宣传“三世”进化的学说，提倡经世改制的思想，受到有进步思想倾向的人士的欢迎，接收梁启超、陈千秋等人作弟子。

1894 年清政府在中日战争中战败，第二年被迫签订《马关条约》，消息传出后，群情激愤。此时康有为在北京参加会试，联合应试的举人上书朝廷，这就是中国近代史上有名的“公车上书”，但是仍然不能上达清帝。在这一年中，他又继续上书两次，并在北京创办《中外纪闻》，组织强学会，逐步地展开变法维新的宣传鼓动，在社会上产生了重要影响。不久，强学会为慈禧太后所禁止，在反动势力的打击下，维新运动受挫，康有为又南返广州。

1897 年康有为再到北京，第五次向清帝上书，终于上达光绪，颇受赞赏。光绪下诏令康有为统筹全局，并于六月中召见，命康有为在总理衙门章京上行走，许他专折奏事。在清帝及某些大臣的支持下，康有为等人开始了变法的实践，但不到百日，维新运动就被以慈禧太后为首的反动集团所扼杀。光绪被囚禁，康有为出逃，戊戌变法宣告失败。

从十九世纪八十年代中期到戊戌年间，康有为写了《人类公理》《礼运注》《新学伪经考》《孔子改制考》等“倾动士林”的论著，为他进行变法维新提供了理论根据。他的历次上清帝书，实际是他提出的改革政治、经济、法律的纲领。

康有为说："非变通旧法，无以为治；变之之法，富国为先。"[①]在"富国""养民"的名义下，他概括了资产阶级改良派的主张，提出了一个较为完整的发展资本主义的经济纲领。所谓"富国"，包括钞法、铁路、机器、轮舟、铸银、邮政等六项；所谓"养民"，包括务农、劝工、惠商、恤穷等四项。除了发行货币与邮政应归国家统一经营之外，其他工、矿、商、交通以及军事工业等，他主张"一付于民"，"纵民为之"。这表明他是支持全面而自由地发展民族资本主义经济的。

在经济改革中，康有为还提出将中国"定为工国"的新观点。他说："夫今已入工业之世界矣，已为日新尚智之宇宙矣，而吾国尚以其农国守旧愚民之治与之竞，不亦慎乎？皇上诚讲万国之大势，审古今之时变，知非讲明国是，移易民心，去愚尚智，弃守旧，尚日新，定为工国，而讲求物质，不能为国，则所以导民为治，自有在矣。"[②]这是在我国近代史上第一次提出的实行资本主义工业化的主张，而且将它提到治国的高度来对待。

在早期改良派主张的基础上，康有为进一步论述了要实现经济变革，必须同时进行政治改革的主张，他认为只有这样做，才是懂得变法的根本。他指出，以前谈论变法，都只是讲铁路、矿务、商务、学堂等，这些虽属必要，但不过"变事而已，非变法也"[③]。真正的变法，首先应抓政治改革。因此，他批评封建君主专制，主张效法英国、日本，实行三权鼎立之制，兴民权，开国会，立宪法，建立君主立宪制，这才是真正实现国家治强之途。康有为的许多政治和法律主张，都是围绕着这个中心议题而提出的。由此可见，改良派变法维新思想的发生发展，反映了发展民族资本主义工商业的经济要求和改革封建君主专制制度的政治要求。

康有为等人发动的变法维新运动，代表着刚刚登上政治舞台的民族资产阶级上层，第一次公开地同封建主义顽固势力发生政治上的冲突。他在

① 《上清帝第一书》，中国近代史资料丛刊《戊戌变法》第二册。
② 《请励工业奖创新折》，《戊戌变法》第二册。
③ 《上清帝第二书》，《戊戌变法》第二册。

这一历史时期所提出的主张与理论，对于近代反封建的民主思潮的发展，对于中国近代第一次思想解放运动的潮流，起了积极的推动作用。

对于中国近代法律思想的发展，康有为在戊戌变法前后也作出一定的贡献。他的法律思想和早期资产阶级改良派相比，有明显的发展。除了接受中国古代的变易观外，还吸取了资产阶级的进化论，作为宣传变法的依据。这就使得他的改革法律的主张，有了比以前充实的理论基础。他还集中了早期改良派的主张，明确地提出了在中国创立与实行资产阶级法律体系的倡议。正是在康有为、严复、梁启超等人的努力之下，资产阶级改良派法律思想在戊戌变法时期进入了一个新的发展阶段。

但是康有为的变法主张有明显的改良色彩。他虽然要求建立资产阶级的君主立宪制和新的法律制度，发展资本主义经济，实行资本主义工业化；然而他反对革命，主张“以君权变法”，这显然是一条走不通的死胡同。尤其是百日维新的失败，以血的教训证明了非革命不能立宪，非革命不能革除腐朽的专制政治的时候，康有为却继续坚持改良与保皇，与孙中山为首的资产阶级革命民主派为敌，这就使他日益成为时代的落伍者。他原来的一些主张，或者被他自己抛弃，或者因形势的发展而失去了积极的意义。

总之，康有为在十九世纪末，为了救国图强、振兴中国，曾经作过努力的探索，但没有找到一条正确的可行的道路。正如毛泽东同志在《论人民民主专政》一文中所指出的：“康有为写了《大同书》，他没有也不可能找到一条到达大同的路。”① 处于世界帝国主义时代的半殖民地半封建的中国，民族资产阶级已无力领导中国民主革命走向胜利，这就注定了民族资产阶级上层领导的改良维新运动，只能以悲剧告终。

梁启超（1873—1927），字卓如，号任公，广东新会人。1889 年中举人，第二年拜康有为为师，受康有为的启导开始接触西学。1894 年梁启超赴京会试，正值甲午中日战争发生，他“惋愤时局，时有所吐露”。1895 年再

① 《论人民民主专政》，《毛泽东选集》第四卷，人民出版社 1991 年版，第 1471 页。

度入京。当时康有为因清廷被迫签订不平等的《马关条约》而发起“公车上书”，梁启超也署名参加。接着康有为组织强学会，梁启超担任会中书记。1896年他到上海，任《时务报》主笔，发表《变法通议》等文，鼓吹变法。1897年到湖南，任时务学堂总教习，和谭嗣同等人组织南学会，编辑《湘学报》，提倡新学，宣传民权、平等的新思想。戊戌维新期间，他是康有为的得力助手，并以宣传变法而驰名。政变发生后，梁启超逃亡日本，并在日本办《清议报》，1902年改办《新民丛报》，在该报上发表了《新民说》。此后由于他坚持改良保皇的立场，和资产阶级革命民主派的分歧日趋明朗化。在1905年到1907年，更成为保皇派与革命民主派论战的主将。1906年，清王朝迫于革命的压力，玩弄立宪骗局，梁启超乘机在国外组织政闻社，和国内的立宪派遥相呼应，催促清政府速行立宪。辛亥革命后，梁启超回国积极参加政党活动，曾任袁世凯政府司法部部长和段祺瑞政府财政总长。晚年从事讲学，反对科学社会主义和新民主主义革命。他的著作汇编为《饮冰室合集》。

梁启超是中国十九世纪末资产阶级改良派著名的宣传鼓动家和理论家。甲午中日战争以后，他积极宣传变法维新，提倡兴民权，介绍西学，批判封建主义，和顽固派进行论战，在中国近代第一次思想解放运动中，起了重要作用。

甲午中日战争以后，梁启超除了和康有为一起开展维新运动外，还做了大量的理论宣传工作，他在这方面的成绩，可以说是超过了他的老师。同严复一样，梁启超也是中国近代史上传播西方资产阶级哲学、政治学、法律学说的重要人物。所不同的是严复侧重于用译书的方式介绍西学，梁启超则是通过自己的体会，用较流畅通达的语言将西学介绍于中国，从而更容易为人们所接受。和严复相比，他对某些法律问题的探讨要深入而且作了较系统的论证。他还较早地进行了用资产阶级的观点、方法研究中国法律思想史的尝试。所有这些，说明梁启超对中国近代法律思想的发展所作的贡献，是不亚于严复的。

然而梁启超并不赞成用革命手段来实现政治变革，而是主张“以君权变法”，幻想通过争取光绪皇帝和某些大臣的支持，进行自上而下的改革。但是，他又认为当时还不具备立即实行君主立宪的条件。因此，如要兴民权，开议院，便应从办教育，开民智入手；而要开民智，又应先开“官智”和“绅智”，先兴“绅权”。这些主张充分暴露了他作为资产阶级改良派思想家的局限性，决定了他们领导的维新运动必然失败的命运。

戊戌政变之后，梁启超出于对慈禧太后的怨恨，一度对她及荣禄等人进行较猛烈的抨击，并且进一步批判了封建专制主义。在《新民说》中，他虽然未放弃改良立宪的主张，但是也宣传了“新国”必先“新民”，提出“新民”应具备“爱国”“利群”“自尊”“进取”等精神，强调人人应务“自强”，“勿为古人之奴隶”，“勿为世俗之奴隶”。甚至尖锐地指出：要救中国“必取数千年横暴混浊之政体，破碎而齑粉之”[①]。在这两三年中，他还以通俗流畅的文笔，介绍了培根、孟德斯鸠、卢梭、边沁等人的学说，宣传了西方资产阶级的哲学、政治学、法律理论，为西学在中国的更广泛传播，做了一些工作。

但是，由于坚持保皇立宪的立场，梁启超在不断发展的民主革命的形势面前，逐步地倒退而落伍于时代的潮流。

戊戌变法前后，梁启超的法律思想是和他的变法维新主张相配合的。也可以说是他的变法维新思想的一个重要组成部分。

严复（1854—1921），又名宗光，字几道，又字又陵，福建侯官人，幼年时家道贫寒。1867 年考入福州船政学堂，学习驾驶，毕业后，在清朝海军中任职。1877 年被派往英国留学，1879 年 6 月回国，任福州船政学堂教习。1880 年调往天津，此后长期任北洋水师学堂总教习。1900 年，严复离开天津赴上海。此时，唐才常组织自立军，在上海创立“国会”，推容闳为会长，严复为副会长。此后，严复历任复旦公学校长，清教育部审定名词馆总纂、

① 《新民说·论进步》，《文集》卷 13。

资政院议员等职。辛亥革命后，严复在政治上、思想上日趋后退。曾任袁世凯总统府外交法律顾问、约法会议议员。袁世凯阴谋复辟帝制，组织鼓吹帝制的筹安会，严复是发起人之一。晚年则反对五四运动。

严复是中国近代有名的资产阶级启蒙思想家、维新派的重要理论家。他最先将西方资产阶级的哲学、政治、经济、法律学说原原本本地介绍到中国。他所写的一些论文，尤其是他的翻译工作，为当时进步的知识分子提供了学习西方资产阶级哲学社会科学的第一手资料。鲁迅说他自己青年时代，“一有闲空，就照例地吃侉饼、花生米、辣椒，看《天演论》”[①]。可见严复的译作在当时是较有影响的。

在英国留学期间，严复学的是军舰驾驶，却留意于英国的社会制度和资产阶级的社会科学学说，赞赏英国的君主立宪政体和法律制度。归国后，尤其是中法战争以后，他对清统治集团中的顽固势力越来越不满，对洋务派的“自强新政”也疑团日增。清政府在甲午中日战争中的失败，使中国的民族危机更加深化，进一步暴露了清王朝政治上的腐败。为了救亡图存，严复运用资产阶级的庸俗进化论、天赋人权论等学说，来阐发变法图强的主张。1895 年他发表了《原强》《辟韩》《救亡决论》《论世变之亟》等文，并译出和刊行了赫胥黎的《天演论》，成为当时资产阶级改良派鼓吹变法维新的重要理论根据。严复本人也因此被称为“严天演”。百日维新失败后，他更致力于翻译工作，先后译出亚当·斯密的《原富》，孟德斯鸠的《法意》，穆勒的《名学》《群已权界论》以及斯宾塞的《群学肄言》等著作，使我国知识界从阅读浅陋的《格致汇编》《政法类典》等书，进而接触到西方资产阶级社会科学的原著，从而将向西方学习推向较为系统的理论学习的阶段。

严复具有资产阶级机械唯物论的哲学观点。他认为宇宙间的事物是由“质”和“力”的物质构成的，而且由这种“质”和“力”的作用，推动着事物的演变进化。他推崇培根等人的唯物主义经验论，反对唯心主义的先

① 《朝花夕拾·琐记》。

验论，重视近代的科学方法，认为真正的学问来自“即物实测”，凡“一理之明，一法之立，必验之物物事事而皆然，而后定为不易”[①]。

严复还以西方资产阶级启蒙思想家的天赋人权、主权在民等理论为武器，抨击封建专制制度，宣传自由是天赋人权。认为西方各国所以富强，在于他们的制度，是以“自由为体，民主为用”，并把英国的君主立宪制看作最理想的政治制度。

作为十九世纪末叶中国民族资产阶级的理论家，严复为了排除维新的阻力，还借助新学去反对旧学。他批评汉学是“无用”之学，宋学是“无实”之学；要求废除八股科举，提倡兴办新式学校，学习近代的自然科学和西方资产阶级的社会科学。

严复对洋务派的“新政”也提出批评，指出它是“盗西法之虚名，而沿中土之积弊”，只知效西法之末，而不知图其本。他还驳斥张之洞的“中体西用”的理论是一种“非牛非马”的谬说，指出牛、马各有其体与用，中学、西学也各有自己的体与用，不可能有“牛之体”而行“马之用”，也不可能有中学之体而行西学之用。

对于帝国主义的侵略，严复也有一定的认识。他揭露帝国主义的殖民统治是“既尽其利，必贱其民”。他提醒人们，西方资本主义势力所鼓吹的门户开放政策决非“有爱于我”。严复还认为对付外国侵略，不能采取闭关自守的政策，只能设法自主自强，“出与力争”。如果能这样做，“则彼之来皆为吾利，吾何畏哉”！

严复以西方资产阶级的社会科学理论为依据，在分析国内外形势的基础上，发出了变法的呼吁：“早一日变计，早一日转机，若尚因循，行将无及。”[②]他希望通过变法维新，使中国富强起来。但是严复在甲午战争后的活动，主要是进行思想上、理论上的宣传，没有积极参加康有为、梁启超的

---

① 《救亡决论》，《严几道文钞》卷1。

② 《救亡决论》，《严几道文钞》卷1。

维新政治运动。在他看来，当时中国的主要问题，既不是革命，也不是立即实行君主立宪制，而是用办教育来开民智、新民德。由于他长期坚持这种观点，使得他越来越跟不上形势，逐步地为时代所淘汰。

谭嗣同（1865—1898），字复生，号壮飞，湖南浏阳人，出生于封建官僚家庭，其父谭继洵，官至湖北巡抚。谭嗣同多次参加科举考试均落第，青少年时代曾跟随父亲到过甘肃、北京等地，二十岁去新疆任巡抚刘锦堂的幕僚，后来又广游各地。1895 年“北上访学”，结识了梁启超。1896 年奉父命赴南京就官候补知府，因厌恶官场应酬，颇感“孤独”，有“作吏一年，无异入山”的感慨。1897 年返回湖南，和梁启超等人一起组织南学会，创办湘报、湘学报，提倡西学，宣传维新思想。1898 年，由于徐致靖的推荐，他被光绪超擢为四品卿衔的军机章京，襄赞新政。同年 8 月，慈禧太后发动政变，囚禁光绪，康有为、梁启超出逃，谭嗣同抱定为变法而流血的志愿，在北京慷慨就义。他的著作已汇编为《谭嗣同全集》。

谭嗣同是中国十九世纪末有名的反封建的斗士，资产阶级维新运动的激进代表。他生活的年代，正是民族灾难十分深重，反清民主革命已在酝酿的历史时期。帝国主义对中国的侵略和《马关条约》的签订，使他感到“割心沉痛”，列强加紧在我国划分势力范围的活动，更使他感到国家被“瓜分豆剖”的危机已迫在眉睫。

清政府的腐败，尤其是在甲午中日战争中的惨败，引起了谭嗣同的强烈不满。他指责清朝廷宁肯出卖国家和民族的权益，却不肯“假民以自为战守之权”。他痛斥清统治者为“私其智其富其强其生于一己”，而顽固地拒绝改革。他甚至痛斥清朝的腐朽统治简直像“黑暗地狱，直无一法一政，足备记录”[①]。

面对民族危机深重，清朝廷腐朽不堪的现实情况，他深深感到不进行变革就不能自救，从而发出了变法图治的呼吁：“时局之危，有危于此时者乎？

① 《致汪康年书二》，《谭嗣同全集》（以下简称《全集》）卷 3。

图治之急，有急于此时者乎？”[①] 出于对国家、民族存亡的关注和对清王朝黑暗统治的憎恶，谭嗣同冲出了封建官僚家庭，积极投身于变法维新运动。

谭嗣同本人的经历，对于他能成为冲决封建网罗的斗士，有重要影响。他幼年丧母，受继母歧视，“遍遭纲伦之厄”，使他对封建纲常伦理非常反感。由于他曾经游历各地，从而对社会的黑暗、民间的疾苦，有一些了解，对于新兴的近代工业和资本主义的文化也有所接触。他的师友如欧阳中鹄、唐才常、梁启超等人，在当时来说，思想是比较开明或进步的，对他有一定的影响。加上他继承了王夫之、黄宗羲等人的进步思想传统，尔后又热心于西学和崇仰康有为、严复等人的维新思想。这多方面的原因促使他成为中国十九世纪末突出的反封建的思想家。

谭嗣同继承了王夫之的“道不离器”，“无其器则无其道”的思想，提出了“器既变，道安得独不变”的观点，突破了早期资产阶级改良派还保留的“变器不变道”的观念，成为他能够提出“尽变西法之策”的重要哲学基础。

谭嗣同还提出一个“仁—通”的哲学观念。他认为“以太”或“仁”是“天地万物之源”，而“仁—通为第一义”，通的主要内容之一是事物的平等，即所谓“通之象为平等”[②]。在他看来，这“仁—通—平等”乃一切事物所必须遵循的普遍规律。比如，“仁—通”体现在政治方面，就是“通政”，就是要改革否塞不通的专制制度，仿效西方国家，实行资产阶级的议会政治，使上下相通，人我相通。体现在经济方面，就是“通商”，就是要发展本国资本主义经济和开展对外通商，使资本主义的商品生产与交换，畅通无阻。体现在文化教育方面，就是“通学”，就是要革除令人思想闭塞的旧学，学习西方近代的自然科学与社会科学。既然“仁—通—平等”是一种普遍的规律，谭嗣同所要求的在社会各领域实现“上下通”，“男女内外通”，“中外通”，概括来说，就是要求实现“人我通”。所谓“人我通”，实际上

① 《壮飞楼治事篇第十·湘粤》，《全集》卷1。
② 《仁学》，《全集》卷1。

就是要求在人们的经济、政治、法律等社会关系中，用资产阶级的平等、自由原则去取代封建主义的宗法等级不平等的原则。虽然，谭嗣同按资产阶级世界观改造中国封建社会的愿望不可能实现，而且他所追求的资产阶级平等、自由的理想，并不能真正实现于劳动者之中，但他的这种要求在当时仍有着反封建的进步意义，应予以肯定。

谭嗣同力图将变法主张上升到“仁一通”的哲学理论上进行论证，这在维新派当中是独特的。这种情况又说明当时一些进步的思想家已不满足于就事论事地提出一些具体主张，感到“非精探性天之大原，不能写出数千年之祸象”，不能有力地论证变法的主张。从这里可以看出，严复、梁启超用很大力量来介绍西方资产阶级社会科学的理论，绝不是偶然的。

在“仁一通”的理论基础上，谭嗣同提出了自己的变法主张。在经济上，他尖锐地批判封建主义生产方式的落后，宣扬资本主义生产方式的优越性，鼓励富人投资于近代大机器工业，主张放任国内民族资本主义经济的发展。在政治上，他要求去掉封建专制政治的“衔勒”，主张仿行西方国家的分权制，兴民权，设议院。他认为只有从“法度政令”上进行改革，才是变法的根本。在文化教育上，他主张废科举，广兴学校，学习西学，培养具有近代科学知识的人才，适应变法图强的需要。

由于维新活动不断受到以慈禧太后为首的反动统治集团和社会上腐朽顽固势力的阻挠、打击，谭嗣同不胜愤慨，一度出现了主张“改民主”，进行暴力革命的思想倾向。他提出：“亦第铲除内外衮衮诸公而法可变矣。”① 又说：“今日中国能闹到新旧两党流血遍地，方有复兴之望。”② 甚至表示愿作“陈涉、杨玄感”一类的人物。他的这些思想言论，已超出了资产阶级改良派的范畴，而显示出赞同民主革命的端倪。

这位青年思想家在激烈地批判封建主义，热情呼吁变法的过程中，还

---

① 《上欧阳辨疆师书二》，《全集》卷3。

② 《上欧阳辨疆师书三》，《全集》卷3。

提出了一些法律改革的主张，其内容虽然还不够深刻，但同样地具有鲜明的反封建的民主色彩。

当然，我们也应看到谭嗣同的思想存在着局限性。他的思想不仅驳杂，而且常常自相矛盾。例如，他高喊“冲决网罗”，但又说：“冲决网罗者，即是未尝冲决网罗。”[①] 他强烈地抨击封建君主专制，批判忠君思想，但对光绪却表示要酬报“圣恩”；他赞赏法国资产阶级革命，产生过革命的思想苗头，然而实际活动却始终按照维新派的改良道路行事。他的思想总的说来，是波澜上下、跌宕起伏的，时而苦闷徬徨，时而慷慨激昂。

（三）早期改良派法律思想的主要内容

在魏源和冯桂芬时代，虽然主张学习西方，但侧重于学习西方的科学技术的成就，还没有把西方科学技术的成就、生产力的发展和社会制度联系起来。他们只看到了西方国家的“算学、重学、视学、光学、化学，皆得格物至理，舆地书备列百国山川厄塞，风土物产，多中人所不及”[②]。但是发展到十九世纪七十年代，早期改良派思想家们，已经把视野扩大到西方国家的社会制度与政治法律制度，因而提出了与魏源、冯桂芬不同的法律思想。尽管他们的法律思想还不系统、不定型，更不成熟。

1. 主张学习西方，进行变法

十九世纪七十年代，资本主义列强对中国的加剧侵略所造成的严峻形势，使得早期改良主义者产生了适应形势，学习资本主义文明的变法思想。郑观应在其著作《易言》中说：“由今之道，变今之俗，宜览往古，法自然，诹远情，师长技，攻其所短，而夺其所恃。”[③] 何启也说：“当今之世而不变今之法，……亦无以决疑征信，大得于民。”[④] 陈虬则发出了时代变了不能守

① 《仁学自叙》,《全集》卷1。

② 冯桂芬:《校邠庐抗议·采西学议》。

③ 郑观应:《易言·自序》。

④ 何启、胡礼垣:《新政真诠》初编《曾论书后》。

旧不变的呼喊："时变矣，而犹欲袭先业而守旧教，恭已无为，坐致治平，是犹持方枘而周圆凿，其不得适也必矣。"[①] 特别是王智更为直截了当地提出："孔子而处于今日亦不得不一变。"[②]

早期的改良主义者在变法主张上，有继承林则徐、魏源的一面，但由于时代的不同，他们的变法主张多是从中外比较的角度提出的，而且初步设计了变法的方案。例如，王韬认为西方资本主义国家所讲求、所考察的事物，全为中国所不及，因此他强调说："设我中国至此时而不一变，安能埒于欧洲诸大国而与之比权量力也哉！"[③] 陈炽主张："西人决不能用，而西法必应仿行。"[④] 薛福成则提出了比较全方位的变法方案，他说："西洋诸国，恃智力以相竞，我中国与之并峙。商政矿务宜筹也，不变则彼富而我贫；考工利器宜精也，不变则彼巧而我拙；火轮、舟车、电报宜兴也，不变则彼捷而我迟；约章之利病，使才之优绌，兵制阵法之变化宜讲也，不变则彼协而我孤，彼坚而我脆。"[⑤] 马建忠较之薛福成涉猎的变法领域更为宽广，他指出："忠（马建忠）此次来欧一载有余，初到之时，以为欧洲各国富强，专在制造之精，兵纪之严。及披其律例，考其文事，而知其讲富者以护商会为本，求强者以得民心为要。护商会而赋税可加，则盖藏自足；得民心则忠爱倍切而敌忾可期。他如学校建而智士日多，议院立而下情上达。其制造、军旅、水师诸大端，皆其末焉者也。"[⑥] 陈虬还具体列举了求富之策、自强之策、治之法等。具体如下："富之策十有四：设官钞、定国债、开新埠、垦荒地、兴地利、广商务、迁流民、招华工、汰僧尼、税妓博、搜伏利、汇公产、开鼓铸、权度支。强之策十有六：更服制、简礼节、变营制、扼

① 陈虬：《治平通议·序》。

② 王韬：《弢园文录外编》卷一《变法》。

③ 王韬：《弢园文录外编》卷一《变法》。

④ 陈炽：《庸书》。

⑤ 薛福成：《筹洋刍议·变法》。

⑥ 马建忠：《适可斋记言》卷二《上李伯相言出洋工课书》。

要塞、开铁路、改炮台、广司官、并督抚、驰女足、求材官、限文童、练僧兵、禁烟酒、限姬妾、优老臣、广外藩。富矣，强矣，非人不治。治之法，开议院，广言路、更制举、培人才、广方言、整书院、严举主、疏闲曹、定户口、权盈虚、严嫁娶、定丧葬、汇祀典、正词戏、新耳目、申诰戒。”①

以上可见，早期改良派不仅在广阔的规模上要求向西方学习，而且提出了与龚自珍、魏源的经世变法思想不同的变法要求。虽然他们还没有形成对资本主义国家的总体认识，他们的变法主张也没有摆脱维护封建基础的窠臼，有时是进两步退一步。例如，薛福成说：“我国家集百王之成法，其行之而无弊者，虽万世不变可也！”“今诚取西人器数之学，以卫吾尧舜禹汤文武周孔之道，俾西人不敢蔑视中华，是乃所谓用夏变夷者也。”②

2. 赞美议院与君民共主制度

早期改良主义者由于把眼光从科学技术移向社会政治制度，因而对西方的议会制度、君主立宪制度表示赞赏，并认为是西方资本主义国家富强之源，进而提出在中国实行君主立宪的主张。他们在这方面的认识程度，提高得很快，并且趋向于一致。例如，王韬在1851年时，还以传统的封建专制政治的眼光批评西方“君民同治”是“立法之大谬”，然而到了1883年，便热衷于宣传议会制度，推崇君民共主之国“上下相通，民隐得以上达，君惠亦得以下逮”③。当时的改良派对资本主义国家的议院充满了迷信。曾经远涉重洋，考察过西方资本主义国家“风俗利病得失盛衰之由”的官商郑观应，在《盛世危言》自序中说：“乃知其治乱之源，富强之本，不尽在船坚炮利，而在议院，上下同心，教养得法。”他认为讲洋务如果只限于模仿西洋器械，而不革新政治，是“遗其体而求其用”，达不到应有的效果。因而他提出：“欲行公法，莫要于张国势；欲张国势，莫要于得民心；欲得民心，莫要于通下情；欲通下情，莫要于设议院。”又说：“中华而终自安卑弱，

---

① 陈虬：《治平通议》。

② 薛福成：《筹洋刍议·变法》。

③ 王韬：《弢园文录外编下》。

不欲富国强兵为天下之望国也，则亦已耳！苟欲安内攘外，君国子民持公法以永保太平之局，其必自设立议院始矣！”[①]与此相类似，陈虬也说：“泰西富强之道，在有议院以通上下之情，而他皆所末。”[②]陈炽同样认为议院是“英美各邦所以强兵富国，纵横四海之根源也”[③]。马建忠在《上李伯相言出洋工课书》中提出“议院立而下情可达”[④]，并介绍资产阶级三权分立之制，说这种制度使政事“纲举目张，粲然可观”。

早期的改良派就他们对美、英、法、日、俄等国的观察，把政体区分为君主、民主、君民共主三个类型。郑观应说：“盖五大洲，有君主之国，有民主之国，有君民共主之国。君主者权偏于上，民主者权偏于下，君民共主者，权得其平。”[⑤]所谓君民共主，实际上是君主立宪，一切国家的重大决策“仍奏其君裁夺”[⑥]。这种政体在改良派看来是最为理想的。陈炽在《庸书》中作了如下的描述，他说，君民共主可以“合众志以成城也”，即使“敌国外患纷至沓来，力竭势孤，莫能支柱，而人心不死，国步难移，……能胜而不能败，能败而不能亡”。薛福成表述的尤其具有代表性，他说：“西洋各邦，立国规模，以议院为最良，然如美国则民权过重，法国则叫嚣之气过重，其斟酌适中者，惟英、德两国之制，颇称尽善。”[⑦]

不仅如此，当时的改良派还初步阐明了议院的组成、职权以及选举办法。陈虬主张“略仿周礼”，在“京都设议员三十六人，每部各六，不拘品级任官，公举练达公正者，国有大事，议定始行”，“县各设议院，大事集议而行”。[⑧]汤震则提出由四品以上官组成上院，四品以下官组成下院，省

① 郑观应：《盛世危言》卷一《议院》。
② 陈虬：《治平通议》卷六《上东抚张宫保书》。
③ 陈炽：《庸书》外篇卷下《议院》。
④ 马建忠：《适可斋记言》卷二。
⑤ 郑观应：《盛世危言》，《议院》。
⑥ 郑观应：《盛世危言》，《议院》。
⑦ 薛福成：《出使日记》卷二。
⑧ 陈虬：《治平通议》，变法一、变法二。

府州县则以巨绅、举贡生监参与地方应议的兴革之事。至于议院的职权，除通上下之情以外，“凡荐辟刑杀人，皆先状其事实于议院，有不实不尽者改正之”[①]。何启和胡礼垣主张变君权立法为议院立法：“今之法令宜若如何，俱由议员订定，将来法令如有再改，亦由议员酌商。”他们还具体阐述了议员的选举办法，凡县、府、省各设议员60人，县议员由平民选秀才任之，府议员由全府秀才选举人任之，省议员由全省举人选进士任之，“以几年为期”，有关“地方之利弊，民情之好恶，皆借议员以达于官”。此外，他们还拟议了“公举法”，“男子年二十以上，除喑、哑、盲、聋以及残疾者外，其人能读书明理者，即予以公举之权”[②]。

除设议院外，郑观应还进而要求定宪法，认为“宪法不行专制严”，“宪法不行政难变”。

总括上述，早期改良派由过去的吸收西方的生产技术，逐渐到仿效西方资本主义国家的政体，这是中国近代思想文化的一个重要发展。其动因一是民族资本主义的某种发展和阶级构成的某种变化，二是清朝专制主义的政体给国家带来日益严重的危机。但在戊戌变法以前，鼓吹向西方政治体制学习还只是少数人的空论，既没有形成系统的理论，也没有进行实际的政治活动。他们对西方民主政治的认识是肤浅的、朦胧的，甚至是错误的，但作为一种社会思潮，却为戊戌变法时期的维新派提供了必要的思想素材，是戊戌变法形成中的一个历史酝酿阶段。

3. 重商、恤商与制定商律

在早期改良派杂乱的变法主张与法律思想中，重商、恤商是一个重要内容，其中以薛福成、马建忠为代表。薛福成说：“西人之谋富强也，以工商为先，耕战立其基，工商扩其用。”[③]马建忠在其前期著作中，一再强调保护商会、发展贸易、减轻商税。

---

① 陈虬：《治平通议》，《变法》。

② 《新政真途》，《新政论议》。

③ 薛福成：《筹洋刍议·商政》。

早期改良派之所以提出重商思想，是因为他们以商为富国强兵之本。薛福成说："握四民之纲者，商也。"[①] 陈炽也说："商务盛衰之枢，即邦国兴亡之券也。"[②] 他们观念中的"商"，是以对外贸易为中心的整个国民经济领域。他们重商思想的产生源于十九世纪七十年代以后，外国商品大量输入中国所造成的民穷财尽，因而力图鼓吹重商、恤商来挽救对外贸易的入超所造成的严重形势。郑观应在著作中描写了资本主义国家经济侵略的形式，他说："洋人之到中华，不远数万里，统计十余国，不外通商……通商则渐夺华人之利权。"又说："彼之谋我，噬膏血非噬皮毛，攻资财不攻兵阵……迨至精华销竭，已成枯腊，则举之如发蒙耳！故兵之并吞，祸人易觉，商人掊克，敝国无形，我之商务一日不兴，则彼之贪谋亦一日不辍。纵令猛将如云，舟师林立，而彼族谈笑而来，鼓舞而去，称心厌欲，孰得而谁何之哉！"[③]

为了重商恤商，他们希望清政府能够扶植工商业，通过制定商律，奖励和保护商业。陈炽、薛福成、郑观应各向清政府建议："宜仿泰西各国，增设商部，管以大臣，并立商律、商情、商平、商税四司，分任其事"[④]，"如西洋各国有商尚书，以综核贸易之盈亏，又有商务委员以稽查工作之良窳"[⑤]，"重订税则，厘正捐章"，"凡有所求，力为保护"[⑥]。特别是提出翻译西方资产阶级国家的商律，再斟酌中国情况，"量为删改"，制定商律，借以达到护商的目的。有的人还从"重商务"考虑，建议债务案件的审理与其他案件的审理区别对待。但在当时的历史条件下，他们关于设立商部、颁布商律、体恤商情的主张和建议，没有也不可能受到清政府的重视。相反，清政府的专横干预恰恰成了民族工商业发展的绊脚石。

① 薛福成：《庸庵海外文编》卷三《英吉利用商务辟荒地说》。

② 陈炽：《庸书》外篇卷上《公司》。

③ 郑观应：《盛世危言》卷二《传教》。

④ 陈炽：《庸书》外篇卷上《商部》。

⑤ 薛福成：《出使日记续刻》卷五。

⑥ 郑观应：《盛世危言》。

4. 修改律例，改革司法

早期改良主义者在对资产阶级法律制度有所了解，并逐渐产生了微弱的民主思想的情况下，对清朝原有的律例与司法也进行了评介，他们认为西方的法律制度，在某些方面优于中国，值得效法。因此提出修改旧律例，要求删去繁文，同时也主张改革清朝的狱讼，提出以“西法参用乎其间”，具体说来，就是减少以至废除刑讯。革去凌迟之刑与连坐之法，某些刑罚可以改处罚锾，改善狱因待遇，等等。

（四）戊戌变法前后维新派的法律思想

戊戌变法前后，是中国近代史上新法律思想蓬勃兴起的时期。以康有为、梁启超、谭嗣同、严复为代表的维新派，不仅宣传了资产阶级君主立宪的构想，而且以“公车上书”为起点，掀起了一场变法图强、改革专制政治的运动。在“公车上书”中提出了“拒和、迁都、练兵、变法”四个口号，它和洋务派的“和戎、变法”在本质上是不同的。“兴民权”“开议院”“君主立宪”既表现了思想解放的时代特色，也是新兴的资产阶级上层争取政治权力的一种斗争。而维新派的法律思想也较之早期的改良主义者趋于成熟和定型。

1. 以不同的学说为基础的三种法律观

（1）进化论的法律观

第一，以进化论的观点阐明变法的必然性。

戊戌变法时期维新派的领袖人物是康有为。他的变法主张的理论基础是今文经学的“公羊三世”说和西方资产阶级的庸俗进化论。他认为自然界和人类社会都处于变易进化之中。他说：“盖变者，天道也”，“天以善变而能久”，“地以善变而能久”[①]。又说：“夫物新则壮，旧则老；新则鲜，旧则

① 《进呈俄罗斯大彼得变政记序》，《戊戌变法》第三册。

腐；新则活，旧则板；新则通，旧则滞，物之理也。”[①] 康有为将变易是天道物理的观点，用以观察人类社会的发展，从而得出在人类社会进化的过程中存在着三个发展阶段，即据乱世、升平世和太平世。这三世“愈改而愈进也”。按照他的估计，当时的中国正处于由据乱世向升平世转变的时期。根据“时移法亦移”的规律，他提出中国应通过变法维新，赶上西方各国而进入升平世，然后再创造条件，向无苦极乐的太平世即“大同”世界过渡。但这“三世”只能循序而进，不能躐等。

在庸俗进化论的观点指导下，康有为不仅反对封建正统的“天不变道亦不变”的说教，而且扬弃了早期资产阶级改良派在一定程度上还存在的“变器不变道”的思想，提出了“全变”的主张。他在《上清帝第六书》中写道：“观万国之势，能变则全，不变则亡，全变则强，小变仍亡。”[②] 这里所谓的“全变”，实质上是要求在经济、政治、法律、化文教育等领域都采取西法，变封建制度为资本主义制度。这样，康有为就大大发展了早期资产阶级改良派的变法思想。

基于“全变”的思想，康有为要求改革清王朝的旧法律制度。他认为：“法既积久，弊必丛生。故无百年不变之法，况今兹之法，皆汉唐元明之弊政，何尝为祖宗之法度哉？又皆为胥吏舞文作弊之巢穴，何尝有丝毫祖宗之初意哉？”[③] 清代的典章律例都是因袭前朝的，早已过时，不能适应当前万国并立竞争的形势，因此变法维新就是历史的必然。据此，他强调：“圣人之为治法也，随时而立义，时移而法亦移矣。”[④] 至于如何变法，主要是采用西方国家的法律制度，以新法治天下，在康有为眼里，西方是“治国有法度”的。

戊戌变法时期，维新派中另一位具有启蒙意义的思想家严复，也以资

① 《上清帝第六书》，《戊戌变法》第二册。

② 《上清帝第六书》，《戊戌变法》第二册。

③ 《上清帝第六书》，《戊戌变法》第二册。

④ 《日本书目志序》，《康南海文集》第5册。

产阶级庸俗进化论阐述了变法的主张。他通过翻译赫胥黎的《天演论》，不仅介绍了达尔文的进化论，而且宣传了他自己根据"物竞天择，适者生存"的理论所提出的中国极应变法维新与救亡图存的思想。他说："物竞者，物争自存也；天择者，择其宜种也。"在物竞天择规律的作用下，"弱者常为强肉，愚者常为智役，……将不数传而其种尽矣"①。在他看来，这个规律也适用于法律。"经时久而无修治精进之功"，而且"格扞芜梗"的清朝法律，"而与修治精进"的西方法律并行，"则民固将弃此而取彼者"，这是"势也"。他强调指出："此天演家言所谓物竞天择之道，固如是也。"②结论就是："如今日中国不变法，则必亡是也，……早一日变计，早一日转机，若尚因循，行将无及。"③

自从严复将赫胥黎的《天演论》介绍到中国以后，便成为新兴资产阶级宣传变法的理论武器。梁启超在阐发他的社会改革以及变法的必要性时，也是以资产阶级的庸俗进化论为依据的。从变易进化是一切事物的"公理"的观念出发，他强调"开新"和"弃旧"。指出："新旧者，固古今盛衰兴灭之大原哉。""天之斡旋也，地之运转也，人之呼吸也，皆取其新而弃其旧也。……人道未有不喜新而厌故者也。"④由此他推论："开新者兴，守旧者灭，开新者强，守旧者弱，天道然也，人道然也。"⑤就是说，一个种族，一个国家或社会，要兴盛富强，应该随时注意创新而反对守旧。正是以这种理论为根据，他极力宣传维新救国、变法图强的思想。

既然新陈代谢、变易进化是天下古今万物的"公理"，法律制度自然也不能例外，因此梁启超认为进行法律改革，变革旧法律制度有其必然性和合理性。他说："法何以必变？凡在天地之间者，莫不变。""变者，古今之

---

① 《日本书目志序》，《康南海文集》第5册。

② 严复：《原强》。

③ 严复：《救亡决论》。

④ 《饮冰室文集壬寅原序》。

⑤ 《饮冰室文集壬寅原序》。

公理也。”[①] 如今，“大地既通，万国蒸蒸，日趋于上，大势相迫，非可阏制，变亦变，不变亦变。变而变者，变之权操诸己，可以保国，可以保种，可以保教。不变而变者，变之权操诸人，束缚之，驰骤之。呜呼，则非吾之所敢言矣”[②]。又说：“今夫立法以治天下，则亦若是矣。法行十年、或数十年、或百年而必敝，敝而必更求变，天之道也。”[③] 他举中国历代王朝为例，说，肇基之时“一姓受命，创法立制”，但经过数代以后，所施行的政令法律实际上已不适应形势的发展，可是继承者们，或者不愿承认这个现实，或者懔遵祖训不敢轻易更动，结果就产生了因循守旧的观念，导致“百事废弛”，直到最后出现了不可收拾的局面。针对历史教训，结合清朝的现实状况，梁启超强调：“治旧国必用新法。”他指出：守旧拒新，固执成法的积习是造成中国贫弱落后的重要原因。特别是清朝统治者，长期以来，以守旧为荣，以变法为戒，法律制定之后，“一成而不易，镂之金石，悬之国门，如斯而已”[④]。久而久之，弊病丛生，严重阻碍了社会进步。与此相反，西方各国富于“舍旧图新”的精神，特别是近百年间，对社会政治、法律的改革，尤为重视。所以西方诸国的社会面貌焕然一新，日臻富强，称雄于世。根据这一认识，他提出，中国要转弱为强，也应有求新的精神，改革法律。他谴责顽固派反对变法的主张是“误人家国之言”。就像那种“一食而求永饱”，“一劳而求永逸”的蠢人一样，非死亡不可。

梁启超也批评洋务派的“自强新政”“非真能变也”，即非真正的变法。他抨击李鸿章等人的办洋务是“练兵如不练”，“通商如不通”，“兴学如不兴”。一言以蔽之，他们的所作所为，和“去陈用新，改弦更张之道，未始有合也”[⑤]。因此，他认为要变法，必须真变，就是说不仅要采用西方的生产

---

① 《变法通议·自序》,《饮冰室文集》第一册，中华书局2015年版，第1页。

② 《变法通议·论不变法之害》,《文集》卷1。

③ 《经世文新编序》,《文集》卷3。

④ 《变法通议·论译书》,《文集》卷2。

⑤ 《变法通议·论变法不知本原之害》,《文集》卷1。

技术，发展本国的近代资本主义工商业，“以工立国”，奖励富人“出其资本兴制造等事以求大利”，等等，更为关键的是进行政治上的变法。他提出要仿效日本明治维新，兴民权，开国会，立宪法，变君主专制为君主立宪，只有这样，国家才可望富强。

第二，论证了君权与法律的起源。

康有为也以庸俗进化论的观点，探讨了君权与法律的起源，以及法律的进化问题。他认为：“人道竞争，强胜弱败，天之理也。”① 但是人类与自然界毕竟不同，“人义者，有性识之物也。人道所以合群，所以能太平者，以其本有爱质而扩充之，因以裁成天道”②。人类既有竞争之心，又有合群之性，所以“结党而争胜，从强而自保者，人情之所不能免也”。在这种情况下，如果没有君主，国家、政治、法律，人人“荡然如野鹿”，必然被他人所捕获而成为奴隶，不能保全其家室、财产，从而陷入无穷的痛苦之中。于是有“圣人”出，因人情，顺时势，“为之立国土部落群臣之法”，以免除人们的痛苦。但这圣人君主，并非上天所指定，而是由众民选举出来担任“公共保全”事务的。一切礼乐政法也都是“为民”而设的。康有为根据这样的理论观点解释了君主、国家与法律的起源。这种观点在当时也是有代表性的。

除此之外，康有为又描绘了据乱世、升平世、太平世的法律进化三阶段。按照他的说法，在据乱世，法律已失去其产生的初意，由保护人民变成“压抑不平之法”。在这个历史阶段，由帝王进行统治。人民不具有保护个人自立的完全权利，也不完全享有公权。在这个历史阶段，还存在着等级差别和施行歧视妇女与种族的法律。社会上充斥着犯罪现象，在司法审判方面，也没有陪审与辩护制度，而是听任官吏主观武断，刑罚也极为残酷。可见，康有为设想的据乱世的法律制度，是以中国封建社会的法律制

① 康有为:《孟子微》,《康南海文集》第8册。

② 康有为:《大同书》辛部。

度作为原型的。

在康有为设想的升平世的历史阶段中，社会制度和法律都有一定的进步。国家虽依然存在，但实行的则是君主立宪制或民主共和制。人民都享有保护人身自立的权利和公权，除非万不得已，不得侵夺和限制。世爵、贵族的等级制尚未完全消除，但已在逐步泯灭的过程之中。此时，各国仍有自己的法律，并设立议院来行使立法权。对罪犯不施酷刑，审理案件迅速，有辩护制度。实际上是以西方资本主义国家为标本来描绘升平世的。

太平世，这是康有为的大同理想。按照他的想象，到了那时这个地球上已没有国家，没有帝王，没有家庭，没有私有财产；全地球只有“公政府”，人们享有充分的人权，一切人都平等，全世界实行统一的“公法”；没有犯罪，没有刑法，“刑措不用，囚狱不设”。据乱世、升平世的诸般痛苦都消失了。但在太平世，人们仍会发生“失职误事”“失议过语”等行为，不过这不属于犯罪，也不必采用刑罚，只要将犯错误的人“归其本司，依例教诫，或少加罚锾极矣”。所以在康有为设计的理想境界太平世中，还需要有各种职业的规则。至于从整个立法来说，只需要有“禁游惰”“禁独尊”“禁竞争”“禁堕胎”等四章就完全可以管理社会了。

康有为根据三世说阐述的法律进化过程，一方面表现了他对封建主义法律制度的不满，另一方面也已觉察到西方资本主义制度的某些弊病。因此，他既向往于资本主义制度，又想避免它的弊病，在这样的思想基础上，他参酌我国古代的大同思想和马克思主义以前的一些西方社会主义学说，并把西方某些现行制度（如瑞士和美国的政治制度）加以理想化，构成了自己的空想。

（2）反纲常反专制的法律观

戊戌变法时期，谭嗣同是反纲常、反专制的法律观的代表，他的法律思想最鲜明，最具有特色，在当时的资产阶级维新派当中是最突出的。

第一，谴责以专制皇权为核心的封建纲常。

谭嗣同以其切身的经历和敏锐的观察，深深感到封建的纲常伦理、专制帝王以至清朝的法律，像一个黑沉沉的网罗覆盖着中国的土地，束缚、压抑着无数的人们，造成了中国“之愚之弱之贫之一切苦”。在他看来，封建纲常与专制制度所造成的一切压抑不平和否塞不通，就是不仁，就违反了“仁—通”这一普遍规律。因此他在自己发明的“仁—通”的思想指导下，发出了“冲决网罗”的号召。他明确地提出，要“冲决利禄之网罗”，“冲决君主之网罗”，“冲决伦常之网罗”，“冲决天之网罗”，等等。强烈地要求摆脱封建政治、法律、伦理道德的束缚，勇敢地对封建统治秩序进行挑战。

在“冲决网罗”的口号下，谭嗣同对纲常名教、专制君权展开了猛烈的攻击。所谓纲常从先秦就已经存在，经过西汉董仲舒的神化和封建统治者的进一步宣扬，遂成为中国封建社会中支配政治、道德、立法、司法活动的金科玉律。许多违反纲常的行为，都被封建统治者列为十恶不赦的重罪。历代王朝编修法典，都以纲常名教作为立法的基石和指导原则。《唐律疏义》中明确规定：“五刑之中，十恶尤切，亏损名教，毁裂冠冕，特标篇首，以为明戒。”明律、清律也都准此为例。由此可见，所谓纲常，已不仅是伦理的问题，而且是封建王朝的立法基础。在封建纲常中，君为臣纲是核心，因此在谭嗣同反封建的思想中，首先是狠狠地鞭挞了专制君权。

谭嗣同谴责专制帝王“视天下为其囊橐中之私产，而犬马土芥乎天下之民”，“竭天下之身命膏血，供其盘乐怠傲”[①]。他痛斥专制统治者为了保住自己的皇冠宝座而反对改革，“处事不计是非，而首禁更张”，以致因循保守，政事废弛，暮气深沉，吏治腐败。他还仿黄宗羲《明夷待访录》批判专制主义的笔法，揭露这些独夫民贼，为了使自己的帝位、私利能传之“世世万代子孙”，千方百计地制定了“一切酷毒不可私议之法”，用来压迫臣民。特别是清朝统治者更是挖空心思地制定了各种苛法，大兴文字狱，用以镇压各族人民的反抗。总而言之，在谭嗣同的心目中，封建君主专制是“黑暗否塞，无复人理”的。他不但揭露了君主专制的反动腐朽性，而且揭

① 《仁学》，《全集》卷一。

示了封建主义的法律是专制帝王用以维护其一己私利的手段。

谭嗣同对封建专制主义的批判与清初黄宗羲等人不同，他已开始运用西方资产阶级的政治法律观点来批判封建专制君权。在《仁学》一书中，便汲取了卢梭的民主思想，阐发了主权在民的观点。指出，在“生民之初”，不存在君臣，所有的人都是“民”，但由于人与人之间“不能相治”，“也不暇治”，才共同选举一民为君。既然君是由民“共举”的，所以不是“君择民”，而是“民择君”，是“因有民而后有君”。因此，民是“本”而“君末也”。天下没有因末而累本的事，自然也不可因君而累及民。据此，他认为君是为民办事的，臣是“助办民事”的。国家的赋税也是取之于民而又用来为民的。因此，君如不能为民办事，则“易其人，亦天下之通义也”[①]。谭嗣同的这一理论，虽然不能科学地说明国家、君权的产生，但他否定了长期流传的“君权神授”的传统观念，有力地冲击了为君主专制辩护的重要理论基础。同时还勇敢地宣传了人民有权易君、废君，君权是由民权派生的重要思想。从这个认识出发，他阐述了应该将国家和君主分开，批判了朕即国家的传统观念，指出：君主是人民的仆人，人民是国家的主人，君主的存废，只不过像主人获得或丧失仆隶一样，无关国家大局。这是向专制帝王的神圣不可侵犯性进行尖锐的挑战，并且为废除君权提供了理论根据。

从上述观点出发，谭嗣同反对忠君死节的观念。他说：“民之于民，无相为死之理；而本之于末，更无相为死之理。”[②]特别是后来的帝王，都是窃国大盗、暴君民贼，更不存在为他们尽忠死节的问题。对这些人，如果“犹以忠事之”，就是助纣为虐。所以，他认为：“止有死事的道理，决无死君的道理。”[③]这样，他就否定了君为臣纲，进而也否定了全面维护君权至上的封建专制主义法律。

不仅如此，谭嗣同在资产阶级主权在民思想的影响下，还认为人民应

---

① 《仁学》，《全集》卷一。
② 《仁学》，《全集》卷一。
③ 《仁学》，《全集》卷一。

享有反对专制暴君的权利。“彼君之不善，人人得而戮之，初无所谓叛道也。”[①]中国历代所谓反对帝王的“叛逆”罪，完全是帝王从保护一家一人的私利出发，制造出来用以恐吓天下众民的一种最严厉的罪名。他还揭露说所谓“腹诽”“怨望”“讪谤”“大不敬”等罪名，无一不是帝王为钳制臣民的言论和行动，而又借纲常的名义捏造出来的。他从历史的实际出发指出，历代的君主“未有不自叛逆来者”，因为在残酷的权力争夺中，胜利者登上了皇帝的宝座，便成为“奉天承运”、受命于天的天子；而在斗争中的失败者，就被“詈以叛道”，所有反对新王朝、新天子的行动，也就都成了“叛逆”“谋反”的大罪。在他看来，以君主个人势力的消长而定拟的谋反罪，是不能成立的。为了说明这一问题，他还力图从法理上加以解释。指出，反对专制君权的所谓“谋反”罪是“公罪”。按照西方各国的法理，这种行为“非一人数人所能为也。事不出于一人数人，故名公罪”[②]。这种“公罪”之所以发生一定有不得已的原因，不能让君主为了私利而施以重刑。老百姓不得已起来“谋反”，说明这个朝廷的政治法令一定很腐败，因此，当国君的应当认真反省，而不应该处罚百姓。如果要处以重刑的话，“则请自君始”。这种法律观，或多或少地受卢梭的学说所影响，而有着鲜明的反封建君主专制的资产阶级民主的色彩。

作为封建纲常重要组成部分的父为子纲、夫为妻纲，谭嗣同也都给予批判。他指出：“君臣之祸亟，而父子、夫妇之伦遂各以名势相制为当然矣。此皆三纲之名之为害也。”[③]他运用资产阶级的自由、平等、民主来抨击宗法，父权与夫权在法律上的体现，要求根据自由、平等的精神加以调整。他认为父子可以“异宫异财”，即父子可以分居，各有支配财产的自主权。这与中国旧律中关于祖父母、父母在，子孙不得私擅用财、别籍异财的规定，是对立的。他对封建纲常迫害下的妇女更寄以深切的

① 《仁学》，《全集》卷一。
② 《仁学》，《全集》卷一。
③ 《仁学》，《全集》卷一。

同情。首先，他认为男女之间除生理上的差别外，“同为天地之菁英”，应有平等的权利和地位，因而主张男女择偶判妻，应“两情自愿”，各有结婚和离婚自由。夫妻之间的权利义务也应该是平等的。妻子不应受夫权的奴役。其次，谭嗣同愤怒地披露生活在纲常枷锁下的妇女，被人任意宰割的命运，他说：“虏役之而已矣，鞭笞之而已矣。至计无复之，辄自引决。村女里妇，见戕于姑恶，何可胜道？”[①]他进而谴责在理学教条的毒害下，妇女的不幸遭遇，他说：“自秦垂暴法，于会稽刻石，宋儒炀之，妄为‘饿死事小，失节事大’之瞽说，直于室家施申、韩，闺闼为岸狱，是何不幸而为妇人，乃为人申、韩之，岸狱之！”[②]谭嗣同为妇女的悲惨命运所发出的不平之鸣，是他的民主思想的重要表现。在当时宗法观念还严重束缚着人们的思想和行动的情况下，谭嗣同敢于提出这样的主张，是难能可贵的。

谭嗣同认为纲常为害的严重性，更在于这种错误的观念毒化了人心。许多人受到纲常名教的残害，或因违反纲常名教而被绳之以法。社会舆论不仅不同情受害者，相反竟然会指斥攻击受害者。因此他愤懑地说：“施者固泰然居之不疑，天下亦从而和之曰：‘得罪名教，法宜如此’。”“三纲之慑人，足以破其胆，而杀其灵魂，有如此矣。”“故曰：礼者，忠信之薄，而乱之首也。”[③]在谭嗣同看来，纲常名教之所以荒谬，及其影响的毒害性，就在于它违反了“仁一通”的精神。他说：“仁之乱也，则于其名”，“君以名桎臣，官以名轭民，父以名压子，夫以名困妻，兄弟朋友各挟一名以相抗拒，而仁尚有少存焉者得乎？”[④]谭嗣同所说的纲常名教与仁的精神相抵触，实际上就是指它违背了资产阶级平等、自由的原则。他曾指出：“五伦

① 《仁学》，《全集》卷一。
② 《仁学》，《全集》卷一。
③ 《仁学》，《全集》卷一。
④ 《仁学》，《全集》卷一。

中于人生最无弊而有益，无纤毫之苦，有淡水之乐，其惟朋友乎！”[①]之所以如此，就在于朋友一伦，享有平等、自由、自主之权；至于君臣、父子、夫妇的关系，“皆为三纲所蒙蔽，如地狱矣”。这就明确地显示了谭嗣同否定纲常思想的出发点，在于它违背了自由、平等的精神。

谭嗣同进而揭露纲常名教是专制统治的工具。他指出，帝王和普通人并没有什么不同之处，帝王之所以能肆虐于四万万的众民，重要的原因之一，就是“则赖乎早有三纲五伦字样，能制人之身者，兼能制人之心”[②]。因此，纲常名教是维护专制统治的有效工具，不仅禁锢人们的思想，而且被当作立法、司法的准则，历代刑律中的许多罪名，就是根据纲常名教而设立的。所以，谭嗣同又说：“独夫民贼，固甚乐三纲之名，一切刑律制度皆依此为率，取便已故也。”[③]有了这一套法律制度，帝王们就可以振振有词地说：“尔胡不忠！尔胡不孝！是当放逐也，是当诛戮也。”[④]可见，谭嗣同在批判纲常中，已经开始接触到封建主义法律的实质。

谭嗣同痛感专制主义和纲常名教的惨毒有如地狱，如果不废除纲常，不革除专制制度，就不能变法，国家就无法进步。于是他指出：“今中外皆侈谈变法，而五伦不变，则举凡至理要道，悉无从起点，又况于三纲哉！”[⑤]谭嗣同鲜明地要求废除纲常的实质，就是否定专制君权，否定封建统治秩序和封建主义法律制度的思想基础。这在当时来说是有重要进步意义的，是谭嗣同对于中国近代政治法律思想的重要贡献。

第二，“尽变西法”。

谭嗣同是变法的积极鼓吹者，他认为法应该“与时为变也”，在鼓吹变法维新的过程中，谭嗣同与康有为一样，认为西方的法度政令“美备”，因

① 《仁学》,《全集》卷一。
② 《仁学》,《全集》卷一。
③ 《仁学》,《全集》卷一。
④ 《仁学》,《全集》卷一。
⑤ 《仁学》,《全集》卷一。

而产生“仿之而全变”的思想。“见于大化之所趋，风气之所溺，非守文因旧所能挽回者”，于是“不恤首发大难，画此尽变西法之策”[①]。他在这里所说的“西法”，内容比较广泛，其中也包括有仿行西方资产阶级国家的法律制度的内容。谭嗣同对于怎样采用西法，虽然谈的不多，而且比较零散，却具有颇为强烈的民主气息。

谭嗣同主张实行资产阶级的分权制。认为由帝王和地方长官一人包揽各项权力，势必出现独断专横，导致“平等亡，公理晦，而一切惨酷蒙蔽之祸，斯萌芽而浩瀚矣”[②]。要想改变这种情况，就应“平权”，也就是仿行西方国家的分权制。谭嗣同说：“西国于议事办事，分别最严。议院议事者也；官府办事者也。各不相侵，亦无偏重。明示大公，阴互牵制，治法之最善而无弊者也。”[③]从这里可以看出他对议会制的了解是形式主义的，并没有超出早期改良主义者的认识水平，只是进一步表达了对分权制的看法。按照他的认识，在分权制之下，官府与议院有办事与议事的明确分工，官府只有办事的权限；议院则享有议事的权力（包括讨论国家和地方的大政方针及创制法律等），两个部门的权力既无所偏重，又可以互相监督制约，是一种较为理想的制度。

在议院设立之前，他设想先由学会代行地方议会的职能，使其“无议院之名，而有议院之实”。根据这一考虑，谭嗣同建议于行省设总学会，于府厅州县设分学会。有了学会，官府要兴办某种事业或创立学校，必须先和学会商议，议定之后施行。人民要兴办某种事业或创立学校，也要先呈报于分学会，分学会再转呈总学会，总学会同意后再实行。他认为这样做，就能更好地管理地方政务。为了能更好地制定章程法规，谭嗣同还设想在学会中“立章程学”，凡是要创制一个法规章程，都要经过学会认真的讨论，“乃可就理”。对于所立的章程，如果有不便之处，学会可以随时

① 《上欧阳辨疆师书三》，《全集》卷三。
② 《壮飞楼治事篇第五·平权》，《全集》卷一。
③ 《壮飞楼治事篇第五·平权》，《全集》卷一。

讨论修改，务使臻于善美。他以为这样做了，“无变法律之名，而有变法律之实”。显然，他想通过分权制，改变立法机构，由有资产阶级代表参加的议院或学会来行使立法权，然后用新制定的章程法规取代旧的法律，达到变法的目的。

在谭嗣同的心目中，西方各国的政令法度是“博大精深”，“法良意美”，是值得学习的。为了学习和贯彻西法，他认为需要培养具有新法律知识的人才。从这个认识出发，他主张仿效西方的教育制度，建立各级书院，尤其是在“大书院”中，使学生“各守专门之学以待录用”。“考法律者官刑部”，“考公法者充使臣”，“凡府吏皆用律学之士”①。说明他想通过培养具有近代法学知识的新人才来代替旧的封建官员，以适应建立资产阶级法律制度的需要，这是很有见地的。

谭嗣同“尽变西法”的思想，也体现在他希望清政府仿照西方国家制定出较为完备的法制，并使中外合一。他认为清代的法律，一方面是律例簿书浩繁，“旧案山积”，使人无所适从；另一方面又极不完备，许多部门无法可循，“以中国之大，庶政之殷繁，乃无一章程以为办事之规则”，这不仅影响了行政管理的规范性，而且给吏胥们因缘为奸以可乘之机。

针对这一情况，谭嗣同认为那些还没有制定规章法令的部门，应该逐步订立，使各级、各部门的官员都有统一法令章程可资遵循，改变各自为政、各行其是的状态，使法律制度健全起来，“以归划一”。而在改订旧法律时，要注意参酌西法，“使中西合一，简而易晓，因以扫除繁冗之簿书”，使吏胥无机可乘，利于清理狱讼。此外，他主张应有更多通达刑事和懂得公法的人，从事治狱和外交工作。

谭嗣同仿行西方的法律思想，总的说来还比较分散与肤浅，不像严复、梁启超那样有较丰富的西方资产阶级的法学知识，也没有像康有为那样提出采用资产阶级六法体系的主张；但是他的反纲常、反专制的法律观是十

① 《思伟壹壹台短书——报贝元徵》，《全集》卷三。

分突出的。从这一点来说，是走在康有为、梁启超、严复的前面的，并对资产阶级革命民主派有着一定的思想影响，邹容就赞扬他："赫赫谭君故，湖湘志气衰；惟冀后来者，继起志勿灰。"他无愧为我国十九世纪末杰出的反封建的思想家、冲决网罗的斗士。在中国近代思想发展史上，谭嗣同是一个在资产阶级革命民主派思潮即将取代资产阶级改良派，而成为进步思潮主流阶段的过渡人物。他是维新派，但他的主张在有些方面已经开始超出了资产阶级改良思想的藩篱。从这个意义上说，谭嗣同是资产阶级革命民主主义的启蒙者。

（3）民约论的法律观

这种法律观的代表人物是梁启超，从1894年到1902年，梁启超的政治、法律思想，较多地受卢梭、孟德斯鸠等人学说的影响。他曾经宣称，在"西哲"的治国方案中，卢梭的"民约论"，"最适于今日之中国"；孟德斯鸠的《万法精理》，常为后来西方各国"改制之模范，功固不在卢梭下也"。在我国十九世纪末资产阶级改良派中，梁启超是对西方资产阶级法学较有研究，著述最多，是具有较为鲜明的资产阶级法学观点的一个思想家。他的变法主张和法律思想，很大程度上是以西方资产阶级的哲学、政治学、法学理论为依据的。梁启超自己曾说："末学肤受如鄙人者，偶有论述，不过演师友之口说，拾西哲余唾，寄他人之脑之舌于我笔端而已。"[①] 这段自白，在一定程度上说明了他的政治、法律观点的思想渊源。

梁启超除运用西方资产阶级的进化论来论证变法维新之外，还推崇资产阶级的民约论、人性论等学说，用它来说明法律的起源与性质，批判中国封建主义的法律制度，论证采用西方法律制度的合理性与优越性。梁启超认为人类在同自然界的竞争中，需要结成"群"才能生存，而"群"中的每个人，各有自己的天赋权利，人们为了保护和扩大各自的权利，又在"群"的内部展开了竞争。"群"中之人，"万有不齐"，"驳杂而无纪"，如

① 《变法通议·论不变法之害》,《文集》卷1。

果听之任之就会发生相互间的争斗，引起“横溢动乱”，以致无法“相群”。如果不能“相群”，就会导致在同外界的竞争中失败，这势必损害“群”的整体利益，归根到底，也不利于个人的生存。在这种严酷的生活竞争的驱使下，人们本着自己的“良知”，认识到应该采取一定的措施，既能够保证每个人所享有的天赋权利不受侵犯，又能够保证每个人不侵害他人的自由权，从而使人与人之间的竞争不至于破坏整个“群”的生存。为了这个目的就需要设立法律作为约束人们的行动和保护人们的天赋权利的手段。于是，法律就产生了。根据上述分析，梁启超提出，法规既不是从“群”的外面来的，也不是某人“首出制之”，而是发自人人心中的“良知”。正因为法律是人们共同“良知”的产物，所以法律虽然对人们的行为普遍有所约束和限制，但人们仍然能够自觉地遵守它，“自置于规矩绳墨之间”。

需要指出，在中国古代的法律思想家中，在阐明法律的起源时也往往采取以法律“定分”“止争”，维持群体的存在的观点。梁启超与传统的观点有所不同之处，就在于他认为法律是人们共同“良知”的产物，而且他还用社会契约说来解释法律作为人们共同遵守的行为准则的形成。譬如他在介绍卢梭的国家起源论时，特别提到了卢梭关于民约是实现建立邦国目标的手段的理论，并对此作了发挥：“凡两人或数人欲共为一事，而彼此皆有平等之自由权，则非共立一约不能也。审如是，则一国中人人相交之际，无论欲为何事，皆当由契约之手段亦明矣。人人交际既不可不由契约，则邦国之设立，其必由契约，又岂待知者而决乎？”[①] 由此可见，梁启超是赞同国家起源于民约的学说的。

在梁启超看来，法律的形成也和国家的形成一样，都是由人与人之间的“要约”所形成的。由于法律“生于契约”，因而，判断法律是否公正善美，也应以是否体现人们的共同“良知”和是否由契约形成为标准。他认为由契约所形成的法律是公平善美的，而由一人或数人的命令所形成的法

---

① 《卢梭学案》，《文集》卷9。

律，是“不正”“不善”的。由契约而产生的法律，从梁启超当时的认识出发就是指西方资产阶级的法律。而“起于命令”的法律无疑是指封建专制主义的法律。中国专制制度下的旧法，之所以官与民都不遵守，之所以有法等于无法，原因就在于这些法律是由帝王的命令形成的。梁启超就是这样用民约论的观点批判了中国封建专制主义的法律。

资产阶级的社会契约说从根本上看是不科学的，因为它不能正确地说明法律产生的原因和法律的本质。但是这个理论的产生是有它的历史背景的，实质上是资本主义商品生产在法律观念上的反映，是资产阶级要求摆脱封建制度的束缚，希望建立反映资产阶级意志的新法律制度以保护资本主义经济发展的理论表现，是为资产阶级反封建的民主革命服务的。它在十七、十八世纪的欧洲，曾起过进步的作用。梁启超在中国宣传和介绍这种学说，虽然是拾西方资产阶级思想家的牙慧，但对于处在十九、二十世纪之交的中国，仍有反封建反专制的启蒙意义。因为这种思想包含着对封建主义专制君权与法律的批判，同中国传统的“君权神授”“乾纲独断”的观念是对立的，具有资产阶级民主的色彩。

2. 法律是文明的标志，富强的本原

中国近代资产阶级改良派，总的说来都强调法律的作用，都具有法治的思想倾向，都要求引进西方国家的法律。在这方面，梁启超比康有为、谭嗣同等人作了更鲜明的阐述。

受孟德斯鸠学说影响的梁启超，首先，将有无法律和法律是否发达，看成区别人类和禽兽、文明和野蛮的重要标志。他指出，人类之所以比禽兽尊贵，就在于人有法律，禽兽则没有法律。在已有的法律中，有的“完备而公”，有的“简陋而私”，“法律愈繁备而愈公者，则愈文明，愈简陋而私者，则愈野蛮而已”[①]。在这里他将法律看成推动人类社会文明进步的重要因素，同时也是文明进步的外在标志。

① 《变法通议·论中国宜讲求法律之学》，《文集》卷2。

梁启超用法律来区分文明与野蛮，其根据就在于法律是“治群”的重要手段，从而起着推进社会文明的作用。如前所述，梁启超认为凡有人群就需要有治理“群”的法律，法律愈明备，“守之愈坚定”，该群也愈强盛。“人之所以战胜禽兽，文明之国所以战胜野番，胥视此也”①。至于法律之所以能发挥“治群”的作用，就在于法律本身所具有的功能。法律作为人们的一种行为规范，“均乎中正，固定不变，能为最高之标准以调节事物”②，使人们的行为能有所节制，不致因无限制的竞争而损害整个种族或社会的公共利益。通过制定法律，人们可以在维护整个社会或种族的共同利益的目标之下，达到步调一致，行动协调。在发达而严密的法律制度之下，整个“群”就会秩序井然，像机器一样有节奏地运转，像军队一样有纪律地行动。这样，一个种族、一个国家自然会富强兴盛起来。显而易见，梁启超是以超阶级的观点对待法律，解释法律的本质和作用，但就当时中国法理学的发展水平而言，不应全部予以否定。

其次，梁启超也以法制的完备性，作为国家富强之原。他指出，西方国家之所以发达富强，中国之所以落后贫弱，重要原因之一就在于是否重视法制建设。中国自秦汉以来，法学中绝，“种族日繁，而法律日简”，不足资约束；“事理日变，而法律一成不易”，以至于守无可守，视法律为无物，终于使法律荡然无存。然而西方诸国则不然，自希腊罗马以来，“治法家之学者，继轨并作，赓续不衰”，近百年来，更加发达。西方各国就是因其法制发达，所以“举国君臣上下，权限划然，部寺省署，议事办事，章程日讲日密，使世界渐进于文明大同之域”③。在这种条件下，中国如果与西方国家相遇相争，即使是“高城深池，坚革多粟”，也难免于失败。梁启超通过中西现实状况的对比，意在说明国家的富强与法律、法制建设有着极密切的关系。既然国家的富强，离不开法律的发达与法制的建

① 《变法通议·论中国宜讲求法律之学》,《文集》卷2。

② 《中国法理学发达史论》,《文集》卷8。

③ 《变法通议·论中国宜讲求法律之学》,《文集》卷2。

设，那么处在强邻环伺，“物竞愈剧”的严峻形势下，中国要生存、要自强，更非加强法制、施行法治不可。正是这样，梁启超强调：“法治主义，为今日救时唯一之主义。”①出于这种考虑，梁启超在宣传变法维新时，特别强调今日中国“非发明法律之学，不足自存矣”②，并且把“为民定法律”，说成是“神圣教主，明君贤相”的最大事业，可见他把法律、法制建设的作用提到很高的地位。

最后，梁启超从坚持法治主义的前提出发，批评了荀子的“人治”思想。荀子说：“有治人、无治法”，“法不能独立，类不能自行，得其人则存，失其人则亡”，“君子者，法之原也；故有君子，则法虽省，足以遍矣。无君子，则法虽具，失先后之施，不能应事之变，足以乱矣”③。对于这种说法，梁启超持鲜明的反对态度，指出：“荀卿有治人无治法一言，误尽天下，遂使吾中华数千年，国为无法之国，民为无法之民。”④

法治之所以优于人治，梁启超概括为以下几点：

第一，“人治”是以某一人或某几个人为转移的，一个人发挥作用的时间短、范围小，而法制发挥作用的时间长、范围广；“人治”是“恃人不恃法”，“人亡则其政息”。

第二，“人治”是一种贤人政治，遇贤圣则国治，遇昏圣则国乱。从历史实际看，中国历代明君贤相是很少见的，可说是“千世而一出”，将国家的长治久安寄托在这种罕有的机会上面，是靠不住的。

第三，从中国的实际来看，国家大，政务繁，如果专靠“治人”，二十几个省，需要有百数十万的贤智之人；如果没有这么多贤智之人，又无“治法”，“欲事之举，安可得也”。因此，“人治”是行不通的。

梁启超虽然倾向于“法治”，但他并不认为一有好的法律，便可带来预

---

① 《中国法理学发达史论》，《文集》卷8。

② 《变法通议·论中国宜讲求法律之学》，《文集》卷2。

③ 《君道篇》，《荀子》12。

④ 《论立法权》，《文集》卷20。

期的效果。他认为法律是“治之具”，要使法律能真正发挥作用，既需要有道德、教育等和它配合，还需要有议院监督它的施行。否则，单纯依靠法律，也无法求治，这种见解，有一定可取之处。

辛亥革命以后，梁启超虽然没有放弃“法治”的思想，说：“法治主义，既为今世所莫能易，虽有治人，固不可以忽于治法。即治人未具，而得良法以相维系，则污暴有所闻而不能自恣，贤良有所藉而徐展其长技。”[①]但也应该看到辛亥革命以后，为革命所产生的法制迭遭摧残的现实，影响到他的法治思想，渐有转向兼重“人治”的趋势。

在治法与治人的问题上，严复也反对“有治人无治法”，因为“人治”有很大的偶然性，幸而碰到仁君，国可以致治；不幸而遇中主，便无法使国家长治久安。中主以下则皆可以成为专制暴君。从中国的历史来看，三代以来，“君为圣明”者，只有汉武帝、汉光武、唐太宗等少数几个人而已；正因如此，在中国封建专制主义的“人治”之下，昌世少，乱世多。所以严复指出，中国如要富强而久安，就应该重视以法为治，建立一套上下咸遵，“一国人必从”的完备法律制度。而要建立这样的法律制度，则应采用西法。

3. 君主立宪的法律构想

（1）设议院、开国会

十九世纪七十年代以后，在改良主义鼓吹者的言论中，都推崇西方资本主义国家的议院制度。戊戌变法期间，康有为是正式向清朝皇帝提出设议院、开国会的第一人。康有为认为中国所以积贫积弱，主要原因就是君权太尊，下情不能上达，君民不能合为一体。因此，中国过去三十年虽然也采西学，设学堂，办矿务，制洋器，但收效并不大，“泰西行之而富强，中国行之而奸蠹”。根据这一认识，他认为要使国家富强，就必须改革专制政治，实行君主立宪制。而要建立君主立宪制，则首先设议院。1895 年

① 《宪法之三大精神》，《文集》卷 29。

2 月他在轰动中外的“公车上书”中，便以设立议院作为“立国自强之策”的变法核心内容，他说：“令公举博古今、通中外、明政体、方正直言之士，略分府县，约十万户而举一人，不论已仕未仕，皆得充选……名曰议郎……以备顾问，并准其随时请对，上驳语书，下达民词，凡内外兴革大政，筹饷事宜，皆令会议于太和门，三占从二，下部施行。”① 在他看来，这种议会政治可以“上广皇上之圣聪……下合天下之心志，君民同体……休戚与共”②。“公车上书”把流行一时的设议院的主张具体化了，不仅是改良主义者宪政斗争的纲领，而且在近代法律思想史上也引起很大的反响。

同年 6 月 30 日康有为在《四上清帝书》中，进一步提出了“设议院以通下情”的建议，要求“凡有政事”，“令之会议”，而且主张“省、府、县咸令开设”。他还具体阐述了议院的作用和尽快设立的必要性，指出议院设立以后，“因得民信、巨款可筹，政出一堂，德意无不下达，事皆本于众议，权奸无可容其私，有是三者，故百度并举，以致富强”。为了回答来自顽固派的“若开议院，民有权而君无权”的攻讦，同时也为了打消光绪皇帝唯恐设议院之后，势将损害君上集权的顾虑，康有为特别指出：“左右贵近，……畏言兴革，多事阻挠，必谓……开院集议，有损君上之权。……至会议之士，仍取上裁，不过达聪明目，集思广益，稍输下情，以便筹饷，用人之权，本不属是，乃使上德之宣，何有上权之损哉？”

上述康有为关于设议院的观点，可以看出其前提是不损害君上大权，这样的议院与西方资本主义国家的议院，明显不同，不过是君主立宪政体下的咨询性质的机构。

百日维新期间，康有为又向光绪皇帝提出召开国会的建议，他在《请定立宪开国会折》中说：“国会者，君与国民共议一国之政法也。”③“今欧日之强，皆以开国会行立宪之故”，而中国由于“行专制政体，一君与大臣数

① 《公车上书》，《戊戌变法》第二册。

② 《公车上书》，《戊戌变法》第二册。

③ 《上清帝第四书》，《戊戌变法》第二册。

人共治其国，国安得不弱”。他认为只有“大开国会，以庶政与国民共之”，才能求得中国的富强。因此，“请即定立宪为国体，预定国会之期，明诏布告天下”[①]。这个奏折在顽固派大臣控制下的廷议中遭到了反对，为此康有为又上陈《请君民合治满汉不分折》，再次论述了东西各国富强之原，“在其举国君民，合为一体，……有国会以会合其议”，“今吾国有四万万之民众，……而不开国会，虽有四万万人而不予政事，视国事如秦越，是有众民而弃之”。他批评“妄言治体”的顽固派，实际上“不深察本末”，妄肆攻击开国会的变法主张，他强调惟有“君民合治，满汉不分”，才是救中国的“治本之道”。

至政变前夕，形势已异常险峻，康有为又向光绪皇帝作了最后的陈词，写下了《乞预定开国会期并先选才议政许民上书言事折》，他以欧、日的强盛为例，说明开国会是当务之急，并恳请光绪皇帝“毅然断行，……即定立宪为国体，预定国会之期，明诏布告天下”。在国会召开以前，“请采用国会之意，一曰集一国人才而与之议定政制；一曰听天下人民而许其上书言事”。根据康有为的急切的建议，光绪皇帝曾表示先开懋勤殿，简派十人参预新政，并初步推定了人选，然而不数日间便发生了政变，戊戌变法只如昙花一现，有关设议院、开国会的种种提议也都化作泡影。

与康有为同时的严复，也主张设立议院，把中国改造成为英国式的君主立宪国家。他对议院的作用更是充满了信心和幻想，他说：“设议院于京师，而令天下郡县，各公举其守宰，是道也，欲民之忠爱必由此，欲教化之兴，必由此，欲地利之尽必由此，欲道里之辟、商务之兴必由此，欲民各束身自好、而争濯磨于善必由此。呜呼，圣人复起，不易吾言矣。”[②]

（2）制定宪法

如果说设立议院的主张，是十九世纪七十年代改良主义思潮的共同内

① 《谢赏编书银两乞预定开国会期并先选才议政许民上书事折》,《戊戌变法》第二册。
② 《原强》,《侯官严氏丛刻》,《戊戌变法》第三册。

容之一，那么戊戌变法期间，康有为正式向清朝政府提出制定宪法，就是一个崭新的课题。他认为修铁路、开矿山、办学堂、兴商务，只是“变事”，而非“变法”。真正意义上的变法“须自制度法律先为改定”①。甚至说：“变法全在定典章宪法。”他在《应诏统筹全局折》中，以日本明治维新为例，指出：“考其维新之始，百度甚多，惟要义有三，一曰大誓群臣以定国是，二曰立对策所以征贤才，三曰开制度局而定宪法。”为了“大改法度”，他收集了“日本一切法制章程”，准备供光绪参照“斟酌施行”。

在康有为的思想中制度局是立法机关，制度局设于宫中，由选自公卿、百官及草茅才士二十人充当总裁，执掌“议定参予之任，商榷新政，草定宪法，于是谋议详而章程密矣”。百日维新期间，康有为把注意力集中在争取设立“制度局”上面。按照他的设计，在该局之下设法律、度支、学校、农、工、商、铁路、邮政、矿务、游会、陆军、海军等十二局。可见制度局不仅是立法机关，而且是掌握行政机要、筹划变法大权的“维新内阁”。正因如此，他强调：“制度局之设，尤为变法之原也。”②

康有为对资产阶级宪法本质的认识是模糊的，但他对宪法的作用却作了具体的阐述，他认为宪法是推行新政的根据和保证，只有“宪章草定”，才能“奉行有准，然后变法可成，新政有效也”。如果“无宪法为之著明”，新政的实施便没有标准，就会出现“恶之者驳诘而不行，决之者仓卒而不尽，依违者狐疑而莫定，从之者条画而不详”的现象。好像一个人虽有“头目手足口舌身体，而独无心思”为之主宰，势必无法正常活动。

“百日维新”前夕，康有为在《请告天祖誓群臣以变法定国是折》中，请求光绪皇帝“采万国之良规，行宪法之公议”，国家的重大措施均根据宪法公议施行。可见制定宪法，在康有为的变法与法律思想中占有重要的位置。关于这一点，他的弟子梁启超在《康有为传》中作了明白的表述：“先

① 《康南海自编年谱》，《戊戌变法》第四册。

② 《上清帝第六书》，《戊戌变法》第二册。

生以为欲维新中国，必以立宪法、改官制、定权限为第一义”，“若能立宪法、改官制、行真维新，则内乱必不生”[①]。

康有为制定宪法的思想，只是简单地吸收西方国家的有关学说，没有从中国的实际出发，他把这个涉及国家制度的重大斗争，看成“皇上毅然断行”的个人意志决定论，他所要制定的宪法，实际就是资产阶级宪法的翻版。正如他自己公开申明的那样：“若其宪法纲目、议院条例、选举章程，东西各国成规俱存，在一采酌行之耳。”[②]

戊戌变法时期，梁启超也是制定宪法的鼓吹者，他所说的“法治”，就是以立宪为前提的。他认为中国要臻于治强，也应实行以分权制为基础的君主立宪政体。说：“立宪政体，亦名为有限权之政体。……有限权云者，君有君之权，权有限；官有官之权，权有限；民有民之权，权有限。”[③]要实行这种“有限权”的君主立宪制，则需要制定宪法，以确定君、官、民的权限，使他们能够共同遵守。梁启超强调宪法在国家政治生活中的作用和在法律体系中的重要地位。他说：宪法“立万世不易之宪典，而一国之人，无论为君主、为官吏、为人民皆共守之者也，为国家一切法度之根源”[④]。既然，君民权限的划定，立法权的归属，司法官的职权，行政官的责任，都需要由宪法来确定，各种法律均须以宪法为依据，因此他实际上已是将宪法看成国家的根本法，把制定宪法看成变法维新最重要的一环，认为“采定政体，决行立宪，实维新开宗明义第一事”，“无宪法不足以为国”[⑤]。梁启超关于制定宪法的论述，同样是以西方资产阶级的法律学说为根据的。

但是需要指出，梁启超认为当时的中国，还不能马上实行宪法，原因是要待“民智稍开而后能行之”。为此，他拟定了一个以二十年为期的从

① 《康有为传》，《戊戌变法》第四册。
② 《戊戌变法》第二册，第 237 页。
③ 《立宪法议》，《文集》卷 20。
④ 《立宪法议》，《文集》卷 20。
⑤ 《立宪法议》，《文集》卷 20。

筹备到行宪的步骤：第一，由皇上下诏，“定中国为君主立宪国”；第二，派大臣出国考察；第三，在官中开一立法局，草定宪法；第四，翻译各国宪法及解释宪法的名著；第五，宪法草稿拟成后，先由官报局公布，令全国士民辨难讨论，如是五年或十年，然后修改定稿，颁布施行，此后非经全国人民投票，不得擅改；第六，自下诏定政体之日始，“以二十年为实行宪法之期”。梁启超的这一套主张，基本上为后来清王朝的立宪活动所袭用。

（3）实行三权分立

戊戌变法时期的维新派，都赞扬孟德斯鸠的分权论，认为分权论“实能得立政之本原”。由于实行三权鼎立之制，才使西方各国真正获得了“制治最要之原”。因此，他们设计的变法的蓝图是以三权分立作为支撑点的。康有为建议光绪皇帝仿行西方资本主义国家三权分立的体制，用以改革中国延续两千多年的君主专制制度，他说：“近泰西政论，皆言三权，有议政之官、有行政之官、有司法之官。三权立，然后政体备。”[①] 又说：“夫国之政体，犹人之身体也。议政者譬若心思，行政者譬如手足，司法譬如耳目，各守其官，而后体立事成。然心思虽灵，不能兼持行，手足虽强，不能思义理。今万几至繁，天下至重，军机为政府，跪对不过须臾，是仅为出纳喉舌之人，而无论思经邦之实。六部总署为行政守例之官，而一切条陈亦得与议，是以手足代谋思之任，五官乖宜，举动失措。”[②] 他认为清朝国家制度的弊病，主要是在专制制度下，皇帝“乾纲独断”，军机处作为政府机关，只是“喉舌之司，未当论思之寄”[③]，以至于“百官皆备，而独无左右谋议之人，专任论思之寄”[④]，因此急需实行按三权分立原则建立起来的君主立宪制，才能既限制君权，又明确国会政府及司法机构的职司。具体说来：首先，

① 《政治学学理摭言》，《文集》卷19。

② 《请讲明国是正定方针折》，《康有为政论集》上册。

③ 《上清帝第六书》，《戊戌变法》第二册。

④ 《上清帝第六书》，《戊戌变法》第二册。

设立议院，亦即议政之官，使“国民”的代表能够参议国政，通上下之情，合君民为一体。这自然不是“一人或数人之治所能敌”。

其次，中央设行政机关十二局（法律、度支、学校、农、工、商、铁路、邮政、矿务、游会、陆恽、海军），执掌庶政，以取代原有的吏、户、礼、兵刑、六部，以及有关的寺监机构。

最后，专设脱离行政的司法官，但康有为只是泛论“宜有专司”，未作具体阐述。

至于地方行政管理体制，则缩小省区，于每道设一民政局，与督抚平等。每县设一民政分局，“派员会同地方绅士治之，除刑狱赋税暂时仍归知县外，凡地图、户口、道路、山林、学校、农工、商务、卫生、警捕，皆次第举行”①，以实现地方自治。

百日维新期间，康有为进一步阐明了他理想中的以三权分立为基本点的君主立宪政体。他说：“盖自三权鼎立之说出，以国会立法，以法官司法，以政府行政，而人主总之”，“行三权鼎立之制，则中国之治强可计日待也”②。又说：“东西各国之所以致强者，……立宪法以同受其治，有国会以会合其议，有司法以保护其民，有责任政府以推行其政故也。”③然而对于这样一个涉及改变政体和权力再分配的重大改革措施，他仍然认为皇帝一转念就可定局，而无视其为严重的斗争，他说：“若圣意既定，……则所以考定立宪国会之法，三权鼎立之义，凡司法独立，责任政府之例，议院选举之法，各国通例俱存，但命议官遍采而慎择之，在皇上一转移间耳。”④

梁启超也是分权论的鼓吹者，他较康有为的不同之处就是论证了立法权归属的问题。在梁启超看来，“立法”是“政治之本原”，国民是否能得到幸福，以及法治之能否实现，都要由谁掌握立法权来决定。他从资产阶

① 《应诏统筹全局折》，《戊戌变法》第二册。

② 《请定立宪开国会折》，《戊戌变法》第二册。

③ 《请君民合治满汉不分折》，《戊戌变法》第二册。

④ 《请君民合治满汉不分折》，《戊戌变法》第二册。

级的人性论的观点出发，指出人的本性是“利己”的、自私的，所以谁掌握立法权，“必务立其利己之法”。譬如，立法权操于一人，必立有利于一人的法律；操于众人，则所立之法必然有利于众人。中国古代关于诽谤偶语者弃市，谋大逆者夷三族之类的法律，只能是专制君主所立的法律；而近代的“文明之法”，由于规定了人民有参政权，有言论、结社、出版、信仰等自由权，则只能是由多数国民所立的法律。根据这一认识，他提出在现代要使多数的国民得到幸福，立法权应归于“多数之国民”这里。梁启超明显地宣扬了资产阶级的利己主义的思想，但他也接触到了法律是维护一定社会集团的利益的这个本质问题。

为了说明立法权应归属于“多数之国民”，梁启超还根据卢梭的学说，提出立法是“国家意志”的表现的观点。他说：“立法者，国家之意志也。昔以国家为君主所私有，则君主之意志，即为国家之意志，其立法权专属于君主固宜。今则政学大明，知国家为一国人之公产矣。且内外时势，浸逼浸剧，自今以往，彼一人私有之国家，终不可以立于优胜劣败之世界。然则今日而求国家意志之所在，舍国民奚属哉。”[①] 这段论述，反映了梁启超明确地反对以君主一人的意志代表国家，强调国家为一国人的“公产”，主张以“国民”意志为国家意志。这种主张在当时具有反对封建专制主义的进步意义。从法理上说，也有若干合理的因素，因为他已看到了法律是体现社会中某一部分人的意志，即掌握了政权的那一部分人的意志的表现。但是在阶级社会中，人是划分为阶级的，人的意志是有阶级性的，国家也是阶级统治的机器，因此，表现为“国家意志”的法律，实质上只体现上升为统治阶级的那部分人的意志，绝不是全民的意志。梁启超却把人看成超阶级的抽象的人，从而抽象地谈论什么“国民”意志，这就不能真正揭示法律的本质，也不能深刻地揭露和批判封建主义法律的反动实质。其实，梁启超所说的“国民”，是指民族资产阶级及有资本主义倾向的缙绅。在这

① 《论立法权》，《文集》卷20。

一点上，当时的改良派是一致的。

严复也提倡民权，但他又认为“权生于智”，没有文化的劳动人民，“不足以自治也”[①]，因此，“欲兴民权，宜先兴绅权”，“即不能兴民权，亦当畀绅耆议事之权”，“夫苟有绅权，即不必有议院之名，已有议院之实矣”[②]。所以改良派所倡导的兴民权，实际上是兴绅权，即为地主阶级中的不当权派和新兴资产阶级，向封建政府要求某种政治权力。他们的政治理想是君主立宪国家，而反对资产阶级的民主共和制的国家。梁启超曾公开指出康有为反民权制度的思想，他说：“中国倡民权者以先生为首，然其言实施政策，则注重君权，以为中国积数千年之习惯，且民智未开，骤予以权，固自不易，……故先生之议，谓当以君主之法，行民权之意，若夫民主制度，则期期以为不可。”[③]梁启超还特别指出一个国家的确立，必须有“少数之上流社会为中坚”，又说：“古代之英雄，多出于政治家与军事家，今日之英雄，强半在实业界。”[④]显然他是将资产阶级看成国民的主体或代表。他鼓吹的国民立法权，实质上是为了使民族资产阶级获得立法权，以便制定保护本阶级利益的法律。在资产阶级革命中，资产阶级总是把自己打扮成全民的代表，把本阶级利益说成代表全民的利益。西欧是这样，近代中国也不例外。

梁启超认为立法权的归属既定之后，还要参照西方各国的制度设立“立法部”。他指出，西方各国政治之所以优于中国，重要原因之一就是“立法部发达”，立法事业也相伴而发达完善，因而在整个社会生活中发挥重大的作用。可是中国却相反，梁启超说：“吾中国建国数千年，而立法之业，曾无一人留意者也。”[⑤]在他看来，中国的几千年历史中，只有《周官》一书，

① 《上陈宝箴书论湖南应办之事》，《戊戌变法》第二册。

② 《谭嗣同书简》卷一。

③ 《康有为》，《戊戌变法》第四册。

④ 《敬告国中之谈实业者》，《文集》卷28。

⑤ 《论立法权》，《文集》卷20。

颇有“立法之意”，只有宋代王安石创设制置条例三司，能“别立法于行政”。除此以外，虽不断地编修法律，实际上是陈陈相因，谈不上有真正的立法与变法。自王安石以后，立法事业更是“一坠千年”，“无复过问”。然而法律必须随“内界之识想”与“外界之境遇”的发展而变化，这就要求有一个立法机构，“因事势，从民欲，而立制改度，以利国民”[①]，否则，就不能发挥它的作用。西方有议会为立法机构，每一、二年召开会议，根据形势的演变，或修改原有的法律，或另定新的法律。正因为如此，他们的法律制度日益发达，政治不断进步，社会日进于文明。中国没有这样的机构，尽管当前时势与秦汉大不相同，而法律却仍是沿袭秦汉之旧。久而久之，在中国的君相之中，便形成了“因循苟且，惮于改措”的习气，而众民则“不在其位，莫敢代谋”，所以中国的法律很不发达。梁启超进而推论：没有立法机构，不重视立法事业，旧法因循不政，新法不能创制，是造成中国政治腐败、社会落后的一个重要原因。

梁启超又指出，近年来变法之所以成效不大，和没有立法机构承担起研究变法事宜，考虑如何修改旧法、创制新法，有着密切关系。所以，人们虽然天天谈变法，但没有立法机构专门进行研究，即使要改革，也容易出现“条理错乱”，“宜存者革，宜革者存，宜急者缓，宜缓者急”的局面。因而，他认为要学习西方，不能只看西人政法善美的外观，还应探求西人之所以能成其美政的“本原”。所谓“本原”，按照他的回答就是建立“立法部而已”。如能设立立法部，使立法与行政分立，将立法权交给“多数之国民”，重视立法事业，就抓住了政治的本原，变法的根本。这样，从本原的变革与治理入手，源清流必澄，国家必然富强。

梁启超虽主张立法与行政分立，要求赋予国民多数以立法权；但他又声明，这样做对君主的尊严“非有所损”，应该劝说君主顺从时势，主动地进行政治和法律的改革，开议院，将立法权交给国民，实行君主立宪制。

---

① 《论立法权》，《文集》卷20。

这既可以保证君主享其“安荣”，国家保其“安宁”，而且还是“防杜革命之第一要著也”[①]。这些言论充分说明了梁启超关于立宪的法律思想的改良主义性质。

严复则认为要采用西法，实行新法制，重要的一条就是实行三权分立之制。他指出，英国的立宪，能“久行不敝”，“上下相安”，其秘密就是采用了洛克、孟德斯鸠的分权论。为此，严复提醒法学家们应该仔细地研究这种学说。至于如何实行三权分立，严复首先强调立法和行政分离。他以西方资本主义国家为例来加以说明：“立宪之国，最重造律之权，有所变更创垂，必经数十百人之详议，议定而后呈之国主，而准驳之，此其法之所以无苟且，而下令常如流水之原也。”[②]这里严复与维新派其他人物一样，把资产阶级民主制理想化了，只看到资产阶级民主制比起封建君主专制进步的一面，没有也不可能揭示出它的虚伪性。

严复还主张司法机关与行政机关分开，独立地进行审判。他指出，“所谓三权分立，而刑权之法庭无上者，法官裁判曲直时，非国中他权所得侵官而已。然刑权所有事者，论断曲直，其罪于国家法典，所当何科，如是而止”[③]。严复认为西方国家司法审判制度优于中国的旧制，因为在中国的专制制度之下，帝王、守宰“一人身而兼刑、宪、政三权”，分司不明确，容易发生流弊，难有持平之狱。严复关于司法独立的论述，比康有为充实明确。

综括上述，西方资产阶级革命时期所提出的三权分立学说，虽然存在着阶级的局限性，但其反对封建专制制度的历史意义是不能抹杀的。其所规定的国家机构的分工，也有合理的因素，尤其是在清朝统治下的近代中国，要求用三权分立之制去取代独揽大权的君主专制，是历史的进步。所以继马建忠介绍西方三权分立学说以后，康有为等人在十九世纪末叶，进一步要求实行这一制度，无疑也应该予以肯定。

---

① 《政治学学理摭言》，《文集》卷19。

② 严复译：《法意》第19卷，第26章案语。

③ 严复译：《法意》第19卷，第22章案语。

4. 改革旧法制，建立新法制

在康有为的法律主张中，改变旧法制、建立新法制是一个重要的方面，同时也是他变法维新的内容之一，正如他所说，“变法全在定典章宪法”。事实上，建立资产阶级的新法制也是康有为推行变法主张的重要手段。在康有为设计的领导变法，执掌立法权的制度局中，以法律局列于诸局之首，并较为详细地讲述了法律局编修法律的任务。他在答复总理衙门询问宜如何变法时，就声称：“宜变法律、官制为先。”[①] 表现了康有为希望通过设立制度局，制定体现资产阶级意志和利益的新法律，以确保和扩大新兴资产阶级的政治经济利益。

康有为改变旧法制、建立新法制的总的构想是：通过采用日本维新后的资产阶级性质的“法制章程”，改革封建的旧法制。具体说来：

首先，他要求“采择万国律例，定宪法公私之分”[②]，即制定一部英、日式的资产阶级宪法，使君民同受其治。他借用《春秋》之“定名分”，来说明宪法划定君民权限，限制君权，以保证君主立宪制的施行。至于与宪法相关的“议院条例，选举章程”等，康有为也认为“东西各国，成规俱存，在一采酌行之耳”[③]。

其次，他主张修改旧刑律。理由是：外国人以“我刑律太重”，因而要“自治其民，不与我平等之权利”。因此他建议，“今宜采罗马及英、美、德、法、日本之律，重订施行”。即使“不能骤行内地，亦当先行于通商各口”。这里需要指出，清朝刑律的确是网密刑残的，但是外国侵略者以所谓中国“刑律太重”，而在中国攫取领事裁判权，是为强权政治辩护的一种借口而已。康有为的上述言论，显然是受了外国殖民分子宣传的影响，但他要求变革封建主义旧刑律，在当时仍然是有积极意义的。

与此相类似，严复主张采西法，建立新的法律制度，也包含取消领事

① 《康南海自编年谱》，《戊戌变法》第四册。

② 《上清帝第五书》，《戊戌变法》第二册。

③ 《请定立宪开国会折》，《戊戌变法》第二册。

裁判权，恢复中国司法主权的意图。他认为，“地之所在”，即“法之所行”。世界上不论哪一国国民到别国去，都应遵守该国的法律，唯独外国人到中国来，却可以不受中国法律的约束和司法管辖。在中国领土上甚至出现“数十国之律令淆行其中”的怪事。为了恢复中国的司法主权，除了进行法制建设外，他还建议集合各国的法学家，共同讨论，制定一个“专治来寓中土之外国人”的法律，设立专门处理涉外案件的机构，取消外国领事官在中国的“理刑之权”。毫无疑义，严复要求取消领事裁判权是正义的，但他主张专为在华的外国人另订法律、另立法庭则是不可取的。

最后，康有为要求制定民法、商法、诉讼法等。他指出：“其民法、民律、商法、市则、舶则、讼律、军律、国际公法，西人皆极详明，既不能闭关绝市，则通商交际，势不能不概予通行。然既无律法，吏民无所率从，必致更滋百弊。且各种新法，皆我所夙无，而事势所宜，可补我所未备。故宜有专司，采定各律以定率从。”[①] 在康有为谈论的上述诸律中，尤为重视制定商律以护商。“公车上书”中就提出了中央设通商院，各省设商会，以便振兴商务。百日维新中又连上两折，希望能于两月内草定商务局章程，并设“商官商律”使商人受到政府保护。

严复所说的法律和中国固有的观念不同。中国过去的观念主要是指刑律，而严复所说的法律，则包括宪法、民法、刑法、国际法等。他赞同孟德斯鸠的说法，认为法律是“治国之经制”，君民“上下所为，皆有所束”，而不是中国旧时所讲的“刑”。

康有为等关于建立新法制的主张，说明了随着民族资本主义经济的产生与发展，制定调整这种新经济关系的法律，已日益迫切地被提到议事日程上来了。康有为等人的新法制构想如能实现，就意味着一个以六法为体系的资产阶级法律制度，将取代中国旧有的诸法合一的封建主义法律制度。固然，资产阶级法律是上升为统治阶级的资产阶级意志的表现，但在十九

① 《上清帝第六书》,《戊戌变法》第二册。

世纪末叶的中国，主张以资产阶级法律制度取代封建主义法律制度，从反封建的民主革命来说，仍然有其进步意义。至于从法律思想发展的角度来看，康有为对于建立资产阶级法律制度的认识和论述，都比早期资产阶级改良派有明显的进步。

为了使法律能够更好地发挥治国的作用，严复还提出了法制建设中应该注意的一些事项：（1）法律一经制定，必须切实执行。"法之既立，虽天子不可以不循也。"[①] 他认为法令如颁而不行，不仅不能发挥法律禁暴止奸的作用，反而会助长某些不良风气的发展，如官吏敢于玩法鬻狱，百姓敢于抗法为非等。所以他认为法立而不行，有时比无法更糟。严复这种说法固然是站在统治阶级的立场而发的，但他确实看到了法立而不行的严重后果。（2）立法不违背"人情物理"，才能切实可行。如果违背"人情物理"，则"责行无所"。但要求立法合理，并不等于可以"以法媚俗"，迁就社会上的不良风气。（3）推行法制，必须与教育、生计等各方面的措施相配合，才能取得更好的效果。他认为西方国家之所以能做到"无刑讯而法行者"，除了有一套较完善的诉讼制度之外，还在于他们重视教化、生计等事。只有综合各方面相互配合，才能使法制得以施行，国家得以富强。严复是教育救国论者，他在强调法治的同时，也很重视教育的作用。他认为人们之所以多有犯罪，是因为民智不开，民德不新。如要防止犯罪，很重要的一条是加强教育以开民智、新民德。重视法治，并不是专任刑罚督责，更不是要施行严刑峻法。

5. 重法治，为民立法

戊戌变法时期，具有鲜明的资产阶级法治观点的思想家是严复。他留英期间接触到英国的司法制度及孟德斯鸠、卢梭等人的学说之后，逐渐觉察到中国的政治、法律制度的腐败落后，从而开始产生了改革的要求。他认为自秦以来，两千年的法律是帝王用以压抑臣民的工具。他指出，在中

---

① 《法意》第19卷，第22章案语。

国专制制度之下的法律是“为上而立”，并成为“驱迫束缚其臣民”，使臣民“恐怖慑服”的“防奸”手段。专制政府制定的许许多多的法令律例，都是用来束缚臣民行动、压抑人民的才智，所谓“其什八九，皆所以坏民之才，散民之力，漓民之德者也”①。至于帝王则“超乎法之上，可以意用法、易法，而不为法所拘”②。对中国封建专制法律的憎恨和对西方资产阶级法律的赞美和向往，使他产生了建立资产阶级法治的新思想，并把这看作富强之源。他曾说：“刑狱者中西至不可同之一事也。犹忆不佞初游欧时，尝入法庭，观其听狱，归邸数日，如有所失。尝语湘阴郭先生，谓英国与诸欧之所以富强，公理日伸，其端在此一事。先生深以为然，见谓卓识。”③又说：“彼之法令，所以保民身家者也；我之刑律所以毁人身家者也。”④严复的观点反映了他对资产阶级法律的认识还是表面的、肤浅的，甚至有些是错误的，但他是从与中国封建法律相比较中提出来的，因而也是可以理解的。在西欧资产阶级革命时期，资产阶级的政治、法律思想家都较为重视法治，强调以法治国，如潘恩、卢梭、孟德斯鸠、戴雪等都是如此。严复受这种思想的影响，在相当程度上也有重法治的思想倾向。严复认为只有懂得以法治国的人，才算得上是“知治之要”。对于这个问题，他曾借历史事例加以发挥：“朱博曰：‘太守不知经术，知有汉家三尺法而已。’至哉斯言，此汉明法吏之所以众也。王荆公变法欲士大夫读律，此与理财，皆为知治之要者，蜀党群起攻之，皆似是实非之谈，至今千年，犹蒙其害。”⑤由此可见，严复把注意执法，倡导“明法”为知治之要，并批驳了反对“明法”的言论，表现了重法治的倾向。

在严复的法治思想中，首先，提出立新法以改革旧的法律制度。他指

① 《辟韩》,《严几道文钞》卷1。

② 严复译:《法意》第2卷，第6章案语。

③ 严复译:《法意》第11卷，第6章案语。

④ 严复译:《法意》第16卷，第12章案语。

⑤ 严复译:《法意》第6卷，第16章案语。

出:“今者事事方为更始，而法典居其最要。”[①]因为封建专制主义的法律弊端重重，是妨碍中国富强进步的一个重要因素，因此要改变中国落后的局面，就必须“鼎革维新”，而维新之中“法典居其要”。严复认为法律是保护国民的人权和维持人类社会正常秩序的必要手段，无论国家、人民，“皆待法而后有一日之安”。作为国家任务而言，其荦荦之大者，“明刑治兵两大事而已”。国民要求于国家的，首要的是制定法律以保护其生命财产安全。为了立新法，严复主张采用西方资产阶级法律制度，在他看来，西方的法律制度良善，是富强之原。但是他反对那种对西法不详加研究而盲目地抄袭，以致用其一而舍其余，图其末而舍其本。他主张一要全面研究西方国家的法律制度;二要仔细分析中西社会的异同，然后审慎地加以采择。例如，清末修改刑律，对废刑讯事，严复就曾给予评议，欧西各国的法律制度之所以能不用刑讯，除去民智、医德的条件之外。还有一套较完备的诉讼制度，如有“辩护之律师”，“公听之助理”，以及证据的检验方法等。所以，中国如要废刑讯，就应全面地了解和研究西方的审判制度，再加以采择。他强调“普政必全而用之”，否则，“其一不可得也”。这种认识比起洋务派只学西法的皮毛，要深刻和正确。

其次，严复认为学习西方的法律，还应知其本原。他批评有些人虽主张向西方学习，但只讲“善会计”“擅机巧”等，并没有抓住西方各国文明富强的“命脉”。按照严复的观点，西方列强的命脉，“扼要而谈，不外于学术则黜伪而崇真，于刑政则屈私以为公而已”[②]。前者是讲自然科学的方法，后者是讲资产阶级的政治法律制度。就是说要想建立“屈私为公”的法律制度，就要改变专制主义的政体为立宪的政体，因此变法是建设新法制的前提。

再次，主张法律应“为民而立”，这是严复法律思想中最闪光的部分。

① 严复译:《法意》第29卷，第18章案语。

② 《论世变之亟》,《严几道文钞》卷2。

他从主权在民的观点，来阐明法应为民而立的思想，指出人类生来是群居的，但在群居当中，人与人之间也存在着生存竞争，因而会发生“强梗者”相欺相夺以及其他的患害。为了维护人群的存在和发展，以及与自然界作斗争等公共利益，就需要群中有人起而承担锄强梗、备患害的任务，并制定约束人们行动的法令。也需要有人从事“出粟米麻丝作皿器”的生产劳动。于是大家便选择“公且贤者，立而为之君”，让他来为全“群”的人服务，管理“群”的公共事务，制定法令规章，制止强梗者的欺夺，以维护“群”的共同利益与秩序。由此严复得出结论，君臣刑政礼乐等都是适应人们群居的需要，为维护“群”的公共利益而产生的，所谓“皆缘卫民之事而后有”之，“斯民也，固斯天下之真主也”①。君如不能胜任卫民的职责就应撤换，法令如违背卫民的宗旨就应改变，中国自“秦以来之法制”是专制君主们为一己私利而制定的，因此急需改革，重新制定合乎卫民宗旨的新法。严复为民立法的思想，是中国近代思想史上较早出现的近似民约论的思想，是同封建专制主义的君权神授论、以君意立法的观念对立的，具有反专制、破私立公的意义。

严复又进而指出，那种违反民意“为上而立”的法律，很少有“不悖于天理人性”的，因而一旦施行这种法律，必然与民的利益发生冲突，“其国必不安”。他认为只有“为民而立”的法律，才合乎“天理人情”，而且由于利民必然为民所乐于遵行，国家就可以安定。所以这种法律才是“治国之法”，才有“保民之效”。严复在这里所说的为民立法，实质上是指为民族资产阶级立法；在资产阶级革命的年代，他们往往将自己说成是全民利益的代表者。

最后，法应为民而立并有利于提高民智、民德、民力。凡是可以促进民智、民德、民力者，“皆所力行”；凡与此三者相背的，“皆所宜废”。在他看来，西方各国法律的优点就在于以提高民的智、德、力为准则，而中

① 《辟韩》，《严几道文钞》卷1。

国旧法律之所以拙劣，就在于专以压制，败坏民智、民德、民力为能事。所以西方各国的法律“日胜”，而中国的旧法“日消”；西方各国益强，而中国愈弱。中国要想在这万国并列之林中争生存和求富强，非废旧法而采西法不可。

严复在卢梭天赋人权学说影响下，提出法律要起到推进民智、民德、民力的作用，重要之点在于立法能真正保护天赋人权，尤其是天赋予人的自由权，西法优于中法的秘密就在于此。由于西方各国重视保护自由人权，将侵犯人的自由看成“逆天理，贼人道”的严重犯罪，即使是一国之君也无权侵犯人的自由权。而在西方国家的“刑禁条章”中，也大都是为保护天赋的自由人权而设。西方列强就是在这“自由为体，民主为用”的原则之下，使人们的自由有保障，能够“奋于义务”。由于有法律的保护，民智、民德、民力也得到了充分发展，最终导致国家的富强。与此相反，中国在君主专制统治下所制定的法律，不但不保护民的自由权，反而以“毁人身家”为务，严重地摧残了民智、民德、民力，国家又怎能不贫且弱呢。针对这种情况，严复提出如果有圣人出而拯救中国，就应按天赋人权的道理办事，致力于促进“吾民之才、德、力”。他宣称，真能这样行之数十年，如果民不大和，治不大进，国不富强，甘愿承当“莠言乱政”之罪。

总括以上，可以看出严复是中国十九、二十世纪之交资产阶级改良派的重要法学理论家，他对中国近代资产阶级法律思想的发展，起了重要的推动作用。如果说康有为在戊戌变法时期的积极贡献在于发动了一场变法运动，提出了建立资产阶级法律体系的倡议，那么严复的贡献则在理论工作方面。他通过翻译将西方资产阶级学者的一些重要著作介绍到中国，为中国法律与政治文化增添了新的内容，不仅仅是从理论上启迪，而且给了资产阶级改良派变法改良以依据。无论是康有为还是梁启超、谭嗣同都运用西方资产阶级政治、法律学说，来论证变法的必要性及其设想，从而使得在向西方寻求真理以及用新学反对旧学的斗争中有了新的进展。严复通过翻译西方资产阶级政治、法律学说，介绍了资产阶级自然法学派的天赋人权论、民约论与分权论，并且在所译的西书中，写入了大量很有价值的案语，意在运用西方资产阶级的理论来研究分析中国的法律问题，把具有反封建意义的资产阶级自由、平等观念引入中国的法律思想领域，批判封建专制主义及其腐朽的法律制度；论证建立资产阶级法律制度对于国家富强、社会进步的作用。所有这些，对于中国近代法律思想领域中反封建的民主思潮的发展，对于推动我国从封建主义法学走向资产阶级法学的新阶段，都起到了振聋发聩的作用。

严复作为中国的资产阶级维新派的理论家，他的阶级的和历史的局限性是很明显的。从他所接受的西方资产阶级学说来看，他既接受了西方资产阶级革命时期具有反封建意义的卢梭、孟德斯鸠等人的进步思想，也吸取了西方资本主义转入垄断资本主义时期的反动理论，如斯宾塞的社会达尔文主义。他的学术理论活动，总的说来并没有结合中国实际对法律问题作深入的、系统的理论探讨。他的法律思想更多的是介绍西方，而缺乏创建，没有能在建立中国的法理学体系上下功夫。这说明了新兴而又软弱的中国民族资产阶级，还没有能力来完成建立自己的思想理论体系的任务，也不可能在思想文化领域进行强有力的反封建斗争。

6. 探讨了犯罪的产生及其消除的途径

戊戌变法时期的主将康有为，曾以庸俗进化论的观点探讨了法律的进化问题，并且用浓墨重笔描绘了他理想中的大同世界。

为了达到大同世界的致刑措、免诸苦的理想境界，康有为又以资产阶级人性论、天赋人权论为指导，探讨了犯罪的原因。他认为人之所以犯罪，受刑罚，“皆有其由”，即社会的原因，譬如：

（1）贫困的存在与贫富的差别。他指出，在人类的生活中，有身有家，难免要发生贫困的现象。由于不能忍受贫困，“则有窃盗、骗劫，……甚者则有杀人者矣”。针对这种情况，他认为治理的办法，应从“救贫”入手，不能单靠“严刑以待之”，因为人们“衣食不足，岂能顾廉耻而畏法律哉”。这里，他看到了无论是封建社会还是资本主义社会，犯罪都与贫困有关联，从而强调“救贫”，有一定的合理因素。但是他只看到贫困这种表象，而没有深入分析阶级社会存在贫富悬殊的原因，从而不可能真正揭示阶级社会产生犯罪的根源。

（2）家庭亲属关系的存在与不可避免的纠纷。康有为认为，有父子兄弟宗族关系的存在，就会发生扶养、争分财产等诉讼纠纷；有夫妇关系的存在，就有“争色争欲”等一系列问题，严重的“甚至刑杀之事出焉”。正因为如此，他主张在未来的大同世界应消灭家庭。这同样是只看到表象，而没有进一步探讨这些纠纷和财产私有制的关系，在理论认识上仍有重大缺陷。

（3）君长、爵位、名分的存在所引起的争夺。他指出，有君长的存在，就要发生争夺君位，甚至发生“倾国为兵”的现象。同样的道理，有爵位的存在，也要发生钻营、诈伪以及剖夺等事件。只要有名分，就会出现上压下、下犯上的争斗。总之，君权、等级关系的存在，也是引起社会纠纷以至犯罪的原因之一。康有为的这些具有反对封建专制主义与等级制度的民主色彩的观点，在当时的历史条件下是积极的和进步的。

（4）私产的存在是争讼与犯罪的本原。康有为认为，“私产”的存在，必然要引起田宅工业商贸的争讼。这里，他已接触到财产私有制社会之所以发生犯罪的一个重要根源。可惜他只一般地描述了田宅和工商业所发生的财产或债务纠纷的现象，而没有深入地、全面地揭示生产资料私有制与犯罪之间的关系。因而，也就不能对犯罪问题作出更加科学的解答。

既然社会中存在着上述问题，而人的本性又是有私有欲的，那么必然要引起争夺甚至犯罪。所以，康有为认为要消除犯罪，决非“日张法律”“日议轻刑”“日讲道德”所能解决的，更不宜“多为法网，以待其触”。在他看来，要致刑措、达大同，最根本的是去“九界”（国界、级界、种界、形界、家界、产界、乱界、类界、苦界），以免众苦，才能使“诸讼悉无”，“诸刑悉措”。

康有为认为去“九界”应从去家界入手；而要去家界，则要从去形界，即从实现男女平等开始。男女平等，各自独立，是“天予人之权”。去九界，致大同，何以要从男女平等、各自独立开始？根据康有为的设想，男女如果真能独立平等，则婚姻的事，只允许订立“岁月交好”的契约，不再有夫妇之名，行之六十年，人类便不存在家庭，也没有夫妻父子之私，由此进一步发展，遗产也没有人继承，农田、工厂、商贸均归之于公。在这种没有家庭、私产的条件下，要去国界、达大同就容易了。

以上是康有为以资产阶级人性论、天赋人权论为基础所阐明的消除家庭、私产、国家和犯罪的思想。他的这种主张虽然充满了主观空想，但在当时的历史条件下，某些观点仍有一定的积极意义。例如，他把私有财产、君权、等级的存在，看成社会上发生罪恶的根源，有一定的合理因素；他以资产阶级人权论反对封建等级制，提倡人人平等、男女平等，这在当时是积极的，具有反封建的意义，他已经朦胧地看到资本主义社会的一些弊病，希望避免在中国发生，因此在中国资产阶级旧民主主义革命时期，就出现了空想社会主义的大同思想，这在中国近代思想史的发展中，是一个值得注意的问题。

7. 坚持改良立宪

戊戌变法时期，维新派的政治法律思想无疑具有历史的进步意义，对中国近代法律思想的发展也起了推动的作用。但是戊戌变法失败以后，当资产阶级民主革命成为中国历史的主流的时候，他们却依然坚持改良立宪，甚至鼓吹复古，恢复帝制，成为时代的落伍者。在这一阶段，他们的法律思想也服务于坚持改良与立宪的保守立场。

戊戌政变发生后，康有为逃亡国外，尽管遭受到严重挫折和顽固派的残酷镇压，但他并没有因此而改变原来的“以君权变法”的主张，仍旧坚持保皇立宪。1899 年，康有为在加拿大组织“保皇会”。此后，人心日益趋向于资产阶级民主革命，而他却更加顽固地坚持改良，大力鼓吹“中国只可行立宪不可行革命”，并与孙中山等资产阶级革命民主派进行论战。时代在前进，康有为却在后退。

在二十世纪初，康有为仍认为只要慈禧太后、荣禄等“归政”，光绪“复辟”，就可“定宪法变新政而自强”。他坚持“时有未可，治难躐级”的观点，认为当时的中国，“民智未开”，“人心公理未明”，不具备进行革命建立民主共和国的条件，只能按照开明专制、君主立宪、共和民主的顺序，实行开明专制。辛亥革命爆发后，他更攻击革命是“自生内乱”，共和是“共争共乱”。甚至说什么“行共和，言自由平等，则惟有破纪纲，坏伦纪，至上无道揆，下无法守而已”[①]。在这种思想支配下，康有为由鼓吹变法转而反对变法，从主张采用西方资产阶级法律制度转而反对废除清王朝的旧法。他攻击人们宣传“民主、革命、平等”，说“即使举国之人，皆卢梭、福禄特尔、孟德斯鸠”，也都是无济于事的空谈。他一反戊戌年间的主张，提出了：“夫中国数千年之经义典章法度，乃积中国数千年无量数之圣哲为之，皆行之久远宜民宜人者也。”[②] 甚至把袁世凯篡权后出现的混乱局面，归结为“由扫除中国五千年教化礼俗典章致之耶”。据此，他一再叫嚷“还国魂”，复“国粹”，主张复古，复辟封建主义。与此同时，他又竭力抨击南京临时政府制定的具有资产阶级共和国宪法性质的《中华民国临时约法》，说它不过是“十数都督所举一二私人为之耳，与全国四万万之民意无与也”[③]。他还说：“昔者以经义试士，犹欲以德行选人”；“今则举经义之士，皆易而为学法律之人，举国富贵执权者，非政党则律师者，而政党律师者，曾日以争权利为事，而未尝有道德之存其心，国民效之，相习而成风。”[④] 诚然，资产阶级政客确有争权夺利之事，而在袁世凯及以后的北洋军阀政府中，也确实聚集着一批唯利是图、唯权是争的官僚政客，使得民国徒有其名，政治十分腐败。但康有为却以此为借口，退而称颂封建主义的经义取士，揄扬封建主义的“国粹”，显然是错误的、倒退的。

---

① 《中国还魂论》，《康南海文集》第 4 册。

② 《中国还魂论》，《康南海文集》第 4 册。

③ 《中国以何方救危亡论》，《康南海文集》第 3 册。

④ 《中国颠危误在全法欧美而尽弃国粹说》，《康南海文集》第 3 册。

在顽固的保皇、复辟思想支配下，康有为提出："今欲救中国四万万之民，大拯中国，惟有举辛亥革命以来之新法令尽火之，而还其旧，或者其民有瘳，而中国有豸乎！"[①] 1917 年他竟然参加了张勋策动的"复辟"丑剧，终于彻底地堕落了。他在晚年忏悔说："追思戊戌时，鄙人创议立宪，实鄙人不察国情之巨谬也。程度未至而超越为之，犹小儿未能行而学窬墙飞瓦也。"[②]

康有为是中国近代史上的重要人物，是十九世纪末向西方寻找救国真理的先进中国人之一。他作为戊戌维新运动的领导人，"开维新之幕"，促进近代资产阶级第一次思想解放潮流的发展，有其不可埋没的历史功绩。他在戊戌时期的法律思想也应予适当的肯定。譬如，以资产阶级进化论来阐发变法维新的思想，论证变革封建主义旧法律制度的必然性，批判了"天不变，道亦不变"的观念，打破了早期资产阶级改良派的"变器不变道"的思想局限，为戊戌变法提供了有力的理论根据。康有为也较早地阐明了采用资产阶级法律体系以代替封建主义法律体系的纲领，特别是他不仅进行了理论宣传，而且开始了变法的实践，尽管这次变法运动失败了，但对中国历史发展的进程，无疑产生了重要影响。在他提出的空想的《大同书》中，对于某些法律问题也作了一定的探讨，有些是针对资本主义社会制度的某些弊病而发的，尽管他的理论观点基本上是不科学的和错误的，但在中国法律思想史上仍有可资参考的价值。民族资产阶级上层所领导的改良维新运动的失败，对他们思想的震动和分化不限于康有为，也包括梁启超和严复。

如果说梁启超从甲午中日战争后到 1902 年，鼓吹变法图强，批判封建主义，宣传介绍西方资产阶级民主思想和社会科学理论，曾起过一定的进步的、积极的作用；那么到 1905 年，由于他仍坚持保皇，反对革命，成为资产阶级革命民主派的主要论敌之后，他的政治、法律思想也随之发生了

① 《中国还魂论》，《康南海文集》第 4 册。

② 《国会叹》，《康有为政论集》下册。

一些变化，抛弃了前期曾经力予揄扬的一些积极的主张。比如，他由积极提倡“兴民权”，退而强调“应稍畸重国权主义”；由反复陈述实行君主立宪制，退而强调先实行“开明专制”；由热情呼唤“民约论”，“尚其来东”，退而批评卢梭之民约论不论“应用之于何国，而无不失败者”①；对于他曾经称颂的，并作为“后世改制之模范”的孟德斯鸠的三权分立学说，也转而说它在中国“亦万不能实现”，如在中国推行三权分立之制，其“危险有不可思议者焉”。

1906年，清政府被迫实行预备立宪时，梁启超不顾全国人民的反对，发表了《政闻社宣言书》。他的主张与清王朝虽然不尽相同，但却对清统治者竭力表白：“政闻社所执之方法，常以秩序之行动，为正当之要求；其对于皇室，绝无干犯尊严之心；其对于国家，绝无扰紊治安之举。”②光绪驾崩后，摄政王载沣当政，梁启超又上书陈诉：“适值不逞之徒方以革命排满之邪说煽于学界，新学小生如饮狂泉，不揣寡陋辞而辟之，前后凡数十万言，大为若辈所疾视。”③这些言论，都表现了梁启超坚持改良立宪，反对资产阶级民主革命的错误立场。

从1905年到辛亥革命爆发的这一段时间，梁启超继续撰写文章，反对以革命立宪，主张通过请求、敦促、劝说，使清统治者自动地改良政治，制定宪法，施行法治，给民族资本主义的发展创造一个有利的条件。这种立场和观点，毫无疑问是非常错误的。

由于梁启超在这段时间内对西方资产阶级法学的研究仍在继续，因此，对于某些法学原理的理解和论述，比以前的改良派人士的认识要准，因而还有某些可取之处。

辛亥革命以后，梁启超依附于北洋军阀。他对军阀混战、政局动荡的局面虽表示不满，但是仍坚持一贯的改良立宪的主张，幻想通过在政府中

---

① 《开明专制论》，《文集》卷29。

② 《政闻社宣言书》，《辛亥革命》第四册，上海人民出版社1957年版，第115页。

③ 《上摄政王书》，梁启超手稿，北京图书馆藏。

任职，参加政治活动，用建议、恳求的方法，能够从反动统治者那里讨到一纸有利于资本主义发展的宪法。结果都成了黄粱一梦。

五四运动以后，梁启超和张东荪等人一起反对科学社会主义在中国的传播，说什么："自今以往，若欲举马克思所理想、蓝（列）宁所实行之集权的社会主义移植于中国，则亦以违反国民性故，吾敢言必终于失败。"[①]然而无情的历史证明：失败和破产的正是梁启超自己所坚持的资产阶级改良道路。

梁启超是中国近代思想界的一个有重要影响的人物，在近代法律思想史的发展上占有重要地位。他不但在戊戌变法时以鼓吹变法维新而闻名，而且因在十九、二十世纪之交介绍西方资产阶级政治、法律、经济学说而著称。他具有较典型的资产阶级改良派的法律观，写了许多介绍和论述西方资产阶级政治、法律学说的文章，在当时起到了传播资产阶级民主思想和同封建主义思想进行斗争的作用。梁启超还开始运用资产阶级的观点与治学方法研究中国古代的法律思想和法制史，从学术上说，也有所贡献。

至于严复的沉落比起康、梁更远、更深。例如，他虽然宣传变法维新，赞成实行资产阶级君主立宪制与资产阶级法律制度，但又认为当时不仅用革命手段建立民主共和国的条件不具备，就连实行君主立宪制的条件也不具备，倡言当时主要的任务是"愈愚"，即发展教育以开民智，新民德，鼓民力；正因为如此，他没有积极参加康、梁的变法运动，而且在戊戌政变之后，仍然和清王朝保持着千丝万缕的联系。又如，他虽然谈论自由、平等、民权，但他心目中的"民"，主要是民族资产阶级而不是劳动群众。他对劳动群众是歧视的，总是埋怨中国人民愚昧落后，至于他在法律上所抱有的"刑以威小人"的观点，更是反映了他的阶级偏见。由于严复存在着这些错误思想，他从二十世纪起，日益后退。在辛亥革

① 《历史上中华国民事业之成败及今后革进之机运》，《文集》卷67。

命前，他反对孙中山领导的旧民主主义革命；辛亥革命后，他又非议推翻清王朝，说什么“天下仍需定于专制”，并且参与了袁世凯复辟帝制的活动，成为所谓“筹安会六君子”之一。同这种政治态度相适应，严复从原来大肆宣传的天赋人权，退而作《民约平议》，攻击卢梭的天赋人权学说。暮年甚至说“我国旧法断断不可厚非”，鼓吹复古。这样，严复就从一个资产阶级的启蒙思想家倒退成食古不化的复古主义者。他的这种经历与思想转变在当时是带有某种必然性的。这不仅说明了维新改良在中国行不通，而且也说明了资产阶级的“西学”并不能振兴中国。立意改良的思想家们，在时代大潮的冲击下，发生了势不可遏的分化崩解。这是一个值得吸取的历史教训。

五、晚清修律与开明官僚的法律思想

（一）晚清修律的历史背景

晚清修律始于二十世纪初期，在修律过程中体现了主持修律者的开明官僚的法律思想。

1898年清朝顽固统治者以血腥的镇压，摧毁了康、梁领导下的改良主义的戊戌变法，一切又都率由旧章，恢复到戊戌变法以前的状态。但是形势的发展，已经完全打破了他们昔日的天堂之梦。1900年在中国大地上爆发了震动中外的义和团运动，尽管这场以农民为主体的反帝爱国的斗争，被中外反动派联合绞杀下去，但它表现了中国人民不甘屈服于帝国主义，奋起反抗清朝专制统治的顽强斗争精神。义和团运动打击了帝国主义列强瓜分中国的阴谋，迫使帝国主义者承认“中国群众，……尚含有无限蓬勃生气”[①]，“故谓瓜分之说，不啻梦呓也”[②]。在镇压义和团运动中，帝国主义

① 《瓦德西拳乱笔记》，第143—144页。

② 王其渠：《有关义和团舆论》，《义和团》第4册，第246页。

列强进一步实测到清朝政府的无能以及对帝国主义的依赖，因而在政策上主张利用清朝政府来镇压中国人民的反抗，鼓吹“总须以华人治华地”，[①]最好的办法“莫如扶植满清朝廷”[②]。

义和团运动也沉重地打击了清政府的统治基础，扫荡了压迫人民的封建纪纲法度，显示了阶级力量对比关系的深刻变化。特别是清朝政府在镇压义和团运动中充当了帝国主义的同盟军，在镇压义和团运动以后又接受了丧权辱国条件苛刻的辛丑条约。从此中国人民面临着更加危难的压榨，因而也更加清楚，不推翻清朝政府，中国便没有出路，中国人民也摆脱不了厄运。尽管义和团运动失败了，但是反抗的潜流仍在奔腾汇合，成为清政府的严重威胁。在这种情况下，清朝顽固统治者一方面彻底投降帝国主义，表示要“量中华之物力，结与国之欢心”，毫无保留地卖国；另一方面为了适应帝国主义政策的需要，阻止和瓦解人民的反抗斗争，他们接过了戊戌变法时期改良派的旗子，宣布“变通政治”，实行“新政”，借以粉饰卖国投降的丑恶面目，企图继续维持风雨飘摇中的王朝。

1901 年 1 月，流亡西安的慈禧太后下诏变法，说：“世有万古不易之常经，无一成罔变之治法。穷变通久，见于《大易》。损益可知，著于《论语》。盖不易者三纲五常，昭然如日星之照世；而可变者令甲令乙，不妨如琴瑟之改弦……大抵法久则弊，法弊则更”，“法令不更，锢习不破，欲求振作，须议更新”。她要求臣下“各就现在情形，参酌中西政要，举凡朝章国故，吏治民生，学校科举，军政财政，当因当革，当省当併，……如何而国势始兴，如何而人才始出，如何而度支始裕，如何而武备始修，各举所知，各抒己见，通限两个月内悉条议以闻”[③]。1901 年 4 月，特设督办政务处为总理新政的机关，在组织系统上督办政务处隶属军机处，由此可见它的御用性质。直到 1909 年才改属内阁。

① 王其渠：《有关义和团舆论》，《义和团》第 4 册，第 250 页。

② 赫德：《中国实测论》。

③ 《东华录》光绪朝，总页第 4655 页。

1902 年两湖总督张之洞以兼办通商大臣身份，与各国修订商约。在此期间，英日美葡四国为了表示继续支持彻底投降的清政府，提出在清政府改良司法现状“皆臻完善”以后，可以放弃领事裁判权。对于帝国主义故作的这种姿态，清政府却天真地以为只要改革某些法制，帝国主义就会放弃在华的利权。于是下诏：“现在通商交涉事益繁多，著派沈家本、伍廷芳将一切现行律例按照交涉情形，参酌各国法律，悉心考订，妥为拟议，务期中外通行，有裨治理。”[①] 此后，受命为修订法律大臣的沈家本，便开始着手修订法律工作，并于次年奉旨建立修订法律馆。清末历时近十年的修订新律，主要是在沈家本的主持下进行的，沈家本的法律思想反映了中西法律文化的冲突和某种融合，是具有代表性的。

（二）代表人物沈家本的生平与思想特点

沈家本（1840—1913），字子惇，别号寄簃，浙江省归安（今浙江吴兴）人。他“少读书，好深湛之思”，“髫年毕群经，于周官尤多神悟”。光绪九年进士，留在刑部补官，从此专攻法律之学。光绪十九年出任天津知府，曾力主惩治袁世凯擅杀营门外菜贩以“擅杀无辜”之罪。光绪二十三年改任保定知府，此后历任山西按察使、刑部左侍郎、大理寺正卿、刑部右侍郎等职。光绪二十八年清王朝变法修律，任命沈家本为修订法律大臣。宣统元年资政院成立，沈家本为副总裁。

沈家本生活在中国由封建社会开始沦为半殖民地半封建社会的激烈动荡时代，面对列强环迫、江山残破的局面，怀有强烈的爱国主义和维护主权的宿愿。他在同治十三年（1874 年）三月三十日的日记中对于日本侵犯台湾山后土著表示，“如为倭人盘踞……甚可虑也”，并谴责地方长官无只字入告，“岂度外置之耶”。在同一天的日记中还针对法国人在上海开枪杀死中国人一事，愤懑指出：“杀人须问凶手……若草草了事，则转为夷人所

① 《寄簃文存》一，《删除律例内重法折》。

笑耳。”[①] 光绪二十六年（1900年），刚刚擢为直隶通永道的沈家本，被侵略军关押和软禁了9个月，其间他保持了国格、人格，怒斥侵略军“铁甲金戈气正嚣”，并为国家被凌夷而感到痛心和悲愤，他在诗中说：“楚囚相对集新亭，行酒三觞涕泪零。”

作为一个自幼深受科举之累的宦门子弟，沈家本的爱国思想是和忠君思想联系在一起的，希望清政府能起用他为朝廷效力，他在《咏史小乐府三十首》中赋诗言志说：“载美临邛返，风流一曲琴，不图高士传，慢士有知音。”在他一生中最光彩的一段是修订新律，目的是大清国的变法自强。他的政治生命是同清朝相终始的。武昌起义后，他被起用为司法大臣，隆裕太后宣布清室退位诏书时，他也在场跪听接旨。对于民国政府的征召，他坚持不就，闭门蠖居，“静观物变”，叹息“破碎旧山河”，笑看“沐猴而冠”。[②] 对于一个忠于清朝的官僚来说，这并不奇怪，也无需苛求，从他暮年的保守性也证明了他修律时的改良主义立场。

沈家本身历了帝国主义列强的入侵，看到了清王朝的软弱和腐败，目睹了人民的疾苦，使他由爱国忠君到忧国忧民，并热切地希望大治天下，以达到国家太平。

由于沈家本长期任职刑部，得以浏览历代法典王章、刑狱档案，系统地研究和考订了中国古代法律发展的源流沿革，是谙悉中国古代法律，并在一定程度上给予批判总结的著名法学家和改革清朝法制的倡导者。他曾指出：“当此法治时代，若但征之今而不考之古，但推崇西法而不探讨中法，则法学不全，又安能会而通之，以推行于世。”[③] 同时，他也热心研读资本主义国家的法律，主张“有志之士当讨究治道之原，旁考各国制度，观其会通，庶几采撷精华，稍有补于当世”[④]。由于他正视急遽变化的中国现实和世界的

---

① 《清朝野史大观·沈子惇先生传》。
② 沈家本:《枕碧楼偶存稿》十二之诗作。
③ 《寄簃文存》六,《薛大司寇辞稿序》。
④ 《寄簃文存》六,《政治类典序》。

发展潮流，所以坚持改革法制必须采取“会通中西”的原则。为此，他积极组织力量翻译资本主义国家的法律，建立法律学堂和派员出国考察，聘请资产阶级法学家参与立法工作。在他主持修律的短短几年里，不仅删改了清律中的落后与野蛮的部分，而且制定出具有某些资本主义性质的法典法规，起到了联结古今中外法系的桥梁作用。限于历史条件，清末修律存在不少问题，但毕竟第一次打破了延续两千年的封建专制主义的法律体系。这在中国法制史上，不能不有重要意义。

沈家本著有《沈寄簃先生遗书》甲编二十二种，乙编十三种。此外还有未刻书目:《秋谳须知》十卷、《律例偶笺》三卷、《律例杂说》二卷、《读律校勘记》五卷、《雪堂公牍》一卷、《刺字集》二卷、《文字狱》一卷、《刑案汇览》一百卷等共十六种一百三十二卷。这些是研究我国古代和近代法制史的重要参考资料。

沈家本生活的时代是中国社会大动荡大变革的时代，也是中西法律文化开始接触并激烈碰撞的时代。固有的以纲常名教为核心的封建法律文化，具有对外来法律文化的顽强的排它性；而以资产阶级人文主义为核心的资产阶级法律文化，虽然挟着不可阻挡之势，汹涌地侵入中国，但却缺乏迅速发展的物质基础。因此，中西法律文化碰撞的结果，必然发生激烈的斗争。这个时代的特点，给沈家本的法律思想打上了深刻的烙印，形成了饶有特色的沈家本的法律思想。

1. 西法与中法结合

沈家本是一位“以律鸣于时”的法学家。他通于古而不泥于古，认为传统的旧律已经不是治国的善法，如要“国势日张”就需要把眼光投向西方世界，只有吸取西方法律文化的精华，才能“有补于当世”。他说：“彼法之善者，当取之，当取而不取是之为愚”。特别是他认为“介于列强之间，迫于交通之势”的中国，万难以守旧而与“世界法典革新时代”相抗。但在吸收西法的同时，也不同意俱废旧法，因此在他主持下修订的新律，力求“不戾乎我国世代相沿之礼教、民情”。在他看来只有“旧不俱废，新亦当参”，才能使新律“融会贯通，一无扞格”。这反映了沈家本在中西法律文化激烈冲突下的矛盾态度和他法律思想中不可克服的封建法律文化的羁绊。正因为如此，他才能一再容忍张之洞等人对新律的攻击，特别是他在修律的实践中执行了清朝最高统治者关于新律中不可变革“义关伦常”的训示。

沈家本“中法”的根基是深厚而宽广的，但他对西法的理解却嫌过于肤浅。一方面，他初步划分封建专制之法律与资产阶级民主之法律的区别，指出“抑知申韩之学，以刻核为宗旨，恃威相劫，实专制之尤。泰西之学，以保护治安为宗旨，人人有自由之便利，仍人人不得稍越法律之范围。二者相衡，判然各别”①。另一方面，他又热衷于以中法比附西法，说：“举泰西之制，而证之于古”②，“西法之中，固有与古法相同者”③。他著书多引《管子》，就在于“其言与今日西人之学说流派颇相近是”④。

2. 创新与改良结合

谙悉旧律的沈家本，在接受西方法律文化的影响以后，深感旧律的落后与野蛮，已处在非变不可之势。因此在他主持修律的过程中，无论体系和内容都仿效西法，这在当时无疑是大胆地创新。但是沈家本的政治倾向性决定了他的创新思想，落实在行动上只能是寓创新于改良之中。他在删修旧律时所提出来的一系列主张，譬如废除酷刑、死刑惟一、改虚拟死罪为徒流、废除比附等，虽然是针对旧律例中的积弊而发的，但归根结底也只限于表层意义上的改良，没有触及封建法律的本质。他在吸收西方法律文化创制新律的同时，又拖着一条封建法律文化的尾巴，从思想到行动都没有超出改良的藩篱。

3. 修律与维新结合

沈家本反对恪守成法，主张变法修律，以改律求维新。他向清廷进言

---

① 《寄簃文存》六，《法学名著序》。
② 《寄簃文存》六，《监狱访问录序》。
③ 《寄簃文存》六，《裁判访问录序》。
④ 《寄簃文存》六，《新译法规大全序》。

说，修律是“预备立宪之要著”，并以日本明治维新为例，说明以改律为立宪之基础。因此在沈家本的思想中，修律既是立宪的内容，又是推动立宪的手段。这反映了十九世纪中叶以来，一些思想家由追求“坚船利炮，声光化电”的器物文化，向着制度文化的转变。事实上，修律正是在清朝立宪活动期间推出的一个“新政”项目，目的在于维持清朝的统治。沈家本倾注心血于修律一事，也是为清朝的立宪目的服务的，从而表明了他是忠实于清朝的含有新思想的旧官僚。

4. 自强与屈从结合

沈家本在论证修律的必要性时，曾经说：“中国修订法律，首先收回治外法权，实变法自强之枢纽。”可见自强是沈家本修律的动力，收回治外法权是沈家本修律的具体目标。沈家本在轻信以英国为首的列强所表示的一俟中国法律“皆臻完善”，便放弃“治外法权”这一点上，同清朝其他官僚并没有两样，甚至不如张之洞。张之洞曾经反驳通过修律收回治外法权的观点，张之洞认为治外法权之能否收回，关键是“视国家兵力之强弱，战守之成效以为从违”，[①] 不能专恃法律。尽管张之洞对待修律的基本立场是顽固守旧的，但这个具体认识则是正确的。然而沈家本却仍深信通过完善中国的法律与司法制度，会迫使列强无所借口而放弃领事裁判权，而没有认识到西方列强在中国攫取治外法权，并不是因为中国法律不完善，而是凭借武力取得的司法特权。沈家本的认识虽然反映了一个封建官僚的爱国主义情操，但也暴露了他的认识上的局限性和政治上的软弱性。之后他在同守旧派的辩论中，也往往以西方列强的态度作为自辩的理由，和迫使顽固派软化的根据，同样表现了沈家本的“自强”，是和对西方列强的“屈从”分不开的。

5. 立法与立人结合

沈家本认为中国法制的改良和法学的近代化，最终要落实到对专门人

---

① 《张文襄公全集》卷69《奏议》。

才的培养上。为此，沈家本立法与立人相结合的思想，与封建思想家所主张的“人存政举、人亡政息”“有治人无治法”有相同之处。但由于时代的不同，而增加了崭新的内容。他要立的法是不同于封建旧律的资产阶级性质的法。他要立的人是被资产阶级法律文化所武装的专门法律人才。为了培养这样的人才，他编译西人之书作为培养训练新一代法官的教材。他开办法律学堂，聘请外国法学家充当教授，“几年内毕业者近千人，一时称盛”。对于推动中国法学研究和司法的近代化起了积极的作用，正如他自己所总结的那样：“近今十年来，始有参用西法之议。余从事斯役，访集明达诸君，多司编辑；并延东方博士，相与讲求。复创设法律学堂，造就司法人才，为他日审判之预备。规模略具，中国法学，于焉萌芽。”[①] 直到他暮年读罢《法学会杂志》复刊号，还兴奋地为之作序：“自后吾中国法学昌明，政治之改革，人民之治安，胥赖于是，必不让东西各国，竞诩文明也。”

6. 人道主义与仁政结合

沈家本在西方资产阶级法律文化影响下，接受了孟德斯鸠、卢梭“天赋人权”“权由天界”的学说，并在他的论著中加以引述。从而显示了他的以人权为核心的人道主义的思想，尽管在这方面他的理解同样是肤浅的、表面的。沈家本关于人道主义的思想，主要表现在反对蓄奴与买卖人口上。他认为蓄奴与买卖人口是蔑视人权与人格的不仁行为。他在《删除奴婢律例议》中，论证了“奴亦人也，岂容任意残害？生命固应重，人格尤宜尊，正未可因仍故习，等人类于蓄产也”。在《现行刑律》奏章中，他提出“买卖人口，久为环球所指摘，而与立宪政体保护人民权利之旨尤相背驰”，因此“应将律内有关买卖人口及奴仆、奴婢诸条，一律删改定，以昭仁政”。

如同沈家本以中法比附西法一样，他也用孔孟所讲的仁政来比附西方的人道主义，他说：“窃谓治国之道，以仁政为先。”仁政在刑法上的体现：

① 《寄簃文存》六，《法学会杂志序》。

一是重政教。他说："化民之道，固在政教不在刑威也。"[①] 二是将刑法改重为轻。他借助西方的舆论指出，"故中国之重法，西人每訾为不仁"，认为"刑法之当改重为轻，固今仁政之要务"，同时也符合重视人格的人道主义精神。他曾奏请删除旧律中的"凌迟""枭首""戮尸""缘坐""刺字"等酷刑，也都体现了人道主义与仁政的结合。但是沈家本的人道主义思想，同样附有封建等级制的烙印。例如，他虽提出将奴婢改为雇工，但又主张，汉民家下的奴婢，以 25 岁为限、限满听归亲属，至于旗下家奴则改为雇工，而且"不必限定年岁"。在汉人世仆开豁为良的问题上，他只主张"酌量开豁"，要"俟历三代"后，始"一体开豁为良"。在纳妾问题上，他一方面说"泰西各国无论何人，不准置妾"，但又认为"中国风俗民情、与东西各国不同，未便遽加禁止"，只是改为"凭媒说合，祇用财礼接取、由妾之母家写立为妾愿书"，而且"妾媵名分，仍当遵守，不许僭越"。

以上可见，沈家本对西方法律文化的吸收是有条件的。他只选择可为清政府接受的部分，并且无损于封建法制的本身，这种不彻底性正是他的改良主义立场的体现。作为一个受到宠信的封建官僚，他的改革始终是以会通中西方宗旨，既与孙中山等资产阶级革命派根本不同，也不如梁启超、谭嗣同在戊戌变法时期主张的激进。他的法律思想在反映资本主义法律思想与封建法律思想的冲突、妥协，与有条件的吸收上，具有典型意义。

（三）沈家本法律思想的主要内容

1. 考察旧律，研究法理

处在中国海禁大开、新旧递嬗时代的沈家本和传统的封建法学家不同，不仅睁眼看世界，注意吸收西方的法律文化，而且认真考察了中国固有法律的沿革得失，倾注心力于研究法理，他说："法之修也不可不审，不可

① 《删除律例内重法折》。

不明。而欲法之审、法之明，不可不穷其理。”[①]“若设一律而未能尽合于法理……则何贵乎有此法也。”为此他提倡研究法学，指出“议法者欲明乎事理之当然，而究其精意之所在，法学之讲求乌可缓乎”？但他认为研究法理学要和经验结合，“不明学理则经验者无以会其通，不习经验，则学理无从证其是。经验与学理，正两相需也”。从这个基本认识出发，他反对只看到“今日法理之学，日有新发明”，而贬低总结中国法制的历史经验，把以往的典章文献统统斥之为“陈迹耳”“故纸耳”的议论。说：“理固有日新之机，然新理者，学士之论说也，若人之情伪，五洲攸殊，有非学士之所能尽发其覆者，故就前人之成说而推阐之，就旧日之案情而比附之，大可与新学说互相发明，正不必为新学说家左袒也。”[②]这种认识贯穿在沈家本主持修律的整个过程中，正如他所说：“余奉命修律，采用西法互让参稽，同异相半，然不深究夫中律之本源而考其得失，而遽以西法杂糅之，正如柄凿之不相入，安望其会通哉。是中律讲读之功，仍不可废也。”[③]他谴责在专制主义统治下漠视法理学的现象，说：“举凡法家言，非名隶秋曹者，无人问津。名公巨卿，方且以为无足轻重之书，屏弃为录，甚至有目为不祥之物，远而避之者，大可怪也。”“中国法律之学不绝如缕，非官此官者，莫肯一寓目焉。遑云穷究其源流而讨论其得失哉？”“乃知法律之学，世皆懵暗，自古已然，积习相仍，于今为甚。”他在《法学盛衰说》一文中，根据历史的事实，论证了“法学之盛衰与政之治忽，实息息相通”，指出“自来势要寡识之人，大抵不知法学为何事，欲其守法或反破坏之，此法之所以难行，而学之所以衰也”[④]。沈家本对中国法理学不发达原因的剖析，虽然触及了一些现象，但他没有也不可能明确揭示出，正是封建专制主义制度及其恶性发展，完全窒息了学术探讨的空气，禁锢了人们的思想，才是法学日趋衰

① 《寄簃文存》六，《法学通论讲义序》。
② 《寄簃文存》六，《刑案汇览三编序》。
③ 《寄簃文存》六，《大清律例讲义序》。
④ 《寄簃文存》三，《法学盛衰说》。

微的根本原因。

沈家本之所以重视考察旧律，研究法理学，说到底是为修订清朝法律服务的。因此，他的着眼点在于阐明立法与研究法理学之间的关系和法理学对立法的指导作用。具体如下：

（1）综合前人的认识，提出法的概念

沈家本对于旧学即传统的律学具有深厚宽广的研究基础，他提出的法的概念主要是综合前人的认识。他非常赞赏中国古代在总结实践经验的基础上，抽象出的一些法律概念。他认为“法者天下之程式、万事之仪表也”，[①]“当故不改，常也”，也就是约束人们行为的比较稳定的准则。又说：“律，法也”，“律者，一成不易者也”[②]，古之“律为万事根本，刑律其一端耳，今则法律则专其名矣”[③]。沈家本认为法律不是从来就有的，“三代之民其心安于善，而耻于不善”，因此无法无刑，只是到了“学校衰废，世教凌夷，巧伪变诈，无所不为之习日渐溃焉”的情况下，法律才产生，可见法是“古人不得已而为之”[④]的产物，“有官必有法”，法制同官制的形成分不开。

以上沈家本对法的概念的概括，是以前人为基础的，主要是就字义进行疏解，并没有根据西方法律文化的要求进行新的阐述。他对西方法律文化的吸收，主要在适用法律方面。这与他提倡讲求法理之学是不相称的。这种停留在传统观点上的理论贫乏，恰恰表现了中国封建时代忽视研究法理学的传统的束缚。

（2）法律的作用

沈家本认为法律的作用一者治民，一者治国。他赞赏管子所说：“夫法所以兴功惧暴也，律者所以定分止争也，令者令人知事也，法律政令者吏

① 《寄簃文存》六，《新译法规大全序》。

② 《历代刑法考·律令》。

③ 《寄簃文存》六，《通行章程序》。

④ 《历代刑法考·总考一》。

民规矩绳墨也。”[①]“立法典民，则祥；离法而治，则不祥。”据此，沈家本说：“窃维为政之道，首在立法典民。”[②]而且明确指出“刑法乃国家惩戒工具”，[③]即使“政得其道，仁义兴行，而礼让成俗”，“犹不敢废刑，所以为民防也”[④]。在他看来，只有对百姓绳之以法，才能“安民和众”。如果废去常刑，弛民之禁，就会像“积水而决其防”一样发生动乱。这就清楚地说明了所谓“典民”二字的实质。

除了治民之外，沈家本在总结历史经验的基础上，还把法律看作实现国家统治的重要工具，对于国家的治乱兴衰起着不容忽视的作用。他说：“世未有无法之国而能长安久治者也”。日本明治维新以后，之所以“国势日张”，就在于“举全国之精神胥贯注于法律之内”[⑤]。他以隋朝为例，说隋文帝开国之初，实行“以轻代重，以生代死”的“善法”，国势日臻强盛。至隋炀帝，“宪章遐弃，贿赂公行”，终于导致隋王朝的瓦解。以此证明只有“法度立”，国家才能长治久安。

沈家本主张治国以法，但反对治国用重法。他说，秦二世而亡，“其淫刑者之龟鉴”。又说，五代之时“用事用法，皆偏于严厉”，其所谓法“乃非法之法，不足为训”。[⑥]他还从汉武帝颁布《沈命法》后盗贼并没有衰息中得出结论：“治盗之道，贵得其宜，徒悬一重法无益也。”[⑦]沈家本还揭示了“政令之烦苛，而民生贫困”[⑧]是犯罪的根源，这是任何严法酷刑所不能遏止的。在中国历史上便发生过迭出不穷的苛法激变的教训，五代之时正

---

① 《管子·七臣七主》。

② 《寄簃文存》一，《旗人遣军流徒各罪照民人实行发配折》。

③ 《寄簃文存》三，《死刑惟一说》。

④ 《历代刑法考·刑制总考四》。

⑤ 《寄簃文存》六，《新译法规大全序》。

⑥ 《历代刑法考·总考四》。

⑦ 《历代刑法考·摭遗七》。

⑧ 《历代刑法考·汉律摭遗》。

由于民不聊生，才出现了“盗之屡发”的现象。[①] 因此，他认为企图用重法来匡正动荡之世，是“治标之策”，只有解决严重的社会问题，才是能杜绝犯罪发生的“探本”之策。沈家本关于犯罪根源揭示，以及对“治标”与“探本”两种对策的社会效果的论证，接触到了一些实质性的问题。由此出发，他认为“刑者政之辅也”，[②] 表明了在法律与政治的关系问题上的见解。他在制定新律时，便首先“探究其政治的得失”。

为了发挥法律的治世作用，沈家本认为循法行法更重于立法。他指出隋文帝虽立“善法”，但用法却“与法律之旨大相径庭”，以致二世而亡。这说明“法善而不循法，法亦虚器而已”，[③] “徒立一重法，而无实意以行之，亦徒法而已”。[④] 他由此得出结论，立法与行法，二者不可偏废。

（3）立法、执法必须统一

沈家本认为“法乃国家惩戒之具，非私人报复之端”，因此立法宗旨必须统一，而“不得两歧”。所谓“两歧”就是既有“国家惩戒之意”，又存“私人报复之心”。[⑤] 如果立法者，立法为私，“以刑为泄忿之方”，其流弊所至，将会使法“重之又重，更无穷已”。[⑥]

立法之后适用法律也必须统一，不得因犯罪对象的身份不同而有区别。他指出，汉朝王章犯“非所宜言”罪，身死狱中，妻子徒刑；而张寿王匡衡犯同样罪却有诏“勿劾”“勿治”。他谴责由于等级不同，而损害了法律的统一适用，“可谓无定法矣”。他尤其抨击南梁朝由于士族享有各种法外特权，以致法废而不行。说：“凡人皆同类……法之及不及，但分善恶而已，乌得有士族匹庶之分，士族之恶者戮之，苟当其罪，何至使人离心。匹庶之善者戮

① 《历代刑法考 · 律令五》。

② 《历代刑法考 · 刑制总考四》。

③ 《历代刑法考 · 刑制总考四》。

④ 《历代刑法考 · 刑制总考四》。

⑤ 《寄簃文存》三，《死刑惟一说》。

⑥ 《历代刑法考 · 刑制分考四》。

之，苟不当其罪，其嗟叹岂少也哉！”“使人但知士族匹庶之分，而不知善恶之分矣，此大乱之道也。”因此他反对不加区别地一概实行“八议”收赎之法，“至八议收赎之法，皆必其情之可原者，亦非尽人而宥之”。他郑重指出：“法不一则民志疑，斯一切索隐行怪之徒，皆得乘瑕而蹈隙，故欲安民和众，必立法之先统于一，法一则民志自靖，举凡一切奇衺之说，自不足以惑人心……若旧日两歧之法，仍因循不改，何以昭大信，而释群疑”[①]？

修订法律期间，针对清末制定新律之后，旧例仍未丧失效力，以致新旧杂沓，轻重互异。沈家本提出，“犯罪不论新旧，断罪自当一律，不得再有参差，致法律失信用之效也”[②]。

沈家本关于立法与执法必须统一的一系列言论和主张，在一定程度上摆脱了封建等级特权法观念的束缚，要求“法律为人人所当遵守”，这在当时具有积极的意义。他在修律的过程中，主张改变大清律例所规定的旗人犯遣军流徒各罪，享有减等换刑的特权，“应照民人一体办理”。

（4）以教为先，以法继后

沈家本一方面继承了中国封建法学家关于“德（礼）主刑辅”“明刑弼教”的传统观点，另一方面，又结合世界文明与法制发展的潮流，对法与教化的关系，进行了多方面的阐发。指出：“先王之世，以教为主，而刑其后焉者也。大司徒十二教而刑仅居其一，必教之不从而后刑之，则民之附于刑者少矣，不教而诛先王所不忍也。”[③]“孔子言道政齐刑，又言道德齐礼，乃为政刑之当进之以德礼，方臻郅治耳”[④]，老子云：“我无为，民自化，我好静，民自正。……惟善体感格之意，使人人入于化导之中……而政本基焉。”[⑤]

上述中国古代先哲关于法与教化的观点，沈家本是完全接受的，据此

---

① 《寄簃文存》一，《旗人遣军流徒各罪照民人实行发配折》。

② 《历代刑法考·明律目笺》。

③ 《历代刑法考·刑官考上》。

④ 《寄簃文存》八，《书四库全书提要政书类后》。

⑤ 《历代刑法考·狱考》。

他提出了“是刑者非威民之具，而以辅教之不足者也”[①]。强调“止奸之道在于教养，教养之不讲而欲奸之格也，难矣哉”[②]。

此外，他根据资产阶级的民主与法制的原则，将大清律例中某些犯罪归于教育范畴，甚至把监狱也作为教养犯人之地看待。

沈家本虽然推崇道德教化为政本，却没有因此而漠视法律和刑罚的作用。他援引《舜典》“明于五刑，以弼五教”和《吕刑》“士制百姓于刑之中，以教祗德”的记载，阐述了即使是“唐虞三代之隆，尚赖有刑以辅治，未能废刑而不用”，更何况后世。他批评纪昀纂修《四库全书总目提要》在《政书类·法令》中所加的“刑为盛世所不尚”的按语，是“持论不高”，并有悖于历史和清朝统治的现实。

为了说明纯任刑罚之不足于致治，还必须辅之以教化，沈家本举明初朱元璋重法治民、治吏，而收效甚微的历史为例，说：“上之人不知本原之是务，而徒欲下之人不为非也，于是重其刑诛，谓可止好而禁暴，究之奸能止乎，暴能禁乎，朝治而暮犯，暮治而晨亦如之，尸未移，而人为继踵，治愈重而犯愈多。此皆明祖阅历之言，著之大诰者也，然则欲以肉刑止奸而禁暴，其无效也可知矣。”[③]

由于沈家本生当清朝末世，阶级矛盾、民族矛盾日趋尖锐，尽管统治者仍然宣扬“德主刑辅”之说，但实际上依靠重刑作为维护其统治的手段。对此沈家本慨然兴叹：“国家设官本以教养斯民，而后世之官皆不识教养二字，……下焉者则逞其刑威，肆其贪虐，而民生可知矣，教养云乎哉。”[④]出于矫弊的目的，沈家本大声疾呼：“居今日而治斯民，刑其后者也，其惟以教为先乎。”[⑤]在他编著的《刑官考》一书中，首先录执掌教化的大司徒，其

---

① 《历代刑法考·刑制总考》。

② 《历代刑法考·刑制分考》。

③ 《历代刑法考·刑制分考》。

④ 《寄簃文存》八，《书明大诰后》。

⑤ 《寄簃文存》八，《书明大诰后》。

意也在于此。为了唤起最高统治者对于教化的重视，沈家本还引用资本主义国家的法律，来附会“明刑弼教”之说，注意对于幼年犯的教养，指出：“近日各国学……刑者乃出于不得已而为最后之制裁也，幼者可教而不可罚，以教育涵养其德性，而化其恶习，使为善良之民也，此明刑弼教之义也。”[①]他还借用欧洲学者关于废止死刑的讨论，进一步阐明教养与刑罚的关系，说：“故废死刑，先谋教养，教养普及而人民之道德日进，则犯法者自见其少，而死刑可以不用”，“如教育未能普及，骤行轻典，似难收弼教之功”。[②]

沈家本折衷古义与西法之间，阐述了法与教化的关系，指出：“刑罚与教育互为消长”[③]，“盖犯罪之人歉于教化者为多，严刑厉法可惩肃于既往，难望湔祓于将来”[④]。因此，两者相辅相成，不可偏废。他在修律实践中根据模范列强的宗旨，提出：“惟是刑罚与教育互为盈朒”。“教养普及而人民之道德日进，则犯法者日见其少，而死刑可以不用。”[⑤]

由于道德教化所作用的范围比法律更广泛，而且容易被社会承认为一种习性，因此起着法律所起不到的作用。历代的统治者都十分重视用法律的形式确认有利于本阶级统治的道德观念和规范，同时又借助道德教化所具有的特殊力量，来加强法律的镇压职能。这就是在中国从奴隶社会起便以刑德为“二柄”，进入封建社会以后，又一直以“德主刑辅”“明刑弼教”作为立法指导思想的原因。如同沈家本所说：“然舍道德而言刑名，必不得其中，立法者可忽之乎。”[⑥]沈家本关于法与道德教化的密切关系与相互作用的思想，在一定程度上是针对清王朝的统治现实的，也为按照西方资本主义法制的模式改革中国的封建旧律做舆论准备。

---

① 《历代刑法考·丁年考》。

② 《奏请编定现行刑律以立推行新律基础折》。

③ 《寄簃文存》一，《删除律例内重法折》。

④ 《寄簃文存》二，《论诬指》。

⑤ 《寄簃文存》，《死刑之教》。

⑥ 《实行改良监狱宜注意四事折》。

（5）公平执法

沈家本除要求统一适用法律外，更为重视的是公平执法。他指出："有国家者非立法之难而用法之难也。"隋炀帝初期有法而不能公平执行。结果"法善而不循法，法亦虚器而已"[①]。明初朱元璋鉴于唐宋宦官专权，特立严法钳制阉宦，但由于皇帝自己毁法，"徒立一重法，而无实意以行之，亦徒法而已"[②]。可见，"一代之法，不徒在立法之善，而在用法之得其平"[③]。所谓用法得其平，就是公平执法，不以意废法，避免轻重偏颇。他借用度量衡的"平""准"来比喻用法之当否，说"……度长短者，不失毫厘，量多少者，不失圭撮，权轻重者，不失黍絫"，"立（执）法者，皆应如是"。[④]作为一个司法官，要做到用法得其平，必须以"恕"为心。他引曾子的话说："恕心用则可寄枉直矣，夫贤人君子断狱，其必主于此乎。"他赞赏汉郭躬"平刑审断"，"推己以议物，拾状以贪情"，说："恕心用三字，实为平刑审断之本，酷虐残暴之人习焉而不察者，皆由其心之不恕也，恕则仁心自生，酷虐残暴之为，即有不忍为之者矣。"[⑤]他考察和比较了中国封建时期各个朝代的执法情况，认为宋朝"立法之制严，而用法之情恕"，即使南迁以后"犹知以爱民为心"。[⑥]沈家本以恕为心来解释宋朝用法的状况，是违背历史事实的，因为宋朝一直处在阶级矛盾和民族矛盾激烈冲突的时代，统治者在用法上不得不考虑如何防止激化矛盾的问题，其着眼点是稳定统治的需要，而不是出于恕心。

沈家本关于执法贵乎公平的思想，是从历代兴衰中总结出的历史经验，有它的合理的方面。但是法律是统治阶级意志的体现，是国家强制保证实

---

① 《历代刑法考·刑制总考三》。

② 《历代刑法考·刑制总考六》。

③ 《历代刑法考·汉律摭遗自序》。

④ 《历代刑法考·律令》。

⑤ 《历代刑法考·汉律摭遗自序》。

⑥ 《历代刑法考·刑制总考》。

施的行为规则的总和，是统治阶级对被统治阶级进行专政的重要工具。它的内容是由统治阶级的物质生活条件所决定的，因此剥削阶级绝不可能对整个社会一视同仁地持“平”用法。马克思说：“如果认为在立法者偏私的情况下可以有公正的法官，那简直是愚蠢而不切实际的幻想。”[①] 恩格斯在《英国工人阶级状况》指出：“有产者在每一特别场合都能很巧妙地规避开法律，而无产者经常被迫肩负法律的全部重担。”[②] 中国封建时期全部法律的根本出发点，都在于维护地主阶级和官僚贵族对农民的统治。在这样的历史条件下即使是公平执法，也不过是在比较完整意义上体现地主阶级的法律意识和封建国家的法律规定而已。当然把对农民的压榨限定在法律规定的限度以内，防止其盲目地对习惯权利的追求，自然有利于农民的生产与生活和国家的安定。这就是为什么广大农民热烈赞许公平执法的清官。

沈家本所说的公平执法要从“恕心”出发，也必须用阶级观点加以剖析。在阶级社会从来不存在超阶级的“恕”心。孔子说“已所不欲勿施于人”为恕。朱熹注“推已及物”为恕。可是“人的本质并不是单个人所固有的抽象物。在其现实性上，它是一定社会关系的总和”。[③] 因此在阶级社会绝不可能有超阶级的“恕”，作为剥削压迫广大劳动人民的剥削阶级，怎么可能向其压榨的对象讲恕心，论公道，推已及彼！马克思说：“既然法律是自私自利的，那末大公无私的判决还能有什么意义呢？法官只能够丝毫不苟地表达法律的自私自利，只能够无条件地执行它。”[④] 又说：“良心是由人的知识和全部生活方式来决定的。”“有产者的良心不同于无产者的良心，……特权者的‘良心’也就是特权化了的良心。”[⑤] 在这一点上，我们不能苛求于沈家本，但科学地认识问题，解释历史是应该这样的。

---

① 《第六届莱茵省议会的辩论（第三篇论文）》，《马克思恩格斯全集》第 1 卷。
② 《马克思恩格斯全集》第 2 卷。
③ 《关于费尔巴哈的提纲》，《马克思恩格斯选集》第 1 卷。
④ 《第六届莱茵省议会的辩论（第三篇论文）》，《马克思恩格斯全集》第 1 卷。
⑤ 《对哥特沙克及其同志的审判》，《马克思恩格斯全集》第 6 卷。

封建的开明政治家、思想家常常以执法失平作为弊症加以抨击，特别是在政治形势恶化、阶级矛盾尖锐时期更是如此，目的在于更好地发挥法律的作用，以有裨于治道。沈家本处在一个新的历史时代，因而和以前的封建开明官僚、思想家有所不同，他所提倡的公平执法，从某种意义上来说含有利用资产阶级的法制原则来反对封建司法官任意废法，随心高下的成分。

（6）依法断狱，反对比附

沈家本根据“法无明文不为罪”的资产阶级法治原则，在起草新刑律时，力求规定详审，并且强调要贯彻到司法实践中去。他批评自明迄清实行的“断罪无正条，用比附加减之律”，说：“若律无正条而仍有刑，是不信于民也。”由于比附断狱在“中国沿习既久，群以为便，一旦议欲废之，难者蜂起”，为此沈家本不得不挥洒笔墨进行批驳。他说：“古人之议此律者正非一人也。”他赞赏晋时著名法学家刘颂关于“律法断罪省当以法律令正文，若无正文依附名例断之，其正文名例所不及，皆勿论”的疏文，特加按语说：按领所言，“今东西国之学说正与之同，可见，此理在古人早已言之，特法学之论说无人参究，故称述之者少耳”①。又引《周书·宣帝纪》宣政元年八月九条诏制中所载“决狱科罪，皆准律文”，说：“按科罪准律，律无文者不得科罪不待言矣。”②

在中国法制历史上比附断狱由来已久，但明朝以前在适用上均有所限制。早在周朝便确定入罪者“举轻以明重”，出罪者“举重以明轻”。唐律擅兴篇关于主将临阵先退的制裁，明确规定：“律有条依律断。”断狱篇又规定：“赦书定罪合从轻者，又不得引律比附入重。”可见“唐时虽有比附之事，而限制甚严”，“慎之又慎”③。至金世宗时，曾经颁发上谕：“近闻法官或各执所见，或观望宰执之意，自今制无正条者皆以律文为准。”就此沈家本按曰：“金代承用唐宋刑法而制无正条者，一以律文为准，其不得用他

① 《历代刑法考·明律目笺》。

② 《历代刑法考·明律目笺》。

③ 《历代刑法考·明律目笺》。

律比附，灼然无疑。是中国本有此法，晋刘颂议之于前，金世宗行之于后，初不始于今东西各国也。世宗为金源一代令主，大定之世其国人有小尧舜之号，而特颁诰戒如此，岂非深悉其弊哉？”[①]至明朝随着专制制度的强化，比附断狱才汗漫无所限制。例如，明律规定“引律比附应加应减定拟”，遂与唐律的宗旨有所不同，尽管附加了“议定奏闻，若辄断决，致罪有出入者，以故失论”的限语，也不过是“明知比附之流弊滋多，故特著此文，以为补救之法，而孰知沿习既久，问刑者辄行断决”，“安得罪无出入也哉”[②]？清律沿袭明律，“凡律令该载不尽事理，若断罪无正条者（援）引（他）律比附”，以至于“牵就依违……重轻任意，冤滥难伸”。沈家本特别提出清朝“比附之不得其平者，莫如文字狱”，他举康熙朝，“漫为比附”，牵连极广的戴名世南山集一案说：“比附之未足为法，即此一狱可推而知矣。”又说，所谓文字狱“律例既无正条，遂不得不以他律比附，事本微细，动以大逆为言”，为害历经康雍乾三朝达一百余年之久。因此，在沈家本主持制定的刑律草案中，明确提出“删除比附”正是出于这种考虑。为了回答顽固守旧者的非难，和增加自辩的力量，沈家本在引古喻今时，未免对古有所夸大，以致将中国古代的依律断狱与资产阶级的法无明文规定不为罪，不适当地等量齐观，混淆了两者在性质上的区别。

沈家本虽然揭示了明朝以后任意比附取代了唐律以律令断罪的规定，但他没有也不可能阐明这种变化及其恶性发展，正是极端专制主义制度的必然结果。值得提出的是沈家本在抨击清朝任意比附的危害时，举文字狱为例，这不仅有说服力，而且在当时说来也是颇有胆识的。

由于沈家本主张依法断狱，据法定罪，因此，他也反对滥赦。在中国历史上，汉代特别是东汉大赦频繁，以至于获取珍禽异兽莫不有赦，遂使人轻于犯法，而希冀于赦，造成了法律秩序的废弛与社会的动荡不安。因

① 《历代刑法考·明律目笺》。

② 《明律琐言》。

此后世对汉代的滥赦颇有讥评。沈家本总结了汉以后在大赦问题上的争论与得失，指出："此事自汉以来论之者多，其弊则在于赦之数。赦数则犯法者多矣。已赦而得言是法不信也，不得言而人易犯法，是法害法也。赦之害如此，赦数何为哉？"[①] 他批评宋仁宗所说不数赦"无以召和气"，是"非探本之论"，如果能够做到"法如其罪"，就可以达到"刑平之世"，这"与气运何干哉"？在中国历史上赦愈滥，法愈坏，既不能借此邀仁政之名，更无法收缓和社会矛盾之效。因此，历来维持封建法制的思想家都反对滥赦、数赦，沈家本所主张的慎赦，从一个侧面表现了他坚持法制原则的立场。

（7）法贵得人

沈家本在主持修律的过程中，面对封建顽固派对新法的重重阻挠和修律任务的紧迫，深感法律人才的缺乏，因此，他不吝笔墨反复论证了"法贵得人""用法在人"的道理与培养法律专门人才的必要性。沈家本借用"徒法不能以自行"的古语，说："法之善者，仍在有用法之人，苟非其人徒法而已。"[②] 又说："议事以制，是在决谳者之神而明之。"[③] 他举唐律为例，指出：尽管唐律是一部封建时代宽严得体的著名法典，但在武则天统治和李林甫用事期间，仍然出现了置法于不顾的大量冤狱，历史上称之为"武氏肆虐"。由此"益可知有其法者，尤贵有其人矣。大抵用法者得其人，法即严厉亦能施其仁于法之中。用法者失其人，法即宽平亦能逞其暴于法之外也。此其得失之故，实篑乎宰治者之一心。为仁为暴，朕兆甚微，若空言立法，则方策具在徒虚器耳"。他反驳宋时马端临批评晋律"宽弛"，招致法败是不适当的，说晋时"修律诸人讨论颇为详审"，当时之称誉"为便"。至于晋朝法制败坏的原因"非法之过，而用法之过也"，"晋之法岂宽驰之弊哉，亦用法者非其人耳，苟非其人徒法而已"[④]。

---

① 《历代刑法考·赦考九》。

② 《历代刑法考·刑制总考》。

③ 《寄簃文存》六，《读例存疑序》。

④ 《历代刑法考·刑制总考》。

在充分发挥执法者的作用方面，沈家本一方面提出国家的中枢长官和百里长吏，“皆宜知律”，否则就会在实践中造成贻误。另一方面，又反复强调“治狱乃专门之学，非人之所能为”，他说：“虞舜施刑，必属皋陶，周公敬狱，必推苏公。”然而“后世人主，每有自圣之意，又喜怒无常，每定一狱，即成一例，畸轻畸重，遗害无穷，可不慎哉”[①]。为了使官吏知法，他推崇周时对基层官吏进行法律教育的制度，说：“周礼地官之属，州长一岁三读法；党正一岁七读法；族师一岁十四读法；闾胥读法无定期。读即读其所掌之教法，以劝、以戒……”[②]他认为唐宋时期中枢机关发布的敕文，之所以同现行的法律发生矛盾，就在于中枢机关长官不懂法律所致。为了使官吏知法，沈家本建议仿古制“请置律博士转相教授”，说：“博士一官，其所系甚重，而不可无专也，法律为专门之学，非俗吏之所能通晓，必有专门之人，斯其析理也精而密，其创制也公而允，以至公至允之法律，而运以至精至密之心思，则法安有不善者，及其施行也，仍以至精、至密之心思，用此至公至允之法律，则其论决又安有不善者。此设官之微意也，议官制者其主持之。”[③]即使对于“统辖全监”的“典狱”之类的小官，也强调“非兼有法律、道德及军人之资格，不能胜任”。因此，他把“豫储管理之才”作为改良监狱的第一步。[④]

沈家本从执法在人、事关法制秩序成败的认识出发，主张严厉制裁执法枉法的官吏，说：“夫法者官吏主之，法之枉不枉官吏操之，则其罪亦官吏任之。不论所枉者何事，皆应以官吏当其重罪，此一定之法也。以执法之人而贪利、曲断、做法而法坏，故问罪加严，尚是严饬官常之至意。”[⑤]与此同时，他对于明清两代实际操纵诉讼，败坏法纪的书吏也进行了抨击，

---

① 《历代刑法考·赦考十二》。

② 《寄簃文存》七，《范永鉴重刻大明律跋》。

③ 《寄簃文存》，《设律博士议》。

④ 《奏实行改良监狱宜注意四事折》。

⑤ 《寄簃文存》一，《与受同科议》。

指出自宋以后，“吏之权日益重”，迨至明清“而其权益不可夺矣”。[①]

沈家本关于法与执行者相互关系的论述，继承了历史上某些传统的看法，同时也渗入了改革的时代精神。譬如，他含蓄地抨击了法自君出，罚由君定的现象，在一定程度上表达了反对专制主义的要求。他从制定和推行新法的需要出发，强调官吏应研习法学，并积极培养法律专门人才。而他对吏权的抨击，则触及了封建末世司法实践中的最大弊病。明清两朝官吏大都以八股文作为进入官场的敲门砖，对于社会、风俗、人情、法律、诉讼，茫然无知，一旦踏入官场，面对纷至沓来的刑民诉讼，瞠目不知所措。而在清律中还特别规定了官吏审判错用律例要受到惩罚，因此不得不依赖于研习律例作为世业的刑名师爷和书吏，从而怂恿了他们舞文弄法，营私舞弊。甚至官与吏之间，上下齐手，狼狈为奸。有清一代具有正义感的官僚大都反对书吏擅权弄法。

2. 甄采中外的修律宗旨

1840年鸦片战争以后，适应外国侵略者的需要，保护地主官僚买办的利益，调整在新的历史条件下出现的社会关系，推动了晚清法制的发展。但是在义和团运动以前，晚清法制的变化，主要表现为承认外国侵略者通过不平等条约所攫取的领事裁判权。以及之后清政府又伙同外国侵略者在租界内建立了会审公廨，并且允许外国侵略者以观审人员身份操纵中国的司法审判，使得中国的司法主权进一步丧失。1900年义和团运动以后的十年间，是清末社会政治急遽变动时期，一方面清政府处于内外交困的境地，已经无法照旧统治下去了，不得不被迫宣布变法，实行新政。另一方面，广大人民愤怒反抗清政府屈服于帝国主义的军事压力，实行彻底投降帝国主义的政策。以孙中山为领袖的资产阶级革命派，发动了一次次的武装起义，并且成为领导反清政治革命的核心。而帝国主义列强在清政府这条破船尚能浮起的时候，也支持它实行变法新政，企图通过它稳定中国社会的

① 《历代刑法考·刑制总考》。

动荡，扩大他们的在华利益。中日战争以后，国内的经济关系、阶级结构也都发生了明显的变化，所有这一切将晚清的修订新律推上了历史的议程。如同马克思所说：“无论是政治的立法或市民的立法，都只是表明和记载经济关系的要求而已。”①

受命为修订法律大臣的沈家本，完全支持清政府变法修律的政策，力图通过修律把他的思想、理论付诸实践。沈家本继承了先秦法家为辩护变法的合理性而提出的“法与时转”“治与时宜”的变易历史观。认为“法律之损益，随乎时运之递迁，……推诸穷通久变之理，实今昔之不宜相袭也”。② 又说：“法律之为用，宜随世运为转移，未可胶柱而鼓瑟。”③ 特别是他面对十九世纪末二十世纪初，中国社会的风气、人情和习惯，深深感到万难恪守成法。他在修律过程中提出的取消奴婢，一律改为雇工，准许妇女改嫁，废除所谓“乱宗之禁”，等等，反映了中国社会的变化对他的法律思想的影响。为了说明祖宗成法是可以变动的，沈家本阐述了康、雍、乾三朝多次修改律例的“故事”。

针对清政府推行立宪活动，沈家本也把修律纳入立宪活动的范围。他奏请以日本为榜样，说：“日本明治维新，亦以改律为基础……卒至民风丕变，国势骎骎日盛，今且为亚东之强国矣。”④ 中国如真正“维新”“立宪”，就要拿出勇气，对过了时的法律“改弦而更张之”⑤。沈家本以编纂新法典“实预备立宪之要著”⑥，向清朝最高统治者伏首陈词。他对慈禧太后的“锐意变法”是抱有幻想的。在《删除律例内重法折》中说：“伏维我皇太后、皇上深念时艰，勤求治理，特诏考订法律，期于通行内外，法权渐可挽

① 《哲学的贫困》，《马克思恩格斯全集》第4卷。

② 《奏刑律分则草案告成由》，《档、法、律例80号》。

③ 《寄簃文存》一，《删除律例内重法折》。

④ 《寄簃文存》一，《删除律例内重法折》。

⑤ 《寄簃文存》六，《新译法规大全序》。

⑥ 《沈家本奏修订法律大概办法折》。

回……并请明降谕旨，宣示中外，俾天下晓然于朝廷宗旨之所在，而咸钦仁政之施行。”由此可见，沈家本同戊戌变法期间康有为、梁启超通过上书请愿乞求皇帝恩赐宪政如出一辙。而且在对待清朝专制政府的基本态度上甚至远逊于康、梁和谭嗣同。

沈家本从中国与世界的关系以及“法典革新时代”的世界潮流出发，阐述了修律的迫切性。他强调“我中国介于列强之间，迫于交通之势，盖有万难守旧者”。他从收回领事裁判权的愿望出发，提出：“国家既有独立体统，即有独立法权，法权向随领地以为范围。……独对于我国藉口司法制度未能完善，予领事以裁判之权，英规于前，德踵于后，日本更大开法院于祖宗发祥之地，主权日削，后患方长。此毖于时局不能不改也。”他还从中国与世界的交往日益频繁，在交往中由于中国法律落后而屈居于三等国的地位，因而力主尽快修订法律。他说：“方今各国政治日跻于大同，如平和会、赤十字会、监狱协会等，俱以万国之名组织成之。近年我国亦有遣使入会之举，传闻此次海牙之会，以我国法律不同之故，抑居三等，敦槃减色，大体攸关。此鉴于国际不能不改也。”沈家本为了提高中国的国际地位，而倡言修律和收回治外法权，这对一个具有爱国思想的官僚来说，是可以理解的。但是他把清朝司法主权的丧失和国际地位的低下，完全归咎于东西法律的不同，则是完全错误的。清朝司法主权的丧失与国际地位的低下，最根本的原因是极端专制统治下的政治腐败、经济落后、国力丧微。即使是移植西方的法律使东西法律接近，如果不改变清朝专制主义统治，国家不能富强，仍不可能收回领事裁判权，不可能提高中国的国际地位。沈家本倾心于修律致强，说明他无论是对帝国主义的本质，还是对清朝专制政府的本质，都缺乏基本的认识。他的善良的愿望和日夜筹思的修律主张，很多只能停留在主观臆想上，没有也不可能有任何实际效果。这是当时沈家本等具有改良主义思想倾向的官僚士大夫所共有的悲剧。

沈家本还从依法解决频繁发生的教案考虑，请求及时修律，他说：“教案为祸之烈，至今而极……凡遇民教讼案，地方暗于交涉，绌于因应，审判既失其平，民教之相仇益亟。盖自开海禁以来，因闹教而上贻君父之忧者，言之滋痛。推原其故，无非因内外国刑律之轻重失宜，有以酿之。此又惩于教案而不能不改者也。”[①]

沈家本不仅阐明修律的根据，也扼要论证了修律的宗旨。

遵照慈禧太后发布的“务期中外通行”的修律上谕，沈家本提出了“参考古今，博缉中外”[②]的修律宗旨。为了论证这个修律宗旨，他说：“必于古今中外法律本原，心知其意，始能融会群言，折衷一是。”[③]但在西学东渐，西方法律文化以不可阻挡之势席卷中国的状况下，沈家本虽然接受“会通中西”的修律宗旨，力图将中国的封建法律与西方资本主义的法律适当结合，但在实践中他是以参酌西方资本主义法律作为修律的重心。在奏请编定现行刑律的奏折中明确表示，“专以折冲樽俎，模范列强为宗旨”。在他看来，欧美资本主义国家的法律较之中国封建的法律要文明和进步。他曾举死刑为例，说欧美日本各国刑法中有关死刑的规定，“以前极为惨毒，近年则日从减轻，大约少者止数项，多亦不过二、三十项。中国刑法……计现行律例内，死罪凡八百四十余条……不惟外人所骇闻，即中国数千年来亦未有若斯之繁且重也”[④]。因此，需要仿效日本明治维新时期对待“西人之学”所采取的“弃其糟粕，而撷其英华”的做法，“取人之长以补吾之短”[⑤]，“彼法之善者，当取之，当取而不取是之为愚”[⑥]。同时鉴于“方今瀛海交通，俨

---

① 《沈家本奏刑律草案告成分期缮单呈览并陈修订大旨折》，《清末筹备立宪档案史料》下册。

② 《寄簃文存》六，《重刻明律序》。

③ 《沈家本奏修订法律情形并请归并法部大理院会同办理折》，《清末筹备立宪档案史料》下册。

④ 《寄簃文存》一，《奏虚拟死罪为流徒折》。

⑤ 《寄簃文存》六，《政法类典序》。

⑥ 《寄簃文存》六，《监狱访问录序》。

同比伍……举凡政令学术、兵制、商务，几有日趋于同一之势”[①]，力图通过修建改变中国固有的传统法系，将中国法律纳入世界资本主义法系以便“与各国无大悬绝”[②]。如果继续泥古不化，拒绝世界潮流的影响，不知“趣时之义”，那么“以一中国而与环球之国抗，其伏绌之数不待智者而知之矣”[③]。

与此同时，沈家本看到中国的礼教风俗与欧美、日本不同，如要全盘照搬西方法律，必然会“有阻力也”[④]。因此他强调“必熟审乎政教风俗之故，而又能通乎法理之原，虚其心，达其聪，损益而会通焉”[⑤]。为了实行“以中国法律与各国参互考证”[⑥]，共同作为考“镜之资”，“变通尽利之方”[⑦]，他坚持“旧不俱废，新亦当参”。他说：“我法之不善者当去之，当去而不去是之为悖。”[⑧]在新订律中只有“不戾乎我国世代相沿之礼教、民情”[⑨]，才能“融会贯通，一无扞格”[⑩]。他曾说：“余奉命修律，参用西法，互证参稽，同异相伴，然不深究夫中律之本原，而考其得失，而遽以西法参糅之，正如枘凿之不相入，安望其会通哉，是中律讲读之功，仍不可废也。”[⑪]

沈家本关于“甄采中外”，以外为主的修律思想，突出地反映了这个接受西方资产阶级影响的封建官僚的特殊性格。他主张“甄采”各国立法，当取者取之，当去者去之，否则即为“愚”，“为悖”，无疑是进步的。但他又力图使中国的法律适合帝国主义的口味，即所谓“模范列强”，表现出屈从于帝国主义的半殖民地的思想特色。沈家本批评只推崇西法，漠视中国

① 《沈家本奏请编定现行刑律以立推行新律基础折》。
② 《寄簃文存》一，《奏虚拟死罪改为流徒折》。
③ 《寄簃文存》六，《重刻明律序》。
④ 《寄簃文存》六，《监狱访问录序》。
⑤ 《寄簃文存》六，《监狱访问录序》。
⑥ 《寄簃文存》一，《删除律例内重法折》。
⑦ 《寄簃文存》一，《删除律例内重法折》。
⑧ 《寄簃文存》六，《新译法规大全序》。
⑨ 《沈家本奏刑律分则草案告成由》，《档、法、律例 80 号》。
⑩ 《沈家本奏修订法律大概办法折》。
⑪ 《寄簃文存》六，《大清律例讲义序》。

的风俗民情与传统的旧律，应该说具有某种合理因素，但由于清朝的旧律已经远远落后于世界法律文化的潮流，成为桎梏中国人民手足的枷锁，以至从龚自珍起进步的思想都对它进行了批判。在这种情况下笼统地容忍旧律，恰恰显示了他思想深处的封建主义羁绊，和对于封建顽固势力的畏惧。事实证明，他越是以退让换取新律的通过，也就越顿挫了改革者的锋芒，助长了顽固派的气焰。所有这些都反映了时代、国情、出身、经历加在沈家本法律思想上的深刻烙印。作为软弱的改良派人物，他既没有力量抗击封建顽固势力的高压，也不具备彻底改革封建法制的勇气。

为了参酌各国法律，沈家本"首重翻译"①，他说："欲明西法之宗旨，必研究西人之学，尤必翻译西人之书。"②他非常欣赏明治维新时日本君臣上下"发愤为雄，不惜财力，以编译西人之书，以研究西人之学"。③为此，沈家本广购各国最新法典，多方聘请翻译人才。为使所译之书信达准确，他亲自与"原译之员，逐字逐句，反复研究，务得其解"④。

在沈家本主持修订法律馆期间，外国的法典、法规大量译成，这给清末制定新律提供了范本，使得资产阶级的法律原则有可能被新律所吸收，而中国固有的法律也由此逐渐解体。从修订法律馆成立前后清朝译书的种类可以看出，法律书籍的比重逐渐增多。由于当时人们认为，"日本法规之书至详至悉，皆因西人之成法而损益焉也"⑤。因此二十世纪初，中国已由主要翻译英美法律，转向翻译以罗马法系为渊源的德国、法国、日本等国家的民事、刑事诉讼法规为主。其中尤以德国、日本最为突出，不难看出日本明治维新的成果，受到中国开明思想家的重视。其中从日本引进的法学

① 《沈家本奏修订法律情形并请归并法部大理院会同办理折》，《清末筹备立宪档案史料》下册。

② 《寄簃文存》六，《新译法规大全序》。

③ 《寄簃文存》六，《新译法规大全序》。

④ 《清末筹备立宪档案史料》下册。

⑤ 梁启超：《变法通议》。

著作，也是引进外法的组成部分。

清末引进与翻译的日本法律与法学著作有一百余种，主要为《日本现行刑法》《日本改正刑法》《日本陆军刑法》《日本海军刑法》《日本刑事诉讼法》《日本司法访问录》《日本法规大全》《日本六法》《日本盐专卖法》《日本手形法》，以及《行政法》《宪法学》《商法学》《邮便法规》《实用法医学》《警察通规》《日本明治维新法制史》《法律辞典》等。日本法律广泛渗透到清末修订的新法当中，反映了罗马法系逐渐取代英美法系。

沈家本深知“法律为专门之学，非俗吏所能通晓，必有专门之人”[①]。为了“造就司法人才，为他日审判之预备”，他赞赏伍廷芳提出的“法律成而无讲求法律之人，施行必多阻阂，非专设学堂培养人才不可”[②]的建议，奏准于光绪三十二年九月（1906 年）设立了中国第一所法律学堂。他在向清政府陈奏加强法学教育，培养司法人才的重要性时说：“各国法理昌明，学校林立，法律思想普及全国，其高等毕业法学之人，皆足备法官之登进，取才初不为难，故可由司法省大臣专任其事。”[③]法律学堂既聘请日本法学家冈田朝太郎、松冈义正等担任主讲，同时也派专人研讲旧律。这体现了清末修律的宗旨和沈家本的指导思想。

在修订新律的过程中，沈家本“不惜重资，延请外国法律专家，随时谘问”[④]。与此同时，他非常重视派员去国外考察，把它与译书等同看待。在《奏修订法律大概办法折》中，他详细陈述了派员出国考察的理由：“参考各国成法，必先调查也。日本变法之初，调查编订，阅十五年之久，而后施行。就我国今日之情势言之，较诸日本，益形迫切，而事关立法，又何敢稍涉粗疏。拟……派员调查各国现行法制，……调查明彻，再体察中国情形，斟

① 《寄簃文存》一，《设律博士议》。

② 《寄簃文存》六，《法学通论讲义序》。

③ 《酌定司法权限并将法部原拟清单加具案语折》，《清末筹备立宪档案史料》下册。

④ 《沈家本奏修订法律大概办法折》。

酌编辑，方能融会贯通。”[①] 当时修订法律馆派出董康（字绶金，江苏武进人）东渡日本先后访向了当时日本著名的法学家小河滋次郎、松冈义正、青浦子爵、斋藤十一郎博士等，并对与刑事案件中有关起诉、逮捕、审讯、监狱、死刑执行等内容进行了专门考察，产生了一系列调查报告，如《调查日本裁判监狱报告书》《日本裁判所构成法》《监狱访同录》《日本裁判沿革大要》《狱事谭》等。这批资料对沈家本等人修订大清新刑律及改良监狱和审讯方法，设立“司法独立”的大理院，制定“法院编制法”等，提供了重要的借鉴，对于清末及民初北洋政府的司法产生过极大影响。经董康参与主持翻译的日本法学著作还有《日本刑法义解》《死刑宜只一种论》等。

沈家本在热心引进、吸收西法的同时，也对中国古代的法律文献资料作了大量的考证与整理工作，作为“考镜之资”。他在《历代刑法考》中综论了从李悝《法经》到《大明律》的法制历史发展过程，详细剖析了它们的沿革与得失，描绘了中国古代法制史的发展轨迹。而在《总考》《分考》《赦考》《律令考》《明大诰峻令考》中，还分门别类地进行了广征博引、鉴古明今的考证，从而表现了他对中国古代法律研究的功力，在法制史领域内为我们留下了应予重视的学术研究资料。就立法技术而言，沈家本注意了解和研究各国立法情况，吸取各国的立法经验，是值得肯定的。

3. 趋向文明的刑法改良思想

沈家本从“各法之中，尤以刑法为切要”[②] 的认识出发，集中精力积极制定新的刑律。在他主持修订法律馆期间，根据改良的精神，改订《大清律例》为《大清现行刑律》，删去与时代截然相悖的落后与野蛮部分，同时参考资本主义国家的法律，制定了《大清新刑律》。在《大清现行刑律》和《大清新刑律》中，充分体现了沈家本的刑法思想。

---

① 《清末筹备立宪档案史料》下册。

② 《奏刑律草案告成分期缮单呈览并陈修订大旨折》，《清末筹备立宪档案史料》下册。

（1）废除野蛮的封建酷刑

在《大清律例》中，规定有凌迟、枭首、戮尸、缘坐、刺字等酷刑。对于这种野蛮的刑制，沈家本置于首当革除之列。他继承了“自来议刑法者亦真不谓裁之以义，而推之以仁”的儒家传统观点。认为刑法“之当改重为轻，固今日仁政之要务”。他发现在中国漫长的历史中，“政善”和“刑轻”具有密切联系，他说：“孝景之世……禁网疏阔，刑罚大省，断狱四百，有刑措之风，此为汉法最平恕之时。”①又说：“贞观四年，天下断死罪者三十九人，刑轻而犯罪者少，何其盛也。”②与此同时他也指出，明太祖以峻法治民，历三十年之后，“亦悟严刑之不足以化民，此等峻法不复用矣”③。他从总结历史经验中得出结论，重刑虽可收效于一时，但不能使“莠民”知耻悔过而迁善，反而“感召其残忍之性”。因此，沈家本反对法家以重刑为是、轻刑为非的思想，说：“未闻用商鞅之法可致尧舜之治也。”④这是他改重刑为轻刑、废除残酷刑罚的重要历史根据。

此外，他还从中西刑法的比较中，阐明了无论罪名、刑名都是“中重而西轻者多”，以至“西人每訾（中国重法）为不仁，其旅居中国者，皆借口于此不受中国之约束”。为了使刑法改重从轻，合乎时代的潮流，他强调首先要删除凌迟、枭首、戮尸这三种“不仁”、“不正”、“不德”、“亏损仁政”之刑，代之以斩决、绞决、监候。沈家本特别指出西欧各国从前的刑法“较中国尤为惨酷”，只是“近百数十年来，经律学家几经讨论，逐渐改而从轻，政治日臻美善”。⑤这里姑且不论西欧中世纪的刑法是否较之清朝更为残酷，需要指出的是西欧刑制的变化是资产阶级革命以后，社会性质变化的结果。沈家本只是描绘了现象，没有看到这个过程所蕴藏的深刻的社会问题。至

① 《历代刑法考·汉律摭遗》。
② 《历代刑法考·总考四》。
③ 《历代刑法考·总考四》。
④ 《寄簃文存》六，《书明大诰后》。
⑤ 《寄簃文存》一，《删除律例内重法折》。

于他把这个变化归结为“律学家”活动的结果，不仅不适当地夸大个人在推动法制变革中的作用，也不符合西方法制历史的真实过程。

为了废除缘坐、刺字各条，沈家本援引资本主义刑法中“刑罚止及一身”的原则，和“罪人不孥”的古训，奏请凡是不知情者不得缘坐；凡应予刺字者令收所习艺，按罪名轻重定以年限，以“使莠民知耻，庶几悔过而迁善”。沈家本上奏的《删除律例内重法折》，兼有儒家的仁政观念，和资产阶级的某些民主思想，也代表了改良派在法制上的维新主张，近人杨鸿烈称赞它“恺切披陈”了“中国法律最落后，不合时宜的部分”，“可算是对中国法系加以改造的一篇大宣言”。[①] 由于凌迟等清朝法定的酷刑，突出地表现了封建刑法的落后与野蛮，既和世界进步的历史潮流大相径庭，又同清朝伪装立宪的改良政策直接矛盾，因此这篇奏议得到了清王朝的肯定，终于下谕：“凌迟、枭首、戮尸三项，著即永远删除……于缘坐各条，除知情者仍治罪外，余皆悉予宽免。其刺字等项，亦着概行革除。”[②] 在中国封建的刑法中，酷刑主义、惩罚主义、报复主义、威吓主义共同构成了重刑主义的内容。而且明沿以来统治者鉴于封建社会后期阶级矛盾尖锐和专制制度的极端发展，转而采取残酷的刑罚，许多酷刑正式入律，持续了五百年之久。直到二十世纪初期，经过沈家本修律，才予以废除，这反映了时代的变化和中国从封建刑法向着近代资产阶级刑法过渡的开端。

（2）改定传统的五刑制度

大清律所规定的五刑刑名，来源于隋、唐的笞、杖、徒、流、死。沈家本根据资本主义国家的刑法，将原有的刑制改为死刑、无期徒刑、有期徒刑、拘留、罚金五种，以便与世界各国的刑制大体划一。对死刑的处决手段，一般用绞，严重用斩。对于新刑律草案中采取斩、绞两种死刑的执行方法，日本冈田博士颇有异议，认为“依然野蛮未开之法”，“以抗世界

① 杨鸿烈：《中国法律思想史》下册。

② 《清史稿·刑法志》。

之大势”。并且说重斩轻绞“亦不外中国古来之陋习迷信耳”。为此，沈家本特著《死刑惟一说》详加阐述，他说，早在中国“唐虞三代，死刑并称大辟……可见死刑止用一项，自古已然，不自近世也”。清朝开国之初死刑也只用斩，“迨后采用明制，死刑遽多”。在用斩绞取代凌迟、枭首、戮尸诸重刑之后，如果“再议删去一项”，恐怕“訾议锋起，难遽实行”，所以不得不采取“渐进主义”。至于说重斩轻绞，也并非囿于陋习迷信，因为“斩绞既有身首殊不殊之分……实非毫无区别，略分轻重与他事之迷信不同”。事实上外国也同样杂用“枪毙之法”和断头之刑，因此“独责中国死分斩绞之非”是不公允的。沈家本一方面看到了“死刑止用一项则东西各国所同”，另一方面，又不得不为斩绞并用的合理而辩护。这种矛盾有认识上的原因，也反映了客观存在的严重阻力。正是为了使“众论不至纷拿，而新法可以决定”，他才不得不采取这种“渐进”措施。至1907年沈家本在《奏刑律草案告成分期缮单呈览并陈修订大旨折》中，进一步提出斩、绞二者俱属绝人生命之极刑，谓“有轻重者，乃据炯戒之意义言之尔”，因此，死刑拟“仅用绞刑一种”，并于特定场所秘密执行，以符“死刑惟一”之本义。但在封建纲常教条束缚下以及顽固派的坚决反对，新刑律保留了对于谋反、大逆及谋杀祖父母、父母等罪适用斩刑，但需“别辑专例通行”。从这里也说明了沈家本思想上的局限性。

（3）虚拟死罪改为徒流

沈家本根据“宽严之用，必因乎其时……世轻世重，未容墨守成规”，奏请将《大清律例》内戏杀、误杀、擅杀三项虚拟死罪分别改为流徒。他说：“此数项罪犯，在各国仅处惩役禁锢之刑”，考之唐律“亦不概问死罪”，“中国现行律例不分戏、误、擅杀，皆照斗杀拟绞监候，秋审缓决一次，即准减流；其重者缓决三次减流。盖虽名为绞罪，实与流罪无殊，不过虚拟死罪之名，多费秋审一番文牍而已。现当综核名实并省繁重之际，与其空拟以绞，徒事虚文，何如径改为流，俾归简易”。“拟请嗣后戏杀改为徒罪”，“误杀”，“擅杀”，“现律应绞候者一律改为流罪”，“总期由重就轻与各国无大悬绝”[①]。这个奏折，反映了沈家本力图贯彻改重为轻，减少死刑条款的修律精神，以使中国的刑制逐步达到与世界无大悬绝。同时也表现了沈家本“综核名实”，反对不务实际徒事虚文的旧律原则。从清朝的司法实践看，对戏杀、误杀、擅杀处以死罪，是虚拟的，并没有执行。沈家本将其改为徒流，是着眼于名实相符，这是沈家本历来所主张的。他曾说过：“法必名实符而后可为一代经常之法，未有循其名则是，责其实则非，而可以法名者。”[②]在《明律目笺》一文中，他批评明律笼统地将不敬、不孝、不睦列为十恶，缺乏区别用刑的精神，指出：“其情事之轻重岂能一致，论其名则同，论其实则不尽同，今不问名实之如何，而一概归之十恶，先王之法恐不若是之苛也。”沈家本关于循名责实，“一义必有一名，一名不兼他意”[③]的观点，是对封建时代法与刑殊，律与例异，名与实悖等痼疾的抨击，因而具有某种进步的意义。

（4）旗民同科

随着资产阶级民主革命的发展，和“驱逐鞑虏，恢复中华”号召的提出，反对清王朝的斗争迅猛发展，使得清朝统治者大为震恐。为了瓦解反清的民族革命，被迫发布了“化除满汉畛域”的上谕。根据这道上谕，沈家本在修改刑律中乘机提出《旗人遣军流徒各罪照民人实行发配折》，奏请“嗣后旗人犯遣军流徒各罪，照民人一体同科，实行发配。现行律例折枷各条，概行删除，以昭统一，而化畛域”。他强调“法不一则民志疑……法一则民志自靖”，只有消除旗民在法律上“重轻悬绝”的差别，才是“挽救之方”、“为政之道”，才能建立“至公至允之法律”秩序。

沈家本在提出旗民同科的同时，还奏请废除旗民交产的禁条。他从各民族间应该平等地进行经济交往的正确认识出发，批评了大清律中旗人一律不准在外省购置产业，旗地旗房一律不准汉人典买，否则或予没收，或

① 《寄簃文存》一，《虚拟死罪改为流徒折》。

② 《历代刑法考·刑制总考》。

③ 《寄簃文存》五，《答王仁山问笃疾、废疾》。

按价收回的规定。指出不准旗人在外省置买产业，其生计如何能自养？只准在旗人之间流通房地产，如何能做到“嬴绌可以相济，有无可以相通”？[①]只有打破这个“揆诸事理，未得其宜”的法律限制，才能使旗人“人人能自养，而后可以无不养”，才能促进满汉民族在经济上的交往，做到余欠相济，有无相通，“便民生而化畛域”。

沈家本的上述主张，体现了在法律面前人人平等的资产阶级法制原则对他的影响。事实上保护旗人特权的律文，自清中叶以后逐渐失去效力。沈家本只是提出废除已成为具文的法律规定。至于他关于打破旗民交产的禁令，也与上述情况类似，自嘉庆朝起，旗民交产的禁条，已经是名存实亡了。沈家本也只是从法律上废除这个条款而已，但他的这个奏议，无疑顺应了客观经济规律的要求，符合满汉各族人民的利益。

（5）禁革畜养奴婢与买卖人口

沈家本在《禁革买卖人口变通旧例议》中，谴责“以奴婢与财物同论，不以人类视之”的封建传统法律；批评了清朝“律文虽有买卖奴婢之禁，而条例复准立契价买”的买卖奴婢制度。特别抨击了清律所规定的“官员打死奴婢，仅予罚俸；旗人故杀奴婢，仅予枷号，较之宰杀牛马，拟罪反轻”，而且还以“干名犯义”的法条剥夺了列为贱籍的奴婢的告诉权，以致广大奴婢倍受蹂躏，“虐使等于犬马，苛待甚于罪囚，呼吁无门，束手待毙”。对于这种“殊非重视人命之义”，“又为环球所不韪”的公开买卖人口的现象，他建议应予“永禁”，如有违犯，“买者卖者，均照违制律治罪”。沈家本拟定了禁革买卖人口变通旧例十条，凭借所谓现在欧美各国采用尊重人格主义，“均无买卖人口之事”，希望清朝最高统治者“择善而从”。

他在《删除奴婢律例议》中，进一步提出“不知奴亦人也，岂容任意残害。生命固应重，人格尤宜尊，正未可因仍故习，等人类于畜产也”。沈家本还揭露了畜养奴婢与买卖人口之间的联系，指出“律例内奴婢各条与

① 《寄簃文存》一，《变通旗民交产旧制折》。

买卖人口事实相因”，“此而不早图禁革与颁行宪法之宗旨显相违背”①。沈家本关于《删除奴婢律例议》涉及的范围比较广泛而不限于普通百姓，即使“王府属下人亦应一体遵办”。革除奴婢身份之后，一律改为雇工人。与此相适应的良贱不通婚姻的法律也应一并废除，“凡雇工人与良人为婚一概不加禁阻，并于主家无涉，庶与重视人类之意有合，人格乃日渐增高矣”。②

沈家本关于禁革畜养奴婢与买卖人口的主张，是他法律思想中最具有民主色彩的部分。它的产生不是偶然的。从雍正时期起奴婢与贱民以及雇工人便为封建超经济剥削和争取人格而进行了长期的斗争。鸦片战争以后，在民族资本主义得到迅速发展，商品贸易广泛流通的基础上，平等思想日益发展，并且冲击着封建统治者的传统观念，再加上资产阶级人权与法制原则的输入与传播，所有这些构成了沈家本产生上述民主思想的基础。但是沈家本的出身与经历，使他不可能完全摆脱封建等级制度的羁绊。

（6）律无正条不为罪

沈家本反对“律无正条而复以律外苛求”的封建法制传统，认为它与立宪国宗旨相抵触。为了解决“持有限之科条，驭无穷之情伪”，他主张及时立法。在《伪造外国银币设立专条折》中便明确指出：“与其就案斟酌，临事鲜有依据，何如订立专条，随时可资引用。”在《论诬指》一文中也要求根据时代的进化，考虑“律之当议增者”③。在他主持修订法律馆期间，不仅制定了一些单行法律，还在刑律中增加了关于帝室之罪、内乱之罪、外患之罪、泄露机务之罪、妨害公务之罪、逮捕监禁者脱逃之罪、藏匿罪人及湮灭证据之罪等新的罪名和新的刑法原则。

与此同时，他还阐述了“欧美及日本国，无不以比附援引为例禁”。这虽然不完全符合欧美的实际状况，但他是立足于新的时代条件，反对封建时代比附断案的传统。他指出比附之弊有三：“第一，司法之审判官得以已

① 《寄簃文存》一，《删除奴婢律例议》。
② 《寄簃文存》一，《禁革买卖人口变通旧例议》。
③ 《寄簃文存》二，《论诬指》。

意于律无正条之行为比附类似之条文，致人于罚，是非司法官直立法官矣。司法立法混而为一，非立宪国之所宜有也。第二，法者，与民共信之物，律有明文，乃知应为与不应为。若刑律之外，参以官吏之意见，则民将无所适从。以律无明文之事忽援类似之罚，是何异以机阱杀人也。第三，人心不同，亦如其面。若许审判官得据类似之例，即可肆意出入人罪，刑事裁判难期统一也。"[①] 沈家本对于"袭用旧例"比附断案的批评，可以说是明清以来对这个问题的批判总结。

（7）实行惩治教育

沈家本认为人是可以感化教育的，纵使十人之中六七人可以感而化之，"则人之有害风俗有害治安者必日见其少，积渐既久，风俗自日进于良，而治安可以长保焉"。为此，他在刑律草案中确认惩治教育的原则，规定犯罪者的刑事责任年龄为 26 岁，凡未成年犯"乃教育之主体……非刑罚之主体"，如犯罪可送感化院，并宜"通饬各直省设立惩治场"进行惩治教育，他认为这正是"明刑弼教"的一端。[②]

沈家本还力图改良监狱，使之成为教养罪犯的场所。他说古人设狱的宗旨就是"藉监狱之地，施教诲之方"。同时他还对西方国家进行了考察，发现西方立宪国家"监狱与司法、立法鼎峙而三，纵有完备之法典与明允之法官，无适当之监狱，以执行刑罚，则迁善感化，犹托空言"。为此他提出了以"改建新式监狱""养成监狱官吏""颁布监狱规则""编辑监狱统计"为主要内容的改良监狱的建议。他在《监狱访问录》一文中，着重阐明了"设狱之宗旨，非以苦人辱人，将以感化人也"。[③] 然而中国过去的监狱，却是把"感化之地变为苦辱之场"，而苦辱是不足以为政的，只有"一以感化

① 《历代刑法考·明律目笺》。

② 《沈家本奏刑律草案告成分期缮单呈览并陈修订大旨折》，《清末筹备立宪档案史料》下册。

③ 《寄簃文存》六，《监狱访问录序》。

为归宿”，才能做到“无怨囚，无旷职”，“政治成效昭然”。[1]在《与戴尚书论监狱书》中，沈家本指出欧洲各国均以“监狱为专门之学，设立万国协会穷年研究。精益求精，方进无已”。而中国却从未有人讲求此学，因此不能“墨守己见，不思改图”。但是清朝顽固派统治下的现实，使他深感改良监狱也和变革法制一样，困难重重，以致不得不表示“此事不必太速，与其速而未尽善，不若迟回而有待也”。[2]马克思主义认为监狱和军队、法庭一样，都是构成国家实体的工具。沈家本将监狱抽象化为感化教育之地，是资产阶级超阶级的国家观与法律观的体现。他对于资产阶级国家监狱的描述，也并不符合实际情况，是带有天真幻想的溢美之词。以设在上海的西牢为例，其对犯人的虐待与污辱，更甚于中国监狱。因《苏报》案而被捕入西牢的邹容、章太炎便饱受榜掠之苦，年青的革命思想家邹容就遭蹂躏而死于狱中。章太炎曾以其种种身受，愤怒揭发了西牢的黑暗与资产阶级的所谓“文明”。

4. 按大陆法系建立法律体系

中国古代从战国李悝著《法经》以来，便以民刑不分、诸法合体为法典的编纂体例，成为延续二千余年的传统形式。这种体例与西方以六法为组成部分的罗马法系完全不同，沈家本经过输入日本的法律，而受到大陆法系的影响。在他主持下的修律工作，实际上就是按照罗马法系来改造中国传统的法律结构。他强调中国传统的法律体系不合各国大同之良规和近世最新之学说，必须加以改变。他说：“窃维法律之损益，随乎时运之递迁，往昔律书体裁虽专属刑事，而军事、民事、商事以及诉讼等项错综其间。现在兵制既改，则军事已属陆军部之负责，民商及诉讼等律钦遵明谕特别编纂，则刑律之大凡自应专注于刑事之一部。推诸穷通久变之理，实今昔之不宜相袭也。”[3]

---

① 《寄簃文存》六，《监狱访问录序》。

② 《寄簃文存》五，《与戴尚书论监狱书》。

③ 《奏刑律分则草案告成由》，《档、法、律例 80 号》。

沈家本不仅积极制定实体法，也十分重视制定程序法。他说："大致以刑法为体，以诉讼法为用，体不全，无以标立法之宗旨；用不备，无以收行法之实功。二者相因，不容偏废。"[①] 由于中国缺乏明确的诉讼法典，以致在日益增多的华洋争讼中处于被动状态，"每因寻常争讼细故，酿成交涉问题"，而且"外人以我审判与彼不同，时存歧视"。因此，必须"变通诉讼之法"，[②] 改革"诉讼断狱附见刑律"的旧律结构。同时，鉴于审判实践中"民事、刑事性质各异，虽同一法庭，而办法要宜有区别"；[③] 他认为外国民事刑事诉讼法各辑专书在审判实践中收到了良好的效果，所谓"断弊之制，秩序井然，平理之功，如执符契"，易使各国侨民"归其钤束"。因此他奏请在编定诉讼法时应该"分别刑事、民事"。[④]

1906 年，在沈家本主持下编成《刑事民事诉讼法》，奏请试行。中国沿袭二千多年的诸法合体的法律编纂形式，至此才开始区分实体法和诉讼法。沈家本主持制定的《刑事民事诉讼法》，主要来源于日本和西方国家，共分总纲、刑事规则、民事规则、刑事民事通用规则、中外交涉案件等五章。其中规定了"罪刑法定""公开审判制""陪审制""律师制"。

沈家本对于陪审制和律师制极为欣赏，认为陪审制，既可以补充司法官知识之不足，又可以防止"贿纵曲庇，任情判断""舞文诬陷"等事，做到"裁判悉秉公理，轻重胥协舆评"。至于设置律师可以"代被告原告申诉权利"，无论对公对私均为有利。特别是"中国近来通商各埠，已准外国律师办案"，如不及时筹思补救，会使治外法权"更形滋蔓"。因此，中国律师制度必须尽快施行。对于这个诉讼法草案，清廷降谕各省签注意见说："法律关系重要，……究竟于现在民情风俗能否通行，著该将军督抚统筹，

① 《大清法规大全》法律部卷 11。
② 《奏编纂诉讼法请颁行理由》，《档、法、律例 60 号》。
③ 《奏编纂诉讼法请颁行理由》，《档、法、律例 60 号》。
④ 《奏编纂诉讼法请颁行理由》，《档、法、律例 60 号》。

体察情形，悉心研究，其中有无扞格之处，即行缕析条分据实具奏。”[①]这个《刑事民事诉讼法》在以张之洞为首的各省督抚的反对下，还没有颁布便遭到废弃。直到1910年，修订法律馆才重又分别编成《刑事诉讼法草案》和《民事诉讼法草案》，但未及审议颁行，清王朝便已覆亡。

沈家本根据资产阶级三权分立的原则，制定《法院编制法》以实现政刑分离，司法独立。为了减少推行政刑分离、司法独立的阻力，他把这种体制说成中国古已有之，早在成周时政官与刑官的职守便各不相侵，“故能各尽所长，政平讼理，风俗休美”。只是到了后世，政刑之权才“丛于一人之身”，自天子以至州县长官，莫不如是。然而“人各有能有不能，长于政教者，未必能深通法律，长于治狱者，未必为政事之才。一心兼营转致两无成就”。这正是中国封建“吏治之日下”的根源。为了论证司法独立合于古，通于今，他强调：“近欧洲制度，政刑分离颇与周官相合。”[②]在这个问题上，他反对“侈谈西政，辄谓旷古无俦”和“墨守旧闻，则又极口菲薄”的两种倾向。同时还针对借口清朝行政《会典》已极详尽，无须再议的论调，着重阐述了清朝《会典》虽然“至详”，但它是“以行政而兼司法，揆诸今制，稍有未符”，不足以“统一事权”，是政刑不分，不是司法独立。

沈家本还从实施宪政的角度论证了司法独立的重要，指出“东西各国宪政之萌芽，俱本于司法之独立”[③]，因此“宪法精理以裁判独立为要义”，“司法独立，为异日宪政之始基”[④]。为了反对法部实行法律监督权，认为这会“贻笑外人”使“治外法权的收回，迄无效果”，[⑤]并将导致检察机关与法部的权力冲突。为了用法律确认司法独立的体制，他“考古今之沿革，订

---

① 《德宗景皇帝实录》卷558。

② 《历代刑法考·刑官考》。

③ 《清末筹备立宪档案史料》下册。

④ 《清末筹备立宪档案史料》下册。

⑤ 《德宗景皇帝实录》卷572。

中外之异同”，[①] 制定《法院编制法》，“凡机体之设备，审级之制度，官吏之职掌，监督之权限，一一赅载”。其中明确规定了行政主官及检察官“不得干涉推事之审判”。

沈家本反对政刑“丛于一人之身”的专制体制，主张司法独立，无疑符合进步的历史潮流，但他为了给司法独立辩护而把它说成合于中国古制，显然有悖于中国封建历史的实际。

除此之外，在编订《现行刑律》时将纯属民事方面的条款如继承、婚姻、田宅、钱债等分出，作为《大清现行刑律》民事有效部分，不再科刑，以示民、刑区分，从而开了民事法律独立编纂的先河。1907 年在修订法律馆的主持下，开始编纂独立的民法典，由修订法律大臣俞廉三、刘若曾负责其事，并聘请日本法学家松岗义正、志田钾太郎起草总则、债权、物权，由修订法律馆会同礼学馆起草亲属与继承，于 1911 年 8 月完成《大清民律草案》。在俞廉三、刘若曾关于民律草案告成的奏折中，阐述了修订民律的指导思想是“注重世界最普通之法则”，“原本后出最精确之法理”和“求最适于中国民情之法则”。由于沈家本并未参与制定民法的事宜，因此，其中所反映的沈家本的法律思想，不甚明确。与此相类似，1908 年编订商律时，由载振、伍廷芳、袁世凯负责，沈家本未参与此事。但总的说来，封建传统的民刑不分、诸法合体的修律体例的打破，沈家本作出了自己的突出贡献。

5. 对封建立法原则的妥协

作为一位开明的封建官僚，沈家本既主张睁眼看世界，吸收西方先进的法律文化，同时又不可避免地受制于传统的封建法律文化的约束，表现出了矛盾性与妥协性。例如，1907 年当沈家本等奏进新刑律草案遭到军机大臣兼掌学部的张之洞的攻击时，他并没有反驳张之洞所要求的应本“因伦制礼，准礼制刑”的立法原则，与“有伤伦理之处，应全行改正”。[②] 至

① 《清末筹备立宪档案史料》下册。

② 《清朝续文献通考·刑考六》。

1908年当清王朝下令“旧律义关伦常诸条，不可串行变更，……惟是刑法之源，本乎礼教。中国素重纲常，故于干犯名义之条，立法特为严重”[①]，沈家本便表示“恪遵谕旨”，于有关伦纪各条都“加重一等”，[②]并于新刑律正文之后增加《附则》五条：“大清律中十恶，亲属容隐，干名犯义，存留养亲以及亲属相奸、相盗、相殴并发家，犯奸各条，均有关于伦纪礼教，未便蔑弃”，犯者按旧律惩办“危害乘舆、内乱、外患及对于尊亲属有犯”，应处死刑者，仍用斩刑；卑幼对尊亲属不得适用正当防卫之法等等。

1909年12月《修正刑律草案》进呈以后，清廷令宪政编查馆审核。当时任提学使兼宪政编查馆参议的劳乃宣，以草案“于父子之伦，长幼之序，男女之别有所妨”撰写《修正刑律草案说帖》和《管见声明说帖》等文，遍贴京内外，要求把旧律中有关伦纪礼教各条，“逐一修入新刑律正文”，并抨击新刑律删去“干名犯义”“犯罪存留养亲”“亲属相奸”“亲属相盗”“亲属相殴”“故杀子孙”“杀有服卑幼”“妻殴夫”“夫殴妻”“无夫奸”“子孙违反教令”等款，大失明刑强教之意。他以封建卫道者自居，强调：“刑法之源本乎礼教”，三纲五常等礼教内容，“实为数千年相传之国粹，立国之大本”。为此，他认为：“（旧律中凡属）亲亲也、尊尊也、长长也、男女有别等义关伦常各条”，均为“不可变更者”。他攻击沈家本“专摹外国，不以伦常为重，特狃于一时之偏见”，提出“不可不亟图补救”的要求。与劳乃宣相呼应，大学堂总督刘廷琛也激烈攻击《修正刑律草案》：“其不合吾国礼俗者，不胜枚举。而最悖谬者，莫如子孙违反教令及无夫奸不加罪数条。”他甚至预言：“礼教可废则新律可行，礼教不可废则新律必不可尽行。”[③]陈宝琛也著文批驳沈家本，说“中国之刑法在世界上本为独立种法系”，它的特点就是“注重伦常礼教”，因此“改良刑律止可择吾国旧法之不合理者去之而已，不当一一求合于外国法律而没吾国固有之文明”。面对劳乃宣的攻讦，

① 《清末筹备立宪档案史料》下册。

② 奕劻：《奏为核订新刑律告竣敬谨分别缮清单请旨交议折》。

③ 《清末筹备立宪档案史料》下册。

沈家本奋起迎击，“独当其冲，著论痛驳”①。他在《书劳提学新刑律草案说帖后》一文中，指出攻击者所指责各条，有的不必另立专条，有的并未触犯礼教，有的纯属教育范畴，有的“实与大清律宗旨相符”。②特别是针对劳乃宣攻击最烈的“子孙违反教令”和“无夫奸不加罪”两条，反驳说：“此事有关风化，当于教育上别筹办法，不必编入刑律”。并进一步指出劳乃宣等人所说“法律与道德、教化毫不相关，实谬妄之论也”。

显而易见，守旧派是以“亲亲、尊尊、长长、男女有别”的封建伦常作为封建法制的基石，因此可以概括为“家族主义”的法律思想。其实质是维护封建专制制度，所以他们把这个“相传之国粹”视为“立国之大本”，强调“一国之民有不遵礼教者，以刑齐之”。

在这场争论中，日本专家冈田朝太郎，宪政编查馆、修订法律馆等处的沈家本的同仁，纷纷鼎力声援。其间杨度撰写的《论国家主义与家族主义》、吴廷燮撰写的《用旧说议律辩》，也有力地阐发了新刑律的根据，反驳了守旧派的攻击。此外，山东巡抚袁树勋也指出：“故居今日而言刑律，变固变，不变亦变”，不须“在枝节上讨论，而在根本上解决”。他说：“根本维何？中国如不改律，尚能适存于列强竞争之世纪否？尚能范围此居住衣食之人民否！”

由于沈家本和劳乃宣等在新刑律中有关“子孙违反教令”和“无夫奸不加罪”等问题上的争执各不相让，因而在1910年8月20日召开的资政院会上重新展开争论。作为资政院副总裁的沈家本主持《大清新刑律》的审议工作。劳乃宣以资政院参议的身份，邀集亲贵议员105人。根据《草案说帖》的精神，主张对新律修改两条又一项，移改两条，复修7条，增纂八条又一项。经过沈家本的多方努力与争取，《新刑律》的总则部分被议员议决通过。分则部分因会期已到，没能在资政院通过，劳乃宣“对尊亲

① 江庸：《五十年来中国之法制》。

② 《寄簃文存》五，《答戴尚书书》。

属有犯不得适用正当防卫”的提案被否决，但移改“和奸无夫妇女罪”一条，因礼教派占有一定优势，而被通过。会后资政院总裁奕劻会同沈家本等具奏新刑律讨论情形，由清廷最后作出裁决：（1）《新刑律》总则第11条少年犯由15岁改为12岁；（2）《新刑律》总则第50条加入“未满十六岁人”的字样，其余不变。同日，宪政编查馆奏请诏颁《新刑律》。清廷表示同意，于同一天降谕，将《新刑律》总则、分则连同五条《暂行章程》一起颁行天下。至此，围绕《新刑律》的两派论争宣告终止。

总括以上，沈家本法律思想的特点不是偶然形成的，而是中外法律文化碰撞的产物和反映。这种碰撞带有历史的必然性。传统的封建法律文化虽处于必变的境况，并丧失了昔日的统治力量，但在清政权的支持下，仍力图保持原有的阵地。而资产阶级的文化虽然挟着不可阻挡之势，使“西学东渐”成为时代的潮流，但在中国却缺乏必要的物质基础和阶级力量，不仅一时不能取而代之，反而遭到激烈的抵制和反抗。因此碰撞的结果，形成了一种新的法律文化形态，这种新的法律文化形态，一方面吸收资产阶级法律文化的形式和某些思想内容，另一方面又杂糅封建法律文化的意识和某些原则。这种新的法律文化形态，可以称为半殖民地半封建的法律文化。在这个由器物文化转向制度文化的文化圈中，沈家本是代表人物之一，只不过他的思想、活动表现在修律方面而已。从沈家本的法律思想特点中，不难看出在这个文化圈中，新与旧、改革与保守、前进与倒退的斗争，和加给他的思想烙印。在沈家本的法律思想中，中西杂沓、新旧并存，既矛盾而又统一，很具有代表性。但总的看来，沈家本体现了近代中国由封建法制向资本主义法制过渡的历史趋势，他引进的西法对中国法制的近代化起了重要的借鉴作用，而在他主持下制定的一系列法律，可以说是中国近代法律的重要渊源，为民国以后北洋政府、国民党政府的立法建制奠定了重要基础，在这一点上沈家本是获得了某种成功的。但是沈家本修律的目的是企图改良法制，适应西方列强的需要，改善清朝的统治，使它在四面环逼的革命冲击中渡过危机，在这一点上沈家本又是失败者。清朝政府并没有因为沈家本的改良法制而得以续命。

六、晚清顽固派的法律思想

清朝顽固守旧的统治集团，从来是恪守“祖宗家法”反对革新的。当嘉庆皇帝镇压了天理教起义以后，朝廷中曾经兴起改革之说，以维护封建国家的统治，对这种“嚣嚣然争言改法度”的呼声，嘉庆皇帝坚决反对。他要求臣下进一步“守法奉职”，以加强对人民的专制主义的统治。

第一次鸦片战争前夜，尽管清朝已经面临资本主义侵略的威胁，处于改革势在必行的历史条件下，但道光皇帝依然奉行“天不变，道亦不变”的教条，主张“率由旧章”。

戊戌变法时期，顽固的当权派以血腥镇压的手段处死维新六君子，使戊戌变法遭到失败。

1900 年以后，顽固的清朝统治者虽然打出了变法、新政的旗帜，但他们的变法是在已经不能照旧统治下去的严峻时刻，被迫进行的。就在他们倡言新政、变法的时候，也并没有放弃顽固守旧的基本立场，直到清亡这个立场一直没有改变。

晚清当权的顽固派以慈禧、张之洞为代表，他们掌握大权居中驭外，对清末的改革起了束缚和破坏的作用。其法律思想主要表现在两个方面：一是，从戊戌变法到预备立宪期间侧重于宪法方面；二是，1903 年以后侧重于刑法、诉讼法方面。

（一）晚清顽固派“开明专制”的宪法思想

1. 反对维新派的君主立宪

戊戌变法时期，针对康有为、梁启超提出的君主立宪的改革蓝图，张之洞在 1898 年 8 月抛出了《劝学篇》，继续鼓吹祖宗“法制不可轻变”。清朝的权贵甚至说“宁可亡国，不可变法”，“宁赠友邦，勿与家奴”。他们尤其深恶“民权”之说，张之洞认为“民权之说无一益而有百害，……民权之说一倡，愚民必喜，乱民必作，纪纲不行，大乱四起”，“子不从父，弟不尊师，妇不从夫，贱不服贵，弱肉强食，不尽灭人类不止”。[①]叶德辉、王先谦在他们编著的《翼教丛编》中，以卫道者的口吻叫嚣：“创平等，堕纲常也，伸民权，无君上也”[②]，并以孙中山发动的广州起义为例，借题发挥，妄图为“君权不尊，民气嚣然”，“民主万不可设，民权万不可重，议院不可变通”[③]的反动观点进行辩解。

顽固派还针对维新派提倡学习西方文化，废除科举制度，兴办学校，推行资本主义教育制度，培养新政人才等主张，大肆鼓噪“三纲为中国神圣相传之至教，礼政之原本，人禽之大防……”[④]。说：“中学所以为教，人皆知之，无待别求门径也。”[⑤]攻击学习西学是“以夷变夏”，决不可行。可见维新派与顽固派之间的论战，是资产阶级思想与封建主义思想的第一次交锋。康有为、严复、梁启超、谭嗣同以新学为思想武器，以救亡图存为号召，以君主立宪为目标，同顽固派展开激烈的论战，虽然他们在变法维新，提倡民权，反对封建文化上都表现了严重的弱点，没有也不可能在思想、政治上与封建主义彻底绝裂，但在当时的确使广大知识分子的思想得到一次解放。当康有为第四次上书，遭到顽固派横暴摧抑无法上达的情况下，维新派转向创设学会、办报纸，加强宣传，企图为变法维新运动制造舆论准备和扩大社会基础。梁启超曾追忆说：“此书既不克上达，康有为以为望变法于朝廷，其事颇难，然各国的革政，未有不从国民而起者，故欲振之于下，以唤起国民之议论，振刷国民之精神，使厚蓄其力，以待他日之用。”[⑥]

1898 年 6 月 11 日，光绪皇帝下诏“明定国是”，决定变法。维新运动

---

① 《劝学篇》，《戊戌变法》第三册，第 221—223 页。

② 《翼教丛编》序一。

③ 王仁俊：《实学平议》，《翼教丛编》卷三。

④ 张之洞：《劝学篇》序，《戊戌变法》第三册，第 220 页。

⑤ 《宾凤阳等上王益吾院长书》，《戊戌变法》第二册，第 639 页。

⑥ 《戊戌政变记》卷七，《戊戌变法》第一册，第 297 页。

进入高潮以后，顽固派和维新派围绕权力而展开的斗争也随之白热化。尽管“百日维新”期间颁布的“除旧”、“布新”上谕，完全没有触及封建经济制度和政治制度的基础，即使是枝枝节节的改革，也还停留在纸上，没有力量变成现实。但在宁肯亡国，也不改变“祖宗成法”的顽固派看来，仍然是对他们手中握有的权力的侵夺。当维新派提出以制度局代行议会职权，推行新政时，顽固派非常敏感地意识到权力的被侵夺，因而明白表示说：“开制度局，是废我军机也。”[①]百日维新期间，一切拟旨出谕事宜皆出于参与机要的维新派杨锐、刘光第、林旭、谭嗣同之手，军机大臣只能办理日常例行公事，此外“不能赞置一词”，[②]这使得他们“咸忿忿不平，怒眦欲裂于此四臣矣”[③]。慈禧太后鼓励顽固派大臣公开抵制维新上谕，要他们“既不可行之事，只管议驳”[④]。在慈禧的支持下，当时主持总理各国事务衙门的庆亲王奕劻，对于设制度局一事，“宁可忤旨”也拼命对抗。管理吏部的大臣徐桐公然抵制裁并六部司官的上谕，说：“先革去老夫，徐议未晚。”[⑤]为了攻击维新派开设上下议院的主张，他们制造了“裁彻六部九卿，而设立鬼子街门，用鬼子办事”[⑥]的流言蜚语，进行煽动。杨深秀感触地说：“夫数百年之旧说，千万人之陋习，虽极愚谬，积久成是，诚非一二言所能转移也。”[⑦]

顽固派还通过人事安排，控制要害部门，削弱维新派的实力。在“诏定国是”后两天，慈禧将光绪皇帝的师傅、赞助新政的协办大学士、户部尚书翁同龢，驱逐回籍，发出了向新政反扑的信号。在“诏定国是”后四天，慈禧又下令新任二品以上大臣，均须向她谢恩，从而控制了大员的任用权。

---

① 《回忆康南海史实》，《文史资料选辑》第23册。

② 苏继祖：《清廷戊戌朝变记》，《戊戌变法》第一册，第341页。

③ 苏继祖：《清廷戊戌朝变记》，《戊戌变法》第一册，第341页。

④ 苏继祖：《清廷戊戌朝变记》，《戊戌变法》第一册，第337页。

⑤ 胡思敬：《戊戌履霜录》卷一，《戊戌变法》第一册，第369页。

⑥ 《清廷戊戌朝变记》，《戊戌变法》第一册，第337页。

⑦ 《请御门誓众折》，《戊戌变法》第二册，第393页。

随后又任命亲信荣禄为直隶总督，统辖三军（甘军、武毅军、新建陆军），崇伊兼步军统领掌握京畿一带的武装力量。至9月21日，慈禧凭借手中紧紧控制的政权和军队，发动了宫廷政变，即所谓“戊戌政变”。曾经对于改良政治抱有极大幻想的维新派，顷刻之间作鸟兽散。他们变法图强实行君主立宪的幻想冰消瓦解，所有的“新政”，除保留京师大学堂外，一律被废除。一度受到新政压抑的顽固派官僚，重又弹冠相庆，欢呼旧秩序的恢复。历史雄辩地证明了争取宪政“这是一个大斗争，决不是一件轻松容易的事”①。

2. 预备立宪的提出及其指导思想

1904年到1905年，日俄战争中沙皇俄国战败，引起世界的舆论哗然。作为资产阶级上层的立宪派，乘机鼓吹“日本以立宪而胜，俄国以专制而败”。立宪派的代表人物张謇致书袁世凯说：“日俄之胜负，立宪专制之胜负也。今全球专制之国谁乎？一专制当众立宪，尚可幸乎。”②清朝政府中的一些大臣和亲贵，也震慑于蓬勃发展的革命形势，相继奏请变更国体，实行立宪。驻法公使孙宝琦在奏折中呼吁：“仿英德日本之制，定为立宪政体，先行宣布中外，于以团结民心，保全邦本……不然则外侮日逼，民心惊惧相顾，自铤而走险，危机一发，恐非宗社之福。”③江督周馥、鄂督张之洞、粤督岑春萱纷纷陈请立宪。甚至极端守旧的亲贵端方，也奏称：“亟宜附从多数希望立宪之心，以弥少数鼓动排满之乱党。”④这些议论为晚清推行“假立宪之名，行抵制革命之实”的政策，作了确切的注脚。1905年7月，直隶总督袁世凯奏请简派亲贵，分赴各国考察政治。为了抵制革命，拉笼立宪派，慈禧接受了袁世凯的建议，以“承办人员，向无讲求，未能洞悉原委”为名，特派载泽、戴鸿慈、徐世昌、端方、绍英等五大臣，出洋考察各国

① 《新民主主义的宪政》,《毛泽东选集》第二卷，第693页。
② 张謇:《致袁世凯书》。
③ 《东方杂志》1904年第七期。
④ 《端忠敏公奏稿》卷八。

宪政，作为“预备立宪”的一种准备。

同年10月，清政府仿效日本明治维新设立宪政调查所之例，下诏设立考察政治馆，其任务是“延揽通才，悉心研究，择各国政治之与中国政体相宜者，斟酌损益，纂订成书，随时进呈，候旨裁定”。①

出国考察政治的五大臣分两路赴日、美、英、德、法、比、意、奥等国考察。由于帝国主义列强希望能有一个较为得力的工具，代表它统治中国人民，因而积极支持清政府的“立宪”活动，纷纷发表评论，说：立宪是镇压革命派之“惟一良策”，“是不战而屈人之类也”②。“若果效法泰西，改行宪政而无暴动之举，则驻华各使必当静以俟之也。”③德皇威廉亲自接见了五大臣，并谆谆告诫：“中国变法，必以练兵为先，至于政治措施，正宜自审国势，求其务当，事机贵有独具之规模，不可徒摹夫形式。”④日本首相伊藤博文还为载泽进解日本宪法及日本明治维新的始末，强调“贵国为君主国，主权必须集于君主一人之身，万不可旁落于臣民”，至于人民的自由权利，“乃法律所定，出于政府之界与，而非人民之可随意自由也”⑤。五大臣在考察途中便奏请宣布立宪，以五年至二十年为预备期。1906年7月，五大臣从海外考察归来，他们在奏请宣布立宪的密折中，着重说明以下几点：

（1）转达了外国帝国主义对清朝准备立宪的支持态度，“海国士夫，亦以我将立宪，法令伊始必将日强，争相走告，耳闻目见，尤不觉忭庆逾恒”⑥。对于日益半殖民地化的清政府来说，帝国主义的态度对清政府制定重大政策是至关重要的。

（2）针对慈禧惟恐实行立宪会使大权旁落的隐忧，详述了所谓“各国

① 《东华录》光绪朝，总页第5429页。

② 《民招》第三号，《驳（日本）法律新闻之论清廷立宪》。

③ 转引自《外交报》丙午十四号，第13页。

④ 《端忠敏公奏稿》卷六，第18页。

⑤ 载泽：《考察政治日记》，第8—10页。

⑥ 载泽等：《出使各国大臣奏请宣布立宪折》，《辛亥革命》第四册，第2页。

宪法，皆有君位尊严无对，君统万世不易，君权神圣，不可侵犯诸条”[①]。并在奏折中引用日本宪法关于君上大权部分十七条，来证明“凡国之内政外交，军备财政，赏罚黜陟，生杀予夺，以及操纵议会，君主皆有权以统治之”[②]。由此可见，清政府准备实行立宪的基本出发点。

（3）以 1905 年沙俄实行立宪以抵制革命为例，强调“欲防革命之危机，舍立宪无它道”。如能改行宪政，革命派“虽欲造言而无词可借，欲倡乱，而人不肯从，无事缉扑搜拿，自然冰销瓦解”[③]。形势的发展，使他们认识到“严峻之法”，即加强暴力镇压，只会“骚扰愈甚，怨毒滋深”[④]；惟有“于政治上导以新希望”，“宣布国是……实行立宪”[⑤]，才可以收到消灭革命的效果。

结论就是：实行立宪有三大利：“一曰，皇位永固。一曰，外患渐轻。一曰，内乱可弭。”由于清政府“宣布立宪，不过明示宗旨为立宪之预备”。因此“实行之期原可宽立年限”[⑥]或者五年，或者十五年，从而表明清政府的立宪着眼点在“预备”，而不是实施。

慈禧反复考虑了载泽、端方等人的奏折，经过七次召见和一系列的御前密议，为了防止革命危机和满足立宪派的要求，终于在 1906 年 9 月 1 日颁布预备仿行宪政的上谕。宣布：“时处今日，惟有及时详晰甄核，仿行宪政。大权统于朝廷，庶政公诸舆论，以立国家万年有道之基。”但又借口“规制未备，民智未开”，不能“操切从事，徒饰空文”，须从“官制入手……次第更新……以预备立宪之基础”。至于预备的期限，“俟数年后……查看情形，……再行宣布天下”。在预备立宪期间，“士庶人等”，务必“各明忠君爱国之义，合群进化之理，勿以私见害公益，勿以小忿败大谋，尊崇秩序，

① 《出使各国大臣奏请宣布立宪折》，《辛亥革命》第四册，第 24 页。
② 载泽：《奏请宣布立宪密折》，《辛亥革命》第四册，第 28、29 页。
③ 载泽：《奏请宣布立宪密折》，《辛亥革命》第四册，第 28、29 页。
④ 端方：《请平满汉畛域密折》，《辛亥革命》第四册，第 43—44 页。
⑤ 端方：《请平满汉畛域密折》，《辛亥革命》第四册，第 43—44 页。
⑥ 《东方杂志》第八期。

保守和平，以预备立宪国民之资格”[1]。这道上谕是一份难得的反面教材，它表明清朝统治者仿行宪政的思想核心和根本原则，就是“大权统于朝廷，庶政公之舆论”，也就是在维持和巩固封建专制主义统治的前提下，给予资产阶级上层以可怜的议论时政的权利而已。由于预备立宪实行无期，实际是一纸不能兑现的空头支票。

不仅如此，这道上谕还为钳制人民，制造了新的根据。所谓“私见害公益”，“小忿乱大谋”，都是针对人民自发的反清斗争，特别是资产阶级革命运动而发的。同时又为清朝政府“借立宪之名，行敛财之实”[2]提供了借口。正是在预备立宪“清理财政”的名义下，“一觔之肉，一瓶之酒，无不重税”[3]，以致“杂捐苛细，民不聊生”[4]。如同孙中山所揭露的：“彼政府以民气不驯，群思革命，欲借立宪之名以消弥之，而行事正与立宪相反。”[5]

与清朝顽固派的主观愿望相反，预备立宪的上谕没能欺骗人民，反而刺激了人民的民主觉醒，只有资产阶级立宪派增加了对清政府的幻想，称赞“两宫仁圣独伸天断，不惜举二千年来一人所独据神圣不可侵犯之权与天下共之矣”[6]。亡命海外的保皇派康有为也高呼“伟哉，此举”，并一厢情愿地表示愿与慈禧合作，不修旧怨。他从反对革命，坚持保皇的立场出发，为立宪骗局大声喝采：“欲禁遏革命党使不发生者，无外于改良政治……使现政府而翻然大悟也，实行改革以与天下更新，则革命党不期弥而自弥。”[7]

3. 通过官制改革，谋求皇族集权

官制改革是清朝政府推行立宪的重要环节。端方在《请改定官制以为立宪预备折》中，以日本明治维新曾两次大改官制为例，说明“其宪政之

① 《东华录》光绪朝，总页第 5563—5564 页。
② 《临时大总统宣言》,《孙中山选集》上卷，第 8 页。
③ 《东方杂志》1904 年第八期。
④ 《临时大总统宣言》,《孙中山选集》上卷，第 83 页。
⑤ 《民报》第 12 号。
⑥ 《东方杂志》1906 年第二期。
⑦ 《辛亥革命前十年时论选集》下册，第 613 页。

推行有效，实由官制之预备得宜”[①]。因此，提出“请改定全国官制，为立宪之预备”[②]。慈禧采纳了端方的意见，从官制改革入手，谋求皇族集权，削弱汉族地方大官僚的实权。以慈禧为首的满洲贵族，企图通过立宪，削弱汉族地方督抚的权势，进一步集权中央，集权于满洲贵族之手。而汉族大官僚、地方督抚，也奢想借立宪的机会，打破满官的政治优越地位，巩固自己的地盘。因此，在预备立宪声中进行的官制改革，集中反映了统治集团内部的权力之争。早在载泽等五大臣回国复命，提出改革官制的必要性时便说过：“循此不变，则唐之藩镇，日本之藩阀，将复见于今日。”[③]而在御前会议确定的立宪政治方针之一，就是“废现制之督抚，各省新设之督抚其权限仅与日本府县知事相当，财政、军事权悉收回于中央政府”[④]。但这个方针首先遭到参与官制会议的直隶总督兼北洋大臣袁世凯的坚决反对，公开以“筹议至不易易”相对抗。其他各省督抚也都表示强烈不满，因而被迫搁置。但清朝统治者为了贯彻“中央集权之势成，政策统一之效著”的既定方针，于1907年公布地方官制，将各省督抚的军权、财权分别收归陆军部和度支部。同时，将最有权势的汉族督抚袁世凯、张之洞，调任军机大臣，以减少削除地方督抚实权的阻力。

至于中央官制的改革，从维护封建专制制度，以及皇帝和满洲贵族的特权出发，提出“五不议”，即军机处事不议、内务府事不议、八旗事不议、翰林院事不议、太监事不议，并见于1906年11月颁布的“厘定官制”上谕，所变动的只是部院的调整、合并以及某些机构名称和官职称号的改变而已。如户部改为度支部，兵部改为陆军部（并入太仆寺和练兵处），刑部改为法部，工部改为农工商部，巡警部改为民政部，理藩院改为理藩部。此外新设立的有邮传部，保留了吏部和礼部，共计十一个部。可见，被清

① 《辛亥革命》第四册，第33页。

② 《辛亥革命》第四册，第33页。

③ 引自李剑农：《戊戌以后三十年中国政治史》，第三章，第66页。

④ 李剑农：《戊戌以后三十年中国政治史》，第三章，第66页。

朝统治者自诩为预备立宪首要步骤的官制改革，丝毫没有触及专制制度的实质，它表现了以慈禧为首的顽固派借改革之名，谋集权之实的一贯思想。如同上海《时报》评论所说："不过换几个名目，淘汰几个无势力之大老而已，绝无他影响。"连支持清朝预备立宪的日本官方报纸《朝日新闻》也认为这种集权思想过于露骨，说："……此次新发表之官制，不免声大而实小矣。"[①] 在慈禧集权满洲贵族的思想指导下，对各部大臣的任命，形式上标榜"不分满汉"，实际则打破了原有的部院大臣满汉平分的比例，变成了满七汉四，一些重要的部，如外务、陆军、度支、农工商部都操于满洲贵族之手。"汉人之势大绌，乃不得一席地以自煖"[②]，其结果虽加强了满洲贵族在政权中的优势，却也加剧了满汉官僚之间的对立。"满汉司员，见面不交……排汉排汉之声，叹息盈耳。"[③] 统治集团内部的分裂，使清朝政府陷入了新的危机。

清朝顽固派还通过官制改革，加强镇压人民，例如，1905 年 9 月曾经下令"京师及各省一体举办"[④] 刑警事宜，设立巡警部。在官制改革中，又借口"巡警为民政之一端"[⑤]，改巡警部为民政部，从而扩大了镇压的范围。与此同时，将过去只负责审判复核之责的大理寺，改为大理院，成为专掌司法审判的机关，并扩大机构编制，以适应加强司法镇压的需要。

4. 设立粉饰"民主立宪"的御用咨询机构

在清朝预备立宪的活动中，设置谘议局和资政院作为御用咨询机关，用以粉饰所谓的立宪与民主。1907 年 9 月，光绪发布设立谘议局的上谕，提出："各省亦应有采取舆论之所，俾其指陈通省利病，筹计地方治安，并为资政院储材之阶，着各省督抚均在省会速设谘议局，……凡地方应兴应

① 东京《朝日新闻》。

② 李剑农:《戊戌以后三十年中国政治史》，第三章，第 68—69 页。

③ 李剑农:《戊戌以后三十年中国政治史》，第三章，第 70 页。

④ 《东华录》光绪朝，总页第 5408 页。

⑤ 《东华录》光绪朝，总页第 579 页。

革事宜，议员公同集议，候本省大吏裁夺施行。”[①] 1908 年 6 月，宪政编查馆奏订各省谘议局章程，经光绪批准，通令各省督抚限一年内一律办齐。《谘议局章程》共分十二章，六十二条。确定谘议局为“各省采取舆论之地，以指陈通省利病，筹计地方治安为宗旨”（总纲）。有权议决本省应兴应革事宜，以及本省预决算、税法、公债、单行章程规则之修改，选举资政院议员，申复资政院及督抚咨询事件，收受本省自治会或人民陈请建议事件（第二十一条）。但谘议局议定可行事件，必须取得本省督抚同意才能生效。如双方意见分歧，由资政院仲裁。各省督抚有监督谘议局选举及会议之权，并可奏请皇帝解散。为了防范谘议局的活动越轨，清政府严令地方督抚“曲为之防”，认真监督，不许事事参与。可见这个所谓的地方议会性质的机构，完全被置于督抚的严密控制之下。在宪政编查馆会奏谘议局章程的奏折中，还特别提出：“夫议院乃民权所在，然其所谓民权者，不过言之权而非行之权也。……谘议局仅为一省言论之汇归，尚非中央议院之比，则其言与行之界限，尤须确切订明，不容稍有逾越。”[②] 从而说明了谘议局不过是粉饰清朝立宪，空发议论的场所。即使“官之权”，也在“尤不得看动浮言，妨害治安”[③] 的威胁下，受到极大的约束。正如《民报》所揭露的：“既欲以立宪预备粉饰天下之视听，则谘议局不能不设，惟于其所有之权限削之又削，又广用监察钳制之术，务使归于有名无实而后已。”[④]

各省谘议局由各府、州、县选举议员产生。根据《谘议局选举章程》所规定的选举资格，必须本省籍贯或居住本省十年以上，年满三十岁的男子并具备下列条件之者才能充当议员：曾在本省地方办理“事务”及其他“公益事务”满三年以上著有成绩者；中等学校毕业或举贡生员以上出身者；

---

① 《东华录》光绪朝，总页第 5947 页。

② “宪政编查馆等奏拟订各省谘议局并议员选举章程折”，故宫博物院明清档案部编：《清末筹备立宪档案史料》下册，中华书局 1979 年版，第 669 页。

③ 《东华录》光绪朝，总页第 5806 页。

④ 《民报》第 26 号。

曾任实缺职官文七品，武五品以上未被参革者；在本省有五千元以上资产或外省人在本省有一万元以上之资产者。凡属“品行悖谬，营私武断者”，“曾处监禁以上之刑者”，“身家不清白者”，“不识文义者”，以及学生、小学教师、军人等都不能参加选举。经过出身、职务、学历、财产的重重限制，选出的谘议局议员只能是官僚、地主、绅士和资产阶级上层分子。整个选举过程都是在地方官操纵下进行的。广东谘议局筹办处简章明确规定：“本处总办四人，以藩、臬、学、道四司任之。会办一人，遴选候补道员任之，提调一人，以广州府知府任之；坐办一人遴选候补知府任之”[①]至1909年9月各省谘议局除新疆（外）陆续成立。

1907年8月，光绪皇帝又发布设立资政院的上谕，说：“立宪政体取决公论，上下议院实为行政之本，中国上下议院一时未能成立，亟宜设资政院以立议院基础。”[②]根据资政院院章：资政院“取决公论，上下议院实为行政之本”[③]，设总裁、副总裁一至二人不等。总裁负责全院事务，“以王公大臣著有勋劳通达治理者由特旨简充”。副总裁，“以三品以上大员著有才望学识者由特旨简充”。总裁、副总裁以下设“钦选议员”和“民选议员”共200人。钦选议员由皇帝委派王公世爵、宗室、各部院衙门七品以上官员、硕学通儒以及纳税在本省占额较多的资本家担任。民选议员由各省谘议局议员中互选产生，然后由督抚圈定批准。原定王公世爵不超过十人，后经修改增至四十二人。民选名额原为一百六十七人，后减至一百人。修改的目的在于扩大亲贵的特权。这个被吹嘘为带有议会性质的机构，完全是由皇亲贵族、官僚地主、大资产阶级组成的。

资政院每年九月起开常年会一次，会期三月，临时会期一月，有议决岁入岁出、预算决算、法典朝章、公债税率及奉旨交议事件之权，但须会

---

① 《咨议局经过大事记》，《宪政新志》第一卷第一号。

② 《大清新法令》谕旨第19页。

③ 《东华录》光绪朝，总页第5736页。另见“资政院等奏拟订资政院院章折”，故宫博物院明清档案部编：《清末筹备立宪档案史料》下册，中华书局1979年版，第627页。

同军机大臣及各部行政大臣奏请皇帝裁决。军机大臣和各部行政大臣可以对资政院的决议提出反对意见，“咨送资政院复议”。如意见仍不统一，则“分别具奏，各陈所见，恭候圣裁”。皇帝有权停止资政院的活动，或予以解散。可见资政院完全是皇帝直接控制的供咨询的御用机构。事实正是如此，1910 年 10 月，资政院开会，虽然历时三个月零十天，但“资政院可决之法律，政府不施行之如故，资政院否决之法律，政府施行之如故”①。资政院议决削减的预算，政府“任意不削减”，议决“为甲项之用者，任意挪用于乙项”。资政院对军机大臣的弹劾，也遭到“此事非资政院所得擅预”②的训斥，因此，尽管清明统治者着意渲染资政院为议院之准备，但仍改变不了作为承旨办事御用机关的实质。清朝官吏高润生说：“资政院开院伊始，……各部大臣提出议案，率皆以例行公事敷衍塞责，……至今不能确实成立。”③梁启超也指出：“资政院之初开院，国民所以希望之者良厚，已而渐薄，薄之不已，迄闭院时而迨无复希望。”④

以上可见，晚清顽固统治者在议院问题上绝不放弃任何权力。他们的基本思想依然是维持皇帝集权的专制主义统治，但为了应付来自资产阶级革命派和立宪派两方面的压力，不得不设置谘议局和资政院，但又极力限制它们的权力，使其成为在皇帝和各省督府控制下的咨询性质的机关。

谘议局和资政院的成立，对于资产阶级上层分子具有很大的吸引力，他们中间很多人参加进去。由于谘议局、资政院都是合法的机关，各地被选作议员的资产阶级、小资产阶级和地主阶级中要求改革的人，便利用它作为抨击清朝政府腐败无能，在客观上对提高当时的民主觉醒起了一定的作用。

---

① 黄鸿寿：《开设资政院》，《辛亥革命》第四册，第 6 页。

② 黄鸿寿：《开设资政院》，《辛亥革命》第四册，第 67 页。

③《宣统政纪》卷二十五，第 29 页。

④ 梁启超：《将来百论・资政院之将来》，《饮冰室文集 》。第九册卷二十五，中华书局 2015 年版，第 2577 页。

5. 维护世袭皇权的晚清宪法

晚清顽固派实行预备立宪，制定宪法，一方面暴露了他们统治力量的极端虚弱，正如《民报》所揭露的：如果清朝有力量“则可以以无道行之，不必假立宪之虚名也”①。另一方面，企图借立宪稳住阵脚，然后再向民主力量进攻。这一点端方在奏折中表述得十分清楚，他以1905年俄国立宪为例，说：沙皇“当时迫于时势，不能不由政府允许（立宪）。近则筹借外债、增练新兵、政府威信又稍稍复振，而议会所求各事，未能事事允行”②。马克思在揭露普鲁士国王玩弄的立宪骗局时，曾尖锐地指出：“最后，他授权自己，如果春天反革命的势力扩大了，就用一种从中世纪等级差别中有机地产生出来的基督教德意志的Magna Charta去代替这块悬在空中的‘纸片’，或者干脆结束玩弄宪法的把戏。”③马克思的分析完全适用于清朝统治者的立宪政策。

为了“俯从多数希望立宪之人心，以弥少数鼓动排满之乱党”④，清朝政府于1908年9月，颁布了由“宪政编查馆”制定的《钦定宪法大纲》《议院法要领》《选举法要领》和开议院之前的《逐年筹备宪政事宜清单》，确定以九年为预备立宪期限。

由宪政编查馆起草的宪法大纲以维护皇帝的专制权力为根本指导思想，如同该馆在奏折中所说：“首列（君上）大权事项，以明君为臣纲之义。次列臣民权利义务事项，以示民为邦本之义，虽君民上下同处于法律范围之内，而大权仍统于朝廷。”⑤清朝顽固统治者在颁发《钦定宪法大纲》的上谕中，对此更作了明确的训示：

---

① 《民报》第22号。

② 《端忠敏公奏稿》卷六。

③ 《资产阶级革命和反革命》，《马克思恩格斯全集》第六卷，第146页。Magna Charta即“自由大宪章”。

④ 《东华录》光绪朝，总页第5722页。

⑤ 《东华录》光绪朝，总页第5978页。

第一，肯定了“所拟宪法暨议院选举各纲要，条理详密，权限分明”，完全符合“大权统于朝廷、庶政公诸舆论之宗旨”。并且强调“将来编纂宪法暨议院选举各法，即以此作为准则，所有权限，悉应固守，勿稍有侵越”。

第二，确认了“宪政编查馆”实行的“兼采列邦之良规无违中国之礼教”[①]的立法原则。所谓“兼采列邦之良规”就是抄袭资本主义国家的某些宪法形式或条款。所谓“无违中国之礼教”就是严格遵循中国传统的“三纲五常”的封建教条。从而显示了清朝立宪所特有的半殖民地半封建社会的历史特点。

第三，宣布“开设议院，应以逐年筹备各事办理完峻为期”，在“宪法未颁，议院未开以前，悉遵现行制度，静候朝廷次第筹办，如期施行”。[②]在《逐年筹备宪政事宜清单》中所列九年内应办事项，不外调查户口、实行会计法、编纂简易识字课本和国民识字课本、推广识字学塾，等等，丝毫没有实质性问题。

第四，强调“非纪纲整肃不足以保治安”，“如有不靖之徒，附会名义，藉端构煽，或燥妄生事，紊乱秩序，朝廷唯有执法惩儆，断不能任其妨害治安”[③]。这里所说的“不靖之徒”，就是指群众自发的反清斗争和资产阶级革命派所领导的旧民主主义革命运动。这就说明了在九年预备立宪期内，不是赋予人民权利自由，而是剥夺人民的权利自由。不是养成“立宪国民之资格”，而是制造镇压人民的法律根据。

《钦定宪法大纲》的结构，包括“君上大权”和“臣民权利义务”两部分，君上大权是“正文”，共十四条。臣民权利义务是“附录”，共九条。这种结构形式说明它的重心在于维护君上大权。

最足以反映《钦定宪法大纲》的性质和顽固派思想的是第一、二条的规定，即“大清皇帝统治大清帝国万世一系，永永尊戴”（第一条）。“君

---

① 《东华录》光绪朝，总页第 6083—6984 页。

② 《东华录》光绪朝，总页第 6083—6984 页。

③ 《东华录》光绪朝，总页第 584—983 页。

上神圣尊严不可侵犯”（第二条）。宪法大纲的其他规定，都是这两条的具体化。例如：皇帝享有颁行法律、发交议案、召集及解散议院、设官制禄、黜陟百司、统率陆海军、编定军制、宣战媾和及订立条约、宣布戒严、发布命令等权力，并总揽司法权，遇有紧急情况还可以发布“代法律之诏令”以及用“诏令限制臣民之自由”。不仅如此，《钦定宪法大纲》还明确规定：“法律虽经议院议决而未奉诏令批准颁布者，不能见诸实行”；“用人之权操之君上，议院不得干涉”；“凡一切军事”皇帝得以全权执行，“皆非议院所得干预”；“国交之事，由君上亲裁，不付议院议决”。由此可见，《钦定宪法大纲》只不过是用宪法的形式把封建时代专制皇帝的绝对权力加以确认而已。对于这一点清朝顽固统治者也供认不讳，他们说：“立法，行政，司法则皆综揽于君上统治之大权，故一言以蔽之，宪法者，所以巩固君权，兼以保护臣民者也。”①这就自己道破了《钦定宪法大纲》的实质。

《钦定宪法大纲》中有关君上大权部分，虽抄自日本宪法，但删去了日本宪法中限制天皇权力的条款，因此，它所规定的君上大权比起日本天皇的权力，更加漫无限制。至于臣民，除依法应尽纳税、当兵、遵守国家法律等项义务外，其他“言论、著作、出版、集会、结社等事”，均须在法律范围以内，始“准其自由”。而且皇帝有权随时颁布诏令，予以剥夺。还在《钦定宪法大纲》颁布以前，清政府已经制定颁行了一些特别法规，以便取消大纲所规定的权利自由。例如，《结社集会律》中规定，各种“结社集会，凡与政治及公事无关者”可以“照常设立”，“若其宗旨不正，违犯规则，或有滋生事端，妨害风俗之虞者，均责成该管衙门，认真稽察，轻则解散，重则罚惩，庶于提倡舆论之中，不失纳民轨物之意。国家预备立宪，必以是为基础矣”②。不久，宪政编查馆又在《通谘各省查察集会结社文》中指出：“该项结社集会，有宗旨前后歧异，会章迁改无定，以及限制内不准入会之

---

① 《东华录》光绪朝，总页第5578页。

② 《东华录》光绪朝，总页第5860页。

人杂厕其中，或另有秘密会议情弊，除照限禁解散惩治各条外，仍应按照轻重酌加惩罚，以假托会名，秘密会议为最重，应按新刑律罪各名办。”[①]清朝统治者在为这种反动行径辩护时，竟然宣称：“民情固不可不达，而民气断不可使嚣，倘有好事之徒纠集煽惑，构酿巨患，国法具在，断难姑容，必宜从严禁办。”[②]尤其不许老百姓发表反对外国侵略者的言论，公开下令：不得干预外交，妄生议论。“利固当保全，而断不可有违背条约之举。”[③]

可见，《钦定宪法大纲》是慈禧一手炮制的一小撮极端反动的大贵族、大买办阶级的意志的体现，是以确保封建专制制度为根本目的，“徒饰宪法之外貌，聊备体裁，以慰民望”[④]。孙中山先生指出，清政府不过是借此“谋中央集权，拿宪法作愚民的工具”[⑤]。

与《钦定宪法大纲》同时公布的《议院法要领》中规定，“议院只有建议之权，……并无行政之资，所有决议事件，应恭俟钦定后政府方得实行”[⑥]。国家之岁出岁入及预算，议院只能“协赞”，无权决定。对于行政大臣的违法情事，议院“祗可弹劾”，“其用含之权仍操之君上，不得干预朝廷黜陟之权”。“议员言论不得对朝廷有不敬之语及污蔑毁辱他人情事，违者分别惩罚。”[⑦]这些说明了清朝的议院不仅不是民意机关，也不具备一般资本主义国家代议机关的权限，而是完全听命于皇帝支配的咨询机关。

在《选举法要领》中还规定：议院选举一律在府厅州县各官的监督下进行。凡“行为悖谬”，“身家不清白”，“不识文义”，等等，不能参加选举。而后在谘议局的选举中，选举资格的严格限制，使广大“国民”被排除于选举门外。

---

① 《东华录》光绪朝，总页第 5860 页。

② 《东华录》光绪朝，总页第 5806、5488 页。

③ 《东华录》光绪朝，总页第 5806、5488 页。

④ 《东方杂志》1908 年第八期。

⑤ 《辛亥革命前十年间时论选集》。

⑥ 《东华录》光绪朝，总页第 5980—5981 页。

⑦ 《东华录》光绪朝，总页第 5980—5981 页。

1911 年 5 月，在革命形势急转直下，立宪派纷纷吁请缩短预备立宪年限，提前开国会，实行责任内阁的压力下，清朝政府颁布新《内阁官制》十九条，成立新内阁作为君主立宪政体的最高行政管理机关。以庆王奕劻为总理大臣，在十三名国务大臣中，汉族官只占四名、蒙古族人一名、满族八名，其中皇族占五名。凡重要的行政权、军权、财权，都被满洲贵族所掌握。因此，这个新内阁被称为“皇族内阁”。

它的成立，从形式上实现了满洲贵族排斥汉族官僚、集权皇族的夙愿。但却遭到社会的广泛谴责，激起汉族官僚的深刻嫉恨。即使立宪派也由于企图借立宪分享一点权力，插足内阁的幻想落空，而表示强烈不满。梁启超说：“号称预备立宪，改革官制，一若发愤以刷新前此之腐败，夷信其实，无一如其言，而徒为权位之争夺，势力之倾轧，借权限之说以为排挤异已之具，借新缺之立以为位置私人之途，贿赂公行，朋党各树，而庶政不举，对外之不竞，视前此且更甚焉。”张謇也指出：“政府以海陆军政权及各部主要，均任亲贵，非祖制也；复不更事，举措乖张，全国为之解体……是时举国骚然，朝野上下，不啻加离心力百倍，可惧也。”[①]他们以谘议局联合会的名义，上书力争，提出：“以皇族组织内阁不合君主立宪国公例，请另简大员，组织内阁。”[②]然而却受到了陶醉在皇族集权幻觉中的满洲贵族的严词批驳：“黜陟百司，系君上大权，议员不得妄行干预”。“议院有举劾之权，而不得干黜陟之柄。”[③]至此满汉统治集团基于权力争夺而发生的裂痕已经无法弥补。清朝政府陷入了空前的孤立，革命的危机已经完全成熟了。

1911 年 10 月 10 日，武昌起义爆发后，各省纷纷响应，宣布独立。处于土崩瓦解中的清政府一面派军队镇压，一面召集资政院临时会议商讨对策，并接受了资政院提出的取消亲贵内阁、宪法由人民代表协赞、赦免国事犯、召开国会等议案。

---

① 《啬翁自订年谱》。

② 《东方杂志》1911 年第五号。

③ 《清史纪事本末》卷四十七。

1911 年 10 月 29 日，直隶滦州新军第二十镇统制张绍曾和第二协协统蓝天蔚通电清政府提出“政纲十二条”，要求在本年内召开国会，由国会制定宪法、组织责任内阁，内阁总理由国会公举，取消皇族特权，皇族永远不得充当内阁总理及国务大臣。并准备和保定新军第六镇统制吴禄贞采取联合军事行动，进攻北京。同一天，山西宣布独立，革命军集中在娘子关准备出发。这就使清政府处于东西两面夹攻的严重威胁之中。10 月 30 日摄政王下诏罪己，释放自戊戌变法以来的一切政治犯，承认革命党为正式政党，接受十二条政朝，命令资政院迅速起草宪法，仅用三天便制定和通过了宪法信条十九条。1 月 8 日，由清政府正式公布，名为《宪法重大信条十九条》，并立即实行。

《十九信条》形式上缩小了皇帝的权力，扩大了国会的权力。“皇帝之权以宪法所规定者为限”（第三条）；“宪法由资政院起草议决，皇帝颁布之”（第五条）；“宪法修正提案之权属于国会”（第六条）；“总理大臣由国会改选，皇帝任命之，……皇族不得为总理大臣、其他大臣并各省行政长官”（第八条）；“国际条约非经国会之议决不得缔结”（第十二条）；“官制官规以法律定之”（第十三条），等等。但是体现在《十九信条》中的顽固派的基本思想是和《钦定宪法大纲》完全一致的，依然坚持在确保封建皇权的前提下，实行君主立宪政治。因此，仍把“大清帝国皇统万世不易”（第一条）、“皇帝神圣不可侵犯”（第二条）列在首位。这正是《十九信条》的实质所在和清朝统治者万变不离其宗的立宪宗旨。此外，《十九信条》还规定：“皇帝有任命总理大臣和国务大臣的权力”（第八条）；“皇帝直接统率海陆军”（第十条），从而保证了政权和军权牢牢控制在皇帝之手。特别是《十九信条》对人民的民主权利只字未提，这就不仅暴露了清政府覆灭前正式颁布的所谓宪法的欺骗性和反动性，而且充分说明顽固派封建的正统法律思想是何等的顽固。但在历史潮流奔腾前进的冲击下，清朝终于结束了对中国三百六十余年的统治。

（二）晚清顽固派以传统礼治对抗资产阶级法律文化

自 1903 年沈家本奉命修律以来，力图在实体法和程序法中引进资产阶级的法律文化，实行世界通行的刑法原则和诉讼法原则。由于这些原则与封建传统的法律文化相抵触，因而遭到顽固派的激烈攻击，他们用传统的封建礼治来对抗资产阶级法律文化，谴责沈家本在修律时“用夷变夏”，违背了中国传统的国情民情，极力政变沈家本修律的宗旨。

1906 年，沈家本奏进《刑事民事诉讼法》，提出以实体法为体，以程序法为用，“体不全，无以标立法之宗旨，用不备，无以收行法之实功。二者相因，不容偏废”。因而急需因时制宜改变“诸法合体”的结构，制定简明的民事刑事诉讼法，特别要区分民事与刑事诉讼。在创制程序法的过程中，须积极引进西方的诉讼法律，以改变中国传统的诉讼律，其必要性就在于鸦片战争以后，华洋讼案剧增，而国内商民不谙西法，“往往因寻常争讼细故，酿成交涉问题”，“外人以我审判与彼不同，时存歧视”。

沈家本主持起草的《刑事民事诉讼法》，共计总纲、刑事规则、民事规则、刑事民事通用规则、中外交涉案件等五章，二百六十条。另附颁行例三条。其中增加了通行各国的律师制度与陪审员制度，以维护诉讼当事人的正当权益，保证审判的公正。由于沈家本主持制定的诉讼法草案与传统的断狱律不同，因此清廷降谕说，“法律关系重要，……究竟于现在民情风格能否通行，著该将军督抚都统筹。体察情形，悉心研究，其中有无扞格之处，即行缕析条分据实具奏”[①]，并将《刑事民事诉讼法》发往全国各地。对于这个诉讼法草案，各地将军督抚都统群起反对。而以湖广总督张之洞为总代表，他在上奏《遵旨核议新编刑事民事诉讼法折》中，进行了激烈的攻击。他反对在制定刑法、民法等实体法前先制定刑事、民事诉讼法。他说：“西洋各国，皆先有刑法、民法，然后有刑事、民事诉讼法”，否则“骤

① 《德宗景皇帝实录》卷 558。

然通行”，不仅不合法理，而且“大碍民情风格”。

张之洞坚持应以“亲亲之义”“男女有别”的纲常名教。作为起草诉讼法的指导原则，把它说成是“天经地义，万古不刊”的。反对沈家本以“契约自由”“人权原则”为宗旨，制定刑事民事诉讼法。指出“乃阅本法所纂，父子必异财，兄弟必析产，夫妇必分资；甚至妇人女子，责令到堂作证”，是“袭西俗财产之制，坏中国名教之防，启男女平等之风，悖圣贤修齐之教”，张之洞以其在官场的丰富经验，和与西方各国办理交涉的阅历，认为沈家本等人以改良中国司法现状来换取列强放弃领事裁判权，是不切实际的空想，他说，“近年与英、美、日本订立商约，彼国虽允他日放弃治外法权，然皆声明，俟查悉中国律例情形、审断办法及一切相关事宜皆臻妥善”，方给予考虑。而实际上，西方各国“专视国家兵力之强弱，战守之成效以为从违”。如按照沈家本的认识行事，不仅“难挽法权（反）而转滋狱讼者也”。[①] 在这一点上张之洞的意见显然较之沈家本正确。

由于礼教派的阻挠破坏，大清《刑事民事诉讼法》（草案）未及颁布就已搁浅。

顽固派对于资产阶级法律文化的攻讦，集中表现在新刑律的制定上。1907 年 8 月 26 日，沈家本在日本刑法专家冈田朝太郎协助下，“三阅寒暑”，“稿数四”，终于完成了《大清新刑律》（草案）的编定工作。共计刑法总则十七章，分则三十六章，总计三百八十七条。同日，沈家本奏进《刑律草案告成分期缮单呈览并陈修订大旨折》，并附《刑事总则清单案语》。同年 11 月 26 日，又呈《刑律分则草案折》，以及缮写誊清的《刑律分则》全文。清廷对《大清新刑律》（草案）的制定极为关注，同年 8 月 26 日，光绪帝下谕：“鉴于国际形势，惩于教案，而不能不改者，下宪政编查馆知之。”[②] 九月初三日，光绪奉慈禧命，再谕内阁：“礼教为风化所关，刑律为纪纲所

① 《张文襄公全集》卷 69《奏议》。

② 《德宗景皇帝实录》卷 578。

系，……除宗室未有定制外，著礼部，暨修订法律大臣，议定满汉通行礼制刑律，请旨施行。"① 九月初五日，光绪再次降谕："著派沈家本、俞廉三、英瑞充修律大臣，参考各国成法，体察中国礼教民情、会通参酌，妥慎修订，奏明办理。"② 这三项谕旨是制定新刑律的指导原则，仍是要把新刑律的制定奠基在传统的纲常名教的基础上。这三项谕旨，也是顽固派向以沈家本为代表的改良派肆行攻击的根据。

1908 年 5 月，张之洞借签注《大清新刑律》（草案）的机会，以刑法内乱等各罪不处惟一死刑为题，竟然要指控沈家本，"祖庇革党，欲兴大狱"。只是由于学部侍郎宝熙的劝阻，才改以"败坏礼教"，兴师问罪。他指出：对颠覆政府僭窃土地的内乱罪者，不处死刑（斩刑），有违君为臣纲之意；对侵入太庙宫殿的大逆不道行为，仅科以百元罚款，显然是罪重法轻，不足以惩恶，对杀伤杀害尊长亲属的卑幼不处斩刑，也有违礼教父为子纲之意，妻妾犯殴夫杀夫之罪不予重惩，有违礼教夫为妻纲之意，对亲属相奸的乱伦行为，较平民处理无异，也有违礼教男女有别之意。对少年犯只强调"惩治教育"，"用意虽善"，但"年限太宽，恐滋流弊"。张之洞根据纲常名教的精神，认为须"将新刑律草案与旧有律例逐条比较，其有关伦纪之处，应全行改正，总以按切时势而不背礼教为主，庶几收变法之益而不贻变法之害"。③ 在死刑的执行方法上，他指出：谋反及伤害尊亲者，相奸的逆伦罪者，只能适用斩刑，而不能减为绞刑。

当张之洞攻击新刑律引进的资产阶级刑法原则时，清朝最高统治者持支持的态度。1909 年 1 月，清廷降谕："旧律义关伦常诸条，不可率行变更，……惟是刑法之源，本乎礼教。中国素重纲常，故于干犯名义之条，立法特为严重。"④ 因这表明了清朝统治者在中西法律文化冲突中的保守立

① 《德宗景皇帝实录》卷 579。

② 《德宗景皇帝实录》卷 579。

③ 《清朝续文献通考·刑物六》。

④ 《清末筹备立宪档案史料》下册。

场。在强大的压力下，修订法律馆和法部联衔奏《修正刑律草案》中，不得不依照清廷谕旨，确定以下修改意见：对所有违犯伦常礼教的犯罪，均加重一等处罚。特别是增加《附则》五条规定，对侵犯皇室罪，内乱罪和外患罪加重处罚，对无夫奸罪科以刑事处罚。并规定尊长亲属有犯，卑幼子孙不得使用“正当防卫权”等等。从这里可以看出顽固派势力的强大，和沈家本等改良派的妥协性与软弱性。

顽固派对新刑律的攻击，还集中在有关“于孙违犯教令”和“无夫奸”不加罪的问题上。1900年年底，沈家本等奏进《修正刑律草案》，清廷批交宪政编查馆核议速报。在核议期间，劳乃宣针对新刑律中“子孙违犯教令”和“无夫奸不加刑”等刑法规定，进行激烈攻击，并在京内外大造舆论。劳乃宣毫不掩饰他的封建卫道士面目，说：“刑法之源本乎礼教”，三纲五常等礼教内容，“实为数千年相传之国粹，立国之大本”。认为“（旧律中凡属）亲亲也、尊尊也、长长也、男女有别等义关伦常各条”，均为“不可变更者”。一应犯罪规定诸如干名犯义，犯罪存留养亲，亲属相奸、相盗、相殴，同居相为容隐，无夫奸，子孙违反教令等。“应逐一修入刑律正文”，严加惩处。他攻击法治派所修刑律，“大失明刑弼教之义”。

与劳乃宣同声相应，大学堂总督刘廷琛也激烈攻击新刑律草案有悖礼教等等。其实沈家本作为开明的封建官僚，思想深处也不自觉地受到纲常教条的束缚。在新刑律中虽将“谋反、大道”改为“侵犯皇室罪”，其中车驾、乘舆、山陵、阑入、犯跸等法律用语，都是沿用旧律。沈家本在奏呈这部刑律分则时说：“春秋之义，首重尊王，故以关于帝室之罪，弁冕简端。”宪政编查馆大臣奕劻在奏请皇览新律时，也表明了修订新刑律的基本原则就是“根本经义、推原祖制、揆度时宜、裨益外交”，其中充斥《四书》圣贤之言、《春秋》尊王大义，这也代表了沈家本的观点。特别是《新刑律草案》后附五条章程，最足以反映沈家本在维护封建专制制度以及相应的刑法原则上的立场。

对于晚清修律，梁启超后来曾作过评论，他说：“当清之季，托名立宪，法如牛毛，然每一纸之颁，动腾天下之笑。盖当草案伊始，已什九皆挦扯迻译，其适于国情惬于人心与否，未深问也。及其脱稿传观，而某司官增窜数条焉，某堂官涂乙数语焉，经一机关之会议，而增删涂改多一度，而其人固非有法律知识，又非有喻于立法本来之意也。甚或人持一议，争论不决，则糅合诸议，骈列成文，断鹤膝以续凫胫，折天吴而补紫凤，逐使一法之中，精神冲突，词旨矛盾，支离灭裂，无系可寻，及其施用也，以舞文则无往不宜，以验事则无而可。”[①]尽管如此，顽固派对沈家本所修之律仍然百般挑剔，攻讦倍至，这说明了顽固派是何等的顽固，又是何等的嚣张。

以上可见，晚清政府中的顽固派是一个最保守，最腐朽而又握有极大权力的集团。他们身处19世纪末20世纪初，而思想却停留在封建时代，以至于不顾时代的潮流，不计国家的安危，冥顽不化，一味守旧。他们法律思想的基本方面是率由旧章，以礼辅刑。在祖宗成法绝不可变的森严戒条下，拒绝一切变法维新，荒谬地鼓吹“宁可亡国，不可变法”。为了维护专制王权，他们攻击兴民权是“权既下变，国谁与治？民可自主，君亦何为？是率天下而乱也”[②]。为了维护传统的旧律，他们攻击不以纲常为立法之本，说：“舍名教纲常，别无立足之地；除忠孝节义，亦岂有教人之方。”[③]为了对抗资产阶级维新派和民主派提倡法治的主张，他们举起了封建礼治与人治的盾牌以相抗衡，他们对中国社会的进步、法制的改良、新文化的传播起了极坏的作用。

七、资产阶级民主派的法律思想

（一）资产阶级民主派法律思想的产生与发展

20世纪初期，在中国近代法律思想史上起主要进步作用的法律思想，

① 梁启超：《箴立法家》，《饮冰室文集》第十册。

② 《宾凤阳等上王益吾院长书》，《戊戌变法》第二册。

③ 《宾凤阳等上王益吾院长书》，《戊戌变法》第二册。

已经不是资产阶级改良派的法律思想，而是资产阶级民主派的法律思想。它的发展并迅速居于主流地位不是偶然的，是和1900年义和团运动以后，国内的形势和资产阶级民主革命的发展分不开的。1898年戊戌变法的失败，宣告了资产阶级改良道路的破产，君主立宪的国家方案已经失去了号召力，资产阶级上层也由于依附清朝廷而进一步削弱了它的群众基础，这时代表资产阶级中下层的以孙中山为领袖的资产阶级革命民主派逐渐兴起，成为旧民主主义革命的主要势力。资产阶级民主派的法律思想，随着民族资本主义的发展和资产阶级力量的壮大，而逐渐成熟，并以崭新的内容和形式展示在法律思想的领域。

早在1894年中日战争以后，民族资本主义近代工商业已有了一定的发展。至20世纪初期，民族工商业又得到进一步的发展。从1905年到1911年，新设厂矿共有三百二十家，资本总额达七千七百多万元，为前三十年的一点四倍。特别是1906、1907、1908这三年中新创设的工矿企业达一百七十八家，投资额达五千三百万元。尽管这些民族资本企业的规模还不大，而且集中在一些城市当中，但是民族资本主义企业的新发展，仍然具有重要的社会影响。与此相适应，民族资产阶级中下层的力量也有了迅速的发展。民族资本主义的发展和民族资产阶级中下层力量的壮大，必然要在政治上反映他们的利益要求和权力斗争。1894年孙中山在檀香山组织了兴中会，这是近代中国第一个资产阶级革命团体。兴中会提出了“振兴中华”的响亮口号，使中国人民耳目为之一新。1895年2月，孙中山在香港成立兴中会总部，以“创立合众政府”作为入会的誓词，并且着手组织武装起义。

1900年义和团运动被镇压以后，帝国主义列强迫使清政府签订了不平等的《辛丑和约》，索取了四亿五千万两的巨额赔款，进一步控制了清政府。此后，英、美、日等国又诱迫清廷分别签订新的《通商行船条约》，进一步确认外国商品进口享有免征厘金的权利，并扩大内河航行权，增设商埠。至1911年，帝国主义在中国开设的通商口岸达八十二处，在十六个城市设立了租界。这些都成为帝国主义继续扩大侵略中国的据点。与此同时，帝国主义进一步争夺在中国的铁路修筑权和矿山开采权，并且广泛开设工厂，加紧资本输出，贪婪地掠夺中国丰富的资源，榨取中国廉价的劳动力，严重地摧残了中国的社会经济，使得“其商凄凉，其农憔悴，其士苦，其工苦”。[①] 不仅如此，帝国主义还通过在中国传教，办报纸、学校和兴办所谓慈善事业等各种手段，加紧了从思想上对中国人民的麻醉和奴役。

在帝国主义列强深入侵略下的中国，出现了“谓之不亡不可，谓之亡亦不可”的严重局面。清王朝为了苟延残喘，进一步投靠了帝国主义，无耻地宣布“量中华之物力，结与国之欢心”的卖国政策，并表示实行“新政”，下诏“预备立宪”，以粉饰投降卖国的面目，抵制广泛的人民反抗，摆脱风雨飘摇的统治危机。随着帝国主义与中华民族的矛盾、封建主义与人民大众的矛盾的日益激化，资产阶级民主革命已成燎原之势，革命的民主主义思潮也如洪波汹涌，猛烈荡涤着腐朽反动的污泥浊水。资产阶级民主的政治法律思想，如同丽日经天，成为动员群众反对清朝专制政府的强大动力。

1903 年邹容发表《革命军》，以民主革命为号召，主张在推翻清朝之后，按照西方资产阶级宪法建立一个自由独立的中华共和国，他第一次喊出了“中华共和国万岁”的响亮口号。至 1905 年，孙中山成立了中国革命同盟会，创办了《民报》，并且领导了同资产阶级改良派的论战。这场论争是从 1902 年 6 月康有为抛出《辩革命书》，鼓吹保皇，反对革命揭开序幕的。面对保皇派的挑战，章太炎发表《驳康有为论革命书》，痛斥“革命必召内乱、亡国”的谬论，阐明了革命的必然性、可能性和必要性。

1904 年，孙中山发表《敬告同乡书》，揭露了康有为、梁启超自称“名为保皇，实则革命”的欺骗性，指出他们“所言保皇为真保皇，所言革命

① 《国魂篇》，《浙江潮》第 1 期。

为假革命”，强调革命、保皇二事，决分两途，如黑白之不能相混，如东西不能易位。1906年，《民报》与梁启超为主笔的《新民丛报》就十二个基本问题进一步展开论战。由于保皇的谰言，大失人心，违背历史发展的潮流，因而保皇派遭到惨败，《新民丛报》于1907年7月宣布自行停刊。通过这次论说，资产阶级革命民主派全面阐述了关于革命和建立资产阶级民主共和国的主张，大造革命舆论，扫除了革命前进道路上的思想障碍，为迎接革命高潮的到来做了一定的思想准备。

在这个历史时期，资产阶级民主派提出了具有丰富内容和鲜明特点的法律思想，主要概括如下：

（1）揭露和批判了清朝专制主义封建法律的腐朽、暴虐，历数了它给人民群众带来的深重灾难。

（2）提出了资产阶级民主共和国的方案，主张实行资产阶级的法制，以法治国，反对人治。

（3）实行三权分立，强调行政不得干涉司法，以确保司法独立。并按照资产阶级的审判制度逐渐在中国实行“文明审判”。

（4）阐述五权宪法的理论，在行政、立法、司法三权以外，增加考试权和监察权。五权宪法是这个时期最重要的、影响最大的资产阶级法律思想。

（5）根据资产阶级保护人权与民主的原则，主张革除奴役与污辱劳动人民的封建法律，并运用法律变革封建社会的陈规陋习。

（6）坚持在通商口岸制定适用于中外的法律，借以维护国家在司法上的主权原则。

以上可见，这个时期的法律思想不仅具有强烈的反封建性质，同时也带有一定程度的反对帝国主义侵略的色彩。它同改良派的法律思想既有联系又有区别。它们具有共同的资产阶级法理学的基础，改良派中的严复、梁启超等人所宣传介绍的西方资产阶级政治、法律学说，对革命民主派也起了一定的启蒙作用。但资产阶级民主派的法律思想，不仅较之资产阶级改良派的法律思想丰富，而且存在着明显的差异。譬如资产阶级改良派主张在保留清王朝的条件下，实行自上而下的改革，即依靠清帝，以君权变法，以君权立宪，由实行君主立宪制而逐步建立资产阶级法制。革命民主派则反对走改良的道路，主张用武力推翻清朝专制帝制，建立民主共和制，以革命立宪，以革命手段建立资产阶级法制。

资产阶级民主派比改良派更热情地宣传天赋人权论和资产阶级自由、平等、博爱的精神和“五权宪法”的理论，而且由于辛亥革命的胜利而得到了一次实践的机会。1912 年，在资产阶级民主派主持下的南京临时政府成立以后，遂即着手进行资产阶级法制的建设。但是由于中国软弱的民族资产阶级没有能力完成反帝反封建的历史任务，他们建立资产阶级共和国与法制的愿望，也无法实现。总而言之，中国资产阶级从“西方资产阶级革命时代的武器库中学来了进化论、天赋人权论和资产阶级共和国等项思想武器和政治方案，组织过政党，举行过革命，以为可以外御列强，内建民国。但是这些东西也和封建主义的思想武器一样，软弱得很，又是抵不住，败下阵来，宣告破产了”①。

（二）资产阶级民主派法律思想的代表人物

在资产阶级民主派的代表人物中，孙中山居于领袖的地位，他的法律思想也最具有典型性。孙中山（1866—1925），名文，字德明，号日新，后改号逸仙，由于他曾经化名为中山樵，又称孙中山。孙中山出生于广东香山县（现称中山县）的农民家庭，是我国近代史上“适乎世界之潮流，合乎人群之需要”的资产阶级民主革命的领导者和向西方寻找真理的先进思想家。由于广东是反抗英国侵略的鸦片战争的爆发地，又是太平天国农民起义的摇篮，因此孙中山幼年便受到人民革命传统的影响，怀有救国救民的伟大抱负。青年时期他在香港、广州、澳门读书，接受了西方资本主义文化科学知识的教育。结束学生生活后，一度以行医为业。面对清朝的腐

① 《唯心历史观的破产》，《毛泽东选集》第四卷。

败，民族的危机，人民的痛苦，使他产生了“改良祖国”、“拯救同群”、扭转国家“积贫积弱”的思想。终于放弃医学，从事革命活动，立志以欧美资产阶级民主共和国为模式，把中国改造成富强的民主国家。孙中山走向革命，也经历了曲折的过程。1894年，在高涨的资产阶级改良思潮的影响下，他曾经上书李鸿章，提出社会政治改革的建议，但遭到拒绝。现实的教训，使他“抚然长叹，知和平方法无可复施”。尔后戊戌变法的失败和义和团运动的惨遭镇压，更使他清醒地认识到革命才是唯一的出路，“积渐而知和平之手段，不得不稍易以强迫”。

1894年11月，孙中山于檀香山华侨中建立了第一个以“振兴中华，挽救危局”为宗旨的资产阶级革命团体“兴中会”，在会员入会的秘密誓词中提出了“驱逐鞑虏，恢复中华，创立合众政府”的纲领。1895年10月，他发动了广州起义，这次起义虽因事泄未遂，但却是孙中山以武装革命实现民主共和国理想的第一次尝试，标志着他的思想由某种程度的改良转趋于革命的新的飞跃。广州起义失败以后，孙中山出走海外，历经日、英、美等国，体察世界发展的潮流，寻求救国的革命理论，初步形成了三民主义的思想体系。

1905年，在孙中山的倡议下，成立了具有资产阶级政党性质的“中国革命同盟会”，制定了“驱逐鞑虏，恢复中华，创立民国，平均地权”的纲领。同年11月，孙中山在同盟会机关报《民报》发刊词中，明确提出了以民族主义、民权主义、民生主义为组成部分的三民主义，这是近代中国资产阶级民主革命的指导思想和孙中山法律思想的理论基础。同时也是驳斥以康有为为代表的保皇派种种谬论的锐利武器。

同盟会成立以后，孙中山在广东、广西、云南等地多次组织和领导武装起义，虽然都遭到失败，但他“愈挫愈奋，再接再厉”，直到1911年爆发辛亥革命，终于推翻了统治中国二百六十余年的清王朝，结束了在中国延续两千多年的封建帝制，建立了资产阶级专政的中华民国。孙中山就任临时大总统。

但是辛亥革命只是变更了政体，并没有触动半殖民地半封建社会的经济基础。以袁世凯为首的北洋军阀，在帝国主义的支持下，窃取了革命果实，篡夺了国家权力，使得民国徒有虚名，依然是军阀独裁政治。正如孙中山所指出的："去一满洲之专制，转生出无数强盗之专制，其为毒之烈，较前尤甚。于是而民愈不聊生矣！"[①] 此后，孙中山与北洋军阀进行了不屈不挠的斗争。1914 年 7 月，孙中山去日本东京组织中华革命党。1919 年 11 月，改中华革命党为中国国民党。1924 年 1 月在中国共产党的帮助下，召开了国民党第一次全国代表大会，改组国民党为新民主革命统一战线的联盟，并将旧三民主义改造为联俄、联共、扶助农工的三大政策的新三民主义。他在晚年，不顾国民党右派的阻挠破坏，决心同共产党人合作，为实现独立、自由、平等的新中国而奋斗，直到逝世。

孙中山的一生是战斗的一生，革命的一生，他是中国近代民主革命的先行者和伟大的思想家。他追求真理，始终站在中国民主革命的前头指导革命斗争。他为改造中国耗费了毕生的精力，对中国革命作出了伟大的贡献。

孙中山的法律思想虽然散见于演说、政论和经他批准的法令当中，但仍有着内在的联系，是资产阶级民主主义与近代中国实际相结合的产物，也是中国最具有代表性的资产阶级法律思想。孙中山的法律思想是他整个社会政治思想中的重要组成部分。他从革命的需要出发，比较深入地批判了以清朝为代表的封建专制主义的法律制度，同时根据天赋人权，自由、平等、博爱和法治等原则，阐发了资产阶级的民主法制。同资产阶级改良派相比，孙中山的法律思想具有更明显的革命性与民主性。他的法律思想是在革命斗争中逐渐形成发展起来的，是近代中国法律思想史上极重要的一页。孙中山法律思想的特点，就在于"它憎恨过去，善于抛弃死去了的和窒息一切生命的腐朽东西，决不为了维护自己的特权而硬要保存和恢复

① 《建国方略·心理建设》,《孙中山选集》。

过去的东西”[①]。不仅如此，孙中山的法律思想还在一定程度上付诸实践。在其指导下，南京临时政府虽只存在了短短的三个月，却颁布了许多具有民主主义性质的法律和法令，建立了前所未有的司法制度。尽管这些法律法令还很不系统，在某些方面还不得不援用清朝的旧律，特别是对于废除封建土地制度这个涉及革命成败的根本问题，却没有进行必要的立法。但总的说来毕竟是以约法的形式宣布废除了在中国沿袭两千多年的封建帝制，确认了以主权在民为根本原则的三权分立的中华民国，同时也借助法律所具有的特殊强制作用，同封建专制主义的某些弊症及社会恶习作斗争。这些法律法令具有毋庸置疑的历史进步意义，也是中国近代法律文化史上十分重要的篇章。辛亥革命以后，资产阶级民主共和的观念之所以深入人心，成为一股不可抗拒的历史潮流，是和当时的革命立法密切相关的。

孙中山作为一个资产阶级革命家、思想家，不能不受到历史条件和本身阶级地位的限制，他的法律思想虽然比较注意从中国实际出发，但基本上没有摆脱资产阶级法律观的束缚，他所主张的法治、主权在民等，是抽象的超阶级的，而且过分迷信法律的效力，忽视政权是法律实施的保障。直到晚年历经沧桑之后，才使他在法律和政治，法律和阶级力量对比关系，法律和民众的关系等一系列基本问题上，产生了认识上的飞跃。由此也可以证明，他的一生始终是站在时代前面指导革命的，是“充满着崇高精神和英雄气概的革命的民主主义者”。[②]

资产阶级民主派的另一位代表人物是章太炎。章太炎（1869—1936），原名学乘，字枚叔，后易名为炳麟，别号太炎，浙江余杭人，出身于书香门第。青年时期师从经学大师俞樾学习经学。对音韵、训诂、典章制度均有很深的造诣。1894 年中日甲午战争以后，民族危机的日益严重，对他的思想产生了强烈的影响，使他满怀救国图存之志，走出书斋，投身于政治

① 《中国的民主主义和民粹主义》，《列宁选集》第 2 卷。

② 《中国的民主主义和民粹主义》，《列宁选集》第 2 卷。

活动，并且突破了封建传统教育的拘囿，向西方学习新的知识。他是在时代风云的推动下，从旧文化营垒中分化出来的资产阶级、小资产阶级知识分子的代表。他曾经赞助康有为、梁启超等人推行的变法维新运动，加入过康有为主持的强学会，并在上海担任当时很有影响的《时务报》撰述。戊戌政变以后，迫于清政府列名通缉，逃亡日本，在横滨结识了孙中山，开始接受资产阶级的革命民主主义思想。

19世纪末20世纪初，面对中国阶级矛盾、民族矛盾错综复杂，异常尖锐的大动荡时代，使得章太炎进一步看清了清王朝作为帝国主义走卒和帮凶的真面目，认识到不推翻清王朝的统治，“欲士之爱国，民之敌忾，不可得也”①，从而推动他抛弃改良的道路，转向资产阶级民主革命。1900年他在上海张园批评改良派唐才常企图趁那拉氏逃窜西安之机，以勤王为名，要挟清廷作某些改革，是“不伦不类”，并当场“断发易服”，表示反满革命的决心。1901年，他发表《正仇满论》，严正驳斥梁启超的君宪论。1902年因受唐才常株连再次流亡日本，进一步受到孙中山的思想影响，曾经共同商讨“开国典章制度”和改革土地制度的方案。1903年归国后，因为替邹容撰写的《革命军》作序，公开宣传革命，以及在上海《苏报》发表《驳康有为论革命书》，被横加以“亵渎皇帝，倡言革命”罪，与邹容同时入狱。在监三年，斗志不屈，仍然和外界的反满斗争保持着联系。1904年，他身在狱中，却参与蔡元培、陶成章等人筹组的革命团体——光复会。1906年6月，获释以后，再次东渡日本，加入孙中山领导的同盟会，主编同盟会机关报《民报》。他在辛亥革命的准备阶段，以敏锐的思想、犀利的笔锋，痛斥保皇派种种谬论，鼓吹革命。热情宣传了同盟会的纲领，坚持三民主义的宗旨和资产阶级共和国的道路，发挥了较大的作用和积极的影响，是章太炎一生中最光辉的岁月。

从戊戌变法到辛亥革命前夜，章太炎“七被追捕，三入牢狱，而革命

① 《訄书·客帝匡谬》。

之志，终不屈挠”[①]。他那饱含战斗气息的文章，“所向披靡，令人神往”[②]。促进了资产阶级革命民主思潮的发展，扫荡了保皇派散布的君主立宪的迷雾，为辛亥革命作了重要的舆论准备。

辛亥革命以后，以反满为职志的章太炎，错误地认为清朝专制帝制已被推翻，资产阶级革命已经完成，因而在组织上与孙中山闹分裂，主张解散同盟会，提出“革命军兴，革命党消”的主张，要孙中山、黄兴解散同盟会。在政治上公开反对孙中山和孙中山主持下的南京临时政府，拥护黎元洪、袁世凯。一度充当袁世凯政府的高级顾问和东三省“筹边使”。只是在袁世凯阴谋杀害国民党主要负责人宋教仁，血腥镇压孙中山领导的二次革命以后，才对袁世凯复辟帝制的阴谋有所警觉。1913 年秋，他只身到北京，以“大勋章作扇坠，临总统府之门，大诟袁世凯包藏祸心”，[③] 被软禁三年，直到 1916 年袁世凯死后才重获自由。1917 年，章太炎参加孙中山领导的“护法运动”，担任军政府秘书长。但是随着旧民主主义革命的失败和新民主主义革命的兴起，章太炎的思想由消沉停滞转而顽固倒退，在汹涌澎湃的新文化运动的潮流面前，他大唱反调，坚持国粹主义，甚至鼓吹尊孔读经。稍后，又反对国共合作和孙中山联俄、联共、扶助农工的“三大政策”。正如鲁迅所说：章太炎“既离群众，渐入颓唐”，“用自己所手造的和别人所精造的墙，和时代隔绝了”[④]。晚年主持章氏国学讲习所。“身衣学术的华衮，粹然成为儒宗”[⑤]。章太炎思想的蜕变，是中国近代资产阶级软弱性的具体表现。同时，封建思想文化的深刻影响，也对他在辛亥革命后背离民主思潮起了重要的消极作用。

但是，章太炎毕竟是中国近代史上爱国反帝的思想家。他虽然发表过

① 《且介亭杂文末编·关于章太炎先生二、三事》。
② 《且介亭杂文末编·关于章太炎先生二、三事》。
③ 《且介亭杂文末编·关于章太炎先生二、三事》。
④ 《且介亭杂文末编·关于章太炎先生二、三事》。
⑤ 《且介亭杂文末编·关于章太炎先生二、三事》。

反共言论，但与唯利是图的反动政客不同。1931 年“九一八”事变以后，章太炎虽届晚年，但仍主张抵抗日本帝国主义侵略，反对国民党政府的卖国行径。1936 年他临终之前，面对日益深重的民族危机，表示赞成中国共产党提出的“八一宣言”和团结抗日的主张，说明他的爱国反帝之心是始终不渝的。

章太炎一生在政治、经济、史学、文学、哲学各方面的著作甚多，已出版的有《章氏丛书》《章氏丛书续编》《章氏丛书三编》《太炎最近文录》等。他的法律思想散见于其中。

章太炎的法律思想较为复杂，甚至互相矛盾。他从资产阶级革命民主派的立场出发，赞许表达了资产阶级反封建的政治、经济要求，一度很有生气。随着时势的演变，他又不适当地肯定中国某些封建法律，以致违背了历史的真实。他赞许资产阶级的法律原则，并作了认真的介绍，在他撰写的文章中，论证了法律的概念和内涵，宣扬了以法治国的社会作用，批驳了后世对法家重刑的攻击，但是章太炎的资产阶级民主与法治思想是不彻底的。他在 1911 年发表的《章太炎宣言》中，竟然批评主张拟制新法律的人是“削趾适履之见，虎皮蒙马之形”，“未有一人可用”。并且认为“法律本依习惯而生”，在中国这个“因旧”之国，“其良法美俗，应保存者，则存留之，不能事事更张”。[①] 总之，历史唯心主义的世界观和形而上学的方法论，使他不能以科学的态度批判地总结中国古代法律的历史传统和西方资产阶级法制建设的现实经验，或者全面否定，或者无保留地肯定。这正反映了一个出身于封建士大夫家庭的特定人物在特定时代的特定思想状态和无法克服的障碍。他同孙中山闹分裂，以及与反动派谋妥协和后来的埋头国粹，热心复古，都有他的阶级的和历史的必然性。

曾经作为清末修订法律大臣之一的伍廷芳，是一个接触西方文化较多的思想家、政治家和外交家。特别是辛亥革命以后，他积极支持孙中山挽

---

① 《中华民国联合会第一次大会演说辞》,《章大炎政论选集》。

救革命、恢复民国的斗争，直到逝世。他的法律思想也具有一定的代表性。

伍廷芳（1842—1922），字文爵，号秩庸，广东新会县人。1861 年毕业于香港圣保罗书院，曾任香港高等审判厅翻译。1874 年，他自筹经费留学于美国林肯法学院。毕业后取得大律师资格，返回香港担任大律师职务，“论者谓国人得为外国律师者，公为第一人”[①]。后又被香港政府聘为法官兼立法局议员。1882 年，伍廷芳充当直隶总督北洋大臣李鸿章的幕僚。1896 年，清政府任命伍廷芳出使美国、西班牙、秘鲁等国。1902 年，应召回国，先后任修订法律大臣，会办商务大臣，外务部右侍郎、刑部右侍郎等职。1907 年，再次出使美国、墨西哥、秘鲁、古巴，两年后被召回。作为供职清朝“已历数十寒暑”的官僚，他痛感清朝政府“政纲失纽”，法纪废弛，以至于列强环迫，造成严重的民族危机。因此，大声疾呼：如要“不战而抗行欧美”，唯有“上下一心，变法图强而已”[②]。为了改革清朝腐朽的政治法律制度，他“屡有条陈，辄思补救”[③]，说明他是站在资产阶级改良派的立场上的。但是极端腐朽与保守的清朝先治者，固守成法，抵制改革，使得他的主张“奈终见沮，十不一行”[④]，以致“志敛心灰，浩然归去”[⑤]，寄寓在上海英租界，以观世变。

此后，他从维护清朝统治的改良派立场，逐渐转向支持孙中山领导的资产阶级民主革命，他在总结“前清不国之原因”时，尖锐地指出：“盖在不知变通而已。”1911 年，辛亥革命爆发以后，他立即电促清帝退位，赞成共和政体，这在当时是使人感到惊讶之举。随后，与张謇等人发起组织共和统一会，曾任南方光复各省临时外交代表。南北议和时，他被起义各省共举为革命军的全权代表，在谈判中坚持以实行共和政体为议和前

① 《伍秩庸博士墓表》，《中国国民党史稿》第 4 篇。

② 《中华民国图治刍议》。

③ 《中华民国图治刍议》。

④ 《中华民国图治刍议》。

⑤ 《中华民国图治刍议》。

提。1912 年，以孙中山为首的南京临时政府成立以后，伍廷芳任司法总长。1916 年，任段祺瑞内阁外交总长。1917 年 9 月，南下参加孙中山在广州建立的护法军政府，担任外交部部长。1921 年 5 月，孙中山在广州就职非常大总统，伍廷芳为外交部部长兼财政部部长，并于孙中山赴桂林前线指挥北伐时，代行总统职务。1922 年 4 月，兼任广东省长。同年 6 月，支持孙中山反击陈炯明叛乱的斗争，不久逝于广州。

由于伍廷芳长期学习和工作在欧美资本主义国家，他所接受的资产阶级的法律思想影响是十分明显的。由于他经历了由改良派到追随资产阶级民主主义革命的转变，因此在他的法律思想中，改良的因素随着这个转变的进程而相应地减少，从而有可能对于南京临时政府的建立，以及以后的立法和司法发挥重要的指导作用。事实上，伍廷芳的法律实践活动，比起他的理论影响更大，更值得重视。

伍廷芳不仅主张用资产阶级的法制改造中国的旧法制，同时也强调要在中国的土地上实行资产阶级的民主自由。以新闻自由为例，他建议制定公平而又“使人易知易行”的报律，来保护“自由言论之权”，发展新闻事业，以“开人智慧”，改变中国“历来朝野割绝，以妄谈军国大事为戒”的封建专制主义的禁律。但是，伍廷芳生长在半封建半殖民地的中国，而又浮沉于清朝官海几十年，特定的历史条件、现实的矛盾斗争和出身经历，使他的法律思想一方面表现了对资产阶级法制的向往，另一方面也残留着某些封建法律影响的痕迹，就在《刍议》一书中竟称武昌起义为“反正”。对于共和政体，也认为“固非程度幼稚者之可能一蹴而几也”。但总的说来，伍廷芳的法律思想和实践是为资产阶级民主共和制度服务的，这个思想脉络越至后期越清晰。在中国近代法律思想史上，在立法定制建立资产阶级的法律体系和司法制度方面，伍廷芳作出了自己的贡献，值得认真研究。

伍廷芳是中国近代史上了解西方资产阶级法制与法学概况，而又热心改革中国封建法制的代表人物之一。他在和沈家本共同担任修订法律大臣期间，参与修订新刑律草案和中国历史上第一部民律草案的工作，揭开了中国近代立法史上重要的一页。特别是他在辛亥革命以后担任南京临时政府司法总长期间，协助孙中山制定和颁布了一系列具有反封建的资产阶级民主性质的法律和法令。此后在北洋军阀撕毁约法，擅权窃国的严峻形势下，他勇敢地站在孙中山一边，进行了以恢复《中华民国临时约法》为旗帜的护法斗争，成为孙中山的得力支持者。伍廷芳的主要著作有《中华民国图治刍议》《美国费城大书院演说》等。

在资产阶级民主派中，年纪最轻而又最具有活力的是邹容。

邹容（1885—1905），原名绍陶，字蔚丹，又作威丹，四川巴县人。戊戌维新运动期间，他读了严复所译的《天演论》以及宣扬新学的《时务报》，开始接触西方资产阶级的政治法律思想。他景仰主张流血变法的戊戌六君子之一的谭嗣同。他曾经就读于吕冀文主办的重庆经学书院，后因“指天画地，非尧舜，薄周孔，无所避”而被开除。1902 年春，他自费留学日本，进一步接触西方资产阶级的法律文化，热心研读卢梭的《民约论》、孟德斯鸠的《法意》《法国革命史》《美国独立宣言》等书，并积极参加留日学生运动。1903 年 3 月 31 日，邹容邀集同学，痛打破坏留学生运动的清政府留日陆军学生监督姚文甫，剪其发辫以示惩。同年 4 月，邹容返回上海，随即参加上海爱国人士在张园召开的拒俄大会，他登台演说，慷慨陈词。5 月，保皇派妄图将拒俄运动引入他们策划的君主立宪的轨道，对此，邹容不仅自己拒不参加保皇派组织的国民议政会，还劝说受骗的爱国学社学生退出议政会。不久，他创立了中国学生同盟会，以团结全国学生为宗旨，得到了广泛的支持。他撰写的《革命军》，以洋溢的爱国热情，辛辣而又流畅的语言，猛烈抨击清政府的卖国罪行和对人民的残酷迫害，他指出革命是“天演之公例”，“世界之公理”，是“顺乎天，而应乎人”的伟大行动，是“国民之天职”。他号召用革命的行动推翻清政府，“扫除数千年种种之专制政体”，“以恢复我声明文物之祖国，以收回我天赋之权利，以挽回我有生以来之自由，以购取人人平等之幸福”。他把理想中的国家定名为“中华共和国”，是“自由独立之国”。他在篇末大书“中华共和国万岁”，“中华共和国四万万同胞的自由万岁”。显示了他的革命胆略与气魄。

《革命军》一书，由章太炎作序发表，并在《苏报》上撰文介绍，称赞《革命军》是“今日国民教育之第一教科书”，“笔极犀利，文极沉痛，读之无不拔剑起舞，发冲眉竖”，产生很大的影响，使得清政府惊恐不安。1903年，清政府勾结上海公共租界工部局，于6月30日逮捕章太炎等五人，邹容得知章被捕，于7月1日自动到巡捕房投案。清政府竟然在中国本土上的外国租界法庭充当原告，并无理判处章太炎监禁三年，邹容监禁二年。1905年，年仅二十岁的邹容被折磨死于监狱中。1912年2月南京临时政府成立，追认邹容为大将军。

（三）资产阶级民主派法律思想的主要内容

1. 揭露清朝法律与司法对广大人民的迫害

早在鸦片战争前夜，地主阶级改革派龚自珍等便抨击了清朝法律的落后与腐朽。经过半个多世纪以后，资产阶级民主派对清朝封建法制进行了全面地揭露与批判。如果说地主阶级改革派抨击清朝法律，意在促使统治者的警醒，以便改善清朝的统治，那么资产阶级革命派对于清朝法制的揭露和批判，则意在唤醒民众，推翻清朝的统治。

邹容在《革命军》这一具有历史意义的讨清檄文中，从扫除延续数千年的专制政体出发，揭露了处于清朝封建法律桎梏下的广大民众，如处“十八层地狱”，每年死于“滥酷刑法之下者，不知凡几”。他以悲愤的笔触写道：“不知今无灭族，何以移亲及疏？今无肉刑，何以髡人杖下？今无拷讯，何以苦打成招？今无滥苛，何以百毒备至？至若监牢之刻，狱吏之惨，犹非笔量所能形容，即比以九幽十八狱，恐亦有过之无不及。”他还揭露了“开创于顺治”，“滥觞于乾隆”时期的文字狱，使得“抗议发愤之徒绝迹，慷慨悲咤之声不闻，名为士人，实则死人之不若”。他以法国卢梭、孟德斯鸠等人的著作，“为起死回生之灵药，返魄还魂之宝方”，号召同胞进行革命，“使中国大陆成干净土，黄帝子孙皆华盛顿”。

在对清朝封建法制的揭露和批判上，孙中山较之邹容更为全面和深刻。

孙中山从推翻满洲贵族操纵的清王朝的政治革命出发，揭露了清朝是中国封建专制主义发展的最腐朽与最黑暗的阶段，他说：“前清沿数千年专制之秕政，变本加厉，抑又甚焉。”[①] 在清朝专制主义的长期统治下，“政治不修，纲维败坏，朝廷则鬻爵卖官，公然贿赂，官府则剥民刮地，暴过虎狼，盗贼横行，饥谨交集，哀鸿遍野，民不聊生”[②]。孙中山不仅一般地暴露了清王朝的政治腐败，他还历数了在清王朝二百余年的统治下，中国人民所遭受的深重灾难：就内部来说，清王朝推行阶级的和民族的双重压迫政策，剥存被统治者的生存权、自由权和财产权；压制言论自由，结社自由；纵容官场中的贪污和行贿；实行极端野蛮的军事镇压，总之，一切政策与行政措施的出发点，都是为了一小撮统治者的私利。这个政权还“借立宪之名，行敛财之实，杂捐苛细，民不聊生”。[③] 不仅如此，它还利用封建的纲常名教，“盗窃仁义，铜蔽天下，使无异志。帝制之计既周且备，将借奸术，长保不义”[④]。伍廷芳也揭露了清朝封建专制制度所造成的社会危机和对人民的极端压迫，他说：“凡数百年来，四海萧骚，咸狙伏于专制政府之下，如水益深，如火益烈，压迫太甚，炸力旋生。其势使然，以是人心之趋向，渐集民权。”[⑤] 清朝统治者既不了解时势变迁与中外情形，“又不知幡然改图”，相反动辄“以祖宗成法不能稍变”，以至于“执政诸臣……箝口结舌，亦不敢轻言改革”[⑥]。

鸦片战争以后，在资本主义侵略威胁下，清朝统治者又肆无忌惮地媚外卖国，“甘于弃地，日就削亡”，“要害之区尽失，发祥之地已亡”[⑦]，使得

---

① 《南京临时政府公报第四十一号》，《辛亥革命资料》。

② 《兴中会宣言》，《孙中山全书》第 3 册。

③ 《南京临时政府公报第一号》，《辛亥革命资料》。

④ 《南京临时政府公报第十七号》，《辛亥革命资料》。

⑤ 《中华民国图治刍议》。

⑥ 《中华民国图治刍议》。

⑦ 《驳保皇报》，《总理全集》第 1 册。

中华民族遭到前所未有的危机。更为严重的是，竟然认贼作父，联合外国侵略者镇压中国人民的反帝爱国运动，“为外人平靖地方，然后送之”[①]。因此，孙中山旗帜鲜明地宣布：“欲救国救人，非锄去此恶劣政府不可。”孙中山对于清王朝专制主义统治罪恶的深列揭露和尖锐批判，不但继承了十七世纪以来启蒙思想家反对专制制度的传统，而且带有中国近代反侵略反压迫的民族民主运动的时代特征。

孙中山在揭露清朝专制主义统治种种积弊的同时，特别揭露了清朝法制对于人民的束缚与迫害，指出清朝法律的锋芒所向就是镇压人民，以保护专制主义的统治。他说：“对于人民的行动，于皇位有危险的，使用很大的力量去惩治。故中国一个人造反，便连到诛九族，用这样严重的刑罚去禁止人民造反，其中用意，就是专制皇帝要永远保守皇位。”[②]他还指出在清朝统治下，“法令益严，罪罟益密。嗟我汉人，有重足倾耳箝口结舌以葆性命不给”[③]。除去公开的大量律例以外，皇帝还随时颁发诏谕作为法律的补充形式。甚至地方长官的命令也都起着法律的作用。所谓“官场一语，等于法律”[④]，老百姓“对于现行之法律典章，惟有兢兢遵守而已”[⑤]。“国家之法律，非平民所能与闻”[⑥]，在严密的法网束缚下，使得中国社会“无一非被困于黑暗之中”。

至于清朝司法镇压的野蛮残暴尤为历代所少有。“其身为民牧者，操有审判之全权，人民身受冤抑，无所吁诉”，司法官吏之间“上下相蒙相结，有利则各饱其私囊，有害则各委其责任。婪索之风已成习惯，官以财得，政以贿成”[⑦]。在清朝的法庭上，司法官们根本“不依照适当的法律程序而剥

① 《驳保皇报》，《总理全集》第1册。
② 《民权主义第二讲》，《孙中山选集》。
③ 《南京临时政府公报第十七号》，《辛亥革命资料》。
④ 《伦敦被难记》，《孙中山选集》。
⑤ 《伦敦被难记》，《孙中山选集》。
⑥ 《伦敦被难记》，《孙中山选集》。
⑦ 《伦敦被难记》，《孙中山选集》。

夺我们（被告）的各种权利”[①]。特别是“在审讯被指控为犯罪之人时，……使用最野蛮的酷刑拷打，逼取口供”[②]。他谴责刑讯是清朝种种虐政中，最使人深恶痛绝的一端。

孙中山还揭露了清朝法律在思想文化领域的专制主义统治。指出：清朝借助法律的强制来“涂饰人民之耳目，锢蔽人民之聪明”，以至于“无论为朝廷之事，为国民之事，甚至为地方之事，百姓均无发言或与闻之权”[③]，“凡政治之书，多不得流览；报纸之行，尤悬为厉禁。是以除本国外，世界之大事若何，人民若何，均非其所知。……谈兵之书，不特为禁品之一，有研究者甚或不免于一死。……士人当束发受书之后，所诵习者不外于四书五经及其笺注之文字，……以养成其盲从之性。学者如此，平民可知”[④]。对此孙中山不仅给予猛烈抨击，而且在辛亥革命以后的政权建设中，坚决加以纠正。他批评南京临时政府内务部颁布《暂行报律》的理由之一，就是唯恐使人怀疑“满清钳制舆论之恶政，复见于今”[⑤]。

总之，孙中山对待清朝法制的态度，像他对待整个清王朝的态度一样，充满强烈的憎恨，主张予以废除。但是在南京临时政府存在期间，虽然根据孙中山的意见进行了一些必要的立法活动，但由于当时形势的动荡和革命集团领导力量的分裂和软弱，还不可能立即进行各种法典的全面编修工作。因此，临时政府曾经发表声明说：“民国完全统一，前清政府颁布之一切法令，非经民国政府声明继续有效者，应失其效力。”[⑥]这就意味着经国民政府认可有效的清朝法律，仍可以援用。这就表明了孙中山关于废除清朝法律的主张，并没有坚持到底，这就为以后的北洋政府部分援用前清法律

---

① 《中国问题的真解决》，《孙中山选集》。
② 《中国问题的真解决》，《孙中山选集》。
③ 《伦敦被难记》，《孙中山选集》。
④ 《伦敦被难记》，《孙中山选集》。
⑤ 《南京临时政府公报第三十号》，《辛亥革命资料》。
⑥ 《南京临时政府公报第三十号》，《辛亥革命资料》。

提供了先例。袁世凯在就任临时大总统以后，立即电令：前清“施行之法律及新刑律，除与民国国体抵触各条应失效力外，余均暂行援用”。这时孙中山还没有移交权力，但却没有对此表示异议。不久，临时政府司法部长伍廷芳又提出：清末所编订的诸律，“除第一次刑律草案，关于帝室之罪全章及关于内战罪之死刑，碍难适用外”，其余如民律草案、民事、刑事诉讼法草案、商律，以及第一次刑律草案其他部分，均请求暂予援用。对此孙中山也表示同意，以致在相当大的程度上恢复了前清的法律。这种矛盾现象不是偶然的。除前述南京临时政府还不具备制定重要法典的条件，也无暇进行这方面的准备工作，只好暂时援用清朝的法律，以弥补法制建设上的空白以外，也应该看到清末经沈家本、伍廷芳修订的民刑律草案和民刑诉讼法草案，虽然杂有封建法律的某些内容，但在性质上已经不是纯粹的封建法律，它主要是以大陆法系作为依据，无论在体系、原则和具体条文规定上，都取法于资产阶级国家的有关法典。因此，在孙中山看来是可以有条件地加以援用的。当袁世凯抛出援用清律作为复辟旧制的试探气球的阴谋面前，没有引起孙中山应有的警惕，反而默认其合理，这固然有认识上的原因，也表现了他对旧势力的妥协退让。

2. 提出资产阶级共和国的方案

邹容在《革命军》中第一次提出了推翻清朝专制政权以后，为革命所建立的国家应定名为“中华共和国”。“中华共和国为自由独立之国”，在中华共和国内，无论男女皆为国民，一律平等，无上下贵贱之分，既享有天赋的自由与权利，也承担对国家的法定义务。对于个人权利，中华共和国政府必须保护，如有“干犯人民权利之事，人民即可革命，推倒旧日之政府……整顿权利，更立新政府”。在中华共和国中，“所有宣战议和、订盟通商，及独立国一切应为之事，俱有十分权利与各大国平等”。所有制订宪法与自治法律，以及设官分职，均参照美国办理。在《革命军》的篇末，邹容以激昂的时代最强音喊出：“中华共和国万岁！”“中华共和国四万万同胞的自由万岁！”

在资产阶级共和国方案的问题上，孙中山的论述更为理论化、系统化。孙中山一直是把民族革命与推倒清政府的政治革命紧密联系在一起的。他自称“予自乙酉中法战败之年”，便已立下了“倾覆清廷、创建民国之志”。[①]

1885 年，孙中山创立兴中会，以“建立合众政府”为会员的入会誓词。所谓“合众政府”，来源于美国资产阶级专政的政府。

1904 年，孙中山在美洲手订的“致公堂”章程中，明确提出了“驱逐鞑虏，恢复中华，创立民国，平均地权”的宗旨。

1905 年，同盟会成立以后，在同盟会宣言中，对于“建立民国”的政纲，作了如下的解释：“今者由平民革命以建国民政府，凡为国民皆平等以有参政权。大总统由国民共举。议会以国民公举之议员构成之，制定中华民国宪法，人人共守。敢有帝制自为者，天下共击之。”[②]与此同时，他还在《民报》发刊词中，提出了“民族”“民权”“民生”的三大主义，构成了孙中山完整的思想体系。其中民权主义是孙中山共和国思想的集中体现。他表示“顺乎世界的潮流，非用民权不可”。而民权的主要内容就是学习欧美立法，建立一个以自由、平等、博爱为其一贯精神的共和政体。由于孙中山坚持推翻清朝政府之后，代之以共和政府，因此他强调“就算汉人为君主，也不能不革命”[③]，从而突破了单纯反满的目标，赋予民族革命以深刻的政治内容。

孙中山关于资产阶级民主共和国的思想，是中国先进思想家向西方寻求真理的重要结晶，它不仅粉粹了保皇派关于君主立宪、开明专制等反历史潮流的说教，而且阐明了在推翻清朝政府之后，绝不是汉族帝国的重建，而是建立民主共和的国家。这是一个带有根本指导意义的伟大思想，它指导了辛亥革命发动和南京临时政府的建设。

与此同时，章太炎和伍廷芳也设计了他们理想中的国家方案。

---

① 《建国方略》，《孙中山选集》上卷。

② 《同盟会宣言》，《孙中山选集》上卷。

③ 《三民主义与中国前途》，《孙中山选集》上卷。

在章太炎设计的理想的国家方案中，反对以国家为主体，人民为客体的理论，指出："近世国家学者则云：国家为主体，人民为客体……或曰：国家自有制度法律，人民虽时时代谢，制度法律则不随之以代谢，即此是实，故名主体。此亦不然，制度法律自有变更非必遵循旧则。纵令无变，亦前人所贻之……其功能仍出于人，云何得言离人以外别有主体。"他指责持这种"谬论无伦"之说者，"真与崇信上帝同其昏悖"①。章太炎对于国家主体说的批判，表现了资产阶级"主权在民"的思想。与此同时，他有力地批驳了保皇派关于"君权变法"、开明专制等谬论，指出"君权专制也，非立宪也……立宪可请，则革命亦可请乎，以一人之诏旨立宪，其所宪非大地万国所谓宪也"②。他贬斥保皇派尊为"圣上"的光绪皇帝，不过是"未辨菽麦"、"孱弱少用"、"仁柔寡断"的小丑，"一身之不能保，而欲其与天下共忧；督抚之不能制，而欲其使百姓守法，庸有几乎"③。在当时的历史条件下，公开置皇帝于不屑一顾的小丑地位，的确显示了一个革命者的胆略，引起了强烈的社会反响。

章太炎虽然主张建立共和政府，但对资产阶级议会制度并不盲目崇拜，因而与十九世纪六十年代以来的资产阶级改良派不同，这和他身陷上海西狱中的三年痛苦经历不无关系。三年西狱的痛苦生活，使他初步觉察到西方的民主政治制度并不十分理想。之后经过去日本实地考察又发现了资本主义的种种弊病，特别是欧美日本帝国主义对亚洲民族的侵略和掠夺，使他产生了资产阶级议会政治也是"乱政"与"腐败"的新认识，并于1908年10月，写成《代议然否论》一文，对议会制进行了尖锐的批评。指出在"趣于拜金"的资产阶级国家里，议会并不是"国民意志的代表"，而是富人利益的代表，"凡为议士者，营求入选，所费金无虑巨万，斯与行贿得官何异"？而且议员们"依附政党，与官吏相朋比，扶持门户之见，则所计

① 《国家论》，《章氏丛书·别录卷三》。

② 《驳康有为论革命书》，《章氏丛书·文录二》。

③ 《驳康有为论革命书》，《章氏丛书·文录二》。

不在民生利病，惟便于私党之为。故议院者，国家所以诱惑愚民而钳制其口者也”[①]。他还尖锐地抨击说：“官吏受贿，议院得弹劾而去之，议院受贿，谁弹劾而去之？一议士受贿，他议士得弹劾而去之，尽议院皆受贿，谁弹劾而去之。”[②] 为了说明这一点，他举出以民主立宪著称于世的美法两国为例，说：“今法之政治以贿赂成，而美人亦多以苞苴致显贵。”[③] 其所以如此，就在于“有议院，而无平民鞭箠于后，得实行其解散废黜之权，则设议院者，不过分官吏之赃以与豪民而已”[④]。结果“民权不藉代议以伸，而反因之扫地”[⑤]。

对于议会制度能否实行于中国，章太炎也持否定的意见，理由是：

（1）中国地广人众，与欧美不同，多选议员，则集会不便，少选议员，则势必为富豪把持，“名曰议院，实为奸府”，“徒为力者缚其羽翼”，中国“尚不欲有一政皇，况欲有数十百议皇耶”。

（2）中国如实行议会制度，在地方管理上势必分州，从而破坏了多民族国家的统一，“南北美战争将亟见于汉土”。

（3）议会享有立法权，则“凡法自上定者，偏于拥护政府；凡法自下定者，偏于拥护富民，……求垄断者唯恐不足，况肯以土田平均相配？”他批评自己曾经一度照搬美国民主共和制，是“徒见肤表”。

总之，在国家体制问题上，章太炎主张实行总统制的共和国，即不设议会为最高权力机关，而以民选的总统为国家元首，执掌行政、军事、外交大权。总统不得以非法手段让取职位。总统对任职多年和有功的官吏可以依法提拔，但不得以个人好恶任意更换有专门技能和无罪的官吏。总统权力的行使与有关国务长官共同负责，不能卸过，如有失职受贿，一体治

① 《官制索隐》，《章氏丛书·文录一》。
② 《五无论》，《章氏丛书·别录卷三》。
③ 《官制索隐》，《章氏丛书·文录一》。
④ 《五无论》，《章氏丛书·别录卷三》。
⑤ 《代议然否论》，《章氏丛书·别录卷一》。

罪。在这个总统制的共和国内，人民不仅享有集会、言论、出版的自由，而且实行直接民权，譬如增税，地方官须先征询其民，民可则行之，否则止之。遇有外交宣战等急务，人民可以派人与政府共同议定。

在章太炎的国家方案中，力图避开资产阶级民主制的弊病，表现了某种进取精神，尽管他对资产阶级议会制的批判还非常肤浅。但是，章太炎思想中的另一部分，即封建复古主义毒素，也对他产生了严重的羁绊。例如，他竟然说："立宪无益，而盛唐专制之政，非不可致理。"[①] 又说："代议政体必不如专制为善，满洲行之非，汉人行之亦非；君主行之非，民主行之亦非。"[②] 说明他虽然看到了资产阶级议会政治不能使人民得到真正的平等自由，但却不承认资产阶级民主制比起封建君主专制是一个大的进步，引导人们向后看，把近代资本主义社会才出现的事物，说成是中国古已有之。甚至鼓吹"刑名法律""科场选举"等"极不好的事"，也带有"几分社会主义性质"，这种矛盾反映了中国资产阶级软弱性的这个致命弱点。同时，资本主义发展到帝国主义阶段所表现出来的腐朽性，也使章太炎对资产阶级共和国的信念发生了动摇。因而在推翻清朝专制主义统治之后，感到出路彷徨，被迫向他所熟悉的封建国学中寻找答案，以至于不适当地肯定了某些封建法制。凡此都表现了一个带有封建士大夫烙印的资产阶级革命家和思想家的特殊性格。这种矛盾的发展使他对民族的前途、国家的命运和世界的未来，产生"四惑""五空"的消极心理，终于成了和时代隔绝的落伍者。

与章太炎相反，伍廷芳由改良转向革命以后，一直坚定地拥护民主共和。他认为共和政治"乃专指全国政体"而言，其意是国民代表执行政事。他针对某些别有用心的人引用中国古代周召共和之制，将民国的共和歪曲为"属于君主政体"，指出："今日称共和者，乃以别于专制及君主立宪之

① 《代议然否论》,《章太炎政论选》。

② 《代议然否论》,《章太炎政论选》。

谓也”，决不能“附会牵合”。在这个“由国民代表取决”并“肩其责任”的共和政体下，国民应该享有平等权与自由权。民国成立以后，他深感“英才应运而兴，共和大纲，日形进步”，[①]尽管新建立的民国还远不成熟，但已确较清朝优胜。他对帝国主义者对民国的讥评，给予严正驳斥，指出：“夫以美法经营百年多，完善共和之国，望我责我，岂能一蹴而几哉”，[②]何况中国是一个“数千年最大最古之国，一旦鼎新革故自较欧美为难”。[③]他还针对清朝的遗老遗少们发出的“亡清易国”的衰思，在《刍议》中专门写了《论前清官吏当知民国非易国》一文，指出：“吾故曰非易国者，不过易总理而改良其政治而已。”又说：“民国者吾五族同胞之民国，非一人一族可得而私有之，谊本一家，亲同手足，知乎此，则国界族界之臆说，全行打破，无复疑无之可言。”伍廷芳的这一段论述是颇为精彩的，可以说是孙中山民族民权论的一个具体补充。

为了加强民国的建设，他提出了以改革民国现状为目的的宪纲大旨七条，其中以维护国民的人身权利为基点。如：无故不得擅入住宅搜查与封禁“房屋铺户”；无“合格衙门”发出的拘人票不准任意捕人；拘捕之人必须于二十四小时内提交法庭提审；一人犯罪不得牵连家属。以上各条如有违反，受害人可以起诉，要求赔偿。他认为这七条是“中国立宪基础”，如能切实奉行，可使国民安居乐业。[④]

由于伍廷芳坚定地拥护民国，所以他批评复辟清室的谬说只能“构煽内乱”。当袁世凯摧残民国，复辟帝制之际，他持鲜明的反对态度。特别是张勋策划丁巳复辟丑剧时，身为外交总长兼代国务总理的伍廷芳，藐视军阀的淫威，坚决拒绝副署大总统解散国会的命令。辛亥革命以后迭次出现的复辟与反复辟的斗争，使他从实践中认识到军阀的真正面目，因而愤然

---

① 《刍议》。

② 《刍议》。

③ 《刍议》。

④ 《刍议》。

出京，积极追随孙中山南下进行保卫民国的护法斗争，成为护法军政府的重要领导成员，1918年，改组军政府，设立七总裁，伍廷芳为七总裁之一，兼任外长、财长。此后他鉴于南方军阀借护法为名，专横跋扈，割据自为，有利可图则与北洋军阀互相勾结，抹杀毁法与护法的分歧，因而辞职回上海。1920年冬，伍廷芳再次跟随孙中山回广州，恢复军政府。1922年6月，陈炯明叛变，使护法运动再次遭到失败。伍廷芳感愤得疾，于6月23日逝世。临危前切切叮嘱其子务将护法本末昭示国人，借以表明他对民国的象征——《中华民国临时约法》的拥护和对民主共和制度的忠贞。当然这也说明了他在临终时仍没有找到一条正确的革命出路。

3. 主张按资产阶级的法制原则，以法治国

早在1878年5月，孙中山随其兄孙眉抵达檀香山以后，便对当地“地方秩序良好，物产丰富，商业发达，人民安居乐业”，与清朝统治下的黑暗中国迥然不同，留下了深刻的印象。当他进一步探索其所以致此的原因时，发现“实由政府有法律，民众得保障所致”[①]。这表现了孙中山对法治和民权的最早的响慕，也是他重视法律效用、接受资产阶级法治思想洗礼的最初的言论。1897年，孙中山在英国为寻求救国救民的真理，阅读了大量书籍，其中法律是他所关注的重要内容之一。据康德黎记述，孙中山经常“阅读有关政治、外交、法律、军事海军的书……占据了他的注意，而且细心和耐心地研究”[②]。这对孙中山理论体系的形成，有着重要的意义。经过一番艰苦的探索，特别是实际斗争经验的积累，使他逐渐形成了“国家除了官吏之外，次重要的是法律”[③]的观念，认识到法律对于实现国家统治所起的重要作用。

章太炎在论证资产阶级以法治国原则之前，从总结历史经验的角度阐明法律的产生、实质和作用。他说，法律不是从来就有的。在“法律未成”

---

① 胡去非:《总理事略》。

② 《孙逸仙与新中国》。

③ 《三民主义之具体办法》,《孙中山全集》第3集。

之时，人们可以“恣其情性，顺其意欲”，而无所约束，以至于“一切破败而毁弃之”。可是在“政府既立，法律既成”之后，人们的“一举一废”不能不适应一定的准绳，所谓“应于外界而为之耳”，否则“必不免于刑戮”。[①] 正如他把国家的产生说成是“本以争战为其始原”一样，对法律的产生也认为是起源于暴力，即所谓“以争地劫人而成”，“非以卫民而成”。因此法律的基本职能就是庇护强者。在他看来，这是古今一体，概莫能外的。“今者法令滋章，其所庇仍在强者，贫民以为盗受诛宁止亿兆。”[②] 即使是美日等资产阶级文明国家的法律也全是用来保护富人豪门，压迫贫民的。章太炎关于法律始纵庇护强者的论断，尽管没有从科学上揭开法律作为统治阶级专政工具的实质，但比起“法律公正无私”之类的论调，显然前进了一大步。

章太炎虽然认为法律是用于庇护强者，但是缘法为治毕竟优于非法重刑，他主张“以刑维其法，而非以刑为法之本也”。他谴责汉时“专以见知、腹诽之法震怖臣下，诛钽谏士，艾杀豪杰，以称天子专制之意”的张汤之流的酷吏，赞赏商鞅立法，仅仅对吏民“不率”者才施以刑罚，即使贵为国君，也不得“违法而任喜怒”。因此，尽管商鞅用刑酷烈，但由于用刑目的在于“止刑”，反而有裨于治道。章太炎撰写的《商鞅》一文，就是在肯定了西方资产阶级提出的“法律面前人人平等”的前提下，把中国封建制初期地主阶级的法治思想和西方资产阶级的法治思想相比附。他对商鞅的高度评价，是为宣传变法维新，实行资产阶级法治原则服务的。

章太炎还用资产阶级法理学的观点，剖析了法律的内涵，认为法律涉及的方面十分广泛，不是中国旧律学家以刑律一词所能概括的。他说：“法者，制度之大名，周之六官，官别其守，而陈其典，以扰又天下，是之为法。”[③] 又说：“法律者，模式格令仪注而为，言此则六典通礼之流悉包之

① 《革命道德说》，《章氏丛书·别录卷一》。
② 《五无论》，《章氏丛书·别录卷三》。
③ 《商鞅》，《章氏丛书·检论卷九》。

矣。”[①]基于这种认识，他称先秦法家是“西方所谓政治家也”，因为他们并“非胶于刑律而已”[②]。不仅如此，他认为自汉以来，已成为占统治地位的思想和政策的“出礼入刑”“礼主刑辅”的“礼”，也就是法。他说：“礼者，法度之通名，大别则官制、刑法、仪式是也。”[③]但是发展到了封建末世，随着阶级矛盾的尖锐化，礼的约束作用日渐丧失。从礼的作用的消长演变过程说明了统治者从严酷的阶级斗争实践中看到了“礼官之法必用空文”，[④]所关注者惟在“青黄黼黻之间”，但随着时代的变化，“空为仪式者，令不必行，诫不必止”[⑤]，于是出现了……礼可误，刊不可误”的趋势。[⑥]章太炎关于礼和刑的关系及其演变的论述，是面对现实的，是对于当时清廷中一批顽固守旧的官僚一味鼓吹礼治，宣扬复古极力诋毁资本主义新文化思潮而发的。同时，也反映了他思想上的法治倾向。

为了阐述法律在治理国家中的重要性，章太炎引古明今，从多角度、多侧面论证了法律的作用：

（1）他援引法家的旧说，认为“法者所以兴功惧暴，律者所以定分止争，令者所以令人知事”，它们之间虽各有不同的调整范围，但又互相为用，承担共同的任务，所谓“论功计劳未尝失法律”。[⑦]

（2）防范和惩治私人相杀。说：“人将相杀，当以法律治之”[⑧]，“……私人之相杀者，或以感愤激昂而过其直，于是有法律以范之。法律者，则以公群代私人复仇尔，既其相代则私人之复仇者自可禁遮然”[⑨]。在这里，章太炎

① 《五朝法律索引》，《章氏丛书·文录一》。
② 《商鞅》，《章氏丛书·检论卷九》。
③ 《礼隆杀论》，《章氏丛书·检论卷二》。
④ 《礼隆杀论》，《章氏丛书·检论卷二》。
⑤ 《五朝法律索引》，《章氏丛书·文录一》。
⑥ 《礼隆杀论》，《章氏丛书·检论卷二》。
⑦ 《原法》，《章氏丛书·检论卷三》。
⑧ 《五无论》，《章氏丛书·别录卷三》。
⑨ 《复仇是非论》，《章氏丛书·别录卷一》。

只是抽象地提出问题，未能指出相杀者身份的不同，法律或予制裁，或不予追究。在中国封建社会中，贵族、官僚即使非法杀人，也不受法律的惩治。南齐时巴东王杀死僚佐，戴僧静便公开为之辩护，说："天子儿过误杀人，有何大罪。"① 因在封建法典中良贱异罚，是封建法律特权性的突出表现。

（3）"偿害"和惩戒后者。他反对把法律仅仅说成是惩戒后者而忽视代被害者取偿，说："夫使法律只为惩后，民穷为盗，未见行法而能少衰。何故治盗之律不为废止？且刑之当其罪，犹赏之报其劳，今日刑只以惩后人，则赏亦只以劝后人，为惩制刑非以偿害，则亦可云为劝制赏非以报劳也。充其类例则是劳者本无可赏，害者本无可刑，而惩劝亦甚无谓矣。"因此，他认为"用刑之本心，趣以偿害，而惩后者乃其所孳生之利息，荡及之余波耳"②。

（4）"以法律为治"管理国家，国势必张。他从中国历史文献中搜寻根据，证明"以法律为诗书者，其治必盛，而反是者，其治必衰"③。为此充分肯定先秦法家"事断于法"的观点，赞赏商鞅、韩非推行"不踰法以治罪"的主张，称赞商鞅是"魁垒而骨鲠"的铮铮人物，在他执政变法期间，即使国王也"不得违法而任喜怒"。他明知对太子的师傅加刑必然要招致严重的后果，但仍"不欲屈法以求容阅"。因此，商鞅执政，法令虽疏。但可统适用，而无歧异。他说："吾观古之为法者，商鞅无科条，管仲无五曹令，其上如流水，其次不从则大刑随之，律不亟见，奚有于歧者。"④ 又说："……法家不厌酷于刑而厌歧于律。汉文帝时，三族法犹在，刑亦酷矣，然断狱四百，几于兴刑措之治者，其律一也。"⑤ 反之，"上歧于律，则下循于情，而州县疲于簿书之事，日避吏议，娓娓不暇给，故每蔽一囚，不千金

① 《南齐书·戴僧静传》。
② 《复仇是非论》，《章氏丛书·别录卷一》。
③ 《商鞅》，《章氏丛书·检论卷九》。
④ 《儒法》，《訄书五》。
⑤ 《儒法》，《訄书五》。

不足以成狱，则宁过而贯之，其极，上下相蒙，以究于废弛。是故德意虽深，奸宄瘉因以暴恣，今日是也”①。

（5）“释法而任神明”，人主虽圣，不足以致治。由于章太炎以法治相尚，因此在“治法”和“治人”的问题上，作出了重法而轻人的回答。认为“专重法律，足以为治”，“释法而任神明，人主虽圣，未无不知也”②。只要上下都不违反固定的法律，即使商君、武侯之政也可能出现。如果“过任治人，不任治法”则事足以招乱。所以他强调“为治固当循绳墨，无所用贤，且有劳者得超除，溺职者受罢黜，材者固无患其沉滞，虽下资亦自见冷汰矣”③。章太炎关于治人与治法的论述的出发点，在于批判封建专制制度，有些虽不无偏颇，但其积极作用是不可忽视的。

由于章太炎重视法律在治理国家中的作用，因此他反汉兴以来儒家对商鞅和秦的非难，他从利民的角度对商鞅进行了肯定的评价，说商鞅“以法学之鸷，终使民生；以法家之刻，终使民膏泽”④。章太炎推崇“以律为治国之本”的秦政治。赞赏秦昭襄王“奉法使民有功而受赏”，君民皆得以“块然循于法律之中”⑤。并强调指出，“秦之政可法有一焉”，那就是皇族子弟之亲，也和匹夫同样受法律的约束，“昔者周公封建亲戚以藩屏周，杀王之亲者，辜之。民是以有等威，族是以有阶次，……自营为私亦甚矣。秦始皇用李斯，大涤旧污，身为天子而子弟为匹夫”⑥，“后宫之属，椒房之嬖，未有一人得自遂者”⑦。秦的这种影响也及于汉代：“论汉虽有侯王，然齐民告王甚众，有谋贼宗亲者，刑不加峻。”⑧因此，他得出结论：“秦政如是，然

① 《儒法》，《訄书五》。

② 《秦政记》，《章氏丛书·文录一》。

③ 《代议然否论》，《章氏丛书·别录卷》。

④ 《商鞅》，《章氏丛书·检讨卷九》。

⑤ 《秦政记》，《章氏丛书·文录一》。

⑥ 《通法》，《章氏丛书·检论卷七》。

⑦ 《秦政记》，《章氏丛书·文录一》。

⑧ 《通法》，《章氏丛书·检论卷七》。

而卒亡其国者，非法之罪也。”[①] 相反，秦亡的真正原因在于未能执行既定的成法，“……夫秦以不能自守其宪度，使二世得恣已意，以族大臣，故赵高得报之，报之者赵高起于熏宦，非刑官之行法也，使刑官得夙行其法，纠帝之小恣，则二世必不得怠睢以陷于弑，何高之足患”[②]。章太炎对于秦亡原因的分析，意在阐明执法与巩固国家统治二者的关系，借以论证法治的必要。但是他夸大、美化了地主阶级的某些法治人物，忽略了正是秦朝的一味苛法严刑，加深了人民的灾难，激化了社会矛盾，成为覆亡的重要原因之一。章太炎又举“宋之包拯，明之况钟，近代之施闰章”三人为例，说明他们所以能“传之歌谣，著之戏剧，名声吟口，逾于日月，虽妇孺皆知”，不外乎“慎守法律，为民理冤而已”。[③]

章太炎从“一断于法”的法治原则出发，抨击了由来已久的“刑不上大夫”的特权法原则，指出“夫刑不上大夫者，封建之政也”是“肉食者所以自谋”的法律。[④] 如果因为身份不同，“一事而进退于二律”是不可能有益于百姓的，因此他强调“是制宜废”。同时他也谴责汉董仲舒倡行的春秋决狱，说：“余观汉世法律贼深，张汤、仲舒之徒益以春秋诛心之法，又多为决事比，转相贸乱不可依准。”[⑤] “独董仲舒为春秋折狱，引经附法，异夫道家儒人所为，则佞之徒也”，因为这样一来就会使执法者，不顾事实而只是“占察人之心术”，难免出现“反唇之诛，腹诽之刑”，特别是“为人主一己便，而教天下谄谀”[⑥]。他又指出，“仲舒之折狱二百三十二事，援附经谶，……后之廷尉利其轻重异比，上者得以重秘其术，使民难窥，下者得以因缘为市，然后弃表埻之明，而从縿游之荡，悲夫经之虮虱，法之秕

① 《秦政记》，《章氏丛书·文录一》。
② 《刑官》，《章氏丛书·检论卷七》。
③ 《古官制发源于法吏说》，《章氏丛书·文录一》。
④ 《五朝法律索引》，《章氏丛书·文录一》。
⑤ 《五朝法律索引》，《章氏丛书·文录一》。
⑥ 《原法》，《章氏丛书·检论卷三》。

稗也”[1]。章太炎对董仲舒春秋决狱实质的揭露，也是对封建司法实践中有法不循、原心论罪，任意将无罪说成有罪的专横擅断主义的尖锐批判。

辛亥革命以后，章太炎从维护法治的角度，尖锐批评了1912年3月4日南京临时政府内务部颁布的《暂行报律三章》是越分侵权。他说：“立法之权，职在国会，今纵国会未成，未有编定法律者，而暂行格令，亦当由参议院定之，内务部听司何事，当所自知，辄敢擅定报律，以侵立法大权，已则违法，何以使人遵守。”并表示“所定报律，绝不承认……惟内务部既无作法造律之权，而所定者，又有偏党模胡之失，若贸然遵守斯令，是对于官吏则许其侵权，而对于自身则任人陵践，虽欲委曲迁就，势有不能。除电告孙总统外，特公布驳议，以明内务部无知妄作之罪”[2]。南京临时政府临时大总统孙中山接受了章太炎的驳议，饬令内务部取消《暂行报律》，以示尊重民国法制。

伍廷芳站在资产阶级的立场上，虽然主张实行资产阶级的平等自由，但他强调平等、自由应以法律规定为限。

首先，他为资产阶级法制的经济基础的私有制辩护，说：“谓天下国家，种种物产，俱归公共受用，非个人所得而私有之”的“平权主义”，“泰西各国，未见实行，安能期诸中国”[3]？

其次，他从唯心主义先验论出发，认为“上天生人，品类不齐，性质亦异”，既有智愚之分，又有善恶之别。因此，他反对民国的国民“无分上下，所享权利，均应一律、自无轻重之划分”。他批评主张国民一律平等的观点，只是“从皮面上解释平权，并未深得平权之原理”。

最后，伍廷芳提出民国的平权与自由，“殆指律例上而言”。只有从“律例眼中所视全国之人”，才是“无分上下高低，尽属平等”的。他说：“国家法律，上下人须一律恪遵。位极长官，亦难枉法。犯者无论上下，一同

① 《原法》，《章氏丛书·检论卷三》。

② 《却还内务部所定报律议》，《章太炎政论选集》。

③ 《刍议》第十二章。

治罪。此之谓平等也。”[①] 可见，伍廷芳所谓的平等权，是指法律面前人人平等而言。这是资产阶级的法制原则之一，它同公开确认等级特权为特征的封建法律是对立的。对于自由，伍廷芳也同样主张以法律所赋予者为限，他说：“何谓自由，凡人于法律界内，不出范围，可以自由行事，无人可为拘制，如有稍涉拘制，而不依法律者，即可执拘制之人，起诉于法官，或官或民，犯者一律惩治……此之所谓自由也。”因此自由以守法为前提，“人能守法，斯能自由”。他谆谆以此嘱望国民“切勿误会也”。[②] 他赞赏民国成立以后，“治体取法平权，往来文件书函，罔分上下，统称之曰先生”，而将清朝的大人之类称呼“一概打消”。

以马克思主义的观点来看，法律既然是统治阶级意志的体现，因此，资产阶级所鼓吹的法律面前“一律恪遵”，“一同治罪”，不过是在平等的外衣掩盖下的不平等而已。至于法律内的自由，同样如此。恩格斯曾经以英国为例，说明法律范围内的自由的虚伪性：“举世皆知的英国自由，除了在法律规定的范围内行动这种纯粹形式上的权利而外，还有什么呢？”[③] 列宁在 1919 年 7 月答美国记者问时，既指出了资产阶级的自由平等民主的历史进步意义，同时也揭露了它的局限性，他说：“资本主义和封建主义相比，是在‘自由’、‘平等’、‘民主’、‘文明’的道路上向前迈进了具有世界历史意义的一步。虽然如此，资本主义始终是雇佣奴隶制度，始终是极少数现代奴隶主即地主和资本家奴役千百万工农劳动者的制度。”[④] 他特别综合了俄国工人的切身体验，指出资产阶级有关平等自由的法律，实质上“代表的是有产阶级、私有者、资本家、资产阶级的利益”。[⑤] 由此可见，伍廷芳关于维护法律范围以内的平等权与自由权，是维护资产阶级民主与法制

① 《刍议》第十七章。

② 《刍议》第十七章。

③ 《国内危机》，《马克思恩格斯全集》第 1 卷。

④ 《答美国记者问》，《列宁全集》第 29 卷。

⑤ 《论工业法庭》，《列宁全集》第 4 卷。

原则以及资产阶级利益的具体表现。

伍廷芳把法律内所规定的平等自由权，称之为“真理”，显然这种真理是盖有资产阶级权利的印章的。但在人民无权，军阀肆虐的历史条件下，要求实行法律范围内的平等权与自由权，其针对性是十分清楚的，主要是为了约束军阀官僚法律外的无所限制的权利与自由，借以维护人民的法定权利与自由，因而具有积极的意义。

4. 提出“五权宪法”学说

有关宪法的论述是孙中山法律思想中最重要的内容，他在总结中外法制历史经验的基础上，提出了五权宪法的理论，并用它来指导革命政权的建设。孙中山的宪法理论是在半殖民地半封建中国的特定历史条件下，将西方资产阶级的宪法学说与中国的历史实际相结合的产物。值得提出的是，孙中山的宪法理论并没有停滞不变，而是随着革命斗争的发展而不断地丰富、提高。

（1）阐述了宪法的概念。他说：“……到底什么叫做宪法？所谓宪法者，就是将政权分几部分，各司其事而独立。”① “宪法者，国家之构成法，亦即人民权利之保障书也。”② 又说：“法律是一种的人事的机器……宪法就是一个大机器……现在讲民治，就是要将人民置于机器之上。”③

（2）论证了制定宪法与建立民主共和国的关系。早在同盟会宣言中，孙中山便提出：“今者由平民革命以建立国民政府……制定中华民国宪法，人人共守。敢有帝制自为者，天下共击之！”④ 而后又明确指出：“我们有了良好的宪法，才能建立一个真正的共和国家”⑤，才能使人民有集会、结社、言论、出版、居住、信仰之绝对自由权。孙中山不仅主张制定全国的统一

① 《五权宪法》,《孙中山选集》。

② 《中华民国宪法史前编序》,《孙中山全书》第4册。

③ 《五权宪法》,《孙中山选集》。

④ 《军政府宣言》,《孙中山选集》。

⑤ 《五权宪法》,《孙中山选集》。

宪法，而且主张各省人民也可以自定宪法，自举省长，以便实现地方自治，贯彻中央与地方的“均权主义”原则。

（3）以批判的眼光总结了欧美各国宪法，并参酌中国固有的考试制度和监察制度，形成了五权宪法的理论。他说，历观各国宪法“有文宪法是美国最好，无文宪法是英国最好。英是不能学的，美是不必学的”，因为经过一百多年的岁月，随着美国文明的进步和财富的增长，“当时的宪法现在已经是不适用的了”。究竟中国应该实行什么样的宪法？1906年12月，他在《民报》创刊周年纪念会上第一次提出了五权宪法。说：“兄弟的意思，将来中华民国的宪法是要创一种新主义，叫做‘五权分立’。”“五权分立，这不但为各国制度上所未有，便是学说上也不多见，可谓破天荒的政体。”[①] 由于“五权分立”是“立宪政体之精义”，因此，以五权分立为基本内容的宪法，就称作五权宪法。孙中山说：“五权宪法是根据于三民主义的思想，用来组织国家的。……总而言之，三民主义和五权宪法，都是建国的方略。”[②]

所谓五权分立，是在欧美各国实行的立法、行政、司法三权分立之外，另立考选权和纠察权。因此，五权分立和三权分立之间并没有实质的不同，前者是在后者的基础上发展而成的，旨在克服三权分立的弊病。孙中山对资产阶级三权分立的理论和实践都进行了认真的研究和考察。认为从洛克、孟德斯鸠创立三权分立的理论以后，美国独立和法国革命所建立的资产阶级共和国，都以三权分立作为政治制度的根本原则。他说：“英国宪法所谓三权分立，……是从六七百年前由渐而生，成了习惯，但界限还没有清楚。后来法国孟德斯鸠将英国制度作为根本，参合自己的理想，成为一家之学。美国宪法又将孟氏学说作为根本，把那三权界限更分得清楚，在一百年前算是最完善的了。一百二十年以来，虽数次修改，那大体仍然是未变的。”[③] 孙中山在研究考察中虽然肯定资产阶级三权分立通过权力的制约，避免了

---

① 《在东京〈民报〉创刊周年庆祝大会的演说》，《孙中山选集》。

② 《宣传造成群力》，《孙中山选集》。

③ 《在东京〈民报〉创刊周年庆祝大会的演说》，《孙中山选集》。

封建专制时代集国家大权于君主一人之身的弊端。但是他也发现三权分立存在着严重的缺陷，那就是人民没有直接民权，容易出现议会专制。

同时，他从欧美资本主义国家的现实统治中发现，经过选举和委任两个途径产生的政府官员，“难免于埋没人才和任用私人”。因此，他提出建立独立的考试机关执掌考选权，经过考试选用合格的大小官吏。他说：考试权是他“个人独创出来的”，“宪法中能够加入这个制度，我想是定很完备，可以通行无碍的”。“如果有了考试，那么必要有才能、有学问的人，才能够做官，当我们的公仆。”此外，他认为还应建立独立的监察机关，对官吏进行监督弹劾，只有这样才是“完全无缺的治理”。

（4）为了扩大直接民权，孙中山提出“权”“能”分治的理论：“政治之中，包含有两个力量：一个是政权，一个是治权……一个是管理政府的力量，一个是政府自身的力量。”① 人民是政权的享有者，具体说来拥有选举、罢免、创制、复决四项权利，以保证行使立法权和对官吏的监督权。政府行使治权，这样才能成为万能的，高效率的。“人民和政府的力量，才可以彼此平衡。”②

孙中山认为由人民掌握政权，政府行使治权所体现的权与能的分治，不是对立的，而是统一的。人民掌握政权是为了造成一个为其服务的“万能”政府，政府行使治权是通过职能上的分工合作，实现有效率的统治，以确保人民掌握政权。可见，五权分立是直接民权的结果，又是直接民权的保证，它们“各有各的统属，各有各的作用”。③ 孙中山说：“……在一国之内，最怕的是有了一个万能政府，人民不能管理；最希望的是要一个万能政府，为人民使用，以谋人民的幸福。”④ 又说：“用人民的四个政权来管理政府的五个治权，那才算是一个完全的民权政治机关”，“中国能够实行

① 《民权主义第六讲》，《孙中山选集》。

② 《民权主义第六讲》，《孙中山选集》。

③ 《民权主义第六讲》，《孙中山选集》。

④ 《民权主义第六讲》，《孙中山选集》。

这种政权和治权，便可以破天荒在地球上造成一个新世界”[①]。由此可见，直接民权是五权宪法的核心，权能分治是五权宪法学说的重要组成部分，正如孙中山曾经形象比喻的那样：“五权宪法如一部大机器，直接民权又是机器的制扣。”[②]至于直接民权的内容，就是“其国民有直接选举官员之权，有直接罢免官员之权，有直接创制法律之权，有直接复决法律之权”[③]。他以简洁易懂的语言表达了“直接民权才是真正的民权”[④]的重要结论，并以此作为衡量真假民国的尺度，猛烈抨击北洋军阀政府统治下的民国“徒有民国之名，毫无民国之实，实在是一个假民国”。[⑤]

然而孙中山关于权能分治理论是存在着严重缺陷的。他认为国家权力之所以划分为政权和治权，并采取分治的原则，是因为社会是由“后知后觉”“不知不觉”“先知先觉”三种人构成的。后知后觉者掌握选举、罢免、创制、复决的所谓政权，而被称为“有权的人”。先知先觉者行使立法、司法、行政、考试、监察的所谓治权，而被称为“有能的人”。至于不知不觉的“群氓”，只可听任“训导”，而被排除于政权和治权之外。显然这种观点反映了资产阶级唯心主义的天才论世界观和社会历史观。而在实际上由于治权的作用凌驾于政权之上，使得专制主义的独裁政治仍然有可能在民主的形式下，改头换面继续保留，这样人民的“四权”也就不可避免地成为空话。这种理论的消极方面，就是便于少数人用来排斥广大人民参加政治生活，建立独裁统治。

1924年前后，在中国共产党的帮助下，孙中山的思想从旧三民主义飞跃到新三民主义。他在国民党第一次全国代表大会宣言中，强调他所主张的民权应“为一般平民所共有，非少数人所得而私也”。民权运动只有遵循

---

① 《民权主义第六讲》，《孙中山选集》。

② 《五权宪法》，《孙中山选集》。

③ 《国民政府建国大纲》，《孙中山选集》。

④ 《五权宪法》，《孙中山选集》。

⑤ 《在上海新闻记者招待会的演说》，《孙中山选集》。

五权分立的原则，才能“既以济代议政治之穷，亦以矫选举制度之弊”。他对五权宪法始终充满信心，说：“我们要想把中国弄成一个富强的国家，有什么方法可以实现呢？这个方法，就是实行五权宪法。”又说，制定五权宪法，就是把这“支配人事的大机器”交给人民，“让他们自己去驾驶，随心所欲，去驰骋翱翔”。

孙中山后期不仅批评了“为少数人所得而私”的资产阶级民主制，而且在观点上具有更加鲜明的反帝反封建的色彩。他以掷地有声的铮铮语言，强调指出：“盖民国之民权，唯民国之国民乃能享之，必不轻授此权于反对民国之人，使得借以破坏民国。详言之，则凡真正反对帝国主义之个人及团体，均得享有一切自由及权利；而凡卖国罔民以效忠于帝国主义及军阀者，无论其为团体或个人，皆不得享有此等自由及权利。”[①] 这种反帝的精神也洋溢在他的法律思想当中。1925年孙中山发布《北上宣言》，公开宣称：“中国之法律”，只有在不平等条约废除之后，“才能普及于全国领土”；只有取消一切租界，“才能使阴谋破坏之反革命势力无所凭借。”

5．制定约法与护法

在孙中山设计的建国方略中，曾经把革命成功以后的建设程序分为三个时期——军政时期，训政时期，宪政时期。与此相适应的国家统治也分为“军法之治”“约法之治”“宪法之治”。按照这个方略首先要用武力“扫除一切障碍而奠定民国基础”；然后“督率国民建设地方自治”；最后制定宪法，实施宪政。只有循此程序，才能逐步过渡到以法治国的完善境界。“宪法颁布之日，即为革命成功之日。”[②]

孙中山关于建国三时期的学说，在一定程度上反映了民主革命运动的进程，以及在不同阶段的任务，从而有利于革命运动的发展深化。但是其中也包含有消极的因素。主要的问题是低估了人民群众的力量和觉悟，未

① 《中国国民党第一次全国代表大会宣言》，《孙中山选集》。

② 《中华革命党宣言及总章》，《中国国民党史稿》第一册。

能把政权建设的着眼点置于发动群众的基础之上。辛亥革命以后，孙中山根据他自己创立的建国三时期的学说，力主制定约法，把这看作奠定资产阶级共和国政治体制的根本，明确表示："约法法……共和国之命脉也。"[①]

1912年3月，在孙中山主持下制定了《中华民国临时约法》，它是由辛亥革命所产生的具有资产阶级共和国宪法性质的历史文献，它以根本法的形式巩固了辛亥革命所取得的成果，确认了资产阶级民主共和的国家制度，规定了人民的民主权利，特别是通过约法把人民主权的思想固定了下来。在《建国方略》中，孙中山多次阐述主权在民的思想，他说："夫中华民国者，人民之国也，君政时代则大权独揽于一人，今则主权属于国民之全体。""盖国民为一国之主，为统治权之所出。"[②] 由于孙中山的民主政治思想是以法国、美国资产阶级革命时期的进步主张为理论基础的，因此，他曾把自由、平等、博爱的口号和美国总统林肯提出的"民有、民治、民享"，与三民主义加以比较，并得出结论说："法国的自由和我们的民族主义相同，……平等和我们的民权主义相同，博爱和我们的民生主义是相通的"；[③] "民有、民治、民享主义就是兄弟的民族、民权、民生主义。"[④] 综观辛亥革命时期孙中山所阐发的人民主权思想，并没有超出资产阶级的理论窠臼，他所说的国民全体的阶级内容可以从辛亥革命以后颁布的《国会选举法》所规定的各项选举资格限制中窥见一斑。但是这种主权在民的理论，比起朕即国家的封建专制主义，无疑是历史的巨大进步，它激起了人民群众要求民主的热情，鼓励他们进行反对封建专制统治的革命斗争。

在主权在民的理论指导下，由孙中山主持制定的《临时约法》中，还体现了各民族平等地"皆能取得国家参政权"的思想。明确规定："中华民国人民一律平等，无种族、阶级、宗教之区别，"人民享有人身、居住、财产、

① 《中山先生之乐观——东京归客述》，《民国日报》1916年5月6日。

② 《建国宪略》，《孙中山选集》。

③ 《三民主义的解释》，《孙中山全书》第3册。

④ 《三民主义的解释》，《孙中山全书》第3册。

营业、言论、集会、通信、信教自由，以及请愿、陈诉、诉讼、任官考试、选举及被选举等项权利，这在中国历史上第一次赋予民族平等思想以法的效力，也是第一个以民族平等为号召的立法，它表现了孙中山的民族思想和民主思想的密切联系和互相渗透。

孙中山力主制定《临时约法》，也表现了他希望通过约法的形式，限制总统权力的行使，防止总统擅权专断的权力制约思想，早在同盟会纲领中便明确规定了“制定中华民国宪法，人人共守”。南北和议达成以后，孙中山在被迫向袁世凯交出政权时，郑重提出：“总统不过国民公仆，当守宪法，从舆论。”[①] 在《中华革命军大元帅檄》中，孙中山愤怒揭露袁世凯“改毁约法，解除国会，停罢自治，裁并司法，生杀由己，予夺唯私……朋坐族诛，淫刑以逞”。同时，强调约法为“民国开创时国民真意之所发表，而实赖前此优秀之士，出无量代价购得之也。……违反约法，则愿与国民共弃之，……尊重约法，则愿与国民共助之”[②]。1920 年 8 月，孙中山从总结反对复辟帝制的斗争经验的角度，进一步肯定了约法对保卫民国所起的积极作用。他说：“民国约法……此四万万人民公意之表示也，是故袁世凯以洪宪奸之于前而不可，张勋以复辟于后而辄败。”[③]

由于孙中山重视约法的作用，因此在袁世凯和以后的北洋军阀猖狂毁法时，他于 1917 年 7 月 17 日以恢复《临时约法》为号召，发起并领导了反对北洋军阀政府，保卫民国的护法运动。护法与毁法的斗争，是以孙中山为代表的资产阶级民主派和以北洋军阀为代表的封建买办势力之间，围绕真共和与假民国而展开的激烈斗争。正如孙中山所阐明的那样：“拥护约法即所以拥护民国，使国人对于民国无有异志也。”他曾发愤借此“为民国一清官僚盗贼之害，以树立真正之共和”[④]，坚持“既以护法为职志，则只有

① 《南京临时政府公报第十七号》，《辛亥革命资料》。

② 《中华革命军大元帅檄》，《孙中山选集》。

③ 《中华民国宪法史前编序》，《孙中山全书》第 4 册。

④ 《复港商陈庚如函》，胡汉民：《总理全集》第 3 册。

努力奋斗，期必达目的而后止”。[1]但是，护法运动仅仅以恢复《临时约法》为目的，缺乏积极的政治内容，因而远远不能满足人民的迫切要求，起不到广泛组织和动员群众作用，以致“闻有毁法者不加怒，闻有护法者亦不加喜”[2]。孙中山在护法军政府内“艰难支撑一年之久，孑然无助，徒为亲厚所痛，仇雠所快，终至于解职而去”。[3]

1921年1月，孙中山借助广东军同陈炯明的支持，再度南下，于广东由国会非常会议选举为大总统，又一次树起“护法”的旗帜，史称第二次护法运动。但第二次护法运动发生在新民主主义已经开始时期，而民国以来政治风云的变幻，完全践踏了旧国会的政治声誉，因此第二次护法运动影响更小，势力所及不过广东一省而已。很快便由于陈炯明的叛变，而宣告失败。严酷的遭遇使孙中山认识到“护法断不能解决根本问题”。护法运动的失败，不仅说明了以孙中山为代表的资产阶级革命民主派迷信法律的“效力”和以法律限制军阀独裁的幻想的破灭，而且标志着中国旧民主主义革命已经陷入了绝境。它从反面教育了孙中山，使他认识到：“宪法之所以能有效力，全恃民众之拥护，假使只有白纸黑字之宪法，决不能保证民权，俾不受军阀之摧残……故知推行宪法之先决问题，首在民众之能拥护宪法与否。舍本求末，无有是处。不特此也，民众果无组织，虽有宪法，即民众自身亦不能运用之，纵无军阀之摧残，其为具文自若也。”[4]如果不以武力彻底消灭封建军阀势力，即使制定颁布了宪法，也无异于一张废纸。他以深沉的心情总结了这一段的历史经验，指出：“元年以来尝有约法矣，然专制余孽、军阀官僚僭窃擅权，无恶不作，此辈一日不去，宪法即一日不生效力，无异废纸，何补民权。”[5]“辛亥之役，汲汲于制定《临时约法》，

① 《中华民国宪法史前编序》,《孙中山全书》第4册。

② 《制定建国大纲宣言》,《中山丛书》第4册。

③ 《复港商陈庚如函》，胡汉民:《总理全集》第3册。

④ 《中国国民党第一次代表大会宣言》,《孙中山选集》。

⑤ 《中国国民党第一次代表大会宣言》,《孙中山选集》。

以为可以奠民国之基础，而不知乃适得其反。……试观元年临时约法颁布以后，反革命之势力不惟不因以消灭，反得凭借之以肆其恶，终且取缔临时约法而毁之。”[①] 由此他得出结论：“宪法之成立，唯在列强及军阀势力颠覆之后耳。”[②]

辛亥革命的历史证明，民主主义性质的约法（或宪法），是进步的社会力量通过群众运动进行斗争的结果，因此它的出现反映了阶级力量的对比关系。不仅如此，约法（或宪法）的实施也完全不是靠善良的愿望，而是凭借政权和群众的力量与斗争。列宁曾经指出：“什么是宪法？宪法就是一张写着人民权利的纸。真正承认这些权利的保证在哪里呢？在于人民中意识到并且善于争取这些权利的各阶级的力量。”[③] 在半殖民地半封建的旧中国，军阀势力猖獗，封建余孽盘根错节，在这种条件下，“即使颁布一种好宪法，也必然被封建势力所阻挠，被顽固分子所障碍，要想顺畅实行，是不可能的”[④]。

孙中山从制定约法与进行护法的实践中所取得的正确认识，说明了他以十分严肃的态度总结历史的经验和教训，无愧为站在革命潮流前面、指导革命的伟大先行者。

6. 运用政权立法建制

孙中山作为资产阶级民主革命的领导者，主张以资产阶级的法治原则作为国家活动的准则。因此在南京临时政府成立以后，他通过这个革命产生的政权，积极立法建制，初步实践了他的法律思想。尽管南京临时政府存在的时间短暂，但它的法制建设是多方面的，社会影响是巨大的，在近代法制史上占有重要的位置，并从实践的角度验证了近代的法律思想史的重要发展规律。

---

① 《制定建国大纲宣言》，《中山丛书》第 4 册。

② 《中国国民党第一次代表大会宣言》，《孙中山选集》。

③ 《两次会战之间》，《列宁全集》第 9 卷。

④ 《新民主主义宪法》，《毛泽东选集》第四卷。

在孙中山就任临时大总统的誓词和发布的宣言中，已经把南京临时政府法制建设的方针，昭示中外，那就是“颠覆满清专制政府，巩固中华民国，图谋民生幸福”[①]，“尽扫专制之流毒，确定共和，以达革命宗旨，完国民之志愿”[②]。具体说来，就是对内贯彻民族统一、领土统一、军政统一、内政统一和财政统一，对外执行“和平主义”。它表现了南京临时政府法制建设的方向和性质。

南京临时政府在短短的三个月里，在孙中山的法律思想指导下，进行了两个方面的立法活动：一是从法律上确认资产阶级共和制度，制定了《修正中华民国临时政府组织大纲》《中华民国临时政府中央行政各部及其权限》《中华民国临时约法》。二是以“去专制之淫威，谋人民之幸福”“人权神圣”为轴心，制定了一系列反映革命民主精神的单行法律、法令。

（1）通过编定官制官规，使政府各机关的组织、活动有法可循

如前所述，孙中山把官吏当作维持国家统治和贯彻法治的最重要的工具，是在治理国家上不可以忽视的两个方面。在他主持南京临时政府期间非常重视选拔官吏，确定了“任官授职，必赖贤能”[③]原则，并且提出以考试作为选拔官吏的办法，说：“尚公去私，厥惟考试”[④]，“整饬吏治，惟有举行官职试验，以合格人员分发各省，以资任用”[⑤]。为了把这种主张加以制度化、法律化，特令法制局“迅将文官试验章程草案，妥为编纂”[⑥]。在孙中山的敦促下，南京临时政府法制局拟定了文官考试委员会官职令、文官考试令、外交官及领事官考试委员会官职令、外交官及领事官考试令，由孙中山咨送参议院议决。不仅如此，孙中山还提出“必定诠选之程”，以便使官

① 《南京临时政府公报第一号》，《辛亥革命资料》。
② 《南京临时政府公报第一号》，《辛亥革命资料》。
③ 《南京临时政府公报第二十四号》，《辛亥革命资料》。
④ 《南京临时政府公报第二十四号》，《辛亥革命资料》。
⑤ 《南京临时政府公报第二十一号》，《辛亥革命资料》。
⑥ 《南京临时政府公报第十九号》，《辛亥革命资料》。

吏的诠选有法有章。他同时建议根据“官惟其才，赏惟其功”的精神，设立稽勋局以杜绝有伤国本的“借官为酬”“有功不录”等现象发生。

为了改革官制，建立和逐渐完善中央行政机关和司法机关组织，南京临时政府成立不久，孙中山就提出：“所有各部局官制通则及各部官制，亟应编定以利推行。”[①] 1912 年 2 月初，孙中山将法制局拟就的《各部官制通则》和各部局（财政、实业、海军、司法等部除外）的官制各一件，咨送参议院议决。此外，还命令法制局审定司法部呈拟的《临时中央裁判所官制令草案》。除中央官制外，3 月 10 日孙中山以临时大总统名义公布了《南京府官制》二十三条。南京府是民国临时中央政府所在地，《南京府官制》的制定，不仅对南京临时政府所在地区新政权的建立和统治秩序的稳定起着重要的作用，同时也为类似地区地方官制的确立提供了范例。

以上可见，孙中山对于改革官制和整饬吏治这个关系到国家政权建设和巩固的大事，花费了很多心血，既提出了原则，论证了必要性，还组织力量制定相应的法律。孙中山在这方面的思想与活动，表现了资产阶级民主与法治的精神。他所确立的官制、官规虽然在当时的历史条件下，特别是由于南京临时政府只存在了短暂的时间，没有也不可能完全实行，但它对以后是很有影响的，某些历史经验在今天也有一定的借鉴意义。

（2）利用法律保护民权，革除社会陋习

第一，为了开展卓有成效的立法工作，维护立法权的统一，孙中山发布大总统令，规定“民国一切法律，皆当由参议院议决宣布乃为有效”[②]。并就内务部发布《暂行报律》一事，严饬该部取消“未经参议院议决，自无法律之效力”的《暂行报律》，不得以“暂行”或“从权办理”为托辞。为了顺利地完成编订法律的工作，孙中山建议组织中外法律专家参加，他说：“查编纂法典，事体重大，非聚中外硕学，积多年之调查研究，不易告成。”[③]

---

① 《南京临时政府公报第九号》，《辛亥革命资料》。

② 《南京临时政府公报第三十三号》，《辛亥革命资料》。

③ 《南京临时政府公报第四十七号》，《辛亥革命资料》。

第二，确认各族人民平等，享有选举、参政等公权和居住、言论、出版、集会、信教自由等私权。孙中山是法治主义的拥护者，主张用法律来保护人民的各项民主权利。在孙中山主持南京临时政府期间，以临时大总统令的形式颁布了一系列符合人民利益的具有民主性的法律、法令，具体表现了孙中山民主与法治的思想。

孙中山在通令《开放蛋户惰民等许其一体享有公权私权文》中指出："天赋人权，胥属平等。自专制者设为种种无理之法制，以凌轹斯民，而自张其毒焰，……若闽粤之蛋户，浙之惰民，豫之丐户，及所谓发功臣暨被甲家为奴，即俗所称义民者，又若薙发者并优倡隶卒等，均有特别限制，使不得与平民齿。一人蒙垢，辱及子孙，蹂躏人权，莫此为甚。当兹共和告成，人道彰明之际，岂容此等苛令久存，为民国玷。为此特申令示，凡以上所述各种人民，对于国家社会之一切权利，公权若选举、参政等，私权若居住、言论、出版、集会、信教自由等，均许一体享有，毋稍有歧异，以重人权而彰公理。"[①] 这个法令解放了在清朝专制统治下，处于社会最底层，被剥夺了一切法定权利的"贱民"，使他们享有法律上的平等权，这是值得大书一笔的。

孙中山从中华民国以国民为主体，"总统官吏皆国民之公仆也"的认识出发，不仅严申反对封建专制制度下官吏所享有的任意欺压人民的法定的和法律外的特权，而且还下令内务部通知各官署革除清朝统治时期反映官僚等级特权的称呼，指出："官厅为治事之机关，职员乃人民之公仆，本非特殊之阶级，何取非分之名称。查前清官厅，视官等之高下，有大人、老爷等名称，受之者增慙，施之者失体，义无取焉。……嗣后各官厅人员相称，咸以官职。民间普通称呼则曰先生曰君，不得再沿前清官厅恶称。"[②] 同时也明令废除了跪拜礼。

---

① 《南京临时政府公报第四十一号》，《辛亥革命资料》。

② 《南京临时政府公报第二十七号》，《辛亥革命资料》。

第三，论证了妇女应当享有和男人平等的法定权利。孙中山说："天赋人权，男女本非悬殊，平等大公，心同此理。"并阐述了妇女在准备革命期间的贡献："女界多才，其入同盟会、奔走国事、百折不回者，已与各省志士媲美"，"扫平索虏，女界亦与有功焉"。因此，他强调共和国成立以后，女子之有参政权是"事所必至"的自然之理。[①]1924年在《中国国民党第一次全国代表大会宣言》中，孙中山进一步肯定了"于法律上、经济上、教育上、社会上确认男女平等之原则，助进女权之发展"。随后又在《女子要明白三民主义》的讲演中，阐明了男女平等与民权主义的关系，指出："大家从此以后，要把我们民权主义中所包括男女平等的道理，对二万万女子去宣传，在女子一方面建设民国的国基，要她们都知道从前的地位是很低，现在的地位是很高，这个女子地位抬高的原因，就是由于我们主张了民权主义。"

特别要指出的是，在孙中山的平等思想中，五族共和的民族平等思想，是最具有光彩的部分。辛亥革命以后不久他在致喀尔沁亲王的电文中便明确宣布："实欲合全国人民，无分汉、满、蒙、回、藏，相与共享人类之自由。"[②]在他主持下制定的《中华民国临时约法》是中国历史上第一个承认各族人民享有平等权利的法律文件，虽然它是资产阶级民主性质的，它所规定的平等权利缺乏物质保证，但不可否认它"为唤醒人民、争取自由和建立彻底民主的制度"[③]所起的历史进步作用。

第四，保护人民的人身自由权。针对清朝统治时期法律公开认可买卖人口，以及鸦片战争以来帝国主义为了从中国掠夺廉价劳动力而出现的贩卖"猪仔"（华工）的严重侵犯人权的现象，孙中山以严令予以禁止。在《大总统令内务部禁止买卖人口》文中，首先揭示出这种现象产生的社会根源："前清入主，政治不纲，民生憔悴，逃死无所，妻女鬻与妾媵，子侄沦为皂隶，不肖奸人从而市利，流毒播孽，由来久矣。尤可痛者，失教同胞艰于

① 《南京临时政府公报第九号》，《辛亥革命资料》。
② 《南京临时政府公报第四号》，《辛亥革命资料》。
③ 《中国各党派的斗争》，《列宁全集》俄文第五版第23卷。

生计，乃有奸徒诱以甘言，转贩外人，牛马同视，终年劳动，不得一饱。”其次，根据天赋人权的原则，宣布“民国开国之始，凡属国人咸属平等。背此大义，与众共弃”。最后，“通饬所属嗣后不得再有买卖人口情事，违者罚如令，其从前所结买卖契约悉予解除，……不得再有主奴名分，”[①]而代之以资本主义性质的“雇主雇人之关系”。在大总统令外交部妥筹禁绝贩卖猪仔及保护华侨办法文中，孙中山以一个主权国家临时大总统的身份，庄严宣布：“查海疆各省，奸人拐贩猪仔，陷人涂炭，曩在清朝熟视无睹，致使被难同胞穷而无告。今民国既成，亟应拯救，以尊重人权，保全国体。……除令广东都督严行禁止猪仔出国外，合亟令行该部妥筹杜绝贩卖及保护侨民办法，务使博爱平等之义，实力推行。”[②]同时，郑重宣告中华民国要保护侨民正当的合法利益，“何忍侨民向隅，不为援手”。

上述法令表现了中国人民反对帝国主义、封建主义奴役的斗争精神和维护主权独立、民主自由的权利要求。

第五，保护人民的财产权。孙中山根据资产阶级关于私有财产神圣不可侵犯的原则，认为“财产之重，等于生命”。[③]为此，特通令内务、陆军两部保护人民财产。“凡假托名义擅自查封房屋、搜抄家产诸弊端，必须切实防杜。”[④]内务部遵照孙中山的命令颁布了五条保护人民财产的法令，其中规定：凡在民国势力范围内的人民，所有一切私产，均归个人享有，已在民国管辖下的原清朝官吏，只要本人确未反对民国，其财产亦归其私人享有，现任清朝官吏，其财产在民国势力范围内，只要本人确无反对民国之证据，其财产也归民国政府保护，俟本人投归民国时，归还本人；但是没收已入民国范围的清政府官产，并查抄仍为清朝官吏而又反对民国政府、虐杀革命人民者的财产，归国民政府所有。

---

① 《南京临时政府公报第二十七号》，《辛亥革命资料》。
② 《南京临时政府公报第四十二号》，《辛亥革命资料》。
③ 《南京临时政府公报第二十三号》，《辛亥革命资料》。
④ 《南京临时政府公报第二十三号》，《辛亥革命资料》。

1912 年 3 月 30 日，孙中山在解除临时大总统职务的前夕，鉴于地方军政长官“凭借权势，凌轹乡里”，滥入民宅搜索财物，托名筹饷，强迫勒索，甚至任意逮捕人民，擅行处死抄没家财等等，再次通令各省都督保护人民生命财产，强调“各省都督具有治兵察吏之权，务须严饬所属，勿许越法肆行，……人民有受前项疾苦者，许其按照临时约法来中央行政陈诉，或就近向都督府控告。一经调查确实，立予尽法惩治”[①]。

第六，改革腐败的社会陋习。针对清朝专制统治所造成的危害家庭、国家、社会以及个人身体健康的缠足、吸食鸦片与赌博等恶习，孙中山一再发布禁令，力图借法律的强制力移风易俗，彻底予以革除。

为了革除损害女子肢体的缠足陋习，孙中山特别下令通饬各省劝禁缠足，并把这一点提到“以培国本”的高度，如“有故违禁令者，予其家属以相当之罚”。[②]

为了禁烟，他在《大总统令禁烟文》中指出，近百年来鸦片流毒中国，不仅使个人“失业废时，耗财殒身”，更有甚者将会招致“种姓沦亡”。因此，布告天下严予禁绝，凡是“沉湎忘返者，不可为共和之民，……于立法时剥夺其选举、被选举一切公权，示不与齐民齿”。[③] 禁烟之外，还明令禁赌。

对于改革社会陋习，伍廷芳同样很重视。他提出借助法律的强制力量，禁绝行贿受赂，对于“受贿参讦”的监察官，则须“严颁反坐之条”。对粤省赌博之风也坚主永远查禁。

伍廷芳还特别反对“强同匹配”的婚姻陋习。在封建的中国，卑幼的主婚权由父母掌握，这是封建婚姻制度的核心，也是历时已久的成法。具有资产阶级民主思想的伍廷芳，反对包办婚姻，认为“婚姻为人之大伦”，不能令“一素不相习之人，强同匹配”。尤其谴责“指腹为婚”或“襁褓定亲”的习俗，他说：“岂知及其成人，其性情或流于奸宄，身体或偶撄异疾，……

---

① 《南京临时政府公报第五十二号》，《辛亥革命资料》。

② 《南京临时政府公报第三七七号》，《辛亥革命资料》。

③ 《南京临时政府公报第二十七号》，《辛亥革命资料》。

若强令成婚”，未免“拘迫太甚”，不仅会发生“中道仳離，甚且酿成祸变，构成讼仇”。[①] 伍廷芳虽然谴责父母包办的强同匹配，但也反对西方国家的婚姻过于强调自主权，完全与父母无涉。他说：“平心面论，泰西风俗，未免失之自由太过。”[②] 他主张，“男女论婚，宜由父母作主，俾免年少无知之受惑”。需要指出的是，伍廷芳所说的父母作主，与封建的父母包办所不同者，就在于他尊重子女的意志，认为“百年伉俪，终身唱随，亦须与儿女辈明白相商”，做到“彼此欣从”。

总括上述，南京临时政府的革命立法，同清朝残民以逞的封建法律形成了鲜明的对比，是孙中山民族、民主主义的法律思想的具体实现，对于革除危害人民的封建积习、激发人民群众的民主热情和民族自豪感起了积极的作用。

孙中山在长期的革命斗争中，逐渐懂得了“一国之趋势”系于“万众之心理”的道理，因此，他力图通过法律的形式，确保人民的民主权利，贯彻民主共和国的主张。但是他当时还不可能彻底地依靠人民群众，也不理解没有政权任何法律都等于零的道理。随着南京临时政府迅速解体，上述立法，并没有完全实行。

7. 改革司法制度

（1）司法独立

根据资产阶级三权分立的原则建立独立的司法机关，实行资本主义的诉讼与审判制度，是资产阶级民主派的共同主张。孙中山在创建南京临时政府期间，把他的主张在某种程度上变成了实际。在孙中山主持下制定的《中华民国临时约法》，明确规定：“法官独立审判，不受上级官厅之干涉”，法官在任中不得减俸或转职，非依法律受刑罚宣告，或应免职之惩戒处分，不得解职。为了保证法官谙习法理，胜任称职，孙中山明令“所有司法人员，

① 《刍议》第二十二章。

② 《刍议》第二十二章。

必须应法官考试，合格人员，方能任用”。[①]

章太炎从反对封建专制制度的立场出发，拥护资产阶级三权分立的政权体制，推崇司法独立。他说：“晚世之言治者，三分其立法行政司法而各守以有司，惟刑官独与政府抗衡，苟傅于辟，虽达尊得行其罚。”[②] 为了辩护司法独立的重要性，他不适当地引古喻今。认为明代设布政使主管“理财、掌民、课吏”，设按察使“掌刑名廉劾之事”，就是司法与行政的分异，并把它夸张为华夏两千年来的“五善政之一”。[③] 在《代议然否论》一文中，章太炎通过论证如何革除印度存在的官吏贼民、宦家武断和宗族统治的“三害”时，进一步阐明了“当专以法律为治，而分行政司法为两途……夫长吏不奸裁判之权，则无由肆其毒”。

不仅如此，他还从“王者无恶，神圣而不可侵”的所谓“欧洲法家之训”中，发现即令是资产阶级立宪国家，也同样存在着限制元首权力、保障民权的问题，因此必须使司法与行政分权。“总统惟主行政国防，于外交则为代表，他无得与，所以明分局也。司法不为元首陪属，其长官与总统敌体，官府之处分，吏民之狱讼皆主之，虽总统有罪，得逮治罢黜。”[④] 尽管章太炎对资产阶级议会制度有所批评，甚至予以某种否定，对资产阶级共和国的方案也表现了动摇，但对于三权分立的主张是始终坚持、寄予极大的希望和信心的。他的理想就是建立一个没有议会，而由平民直接行使权力的立法、司法、行政三权分立的总统制共和国。为此，他不仅用资产阶级的学说去论证它，还从中国传统的封建体制中搜寻可以参酌的依据。例如，把汉代的“议民”竟然比附为西方的议会制。这反映了章太炎在向西方学习的过程中，认识上是贫乏的。

熟悉中外法律的伍廷芳，对于司法十分重视，认为民国成立以后，虽

① 《南京临时政府公报第四十八号》，《辛亥革命资料》。

② 《刑官》，《章氏丛书·检论卷七》。

③ 《通法》，《章氏丛书·检论卷七》。

④ 《代议然否论》，《章氏丛书·别录卷一》。

然“治国之法多端”，但改良司法是首要任务。他说：“中国政治，欲有所进步，须先从司法一门入手，”“盖内政外交，均系于此。”[①] 为了使人们认识到改良司法的重要性和必要性，他“不惜务为浅显，三复赘言”。首先，他认为司法问题“关系外交及收回治外法权”。由于伍廷芳早年曾经参与李鸿章所主持的外交谈判，而后又跻身在法界，切身的经历使他深感鸦片战争以来，“中西交涉，时闻涉讼，而西人向无遵我法律者，中西会审，屡费周张，此时欲收回治外法权，终未能旦夕解决”。因此他强调“故中国改良律例，慎重法庭，自是切要之问题也”[②]。需要指出，通过修订律例与改良司法来收回治外法权，是帝国主义者在二十世纪初欺骗中国朝野上下的一项虚伪诺言，当时除个别官僚表示怀疑以外，从清朝的最高统治者，到具有改良思想的官僚、学者，大都表现出一种天真的轻信，而孜孜于改订律例，期望能借以收回治外法权。伍廷芳上述言论发表在民国建立三年以后，这说明他仍然没有从思想上完全扫除帝国主义谎言所布下的迷雾，没有把收回领事裁判权的斗争放在切实的增强国力的基础上。虽然如此，伍廷芳迫切争取司法主权的呼声，无疑反映了他一贯的爱国主义立场。

其次，司法问题“是为缔造民国一大机枢”[③]。伍廷芳认为中国所以贫弱，欧美所以强盛，根本原因不在于西方资本主义国家船坚炮利，而在于政治与法制优越。前者只是现象，后者才是“富强之真相”。伍廷芳在阐述文明诸国的表征时，特别提出了“尊重法律，崇敬法官”。为此他强调必须“锐意改良司法”，才能形成法治秩序，才能建立起政治清明强盛的民国。他谆谆告诫说：“司法者，全国治体命脉所系，非从表皮相者也。”“国民知此，必深望政府力行改革也。”[④]

最后，司法问题也关系到“商民安居，与国家富强”。伍廷芳指出自秦

---

① 《刍议》第十一章。

② 《刍议》第十一章。

③ 《刍议》第十二章。

④ 《刍议》第十二章。

讫清，封建专制政府都实行重农抑商的政策，制定了限制工商业发展的法律，这是中国贫弱之源。他说，远涉重洋的华人绅商何止千数百万人，常因“内地治安，逊于外洋远甚，官役敲诈，劫掠时虞”，而不愿“挟资回国”，“揣返父母之邦”。[①] 由此可见，法制不善，司法窳败，妨碍了华侨对民族工商业的投资，不利于中国民族资本主义经济的发展。因此，他希望通过改良司法，“鼓舞众商，一洗前清之旧染”。由于伍廷芳把“整顿司法”看作“以固民心”之先务，所以断言：“尊重司法，保护商民，国家致富，无逾于此。”

以上伍廷芳关于改革司法制度的迫切性的言论，是发表在民国建立以后，由此可以想见在北洋军阀统治下的民国政府的司法制度，仍然是因循旧习，弊端百出，既没有争取司法主权的独立，更谈不上通过司法保护人民的权益与自由。因此他才大声疾呼痛陈改革司法的急切，尽管他的有些主张不无偏颇之处，但却反映了他的热烈爱国主义情操。同时也代表了不断发展中的资本主义经济关系在法律上的要求。

在伍廷芳的思想中，同样坚持司法必须独立，并把它视为改良司法的内容之一。

伍廷芳在总结历史经验的基础上，揭露了中国封建时代司法与行政不分所造成的弊害。指出：“中国司法，向昧夫独立之一理，循二千余年之专制，举立法、司法、行政之鼎立三权，操于一手。中央如是，各省亦如是，命令一出，视为定例，……承审权宜即为立法所操纵，提刑执法，生死机关，亦立法之一人所得而操纵也，是以中西司法判若两途。……每因一案之龃龉，积久未能清理。由是国际问题尤多阻碍，外人以我行政官有权干预司法，为所轻视耳。”[②] 因此，改良司法的首要步骤，在于实行资产阶级三权分立的原则，确保司法独立。他认为这是文明国家的重要标志，“视一国之文明与否，须视其司法能独立与否”，至于司法独立的含义，“专指审判

① 《刍议》第十二章。

② 《刍议》第十一章。

官之独扼法权，神圣不可侵犯”，“审判官为法律之代表，其司法之权君主总统莫能干预”，“更不准行政者越俎违章，稍作民权之侵犯”，只有上下守法，才能四民安谧。因此，伍廷芳把司法独立看作“治国之第一要图”①。他在宪纲大旨七条中，特别指出：“审判官所断之案件，行政官不能过问，如有冤抑，得上控于合格衙门。”②

资产阶级三权分立的学说，早在十九世纪后半期经过资产阶级改良派介绍到中国，成为先进的中国人向西方学习的一个重要内容，也是建立未来君主立宪或者民主共和的国家蓝图的不可缺少的组成部分。在辛亥革命胜利后产生的《中华民国临时约法》中，便根据三权分立的原则，建立起民国的国家机关体系。但是在以民国为名，行独裁专制之实的北洋政府统治下，司法经常受到军阀的直接干预，事实上仍然是集立法、行政、司法于独裁者一身。因此，在伍廷芳提出改良司法的刍议中，不得不再次强调司法独立的重要意义。

为了保证司法独立，章太炎提出两项措施。其一，法律的制定不由官府和权势豪门，而由明习法律与通达历史、周知民间利弊之士担任。法律既定之后，总统不得擅改，百官不许违越，有不遵守者，人人均可诉于法吏，由“法吏逮而治之”。其二，政府不得任意黜陟司法官吏，并不得从豪门中选任，而应由“明习法令者自相推择为之”，借以保证司法官能够独立行使职权，不受强权者的干扰和出身的影响。这样才可能对行政进行监督。

伍廷芳也非常重视对司法人员的培养，因为“鞫谳重大，为民生性命所托”，决不可以等闲视之。不仅如此，执法者是否审断廉明是衡量一国文明的另一标志。为此，他呼吁加强对司法人员的培养，积极储备人才。还在担任清末修订法律大臣期间，他便提出“法律成而无讲求法律之人，施行必多阻阂，非专设学堂培养人才不可”③的主张，建议任命曾在东西洋接

---

① 《刍议》第三十章。

② 《刍议》第十二章。

③ 转引自《寄簃文存》六，《法学通论讲义序》。

受高等法律教育的人，担任地方审判或检察官之职。“纵或经验未深，授引法律，当无大失。”[①]他批评那种认为中国法律人才缺乏，不敷委任，因而发出“有治法，无治人”之叹的论调是没有根据的。此外，他还主张对审判官要“优给俸薪……务令司法俸薪高出于行政者，以示优厚养廉，尊重人格”，借以保持其“冰霜节操，免为利念所动也”。他甚至把这一点说成是“改良审判”的“第一要义”。[②]

（2）改革审判制度

第一，反对丧失司法主权的半殖民地的司法制度。在这方面章太炎发表了更为集中的议论，并满腔悲愤地抨击了清朝拱手让出司法主权的卖国行径，以及外国侵略者在华利用治外法权迫害中国人民的罪行。

章太炎是一位反帝爱国的思想家，在他的民族思想中占突出地位的是排满，即推翻满洲贵族控制下的清朝专制政权。同时，也含有使中华民族从帝国主义压迫下解放出来的内容。他敏锐地觉察到“西人之祸吾族，其烈千万倍于满洲”[③]。并以犀利之笔揭露了帝国主义的侵略本性：“至于帝国主义，则寝食不忘者，常在劫杀，虽磨牙吮血，赤地千里，而以为义所当然……综观今世所谓文明之国，其屠戮异洲异色种人，盖有甚于桀纣。”[④]因此，他强烈抗议帝国主义侵犯我国的主权，主张收回被帝国主义霸占的中华神圣领土，使十八行省不得为帝国主义的势力范围。由于在《苏报》案中，章太炎和邹容同被清政府投入帝国主义设在上海的“西狱”，使他亲眼看到了以文明标榜的帝国主义监狱的黑暗和狱卒的残暴，不禁“咋舌眦裂”[⑤]。他自己作为政治犯也备受刑责。在帝国主义残酷的迫害下，西牢中“同系

① 《刍议》第十二章。
② 《刍议》第十二章。
③ 《主客语》，《民报》第22号。
④ 《主客语》，《民报》第22号。
⑤ 《狱中与威丹唱和》，《章太炎政论选集》。

五百人，一岁死者百六十人”[①]。因此，他满怀悲愤揭露了帝国主义的罪行，尖锐抨击了外国侵略者通过不平等条约，强迫中国接受的领事裁判权，痛斥清政府实行的半殖民地的司法制度，他说：“民刑事自有主管衙门，定予罪乃烦外部制定；予为中国人，各公使为外国人，定予罪乃烦各公使会议，奇奇。”同时，他还怒不可遏地揭露了清政府在涉外案件中曲意媚外的立场。指出：“……通商之岸，戎夏相捽，一有贼杀，则华人必论死，而欧美多生，制律者欲屈法以就之，以为罪从下服，则吾民可以无死，鸣呼，以一隅之事变革域中，吾未见其便也。”[②]为了改变这种屈辱的半殖民地的司法制度，他强调：“今宜与诸邻国约，于通商之地，特定格令，参中西之律以制断，而不以槩域中，此轻重互相革也。”[③]

不仅如此，他也反对清王朝轻信帝国主义列强发出的如清朝修改旧律便可放弃领事裁判权的虚伪诺言，以致照搬西方法律的修律方针，要求从中国的具体情况出发，并应参考封建的旧律。他说：“季世士人，虚张法理，不属意旧律，以欧美有法令可因儴之也，虏廷设律例馆，亦汲汲欲改刑法，比迹西方。其意非为明罚饬法，以全民命，惩奸宄，徒欲杜塞领事法权，则一切不问是非，惟爻法泰西是急。法律者，因其俗而为之，约定俗成，案始有是非之剂，故作法者，当问是非，不当问利害。今以改律为外交之弊，其律尚可说哉。”[④]他批评一味沉湎于西方法令的“诸士人”，“诡遇又愈在虏廷亵御下矣”[⑤]。章太炎关于从中国的国情出发制定法律，特别是在“通商之地”制定适用于中外的法律的主张，无疑是对清王朝所维护的半殖民地半封建法律秩序的反抗，表达了资产阶级革命派在司法制度上的主权要求，这是章太炎法律思想中闪烁爱国主义和民主主义光彩的部分。

---

① 《狱中与威丹唱和》,《章太炎政论选集》。

② 《定律》,《馗书三十八》。

③ 《定律》,《馗书三十八》。

④ 《五朝法律索引》,《章氏从书·文录一》。

⑤ 《五朝法律索引》,《章氏从书·文录一》。

但是章太炎对于中国的国情并没有科学的分析和认识，他往往在抨击西方政教风尚的同时，对中国古代的文明以及典章制度，作出不恰当的肯定，甚至以糟粕为精华，例如，他在揭露帝国主义的监狱“直地狱耳”的同时，却说什么中国监狱“至宽厚也；食得饱，衣得暖，卧得熟睡，囚人相对得语言，狱卒亦不甚厉，独室稍湫溢耳”，[①]从而表现了封建文化枷锁对他的沉重束缚。

第二，确立四级三审的审级制度，孙中山认为：“四级三审之制，较为完备，不能以前清曾经采用，遽尔鄙弃。”他驳斥江西南昌地方检察长郭翰提出的“轻案采取二审制度”，是“不知以案情之轻重，定审级之繁简，殊非慎重人民生命财产之道。且上诉权为人民权利之一种。关于权利存废问题，岂可率而解决”。[②]晚清沈家本制定的《法院组织法》中，确实实行四级三审制，并据此进行了司法改革，但要指出的是沈家本主持起草的《法院组织法》，来源于日本的相应法律，在基本的制度方面是资本主义性质的。因此，孙中山不以晚清《法院组织法》规定了四级三审制便弃之不用。

第三，废止刑讯。孙中山根据“人权神圣，岂容弁髦；刑期无刑，古有明训”的认识，首先从废止刑讯入手，明令内务、司法两部门通饬所属禁止刑讯。指出刑罚的目的与手段应该随着文化的进步，而有所改变，“昔之喝、威吓、报复为帜志者，今也则异。刑罚之目的在维护国权、保护公安。……国家之所以惩创罪人者，非快私人报复之私，亦非以示惩创，使后来相戒，盖非此不足以保持国家之生存，而成人道之均平也”。他谴责清朝统治下滥施刑讯，草菅人命的罪行：“三木之下，何求不得……转相师法，日糜吾民之血肉以快其淫威。”郑重申明：“本总统提倡人道，注重民生……对于亡清虐政，曾声其罪状，布告中外人士，而于刑讯一端，尤深恶痛绝，

① 《革命军约法问答》，《章太炎政论选集》。

② 《南京临时政府公报第三十四号》，《辛亥革命资料》。

中夜以思，情逾剥肤，今者光复大业幸告成功……当肃清吏治，休养民生，荡涤烦苛，咸与更始。为此令仰该部转饬所属，不论行政司法官署，及何种案件，一概不准刑讯。……其从前不法刑具，悉令焚毁。”[①] 鉴于封建时代审判专以口供为根据，所谓“罪从供定”，使得刑讯合法化，因而宣布“鞫狱当视证据之充实与否，不当偏重口供”。为了使这项命令贯彻实施，孙中山还“不时派员巡视，如有不肖官司，日久故智复萌，重煽亡清遗毒者，除褫夺官职外，付所司治以应得之罪”[②]。

根据孙中山的命令，内务部咨司法部严令所属各官厅、各省府厅州县所有行政司法部门，一律停止刑讯。司法部又咨各省都督，传达了孙中山关于不准刑讯的命令全文。从此，刑讯逼供成为非法。然而根深蒂固的封建司法制度，和漫长岁月所形成起来的积习，不是一纸法令就能彻底革除的。就在《禁止刑讯文》颁布后数日，上海市裁判所就发生了“犹用戒责，且施之妇女”之事，为此，孙中山再次命令内务部司法部通饬所属禁止体罚。严厉指出：“近世各国刑罚，对于罪人或夺其自由，或绝其生命，从未有滥加刑威，虐及身体，为体罚之甚者。盖民事案件，有赔偿损害、回复原状之条；刑事案件，有罚金、拘留、禁锢、大辟之律，称情以施，方得其平，乃有图宣告之轻便，执行之迅速，逾越法律，擅用职权，漫施笞杖之刑，致多枉纵之狱者，甚为有司不取也。夫体罚制度为万国所屏弃，中外所讥评。……以沪上开通最早，四方视听所系之地，而员司犹踵故习，则其他各省官吏，保无有乘民国初成，法令未具之际，复萌故态者。亟宜申明禁令，迅予革除。为此令仰该部速行通饬所属，不论司法行政各官，审理及判决民刑案件，不准再用笞杖、枷号及他项不法刑具，其罪当笞杖、枷号者，悉改科罚金、拘留。详细规定，俟之他日法典。”[③] 辛亥革命以后的司法实践，虽然没有因孙中山发布的两道命令而杜绝刑讯体罚，但它的确

① 《南京临时政府公报第二十七号》，《辛亥革命资料》。
② 《南京临时政府公报第二十七号》，《辛亥革命资料》。
③ 《南京临时政府公报第三十五号》，《辛亥革命资料》。

反映了孙中山法律思想中的民主精神，他无愧为“能够代表真诚的、战斗的、彻底的民主主义的资产阶级”[①]的杰出领袖。

在伍廷芳提倡的文明审判中，集中表现为废除刑讯。他在《刍议》中强调模仿资产阶级国家的审判制度，根据证据和情理来定案。说：“中国讯案，向取旧法……行之今日，大非文明。即如靠供定谳，殊非得计，以犯事人多方闪铄，断无肯认罪者。一用刑求，辄多冤枉，是以文明国审讯，不全靠供词，惟凭证据与情理而定。”[②]应该指出，在中国漫长的封建时代，历代进步思想家都谴责刑讯制度。但由于中国古代的审判实践中一直采取罪从供定的原则，因此刑讯制度在不同时期虽有程度的变化，但总的说来始终沿行如故。至清末随着西方资产阶级法律思想的输入，要求废除刑讯的呼声已日渐高涨，辛亥革命以后，在伍廷芳担任南京临时政府司法总长期间，曾以大总统令的形式，正式宣布废除刑讯。并严饬所属各省府厅州县所有司法行政部门，一律停止刑讯。在《刍议》中他举出确凿的历史事实为例，驳斥了当时仍在流行的不用刑不能查明案情与杜绝犯罪的传统看法，郑重指出：“试看中国严刑提鞫数百年来，何尝见政简刑轻？”同时还批驳了认为“华人性质不同，不能依西法判断罪案”的荒谬论调，说：“何不观于出洋华侨数百万之众，均不闻以刑讯取决。”[③]为了杜绝禁而未止的刑讯现象，他在宪纲大旨七条中再次提出无论“审讯刑事民事各案，均不准用刑”。

第四，建立律师辩护与公开审判制度。为了保护诉讼当事人的辩护权，孙中山主张建立律师制度。1912 年 3 月，内务部警务局局长呈送《律师法草案》，提出对于律师辩护制度，“国家尚无一定之法律巩固其地位，往往依都督之意向，可以存废。故各处已设之律师机关，非但信用不昭，且复

① 《中国的民主主义和民粹主义》，《列宁选集》第 2 卷。

② 《刍议》第十二章。

③ 《刍议》第十二章。

危如巢幕。若竟中止，则司法前途，势为重坠九渊”[①]。孙中山在转令法制局审定的批文中指出：“查律师制度与司法独立相辅为用，夙为文明各国所通行。现各处既纷纷设立律师公会，尤应亟定法律，俾资依据。”这表明资本主义国家通行的律师制度，已在这个新政权的辖区内日渐兴起。当时苏沪杭等地纷纷成立律师组织，出庭辩护，并向政府申请领证注册。与此同时，实行公开审判制度，《临时约法》第50条规定：法院之审判，须公开之；但有认为妨害安宁秩序者，得秘密之。湖北军政府在制定的《临时上诉审判所暂行条例》中也规定：诉讼之辩论及判断之宣告，均公开法庭行之。但有特别事件，可宣示理由，停止公开。

辩护制度与公开审判制度，是资产阶级司法制度的重要内容，孙中山力图在南京临时政府权力所及之处加以实施，并曾组织举行包含辩护、陪审与公开审判在内的所谓“文明审判”。例如，1912年2月下旬，南京临时政府大总统孙中山，电令沪军都督审理前山阴县令姚荣泽擅杀一案。伍廷芳认为此案情节重大，须审慎周详，以示尊重法律。为此特电呈孙中山拟采用文明审判办法，即由司法部派精通中外法律的官员承审。另选通达事理、公正和平、名望素著者为陪审员，并准许聘请辩护士到堂辩护，审讯时任人旁听等等。这可说是中国近代法制史上实行资产阶级审判方式的最初的尝试。但由于司法权还掌握在一些旧官吏手中，南京临时政府又是一个短暂政权，因此尽管孙中山极力提倡，并载入约法，但仍未能完全实施。

8. 主张宽法省刑，罪止一身

在资产阶级民主派中，只有章太炎的法治观兼有封建法家学说的因素和资产阶级的法治原则。正因为如此，他经常运用旧律的知识，来阐明一些现实的观点，宽法省刑就是一例。他反对以汉唐之法为楷模的传统看法，认为“汉世法律贼深”，虽无十恶之名，但“大不敬罪辄逾等”处刑。至唐代，唐律沿袭北齐所制定的“重罪十条”和隋之“十恶”，专列十恶条目，犯者

① 《临时政府公报》第54号，1912年4月1日。

不在“八议”之列。凡此皆“魏晋江左所不有也”。特别是“其反叛恶道不敬诸条，则随事可以比附”。[①]以陷人于重罪。因此，他认为：“汉唐二律皆刻深不可施行。求宽平无害者上至魏，下讫梁，五朝之法而已。”[②]

为了说明五朝旧律确有信美之处，章太炎进一步指出晋律以下，虽有不敬罪的条款，但以亏礼废节为限，对某些罪的处刑比汉律为轻，例如，“上阑沃殿者，得四岁刑；谤上者得三岁刑，此并属不敬科”。比起汉律指斥乘舆处枭首腰斩之法，“其宽猛相去远矣”。又如，虽有恶逆罪，但以凌上僭贵为限。伪造官印者，处三岁刑。有挟天文图谶者，也仅仅处二岁刑。至北朝鲜卑族统治时期，始有十恶之刑。他说：“今魏晋南朝诸律虽已残缺，举其封略，则有损上益下之美；抽其条目，则有抑强辅微之心。”他还举出以下数端作为五朝旧律“信美”的证据：“一曰重生命，二曰恤无告，三曰平吏民，四曰抑富人。”[③]可见章太炎肯定五朝法律的主要之点在于“宽平”。这是他法律思想中的一个重要方面。他对清朝律例的抨击，也常常由此出发。但他过分抑汉唐，扬五朝的论断，显然不符合历史的实际。从五朝所处的历史条件来看，正是门阀士族垄断政权的时代。法律全面维护士族的政治、经济特权，确认士庶之间实如天壤的极不平等的法律地位，这在中国封建法律发展史上是极为突出的一个历史阶段，因而不能以“平吏民，抑富人”作为五朝法律的特点和优点。从法律的渊源来看，五朝旧律与秦汉以严法维护封建地主阶级的统治是一脉相承的。只是由于五朝处于战乱无宁日的时期，统治者为了维持偏安的局面，才不得不缓和矛盾，使刑罚趋于宽缓，表现为族刑时行时废，改妇女从坐之诛，除宫刑，改徒为流，等等。但它的出发点绝非“重生命”“恤无告”是不言自明的。我们不能要求一个资产阶级的思想家对封建旧律进行阶级的分析，但是精华与糟粕并蓄，不能不使章太炎的法律思想蒙上一层复古主义的尘垢。这种企图用维

① 《五朝法律索引》，《章氏丛书·文录一》。

② 《五朝法律索引》，《章氏丛书·文录一》。

③ 《五朝法律索引》，《章氏丛书·文录一》。

护封建制度的某些法律，来治理革命以后的共和国家，表现了封建文化对他的严重拘囿。尽管宽法的主张针对着晚清的峻法的现实，有它的合理性。

此外，章太炎也主张省刑。他说："杀一人不以其罪，圣王有向隅之痛，是故持仁恕之说者，必曰省刑。"[①]但他所说的省刑是以罪刑相称作为标准，而不是一般的轻省刑罚。他说："苟诛杀而当，虽少憯酷，犹足以庇民，何取于省。夫中国所患，非刑重之失也，特其米盐琐细，罪不致死而必致之弃市罄首者，为可减耳。"[②]他举笞箠与肉刑为例，说明这二者固有轻重之别，但如运用得当，即不为过。"昔之人狃于肉刑者，以笞箠不足惩，狃于笞箠者，虑肉刑之憯毒……夫笞箠与肉刑，特以为轻重之剂，而民之惩与不惩，非笞箠肉刑之所能与也。"[③]他认为用刑之道，譬如治病，有的须用猛剂，有的须"刺以长鍼，灼以稾艾"，这都要看具体情况而定。因此，他反对徒"慕泰西轻刑之名，欲并断斩去之"[④]。在中国封建时代，罪与刑殊，因人而异，是普遍的现象，它表现了封建司法的专横与等级特权的影响。因此，章太炎关于罪刑相称的议论，包含有抨击封建专制主义法制的意义。但是他认为如果罪刑相称，任何一种刑罚手段都是合理的，等于为中国封建社会长期存在的残酷刑罚进行辩护。因而突出地表现了他思想上所受到的封建法律文化的烙印。不过章太炎作为特定历史时代下的思想家，又接受了从西方输入的资产阶级的法律文化，以致他论述问题经常是矛盾的，表现了两种法律文化的冲突。例如，他对宽法省刑的论述，既拘囿于传统的法律意识的影响，又力图贯彻资产阶级民主与法治的精神，具体说来，章太炎提出了一些新的定罪标准："轻谋反之罪，使民不束缚于上也，重谋叛之罪，使民不携贰于国也"，"有割地卖国诸罪，无论公开私行皆殊死"。以示民族国家的利益为上。同时，还提出"轻盗贼之罪，限袭产

---

① 《五朝法律索引》，《章氏丛书·文录一》。

② 《定律》，《馗书三十八》。

③ 《定律》，《馗书三十八》。

④ 《定律》，《馗书三十八》。

之权"的主张，以便压制富有者，使富有者的子孙不得蹑前功以坐大。他在论证道德缺欠是犯罪的重要根源时，还根据职业将社会各阶级、阶层分为十六等，这十六等各有与其相应的道德。特别难得的是他认为劳动者是处于"道德之域"的，其中"农人于道德为最高者"，工人次之，其他则等而下之。凡是道德缺欠者，总要以不同的形式，触犯刑律，"虽有法律而不可治"。他还指出："权位愈申，则离于道德也愈远，"坏法乱纪也愈甚。在这里，章太炎揭示了道德与法律的内在联系，并以提倡道德作为预防犯罪、省刑清政的重要措施。同时，鲜明地抨击了越是权势者道德越沦丧，越是虐民网利，从而表现了民主主义精神。

在省刑的问题上，孙中山一方面反对以刑罚作为私人报复的手段，对于滥施刑讯的官吏要给以适当的行政处分或法律制裁，以示"人权神圣"，"刑期无刑"。另一方面对于危害革命、危害人民生命财产，证据确凿的罪犯，则主张坚决依法严惩。例如，武昌起义前杀害革命烈士和士兵的清朝宪兵长夏祖庆，就是奉大总统命令"立予枪毙"的。对于袁世凯为赦免曾经镇压过革命的前清军政官员而颁布的大赦令，孙中山则坚定表示应根据约法，征得参议院之"追认，方能有效"。[①] 至于某些受人蛊惑或欺骗的保皇党人，孙中山反对"挟私复怨，借是为名，擅行仇杀"，他严肃提出"法令所加，只向其在有无违犯，不得执既往之名称以为罪罚"。[②]

具有资产阶级民主主义思想的伍廷芳，则坚持"罪止一身"的原则，即"一人犯事，只可将本人科罪，于本人父母妻子，及亲戚伙伴，均不得牵连"。如需将罪犯的财产充公，也"只准充本人名下财产，别人所有，不得牵连"[③]。如果违背上述规定，"受害人得以起诉，要其赔补科罚。"显然这是对封建株连的进一步否定。

① 《南京临时政府公报第四十九号》，《辛亥革命资料》。

② 《南京临时政府公报第一号》，《辛亥革命资料》。

③ 《南京临时政府公报第一号》，《辛亥革命资料》。

八、五四运动前后急进民主派的法律思想

（一）由急进民主主义向社会主义转变的历史条件

1911年发生的辛亥革命，一举推翻了延续二千余年的封建专制制度，建立了民国。然而软弱的资产阶级革命派在帝国主义和国内反动派的压力下，交出了政权，使民国徒有其名，继起的北洋军阀政权依然是地主买办阶级的专制统治，只不过是以民国的形式，强奸民意，擅权窃国而已。在北洋军阀统治下，人民的权利横遭践踏，民族危机依然深重，资产阶级的民主政治已经濒临破产，中国的封建传统仍然如顽固的“历史的惰力”，笼罩着整个社会，复辟的逆流此伏彼起。

急进民主派在彷徨中找寻新的出路。

在1914—1918年第一次世界大战期间，西方帝国主义为了应付战争而相对地放松了对中国的侵略，给了中国民族资本主义经济以进一步的发展机会。例如，1914年8月以前，向北京政府农商部注册的工业公司共有146家，资本额为41148205元。而自1914年8月至1920年，六年间新注册的工业公司272家，资本额为117434500元。随着中国民族资本主义的发展，工人阶级队伍也相应地迅速扩大，据1913年统计，中国工矿企业的工人、海员、铁路工人已逾一百万人。自1914年至1919年，五年间中国工人人数迅速增加，已达二百万人左右。工商业者的数目也有所增加，据1918年统计，国内商会会员十六万二千余人。

在这一时期，受过新式小学教育的人近千万，受过中等教育的人十万以上，受过高等教育的人亦有数万之多，留学生的数字也很可观，仅清末留学日本的留学生即达一万五千人。可见，在1919年五四运动发生前夜，中国新的社会力量在生长和发展，出现了一个由中国工人阶级、学生群众和新兴的民族资产阶级所组成的、反帝反封建的资产阶级民主革命阵营。

五四前夕，帝国主义和中华民族的矛盾突出表现在中国和日本的矛盾上。因为西方帝国主义忙于应付战争，于是东方帝国主义——日本乘机加

紧了对中国的侵略。先是借口对德宣战，侵占山东，接着诱迫袁世凯签订二十一条。然后又借口“共同防敌”，阴谋把中国的军队纳入它的指挥之下。因此民族危机十分严重，在反对二十一条卖国条约和《中日共同防敌协定》的斗争中，形成了广泛的群众性，如同李大钊在《警告全国父老书》中所说：“军士变色于疆场，学子愤慨于庠序，商贾喧噪于廛市，农夫激烈于畎郊。凡有血气，莫不痛心，忠义之民，愿为国死。”①

五四运动的发生，不仅具有内因，而且具有外因，那就是1917年发生的十月社会主义革命。

就法律思想而言，可以分为两个发展阶段。第一阶段：从1915年9月创办《青年杂志》（自第二期改名为《新青年》）掀起新文化运动，至1917年10月社会主义革命胜利。第二阶段：从十月革命胜利后，马克思主义传入中国至1921年中国共产党成立。在第一阶段，以陈独秀、李大钊等人为代表，他们站在资产阶级急进民主主义立场，奋笔揭露了北洋军阀统治下的政治与法制，依然是束缚与迫害人民群众的枷锁，但他们所追求的仍旧停留在所谓真正的资产阶级共和国。在第二阶段，以李大钊、毛泽东、周恩来为代表，他们由资产阶级急进民主主义者转向社会主义，他们是具有初步共产主义思想的知识分子中的杰出代表，在法律思想上已经把劳农专政下的法制作为追求的目标。

（二）五四运动前后进步思想家的代表人物

陈独秀（1879—1942），安徽怀宁人，字仲甫，早年留学日本。1915年主编《新青年》，提倡新文化，宣传马克思主义，是五四运动时期的急进民主派。1920年，他发起组织上海共产主义小组，1921年中国共产党成立，由于他在五四运动时期的名声，被选为党的总书记。第一次国内革命战争后期，党内以他为代表的右倾机会主义思想形成投降主义路线，放弃了对

① 《李大钊选集》，第19页。

农民、城市小资产阶级、中等资产阶级，特别是武装力量的领导权，终于使革命遭到失败。1927 年在党的“八七会议”上被撤销总书记职务，但他仍坚持错误，其后对革命前途悲观失望，成为取消主义者，并和托洛茨基分子勾结，成立反党组织。1929 年 11 月被开除出党，同年 12 月，纠集彭述之等 81 人发表《政治意见书》，反对中国共产党和工农红军，1942 年于四川江津逝世。

五四运动前，陈独秀是新文化运动的主将，由于陈独秀主编的《新青年》提出的问题切中时弊，因而深受广大青年的欢迎，影响面相当广泛，而且纷纷组织先进的社团，如新民学会、觉悟社等。毛泽东曾说：“这些会社的大多数，或多或少地是在《新青年》影响之下组织起来的。《新青年》是有名的新文化运动的杂志，由陈独秀主编。当我还在师范学校做学生的时候，我就开始读这一本杂志。我特别爱好胡适、陈独秀的文章。他们代替了梁启超和康有为，一时成了我的模范。”[①]

在陈独秀的思想中，直到 1919 年年底仍然以民主主义为主流，资产阶级共和国的方案在他头脑中并没有破产。1919 年 11 月，陈独秀写的《实行民治的基础》一文，仍然说“我们现在要实行民治主义，是应当拿英美作榜样”。1920 年春，在共产国际的代表和李大钊的帮助下，并在建立共产主义小组的活动中，陈独秀的思想有了新发展。这时他发表的文章，解释了劳动创造世界的道理，宣传了剩余价值论，指出了无产阶级的历史作用。他的法律思想也同样经历了这样的转变。由于陈独秀对资产阶级和无产阶级、对旧民主主义和新民主主义在认识上存在着根本性的错误，这就导致他右倾机会主义的错误，并由二次革命论进步发展为一整套取消主义的理论体系，终于被历史所淘汰。

李大钊（1889—1924），字守常，河北乐亭人，1913 年留学日本，曾参加反对袁世凯运动。1916 年回国。历任北京《晨钟报》总编辑，北京大学

① 《西行漫记》，三联书店 1960 年版，第 118 页。

经济学教授兼图书馆主任和《新青年》杂志编辑。1917年十月社会主义革命以后，接受马克思列宁主义，并作了卓有成效的宣传和介绍，发表了《庶民的胜利》和《布尔塞维主义的胜利》等著名论文。创办了《每周评论》，积极领导五四运动，并和以胡适为代表的改良主义思潮作坚决斗争。1920年，在北京组织共产主义小组，中国共产党成立后负责北方区党的工作。在中国共产党第二次至第四次全国代表大会上，李大钊均当选为中央委员。第一次国共合作期间，在帮助孙中山确定联俄、联共、扶助农工三大政策和改组国民党的工作中起了重要的作用。1924年，他代表中国共产党参加共产国际第五次代表大会。1927年4月6日，被军阀张作霖逮捕，28日在北京英勇就义。

李大钊是中国最早的马克思主义者，也是中国共产党的创始人之一。他的法律思想充满了对北洋军阀政府统治下非法虐民的愤怒谴责，同时也以充沛的革命感情表达了对于劳农专政下的社会主义法制的憧憬和赞赏。

毛泽东（1893—1976），字润之，湖南湘潭韶山冲人。1913年在长沙第一师范学校读书，很早便开始了革命活动。接受并传播马克思列宁主义，创办《湘江评论》，建立俄罗斯研究会、社会主义青年团和共产主义小组等革命组织。1921年7月，代表湖南共产主义小组参加中国共产党第一次全国代表大会。在五四运动前后，毛泽东作为具有共产主义思想的知识分子，发表了对于当时中国的政治制度与法制建设的卓越见解，影响极为深远。

周恩来（1898—1976），字翔宇，原籍浙江绍兴，生于江苏淮安。1913年在天津南开中学读书，1917年留学日本，1919年回国，在天津参加五四运动，组织《觉悟社》从事反帝反封建的革命活动。1920年至1924年，先后去法国、德国勤工俭学，在旅欧的中国学生和工人中宣传马列主义，发起组织旅欧中国少年共产党。1922年加入中国共产党，在五四运动期间，周恩来发表了许多论著，阐述了他的政治法律思想，具有重大的历史意义。

（三）急进民主派法律思想的主要内容

1. 揭露北洋军阀政府以民国之名行专制之实

五四运动前后，争取民主政治，反对封建专制制度的斗争，集中表现为对北洋军阀政府本质的揭露和批判。陈独秀尖锐地指出："中华民国的假招牌虽然挂了八年，却仍然卖的是中华帝国的药，中华官国的药，并且是中华匪国的药。"① 广大人民"……于共和国体之下，备受专制的痛苦"②。特别是针对迭起的帝制复辟，使急进民主派将北洋军阀政府和封建专制制度联结在一起，进行批判，猛烈鞭挞了作为封建专制制度核心的君权。李大钊说："真皇帝是大盗的代表"，"大盗不结合乡愿，作不成皇帝"。③ 陈独秀则剥下了儒家加给皇帝的所谓"天的儿子""神的替身"等外衣，而斥之为"一种偶像"，"他本身并没有什么神圣出奇的作用，全靠众人迷信他，尊崇他，才能够号令全国，称作元首"④。他们沉痛地指出，辛亥革命以后，神州天府继续陆沉，"鞠为茂草"，仍然是"君主专制之祸耳"⑤。李大钊以犀利的笔锋，揭露了北洋军阀统治下的民国政治是"武人专制的政治——也可以叫做武乱"⑥，是把人民当作猪宰，用人民的血肉骨头，喂饱那些文武豺狼的"宰猪场式的政治"⑦，是"几个政客，抱住了强盗的大腿转来转去，混一口饭吃"的政治。⑧ 在这样的民国政治下，广大人民的生活权乃是生存权都被少数特权者所剥夺。因此他发出了"民与君不两立，自由与专制不并存，是故君主生则民国死，专制活则自由亡"⑨ 的呐喊，痛斥形形色色的帝制复

---

① 陈独秀：《实行民治的基础》，《新青年》第 7 卷第 1 号。

② 陈独秀：《吾人最后之觉悟》，《独秀文存》卷一。

③ 《每周评论》第 6 号，1919 年 10 月 26 日。

④ 《偶像破坏论》，《独秀文存》卷一。

⑤ 《民彝与政治》，《李大钊选集》，第 56 页。

⑥ 《文治国庆》，《李大钊选集》，第 245 页。

⑦ 《宰猪场式的政治》，《李大钊选集》，第 107 页。

⑧ 《政客》，《李大钊选集》，第 123 页。

⑨ 《民彝与政治》，《李大钊选集》，第 6 页。

辟派是"国家之叛逆，国民之公敌"，而要"诛其人，火其书，殄灭其丑类，摧拉其根株，无所姑息，不稍优容"[①]。面对黑幕重重的封建军阀统治，李大钊发出了"共和国的政主到底是谁？"的尖锐诘问，在黯然窒息的"民国"，恰如震聋发聩的惊雷骇电，使人猛省，发人深思。

到底谁是政主？在五四运动发生以前，急进民主派的先驱们还不可能做出马克思主义的回答。他们还没有马克思主义的批判武器和批判精神，只是把西方资产阶级民主政治的思想学说用作批判封建专制制度的武器，以资产阶级国家为自己心目中理想国家的楷模。陈独秀当时就曾宣称"自由、平等、博爱"，为"近世文明"的精华，以资产阶级的立宪民主制为世界发展的"潮流"和"轨道"。钱玄同等人则主张中国应"把法国美国做榜样"。他们虽痛恨民国的腐败，但也只归咎于"中国创造共和的岁月，比起欧美来还是太浅，陈年老病那有着手成春的道理"[②]。这种观点并未超脱资产阶级民主共和的窠臼，尤其是在实践中既找不到实现资产阶级民主制度的出路和办法，更无力阻止资产阶级共和国方案日益破产的趋势，因此，他们的思想言论虽然在反对军阀独裁统治的斗争中，发挥了一定的积极作用，但却不能挽救中国出沉疴。

青年时代的毛泽东同志一方面指出君主国和三纲、宗教、资本家"同为天下恶魔也"[③]，而主张"改建政体"；另一方面他反对不斟酌国情照搬西制，强调"西制之可采者取之，其不可采者去之。折中至当，两无所偏"[④]。他认为资产阶级所提倡的议会、宪法、总统、内阁等都是"枝节"，不是救国的"药方"。因而反对从枝节入手的变法，而致力于追索"本源"。李大钊虽也曾经是真正的资产阶级共和国的拥护者，但严酷的现实使他对资产阶级的代议制度产生了怀疑，代议政治"犹在试验之中，其良其否，难以

① 《民彝与政治》，《李大钊选集》，第6页。

② 陈独秀：《实行民治的基础》，《新青年》第7卷第1号。

③ 转引自周世钊：《第一师范时代的毛主席》，《新观察》第二卷第二期。

④ 转引自1917年8月张昆第日记。

确知，其存其易，亦未可测”[1]。

总之，这时的毛泽东、李大钊都在探索和追求一种更优越的制度以取代资产阶级民主共和国。

2. 提出激进的民主主张

经过五四运动革命风暴的洗礼，大大开阔了先驱者的视野，如同瞿秋白所说，“帝国主义压迫的切骨的痛苦，触醒了空泛的民主主义的噩梦”[2]，使他们由急进的民主主义开始向马克思主义转变。具体表现在他们所提出的一系列主张中。虽然他们的主张“未必精当”，而且在当时也不具备实现的条件，但却反映了他们对民主政治的认识进入了一个新的境界。这些主张概括起来就是：

（1）以国民大会为真正的民意机关。李大钊从“民众的势力，是现代社会上一切构造的唯一的基础”这一观点出发，并总结了五四运动期间全国各地纷纷召开国民大会的经验，提出：“我们应该赶快随时随处自由集合国民大会，这种国民大会，不拘一定形式，不待政府召集，全国公民要自动的奋起，竖起民众万能的大旗，……我想只有这种自由集合的国民大会，才是真实的国民大会，……五四以来罢免曹陆，乃至此次打破一派军阀，摧除安福，哪一件不是这种国民大会的效力。”[3] 这种国民大会已经剔除了资产阶级的形式民主，而侧重于直接民权。它广泛地“容纳各阶级的代表”，“上至于学生、教员、校长、报馆、商人、下至于叫卖耍物的，拖黄包车的，挑水的，帮运货物的”[4]。只有把他们都组织起来，才能产生“真正民意机关”[5]。李大钊以高昂的激情大声疾呼：“我很盼望全国各种职业、各种团体

---

① 《民彝与政治》，《李大钊选集》，第 50 页。

② 《瞿秋白文集》，第 23 页。

③ 《要自由集合的国民大会》，《晨报》，1920 年 8 月 17 日。

④ 《现在我们怎样的进行研究》，《觉悟》1919 年 11 月 30 日。

⑤ 《现在我们怎样的进行研究》，《觉悟》1919 年 11 月 30 日。

都有小组织，都有大联合，立下真正民治的基础。”[①]

（2）赋予农民真实的选举权。民国以来颁布的选举法都规定了各种条件限制，贫苦的农民没有选举权，这种选举制度成了“高等流氓们藏污纳垢的巢穴，发财作官的捷径”[②]。因此改革选举制度是实现民主政治的重要步骤。在“扩张选举”权的呼声中，李大钊强调不仅要赋予农民选举权，而且要使一般农民“有自由判别的知能”，使他们能够选出勤苦工作，和对劳工阶级表同情的人。这种人“来到议院，才能替老百姓说话，……这样的民主主义，才算有了根底，有了泉源。这样的农村才算是培养民主主义的沃土”[③]。

（3）主张妇女参政。辛亥革命后颁布的参议院选举法中，妇女没有选举权和被选举权，实际上剥夺了妇女的参政权。妇女参政不仅是广大妇女的普遍要求，也是争取民主政治目标之一和衡量真假民主的具体尺度。李大钊指出妇女参政是“女权运动的另一形态”[④]。“在妇女没有解放的国家绝没有真正的‘平民主义’”即民主主义。[⑤]向警予和杨之华都著文驳斥了把妇女参政运动归结为妇女做官运动的谬论，指出参政运动必须考虑被压迫的广大妇女的利益，参政运动的重点应为发动广大妇女为争取立法权而斗争。同时批评了把妇女运动的对象指向男子的错误意见，强调“在乎社会制度”[⑥]。

3. 赞赏劳农专政

五四运动中具有初步共产主义觉悟的先驱者们，从十月革命和苏俄无产阶级专政国家的建立，看到“工人阶级的‘平民政治’必将取代中产阶

① 《大联合》,《李大钊选集》, 第 286 页。
② 《青年与农村》,《晨报》1919 年 2 月 20 日—2 月 23 日。
③ 《青年与农村》,《晨报》1919 年 2 月 20 日—2 月 23 日。
④ 《现代的女权运动》,《李大钊选集》, 第 368 页。
⑤ 《平民主义》,《李大钊选集》, 第 422 页。
⑥ 《女同胞们快起来反对善后会议》,《妇女周报》第 65 期。

级的‘平民政治由’”，由对“民国”的抨击，进而揭露欧美资产阶级民主的实质：“表面上是共和政治，实际上是金力政治，所以共和的自由幸福多数人民是没有份的。”[①]“共和政治为少数资产阶级所把持，无论哪国都是一样，要用他来造成多数幸福，简直是妄想。”[②]与此同时，公开赞美社会主义的民主政治，推崇在国民革命中“当先锋的亦只有无产阶级”。[③]并以火一样的热情宣布：“在十月革命的火光里，诞生了劳农群众的国家和政府！也是全世界劳农群众的祖国、先驱、大本营。”[④]

由于无产阶级专政是无产阶级革命的根本问题，也是马克思主义和机会主义斗争的焦点，因此，李大钊、毛泽东、周恩来同当时纷至沓来的形形色色反马克思主义的流派和思潮进行了激烈的斗争。他们在斗争中论证了无产阶级专政的必要性及其与一切剥削阶级政权根本不同的实质。为了回答当时对“劳农专制”的攻讦，李大钊从阶级本质上阐明：“专制的确专制，但要问：他底专制，是绅士阶级的专制呢？还是劳动阶级的专制呢？”[⑤]这种专制不仅“是无产阶级为贯彻阶级斗争，消灭一切阶级所必需的……”[⑥]，而且是真正民主的国家制度。这种专制的“政治机关只是为全体人民，寓于全体人民，而由全体人民执行的事务管理工具”[⑦]。毛泽东在复蔡和森的信中，说明了采取俄国式革命、实行劳农专政为斗争不可避免，因为“历史上凡是专制主义者，或帝国主义者，或军国主义者，非等到人家来推倒，决没有自己肯收场的”[⑧]。周恩来一方面指出劳农夺取政权是“为

---

① 《国庆纪念的价值》，《独秀文存》卷一。

② 《国庆纪念的价值》，《独秀文存》卷一。

③ 《追悼列宁并纪念“二七”》，《李大钊选集》，第 500 页。

④ 《十月革命与中国人民》，《李大钊选集》，第 401 页。

⑤ 《我们的大敌究竟是谁呢？》，《觉悟》1920 年 9 月 20 日。

⑥ 《读费觉天的“从罗索先生的临别赠言中所见的”政治支配政策》，《觉悟》1921 年 9 月 25 日。

⑦ 《平民主义》，《李大钊选集》，第 426 页。

⑧ 转引自《中国新民主主义革命时期通史》第一卷，第 89 页。

解放全人类全体……肃清旧毒，扶植自由的新芽”，并以列宁服从“劳动会议（苏维埃），中央执行委员会，以及人民委员会的决议……劳动会议及中央执行委员会常常变更人民委员会的决议，……劳动会议代表更有为无产阶级中人撤换的事”[①]，来具体说明劳农专政的民主；另一方面，批判了无政府主义的反动思潮。周恩来在1922年发表的《共产主义与新中国》一文中深刻揭露了无政府主义者的真面目：“无政府主义在中国已有了十年以上的历史，他们利用中国人的惰性和容忍，竟与些思想堕落者结成了不解之缘。他们都自命为提倡科学的人，其实他们只会谈那空想艺术，高谈几个‘真’、‘善’、‘美’的名词，谈到实在的开发实业的方法，恐怕除掉毁坏大规模生产，反对集中制度外，竟无什么具体主张。”[②]这场论战雄辩地揭示了无产阶级专政的民主必将取代资产阶级专政的民主，这是历史发展的规律。

4. 批判封建的家族制度与纲常名教

五四时期，急进的思想家在反对封建专制制度的同时，也猛烈抨击了封建的家族制度。吴虞提出“家族制度为专制主义之根据”的命题，说：“儒家以孝悌二字为二千年来专制政治与家族制度联结之根干，”“居家能孝，则可由无禄位而为官。”这不是偶然的。封建统治者从长期的统治经验中深知“其为人也孝悌，而好犯上作乱者，未之有也”，因而竭力维护封建的家族制度作为“消弭犯上作乱之方法”，使得“家族制度之与专制政治，遂胶固而不可以分析”。[③]李大钊进而揭示了“君臣关系的忠，完全是父子关系的孝的放大体，因为君主专制制度完全是父权中心的大家族制的发达体……”[④]封建统治者不仅竭力宣扬“天下之本在国，国之本在家”，“家齐而后国治”的教条，而且在他们的严刑峻法的保护下，家族的族长不仅握

① 《宗教精神与共产主义》，《少年》第二期。

② 周恩来：《共产主义与新中国》，《少年》第二期。

③ 《吴虞文录》卷上。

④ 《由经济上解释中国近代思想变动之原因》，《李大钊选集》，第296页。

有经济的支配权、家法的执行权和对家族成员的人身处分权，而且承担着推行国家政令的职能，他的权威是专制制度在家族关系中的具体表现。一些大家族的族长与地方官府紧密勾结，使“家”与“国”权力的相通与互相渗透“就像皇帝通常被尊为全国的君父一样，皇帝的每一个官吏也都在他所管辖的地区内被看作是这种父权的代表”。[①] 因此，彻底地反对封建专制制度，必然要反对封建家族制度，粉碎族权、父权和夫权的绳索。李大钊说：“政治上民主主义的运动乃是推翻父权的君主专制政治之运动。”“社会上种种解放的运动是打破大家族制度的运动，是打破父权（家长）专制的运动，是打破夫权（家长）专制的运动，是打破男子专制社会的运动，也就是推翻孔子的孝父主义、顺夫主义、贱女主义的运动。”[②] 由反对封建专制进而反对封建家族制度，这是辛亥革命所不曾有过的，是五四时期争取民主政治走向深入的标志。

五四时期，反对专制主义的政治制度和家族制度，必然要触及作为其精神支柱的纲常伦理思想。汉初董仲舒为适应封建专制统治的需要，创立了三纲学说，在禁锢广大劳动人民的思想方面起到了暴力镇压所起不到的作用，因而被统治者奉为统治思想。至宋朝，随着阶级矛盾的尖锐和专制制度的发展，“三纲”被反动理学家吹捧为“天理”，赋予它以神权的威慑力量，凡属违反纲常的行为均构成“反天理”的大罪。三纲的说教奠定了君权、父权神圣不可侵犯的社会伦理基础，是封建道德的核心。两千年来封建的专制制度强制维护三纲在思想领域的统治地位。辛亥革命以后，封建余孽为复辟帝制张目，大肆鼓噪“三纲”的伦理道德。因此，反对封建伦理道德，是提到进步思想家面前的一项反击尊孔复古逆流争取民主的历史任务。陈独秀抨击封建的伦理道德说：“儒者三纲之说，为一切道德政治之大原。君为臣纲，则臣于君为附属品，而无独立自主之人格矣。父为子纲，则子于父为附属品，而

---

① 《中国革命和欧洲革命》，《马克思恩格斯全集》第九卷，第 110 页。

② 《由经济上解释中国近代思想变动的原因》，《李大钊选集》，第 300 页。

无独立自主之人格矣。夫为妻纲，则妻于夫为附属品，而无独立自主之人格矣。率天下之男女为臣、为子、为妻，而不见有一独立之人者，三纲之说为之也。缘此而生金科玉律之道德名词，曰忠、曰孝、曰节，皆非推己及人之主人道德，而为以己属人之奴隶道德也。”[①]他还揭露了所谓名教、礼教，都是以维护“别尊卑，明贵贱”的“阶级制度”为宗旨，而与共和立宪不相容，“存其一必废其一，……焉有并行之余地”[②]？

由对儒学的真缔——三纲的批判，进而导致打倒孔家店，钱玄同说：“欲祛除三纲五伦之奴隶道德，当然以废孔学为唯一之办法。”[③]李大钊站在彻底反对封建伦理道德的立场上，痛斥“依违调和”的资产阶级改良派，坚定地表示要以“人为之力”促成一切陈腐、僵死的旧道德的崩溃。“虽冒毁圣非法之名，亦所不恤矣！”[④]

以上可见，五四新文化运动批判的锋芒触及了封建专制制度的社会支柱，粉碎了封建传统法律借以矗立的以纲常学说为核心内容的理论思想基础，其影响之深远无愧为二十世纪以来中国人民所经历的、第一次伟大的思想解放运动。

5. 谴责毁法残民，要求尊重民权与法治

五四时期，争取民主政治是和争取民主的法制联系在一起的。北洋军阀篡夺了辛亥革命的成果，建立了北洋政府以后，一面撕毁临时约法及其他反映资产阶级民主原则的法令，一面恢复《大清律》的部分效力和刑讯制度，颁布《惩治盗匪法》《治安警察法》《出版法》等一系列反动单行法，猖狂地剥夺人民群众的基本权利，加紧镇压全国的进步活动。面对封建军阀无法无天的专横统治，站在争取民主和法制斗争前列的急进派，发出严厉的谴责：“你哪里还有约法！哪里还有自由！”“约法上明明有言论自由，

---

① 《一九一六年》，《青年杂志》一卷五号。

② 《吾人最后之觉悟》，《独秀文存》卷一。

③ 《中国今后之文字问题》，引自《中国近代思想史参考资料简编》。

④ 《自然的伦理观与孔子》，《甲寅》日刊，1917 年 2 月 4 日。

可是记者可以随便被捕，报馆可以随便被封。约法上明明有出版自由，可是印刷局可以随便被干涉，背反约法的管理印刷法可以随便颁布，邮局收下的印刷刊物可以随便扣留。约法上明明有书信秘密的自由，可是邮局可以随时随意派人检查。”[①] 正是封建军阀“拥兵纵乱，毁法残民，无恶不作，无罪不备”的倒行逆施，从反面教育了人民，促使他们觉醒起来，既争民主，也争法制。

五四时期，陈独秀、李大钊号召“打破北洋军阀专制主义的‘特权人治’”[②]，“尊重民权、法治、平等的精神”[③]。主张“法律面前人人平等，绝无尊卑贵贱之殊”[④]。这些观点虽然并未超越资产阶级法制的窠臼，但用以反对军阀的独裁统治，仍有一定的意义。

与此同时，急进民主派还揭露了北洋军阀颁布的反动法律的实质“就是欺骗平民的宗教”，[⑤]是“掠夺的工具”[⑥]和钳制人民言论自由的枷锁。周恩来一针见血地指出封建军阀的法律乃是“维持特权阶级的法律”。他在《少年》杂志上著文说：“不要说实行反抗旧制度，反抗‘上层阶级’了，便是为拥护被压迫阶级而有所结合，有所主张，也要常常受那维持特权阶级的法律干涉。”[⑦] 李大钊针对北洋政府以严刑峻法惩治宣传科学、民主的思想言论，发出尖锐的抨击，他说：“禁止思想是绝对不可能的，”“禁止研究一种学说的，犯了使人愚暗的罪恶，禁止信仰一种学说的，犯了教人虚伪的罪恶。”[⑧] 并严厉谴责北洋军阀公然将孔教列入宪法的行径，指出：“孔子者，历代帝王专制之护符也。宪法者，现代国民自由之证券也。专制不能容于

---

① 《那里还有自由》，《李大钊选集》，第252页。
② 《“新青年”罪案之答辩书》，《独秀文存》卷一。
③ 陈独秀：《今日中国之政治问题》，《新青年》第五卷第一号。
④ 陈独秀：《宪法与孔教》，《新青年》第二卷第三号。
⑤ 《社会为什么要改进》，《国民杂志》二卷二号。
⑥ 陈独秀：《谈政治》，《新青年》第八卷第一号。
⑦ 《少年杂志》1922年第二期。
⑧ 《危险思想与言论自由》，《每周评论》第24号。

自由，即孔子不当存于宪法。”[①]

经过急进派的推动，争取法制的斗争逐渐发展成推翻军阀统治的革命运动。备受反动法律蹂躏之苦的广大人民，大声疾呼：“法庭把司法尊严都丧尽了，我们不得不将这走狗的法庭与他的主人——军阀——一齐推翻。”“法律是人群的规则，群变则法变”，“法律范围不合现在人生，就得变。所取的手段，不能和平解决，只有激烈的一个法子，就是革命”[②]。

6. 同反社会主义法制的思潮进行斗争

经过十月社会主义革命和五四运动的教育，急进民主派的法制观点已转向劳农专政的法制观点。这是一个巨大的转变。它引起了资产阶级御用文人的恐慌，他们制造各种反社会主义的谬论，企图搞乱思想破坏人民群众争取社会主义民主与法制的斗争。因而在思想理论战线展开了一场激烈的冲突。

研究系反动政客张东荪之流，用改装的改良主义货色冒充社会主义，鼓吹用所谓“政府之立法”以及“社会之监督”等手段，唤起资本家的“觉悟”，“矫正”资产阶级的态度。妄图以此麻痹和欺骗人民，为此李大钊在《再论问题与主义》的著名论文中，依据马克思主义的唯物史观阐明了“社会上法律、政治、伦理等精神的构造都是表面的构造。……有经济的构造作他们一切的基础”。欲谋求中国社会的改造，必须改变社会经济制度，因为“经济问题的解决，是根本解决”，这个根本性的“经济问题一旦解决，什么政治问题、法律问题……都可以解决”。而从根本上解决中国社会经济制度问题的方法就是彻底的革命斗争。[③]陈独秀也宣布“不承认现存的资产阶级（即掠夺阶级）的国家、政治、法律，有扫除社会罪恶的可能性”，必须“用革命的手段建设劳动阶级（即无产阶级）的

① 《孔子与宪法》,《甲寅》日刊，1917 年 1 月 30 日。

② 《五四时期期刊介绍》第 2 集，第 346 页。

③ 《每周评论》第 35 号。

国家，创造那禁止对内对外一切掠夺的政治法律”[①]。还有人揭露了北洋军阀制定的法律“莫非资产者的保障物。……所以社会一切罪恶，就变成贫贱者的专有物，有资产的人就可以受法律制度的保障，无资产的人就要受法律和制度的摧残”[②]。这种法律是“劳动者颈子上一条大而且重的铁链”。若不废除这种法律，“劳动界前途的命运，还是鸡笼里的鸡”，只能听任宰割。

此外，无政府主义者则把法律和自由完全对立起来，混淆无产阶级专政国家的法律同剥削阶级专政国家的法律的原则界限，既反对剥削者压制劳动者的法律，也反对劳动者压制剥削者的法律，主张取消一切国家法律。对此,《共产党》杂志第五号发表的《我们要怎么样干革命？》曾予以反驳：“我们的最终目的，也是没有国家的。不过我们在阶级消灭以前，却极力主张要国家，而且是主张要强有力的无产阶级专政的国家的。……我们的目的，并不是要拿国家建树无产阶级的特权，是要拿国家来撤废一切阶级的。”陈独秀也斥责这种绝对不要国家与法律的谬论是因噎废食，是拿“德谟克拉西”（民主）和“自由”当口头禅，来反对阶级战争，反对无产的劳动阶级专政和法制，以致作了资产阶级的朋友。他阐述了从革命发生时起直到“私有财产在人心上的消灭”，要经过长久的岁月。在这长久的岁月里，“都有发生阴谋使资本制度死灰复燃，甚至恢复帝制的可能”[③]。因此，建设无产阶级的专政和革命法制是完全必要的。

反动政客张君励等，通过翻译魏玛共和国宪法，鼓吹德国宪法的“调和精神”，宣扬其中表现了“苏维埃政治与代议政治之调和”，“个人主义与社会主义之调和”，“劳工阶级与资本阶级之调和”。他诋毁俄国革命是“偏于革命手段，得于社会主义而失于法律主义”。攻击社会主义法制的产生“无一定之机关、一定之顺序”，是“非法”。诬蔑对剥削者的专政及剥夺其

---

① 《谈政治》,《新青年》第八卷第一号。

② 《五四时期期刊介绍》第2集，第245—246页。

③ 《国家·政治·法律》,《劳动专政》,《新青年》第八卷第三号。

资产与“平等”和“法制主义”原则“无不相叛谬”，等等。[1] 针对张君劢等人的攻击，毛泽东在给蔡和森同志的一次复信中，论述了应该采取俄国式革命实行劳农专政的主张，并深刻指出：历史上凡是专制主义者，或帝国主义者，或军国主义者，非等到人家来推倒，决没有自己肯收场的。周恩来同志在《少年》杂志第二期上厉声诘问：“旧制度旧思想既然把人心锢蔽得这样，一旦无产阶级为解放全人类全体，而夺取政权，在过渡中要肃清旧毒，扶植自由的新芽，对他如何不能加以限制？不然还得请出‘沙’（指沙皇），请出克伦斯基政府来好了。”为了驳斥这些对社会主义法制的造谣中伤和无耻诽谤，使中国人民了解俄国革命的历史和革命后的现状，李大钊等人还发表了许多介绍俄国革命的文章，并翻译了苏俄宪法及土地法、婚姻法等重要法典，给了张君劢之流以有力的回击，捍卫了马克思主义的国家观与法律观。

总括以上，五四运动前后反对封建军阀的专制统治，争取民主与法制的斗争是尖锐、广泛和深入的。以李大钊、毛泽东、周恩来等人为代表的具有共产主义觉悟的先驱者，不仅粉碎了康有为帝制复辟派掀起的复古逆流，而且痛击了反马克思主义的改良主义者和无政府主义者的各种谰言，批判了企图照搬西方资产阶级民主共和政治的观点。他们的辉煌业绩和斗争精神是光照史册、千秋永存的。

五四时期的先驱者们还批判地总结了旧民主主义革命时期争取民主政治的历史经验，揭示了只有社会主义道路才是救中国的唯一出路，论证了无产阶级的社会主义民主取代资产阶级的民主，也如资产阶级民主取代封建专制一样，是不可抗拒的历史发展规律，从而在批判旧世界中预示了未来的理想国家——无产阶级专政的社会主义国家，这是划破天际的曙光，震撼大地的春雷，从此，揭开了为新的人民民主政治与法制而斗争的纪元。

① 《五四时期期刊介绍》第 1 集，第 363—364 页。

结束语

一部中国近代法律思想史，就是1840年鸦片战争以后八十年间进步的、民主的法律思想同腐朽的、反动的法律思想斗争的历史，是中国传统的封建法律文化与输入的资产阶级法律文化，发生碰撞、冲突以至吸收、融合的历史；是由接受资产阶级法律文化，至1917年十月社会主义革命以后，又发生转向，即转而追求社会主义法律文化的历史。八十年法律思想发展的过程是和政治形势的发展，特别是和民族危机推动下的爱国主义的主线紧紧联系着的。

中国近代是一个社会急遽变化的时期，原有的自然经济结构已不占主导地位；原有的阶级构成也由于出现新的阶级关系而发生崩解；原有的民族矛盾也让位给中华民族与帝国主义的矛盾。总之，一切都处于天崩地解的激烈斗争与变动时期。与此相适应的中国近代法律思想领域也相应地出现了前所未有的活跃的局面。各个阶级、阶层、集团、派别都围绕着中华民族和外来侵略者的矛盾，人民大众和封建主义的矛盾提出了自己的有针对性的法律思想，并随着反帝反封建斗争的发展而发展。因此中国近代法律思想史反映了错综复杂矛盾冲突的社会经济、政治与文化的状况，也反映了当时进步的社会势力为建立民主法制而奋斗的曲折历程。由此，决定了中国近代法律思想内容丰富，特点鲜明，并具有十分重要的现实借鉴意义。

综观中国近代法律思想历史的发展，可以得出以下几点认识：

第一，争取民族独立和民主政治的斗争，推动了法律思想的发展。

早在第一次鸦片战争前后，进步的思想家已经敏锐地觉察到外来的侵略威胁和清朝江河日下的崩颓之势，因而开始主张用法律来保证革除种种弊症，支持反侵略的斗争。林则徐等人出于知己知彼、百战不殆的反侵略斗争需要，提出"睁眼看世界"，并接触到西方的法律知识。与林则徐同时的龚自珍、魏源等人的法律思想中，不仅要求改革旧的律例以激扬民气，而且提出了"师夷之长技以制夷"，这的确是开风气之先，而且对以后的"中体西用”法律观的形成，具有重要意义。

在太平天国农民革命中，洪仁玕也从斗争实践中意识到建立和维护革命法制的重要，因而强调：“国家以法制为先。”他第一次较多地介绍了资产阶级的法制。他和冯桂芬一样可以称为中国近代输入资产阶级法律文化的前驱。

稍后，资产阶级维新派中不少人继承和发展了十九世纪七十年代改良主义的思潮，他们倾心于资产阶级法治，以建立资产阶级法制，作为变法的一项重要内容，和推进社会进步、实现富国强兵的重要手段。

资产阶级革命民主派在为建立民主共和国的斗争中，也十分重视法制建设，以之作为保护民主、反对封建专制主义的重要工具。这些先进的中国人和进步的派别，都围绕着法制这个课题，提出了自己的主张，进行了一定的理论探索和阐述，从而推动了中国近代法律思想的发展。

1911 年建立的民国，徒有民国之名而无民国之实，人民群众在北洋军阀专政下没有任何法律保障与自由，当时的急进民主派虽然痛感资产阶级民主共和国在中国很难行得通，但又设计不出新的国家方案。就在这时发生了十月社会主义革命，使他们在彷徨中找到了历史的大方向、大趋势，增强了反帝反封建斗争的信心，如果说输入资本主义法律文化，使中国传统的法律文化发生了第一次转向，那么，在十月社会主义革命的影响下，又使中国近代法律思想发生了第二次转向。

第二，只有推翻封建主义和帝国主义在中国的统治，才能建立民主的新法制。

在十九世纪末发生的戊戌维新运动中，康有为、梁启超虽然要求变法维新，但又不愿和不敢推翻清政府，而以君主立宪为目标，实行有限的民主与法制和发展资本主义。他们的幻想由于慈禧太后发动政变而破灭。清末沈家本等人也想在保持清王朝的前提下，编订新法典、改革封建的法律体系，收回领事裁判权，求得中国主权的完整和富强。他们同样遭遇到慈禧太后支持下的顽固守旧势力的重重阻挠，所起草的一些法典或者不能实行，或者拖着一条封建主义的尾巴。他们通过修律谋求主权独立的幻想，也完全落了空。

1911 年辛亥革命发生，资产阶级革命派推翻了清朝封建专制政权，并在创建革命政权的同时，着手建设资产阶级的法制。但由于他们无力解决反帝反封建的任务，而革命的南京临时政府，也只存在三个多月，便被北洋军阀操纵下的中华民国所取代。因此建立民主法制的主张，遭到了破坏。资产阶级的法律思想虽然发挥了巨大的组织动员作用，并一度赢得了人民的支持与同情，但由于没有政权作为后盾，因此不可能在实践中完全实现。

历史的发展表明，法律离开了政权就等于零。因此，不彻底摧毁帝国主义扶植下的半封建、半殖民地的政权，代之以新型的政权，就不可能有真正民主的法制。

第三，封建主义的法律思想仍然十分顽固，还继续起着明显的影响。

中国封建制度具有二千多年的历史，影响到社会生活的各个方面。就封建的法律思想而言，也同样是根深蒂固、源远流长的。特别是晚清的最高统治者和一批当权的官僚，他们是封建法律的卫道士，顽固地阻挠新法律思想的传播，破坏沈家本主持下的修律工作。例如，十九世纪末，维新派提倡变法主张时，曾廉、王先谦、张之洞等仍公然以封建主义的法律观与之对抗。二十世纪初，沈家本等主持修律，也同样遭到张之洞、劳乃宣等人的强烈攻击。问题还不止于此，就连康有为、严复等曾经是资产阶级法律制度的鼓吹者，后来竟然也退而主张复古，表现了封建主义与资本主义在文化思想上千丝万缕的联系。而袁世凯、张勋等复辟派鼓吹的“国体虽更而纲常未变”，“治体虽变，纲纪则同”的谬论，以及他们策划的帝制复辟，说明了时代虽然进入了民国，但一些人的思想却仍停留在封建主义的历史阶段。

中国近代法律思想史，说明了传统的封建文化虽然逐渐丧失了昔日的统治力量，但在清政权的支持下，仍妄图维持原有的阵地。至于资产阶级的法律文化虽然挟着不可阻挡之势，使“西学东渐”成为时代的潮流，但在中国却缺乏必要的物质基础和阶级力量，不仅一时不能取而代之，反而遭到激烈的抵制和反抗。因此碰撞的结果，形成了一种新的文化形态。这种新的文化形态，一方面吸收资产阶级文化的形式和某些思想内容，另一方面又杂糅封建文化的意识和某些原则。这种新的文化形态，可以称为半殖民地半封建的文化。在这个半殖民地半封建的文化圈中，充满着新与旧、改革与保守、前进与倒退的斗争。

第四，中国民族资产阶级不能承担起彻底批判封建法律制度与法律思想、建设新的民主法制的历史任务。

中国民族资产阶级除具有一般资产阶级的和历史的局限性外，更有它先天的软弱性和妥协性。从十九世纪后期起，资产阶级改良派开始以新学反对旧学，用资产阶级法律观反对封建主义法律观。资产阶级革命派在反清斗争中，也对封建专制主义法律制度和法律思想给予必要的批判。但由于他们无力完成反帝反封建的任务，而且他们的理论本身又存在着严重的缺陷，使得对封建主义法律制度及法律思想的批判很不彻底。特别是对于封建法律制度、法律思想与封建经济基础的关系缺乏应有的认识。因而没有致力于改变封建的土地制度，从而也就不能清除封建主义思想。

第五，五四运动前后中国法律思想的转向。

中国近代的历史发展到五四运动前夜，进入一个新的时期，如同中国革命在彷徨中很快就要找到新出路一样，法律思想也出现了一个由追求真正的资产阶级民主共和制度到用马列主义观点对之进行批判的转折。以陈独秀、李大钊等人为代表的急进派，他们站在争取民主与法制斗争的前列，愤怒谴责北洋军阀政府非法残民。但是他们在当时还找不到真正的出路和办法，仍然主张“把法国美国做榜样”，实行欧美资产阶级的民主制度。

随着十月革命的发生和马克思列宁主义的传入中国，使他们从对空泛的资产阶级民主主义的向往中清醒过来，提出了以国民大会为行使权力的机关；赋予农民真实的选举权；主张妇女参政；尤其是在无产阶级专政这个焦点问题上以李大钊为代表的、具有共产主义思想的先进人物同形形色色的反马克思主义的流派，进行了尖锐的斗争，论证了无产阶级专政的必要性及其实质。在法律思想上也是如此，他们根据唯物史观，阐明了“社会上法律、政治、伦理等精神的构造，都是表面的构造……有经济的构造作他们一切的基础”，他们看到了资产阶级的法律是“资产者的保障物……所以社会一切罪恶就变成贫贱者的专有物，有资产的人就可以受法律制度的保障，无资产的人就要受法律和制度的摧残”[①]。他们“不承认现存的资产阶级（即掠夺阶级）的国家、政治、法律，有扫除社会罪恶的可能性”，因此必须用“革命的手段建设劳动阶级（即无产阶级）的国家，创造那禁止对内对外一切掠夺的政治法律”[②]。他们不仅揭开了中国法律思想史上前所未有的辉煌的新篇章，而且指导了随即展开的反帝反封建的斗争和政权与法制的建设。

第六，法学现代化的开端。

法学是为政治服务的，它虽然决定于经济基础，但同时也受政治状况的决定和制约。从中国历史上看，政治的开明与否是和法学的盛衰成正比的。春秋战国时期，封建的政权刚刚建立，社会上出现了百家争鸣百花齐放的形势，法学作为一种显学得到了明显的发展。法家人物如群星灿烂，纷纷著书立说，为即将形成的封建专制制度呐喊和辩护。但秦始皇建立了暴虐的专制统治以后，随着政治情况的恶化，顿挫了法学的发展，欲有学法者以吏为师，从而以官方的法学代替了私家的法学。秦以后虽有所好转，但二千年的专制制度处于不断强化之中，这对法学是一个沉重的桎梏。明清时期，以解律为代表的注释法学虽然蔚为大观，但在法理学上却极为贫

① 《五四时期期刊介绍》第2集。

② 《谈政治》，《新青年》第8卷1号。

乏。直到海禁大开以后，法学才走出阴森漫长的低谷。尽管政治上的阻力仍然重重，但历史潮流终究不可阻挡。经过清末修律开始了法律现代化的进程。

总括上述，研究中国近代法律思想史，有助于我们理解和弘扬法律文化，提高发展法学对于完善社会主义法制建设重要性的认识；同时也帮助我们理解近代中国建设民主与法制的艰巨性和曲折的道路，深入体会只有推翻帝国主义、封建主义统治，消灭了剥削制度和反动政权，才能建立起真正代表人民利益的新的民主的法制。这就是历史的结论。

新法律思想的兴起与预备立宪 *

一、国情的变化推动新法律思想的兴起

清朝入关以后，经过康雍乾三朝一百余年的盛世，发展至嘉道年间，封建社会固有的矛盾越来越尖锐，社会危机一天天加深。具体表现为土地的集中程度比以往更加严重。还在嘉庆朝，官僚百龄一人竟占地数千顷。道光朝琦善占地多达二万五千余顷。至咸丰朝，占地数十顷、数百顷的地主，所在皆是。与土地高度集中相联系的是大批农民丧失土地，弃家逃亡，沦为流民。此外，清政府有增无已的赋敛，加上道光年间由于鸦片贸易引起的银贵钱贱，不仅给农民，也给工商业者带来了新的困难，使他们陷入了前所未有的窘境。

清朝政府，在鸦片战争前的几十年间，在国家管理上已经完全脱离了既定的章法。皇帝“乾纲独断”的专制大权，发展到了极端，由此而造成了吏治的空前腐败。如同龚自珍所揭露的那样：“官益久，则气愈媮；望愈崇，则谄愈固；地益近，则媚亦愈工。”但是这些效忠于皇帝的臣子们，对待百姓却是敲骨吸髓无所不用其极。他们“贪以朘民之脂膏，酷以干天之

* 主要内容录自张晋藩主编《清朝法制史》第十章，中华书局 1998 年版。

愤怒，舞文弄墨，以欺朝廷之耳目，虽痛哭流涕言之，不能尽其情状”。

清朝的司法机关也随皇帝一时之喜怒而任意毁法，随心处刑。在中国封建时代，虽都是法自君出，狱由君断，但却没有像清朝皇帝这样在行使司法权方面没有任何制约和牵掣。也正因为如此，法制秩序不可避免地随时受到冲击。至于各级官员更是借繁冗的律例而弄法愚民，凭贿赂的多少而出入人罪。尤其是刑名恶幕操纵诉讼，以狱为市造成了大量冤案，加深了民怨，激化了封建社会的各种矛盾。遍及五省的白莲教起义，标志着农民起义的高涨和清朝已面临“岌岌乎皆不可以支月日”的境况。

正当以天朝大国自居的清朝日趋衰落的时候，西方资本主义的侵略势力已经逼近中国的大门，先是以鸦片贸易作为侵略中国的重要手段，继之以兵船大炮迫使清朝屈辱投降，签订了不平等的《南京条约》。接着清政府又在英、美、法等国的胁迫下签订了《虎门条约》《望厦条约》《黄浦条约》。根据这些不平等条约，西方列强除强迫清朝赔款，割让香港外，还攫取了协定关税、领事裁判权、沿海自由航行权、片面最惠国待遇等特权，破坏了中国的主权、独立和领土完整，使中国由封建社会向着半殖民地半封建社会转变。

第一次鸦片战争以后，中国固有的经济关系、阶级关系都发生了急遽的变化。在资本主义国家对华商品输出的侵袭下，中国封建的自然经济开始解体，民族资本主义终于跨过漫长的萌芽阶段，走上了发展的道路。

就阶级构成而言，在早已存在的农民阶级和地主阶级之外，出现了外国侵略势力所培植的买办势力和新诞生的资产阶级与无产阶级。阶级之间的冲突和中华民族与帝国主义的矛盾交织在一起，形成了前所未有的既复杂又尖锐的斗争场面。

面对鸦片战争后中国社会内部以及中国与世界之间的新变化，清朝统治集团中的保守势力在相当一段时间依然坚持祖宗家法不可改变的教条，力图在时代潮流的激烈冲击下维持“率由旧章”的旧体制、旧秩序、旧格局，直到十九世纪末二十世纪初，才不得不实行“新政”和“变法”。与此相反，地主阶级内部一些比较开明的官僚士大夫，如龚自珍、林则徐、魏源、包世臣等人，他们从时代的使命感出发，开始研究西方的社会。林则徐在广东时就曾“日日使人刺探西事、翻译西书，又购其新闻纸”。他们以忧虑和惶惑的心情注视着清朝的统治危机与西方资本主义侵略的威胁。为了“救偏补弊”，主张“经世致用”，“更法改制”，“师夷之长技以制夷”。在他们的改革方案中也涉及法制的领域，提出了具有明确针对性和时代特色的法律思想。具体说来：

1. 抨击了清朝法制的腐败，揭露了在狱讼中是非颠倒，鬻法市狱的种种弊端。有的还将清朝腐朽的法制与封建专制制度联系起来进行批判。

2. 主张典章法制要“因时制变”，呼吁更法自救，反对墨守陈案成规。

3. 在保持传统的德主刑辅、明刑弼教的法律思想基础上，强调法律是治国工具。

4. 坚持维护中国的主权与法律的尊严，在华的外国人应遵守中国的法度，接受中国的司法管辖。

5. 提倡研究西方各国的政治法律制度。林则徐曾请袁德辉和美国医生伯驾翻译了瑞士滑达尔编辑的《各国律例》的某些篇章。魏源在《海国图志》一书中不仅记述了西方资产阶级国家的政治法律制度，而且还流露出对资产阶级民主制的仰慕。

综上所述，鸦片战争后地主阶级改革派的法律思想，虽然从总体上没有超出封建法律思想的范畴，但已经接触到和开始研究西方资产阶级的法律文化，并对后来的以采用西方资本主义法律制度为主要内容的改良派，有着重要的影响。所以梁启超说地主阶级改革派的思想是近代“新思想之萌蘖”。

从十九世纪六十年代起，中国封建的自然经济进一步瓦解，出现了一批新式的工业企业。其中由民族资本家兴办的工业企业，占有一定的比重，这为资产阶级改良派法律思想的产生提供了物质基础。十九世纪七十年代早期资产阶级改良派的代表人物是王韬、马建忠、薛福成、郑观应、何启、胡礼垣等人，他们对西方资本主义社会和法律制度的了解，比起地主阶级改革派前进了一大步。综括早期资产阶级改良派的法律思想与改革法制的主张如下：

1. 设议院，定宪法，实行“君民共主”，改变君权立法的旧传统。

2. 修改旧律、删减繁文，改革刑名与监狱。

3. 翻译西方资产阶级国家的商律，并斟酌国情制定中国的商律，以保护商人的利益。

4. 提倡研究国际公法。

以上可见，早期资产阶级改良派的法律思想与主张，大都停留在介绍西方的法律知识与空发议论阶段，还没有形成系统的理论和实践活动。至十九世纪末才发生了明显的变化。

十九世纪末的中国，民族资本有了明显的发展，民族资产阶级逐渐作为一个新兴的社会力量，走上历史舞台。特别是在中日甲午战争失败以后，民族危机日渐深重的形势下，以康有为、梁启超、谭嗣同等人为代表，发动了变法维新运动，故又称维新派。他们主张建立君主立宪政体，发展资本主义经济，改革清朝法制，有些已经指向封建君主专制与纲常名教。严复、梁启超等人借助资产阶级的进化论，论证了实行资产阶级法制的合理性，又以天赋人权论、民约论、分权论为理论依据，设计了改革旧制的蓝图，要求用新的、资产阶级的法律体系取代旧的、封建的法律体系。维新派不仅形成了较为明显的资产阶级法律观，而且进行了一次变法的实践活动。尽管戊戌变法遭到失败，但却具有重要的启蒙作用，并且提供了“不革命决不能立宪”的血的教训。

至于洋务派，是反映日趋买办化的封建官僚集团利益的一个重要派别。其代表人物是奕訢、曾国藩、李鸿章、张之洞。他们主张在保持孔孟圣道与纲常名教的前提下，可以在练兵、工艺、法制等问题上采用西法，以应世变，借以维持清朝的统治现状。张之洞提倡的“中体西用”论就是洋务派思想的典型概括。为了适应中外交涉谈判的需要，他们主张学习公法学，制定交涉刑律。也主张编定矿律、路律、商律，以便于他们兴办和垄断近代工矿、交通等企业。在对付社会内部的反抗方面，则沿袭礼法兼用，宽猛相济的传统统治方法，既用严刑峻法去镇压人民的革命，又用封建正统观点去反对康有为、梁启超的变法维新运动和沈家本、伍廷芳编制的新律。他们提出的所谓“应世变”，其实质不过是适应半殖民地化的中国现实以满足洋务派的利益需求。

二、晚清政府预备立宪的提出

（一）由“新政”到立宪

以慈禧为首的最腐朽、最保守、最反动的统治集团，顽固地恪守“祖制家法”，敌视任何的进步与改良。为了继续维持封建专制帝制，曾于光绪二十四年（1898 年）以血腥屠杀的手段，镇压了康有为、梁启超领导的改良主义运动。但是，奔腾前进的国内革命形势和剧烈变化的阶级力量对比关系，使得他们已经不能照旧统治下去了。光绪二十六年（1900 年）义和团运动以后，在帝国主义与中华民族的矛盾、封建主义与人民大众的矛盾不断激化，蓬勃兴起的资产阶级民主革命运动和全国各族人民自发的反抗斗争日益合流的历史条件下，被迫发出“变法”与“新政”的诏谕。

帝国主义侵略者也从义和团运动中总结出了“总须以华人治华地”[①]，最好的办法“莫如扶植满清朝廷”[②]的新经验，因而支持清政府的变法与新政。光绪二十六年十二月（1901 年 1 月）流亡西安的慈禧下诏变法，说：“世有万古不易之常经，无一成罔变之治法。大抵法积则弊，法弊则更”，“法令不更，锢习不破，欲求振作，须议更张”，并表示“取外国之长，乃可补中国之短；惩前事之失，乃可作后事之师”，要求臣下“各就现在情形，参酌中西政要，举凡朝章国故、吏治民生、学校科举、军政财政，当因当革，当省当并……如何而国势始兴，如何而人才始出，如何而度支始裕，如何而

① 王其榘：《有关义和团舆论》，《义和团》第四册，第 250 页。

② 赫德：《中国实测论》。

武备始修，各举所知，各抒己见，通限两个月内悉条议以闻”[①]。然而在这道变法上谕中，却明确地宣布了“不易者三纲五常，昭然如日星之照世。而可变者令甲令乙，不妨如琴瑟之改弦”[②]，从而表明慈禧所进行的变法与新政，依然是以洋务派“中学为体，西学为用”为模式。因此，不仅广大人民置若罔闻，统治集团内部和者也寥寥。慈禧自认：“各疆臣使臣多未奏到。”同年四月，特设督办政务处为综理“新政”的机关，任命庆亲王奕劻，大学士李鸿章、荣禄、崑冈、王文韶，户部尚书鹿传霖等为督办政务大臣。刘坤一和张之洞也以督抚身份“遥为参预”[③]。这个督办“新政”的机关不仅大部分由极端守旧的军机大臣兼职，在组织系统上也隶属于军机处，实际是军机处的骈枝机关，直到光绪三十三年（1907 年）为遮人耳目才改属内阁。

综括督办政务处成立以后所推行的“新政”，不外调整官制、改定刑律、编练新军、奖励实业、废除科举、兴办学校以及准许满汉通婚、劝止妇女缠足、选派留学生之类。就其内容而言，没有超出戊戌变法时期的“维新”范围，只是增加了浓厚的半殖民地的政治色彩。其中外务部的设立就是一个典型例证。在这之前，清朝办理对外事务的机关是总理各国事务衙门。义和团运动以后，帝国主义为了进一步控制中国的内政与外交，通过驻华公使照会清政府：“将总理各国事务衙门改为外务部，冠于六部之首，管部大臣以近支亲王充之。另设尚书二人，侍郎二人，尚书中必须有一人兼军机大臣，侍郎中必须有一人通西文西语，均作为额缺，予以厚禄。”[④]在帝国主义强迫清政府接受的《辛丑条约》中，明文规定：“将总理各国事务衙门，按照诸国酌定改为外务部，班列六部之首。”由此可见，所谓“新政”是充满了半殖民地色彩的“买办政治”，是慈禧所执行的“量中华之物力，结与国之欢心”的卖国投降路线的产物。资产阶级革命派陈天华曾以犀利

① 《东华录》光绪朝，总页第 4655 页。

② 《义和团档案史料》，第 914 页。

③ 《大清光绪新法令》，《谕旨》第 1 册。

④ 《奏稿》，《李文忠公全集》。

的笔锋揭露说："清政府稍稍行了些皮毛新政……不过借此掩饰掩饰国民的耳目，讨讨洋人的喜欢罢了；不但没有放了一线光明，那黑暗反倒加了几倍。"[①] 只有代表资产阶级上层利益的立宪派，从清政府为解决财政困难"广开利源"，而颁布的有利于发展工商业的《奖励公司章程》《公司律》《华商办理农工商实业爵典章程》中，受到鼓舞，积极插足新政，企图获取一定的政治地位。

至二十世纪初，中国社会由于各种矛盾不断激化而充满了动荡和不安。以孙中山为首的资产阶级革命派不断发动武装起义，清朝这座将倾的大厦，在革命的暴风雨中已经失去支撑的力量，新的危机迫使清朝统治集团拟议推行预备立宪的策略。与此同时，立宪派也以革命将招致"六朝五代之混乱"，"不若立宪，可以安上全下，国犹可国"，而向清朝政府陈词。就在这时，1904—1905 年爆发了日俄战争，沙皇俄国被日本打败，一时世界舆论哗然，立宪派也乘机宣传"日本以立宪而胜，俄国以专制而败"。张謇致书袁世凯说："日俄之胜负，立宪专制之胜负也。今全球专制之国谁乎？一专制当众立宪，尚可幸乎。"[②] 驻法公使孙宝琦也在奏折中呼吁："仿英德日本之制，定为立宪政体，先行宣布中外，于以团结民心，保全邦本……不然则外侮日逼，民心惊惧相顾，自铤而走险，危机一发，恐非宗社之福。"[③] 其后，江督周馥、鄂督张之洞、粤督岑春萱纷纷奏请立宪，甚至极端守旧的端方，也奏称"亟宜附从多数希望立宪之心，以弥少数鼓动排满之乱党"。"若果效法泰西，改行宪政而无暴动之举，则驻华各使必当静以俟之也"[④]。这类奏折，为清政府"假立宪之名，行抵制革命之实"的"立宪"实质作了注脚。光绪三十一年（1905 年），直隶总督袁世凯奏请简派亲贵，分赴各国考察政治。为了抵制革命，拉笼立宪派，清政府以"承办人员，向无

① 《警世钟》。

② 张謇:《致袁世凯书》。

③ 《东方杂志》1904 年第七期。

④ 《端忠敏公奏稿》卷 8。

讲求，未能洞悉原委”为名，七月特派载泽、戴鸿慈、徐世昌、端方、绍英等五大臣，出洋考察各国宪政，作为“预备立宪”的一种姿态。

实际出国考察政治的五大臣（载泽、戴鸿慈、端方、李盛铎、尚其亨）按照德国公使代拟的路线，分两路赴日、美、英、德、法、比、意、奥等国考察。由于帝国主义希望能有一个较为得力的工具，代表他们去统治中国人民，因而积极支持清政府的“立宪”活动，纷纷发表评论，说立宪是镇压革命之“惟一良策”，“是不战而屈人之类也”①。德皇威廉亲自接见了五大臣，并谆谆告诫：“中国变法，必以练兵为先，至于政治措施，正宜自审国势，求其务当，事机贵有独具之规模，不可徒摹夫形式。”②日本首相伊藤还为载泽讲解日本宪法及日本明治维新的始末，强调“贵国为君主国，主权必须集于君主一人之身，万不可旁落于臣民”。至于人民的自由权利，“乃法律所定，出于政府之畀与，而非人民之可随意自由也”③。由于得到帝国主义的赞赏，五大臣还在考察途中便急不可待地奏请宣布立宪，以五年至二十年为预备期。

光绪三十二年（1906年）七月，五大臣从海外考察归来。他们在奏请宣布立宪的密折中，首先，转达了外国帝国主义对清朝准备立宪的支持说：“海国士夫，亦以我将立宪，法令伊始必将日强，争相走告……耳闻目见，无不觉忭庆逾恒。”④从而表现了清朝政府在制定重大政策时，仰承帝国主义的半殖民地政治的特点。

其次，针对慈禧唯恐实行立宪会使大权旁落的隐忧，五大臣详述了“各国宪法，皆有君位尊严无对，君统万世不易，君权神圣不可侵犯诸条”⑤，并在奏折中引证日本宪法关于君上大权部分十七条，来证明“凡国之内政外

① 《驳（日本）法律新闻之论清廷立宪》，《民报》第3号。

② 转引自《外交报》丙午14号，第13页。

③ 载泽：《考察政治日记》，第8—10页。

④ 载泽等：《出使各国大臣奏请宣布立宪折》，《辛亥革命》第四册，第24页。

⑤ 载泽等：《出使各国大臣奏请宣布立宪折》，《辛亥革命》第四册，第24页。

交，军备财政，赏罚黜陟，生杀予夺，以及操纵议会，君主皆有权以统治之”[①]。由此可见，保持和加强以慈禧为首的专制统治，是清朝政府实行立宪政策的基点。

最后，他们还引用沙俄1905年实行“立宪”以抵制革命为例，强调“欲防革命之危机，舍立宪无它道”。只要清政府改行宪政，革命派“虽欲造言而无词可借，欲倡乱，而人不肯从，无事缉扑搜拿，自然冰销瓦解”[②]。他们从迅猛发展的革命形势中认识到，“严峻之法”只会“骚扰愈甚，怨毒滋深”，惟有“于政治上导以新希望”，“宣布国是……实行立宪”[③]，才可以收到消灭革命的效果。

结论就是：实行立宪有三大利，一曰，皇位永固；一曰，外患渐轻；一曰，内乱可弭。然而考察宪政的大臣们深知慈禧准备立宪是迫于革命形势，绝非出于本心。因此，特别提出“今日宣布立宪，不过明示宗旨为立宪之预备。至于实行之期原可宽立年限”[④]，或者五年，或者十五年，从而表明清政府的预备立宪，从一开始就是自欺欺人可望而不可及的。

慈禧反复考虑了载泽、端方等人的奏折，经过七次召见和一系列的御前密议，为了防止革命和满足立宪派的要求，终于在光绪三十二年七月十三日（1906年9月1日）颁布预备仿行宪政的上谕。宣布：“时处今日，惟有及时详晰甄核，仿行宪政。大权统于朝廷，庶政公诸舆论，以立国家万年有道之基。”但又借口“规制未备，民智未开”，不能“操切从事，徒饰空文”，须从“官制入手……次第更张……以预备立宪之基础”。至于预备的期限，“俟数年后……查看情形……再行宣布天下”。在预备立宪期间，“士庶人等”，务必“各明忠君爱国之义，合群进化之理，勿以私见害公益，

① 载泽：《奏请宣布立宪密折》，《辛亥革命》第四册，第28、29页。

② 载泽：《奏请宣布立宪密折》，《辛亥革命》第四册，第28、29页。

③ 端方：《清平满汉畛域密折》，《辛亥革命》第四册，第43—44页。

④ 《东方杂志》第八期。

勿以小忿乱大谋，尊崇秩序，保守和平，以预备立宪国民之资格”[①]。这道上谕表明清朝统治者仿行宪政的根本原则，是“大权统于朝廷，庶政公之舆论”，也就是在维持封建专制主义的前提下，给予资产阶级上层以某些议论时政的权利而已。这道上谕还为钳制人民，制造了新的根据。所谓“私见害公益”，“小忿乱大谋”，都是针对人民的反清斗争而言。不仅如此，这道上谕提出的“清理财政”，又为清朝政府“借立宪之名，行敛财之实”[②]提供了借口。正是在预备立宪的名义下，清政府大肆搜括，“一觔之肉，一瓶之酒，无不重税”[③]，以致“杂捐苛细，民不聊生”[④]。预备立宪的上谕颁布以后，资产阶级立宪派增加了对清政府的幻想，说预备立宪是“两宫仁圣独伸天断，不惜举两千年来一人所独据神圣不可侵犯之权与天下共之矣”[⑤]。亡命海外的保皇派康有为也情不自禁地高呼“伟哉，此举”，表示愿与慈禧合作，不修旧怨。说：“欲禁遏革命党使不发生者，无外于改良政治……使现政府而翻然大悟也，实行改革以与天下更新，则革命党不期弥而自弥。”[⑥]立宪派不仅在舆论上鼓吹君主立宪，而且之后还掀起了多次请愿活动。

（二）官制改革与统治集团内部的权力之争

官制改革是清朝政府推行立宪的重要环节。端方在《请改定官制以为立宪预备折》中，以日本明治维新曾两次大改官制为例，说明“其宪政之推行有效，实由官制之预备得宜”[⑦]。因此，提出“请改定全国官制，为立宪之预备”[⑧]。慈禧采纳了端方的意见，从官制改革入手，乘机削弱汉族地方大

① 《东华录》光绪朝，总页第5563—5564页。
② 《临时大总统宣言》，《孙中山选集》上卷，第83页。
③ 《东方杂志》1904年第八期。
④ 《临时大总统宣言》，《孙中山选集》上卷，第83页。
⑤ 《东方杂志》1906年第二期。
⑥ 《辛亥革命前十年时论选集》下册，第613页。
⑦ 《辛亥革命》第四册，第33页。
⑧ 《辛亥革命》第四册，第33页。

官僚的实权。因此清朝统治集团在官制改革问题上表现了尖锐的权力冲突。满洲贵族企图通过立宪，进一步集权中央，集权于满洲贵族之手。而以袁世凯为代表的汉族大官僚、地方督抚，也奢想借立宪改官，打破满官的政治优越地位，加强地方的权力，巩固自己的地盘。载泽等五大臣提出改革官制的必要性时所说，“循此不变，则唐之藩镇，日本之藩阀，将复见于今日”[①]，已经透露了排斥汉族地方大官僚的弦外之音。而在御前会议确定的“立宪政治”四大方针之一，就是“废现制之督抚，各省新设之督抚其权限仅与日本府县知事相当，财政、军事权悉收回于中央政府”[②]。但这个方针首先遭到参与官制会议的直隶总督兼北洋大臣袁世凯的坚决反对，公开以“筹议至不易易”相对抗。其他多省督抚也都表示强烈不满，因而被迫搁置。但清朝统治者为了贯彻“中央集权之势成，政策统一之效著”的既定方针，于光绪三十三年（1907 年）公布地方官制，将各省督抚的军权、财权分别收归陆军部和度支部。同时，采用明升暗降的办法，将最有权势的汉族督抚袁世凯、张之洞，调入中央，担任有名无实的军机大臣，以减少削除地方督抚实权的阻力。

至于中央官制的改革，从维护封建专制制度，以及皇帝特权出发，提出“五不议”，即军机处事不议、内务府事不议、八旗事不议、翰林院事不议、太监事不议。

根据“五不议”的指导原则，光绪三十二年九月（1906 年 11 月）颁布“厘定官制”上谕。保留了自雍正年间设立的由皇帝直接掌握的中枢机关军机处和为皇帝服务的传统机构内务府、宗人府、各旗营、銮仪卫、侍卫处、翰林院、太医院、步军统领衙门、内阁等。所变动的只是部院的调整、合并以及某些机构名称和官职称号的改变而已。如：户部改为度支部，兵部改为陆军部（并入太仆寺和练兵处），刑部改为法部，工部改为农工

① 引自李剑农：《戊戌以后三十年中国政治史》，第三章，第 66 页。

② 引自李剑农：《戊戌以后三十年中国政治史》，第三章，第 66 页。

商部，巡警部改为民政部，理藩院改为理藩部。此外新设立的有邮传部，保留了吏部和礼部，共计十一个部。此外，改大理寺为大理院，专掌审判。

总之，被清朝统治者自诩为预备立宪首要步骤的官制改革，丝毫没有触及专制制度的实质，“不过换几个名目，淘汰几个无势力之大老而已，绝无他影响”①。连支持清朝预备立宪的日本官方报纸《朝日新闻》也认为：“……此次新发表之官制，不免声大而实小矣。”②甚至清朝统治集团内部也有人承认：“今宪政固已预备，官制固已改革，不惟无尺寸之功，乃益形棼乱者，有变法之名，无变法之实故也。……官制改矣，而其主要枢纽仍如故也，只取无甚关系一二部分，裁汰之合并之已耳。”③

由于清朝统治者蓄意通过立宪和官制改革，排斥汉族官僚，完成满洲贵族集权，因此对各部大臣的任命，形式上标榜“满汉并用，惟才是举，毫无分歧”④，实际则打破了原有的部院大臣满汉平分的比例，一些重要的部，如外务、陆军、度支、农工商部都操于满洲贵族之手。“汉人之势大绌，乃不得一席地以自煖。”⑤光绪三十二年（1906年），日本《时事新报》评论说：“官制改革，有名无实，只变换名目，满汉之别，实际依然存在。且顽固派尽占势力于要部，满人尤得志，维新派及汉人多失势。”⑥其结果虽加强了满洲贵族在政权中的优势，却加剧了满汉官僚之间的对立。“满汉司员，见面不交语……排汉排汉之声，叹息盈耳。”⑦统治集团内部的分裂，使清政府陷入了新的危机。

清末官制改革所具有的欺骗性，引起了各种势力的强烈不满，扩大了统治集团内部的裂痕，加重了清朝统治的危机。

---

① 上海《时报》评论。
② 东京《朝日新闻》。
③ 《清末筹备立宪档案史料》，第261页。
④ 《辛亥革命》第四册，第45页。
⑤ 李剑农：《戊戌以后三十年中国政治史》，第三章，第68—69页。
⑥ 《民报》第10号，第60—61页。
⑦ 李剑农：《戊戌以后三十年中国政治史》，第三章，第70页。

三、立宪派的活动

立宪派是由地主、官僚、买办转化来的资产阶级上层的政治代表。立宪派中的重要人物张謇，中过状元，曾任翰林院修撰。他和两江总督张之洞、刘坤一关系密切。凭借他们的权势，张謇经办的大生纱厂，不仅享有免税的特权，而且取得了“二十年中，百里之内，不准别家设立纱厂”的垄断权。光绪二十六年（1900 年），义和团运动期间，张謇积极策划“东南互保”，得到清政府的信任，被授予三品衔和商部头等顾问官，俨然成为“东南实业领袖”。他不仅投资经营二十几个企业，还是南通一带拥有三千二百多亩土地的大地主。此外，江浙立宪派代表人物汤寿潜，曾任两淮盐运使，后为浙江商办铁路公司经理。湖北立宪派首脑汤化龙，是清朝的进士，参与汉口银行公会、湖北商团联合会的事务。立宪派的阶级立场以及他们在经济上、政治上同帝国主义、封建主义的密切联系，决定了他们反对革命，主张进行某种改革，以便参加政权，保护和扩大其经济利益。他们的基本政纲就是实行君主立宪。为此，大肆鼓吹宪政“不立”，“吾国必亡”①的立宪救国论。他们主张在中央设立议政院，由皇帝“慎选通才，集思广益”②。在地方设立县议会，“均以有家资或有品望充之”③。他们还提出清政府应积极协助和奖励发展实业的具体方法，凡“公司至五方两者分别给奖”，“凡纱机一锭，每年奖金二元，布机一架，奖金十元”④，幻想通过这样的途径建立资本主义制度。

立宪派推动宪政的方法，主要是请愿。张謇曾表示“堂堂正正竖国民旗帜为权利之竞争，则非凭条件要求政府外，岂有他途哉”⑤，“秩然秉礼、输诚而请，得请则国家之福，设不得请，而至于三、至于四、至于无尽，

① 《论立宪与外交之关系》，《辛亥革命前十年间时论集》下册，第 576—577 页。

② 张謇：《变法平议》。

③ 张謇：《变法平议》。

④ 张謇：《变法平议》。

⑤ 《对陈烈士蹈诲之感叹》，《新民丛报》。

诚不已，则请亦不已”[1]。光绪三十二年（1906 年），清政府下令预备立宪，立即博得了立宪派的热烈欢迎。张謇、汤寿潜、郑孝胥等联合江苏、浙江、福建三省商学界二百多人，在上海成立“预备立宪公会”。汤化龙在湖北成立“宪政筹备会”。谭延闿在湖南成立“宪政公会”。广东则有“自治公会”。这些团体的共同宗旨是拥护清政府“预备立宪”。

戊戌变法后流亡海外，业已堕落成保皇党魁的康有为和梁启超，这时把保皇会改为“国民宪政会”，不久又改为“帝国宪政会”，继续鼓吹“中国只可行君主立宪，不可行共和革命”。1907 年，梁启超、蒋智由、陈景仁等在东京成立“政闻社”，发表《政闻社宣言书》，提出四大纲领：一是实行国会制度，建立责任政府；二是厘定法律，巩固司法权之独立；三是确立地方自治，正中央、地方之权限；四是慎重外交，保持对等权利。为了表示对清朝政府的拥护，宣言郑重声明：“政闻社所执之方法，常以秩序之行动，为正当之要求；其对于皇室，绝无干犯尊严之心，其对于国家，绝无扰紊治安之举。”[2]为了争取“政闻社”的合法地位，他们还向清政府吁恳：“今立宪之明诏既屡降，而集会结社之自由，则各国所咸认为国民公权，而规定之于宪法中者也，岂其倏忽反汗，对于政治团体而能仇之？”[3]光绪三十四年正月（1908 年 2 月），“政闻社”本部迁到上海，积极从事联络国内各立宪团体，秘密走访王公大臣，并向南北各省扩大其组织机构的活动。光绪三十三年（1907 年）八月发生的南洋华侨联名向清政府请愿立宪，以及湖南立宪派熊范舆上书都察院，请开民选议院等，就是“政闻社”组织的具有代表性的活动。此外“政闻社”还策动一部分学生在全国各大都会（包括北京）进行集会，发表关立宪的演说和召开国会的签名。尽管“政闻社”一再表白忠顺，但是慈禧仍然深怀戒心。她下谕禁止学生干预政治，禁止在京都开会演说，并于光绪三十四年（1908 年）六月，以“政闻

---

① 张謇：《送十六胜议员诣上书序》。

② 《政闻社宣言书》，《辛亥革命》第四册，上海人民出版社 1957 年版，第 115 页。

③ 《政闻社宣言书》，《辛亥革命》第四册，第 29 页。

社”“良莠不齐”，“内多悖乱要犯……纠结党羽，阴图煽乱、扰害治安”为名，宣布查禁，曾经电请三年内召开国会的“政闻社”社员，法部主事陈景仁，也以“身为官职，竟敢倡率生事”的罪名，被革职拿问。与此同时，严令各省督抚“将该社社员一律严加缉捕，毋任漏网”。这是清朝政府真实的“立宪”意图的一次大暴露，也是对立宪派要求参加政权的一次打击。然而，醉心于请愿的立宪派并没有从中吸取应有的教训，而只是改变活动形式。如梁启超所说：“事已至此，除形式上之解散外，更无别法，惟精神上之结合当益加固耳。”[①]“政闻社”被查封后，汤寿潜、郑学胥等人以预备立宪工会的名义，联合湖南宪政公会、湖北宪政筹备会、广东自治会，以及豫、皖、直、鲁、川、黔等省的立宪派，发起“速开国会”的大规模请愿活动。由于这些团体的头面人物在上层社会颇有声望，在地方上又拥有雄厚的势力，因此清朝政府不便予以查禁。而于光绪三十四年八月，将宪政编查馆进呈的宪法大纲、议院选举法及选举法要领，予以公布，并宣布预备立宪期限为九年，作为对各省请愿的答复。

光绪二十九年（1903年）至光绪三十四年（1908年）的五年间，立宪派由宣传君主立宪，发展到组织各种立宪团体、发动第一次国会请愿运动，说明了国内外立宪分子的汇合，他们积极活动，企图借此阻止革命的蔓延，缓和日益深化的革命危机。

四、制定和颁布宪法性文件

（一）《钦定宪法大纲》

光绪三十一年（1905年），资产阶级发动“河口之役”，使慈禧异常惊恐。她对袁世凯说：“滇匪虽靖，孙逆未擒，仍是可虑事。”袁告诉她：“如

① 《汇报》1907年。

实行立宪，即无足虑。”[①] 为此，光绪三十三年（1907 年）再派达寿使日，汪大燮使英，于式枚使德，考察宪政。十一月，改考察政治馆为宪政编查馆，负责办理宪政及编制法规、统计政要等各种事项。为了“俯从多数希望立宪之人心，以弥少数鼓动排满之乱党”[②]。清朝政府于次年八月颁布了由宪政编查馆制定的《钦定宪法大纲》《议院法要领》《选举法要领》，以及开议院之前的《逐年筹备宪政事宜清单》，确定以九年为预备立宪期限。

在宪政编查馆和资政院会奏颁布宪法大纲的奏折中，阐述了宪法大纲以维护皇帝的专制权力为基本精神：“首列（君上）大权事项，以明君为臣纲之义。次列臣民权利义务事项，以示民为邦本之义，虽君民上下同处于法律范围之内，而大权仍统于朝廷。”[③] 而在颁发《钦定宪法大纲》的上谕中对此更作了淋漓尽致的表白。首先肯定了“所拟宪法暨议院选举各纲要，条理详密，权限分明”，符合“大权统于朝廷、庶政公诸舆论之宗旨”。并且强调“将来编纂宪法暨议院选举各法，即以此作为准则，所有权限，悉应固守，勿稍有侵越”。

其次，确认宪政编查馆实行的“兼采列邦之良规无违中国之礼教”的立法原则。所谓“兼采列邦之良规”，就是抄袭资本主义国家的某些宪法条款。所谓“无违中国之礼教”[④]，就是严格遵循“三纲五常”的封建教条。这个立法原则充分显示了清朝立宪所特有的半殖民地半封建社会的历史特点。

再次，宣布“开设议院，应以逐年筹备各事办理完峻为期”，在“宪法未颁，议院未开以前，悉遵现行制度，静候朝廷次第筹办，如期施行”[⑤]。实则在《逐年筹备宪政事宜清单》中列具的九年内应办事项，不外调查户口、实行会计法、编纂简易识字课本和国民识字课本、推广识字学塾，等等，

① 《汇报》1908 年。

② 《东华录》光绪朝，总页第 5722 页。

③ 《东华录》光绪朝，总页第 5978 页。

④ 《东华录》光绪朝，总页第 5983—5984 页。

⑤ 《东华录》光绪朝，总页第 5983—5984 页。

丝毫没有涉及有关立宪的实质性问题。

最后，这道上谕以严厉的口气指出“非纪纲整肃不足以保治安”，“如有不靖之徒，附会名义，藉端构煽，或燥妄生事，紊乱秩序，朝廷唯有执法惩儆，断不能任其妨害治安”①。这里所说的“不靖之徒”就是指反对清朝政府的群众和资产阶级革命派扰乱封建秩序的行动，要依法严加镇压。这就说明了九年预备立宪期内，不是赋予人民权利自由而是剥夺人民的权利自由，不是养成“立宪国民之资格”，而是制造镇压人民的法律根据。

《钦定宪法大纲》包括“君上大权”和“臣民权利义务”两部分，君上大权是“正文”，共十四条；臣民权利义务是“附录”，共九条。这种结构形式本身就是反民主的，说明它的重心在于维护君上大权。《钦定宪法大纲》规定：“大清皇帝统治大清帝国万世一系，永永尊戴”（第一条）。“君上神圣尊严不可侵犯”（第二条）。皇帝享有颁行法律、发交议案、召集及解散议院、设官制禄、黜陟百司、统率陆海军、编定军制、宣战媾和及订立条约、宣布戒严、发布命令、爵赏与恩赦等权力，并总揽司法权，遇有紧急情况还可以发布“代法律之诏令”以及用“诏令限制臣民之自由”。不仅如此，《钦定宪法大纲》还明确规定：“凡法律虽经议院议决而未奉诏令批准颁布者，不能见诸实行”；“用人之权操之君上……议员不得干涉”；“凡一切军事”皇帝得以全权执行，“皆非议院所得干预”；“国交之事，由君上亲裁，不付议院议决”。由此可见，《钦定宪法大纲》只不过是用法律的形式把封建时代专制皇帝的绝对权力加以确认而已。正如马克思在批判普鲁士宪法时所说的那样：“国王用这个宪法给自己钦定了新的特权。”② 对于这一点清朝统治者也自认不讳，他们说：“立法、行政、司法则皆总揽于君上统治之大权，故一言以蔽之，宪法者，所以巩固君权，兼及保护臣民者也。”③ 一语道破了《钦定宪法大纲》的实质。

---

① 《东华录》光绪朝，总页第 5983—5984 页。

② 《资产阶级革命和反革命》，《马克思恩格斯全集》第 6 卷，第 146 页。

③ 《东华录》光绪朝，总页第 5578 页。

《钦定宪法大纲》中有关君上大权部分，抄自日本宪法。日本首相伊藤博文在为出国考察宪政的五大臣讲宪法时，特别指出："日本宪法中言君主大权之事，共有十七条。贵国为君主国，以上所论种种大权，将来施行宪法之时，必须归之君主而不可旁落者也。"[①] 但由于《钦定宪法大纲》删去了日本宪法中限制天皇权力的条款，因此，它所规定的君上大权比起日本天皇的权力，更加漫无限制。

至于臣民，除依法应尽纳税、当兵、遵守国家法律等项义务外，其它"言论、著作、出版、集会、结社等事"，均须在法律范围以内，始"准其自由"。同时，皇帝有权随时颁布诏令，予以剥夺。尽管如此，尤嫌不足，清朝政府在这之前便颁发了一些特别法规，以便使《钦定宪法大纲》所列举的臣民权利与自由化为乌有。例如，光绪三十四年（1908 年），宪政编查馆和民政部会同拟制的《结社集会律》中规定，各种"结社集会，凡与政治及公事无关者"，可以"照常设立"，"其关系政治者，非呈报在案，不得设立"，"若其宗旨不正，违犯规则，或有滋生事端，妨害风俗之虞者，均责成该管衙门，认真稽察，轻则解散，重则罚惩，庶于提倡舆论之中，不失纳民轨物之意。国家预备立宪，必以是为基础矣"[②]。不久，宪政编查馆又在《通谘各省查察集会结社文》中宣布："该项结社集会，有宗旨前后歧异，会章迁改无定，以及限制内不准入会之人杂厕其中，或另有秘密会议情弊，除照限禁解散惩治各条外，仍应按照轻重酌加惩罚，以假托会名，秘密会议为最重，应按新刑律罪名处办。"[③] 清朝统治者在为这种反动行径辩护时，竟然宣称："民情固不可不达，而民气断不可使嚣，倘有好事之徒纠集煽惑，构酿巨患，国法具在，断难姑容，必宜从严禁办。"[④] 尤其不许老百姓发表反对外国侵略者的言论，公开下令：不得干预外交，妄生议论。无

---

① 引自《近代中国立法史》。

② 《东华录》光绪朝，总页第 5860 页。

③ 《大清法规大全》民政部卷七，考正出版社 1972 年版，第 1049 页。

④ 《东华录》光绪朝，总页第 5806、5488 页。

耻地说："团体原宜固结，而断不可有仇视外洋之心。权利固当保全，而断不可有违背条约之举。"[①] 这种对内镇压与对外投降的结合，就是清朝政府预备立宪的政治实际。当时流行于北京的一首竹枝词说得好："行动如今说自由，欧邦美土复何尤，请看一品当朝者，屠戮人民似马牛。"

总之，《钦定宪法大纲》是贵族、官僚意志的体现。它以确保封建专制制度、维护封建统治秩序为根本目的。这个"徒饰宪法之外貌，聊备体裁，以慰民望"[②] 的宪法大纲，并没能欺骗人民，反而激起了人民群众对于清朝统治者制宪骗局的强烈憎恶和愤慨。孙中山一针见血地指出，清政府不过是借此"谋中央集权，拿宪法作愚民的工具"[③]。甚至连立宪派也感到失望和不满，梁启超便发出了"涂饰耳目，敷衍门面"，"庶几改之"[④] 的怨声。

与《钦定宪法大纲》同时公布的《议院法要领》中规定："议院只有建议之权……并无行政之责，所有决议事件，应恭候钦定后政府方得实行。"[⑤] 国家之岁出岁入之预算，议院只能"协赞"，无权决定。对于行政大臣的违法情事，议院"只可弹劾"，"其用舍之权仍操之君上，不得干预朝廷黜陟之权"。"议员言论不得对朝廷有不敬之语及诬蔑毁辱他人情事，违者分别惩罚"[⑥]。这些条款，说明了清朝的议院既不是民意机关，也不具备一般资本主义国家代议机关的权限，而是听命于皇帝的咨询机关。

在《选举法要领》中还规定：议院选举一律在府厅州县各官的监督下进行。凡"行为悖谬"、"身家不清白"、"不识文义"、"居住不满一年以上者"，没有选举权和被选举权。

综括上述，不难看出清朝统治者只是迫于强大的革命压力，才不得不

① 《东华录》光绪朝，总页第 5806、5488 页

② 《东方杂志》1908 年第八期。

③ 《辛亥革命前十年间时论选集》。

④ 《立宪九年筹备案恭跋》，《辛亥革命》第四册，第 155 页。

⑤ 《东华录》光绪朝，总页第 5980—5981 页。

⑥ 《东华录》光绪朝，总页第 5980—5981 页。

借用宪法、议院等资产阶级的民主形式，来粉饰腐朽的政治，妄图保存专制主义的国家统治。

（二）谘议局和资政院章程

二十世纪初，资产阶级民主革命运动，已成为时代的主流。但代表民族资产阶级上层的立宪派，却说：“天下希望立宪之良民多于鼓吹革命之乱党，何啻千倍。但希望立宪者多和平，和平故隐没而不彰。鼓吹革命者多暴烈，暴烈故喧嚣而易动……故为大局计，正宜利用多数希望立宪之人心，以阴消少数革命之戾气。”[①]清朝统治者为了拉拢立宪派共同抵制革命，宣布在京师建立资政院，在地方建立各省谘议局。光绪三十三年（1907年）颁发上谕，提出“中国上下议院，一时未能成立，亟宜设资政院，以立议院基础”[②]。又说：“前经降旨于京师设立资政院以树议院基础，但各省亦应有采取舆论之所，俾其指陈通省利病，筹计地方治安，并为资政院储材之阶，着各省督抚均在省会速设谘议局……凡地方应兴应革事宜，议员公同集议，候本省大吏裁夺施行。”[③]次年六月，宪政编查馆奏订各省谘议局章程，经光绪批准，通令各省督抚限一年内一律办齐。

宣统元年（1909年）七月，颁布《资政院章程》。各省谘议局除新疆外，于当年十月分别成立，开局议事。资政院于次年九月二十三日成立，并召开第一次常年会。

对于各省谘议局的性质，从慈禧所肯定的“三要义”中可以得到明显的证明。

要义之一：“谘议局之设，为地方自治与中央集权之枢纽，必使下足以裒集一省之舆论，而上仍无妨于国家统一之大权。”显而易见，这是清末立宪的根本原则“大权统于朝廷，庶政公诸舆论”的具体贯彻。

---

① 《中华民国史档案资料汇编》第一辑，第101页。

② 《东华录》光绪朝，总页第5736页。

③ 《东华录》光绪朝，总页第5947页。

要义之二："夫议院乃民权所在，然其所谓民权者，不过言之权而非行之权也。议政之权虽在议院，而行政之权仍在政府……况谘议局仅为一省言论之汇归，尚非中央议院之比，则其言与行之界限，尤须确切订明，不容稍有踰越。"这就限定了谘议局只能是空发议论的机构，而无实际的权力。

要义之三："各省谘议局办法，必须与异日京师议院办法有相成而无相悖。宣布年限之后，局中议员，即当随时为选入议院之预备，故议员资格，议事权限，皆当于此时早为厘定。"[①] 从而为规定严格的议员选举资格制造了根据。

遵照"三要义"的精神制定的《谘议局章程》共分十二章，六十二条。它确定谘议局为"各省采取舆论之地，以指陈通省利病，筹计地方治安为宗旨"（总纲）。有权议决本省应兴应革事宜，以及本省预决算、税法、公债、单行章程规则之修改、选举资政院议员、申复资政院及督抚谘询事件，收受本省自治会或人民陈请建议事件（第二十一条）。但谘议局议定可行事件，必须取得本省督抚同意才能生效。"各项议事发动之机虽在谘议局，主持之权实在督抚。"[②] 如双方意见分歧，由中央资政院仲裁。"其可否予夺之柄仍在君上，固不出大权统于朝廷，庶政公诸舆论之本旨也。"[③] 同时还规定各省督抚有监督谘议局选举及会议之权，并可奏请皇帝解散。为了防范谘议局的活动越轨，清政府严令地方督抚"曲为之防"，认真监督，不许事事参与。可见这个所谓的地方议会性质的机构，完全被置于督抚的严密控制之下。即使所谓的"言之权"，也在"尤不得胥动浮言，妨害治安"[④] 的威胁下，无异画饼。正如《民报》所揭露的："既欲以立宪预备粉饰天下之视听，则谘议局不能不设，惟于其所有之权限削之又削，又广用监察钤制之术，

① 《清末筹备立宪档案史料》下册，第 669 页。

② 奕劻等：《遵旨议复考察宪政大臣于式枚奏陈谘议局章程权限折》，宣统元年（1909年）七月，宪政编查馆印行单行本。

③ 奕劻等：《遵旨议复考察宪政大臣于式枚奏陈谘议局章程权限折》。

④ 《光绪朝东华集》，总页第 5806 页。

务使归于有名无实而后已。”[①] 身为首席军机大臣、兼管筹办全国谘议局事务的奕劻，曾经直言不讳地说：“窃维谘议局之设……性质既与联邦议会不同，亦与地方自治有别。实介于二者之间，而为一时权宜之法”[②]，“谘议局仅代表一省之舆论，尚非国家议院之比”[③]。

各省谘议局由各府、州、县选举议员产生。根据《谘议局选举章程》所规定的选举资格，必须本省籍贯或居住在本省十年以上，年满二十五岁的男子，又具备下列条件之一者才能充当议员：曾在本省地方办理“学务”及其它“公益事务”满三年以上著有成绩者；中等学校毕业或举贡生员以上出身者；曾任实缺职官文七品，武五品以上未被参革者；在本省有五千元以上资产或外省人在本省有一万元以上之资产者。凡属“品行悖谬，营私武断者”，“曾处监禁以上之刑者”，“身家不清白者”，“不识文义者”，以及学生、小学教师、军人等都不能参加选举。按照上述财产、性别、籍贯、资望、学识、名位、出身等选举条件，选出的议员只能是地主、绅士、官僚、大商人和学界的头面人物。以四川省为例，全省人口七千余万，登记有选举资格的只有十九万一千五百余人，平均一千人中只有三人享有选举权[④]。山西省合格选举人约占该省总人口的百分之零点五，福建省约占百分之零点二二，江苏省约占百分之零点一八。从而雄辩地说明了百分之九十九以上的人被剥夺了选举权。不仅如此，整个选举过程都是在地方官操纵下进行的。广东谘议局筹办处简章明确规定：“本处总办四人，以藩、臬、学、道四司任之；会办一人，遴选候补道员任之；提调一人，以广州府知府任之；

---

① 《民报》第26号。

② 弈劻等：《遵旨议复翰林侍读吴士鉴奏请申明谘议局权限折》，宣统二年（1910年）正月。

③ 弈劻等：《遵旨议复考察宪政大臣于式枚奏陈谘议局章程折》，宣统元年（1909年）九月。

④ 《立宪派和四川谘议局》，《辛亥革命回忆录》三。

坐办一人遴选候补知府任之……”[1]至于在选举中“舞弊行贿无所不至”[2]，“请托及冒名顶替等弊不一而足”[3]，更充分暴露了清末立宪的实质。

由于各省大小不一，谘议局的议员数目也不等。在各省谘议局中，立宪派由于在地方上拥有一定的社会基础，并与各省的达官贵人纠合在一起，攫取了多数省份谘议局的领导权。如张謇任江苏谘议局议长，汤寿潜任浙江谘议局议长，谭延闿任湖南谘议局议长，汤化龙任湖北谘议局议长。此外四川的蒲殿俊、山东的丁世峄、陕西的郭希仁则是倾向于立宪派的地方势力。可见各省谘议局的成立，给立宪派提供了一个进行政治活动和扩大本身力量的合法据点。

宣统元年七月八日（1909年8月23日），清廷颁布资政院院章53条，根据资政院院章：资政院“取决公论，上下议院实为行政之本”[4]，设总裁、副总裁一至二人不等。总裁负责全院事务，“以王公大臣著有勋劳通达治理者由特旨简充”。副总裁“以三品以上大员著有才望学识者由特旨简充”。总裁、副总裁以下设“钦选议员”和“民选议员”共二百人。钦选议员由皇帝委派王公世爵、宗室、各部院衙门七品以上官员、硕学通儒以及纳税在本省占额较多的资本家担任。民选议员由各省谘议局议员中互选产生，然后由督抚圈定批准。钦选议员中“宗室王公世爵”四十八人，“各部院衙门官”三十二人，其余是“硕学通儒及纳税多额者”，也就是学界和商界中的重要人物。民选议员的名额原为一百六十七人，后减至一百人。修改的目的在于扩大亲贵的特权。这个被称作国会正式召开前带有议会性质的机构，完全是由皇亲贵族、官僚地主、大资产阶级组成的。

资政院每年九月起开常年会一次，会期三个月，临时会期一个月，

① 《谘议局经过大事记》，《宪政新志》第1卷，第一号。

② 《清朝续文献通考》第393卷《宪政》。

③ 《东方杂志》1904年第四期，《宪政篇》。

④ 《东华录》光绪朝，总页第5736页。另见“资政院等奏拟订资政院院章折”，故宫博物院明清档案部编：《清末筹备立宪档案史料》下册，中华书局1979年版，第627页。

有议决岁入岁出、预算决算、法典朝章、公债税率及奉旨交议事件之权，但须会同军机大臣及各部行政大臣奏请皇帝裁决。军机大臣和各部行政大臣可以对资政院的决议，提出反对意见，“咨送资政院复议”。如意见仍不统一，则“分别具奏，各陈所见，恭候圣裁”。皇帝有权停止资政院的活动，或予以解散。可见资政院完全是皇帝直接控制的供咨询的御用机构。

宣统二年九月初一日（1910年10月3日），资政院开院。虽然历时三个月零十天，但除了有关兴学、垦荒之类的议案得到清廷同意外，涉及问题较大的一些议决案，清廷根本不予理睬。“资政院可决之法律，政府不施行之如故，资政院否决之法律，政府施行之如故。”①资政院议决削减的预算，政府“任意不削减”，议决“为甲项之用者，任意挪用于乙项”。清政府向美、英、法、德四国银行团借款，就没有征得正在开会的资政院通过。特别是资政院对军机大臣奕劻的弹劾，遭到了清廷的训斥。宣统二年十一月十七日（1910年12月18日），清廷发布上谕说：“设官制禄，及黜陟百司之权，为朝廷大权，载在先朝《钦定宪法大纲》，是军机大臣负责与不负责任暨设立责任内阁事宜朝廷自有权衡。非该院总裁等所得擅预，所请著毋庸议。”②因此，尽管清朝统治者着意渲染资政院为议院之准备，但仍改变不了其作为承旨办事御用机关的实质。清朝官吏高润生说：“资政院开院伊始……各部大臣提出议案，率皆以例行公事敷衍塞责……至今不能确实成立。”③梁启超也说：“资政院之初开院，国民所以希望之者良厚，已而渐薄，薄之不已，迄闭院时而迨无复希望。”④

综括以上，谘议局和资政院的成立，是清末推行立宪，改革官制的重要方面。由于谘议局、资政院都是合法的机关，各地被选作议员的资

① 黄鸿寿:《开设资政院》,《辛亥革命》第四册，第56页。

② 《清末筹备立宪档案史料》，第547页。

③ 《宣统政纪》卷25，第29页。

④ 《饮冰室文集》第七册卷二十五。

产阶级、小资产阶级和地主阶级中要求改革的人，便利用它作为抨击清朝政府腐败无能，鼓吹政治改革的讲坛。虽然，绝大多数议员是改良主义者，反对革命，但是，由于谘议局哄闹起来的反对借外债筑路、开矿等运动关系到群众的利益，因此卷进的群众越来越多。而群众是反对清朝统治的，这样就使得议员们的运动变了质，成了反对清朝政府的斗争，所以在客观上对打破万马齐喑的专制统治局面，提高当时的民主觉醒，起到了一定的作用。

（三）皇族内阁与《十九信条》

宣统三年四月（1911 年 5 月），在革命形势迅疾发展的情况下，立宪派通过各省谘议局掀起了缩短立宪期的请愿风潮，特别是以云贵总督李经义为首，十八省督抚两次联名打电报给清廷，主张内阁与国会同时设立。迫于压力，清政府同意在国会召开以前先成立内阁。宣统三年四月初十日（1911 年 5 月 8 日），颁布《内阁官制》和组阁上谕。《内阁官制》共十九条，规定内阁由皇帝“特旨简任”的国务大臣组成，包括总理大臣一人，协理大臣一或二人，外务、民政、度支、学务、陆军、海队、司法、农工商、邮传、理藩等部大臣十人。这个被标榜为“采取各国君主立宪之制，参酌现在时势之宜，审慎规定，尚属周妥”[①]的内阁官制，实际是“简在帝心，出自朝命”。总理大臣须“秉承宸谟，定政治之方针，保持行政之统一”，至于国务大臣均为“辅弼皇帝，担负责任”。不仅如此，在筹组内阁的过程中，继续推行集权满洲皇族亲贵的方针：在十三名国务大臣中，汉官只占四名，蒙古官一名，满官八名，其中皇族占五名。凡重要的行政权、军权、财权，都被满洲贵族所掌握。因此，这个新内阁被称为“皇族内阁”，它的成立，形式上实现了满洲贵族排斥汉族官僚，集权皇族的夙愿。但却遭到社会的广泛谴责，激起汉族官僚的深刻嫉恨，即使立宪派也由于企图借立

① 《清末筹备立宪档案史料》，第 565 页。

宪插足内阁的幻想落空，而表示强烈不满。梁启超说："号称预备立宪，改革官制，一若发愤以刷新前此之腐败，夷信其实，无一如其言，而徒为权位之争夺，势力之倾轧，借权限之说以为排挤异己之具，借新缺之立以为位置私人之途，贿赂公行，朋党各树，而庶政不举，对外之不竞，视前此且更甚焉。"① 张謇也指出："政府以海陆军政权及各部主要，均任亲贵，非祖制也；复不更事，举措乖张，全国为之解体……是时举国骚然，朝野上下，不啻加离心力百倍，可惧也。"② 但他们一方面向摄政王载沣"痛切密陈，勿以国为孤注"③，另一方面又以谘议局联合会的名义，上书力争，提出："君主不担负责任，皇族不组织内阁，为君主立宪国唯一之原则，世界各国苟号称立宪，即无一不求与此原则相吻合。今中国之改设内阁……适与立宪国之原则相违反……乃于东西各立宪国外开一未有之创例……政府之信用一失，宪政之进行益难……仍请皇上明降谕旨，于皇族外另简大臣组织责任内阁，以符君主立宪之公例，以餍臣民立宪之希望"④，"以重宪政，而固国本"⑤。然而立宪派的慷慨陈词，却受到了陶醉在皇族集权幻觉中的满洲统治者的严厉批驳，在上谕中说："黜陟百司，系君上大权，载在先朝钦定宪法大纲，并注明议员不得干予。"⑥ 并警告请求另组内阁的议员，"朝廷用人，审时度势，一秉大公，尔臣民等均当懔遵钦定宪法大纲，不得率行干请，以符君主立宪之本旨"⑦。当时，汉官监察御史江春霖曾两次根据确凿的事实，参劾担任总理大臣和度支大臣的奕劻父子，招权纳贿，贪污勒索，也都遭到"亲贵重臣，不应任意诋毁"的严旨谴责。至此满汉统治阶级基于权力争夺而发生的裂痕已经无法弥补。尽管立宪派痛哭流涕发表"宣告

① 《饮冰室文集》第七册卷九。

② 《啬翁自订年谱》。

③ 《啬翁自订年谱》。

④ 《清末筹备立宪档案史料》，第577—579页。

⑤ 《清末筹备立宪档案史料》，第577—579页。

⑥ 《清末筹备立宪档案史料》，第577—579页。

⑦ 《清末筹备立宪档案史料》，第577—579页。

全国书”，哀求清朝统治者回心转意，以挽救“旦暮不保”的危机，也没有得到清朝统治者的理睬，使得他们无法再为清朝辩护。清朝政府陷入了空前的孤立。

宣统三年八月十九日（1911 年 10 月 10 日），武昌起义爆发后，各省纷纷响应，宣布独立。处于土崩瓦解中的清政府，仍然梦想凭借军事镇压和政治欺骗侥幸度过难关。一面派军队镇压；一面召集资政院临时会议商讨对策，并接受了资政院提出的取消亲贵内阁、宪法由人民代表协赞、赦免国事犯、召开国会等议案。宣统三年九月二十一日（1911 年 11 月 11 日），内阁总理大臣奕劻，协理大臣那桐，国务大臣载泽、载洵、溥伦、善耆等辞职，清廷授命袁世凯为内阁总理大臣，组织内阁。

宣统三年九月初八日（1911 年 10 月 29 日），直隶滦州（今河北滦县）新军第二十镇统制张绍曾和第二协协统蓝天蔚等打电报给清政府，提出类似最后通牒的“政纲十二条”，要求在本年内召开国会，由国会制定宪法、组织责任内阁，内阁总理由国会公举，取消皇族特权，皇族永远不得充当内阁总理及国务大臣。并准备和保定新军第六镇统制吴禄贞采取联合军事行动，进攻北京。同一天，山西宣布独立，革命军集中在娘子关准备出发，这就使清政府处于东西两面夹攻的严重威胁之中。被发生在临近畿辅的“兵谏”吓慌了手脚的摄政王，于九月初九日（10 月 30 日），匆匆下诏罪己，释放自戊戌变法以来的一切政治犯，承认革命党为正式政党，接受十二条政纲，命令资政院迅速起草宪法，仅用三天便制定和通过了宪法信条十九条。九月十三日（11 月 3 日），由清政府正式公布，名为《宪法重大信条十九条》，并立即实行。

《十九信条》是清政府在革命高潮时期强大压力下被迫制定的。因此，在形式上缩小了皇帝的权力，扩大了国会的权力。“皇帝之权以宪法所规定者为限”（第三条）；“宪法由资政院起草议决，由皇帝颁布之”（第五条）；“宪法改正提案权，属于国会”（第六条）；“总理大臣由国会公举，皇帝任命之……皇族不得为总理大臣及其他国务大臣并各省行政长官”（第八条）；

“国际条约，非经国会议决，不得缔结”（第十二条）；“官制官规以法律定之”（第十三条），如此等等。但是《十九信条》的基本精神是和《钦定宪法大纲》完全一致的，依然坚持在确保封建皇权的前提下，实行君主立宪政治。因此，仍把“大清帝国皇统万世不易”（第一条）、“皇帝神圣不可侵犯”（第二条）列在首位。这正是《十九信条》的实质所在和清朝万变不离其宗的立宪宗旨。此外，《十九信条》还规定：皇帝有任命总理大臣和国务大臣的权力（第八条），“皇帝直接统率海陆军”（第十条），从而保证了政权和军权牢牢控制在皇帝之手。特别是《十九信条》对人民的民主权利只字未提，这就充分暴露了清政府覆灭前正式颁布的所谓“宪法”的欺骗性和反动性。

《十九信条》是清末阶级斗争达到白热程度的产物，也是清朝统治者“立宪”骗局最后破产的记录。《十九信条》颁布以后，经资政院推荐，由皇帝任命北洋军阀袁世凯为总理大臣，组织内阁。同时，任命张謇等为国务大臣，以满足立宪派插足官场的奢望，共同收拾残局。但这一切都是徒劳的。宣统三年十二月二十五日（1912 年 2 月 12 日），清朝皇帝在无可奈何的境况下，宣布退位。以奉行“祖宗家法”不能改变为信条的清朝统治者，拒绝任何改革，只是当革命的发展迫使他们不能照旧统治下去了，才推行预备立宪。因此，每当革命形势向前发展一步，清朝政府的宪政活动也相应地加紧一步，从而清楚地表明清朝的立宪是革命与反革命的激烈斗争在国家制度问题上的反映。然而事变的进程和清朝统治者的愿望相反，预备立宪从反面教育了人民，使他们懂得了要得到民主政治决不能寄希望于清朝统治者发善心，而必须坚持革命斗争。晚清的“预备立宪”是近代中国反动政府实行“宪政”的发端，并为以后的北洋军阀和国民党政府所继承。

晚清官制 *

一、十九世纪中叶以后官制的变化

（一）五口通商大臣的设立

中国封建的官制发展到十九世纪中叶，出现了新的巨大变化。这个变化从1840年鸦片战争后设立五口通商大臣与总理各国事务衙门起，经过戊戌变法期间的官制改革，立宪期间的官制改革，直到清亡前夜实行的内阁官制，大体经过了四个阶段。虽然每个阶段的官制改革，都有其具体的原因，但最基本的则是社会性质的变化——由封建社会变为半殖民地半封建社会，推动了作为社会上层建筑的官制的演变。

外国资本主义的入侵，使得中国的海禁大开，西方政治法律文化随之大量输入中国，从而决定了清末的官制改革不可避免地以西方资本主义国家的官制为模型，这是前所未有的。在半个多世纪风云变幻中，清朝统治集团中先后进行了以“中学为体、西学为用”的洋务派改革，以君主立宪为目标的戊戌变法运动，以及自上而下推行的钦定立宪。在这蝉联不绝的政治变动中，官制改革是重要的内容之一。

1840年鸦片战争以后，战败的清政府被迫签订了不平等条约，开放五口通商。为了应付新出现的局面，清政府设立五口通商大臣办理对外交涉事宜。五口通商大臣并非专官专职，也不设官署，而是由清朝投降派的代表，钦差大臣两江总督耆英“会办江、浙、闽三省通商之事”，他亲赴香港与英国签订《五口通商章程》和《虎门条约》。不久又与美国签订《望厦条约》，与法国签订通商章程，同时和比利时、葡萄牙、荷兰、西班牙、普鲁士、丹麦等国议约，并奏请“将五口通商章程一体颁发”。由于耆英坚执卖国投降立场，因而颇受外国侵略者的青睐，也由此得到

* 内容录自张晋藩主编《中国官制通史》第十二章，中国人民大学出版社1992年版。

清政府的器重，以至于五口通商大臣成了两江总督的固定兼差。道光皇帝在上谕中说："耆英现已调任两广总督，各省通商善后事宜，均交该督办理。著仍颁给钦差大臣关防，遇有各省海口通商文移事件，均著准其钤用，以昭慎重。"

五口通商大臣是清政府接受不平等条约，对外投降妥协的产物，是清政府传统的封建官制发生巨变的开端。外国列强的干预从一开始就是清朝官制变化的最重要的因素。

（二）总理各国事务衙门的设官分职

随着资本主义侵略者的炮火轰开中国闭关锁国的大门，清政府一步一步丧失独立的主权国家的地位，从而，更加重了中国广大人民的负担，加深了国内的阶级矛盾，加剧了人民群众对更加腐朽的清政府的不满和反抗。终于在鸦片战争后十年爆发了太平天国农民起义。这场席卷东南各省的农民起义，沉重地打击了清政府。为了镇压太平天国起义，清朝统治集团开始联合西方列强的武装力量，结成了反对中国人民革命的阵线。这时野心勃勃的英国和法国，一方面看清了清政府虚弱的本质，另一方面又企图夺取更多的殖民特权，遂于 1856—1860 年发动了一次新的对华侵略战争，史称第二次鸦片战争。第二次鸦片战争以清政府的彻底失败和签订丧权辱国的《天津条约》和《北京条约》结束。第二次鸦片战争使中国丧失了更多的主权，外国侵略者大大加强了对中国的政治控制，并且建立了一套完全独立于中国行政系统和法律系统以外的租界制度，加深了中国的半殖民地化。

面对农民起义的严重威胁和外国侵略者的深入侵略，清朝统治集团采取了进一步签约投降的政策。恭亲王奕訢在 1861 年 1 月 13 日的奏折中作了自白，他说："就今日之势论之，发捻交乘，心腹之害也。俄国壤地相接，有蚕食上国之志，肘腋之忧也。英国志在通商，暴虐无人理，不为限制则无以自立。肢体之患也。故灭发捻为先，治俄次之，治英又次之"。又说："若就目前之计，按照条约，不使稍有侵越，外敦信睦，而隐示羁縻”[①]。正是为了联合外国侵略者共同镇压人民的反抗，以消除所谓“心腹之害”，奕訢等人意识到原有的礼部、理藩院，不能承担与外国侵略者日益繁复的交涉任务，因此，“谨悉心参度，统计全局，酌拟章程六条，恭呈御览”。在《章程六条》中，列于首位的是在京师设立总理各国事务衙门。理由是“各国事件，向由外省督抚奏报，汇总于军机处。近年各路军报络绎，外国事务头绪纷繁，驻京之后，若不悉心经理，专一其事，必至办理延缓，未能悉协机宜。请设总理各国事务衙门，以王大臣领之，……并请另给公所，以便办公，兼备与各国接见”[②]。事实上外国侵略者已经不满足于只和一个地方官兼差的五口通商大臣办理扩大对中国的侵略事宜，而要求清政府在中央设立总办对外交涉的机构。这在奕訢的奏折中表达得十分清楚。他说：“臣等于接见之间……微露有设立总理各国事务衙门，专办各外国事务，该公使闻之甚为欣悦，以为向来广东不办推之上海，上海不办不得已而来京，如能设立专办外国事务地方，则数十年求之不得”[③]，“该夷从前每借口于中国遇有外夷事件推诿不办，任情狂悖；今设立衙门，该夷以为欣喜非常，自应迅速建立，以驯其情”[④]。奕訢的奏折反映了统治集团内部媚外御内的思想状态。1861 年 1 月 20 日，咸丰皇帝颁布上谕，同意恭亲王奕訢奏请在京师设立总理各国事务衙门，说：“恭亲王奕訢等筹议各条，均系实在情形，请照原议办理等语。京师设立总理各国通商事务衙门，著即派恭亲王奕訢、大学士桂良、户部左侍郎文祥管理，并著礼部颁给钦命总理各国通商事务关防。应设司员，即于内阁、部院、军机处各司员章京内，满汉各挑取八员，即作为定额，无庸再兼军机处行走，轮班办事”[⑤]。这里值得提出的是，

① 《筹办夷务始末》（咸丰朝）卷 71。
② 《筹办夷务始末》（咸丰朝）卷 71。
③ 《筹办夷务始末》（咸丰朝）卷 71。
④ 《筹办夷务始末》（咸丰朝）卷 72。
⑤ 《筹办夷务始末》（咸丰朝）卷 72。

奕訢在《章程六条》中奏请设立的是总理各国事务衙门，并无“通商”二字，而咸丰在上谕中御准的却是总理各国通商事务衙门，这反映了咸丰皇帝和军机大臣们有意地用“通商”来限定这个机构的权限。同时也表现了他们天真地以为外国侵略者只是“志在通商”，“如果日久贸易不旺，彼必废然思返”。对此奕訢又上奏说：“通商事宜，上海、天津等口既设有大员驻扎专理，臣等在京不便遥制……今既知设有总理衙门，则各国与中国交涉事件，该夷皆恃臣等为之总理，借以通达其性，若见照会、文移内有‘通商’二字，必疑臣等专办通商，不与理事，饶舌必多，又滋疑虑。……拟节去‘通商’二字。嗣后各处行文，亦不用此二字，免致该夷有所借口”[①]。最后，由于外国侵略者不同意，咸丰皇帝只得取消“通商”二字，正式建立了总理各国事务衙门。

总理各国事务衙门（以下简称总理衙门）是凌驾于六部之上的专办洋务的机关，它在成立之始主要是为了“军务”，即联合外国共同镇压太平天国及其他农民起义运动。但它并没有“俟军务肃清，外国事务教简，即行裁撤，仍归军机处办理，以符旧制”，而是作为专门办理所有洋务的机关，一直存在了四十余年。可见总理衙门是适应和满足外国资本主义深入侵略中国，加强政治控制的需要而产生的，是为清朝对内加强镇压，对外屈辱投降的政策服务的，是体现官僚买办集团的利益与要求的，因而也是清政府半殖民地化的重要标志。当时朴素的爱国人士“日恨其不早裁撤，以为一日衙门尚存，即一日国光不复”[②]。

总理衙门是清末国家机关的一个非常特殊的机构，它的职权极为广泛，举凡交涉、通商、关税、传教、招募华工、边防疆界、海防、水师、船务、购置军械、创办机器、电线、铁路、矿务以至练兵无不总理，并设有培养翻译人员的同文馆。为了处理各国事务，总理衙门设——英国股：负责与

① 《筹办夷务始末》（咸丰朝）卷72。

② 单士元：《总理衙门大臣年表·孟森序》。

英、奥交涉事，并办各国通商及关税等事务；法国股：负责与法、荷、西班牙、巴西四国交涉事，并掌保护民教及侨工等事；俄国股：负责俄、日两国交涉事，并掌陆路通商、边防、疆界、外交礼仪等事；美国股：负责美、德、秘、意、瑞典、挪威、比、丹、葡九国交涉事，并掌设埔、保护华工、及参加各国公会等事务。此外还设有海防股：负责南北洋、海防之事，包括长江水师、北洋海军、炮台、船厂、购置轮船、枪炮、弹药，设立军械、机械、制造各局、水师学堂，电线、铁路、矿务等事务；司务厅：掌收发文件、印信，清档房掌缮写、校对保管文书档案；电报处：负责译电；银库：负责储存总理衙门出纳现金。

总理衙门的官制也带有特殊性，它仿照军机处的旧体例，设总理大臣和章京两级。总理大臣三人至九人不等，由皇帝从亲王、郡王、贝勒中特简，或由军机大臣兼任。总理大臣上行走，则由皇帝从内阁、各部院满汉堂官中特简，依原职品级入职。总理大臣无定额，最多时达十二人。总理大臣有时也作为各省将军、督抚的兼衔，以便于办理交涉事务。根据《光绪会典》，总理大臣职，“掌各国盟约，昭布朝廷德信，凡水陆出入之赋，舟车互市之制，书币聘飨之宜，中外疆域之限，文译传达之事，民教交涉之端，王大臣率属定议，大事上之，小事则行”①。

总理大臣以下设总办章京，满汉各二人，由帮办章京升补。职掌起草章奏，总理文书及其它行政事务。设帮办章京，满汉各一人，由章京内选派，协助总办章京处理事务。设章京满汉各十人，由内阁、各部院保送侍读、中书、郎中、员外郎、主事考取充任，分在所属五股办事。此外还设额外章京，满、汉各八人；额外行走，满、汉各四人。章京又统称为司员，以五日为一班，轮班上衙办事，如有旷班不到者，查明参处。章京以下还有供事十六人（后增至四十四人）帮助办理文牍，以及苏拉（差役）十二人，领催马甲八人，供听差和送达文件。

---

① 《光绪会典》卷九九。

总括以上，总理衙门的官制体例虽沿袭军机处的旧制，但其职掌范围则仅限于办理交涉与洋务。特别是分股办事，各有专司，以及管理大臣可以作为各省将军与督抚的兼衔，这都是军机处旧官制所未有的。作为总理各国事务衙门的创始人和主宰者的恭亲王奕訢，他是洋务派的早期代表，是一个日趋买办化的，集封建性与买办性于一身的大官僚大贵族，他所领导的总理衙门，就是直接为建立半殖民半封建统治秩序服务的。如果说总理衙门本身就具有浓厚的封建性与买办性，那么供职于总理衙门的官员也逐渐变成了买办化的官僚集团。

作为总理衙门附设的同文馆，是咸丰十年（1860 年）十二月初十和总理衙门同时被批准设立的，同治元年（1862 年）五月正式在京师开办。最初是专门培养学习外文的学校，设有英文馆、俄罗斯文馆、德文馆、东文馆。之后又设天文算学馆、化学馆、医学馆，不再专门教授外文。

同文馆设管理大臣，由总理衙门大臣中特派，无定员。下设提调二人，帮提调二人，负责管理安排教学、督察学生。各馆都设有总教习、洋教习和汉教习。在同文馆就读的学生，初期名额极少，由十名至二十四名，均选自十四岁左右的八旗子弟。同治五年（1866 年）设立其它科目以后，也准许汉人子弟入馆学习，学生名额增至百余人。将同文馆附设于总理衙门，说明了它是为买办外交服务的特设机构。

（三）南、北洋通商大臣

分设南、北洋通商大臣也是奕訢等于 1860 年 1 月 13 日上奏（统计全局酌拟章程六条）的内容之一：“南北口岸，请分设大臣，以期易顾也”。事实上分设南、北洋通商大臣，是第二次鸦片战争后，中国被迫签订不平等的《北京条约》的产物，资本主义侵略者根据新签订的不平等条约，强迫清政府在沿江沿海续开十一口。为了适应办理各口通商事宜的新形势，清政府在谕准设立总理各国事务衙门的同时，也谕准分设南、北洋通商大臣。南、北洋的划分，大体上江苏以南各口岸，包括长江上的几个口岸为南洋，由南洋大臣管理；山东以北的沿海三个口岸——营口、天津、登州为北洋，由北洋大臣管理。根据《光绪会典》，南洋大臣“掌中外交涉之总务，专辖上海入长江以上各口，其闽、粤、浙三省则兼理焉”。北洋大臣“掌北洋洋务、海防之政令，凡津海、东海、山海各关政悉统治焉。……凡招商之务，则设局派员以经理之。其安设各路电线亦如之”[①]。

南洋大臣的前身是五口通商大臣，由于五口通商大臣是兼差，或由两江总督兼任，或由两广总督兼任，常以耆英的调动而变动。至南洋大臣设立，由两江总督李鸿章接任，此后遂定制为两江总督的兼职。北洋大臣设于咸丰十年（1860年）十二月，又称三口通商大臣，由盐政崇厚兼任。同治九年（1870年）十月以后，定为直隶总督的兼职。

南、北洋大臣，“设官而无署”，就其职掌而言，北洋大臣涉及的方面较南洋大臣广泛。值得提出的是从清朝立国以来，地方大吏无权办理对外交涉事宜，凡涉外事务要经过理藩院，或由皇帝钦差大臣处理。只是在海禁大开以后，迫于外国侵略者的要挟，认可南、北洋大臣有权处理涉外事务。此外清朝统治集团受传统的天朝大国神圣尊严的心理束缚，最忌讳资本主义列强的公使驻京。如果说设置五口通商大臣意在就地办理交涉事务，阻止侵略者北上，那么设置北洋大臣也是幻想“天津办理事宜，则虽有夷酋驻京，无事可办，久必废然思返”。由此可见，南、北洋大臣的分设不单纯是产生一种新官制，而且反映了清朝国家政权的半殖民地化和最高统治者的心理状态，以及统治集团内部的权力递嬗。从此汉族地方官僚的势力迅速加强。

南、北洋大臣是手握军政实权的疆臣，他们是外国侵略者极力物色的深入侵略中国的代理人。也正是由于外国侵略者的支持，南、北洋大臣的权势地位才得以凌驾于其他疆臣之上。在办理涉外事务时，小事可自行措办，大事则上奏请旨，以致南北洋大臣驻扎地天津和上海，成了办理洋务

① 《光绪会典》卷一〇〇。

并同外国侵略者联系的基地。李鸿章就曾任北洋大臣达二十年之久。总理衙门对南、北洋大臣并无直接的领导关系，而是指导、被雇问和代陈奏议。使清朝最高统治者对其也不得不从限制而转为依靠，在清末几十年的政治生涯中，南、北洋大臣是清朝在财政上、军事上、政务上的主要支柱。除李鸿章外，曾国藩、刘坤一、袁世凯等人，都起到了左右朝政，影响内外政策实施的作用。清朝只有在地方买办官僚军阀的扶植下，才有可能苟延残喘于一时，这从另一个侧面说明了清政权半殖民地化的加深。

（四）总税务司的建立

总税务司的建立是中国海关自主权丧失的突出表现。由于中国的海关与税课，关系到资本主义侵略者向中国输出商品和资本的利益，因此在鸦片战争以后清政府被迫签订的一系列不平等条约中，都明确规定废除中国原定的税制和“公行制度”对贸易的垄断。外国侵略者强迫清政府规定海关税率，以及所征船钞的使用，标志着关税自主权的丧失。随着外国侵略的加深，侵略者一步步攫取了海关的行政权和关税的支配权，借以加强对中国财政经济的控制和行政的支配。1853 年 9 月上海小刀会起义，占领了上海及海关。清政府办理海关行政的上海道吴健章逃往租界。英、美、法三国趁机以“协助”中国征收关税为名，开始把侵略的魔爪伸向上海海关行政。各国领事以税款期票形式，分别向本国商人征税。英、美、法公开提出外国人参与海关管理的要求，并迫使上海道吴健章达成了如下协议：“海关监督的困难，为缺乏干练精明、通晓洋文、遵守条约及关章的人才，为了挽救这缺点，惟有兼用洋人。由道台悉心选任，给以信用证书，这样可以免除困难，办事有效。”随后，由英、美、法三国各推一人，组成上海海关税务司，于 1854 年 7 月 12 日正式成立。1859 年垄断上海海关税务司的英人李泰国，又在广州组织粤海关税务司。1861 年正月，买办官僚薛焕在李泰国的授意下，奏请授予李泰国为统办各口税务的全权。这个丧权辱国，体现外国侵略者利益和要求的奏折，竟然取得了清政府的同意。奕訢等在复奏时表示，“外国税务，易于偷漏，中国官员稽察难期周到，臣等亦拟令外国人帮办”，于是成立了由总理衙门管辖的总税务司，统治中国海关达六十七年之久。根据《光绪会典》，总税务司“掌各海关征收税课之事”，“综理全国关税行政与关员任免事务”。总税务司署设总税务司一人，综理全国海关关税、行政及人事等事。同时设副总税务司一人，协助总税务司。无论正、副总税务司均由洋人担任，以垄断中国海关税务大权。

总税务司署下设总务、机要、统计、汉文、铨叙五科；除统计科设正主任一人，副主任五人外，其它各科各设正主任一人，副主任一人。正、副主任的人选，基本上由洋人担任。

除总税务司外，各海关设税务司署，掌管各该海关的关税及行政事务。设税务司一人，副税务司若干人，各税务司下设：总务、秘书、会计、统计、监察、验查六科，以内班洋帮办充前四科科长，以外班洋帮办充五、六两科科长。各税务司完全侵夺了由内务府派遣、分属户部的设于各海关的清朝海关监督的权力，一应水陆通商货税事宜，海关监督无权过问。这个名义上的海关行政长官，只能作些例行公事表报，印发护照等事而已。

外国侵略者充当总税务司，从而便于他们用关税来担保外债和赔款，同时也充当了向清政府出卖军火的买办。

曾经担任总税务司的英国人赫德，“不只是清政府在财政和通商问题的顾问，同时也是清政府在外交以至内政各方面的导演”[①]。甚至清政府任命总督一级的封疆大吏，也要听命于赫德，他毫不掩饰地说，他“曾经劝告要任命某人作云贵总督，另一人作四川总督，这两个地区都是没有外国贸易的。某人是已经任命了，另一人在此以后一个月也被任命”[②]。在中法战争之后，赫德和他的代表金登干，竟然作为清政府的全权大臣在巴黎同法国订立停战协议和约。早期改良主义者陈炽曾就外国侵略者充当总税务司，把

① 钱实甫：《清代的外交机关》。

② 摩尔斯：《中华帝国国际的关系史》。

持各项大权，发出愤懑的抨击："天下事，利之所在即权之所在，不可轻以假人者也。乃有非我族类，久假不归，盘据费求，根深蒂固，海关厘税，岁入三千万，仰其鼻息，以为盈虚。引党类数百人，糜工费二百万，渐而阴持朝议，显绾邦交，偶或侵之，颠蹶立至。……阻挠税则，左袒西商。……英拟受以出使之任，而乞假回国，密请改授他人，诡计阴谋，英寇其际。"① 由外国人充当中国全国性的税务机关的正、副长官，这本身就说明了官制的殖民地化。从隶属关系上看，总税务司属于总理衙门管辖，但实际上总税务司可以对总理衙门颐指气使，操纵控制，他在法政府统治者的眼里是"神人"，是"洋务功臣"。

二、戊戌变法期间改革官制的构想与实施

（一）改革官制的构想

早在第一次鸦片战争前后，地主阶级内部一些开明的官僚士大夫对清朝的严重危机和外国资本主义侵入的威胁已有所认识，因而一方面倡导改革，"救偏补弊"，另一方面提出"开眼看世界"，研究和介绍资本主义国家的新学说、新事物。鸦片战争的失败，使这部分官僚士大夫痛感西方资本主义国家船坚炮利，因而提出了"师夷长技以制夷"的著名观点。在清朝统治集团中，主张这种观点的也不乏其人。恭亲王奕訢就说过："治国之道在乎自强，而审时度势，则自强以练兵为要，练兵又以制器为先"②。至十九世纪六七十年代，封建自然经济逐渐解体，民族资本主义得到了发展，与此相联系的阶级结构也发生了新的变化，这时中国早期的改良主义者已经不限于只向西方学习技术，还要求振兴商务，与外国进行"商战"。薛福成认为："昔者君之论富强也，以耕战为务。而西人之谋富强也，以工商为

① 陈炽：《庸书》。

② 《筹办夷务始末》（咸丰朝）卷25。

先。……则为中国计者，既不能禁各国之通商，惟有自理其商务而已”[1]。郑观应更明确地提出：“我之商务一日不兴，是彼之贪谋一日不辍……吾故得以一言断之曰：习兵战不如习商战，……商战为本，兵战为末”[2]。更值得注意的是郑观应已把眼光投向政治制度，他说：“治乱之源，富强之本，不尽在船坚炮利，而在议院，上下同心”[3]。“议会者，公议政事之院也。集众思，广众益，用人行政，一秉至公”[4]。曾经出任英、法、意、比四国公使参赞的宋育仁，也认为“议院为欧洲近二百年振兴根本，……议院为其国国政之所在，即其国国本之所在”[5]。陈炽不仅论述了设立议院是西方富国强兵之本，而且还以英、法、美、日等国为例，把政体区分为“君主”“民主”“君民共主”三种类型。在这期间，陈虬、马建忠、王韬、何启、胡礼垣、汤震等也表述了类似观点。至十九世纪九十年代末，中日甲午战争失败后亡国灭种的威胁，推动了“救亡图存”，改革政治制度的热潮。例如，严复系统地介绍了西方资产阶级的政治法律制度，他对议院制度充满了信心，说：“欲民之忠爱必由此，欲教化之兴必由此，欲地利之尽必由此，欲道里之辟商务之兴必由此，欲民各束自好，而争濯磨于善必由此。呜呼，圣人复起，不易吾言矣”[6]。与此同时，康有为、梁启超、谭嗣同等人设计了以设议院、开国会、订宪法、实行三权分立为主要内容的君主立宪的国家蓝图，并在光绪皇帝的支持下，进行了百日维新的政治运动。

就官制改革而言，康有为提出设制度局于宫中，由选自公卿、诸侯、大夫及草茅才士二十人充当总裁，执掌“议定参预之任、商榷新政、草定宪法”[7]。在中国官制史上“总裁”一词第一次出现。1898年年初，康有为

① 《筹洋刍议·商政》。

② 《盛世危言·商战》。

③ 《盛世危言·自序》。

④ 《盛世危言·议院》。

⑤ 《泰西各国采风录》。

⑥ 《原强》。

⑦ 《应诏统筹全局折》，《戊戌变法》第二册，第199页。

在答复总理衙门大臣如何变法的询问时，便声称“宜变法律、官制为先”①。梁启超在《时务报》上也极力鼓吹“变法之本在育人才，人才之兴在开学校，学校之立在变科学，而一切要其大成，在变官制”②。康有为还试图按照西方资本主义国家三权分立的体制来改革传统的官制，他说：“近泰西政论，皆言三权、有议政之官，有行政之官，有司法之官。三权立，然后政体备。”③在他看来，清朝国家制度的弊病，主要是“百官皆备，而独无左右谋议之人，专任论思之寄”④，因此急需设立议院，亦即议政之官。而中央行政之官，则分设十二局（法律、度支、学校、农、工、商、铁路、邮政、矿务、游会、陆军、海军），执掌庶政，以取代原有的吏、户、礼、兵、刑、工六部。至于司法之官，他提出“宜有专司”，但未作具体阐述。地方政权体制则缩小省区，于每道设一民政局，与督抚平等。每县设一民政分局，“派员会同地方绅治之，除刑狱赋税暂时仍归知县外，凡地图、户口、道路、山林、学校、农工、商务、卫生、警捕，皆次第举行”⑤，以实现地方自治。

康有为改革官制的构想，来自资本主义国家三权分立的学说和君主立宪的政治制度。他曾明白表示：“盖自三权鼎立之说出，以国会立法，以法官司法，以政府行政，而人主总之”⑥。他认为“东西各国之所以致强者……在其举国君民，合为一体，……而立宪法以同受其治，有国会以会合其议，有司法以保护其民，有责任政府以推行其政故也”⑦。因此，中国要想富强，也须在这个轨道上前进，他说：“立行宪法，大开国会，以庶政与国民共之，行三权鼎立之治，则中国之治强可计日待也”⑧。正是由于康有为以西方国家

① 《康南海自编年谱》，《戊戌变法》第四册，第140页。

② 《时务报》，《戊戌变法》第三册，第21页。

③ 《应诏统筹全局折》，《戊戌变法》第二册，第199页。

④ 《应诏统筹全局折》，《戊戌变法》第二册，第199页。

⑤ 《应诏统筹全局折》，《戊戌变法》第二册，第202页。

⑥ 《请定立宪开国会折》，《戊戌变法》第二册，第236、237页。

⑦ 《请君民合治满汉不分折》，《戊戌变法》第二册，第237—240页。

⑧ 《请定立宪开国会折》，《戊戌变法》第二册，第236、237页。

的政治法律制度为变法的蓝图，他把这场涉及国家政治制度的改革，看得十分轻易，似乎只要采取拿来主义便可成功。在《请君民合治满汉不分折》中，竟然说："若圣意既定……则所以考定立宪国会之法，三权鼎立之义，凡司法独立，责任政府之例，议院选举之法，各国通例俱存，但命议官遍采而慎择之，在皇上一转移间耳"①。事实上改革旧官制是涉及权力分配的严重斗争，绝不是轻而易举的事。光绪皇帝虽然深知国事误于守旧诸臣之手，但却无力改变这种状况。康有为也只能建议"勿去旧衙门，而惟增置新衙门，勿黜革旧大臣，而惟渐擢小臣，多召见才俊志士，不必加其官，而惟委以差事，赏以卿衔，许其专折奏事足矣"②。康有为在日后《自编年谱》中，把这种主张概括为"吾向来论改官制，但主增新，不主裁旧"③。这个概括，比起他力主学习西方的某些言论显然倒退一步。这种增新而不革旧的官制改革，只是暴露了维新派改良主义的思想本质。

（二）百日维新期间的官制改革及斗争

在百日维新期间，从中央到地方原有的封建官僚机构和官制，基本未动，只是下谕裁撤无所事事的空闲机关和冗员，如詹事府、通政使司、光禄寺、鸿胪寺、太常寺、太仆寺、大理寺等。同时裁撤已设总督的湖北、广东、云南三省巡抚。但在政变后第五天，又由慈禧下诏，恢复了被裁撤的詹事府等衙门。

戊戌变法期间，改革官制的基本精神是服务于实行君主立宪制度，因此以改革官制为变法的第一步。由于改革官制涉及权力的再分配和用人权问题，因此成了斗争的焦点。康、梁等人无权无勇，把全部希望寄托在光绪皇帝身上。但光绪皇帝支持变法又有他自己的动机和原则，这就使得康、梁等人的变法与改革官制的主张，无法变成现实。顽固派对于改革官制非

---

① 《请君民合治满汉不分折》，《戊戌变法》第二册，第 237—240 页。

② 《戊戌政变记》，《戊戌变法》第一册，第 251 页。

③ 《康南海自编年谱》，《戊戌变法》第四册，第 157 页。

常敏感，意识到权力的被侵夺，因此对于被授予军机章京的杨锐、刘光第、林旭、谭嗣同四人的参予机要，“咸纷纷不平”，主持总理衙门的庆亲王奕劻，“宁可忤旨”也拼命反抗设制变局。管理吏部的大臣徐桐公开抵制裁并六部司官的上谕，叫嚣：“先革去老夫，徐议未晚”。顽固派还制造了“裁撤六部九卿，而设立鬼子衙门，用鬼子办事”①的谣言，进行煽动。

不仅如此，顽固派还阴谋通过人事安排抵制变法与改官。就在光绪皇帝“诏定国是”后两天，慈禧便将支持光绪变法的师博协办大学士、户部尚书翁同龢，革职回籍。接着又下令新任二品以上大臣，均需向慈禧谢恩。随后，又命亲信荣禄为直隶总督，统辖三军；任命崇伊兼步军统领，掌握京畿一带的武装力量。他们凭借手中的军政实权，发动了宫廷政变，使戊戌变法运动遭到残酷镇压。这说明在延续了二千多年的封建专制的国家，进行变法改官是一场艰巨的斗争，不是上书、请愿所能实现的，戊戌殉难的六君子之一杨深秀曾深有感触地说：“夫数百年之旧说，千万人之陋习，虽极愚谬，积久成是，诚非一二言所能转移也”②。

三、慈禧推行新政和立宪时期的官制改革

（一）推行新政时期的官制改革

1900年，在中国大地上暴发了轰轰烈烈的义和团反帝运动，尽管这次运动被帝国主义的联合势力和清政府的反动武装残酷地镇压了，但是腐朽的清政府已经不可能继续恪守“祖制家法”，一成不变地统治下去。为了继续维持风雨飘摇中的反动统治，阻止各种形式的反抗运动，同时也适应帝国主义继续支持清政权作为深入侵略中国的工具的新政策，流亡在西安的慈禧于1901年1月19日以光绪皇帝的名义下诏变法，实行新政。说：“世

① 《戊戌朝变纪闻》，《戊戌变法》第一册，第337页。
② 《请御门誓众折》，《戊戌变法》第二册，第393页。

有万古不易之常经，无一成不变之治法”，“大抵法积则弊，法弊则更”，“法令不更，锢习不破，欲求振作，须议更张”。并表示“取外国之长，乃可去中国之短，惩前事之失，乃可作后事之师”。要求臣下“各就现在情弊，参酌中西政治，举凡朝章国故、吏治民生、学校科举、军政财政，当因当革，当省当并，……如何而国势始兴，如何而人才始盛，如何而度支始裕，如何而武备始精，各举所知、各抒所见，通限两个月内悉条议以闻”[①]。但是这道上谕也明确宣布了“不易者三纲五常，昭然如日星之照世。而可变者令甲令乙，不妨如琴瑟之改弦”[②]。从而暴露了慈禧准备实行的变法新政，实际仍然是“中学为体，西学为用”的洋务派故伎重演。不仅广大人民不予理睬，就是统治阶级内部和者也寥寥。慈禧自认“各疆臣使臣多未奏到”。为了推行新政，以专责成，1901 年 3 月设立督办政务处，派庆亲王奕劻，大学士李鸿章、荣禄、崑冈、王文韶，户部尚书鹿传霖为督办政务大臣，刘坤一、张之洞亦遥为参预，各该王大臣等于一切因革事宜，务当和衷商榷，悉心详议，次第奏闻。[③]政务处所设提调各官，由督办政务处各王大臣“务择心术纯正通达时务之员，奏请简派”[④]。由此可见，督办政务处的王大臣们大都是顽固守旧的军机大臣或洋务派的代表。而且在组织系统上督办政务处隶属于军机处，从而决定了这个所谓总理新政的机关，不过是军机处的骈枝。至 1906 年，督办政务处改名会议政务处，隶属内阁，政务大臣由军机大臣或内阁大学士兼任，下属提调、帮提调、总办、帮总办均由内阁翰林院官兼任。会议政务处于 1911 年设立责任内阁以后撤销。

综括督办政务处成立以后所推行的新政，基本上没有超出戊戌变法时期的维新范围。其中值得提出的是外务部的设立。如前所述，1860 年成立的总理各国事务衙门，是专门办理对外事务的机构。但是在义和团运动以

① 《东华录》光绪朝，总页第 4601 页。
② 《东华录》光绪朝，总页第 4601 页。
③ 《东华录》光绪朝，总页第 4655 页。
④ 《东华录》光绪朝，总页第 4655 页。

后，总理衙门已经不能满足侵略者的要求，1901 年 3 月，帝国主义列强通过驻华领衔公使葛罗干向清政府照会说："将总理各国事务衙门改为外务部，冠于六部之首。管部大臣以近支王公充之。另设尚书二人、侍郎二人。尚书中必须有一人兼军机大臣。侍郎中必须有一人通西文西语。均作为额缺，予以厚禄。"① 在讨论签订《辛丑条约》时，列强再次提出："总理各国事务衙门必须革故更新，其如何变通之处，由诸国大臣酌定，中国照允施行"。在《辛丑条约》中，明确规定"西历本年七月二十四日，即中历六月初九日降旨，将总理各国事务衙门按照诸国酌定改为外务部，班列六部之前；此上谕内已简派外务部各王大臣矣"②。所谓六月初九日上谕如下："从来设官分职，惟在因时制宜。现当重定和约之时，首以邦交为重，一切讲信修睦，尤赖得人而理。从前设立总理各国事务衙门办理交涉，虽历有年所，惟所派王大臣等多系兼差，恐未能殚心职守，自应特设员缺，以专责成。总理各国事务衙门着改为外务部，班列六部之前。"③

外务部的设立，非常典型地说明了帝国主义列强干涉中国内政和清朝统治集团仰承帝国主义列强的鼻息行事。李鸿章在向清廷转奏帝国主义列强的无理要求时，表现出了一副淋漓尽致的卖国奴才相，他说："总理衙门本有亲王兼管，系属旧例，似可照行，外务部冠六部之首，系仿西洋各国成式，至请将外务部诸臣予以厚禄，俾得专心办公，亦尚近理"④。由此也证明了慈禧的所谓新政，是充满半殖民地色彩的买办政治。在实行新政的名义下，清政府把海关税、内地关税、盐税等主要税收交付帝国主义控制，允许外国军队在北京、山海关一线战略要地驻扎，保护帝国主义在华修路、开矿、设厂等项特权。总之，清政府已经变成完全听命于列强的小朝廷。资产阶级革命家陈天华曾经揭露说："清政府稍稍行了些皮毛新政……不过

① 《李文忠公全集·奏稿》卷八〇。
② 《辛丑条约》附件一八。
③ 《东华录》光绪朝，总页第 4685 页。
④ 《东华录》光绪朝，总页第 4665 页。

借此掩饰掩饰国民的耳目，讨讨洋人的喜欢罢了；不但没有放了一线光明，那黑暗反倒加了几倍”①。

外务部的职官以总理亲王为首，下有会办大臣，会办大臣兼尚书各一人，左右侍郎各一人。原总理衙门的总办改为左右丞，并有左右参议各一人。外务部的官制，是综合了原有的封建六部和内阁总理衙门官制以及西方的某些官制，表现了明显的半封建半殖民地性质。外务部在国家机关中地位的优宠、职权的广泛，完全超出了一般外交事务。所有这些正是为了满足帝国主义列强的要求。

设立外务部后不久，1902 年 1 月下谕撤销詹事府和通政使司。在百日维新期间光绪曾经下令撤销这两个机构，戊戌政变后又予恢复，现在为了粉饰新政再次撤销。在慈禧的上谕中说："詹事府系沿前明官制，名实本不相符，应即归并翰林院。……至通政司专管题本，现在改题为奏，其官缺着即一并裁撤"②。

1904 年还一度增设商部、巡警部、学部。至 1906 年官制改革时，商部并入农工商部，巡警部并入民政部。

（二）立宪时期的官制改革

1905 年清政府面临严重的统治危机。以孙中山为首的资产阶级革命派不断发动武装起义，各地农民的武装反抗此伏彼起。帝国主义列强通过《辛丑条约》对清政府的扼制，更加咄咄逼人。清朝政府中的一些大臣震慑于革命形势的发展，相继奏请实行立宪，以挽救岌岌可危的清朝统治。驻法公使孙宝崎在奏折中呼吁"仿英德日本之制，定为立宪政体，先行宣布中西，于以团结民心，保全邦本"，否则"危机一发，恐非宗社之福"③。其后，江督周馥、鄂督张之洞、粤督岑春萱也纷纷陈请立宪。连极端守旧

---

① 《警世钟》。

② 《东华录》光绪朝，总页第 4830 页。

③ 《东方杂志》1904 年第七期。

的端方，也奏称“亟宜附从多数希望立宪之心，以弥少数鼓动排满之乱党”[①]。正是清朝面临的严峻形势，以及统治阶级内部的骚动，促使清政府由新政过渡到立宪，而立宪的先行步骤则是改革官制。1905年清朝统治集团在“假立宪之名，抵制革命之实”的活动中，把官制改革推向一个重要阶段。

1905年6月，直隶总督袁世凯奏请简派亲贵分赴各国考察政治，作为立宪的准备。于是清廷派出五大臣，载泽、戴鸿慈、端方、李盛铎、尚其亨分赴日、美、英、德、法、比、意、奥等国进行考察，准备“择善而从”，向西方资本主义国家学习。为了配合五大臣考察各国政治，设立了考察政治馆，“延揽通才，悉心研究，择各国政治之与中国政体相宜者，斟酌损益，纂订成书，随时进呈，候旨裁定”[②]。考察政治馆是由政务处创设的，由政务处五大臣等督饬，特设提调二人，其他人员由政务处人员兼任。

1906年7月五大臣考察归来，他们在奏折中提出立宪有三大利：“一曰，皇位永固；一曰，外患渐轻；一曰内乱可弭。”[③]为了消除慈禧的疑虑，还特别转述了帝国主义列强对清政府立宪的态度，说“海国士夫，亦以我将立宪，法令伊始必将日强，争相走告，……耳闻目见，尤不觉忭庆逾恒”[④]。针对慈禧惟恐实行立宪会大权旁落，说“各国宪法，皆有君位尊严无对，君统万世不易，君权神圣，不可侵犯诸条”[⑤]。并以日本宪法为例，来证明“凡国之内政外交，军备财政，赏罚黜陟，生杀予夺，以及操纵议会，君主皆有权以统治之”[⑥]。而最能打动慈禧心弦的是“欲防革命之危机，舍立宪无他道”和“今日宣布立宪，不过明示宗旨为立宪之预备。至于实行之期原可

① 《端忠敏公奏稿》卷八。

② 《东华录》光绪朝，总页第5439页。

③ 载泽：《奏请宣布立宪密折》，《辛亥革命》第四册，第29页。

④ 载泽等：《出使各国大臣奏请宣布立宪折》，《辛亥革命》第四册，第24页。

⑤ 载泽等：《出使各国大臣奏请宣布立宪折》，《辛亥革命》第四册，第24页。

⑥ 载泽：《奏请宣布立宪密折》，《辛亥革命》第四册，第28、29页。

宽立年限”[1]。于是慈禧在1906年9月颁布预备仿行宪政上谕，宣布“时处今日，惟有及时详晰甄核，仿行宪政。大权统于朝廷，庶政公诸舆论，以立国家万年有道之基”，特别提出要从“官制入手……次第更新……以预备立宪之基础”[2]。以改革官制为立宪的首要步骤，是戊戌变法时期康有为的首创。五大臣之一的戴鸿慈回国后便提出《奏请改定全国官制以为立宪预备折》，他说，日本“实施宪法在明治二十三年，而先于明治七年、明治十八年两次大改官制，论者谓其宪法之推行有效，实由官制之预备得宜”，“未改官制以前，任人而不任法，现改官制以后，任法而不任人”[3]。他提出八条具体建议：一曰宜略仿责任内阁之制，以求中央行政之统一；二曰宜定中央与地方之权限，使一国机关运动灵通；三曰内外各重要衙门，皆宜设辅佐官，而中央各部主任官之事权尤当归一；四曰中央各官酌量增置、裁撤、归并；五曰宜变通地方行政制度，以求内外贯注；六曰裁判与收税事务，不宜与地方合为一职；七曰内外衙署，宜皆以书记官代胥吏；八曰宜更定任用、升转、惩戒、俸给、恩赏诸法及官吏体制，以除种种窒碍而收实事求是之效。[4]接着，戴鸿慈等又呈上《奏请设编制局以改定全国官制折》，提出“综览东西各国立官之法，而知其异同增减之故，凡有六因”，一是历史之习惯，二是政体之各别，三是事务之繁简，四是疆域之广狭，五是经费之赢绌，六是时局之变迁。为了使改革官制顺利进行，他们建议应设立编制局，“请旨简派王公及内外重臣入局讨论，选择员司，将古今中外官制之利弊，详加调查，分别部居，审定秩序，随时奏请圣裁，恭候钦定。然后颁示天下，永永遵守”[5]。端方在《请改定官制以为立宪预备折》中，以日本明治维新二次大改官制为例，说明“其宪政之推行有效，实由官制之预

① 《东方杂志》1904年第八期。
② 《东华录》光绪朝，总页第5563页。
③ 《清末筹备立宪档案史料》，第367页。
④ 《清末筹备立宪档案史料》，第367页。
⑤ 《清末筹备立宪档案史料》，第385页。

备得宜”，因此“请改定全国官制，为立宪之预备”[1]。慈禧接受了端方、戴鸿慈等人改革官制的建议，于发布预备立宪上谕的次日，下谕“派载泽等编纂古今中外官制，奕劻等总司核定”。具体说来，载泽、世续、那桐、荣庆、载振、奎俊、铁良、张百熙、戴鸿慈、葛宝华、徐世昌、陆润庠、寿耆、袁世凯等十四人为编纂官制大臣，共同编纂官制，并着端方、张之洞、升允、锡良、周馥、岑春煊选派司道大员来京随同参议，而由庆亲王奕劻，文渊阁大学士孙家鼐，外务部尚书、协办大学士、军机大臣瞿鸿禨三人总司核定。

慈禧提出的“大权统于朝廷，庶政公诸舆论，以立国家万年有道之基”，实际上是改革官制的指导思想。如同章太炎所揭露的，清朝改革官制的目的“不为佐百姓，亦不为保国家，惟拥护皇室尊严是急”[2]。在统治集团内部，也围绕着改革官制展开了激烈斗争。以载泽为代表的满洲贵族妄想通过立宪改官，削弱汉族地方督抚的权势，进一步集权于满洲贵族之手。他在提出改革官制的必要性时，露骨地表达了这一点：“循此不变，则唐之藩镇，日本之藩阀，将复见于今日”[3]。而在御前会议确定的“立宪改官”四大方针之一，就是“废现制之督抚，各省新设之督抚其权限仅与日本府县知事相当，财政、军事权悉收回于中央政府”[4]。这个方针遭到汉族地方大官僚的反对，特别是参加官制会议的直隶总督兼北洋大臣袁世凯，他坚决反对，公开以“筹议至不易易”相对抗，因而不得不把地方官制的改革暂时搁置，先议中央官制的改革。但在讨论中央官制改革时，同样发生了激烈的争论。戴鸿慈、端方等人认为适应立宪预备的需要，中央官制改革的原则应实行“责任内阁之制”[5]。而顽固守旧的贵族官僚则纷纷上奏反对，声称“内阁之

① 《请改定官制以为立宪预备折》，《辛亥革命》第四册，第 33 页。

② 《代议然否论》，《民报》第 24 号。

③ 李剑农：《戊戌以后三十年中国政治史》第三章，第 6 页。

④ 李剑农：《戊戌以后三十年中国政治史》第三章，第 6 页。

⑤ 《清末筹备立宪档案史料》，第 368 页。

制，在前朝有严嵩之奸，张居正之专擅，周延儒、温体仁之邪佞倾国。及至本朝，……有鳌拜、明珠、索额图之小作威福。自设军机处，各臣贤相不胜屈指，类皆小心敬慎，奉公守法，其弊不过有庸臣，断不至有权臣”，“军机处虽为政府，其权属于君，若内阁则权属于臣”，“君上将拥虚位”，所以“不可遽改”。[①] 尤有甚者，内阁学士文海竟然奏请所有厘定官制馆应请即行裁抑，并请饬下直隶总督袁世凯速回本任[②]。慈禧为了防止官制改革损害专制大权，也为了缓和满汉官僚之间由于权力的再分配而发生的矛盾，允准所谓的“五不议”，即军机处事不议，内务府事不议，八旗事不议，翰林院事不议，太监事不议。

根据五不议的原则，总司核定的庆亲王奕劻等将议定的官制上奏，主要内容如下：首先，“分权以定限。立法、行政、司法三者，除立法当属议院，今日尚难实行，拟暂设资政院以为予备外，行政之事，则专属之内阁各部大臣，内阁有总理大臣，各部尚书亦为内阁政务大臣，故分之为各部，合之皆为政府，而情无隔阂，入则同参阁议，出则各治部务，而事可贯通。如是则中央集权之势成，政策统一之效著。司法之权，则隶属法部，以大理院任审判，而法部监督之，均与行政权相对峙，而不为所节制”。同时规定各部的位次：外务部、吏部、民政部、度支部、礼部、陆军部、法部、农工商部、邮传部、理藩部。

其次，针对过去的官制职任不明，提出专任之法：“内阁各大臣，同负责任。除外务部载在公约，其余均不得兼充繁重差缺，各部尚书只设一人，侍郎只设二人，皆归一律。至新设之丞参，事权不明，尚多窒碍，故特设承政厅，使左右丞任一部总汇之事。设参议厅，使左右参议任一部谋议之事。其郎中、员外郎、主事以下，视事务之繁简，定额缺之多寡。”

最后，厘正各部名称：“巡警为民政之一端，拟正名为民政部，户部综

① 《清末筹备立宪档案史料》，第 139—140、429—430、442—443 页。

② 《清末筹备立宪档案史料》，第 140 页。

天下财赋，拟正名为度支部，以财政处，税务处并入；兵部徒拥虚名，拟正名为陆军部，以练兵处，太仆寺并入，而海军部暂隶焉；既设陆军部，则练兵处之军令司拟正名为军谘府，以握全国军政主要枢；刑部为司法之行政衙门，徒名曰刑，义有未尽，拟正名为法部；商部本兼掌农工，拟正名为农工商部；理藩院为理藩部，……工部所掌，半已分隶他部，而以轮路、邮电并入，拟改为邮传部。"①

奕劻的奏折得到慈禧的认可，于1906年11月颁发厘定中央官制上谕，在"专责成、清积弊、求实事、去浮文"的名义下，保留了自雍正年间设立的由皇帝直接掌握的中枢机关军机处，"一切规制，著照旧行"。一些传统的为满洲贵族所垄断，并为皇帝的安全、生活、文牍服务的机构，如内务府、宗人府、各旗营、銮仪卫、侍卫处、翰林院、太医院、步军统领衙门、内阁等，尽管机构臃肿庞杂，也"均勿庸更改"。新变动的只是部院的调整和机构名称。如户部改为度支部、兵部改为陆军部（并入太仆寺和练兵处）、刑部改为法部、工部改为农工商部、巡警部改为民政部、理藩院改为理藩部、大理寺改为大理院，设都御史一员，副都御史二人以代都察院，此外新设邮传部，加上原有的吏都和礼部，共十一个部，各部设尚书一员，侍郎二员，以下分设左右丞、左右参议各一人，不分满汉，"各部尚书均著充参预政务大臣，轮流值班，听候召对"。还拟增设资政院，作为"博采群言"的议院性质的机关，增设审计院，以"核查经费"②。

1906年的官制改革，适应国内经济关系的发展和涉外事务的复杂化，而有所变动，如设立邮传部、改工部为农工商部，提高大理院的地位等。但是没有也不可能触及封建专制制度的实质。上海《时报》评论说："此次之改革，不过改换几个名目，淘汰几个无势之大老而已，绝无他影响"③。连支持清朝预备立宪的日本官方报纸《朝日新闻》也认为："……此次新发表

① 《东华录》光绪朝，总页第5577页。

② 《清末筹备立宪档案史料》，第471—472页。

③ 《民报》第10号，第61页。

之官制，不免声大而实小矣。”[①] 清朝统治集团内部，也有人认为“今宪政固已预备，官制固已改革，不惟无尺寸之功，乃益形棼乱者，有变法之名，无变法之实故也。……官制改矣，而其主要枢纽仍如故也，只取无甚关系一二部分，裁汰之合并之已耳”[②]。

由于以慈禧为首的顽固的统治集团，蓄意通过改革官制，排斥汉族官僚，完成满洲贵族的集权。因此，载泽和端方所倡议的在改革官制中“平满汉畛域”“满汉并用，惟才是择，毫无分歧……无私爱”[③] 等，完全没有实现。相反，十一个部长官的配置，打破了原有的满汉平分的比例，而由满洲贵族占多数。其中满洲贵族五人，蒙古贵族一人，汉族五人。一些重要的部如外务、度支、陆军、理藩、农工商各部均操于满洲贵族之手，以致在朝廷中“汉人之势大绌，乃不得一席之地以自煖”[④]。连载泽也没有捞到实权，而被置于闲散地位。1906 年 11 月 9 日，日本《时事新报》评论说：“官制改革，有名无实，只变换名目，满汉之别，实际依然存在。且顽固派尽占势力于要部，满人尤得志，维新派及汉人多失势。”[⑤] 日本大阪《每日新闻》也有类似评论：“此次中国改革官制”，结果是“改革派之失败，守旧派之胜利，可谓之龙头蛇尾之改革也”[⑥]。通过官制改革，虽然表面上加强了满洲贵族在政权中的优势，但却加剧了满汉官僚之间的对立，“满汉司员，见面不交语……排汉排汉之声，叹息盈耳”[⑦]。

不仅如此，以慈禧为首的腐朽的统治者，还利用官制改革加强对人民反抗的镇压。例如，1905 年 9 月，清政府曾以巡警负责监视和镇压人民，

① 东京《朝日新闻》。
② 《清末筹备立宪档案史料》，第 261 页。
③ 《清平满汉畛域密折》，《辛亥革命》第四册，第 45 页。
④ 李剑农：《戊戌以后三十年中国政治史》第三章，第 68—69 页。
⑤ 《民报》第 10 号，第 60—61 页。
⑥ 《外论选译》，第 13 页。
⑦ 李剑农：《戊戌以后三十年中国政治史》，第三章，第 70 页。

"关系紧要"，下令"京师及各省一体举办"[①]，并设立巡警部。在官制改革中，又借口"巡警为民政之一端"[②]，改巡警部为民政部，从而扩大了镇压的范围。与此同时，将过去只负责审判复核之责的大理寺，改为大理院，成为专掌司法的高级审判机关，并负责解释法律，监督各级审判。大理院内附设总检察厅，准备仿行资本主义国家的司法检察制度。在官制改革中，一般的部院组织规模都有所裁并缩减，唯独大理院大加扩充，以满足加强司法镇压的需要。

地方官制的改革，1906 年 4 月谕准于"各省改设提学使一员，统辖全省学务，归督抚节制。……所有各省学政，一律裁撤"[③]。

此外，改各省按察使司为提法使司，设提法使一人，管理地方司法行政，监督各级审判厅，调度检察事务，从而将清朝督抚以下的两司——布政使司、按察使司，改为三司，而保留布政使司，增加提学使司，改按察使司为提法使司。同时增设巡警、劝业二道，分管警政和农工商业之事，撤销过去的分守分巡各道。设置地方各级审判厅，为专门司法审判机关。高等审判厅设厅丞一人，下分刑科、民科，共有推事六人。地方审判厅设推事长一人，刑科民科推事六人。初级审判厅设推事二人。上述地方官制的改革并非普遍展开，而是次第实行，先由东三省开办，直隶、江苏二省也择地试办。为了使新设置的机构有明确的职责划分，学部制定了各省学务详细官制章程，民政部制定了巡警道官制及分科办事细则，于 1908 年 4 月批准颁行。根据巡警道官制，其"专管全省巡警、消防、户籍、营缮、卫生事务，每省各设一员，酌设属员，分科治事"[④]。至于劝业道官制，由农工商部于 1908 年 5 月拟订，7 月由光绪批准颁行。其职掌除振兴实业外，还专管全省工商业及各项交通事务。

① 《东华录》光绪朝，总页第 5408 页。
② 《东华录》光绪朝，总页第 5579 页
③ 《东华录》光绪朝，总页第 5503 页。
④ 《东华录》光绪朝，总页第 5873 页。

需要指出，在立宪改官的过程中，地方官制改革的核心问题和总方针是："废现制之督抚，各省新设督抚其权限仅与日本府县知事相当"，"财政及兵马之事权，悉收回于中央政府"①。至于裁并增设若干机构，不过是用以粉饰"立宪政治"的点缀而已。但是集权中央的地方官制改革方针，由于遭到大多数督抚的抵制，在 1907 年 7 月 7 日发布的上谕中，不得不肯定《各省官制通则》所确定的总督"总理该管地方外交军政"。无总督兼辖省份，巡抚自行核办"该省外交军政事宜"②。清朝统治者深为未能在厘定官制时解决督抚的权力问题，而"内自悼恨"③。为此，仍一者通过度支部奏请派清理财政监督官分赴各省，在清理财政的名义下将各省财权集中于度支部；二者强迫袁世凯，交出四镇新军归陆军部尚书铁良节制；三者采取明升暗降的办法，将汉族督抚中最有权势的袁世凯、张之洞调入中央，担任有名无实的军机大臣，以减少削除地方督抚实权的阻力。

清朝统治者本意通过 1906 年的官制改革，抵制资产阶级革命派的反抗，缓和与资产阶级立宪派的矛盾，协调统治集团内部的权力争夺，借以维持摇摇欲坠的统治。但其结果恰恰相反，不仅激起了人民群众更强烈的不满和资产阶级立宪派的失望，而且由于"满人的权力到反一天大一天"④，"汉人之任疆吏者，无一得与闻军事，其防患之微，至于此极"⑤，扩大了统治集团内部的裂痕，加重了清王朝统治的危机。

（三）资政院与各省谘议局的议政之官

1906 年，清朝统治者厘定中央官制时，面对"立宪之声，洋洋遍全国"，责成考察政治馆起草了《拟设资政院节略清单》和《拟具资政院官制

① 《民报》第 8 号，第 33 页。
② 《清末筹备立宪档案史料》，第 506、510—511 页。
③ 《民报》天讨号，第 131 页。
④ 《民报》天讨号，第 131 页。
⑤ 《民报》第 19 号，第 99 页。

清单》[1]，上呈慈禧。强调设立资政院“以宣上德，而通下怙”，既有采取舆论之地，又有利于解决财政困难，还可以起到“尊君权而抑相权”的作用。因此，1907年8月，清廷发布上谕，改考察政治馆为宪政编查馆，表示加紧立宪活动，任命庆亲王、军机大臣奕劻，醇亲王载沣，大学士世续、张之洞，协办大学士鹿传麟等人为大臣。9月又颁发上谕，提出“中国上下议院，一时未能成立，亟宜设资政院，以立议院基础”[2]，同时任命贵族溥伦和孙家鼐为资政院总裁，会同军机大臣拟制资政院院章。1909年10月14日，颁布资政院院章，1910年9月23日资政院在北京正式成立。根据资政院院章，资政院“取决公论，上下议院实为行政之本”[3]，设总裁、副总裁一至二人不等。总裁负责全院事务，“以王公、大臣等有勋劳通达治理者由特旨简充”，当时钦派贝子溥伦担任。副总裁“以三品以上大员等有才望学识者由特旨简充”，当时钦派沈家本担任。资政院设钦选议员一百名，由皇帝从王公世爵、宗室、各部院衙门七品以上官员、硕学通儒以及纳税在本省占额较多的有产者中任命。民选议员一百名，由各省谘议局议员互选产生，再由该省督抚圈定，在民选议员中大多数是获取过功名的资产阶级立宪派。由此可见，这个被称作国会正式召开前带有议会性质的机构，完全是由皇亲贵族、官僚地主、大资产阶级所组成。资政院有议决岁入岁出、预算决算、法典朝章、公债税率及奉旨交议事件之权，但需会同军机大臣或各部行政大臣奏请皇帝裁决。军机大臣和各部行政大臣如不同意资政院的决议，可以“咨送资政院复议”，如意见仍不统一，则“分别具奏，各陈所见，恭候圣裁”，皇帝有权下谕资政院停会或予解散。可见，资政院完全是由皇帝直接控制的供咨询的机构。资政院每年开常年会一次，会期三个月，如召开临时会议，会期一个月。

---

① 《中华民国史档案资料汇编》第一辑，第92页。

② 《东华录》光绪朝，总页第5736页。

③ 《东华录》光绪朝，总页第5736页。另见“资政院等奏拟订资政院院章折”，故宫博物院明清档案部编:《清末筹备立宪档案史料》下册，中华书局1979年版，第627页。

1910 年 10 月资政院开会，历时三个月零十天，除了有关兴学、垦荒之类的议案得到清廷同意外，“资政院可决之法律，政府不施行之如故，资政院否决之法律，政府施行之如故”[①]。资政院议决削减的预算，政府“任意不削减”，议决“为甲项之用者，任意挪用于乙项”[②]。清政府向美、英、德、法四国银行团借款，根本不经过资政院讨论。资政院弹劾军机大臣奕劻“责任不明难资辅弼”，却遭到了上谕训斥：“设官制禄，及黜陟百司之权，为朝廷大权，载在先朝《钦定宪法大纲》，是军机大臣负责与不负责任暨设立责任内阁事宜，朝廷自有权衡，非该院总裁等所得擅预，所请著毋庸议”[③]。资政院虽然在形式上模仿西方资产阶级的议院，但“与各国议院共通之原则，大相刺谬”[④]。因此，被当时人讥讽为“非驴非马之议会”[⑤]，是“资政禅院”[⑥]。资产阶级立宪派梁启超也深感失望，他说，“资政院之初开院，国民所以希望之者良厚，已而渐薄，薄之不已，迄闭院时而迨无复希望”[⑦]。甚至清朝官吏也批评说，“资政院开院伊始，……各部大臣提出议案，率皆以例行公事敷衍塞责，……至今不能确实成立”[⑧]。

清政府在拟设资政院的同时，也着手在各省设立谘议局。1907 年颁发上谕说：“前经降旨设立资政院以树议院基础，但各省亦应有采取舆论之所，俾其指陈通省利病，筹计地方治安，并为资政院储材之阶，着各省督抚均在省会速设谘议局，……凡地方应兴应革事宜，议员公同集议，候本省大吏裁夺施行”[⑨]。

---

① 黄鸿寿：《开设资政院》，《辛亥革命》第四册，第 56 页。

② 黄鸿寿：《开设资政院》，《辛亥革命》第四册，第 56 页。

③ 《清末筹备立宪档案史料》，第 547 页。

④ 黄鸿寿：《开设资政院》，《辛亥革命》第四册，第 54 页。

⑤ 《东方杂志》第六年，第十三号，第 446 页。

⑥ 《云南贵州辛亥革命资料》，第 25 页。

⑦ 梁启超：《将来百论·资政院之将来》，《饮冰室文集》第九册卷二十五，中华书局 2015 年版，第 2577 页。

⑧ 《宣统政纪》卷二五，第 29 页。

⑨ 《东华录》光绪朝，总页第 5947 页。

《谘议局章程》共十二章六十二条，它规定谘议局为“各省采取舆论之地，以指陈通省利病，筹计地方治安为宗旨”。有权议决本省应兴应革事宜，以及本省预决算、税法、公债、单行章程规则之修改、选举资政院议员、申复资政院及督抚咨询事件、收受本省自治会或人民陈清建议事件。但谘议局议定可行事件，必须取得本省督抚同意才能生效。如发生分歧，由资政院仲裁，“其可否予夺之柄仍在君上”。各省督抚有监督谘议局选举及会议之权，并可奏请皇帝解散。正如奕劻等在《奏陈谘议局章程权限折》中所说，“各项议事发动之机虽在谘议局，主持之权实在督抚”。即使所谓的“言之权”，也在“尤不得胥动浮言，妨害治安”[①]的威胁下，受到严格控制。《民报》曾揭露说：“既欲以立宪预备粉饰天下之视听，则谘议局不能不设，惟于其所有之权限削之又削，又广用监察钤制之术，务使归于有名无实而后已”[②]。

各省谘议局由府、州、县选举议员组成。根据谘议局选举章程所定的选举资格，必须本省籍贯或居住在本省十年以上，年满二十五岁之男子，并具备下列条件之一者才能充当议员：曾在本省地方办理“学务”及其它“公益事务”满三年以上著有成绩者；中等学校毕业或举贡生员以上出身者；曾任实缺职官文七品，武五品以上未被参革者；在本省有五千元以上资产或外省人在本省有一万元以上之资产者。凡属“品行悖谬，营私武断者”，“曾处监禁以上之刑者”，“身家不清白者”，“不识文义者”，以及学生、小学教师、军人等，都不能参加选举。这里除去财产、性别、住地、出身、职业、品行等限制外，还增加了资望、学历、学识、名位等重重限制。以至选民占人口总数的比例平均只达百分之零点四二，而且在地方官监督操纵下进行的选举“请托及冒名顶替等弊不一而足”[③]。由此而产生的议员，绝大部分只能是官僚、地主、绅士和资产阶级上层人物。

---

① 《东华录》光绪朝，总页第5806页。

② 《民报》第26号。

③ 《东方杂志》1904年第四期。

各省谘议局议员的数目不等，最多的是直隶省，最少的是吉林、黑龙江、新疆，各省议员总数为1677人。由谘议局议员中选举议长一人，副议长二人，总理和协理全局事务。由于议员中大部分是资产阶级立宪派，以及和立宪派有联系的绅士，他们在地方上拥有一定的社会基础，并与各省的达官贵人纠合在一起，因而在许多省份担任了议长，从而为立宪派提供了一个公开活动和进行合法斗争的新场所。

总括以上，资政院和谘议局的设立，是清朝国家机关中的新事物，它们的构成虽然取法西方，但也杂沓着封建的色彩。它们是清朝推行预备立宪的重要内容之一，在拉拢立宪派方面确实起到一定的作用。立宪派利用谘议局这个阵地兜售君主立宪的主张，发动了一次又一次的请愿，扩大了自己的声势，占有了较巩固的地盘，这为他们篡夺辛亥革命的成果，提供了有利条件。但谘议局中要求改革的议员，包括少数革命派议员，也利用这个合法的机关抨击清政府的腐败无能，鼓吹政治改革，多少打破了万马齐喑的局面。在革命形势的推动和群众的压力下，谘议局所采取的拒借外债、保路保矿的斗争，对当时的民主觉醒起了一定的作用。有些议员作了革命的不自觉的工具。

（四）新内阁官制

在《钦定宪法大纲》制定以后，内阁新官制厘订以前，起草了一部具有官制法典性质的《行政纲目》，并经钦定审准，是为《钦定行政纲目》，但未及颁行，清朝已亡。作为历史文献，从中可以窥见清朝统治者在厘订内阁官制之前的理论准备和官制改革的大略。

《行政纲目》以《钦定宪法大纲》为立法依据，所谓："谨按宪法大纲，君主立宪政体，君上有统治国家之大权，凡立法行政司法皆归总揽。而以议院协赞立法，以政府辅弼行政，以法院遵律司法，……"

《行政纲目》将一国之事务区分为二，一曰国家事务，一曰皇室事务，并将二者的分别看作立宪政体的"第一要义"。而《行政纲目》的内容，"以属于国家行政事务为限，其应属于皇室事务及不属于责任内阁统系者均未列入”。

为了论证建立的政府负实际责任，《行政纲目》总论说：“是所谓政府者，乃君主行使大权所设机关之一，决非以君主为政府之长，所谓君主无责任也，惟君主无责任斯必有负责任之政府，又必先将政府事务分配明确，始知责任之何所属也”。制定《行政纲目》的主要目的，就是对国家行政事务各部、各司的职掌作出明确的划分。

对于国家行政事务，《行政纲目》分为国家行政事务类别、国家行政事务分部、国家行政机关等级，并详列内务行政（含理藩部、邮传部、农工商部、学部、民政部）、外务、军政（内含陆军部、海军部）、财政、司法等十三分部表。至于弼德院、军谘府、行政审判院、审计院“皆为特设机关，而不在责任官制之列”，因而其职掌不见于《行政纲目》。

《行政纲目》将国家行政机关等级分为四级，即直接官治、间接官治、地方官治、地方自治。这四级的划分，起草者认为是“融会列国成规，按切我国情事”，而“将来终以中央集权为归”。所谓直接官治，是“中央政府所执行政务及特设官吏于各省奉行中央政府所制定之法令者”；所谓间接官治，是“中央制定法令惟非直接执行，又不特设官吏，即委任各省官府行之者”；所谓地方官治，是“中央政府或各省官府所制定法令，使地方官吏奉行之者”；所谓地方自治，是“中央政府或各省官府所制定法令，委任地方自治体行之者”。

由于《行政纲目》对于“国家行政事务分别部居，条分而缕析之”，而且对各部诸司的职掌列表明晰，并于表后加注按语，因而成为“厘定官制，清理财政，编制法令”的依据。

以上可见，清末政府制定《行政纲目》是为制定内阁新官制作准备的。虽然由于清朝迅速覆亡，未能刊目传世，但1911年匆匆登场的内阁官制，无疑是脱胎于《行政纲目》。

还在1906年改革官制时，便酝酿将军机处和原来的内阁改并为新内阁。

新内阁的官制完全不同于旧内阁，设内阁总理大臣，左右副大臣，同时设立会议政务处，以总理大臣为首，左右副大臣及各部尚书均为内阁政务大臣，有权出席内阁会议，讨论政务。但重大政事由总理大臣、副大臣及有关部尚书共同签署，奏请皇帝决定。但自1910年以来，革命形势进一步高涨，除同盟会领导发动的一系列反清武装起义外，各地抗捐、抗粮、抗税，反对洋权，以及少数民族的反抗和近代产业工人的罢工斗争，“几乎无地不有，无日不有”[①]。为了“弭乱于无形”，以避“汉唐元明末造之祸”[②]，立宪派于1910年连续发动三次大请愿，要求清政府提前召开国会，组织责任内阁，而以云贵总督李经羲为首的十八省督抚，鉴于形势的严峻，也联合电请清廷“钦定宪法，组织内阁，开设议院”[③]。在这种形势下，尽管清朝统治集团担心成立责任内阁会使政柄下移，“主权稍替”，但为了防止汉族地方大官僚与立宪派结合，乘机夺权，遂于1911年5月8日颁布内阁官制和组阁上谕。规定内阁由皇帝“特旨简任”的内阁总理大臣一人，协理大臣一至二人，外务、民政、度支、学务、陆军、海军、司法、农工商、邮传、理藩等部大臣十人组成，称为国务大臣。由国务大臣“辅弼皇帝担负责任”。说明这个所谓的责任内阁的组成，是以“简在帝心出自朝命”为原则，特别是只对皇帝负责，内阁总理大臣必须“秉承宸谟，定政治之方针”。正因为如此，清朝统治者才表示这个内阁官制“采取各国君主立宪之制，参酌现在时势之宜，审慎规定，尚属周妥”[④]。与此同时，宣布撤销原有的内阁、军机处、会议政务处、宪政编查馆、吏部、中书科、稽察钦奉上谕事件处、批本处等衙门。

根据内阁官制，总理大臣有权暂时停止各部大臣实有妨碍之命令或其处分，奏请圣裁；向各省、各藩属长官发训示；监督指挥各省、各藩属长官，

① 《江苏江宁县乡民殴伤调查员》，《辛亥革命》第三册，第393页。

② 《孙洪伊等请速开国会呈》，《中华民国档案资料汇编》第一辑，第134页。

③ 《宣统政纪》第四三卷，第2页。

④ 《清末筹备立宪档案史料》，第565页。

暂令停止其违背法令或逾越权限之命令或处分；依其职掌或特别之委任，奏请颁发阁令；并得随时入对。有关法律、敕令及事关国务之谕旨，涉及各部全体者，由国务大臣会同署名；专设一部或数部者，由内阁总理大臣会同该部大臣署名。内阁会议由总理大臣担任议长，凡属法律案、敕令案、官制、预决算案、预算外之支出、条约和主要交涉、奏任以上各官之进退、各部权限之争议、特旨发交及议院移送之人民陈请事件、各部重要行政事件，按照法令和内阁大臣认为应议事件，均须由内阁会议议定。

各部除大臣、副大臣外，下设左右丞、参议、参事等官，取代了自唐以来沿用的尚书、侍郎、郎中、员外郎、主事等传统封建官制。

新内阁官制，从形式到内容较之1906年的中央官制改革，有所前进。但是清朝统治者出于集权于皇族的考虑，在筹组内阁的过程中，分任亲贵担当要职。例如，内阁总理大臣由庆亲王奕劻担任，协理大臣由大学士那桐、徐世昌担任，民政大臣由肃亲王善耆担任，度支大臣由镇国公载泽担任，陆军大臣由荫昌担任，海军大臣由贝勒载洵担任，司法大臣由绍昌担任，农工商大臣由贝子溥伦担任，理藩大臣由寿耆担任，外务大臣由梁敦彦担任，学务大臣由唐景宗担任，邮传大臣由盛宣怀担任。以上十二名国务大臣中，汉族官员仅占四人，满族官员九人，其中皇族七人，凡是重要的行政、军事、财政部门均为满洲贵族所把持。因此，这第一届责任内阁被讥讽为“皇族内阁”。它的成立从形式上看达到了皇族集权的目的，但却暴露了预备立宪的欺骗性，激起了汉族官僚的深刻嫉恨，遭到了社会上的广泛谴责，即使是立宪派也由于未能实现预期的权力愿望而表示强烈不满。梁启超说：“号称预备立宪，改革官制，一若发愤以刷新前此之腐败，夷信其实，无一如其言，而徒为权位之争夺，势力之倾轧，借权限之说以为排挤异己之具，借新缺之立以为位置私人之途，贿赂公行，朋党各树，而庶政不举，对外之不竞，视前此且更甚焉”[①]。张謇也指出：“政府以海陆军政

① 《饮冰室文集》第九卷第七册。

权及各部主要，均任亲贵，非祖制也；复不更事，举措乖张，全国为之解体……是时举国骚然，朝野上下，不啻加离心力百倍，可惧也”①。他们一方面向摄政王载沣“痛切密阵，勿以国为孤注”②，另一方面以谘议局联合会的名义，上书力争，提出：“君主不担负责任，皇族不组织内阁，为君主立宪国唯一之原则，世界各国苟号称立宪，即无一不求与此原则相吻合。今中国之政设内阁，……适与立宪国之原则相违反。”“皇族组织内阁不合君主立宪公例，失臣民立宪之希望。”“仍请皇上明降谕旨，于皇族外另简大臣组织责任内阁，以符君主立宪之公例，以符臣民立宪之希望”，“以重宪政而固国本”③。然而立宪派的慷慨陈词却受到了陶醉在皇族集权的幻觉中的统治者的严斥：“黜陟百司，系君上大权，载在先朝钦定宪法大纲，并注明议员不得干预”④。对于各省请求另组内阁的谘议员，则发出警告说“议论渐近嚣张，若不亟为申明，日久恐滋流弊”，同时重申“朝廷用人，审时度势，一秉大公，尔臣民等均当懔遵钦定宪法大纲，不得率行干请，以符君主立宪之本旨”⑤。有些满族亲贵也鼓噪说“议院有举劾之权，而不得干黜陟之柄”⑥。至此，立宪派大失所望，立即发表了《宣告全国书》，揭露清朝新建立的责任内阁，“名为内阁，实则军机，名为立宪，实则专制”⑦，如此下去中国前途“旦暮不保”，但也并未得到清朝统治者的理睬。立宪派遂转向投机革命，寻找新出路。

清廷在颁布内阁新官制的同时，还下谕设立弼德院，说：“上年修正筹备清单，经朕定为宣统三年颁布弼德院官制，设立弼德院。……该院权限与内阁相为维系，所关重要，必须同时并设，用备顾问。……即行设立弼

---

① 《啬翁自订年谱》。

② 《啬翁自订年谱》。

③ 《清末筹备立宪档案史料》，第 577—579 页。

④ 《清末筹备立宪档案史料》，第 579 页。

⑤ 《清末筹备立宪档案史料》，第 579 页。

⑥ 《清史纪事本末》卷 47。

⑦ 《国风报》第二年，第十四期。

德院，以重宪政始基。”

弼德院设院长、副院长各一人，顾问大臣三十二人，掌参与机密事务，审议“洪疑大政”。另设参议十人，掌纂拟章程。秘书长一人及秘书官若干人，分掌文书、会计、庶务等事项。弼德院虽然是具有顾问性质的机关，没有具体的职权，但由于负责研究皇帝交议或内阁议决的政务，因此有特定的奏事章程三条，即奏事均由面奏或用奏片，不用奏折；所奏之事以特旨谘询事件为限；所奏事件不登载官报。从而可以看出弼德院奏事的机密性质。弼德院之设与其说是备皇帝顾问，勿宁说是制约责任内阁的职权，因为总揽国政的内阁也是清朝最高统治者所猜忌的。

1911 年 10 月 10 日，武昌起义爆发，各省纷纷响应，宣布独立。清王朝处于土崩瓦解之中，仍垂死挣扎，一方面派出军队镇压，另一方面接受谘政院总裁世续等于 1911 年 10 月 29 日关于“罢亲贵另组责任内阁”“以维持现今之危局，团结将散之人心”[①] 的奏请，于次日发布上谕，表示“本年设立内阁，仍令王公等充国务大臣，原属一时权宜之计，……一俟事机稍定，贤简得人，即令组织完全内阁，不再以亲贵充国务大臣，并将内阁办事暂行章程撤销，以符宪政而立国本”[②]。1911 年 11 月 1 日内阁总理大臣奕劻，协理大臣那桐、徐世昌，国务大臣载泽、载洵、溥伦、善耆等辞职，清廷授命袁世凯为内阁总理大臣，组织完全内阁。11 月 9 日，袁世凯内阁组成，各部大臣除理藩部外，均为汉族官员。同时于各部大臣下设次官，除民政部、农商部、理藩部次官为满族官员外，其余均为汉族官员。然而这一切都无法挽救清王朝的覆灭。1912 年 1 月 12 日在最后一道上谕中宣布，“将统治权分诸全国，定为共和立宪团体。……即由袁世凯以全权组织临时共和政府，与军民协商统一办法”[③]。从此统治中国二百六十多年的清朝封建专制政府，终于宣告结束。

---

① 《清末筹备立宪档案史料》，第 597—598 页。

② 《清末筹备立宪档案史料》，第 596—597 页。

③ 《中华民国史档案资料汇编》第一辑，第 217 页。

综括以上，清末的官制改革从1861年设立总理衙门起，经过四个阶段，半个世纪的时间，成为清末政治中的一项重要内容。尤其是集中在清朝统治的最后十年，这不是偶然的，而是激烈的阶级斗争和各种社会政治力量的角逐，在国家制度上的一种反映。每一步变化，都反映了社会各阶级、各集团力量对比关系的调整，都意味着清王朝所面临的社会危机和统治危机的加深，都表现了清朝统治集团在危亡形势下所进行的“自救”的挣扎。

清末的官制改革，是“预备立宪”的重要内容。在奉行祖宗家法不能改变的清朝统治者看来，立宪、改官是不可想象的，也是不能被允许的，但是它又的确成了清朝最后十年最重要的国家活动。从而雄辩地说明了进入二十世纪以后，清朝统治者尽管顽固，却再也无法照旧统治下去。这种政治上的反映，不单纯是一种骗局，而且要从中国和世界进步潮流的相互关系、相互影响中看出它的必然性。

清末的官制改革，是取法于西方资产阶级国家的模式，反映了西方的政治法律文化输入中国以后所产生的巨大影响。在当时说来，走资本主义道路是朝野各种进步人士的共同主张，因为在当时的历史条件下，是符合历史发展的进步趋向和人民大众反封建专制的要求的。对于清朝统治者而言，他们立宪、改官是不自觉地被推上这条道路的。正由于他们进一步退两步，最终导致了灭亡。清朝统治者在立宪、改官上确有抵制革命，欺骗群众的真实意图，但广大的人民群众却从中看到了封建专制终将结束的曙光，即使是极端顽固的封建统治者，也不得不举起立宪改官的旗帜自我粉饰，这本身就暴露了顽固的统治者本质上的脆弱，激发了人民的觉醒。

清末的官制改革，既然是被历史潮流推上政治舞台的，而又与清朝统治者的本意相违，因此在这个过程中，“中学为体，西学为用”便成了他们的最好方略。清朝的立宪，自始至终以“大权统于朝廷”，“大清帝国皇统万世不易”，“皇帝神圣不可侵犯”为基本点，这就是体，它是不变的、永恒的。至于模仿西方而制定的宪法，而改革的官制等，不过是针对形势的发展和维护统治的需要，而采取的策略，它是可变的、暂时的。中学为体的官制改革所具有的根本性局限，不仅遭到广大民众和资产阶级革命派的反对，也使资产阶级立宪派感到失望，甚至引起汉族官僚的不满。统治权力再分配的结果使清朝统治集团陷于空前的孤立，其必然失败的命运，不是任何的取西法所能避免的。

清末的官制改革，反映了帝国主义的利益和要求，因而也得到帝国主义的支持。《辛丑条约》签订以后，清政府公开推行“量中华之物力，结与国之欢心”的卖国投降政策，沦为帝国主义统治中国的代理人。而帝国主义列强经过义和团的打击以后，也深知灭亡中国是不可能的，力图通过扶植清政权扩大在中国的殖民利益。所以从舆论上、财政上和政治上支持清政府的立宪、改官活动。以致改革官制前进一步，帝国主义列强对中国政治的控制就加深一步。立宪、改官的最后失败，也使帝国主义列强的希望落空。

晚清的法律制度*

一、立法活动

自 1840 年鸦片战争至 1911 年辛亥革命前，是晚清时期。

1840 年鸦片战争以后，外国资本主义侵入中国，破坏了牢固的封建自然经济基础，刺激了城乡资本主义因素的发展，使得中国由一个完整的封建社会，逐渐变为半殖民地半封建社会。与社会经济结构的变化相适应，社会阶级结构也发生了明显的变化，除原来的封建地主阶级与农民阶级外，新产生了为外国侵略者倾销商品、掠夺原料服务的买办阶级，而中国民族资本主义的发展，又必然地产生了资产阶级和无产阶级。在新的经济结构基础上，清朝的政治法律制度也必然地发生前所未有的变化，尽管清朝还保持着封建帝国的外貌，但实质也都演变为半殖民地半封建政治上层建筑

---

* 内容录自张晋藩主编《清朝法制史》第五编，法律出版社 1994 年版。

的性质。

（一）鸦片战争后至十九世纪末的立法活动

1840年以后至1902年修订法律馆成立。在这个阶段，立法活动的特点是继续局限在封建法系的藩篱内，而没有触动封建法律的体系与性质。有些是过去立法的继续，有些是根据社会经济政治的变动而作的调整。例如，在行政法方面，1899年完成了《光绪朝大清会典》，其中正典100卷，事例1220卷，图270卷。《光绪朝大清会典》继承了康熙、雍正、乾隆、嘉庆四朝编典的传统，内容丰富，规定明细，不仅是中国历史上最完备的一部封建行政法典，即使在世界行政法史上也占有重要的地位。

作为清朝行政法重要形式的则例，在这段期间也进行了修订。1886年修订了《钦定吏部分则例》，1848年修订了《户部则例》，1844年修订了《礼部则例》，1884年修订了《工部则例》，1849年修订了《宗人府则例》，等等。此外，还于1892年颁布了《钦定台规》，它是清朝自乾隆以来历代台规的集大成，也是中国封建时代最完整的监察法典。

在刑法方面，针对鸦片战争以后社会的动荡不安和各族人民的激烈反抗，加重了对盗贼的镇压。1851年制定了《变通缉盗章程》，1853年定妄著私书罪名，矛头对准太平天国的革命领导人，1855年发布“从严办理盗贼等案”谕令，1865年发布“缉获交拿单开贼犯均就地正法”谕令，1875年定私贩洋枪洋炮罪。

在民事法律方面，1852年5月允准《户部奏请量为变通旗民交产条例》，同年12月制定《变通旗民交产章程》十六条。1863年制定《查办蒙古差项地亩章程》。1889年12月下谕“禁止旗产卖与民人”，将原先有所松动的旗民交产问题，重新纳入禁止的律条以内。

在经济法律方面，1848年制定《盐务章程》，1851年修改并颁布了《盐务章程》。1853年制定《钞法》，次年制定《铸钱立票章程》，1858年修订《湖北漕务章程》，1863年制定《马政章程》，1868年制定《漕仓章程》，1882

年制定《中国朝鲜商民水陆贸易章程》，1898年制定《振兴工艺给奖章程》。

（二）修定法律馆成立后的立法活动

1903年修订法律馆成立至1911年辛亥革命发生。这个阶段立法活动的特点是，随着西方资本主义法律文化的广泛输入，开始按照大陆法系的六法制定新的法律，通过这一阶段的立法，完整的封建法系解体了，中国法律的发展开始与世界法律的发展衔接。因此晚清第二阶段的立法活动在中国法制发展史上具有重要的地位。

1900年义和团运动以后，饱经打击的清朝顽固统治者，已经无力按照传统的方式继续统治下去。他们为了适应帝国主义列强对华政策的需要，对付日益兴起的革命运动，延续岌岌可危的清朝统治，不得不下诏变法，表示："世有万古不易之常经，无一成罔变之治法。大抵法久则弊，法弊则更"，"法令不更，锢习不破，欲求振作，须议更张"[①]。1902年又下诏："鉴于现在同上交涉事益繁多"，"著派沈家本、伍廷芳将一切现行律例按照交涉情形，参酌各国法律，悉心考订，务期中外通行，有裨治理"[②]。1903年成立以修律为主要任务的修订法律馆。帝国主义列强为了表示对清政府变法姿态的支持，英国在续订通商条约时，首先承诺"英国允愿尽力协助，以成此举，一俟查悉中国律例情形及其审断办法，及一切相关事宜皆臻妥善，英国即允弃其治外法权"[③]。随后美国、日本、葡萄牙也作出了同样的承诺。帝国主义者的这些承诺，是在1900年义和团运动充分显示了中国人民反抗力量之后，不得不作出的缓和中国人民反帝精神的策略。同时也力图扶植代表帝国主义利益的清政府改良自救、自存。特别是希望清政府经过变法修律更能适应帝国主义在华利益的需要。然而在当时的中国，不仅顽固的统治者，即使是主张维新改良的人士，也不自觉地堕入帝国主义者的

① 《东华录》光绪朝，总页第465页。

② 《寄簃文存》一，《删除律例内重法折》。

③ 《中外旧约章汇编》第二册，第109页。

圈套，“自此而议律者，乃群指意于领事裁判权”[①]。

晚清修订法律大臣沈家本，在主持修律过程中，一方面沿袭先秦法家为辩护变法的合理性而提出的“法与时转”“治与时宜”的思想，主张：“法律之损益，随乎时运之递迁……推诸穷通久变之理，实今昔之不宜相袭也。”[②]“法律之为用，宜随世运为转移，未可胶柱而鼓瑟”[③]。他举康、雍、乾三朝多次修改律例的“故事”，来证明“祖宗成宪”也是可以变动的。特别是指出：“日本明治维新，亦以改律为基础……卒至民风丕变，国势骎骎日盛，今日为亚东之强国矣。”[④]另一方面他从中国与世界的关系和收回领事裁判权的迫切需要出发，阐述了修订法律的必要，说：“我中国介于列强之间，迫于交通之势，盖有万难守旧者。”第一，“国家既有独立体统，即有独立法权，法权向随领地以为范围。……独对于我国藉口司法制度未能完善，予领事以裁判之权，英规于前，德踵于后；日本更大开法院于祖宗发祥之地，主权日削，后患方长。此毖于时局不能不改也”。第二，“方今各国政治日跻于大同，如平和会、赤十字会、监狱协会等，俱以万国之名组织成之。近年我国亦有遣使入会之举，传闻此次海牙之会，以我国法律不同之故，抑居三等，敦槃减色，大体攸关，此鉴于国际不能不改者也”。第三，“教案为祸之烈，至今而极……，凡遇民教讼案，地方闇于交涉，绌于因应，审判既失其平，民教之相仇益亟。盖自开海禁以来，因闹教而上贻君父之忧者，言之滋痛。推原其故，无非因内外国刑律之轻重失宜，有以酿之。此又惩于教案而不能不改者也”[⑤]。因此，他在奏请编订现行刑律的奏折中，明确表示：“专以折冲樽俎，模范列强为宗旨”[⑥]，“参酌各国刑法，制

① 《清史稿·刑法志》

② 《奏刑律分则草案告成由》、《档、法、律例 80 号》。

③ 《寄簃文存》一，《删除律例内重法折》。

④ 《寄簃文存》一，《删除律例内重法折》。

⑤ 沈家本：《奏刑律草案告成分期缮单呈览并陈修订大旨折》，《清末筹备立宪档案史料》下册，第 846 页。

⑥ 沈家本：《奏请编定现行刑律以立推行新律基础折》。

定中国的新刑律”[①]，“取人之长以补吾之短”，“彼法之善者，当取之，当取而不取，是之为愚”[②]。总之，他力图通过修律改变中国固有的传统法系，以便“与各国无大悬绝”[③]。否则“以一中国而与环球之国抗，其伏绌之数不待智者而知之矣”[④]。但是清朝顽固统治集团在宣布变法修律时却明确表示：作为“常经”的三纲五常是不可变的，作为“治法”的令甲、令乙不妨改弦更张。在这种思想指导下的修律，只能是“参考各国成法，体察中国礼教民情，会通参酌，妥慎参酌”[⑤]。遵照清朝统治集团的意志，沈家本提出了“参酌古今，博辑中外”，“务期中外通行”的修律宗旨。作为封建官僚的沈家本，他没有也不可能完全抛弃封建法律的影响和束缚，同时又囿于现任封建官僚的立场，从而决定了他在修律中不可避免地兼取中国固有的某些封建法律和西方资产阶级法律之长，他说：“当此法治时代，若但征之今而不考之古，但推崇西法，而不探讨中法，则法学不全，又安能会而通之，以推行于世。”[⑥]只有在新订律中参酌中外成法，才能“不戾乎我国世代相沿之礼教、民情”[⑦]，“方能融会贯通，无扞格”[⑧]。他公开阐明：“余奉命修律，参用西法，互证参稽，同异相伴，然不深究夫中律之本原，而考其得失，而遽以西法杂糅之，正如枘凿之不相入，安望其会通哉，是中律讲读之功，仍不可废也。”[⑨]

根据修订法律馆《办事章程十四条》，可以看出它的主要职能是“拟订奉旨交议各项法律”，“拟订民商诉讼各项法典草案及其附属法，并奏订刑

---

① 《寄簃文存》一，《奏虚拟死罪改为流徒折》。
② 《寄簃文存》六，《监狱访问录序》。
③ 《寄簃文存》一，《奏虚拟死罪改为流徒折》。
④ 《寄簃文存》六，《重刻明律序》。
⑤ 《清实录》德宗朝卷 567，《请派修订清律大臣一折》。
⑥ 《寄簃文存》六，《薛大司寇遗稿序》。
⑦ 《奏刑律分则草案告成由》。
⑧ 《奏修订法律大概办法折》。
⑨ 《寄簃文存》六，《大清律例讲义序》。

律草案之附属法”，“删订旧有律例及编纂各项章程”等。从修订法律馆成立到清朝覆亡，主要制定了《大清新刑律》《民律草案》《商律》《刑事诉讼律》《民事诉讼律》《法院编制法》等。晚清修律虽然不足十年，却取得了明显的成果，尽管许多立法未及施行清朝便已覆亡，但中国法律的近代化无疑从此开端。

二、晚清预备立宪与《钦定宪法》

（一）预备立宪的提出

1904年至1905年爆发了日俄战争，庞然大物的沙皇俄国竟然被区区岛国的日本打败，一时之间舆论哗然，朝野上下将日俄战争的胜负与政体上的立宪与专制的优劣联系起来。以张謇为首的主要代表工商实业家的立宪派，从自身的经济利益和政治追求出发，纷纷发表言论，吁请清廷实行立宪。张謇在《致袁世凯书》中说，“日俄之胜负，立宪专制之胜负也。今全球专制之国谁乎？一专制当众立宪，尚可幸乎”，结论就是“枝枝节节之补救，无益也”[①]。立宪派还在报纸上著文，鼓吹“中国之专制一日不变，则革命之风潮一日不息”，“欲兴中国，舍立宪法其曷以哉”[②]。

在朝廷中主张立宪的王公大臣、封疆大吏、驻外公使，也深感内忧外患日益环逼，因而纷纷上书请求立宪，形成了清廷官僚中的立宪派别。例如，侍郎林绍年在《速定政体以救颠危折》中指出：“我中国之所以屡受外侮，莫自振者，亦必因政体之异，不待言矣。他且不论，即目前所最急者，如理财，如练兵，以土地人民计，似一省可以与日本相衡，和二十余省而尚远逊乎？政体之所矣，一至于此。”[③]湖南巡抚端方在《请定国是以安大计折》中说：“中国今日正处于世界各国竞争之中心点。土地之大，人民之

① 吴经熊、黄公觉：《中国制宪史》上册，第10页。
② 《立宪法议》，《时敏报》1904年11月12日。
③ 《闽县林侍郎奏稿》卷四。

众，天然财产之富，尤各国之所垂涎，视之为商战兵战之场。苟内政不修，专制政体不改，立宪政体不成，则富强之效将永无所望。”又说：“亟宜附从多数希望立宪之心，以弭少数鼓动排满之乱党。”① 袁世凯在《密陈管见条举十事缮单备采由》中也认为：“倘各国挟均势之说，谋均沾之利，则我之全局危矣。危殆若此，胡可一日安枕。欲救其祸，别无良策，仍不外赶紧认真预备立宪之一法。若仍悠忽因循，听其自然，则国势日倾，主权日削，疆域日蹙，势不至如今之朝鲜不止。”② 江督周馥、鄂督张之洞、粤督岑春煊等也纷纷陈请立宪。岑春煊还以总结性的口吻说：“窃观今日世界，殆无无宪之国，无论何种政体，变迁沿革，百折不回，必归于立宪而后底定。”③

此外，驻外公使孙宝琦等在奏折中呼吁“仿英德日本之制，定为立宪政体之国，先行宣布中外，于以团结民心，保全邦本”，然后再“饬儒臣采访各国宪法，折中编定；饬修律大臣按照立宪政体，参酌改订，以期实力奉行”，“不然则外侮日逼，民心惊惧相顾，自铤而走险，危机一发，恐非宗社之福”④。稍后，达寿在《考察日本宪政情形折》中也明白表述，“日本以立宪而胜，俄国以专制而败”，“非小国能战胜于大国，实立宪能战胜于专制”⑤。

综上可见，在日俄战争以后，清廷朝野上下与海内外掀起了一波强烈要求立宪的热潮。如果说戊戌变法时期维新派推行君主立宪的主要目的是救亡图存、自强御侮，那么，这时还加上了抵御民主革命的动因。孙中山领导的民主革命，于1905年8月20日成立了具有政党性质的同盟会，提出“驱除鞑虏，恢复中华，建立民国，平均地权”的宗旨，宣布“今者由平民革命以建民国政府，凡为国民者皆平等以有参政权。大总统由国民共

---

① 《请定国是以安大计折》，见《端忠敏公奏稿》卷六。

② 第一历史档案馆《清末宪政史料》（编号一一四）。

③ 《清末筹备立宪档案史料》，第498页。

④ 《东方杂志》1904年第七期。

⑤ 《清末筹备立宪档案史料》，第29页。

举，议会以国民公举之议员构成之，制定中华民国宪法，人人共守之，敢有帝制自为者，天下共击之”①，从而在全国人民面前昭示了资产阶级革命派的政治目标不是君主立宪，而是民主共和。为了实现同盟会的宗旨，革命派发动了如火如荼的武装起义。正是在革命声势咄咄逼人的背景下，清朝的大员们才忧心忡忡地吁请“剿除革命党政策，除速施行立宪制度外更无他法”②。这些来自疆臣大吏的立宪要求反映了清朝赖以维系的政治力量的态度，其分量与戊戌时期无权无勇的布衣们的呐喊相比，不可同日而语，加之国内立宪派的动作，使得清朝最高统治集团不能不采取现实主义的态度，认真对待，作出决策。

（二）预备立宪的开展

1. 五大臣出洋考察政治

晚清立宪发生在二十世纪初期、日俄战争以后的世界大变动中，是腐朽的清王朝被迫采取的自救措施，也是继续维持专制与有限改良之间的矛盾产物。1904 年日俄战争中庞大的沙俄帝国竟被岛国日本打败，世界舆论哗然，认为日本胜于立宪，沙俄败于专制。1905 年 5 月，《中外日报》发表《论日胜为宪政之兆》一文，强调“使以日俄之胜负为吾国政体之从违，则不为俄国之专制，必为日本之立宪”③。同年 9 月，《东方杂志》也评介说“甲辰日俄战起，识者成为之说曰：此非日俄之战，而立宪专制二政体之战也”④。当时驻法使节孙宝琦、驻英使节汪大燮、驻美使节梁诚相继奏请立宪。一些朝廷大臣和地方督抚也纷纷奏请变法立宪。与此同时，资产阶级革命民主派所领导的武装反清起义，继续发展，民主共和的建国方案已经如丽日经天昭然于天下。处于内外交困、岌岌不可终日的清王朝，为了继

① 《同盟会宣言》，《孙中山全集》第 1 卷，第 296 页。

② 《神州日报》1907 年 8 月 16 日。

③ 《东方杂志》第 2 年第六期《社说》。

④ 《东方杂志》第 3 年临时增刊。

续维持专制统治，幻想通过立宪，“则皇上可世袭罔替”[①]，遂于1905年7月发布考察外国政治的上谕，表示：方今时局艰难，百端待理，朝廷屡下明诏，力图变法，锐意振兴。数年以来，规模初具而实效未彰，总由承办人员向无讲求，未能洞达原委，似此因循敷衍，何由起衰弱而救颠危。兹特简载泽、戴鸿慈、徐世昌、端方等，随带人员，分赴东西洋各国考求一切政治，以期择善而从。[②]

1906年7月，出洋考察政治的五大臣返京复命，他们“皆痛陈中国不立宪之害，及立宪后之利”，面对顽固统治集团所耽心的立宪将损害君主大权，立宪利汉不利满，载泽连上密折指出：“凡国之内政外交，军备财政，赏罚黜陟，生杀予夺，以及操纵议会，君主皆有权以统治之。论其君权之完全严密而无有丝毫下移，盖有过于中国者矣”。[③]同时他还强调立宪有三大利，即“皇位永固”，“外患渐轻”，“内乱可弭”，要求清廷克服“不为国家建万年久长之祚，而为满人谋一身一家之私”的狭隘心态，尽快决心立宪。经过激烈的争论，于1906年9月1日，清廷正式颁发预备立宪明诏，宣布：“时处今日，惟有及时详晰甄核，仿行宪政。大权统于朝廷，庶政公诸舆论，以立国家万年有道之基。但目前规制未备，民智未开，若操切从事，徒饰空文，何以对国民而昭大信。故廓清积弊，明定责成，必从官制入手，亟应先将官制分别议定，次第更张。并将各项法律，详慎厘订。而又广兴教育，清理财政整顿武备，普设巡警，使绅民明悉国政，以预备立宪之基础。……俟数年后规模初具，查看情形，参用各国成法，妥议立宪实行期限，再行宣布天下。视进步之迟速，定期限之远近。著各将军督抚，晓谕士庶人等，发奋为学，各明忠君爱国之义，合群进化之理，勿以私见害公益，勿以小忿败大谋。尊崇秩序，保守和平，以预备立宪国民之资格。”[④]

---

① 魏元旷：《魏氏全书·坚冰志》。

② 《清末筹备立宪档案史料》上册，第1页。

③ 《东方杂志》第3年临时增刊《宪政初纲·奏议》。

④ 《大清光绪新法令》第1册，第16页。

这道预备立完上谕，没有明定预备的期限，只是强调大权统于朝廷，而且严申在预备立宪期间要尊崇秩序、保守和平，从而表明了清延预备立宪的基本出发点。但这道上谕毕竟揭开了晚清立宪的序幕。

1907 年 11 月，清政府再一次派出达寿使日，于式枚使德，专门考察宪法，他们于 1908 年回国后相继奏请加快宪政筹备，认为立宪可以安皇室。经过达寿的陈述，又迫于各地宪政团体请开国会、行宪政的压力，清统治集团不得不明定预备立宪九年为期。但至 1909 年各省谘议局纷纷奏请缩短预备立宪期限，早日实现宪政。1910 年清廷“揆度时势，瞬息不同，危迫情形，日甚一日”，而将预备立宪期缩短二年。但不久爆发辛亥革命，清廷虽然发布“实行宪政谕”，也已不能挽救清朝专制帝制的覆灭。

2. 改订官制

晚清官制的变动并非始于预备立宪期间，早在 1861 年为了适应鸦片战争后，清朝与资本主义列强之间的新关系，体现资本主义列强在华的利益要求，清廷便在资本主义列强的授意下成立了专门办理外交事务的总理各国事务衙门，由洋务派奕訢担任总理大臣，下设总税务司和南、北洋通商大臣。

总理各国事务衙门的机构建制仿军机处，它的产生是中国社会半殖民地半封建化的产物，其属下的总税务司由外国侵略者的代表担任，并垄断了中国海关达 67 年之久，这足以说明总理各国事务衙门的性质。

预备立宪期间的官制改革，是清朝预备立宪的重要组成部分。光绪三十二年七月十四日内阁奉上谕，以载泽、世续、那桐、荣庆、载振、奎俊、铁良、张百熙、戴鸿慈、葛宝华、徐世昌、陆润庠、寿耆、袁世凯等共同厘订官制。晚清官制改革从中央官制入手，针对清朝中央官制权限不分、职任不明、名实不符的旧弊，并参照君主立宪体制，首先厘订行政司法各官，但有“五不议”，即军机处事不议，内务府事不议，八旗事不议，翰林院事不议，太监事不议。

晚清官制改革，实际是“阳托中央集权之名，阴行排汉之实”。所改者或更改名称，如户部改为度支部，兵部改为陆军部，刑部改为法部，理藩院改为理藩部，巡警部改为民政部。或机构合并，如太仆寺并入陆军部，太常、光禄、鸿胪三寺并入礼部。或增设，如增设邮传部，工部并入商部后改设农工商部。

经过中央官制改革，形成了十一个部，而以外务部居首，这也是仰承外国侵略者的意志而定的。在新任命的十三个大臣中，满洲贵族七人，蒙古贵族一人，汉官五人，由此可见，清朝统治者企图通过官制改革，谋满洲贵族集权，继续推行民族歧视政策。

地方官制改革也同中央官制改革一样，有名无实。1907 年 7 月颁发《各省官制通则》，共 34 条。在保留清朝固有的省、府、州、县地方行政建制与官制的基础上，设提学司、提法司、交涉司，负责地方司法行政、教育行政和交涉事宜。此外，各省设巡警道一员统辖全省警政、消防、户籍管理，设劝业道一员，专管全省农工商业及各项交通事务；同时保留兵备道，裁撤分守分巡各道。为了显示实行君主立宪政体下的三权分立，地方设初级审判厅，地方审判厅和高等审判厅等专门司法机构。

总括上述，晚清官制改革，并不是为实施宪政奠定基础，而是着眼于维护皇位永固，因此遭到了国内外舆论的抨击。而满洲贵族的集权，又加深了满汉官僚的对立统治集团内部发生了严重分裂，清朝统治陷入了新的危机。

3. 设立谘议局和资政院

清朝统治者在立宪声中，为了表示对立宪派让步，并遏制革命形势的发展，于 1907 年 9 月连发上谕，提出设资政院，以立议院基础，各省速设谘议局，作为采取舆论之所。1908 年 7 月，颁布《各省谘议局章程》62 条，另定《谘议局议员选举章程》115 条。根据议员选举章程，享有选举权的一般条件，是本省年满 25 岁以上的男子（妇女没有选举权）；非本省籍贯之男子，寄居本省满 10 年以上，在寄居地方有一万元以上之营业资本或不动产。此外，还有特殊条件，即曾在本省办理学务，及其他公益事务满三年以上著有成绩者中等学校毕业或举贡生员以上之出身者；曾任实缺职官文七品武五品以上未被参革者；在本省地方有五千元以上之营业资本或不动产者。至于被选举人的资格条件是“凡属本省籍贯，或寄居本省满十年以上之男子，年满三十岁以上者，得被选举为管议局议员”，但有下列情事之一者，不得有选举权或被选举权：品行悖谬营私武断者，曾处监禁以上刑者，营业不正者，失财产上之信用、被人控实、尚未清结者，吸食鸦片者，有心疾者，身家不清白者，不识文义者。对本省官吏或幕友、常备军及征调期间续备后备军人、巡警官吏、僧道及其他宗教师、各学堂肄业生，停止其行使选举权及被选举权，现任小学教员也停止其被选举权”①。经过以上的条件限制，“只有地主、绅士、大商人、学界的头面人物才有成为议员的资格”②，从而反映了晚清立宪产物的谘议局的实质。

根据《谘议局章程》，“谘议局设议长一人，副议长二人，常驻议员若干，均由议员中互选”，任期以三年为限，任满后可连任一次。

谘议局作为咨询机关，有权议决本省应兴应革事件：议决本省预算、决算、税法及公债事件；议决本省单行章程规则之增删修改事件；以及选举资政院议员等。可见谘议局并不是握有实际权力的机构。相反谘议局的活动要受督抚的监督和控制。但是谘议局的成立却给立宪派提供了进行活动的合法场所。对于人民群众民主政治的觉醒也起了一定的作用。

至于中央资政院，清廷于 1909 年 8 月颁行《资政院院章》，1910 年召开资政院会议。根据《资政院院章》的规定，议员由钦选议员和民选议员两部分组成。所谓钦选议员，主要包括：宗室王公世爵、满汉世爵、外藩（蒙藏回）王公世爵、宗室觉罗、各部院衙门官四品以下，七品以上者、硕学通儒、纳税多额者。③

民选议员由各省谘议局议员互选产生，实际上是经督抚复选下的官选，其构成大多是地方乡绅。根据院章，资政院只限于议决下列事项国家岁出

---

① 《大清法规大全·宪政部》卷 2。

② 《从鸦片战争到五四运动》下册，第 161 页。

③ 《清末筹备立宪档案史料》下册，第 631—632 页。

入预决算事宜、税法及公债事件、新定法典及嗣后修改事件、奉特旨交议事件[①]，但资政院议决的事项，军机大臣或各部行政大臣可以要求复议，最后听皇帝裁决。对于军机大臣或各部行政大臣侵夺资政院权限，或违背法律等事，也只能据实奏陈，请旨裁夺。由此可见，资政院不具备西方国家议院的性质，它是装璜清廷立宪的咨询机关。梁启超曾经指出："政府之视资政院，固不值一钱也。其于资政院所议决，未尝一毫尊重也。若就法律言之，资政院可决之法律，而政府不施行之如故也；资政院否决之法律，而政府施行之如故也"。"今资政院所议之预算案，则何有焉。收支不相偿者数千万，而公然敢以提出，其为千古未闻之殊绌奇谬无论矣"，"故吾常谓资政院之议决法律案，不过制造疆石，不过洒闲墨于废纸。其于预算案，不过如无的而注矢，如梦中与人要约，而今二百人从此销磨此百日之光阴，甚无谓也"[②]。

4. 颁布《钦定宪法大纲》

1908 年 8 月 27 日，在革命党人频频发动武装起义，立宪党人迭次发动请愿要求及时立宪的背景下，清政府正式颁布《钦定宪法大纲》。《钦定宪法大纲》23 条，分为君上大权和臣民义务两部分。《钦定宪法大纲》以日本明治宪法为蓝本，以巩固君权为宗旨，规定："大清皇帝统治大清帝国，万世一系，永永尊戴。""君上神圣尊严，不可侵犯。"皇帝享有颁行法律、发交议案、召集及解散议院、设官制禄、黜陟百司、统率陆海军、编定军制、宣战、讲和、订立条约、宣告戒严之权，当紧急时，得以发布代法律之诏令限制人民之自由。此外，还享有爵赏及恩赦之权，与总揽司法权。不仅如此，《钦定宪法大纲》还规定，议院议决之法律，未奉诏令批准颁布者，不得见诸施行。用人之权操之君上，议员不得干涉。一切军事活动与国交之事，议院不得干预。由此可见，《钦定宪法大纲》只是用一种前所未有的法律形

---

① 《大清法规大全》宪政部卷 1。

② 《饮冰室合集》第九册评资政院。

式，重新确认了封建皇帝的专制大权，并确证了清末预备立宪的实质。至于臣民除按照法律所定，有纳税、当兵、遵守国家法律之义务外，所有言论、著作、出版及集会、结社事宜，均须于法律范围以内，始准其自由。

综上可见，《钦定宪法大纲》是晚清立宪政策的产物，它体现了中西法律文化的融合。尽管以宪法的形式确认君上大权，在中国是前所未有的新事物，但它的基本精神仍在于维护专制主义制度。孙中山曾揭露说："谋中央集权，拿宪法作愚民的工具。"①

1911年10月10日武昌起义爆发，近在京畿的新军第二十镇统制张绍曾、协统伍祥祯，第二混成协协统蓝天蔚及第三镇协统卢永祥等，也联名提出政纲12条的立宪要求。与此同时山西响应辛亥起义，宣布独立。清政权迅速土崩瓦解，仍垂死挣扎，一面派军队镇压，一面组织完全内阁，公布《宪法重大信条十九条》(简称十九信条)。

1911年11月3日公布的十九信条，是在革命高潮强大压力下的产物，因此在形式上缩小了皇帝的权力，扩大了国会的权力。"皇帝之权，以宪法所规定者为限"，"宪法改正提案权属于国会"，"总理大臣由国会公举，皇帝任命，其他国务大臣，由总理大臣推举，皇帝任命"，"国际条约，非经国会议决，不得缔结"，"国会决议事项由皇帝颁布之"。但是十九信条仍然沿袭《钦定宪法大纲》中最基本的条款，即"大清帝国皇统万世不易"，"皇帝神圣不可侵犯"，从而表明它的立脚点仍在于维护封建的清王朝，正因为如此它还明确规定"陆海军直接由皇帝统率"，企图以军权支撑政权。特别是十九信条对人民的权利自由只字未提，这就充分暴露了晚清立宪始终一贯的本质。十九信条所肯定的议会制和内阁责任制，不过是在阶级力量对比关系非常不利于清朝统治者的条件下所作的让步而已。因此清统治者希望借十九信条抵制革命，渡过危机的梦想必然落空。曾经力

---

① 《辛亥革命前十年间时论选集》。

主君宪的保皇派人士张春也发表《建立共和理由书》[1]，并与伍廷芳等联名致电清廷指出“大势所在，非共和无以免生灵之涂炭，保满汉之和平”[2]。统治中国二百六十余年的清朝终于覆亡，晚清立宪也成为历史陈迹，只是这个借立宪以自救的政策传统，对北洋政府、国民党政府都有不同程度的影响。

三、晚清的行政法

晚清，特别是光绪时期，行政法律得到了新的发展，除对原有的行政法典和则例以及监察法典进行最后修订外，又根据新官制和新出现的行政关系进行新的立法。

（一）《大清会典》、则例与新官制法的增修制定

1. 光绪朝《大清会典》的制定

《大清会典》于康熙二十三年（1684 年）制定，经过雍正、乾隆、嘉庆朝陆续修订，至光绪二十五年（1899 年）已历时二百余年，始总其大成。《光绪会典》计典一百卷，事例一千二百二十卷，图二百七十卷，于 1904 年颁布。它以法典条款和事例的形式规定了从总理衙门到各衙门的职官编制、行政职责、官员的办事规范与违法惩处，以及军事行政等内容，是迄今为止世界上最系统最完备的一部封建行政法典。

2. 则例的增修

作为清朝行政法律重要形式的则例，也进行了增修。

1886 年修订《钦定吏部处分则例》，是处罚各级官员违制的有关规定；1848 年修订《户部则例》，是户部的办事规则；1844 年修订《钦定礼部则例》，包括科举考试、教育、译馆事例、边关禁令等规定；1884 年修订《钦

---

① 《政闻录》卷 3，《张季子九录》。

② 《宣统政纪》卷 65。

定工部则例》，是有关工程建设、科学技术的法规以及工部的办事章程、规则；《增修六部处分则例》，是六部综合性的办事章程和处罚条例；1849年修订《宗人府则例》，是宗人府处理宗室和皇族各种事件的规定及案例；光绪末期修订《太仆寺则例》，是有关太仆寺的组织结构、定员、官员职责和赏罚规则；1850年前后修订的《太常寺则例》，是太常寺祭祀和行政编制的规定；《光禄寺则例》，是有关光禄寺葬仪、宴飨、官制等方面的办事规则；光绪中期修订《钦定宫中现行则例》，是处理清代宫廷事务的法令、规则，包括礼仪、宫规、处罚等内容；1910年修订《钦定宗室觉罗律例》，是根据《大清现行刑律》规定的对清室亲属不法行为的惩罚条款。

值得着重提出的是1847年修订公布的《钦定理藩部则例》，它是晚清重要的民族行政立法，分为通例和旗分两大部分，共七百一十三条，不仅规定了理藩院的机构编制、行政职责，还规定了蒙古地区的行政划界、职官、邮政、赋税、刑罚、宗教管理等各种制度。继《理藩部则例》之后，还修订颁布了《回疆则例》，它规定了西北少数民族的民族管理体制职官礼仪、行政制度刑事法律、办事大臣章程等内容。

3. 修订监察法规

晚清于1892年修订公布了《钦定台规》。《钦定台规》始定于乾隆朝，嘉庆、道光朝都进行了修订，至光绪朝最后完成。它是行政监察的基本纲要，类似监察法总则。其后修订颁布的《都察院则例》，类似监察法的分则。《台规》规定了都察院的监察职能、六科各道监察官的职责，以及实行行政监察、部院考绩、巡察等内容。《则例》则包括封驳、陈奏、京察、大计，以及对财政、学校、农工、军政各科人员的考察、奖惩、升降与文件处理规则等内容。

4. 颁布新官制法

清政府于1906年9月，颁布了《预备立宪先行厘定官制谕》，11月又发布《厘定中央官制谕》，由此开始了官制改革。为保证官制改革的进行和确认新官制，清政府自1906年至1911年，陆续制定和颁布了涉及官制和职官考选、惩戒的法律。有关新官制的法律，如《民政部官制章程》《度支部职掌员缺章程》《学部官制》《礼部职掌员缺》《陆军部官制》《法部官制》《农工商部职掌员缺》《理藩部司员缺分定责任章程》《邮传部职掌员缺章程》《都察院整顿变通章程》《内阁官制各省官制通则》《各省学务官制》等。

有关职官的选任与考察奖惩的法律，如《法官考试任用暂行章程施行细则》《州县改选章程》《切实考验外官章程》《考核巡警官吏章程》等。在当时的历史条件下，这些法规只能流于具文。

5. 草拟《行政纲目》

1908年根据《钦定宪法大纲》，为了进行行政体制的改革，又制定了《钦定行政纲目》。《行政纲目》在序言中明确宣布：在君主立宪政体下实行立法、行政、司法三权分立的国家制度，说："谨按宪法大纲，君主立宪政体，君上有统治国家之大权，凡立法行政司法皆归总揽。而以议院协赞立法，以政府辅弼行政，以法院遵律司法……"

《行政纲目》将国家事务分为国家事务与皇室事务两种，并将这种区分称作是立宪政体的"第一要义"。由此出发，《行政纲目》的主要内容"以属于国家行政事务为限"，有关皇室事务均不列入。

《行政纲目》明确指出政府的地位："所谓政府者，乃君主行使大权所设机关之一，决非以君主为政府之长"。同时又强调政府必须分职明贵，"所谓政府，又必先将政府事务分配明确，始知责任之何所属也"。为此，《行政纲目》对各部诸司的职掌列表详叙，并加注案语，以达到"分别部属，条分而缕析之"的目标。

《行政纲目》根据"融会列国成规，按切我国情事"的原则，将国家行政机关分为四级隶属建制，即直接官治、间接官治、地方官治、地方自治。其中明显贯彻中央集权的精神，如同《行政纲目》所引："将来终以中央集权为归。"

《行政纲目》未及施行，清朝即覆亡，但它在晚清行政法史上的地位却是值得一提的。

（二）制定调整印刷物和著作权的行政律

戊戌变法以后，杂志、报纸迅速勃兴，立宪派和革命派都利用它们来宣传自己的政纲。为此清政府于1906年，由商部、巡警部、学部会定了《大清印刷物专律》，共六章。即大纲、印刷人等、记载物件等、毁谤、教唆、时限。《印刷物专律》强调无论承印何种文书图画的印刷人，均须至京师特设的印刷总局注册，否则即以违法论，处以银一百五十元以下罚款，或五个月以下监禁，或罚款监禁并科。印刷总局隶属于商部、巡警部、学部以示对印刷物及新闻的重视与控制。凡贩卖或分送未印明印刷人之姓名及印刷所所在者，也以犯法论，处百元以下罚金，三个月以下监禁，或二者并科，而且不问该印刷物可否印刷，一律充公或销毁。在印刷物中，如有普通毁谤者，可提起民事诉讼；如有普通讪谤者，可依刑事诉讼审理；如有讪惑愚民，怨恨、侮慢或加暴行于皇帝或违背典章国制者，不论军民人等，均应向最近的地方官报告，逮捕法办，犯者处以五千元以下罚款，十年以下监禁，或二者并科。再犯者加倍处罚。《印刷物专律》虽然列有时限一章，实际是无所限的，因为它规定凡"发行或销售于皇朝一统版图者，在律即有治理之权"。

《印刷物专律》虽然具有控制文字宣传的针对性，但比起清朝盛行一时的文字狱，毕竟有明确的法律规定，不能任意比附或残酷处置。

1907年针对各地纷纷设立报馆出版新闻报纸的现实，为了加强控制，由商部起草《大清报律》，并经巡警部略加修改，于光绪三十三年（1907年）十二月由民政部、法部会奏，并交宪政编查馆议覆之后，奉旨颁布。但各地报馆多不遵行，外国人创设的报馆更不予理会。至宣统二年（1910年）由民政部再加修改，交资政院议复后，请旨颁布。但未及施行，清朝统治便被推翻。

《大清报律》共45条，它以日本报纸法为蓝本，颁行的目的在于压制舆论。它规定：每日发行之报纸应于发行前一日晚十二时以前送该管巡警官署或地方官署，随时查核。月报、旬报、星期报，均应于发行前一日十二时以前送该管巡警官署或地方官署，随时查核。报纸不得揭载禁止旁听的诉讼案件、未公判前的预审案件，以及未经公开的外交海陆军事件、谕旨章奏以及诋毁宫廷、扰乱政体、扰害公安、败坏风俗之语。否则处以罚金或监禁，并禁止该报发行。凡违反本律者，不得适用自首减轻之例。

《大清报律》虽然没有施行，但在民国成立以后北洋军伐统治下的各省，仍有援用此律以压制舆论之事。直到民国四年（1915 年）七月，北洋政府公布《报纸条例》，原《大清报律》才失去效力。

宣统二年（1910 年），清政府还颁布了《著作权律》，共五章，54 条。其第一章为通例，第二章为权利期限，第三章为呈报义务，第四章为权利限制，第五章为附则。

《著作权律》明确了著作权的概念，“凡称著作物而专有重制之利益者，曰著作权”。至于著作物的范围则包括文艺、图画、帖本、照片雕刻、模型等。凡著作物归民政部注册给照，受法律保护。

《著作权律》规定：著作权归著作者终身有之，身故后，其承继人可继续至三十年。凡经呈报注册给照之著作，他人不得翻印、仿制、假冒以侵损其著作权，违者准有著作权者，向该管衙门呈诉，由审判机关责令处以罚金、赔偿损失。

晚清《著作权律》来源于资本主义国家的相关法律，是中国传统旧律中所没有的，虽然未及施行，但为以后提供了重要的历史基础。

四、晚清的《民法草案》

（一）《大清民律草案》的编制

1840 年鸦片战争以后的社会巨变，使得中国封建社会以刑为主，诸法合体的法律体系，已经完全不适合时代的需要，而必须加以改变。因此晚清修律开始着手起草独立的民法典。

1. 在制定民律之前，先将原《大清律例》和《户部则例》中有关继承、婚姻、田宅、钱债等条款抽出汇集成独立部分，不再科刑，从此开了独立编纂民事法律的先河。

2. 修订法律馆于 1907 年开始编纂民事法典，并聘请日本法学家松岗义正、志田钾太郎参与《大清民律草案》的制定，负责起草总则、债权、物权三编，其余亲属、继承两编由朱献文、高种和会同礼学馆其他成员共同起草。1911 年 8 月，草案全部完成。第一编总则，共八章，即法例、人、法人、物、法律行为、期间及期日、时效、权利之行使及担保，合计三百二十三条。第二编债权，共八章，即通则、契约、广告、发行指示证券、发行无记名证券、管理事务、不当得利、侵权行为，合计六百五十四条。第三编物权，共七章，即通则、所有权、地上权、永佃权、地役权、担保物权、占有，合计三百三十九条。第四编亲属，共七章，即通则、家制、婚姻、亲子、监护、亲属会、抚养之义务，合计一百四十三条。第五编继承法，共六章，即通则、继承、遗嘱、特留财产、无人承认之继承、债权人或受遗人之权利，合计一百一十条。五编总计三十六章，一千五百六十九条。前三编多仿照德、日和瑞士等国的资本主义民法典；后两编沿袭了中国封建的以礼制为基本精神的民事法律规范。正如修订法律大臣俞廉三、刘若曾在民律草案告成的奏折中所说，民律草案一方面“注重世界最普通之法则”和“原本后出最精确之法理”，实即抄袭资本主义一般民事法律原则；另一方面，“求最适于中国民博之法则”，也就是力求符合中国的封建传统。

《大清民律草案》虽然没有施行，但它打破了以刑为主的旧律体例，吸取了资本主义民法的新原则，在法律发达史上是一个进步。由于当时的中国国情决定了它在资本主义民法的形式下，又不可避免地融入了封建的礼制因素。

（二）晚清民事立法的特点

1. 维护封建地主和资产阶级的私有财产权

《民律草案》对于土地所有权的范围明确规定为“及于地上地下”。土地所有人得禁止他人入其地内，以维护其所有权的安全。至于承租土地的佃农，“虽因不可抗力”，致“使用土地有妨碍”或“收益受损失”，也不得请求减免地租额。

《民律草案》还规定，所有人于法令限制内，得自由使用、收益、处分其所有权，他人不得稍加妨害。若他人干涉其所有物时，得排除之。《民律草案》也保障债权人得向债务人请求给付，或请求不履行之损害赔偿。

上述条款从形式上看是对社会各阶级阶层一律平等的，但旧中国的国情决定了它实际上是维护地主、资产阶级的利益，对于贫苦无告的广大劳动群众没有任何实际价值。

2. 维护封建婚姻家庭关系

《民律草案》仍仿照封建旧律的原则规定，强调结婚须由父母允许；未满三十岁的男子，未满二十五岁之女子，如离婚也必须经过父母，这等于确认了封建包办婚姻的合法性。同时允许男子纳妾，在家庭关系中继续认定封建家长制，所谓“家政统于家长”。作为社会细胞组织的家庭，对于维护国家政权具有十分重要的意义。《民律草案》作出如此规定，反映了晚清立法者保守的意向。

3. 运用资本主义的民法原则，保护帝国主义列强在中国的权益

《民律草案》从体系到基本内容，都采用了资本主义的民法原则和基本规定，有些是着眼于维护帝国主义在中国的权益，例如，关于外国社团法人地位的规定，实际上保证了外国垄断资本经济侵略的自由权利。

五、晚清的经济法律

为了调整鸦片战争后，特别是二十世纪初期新出现的经济关系和中外贸易关系，清政府进行了经济立法。

（一）商业立法

1903年4月22日，清廷颁布上谕强调："通商惠工，为经国之要政。"并派"载振、袁世凯、任廷芳，先订商律，作为则例。俟商律编成奏定后，即行特简大员，开办商部"。同年9月成立商部，并将制定商律作为商部成立后的主要任务。

晚清的商业立法于1906年以前，主要是制定单行商法。如《奖励公司章程》、《商会简明章程二十六条》、《商会章程附则六条》、《商标注册试办章程二十八条》细目二十三条、《公司注册试办章程》、《奖给商勋章程》以及1908年制定的《大清银行则例》等。[①]1906年以后，随着预备立宪的进程，着重制定商律草案。还在1904年1月，商部便开始拟定"商律卷首之《商人通例》九条暨《公司律》一百三十条，缮具清册，恭呈御览"。并经朝廷"依议"施行[②]。《商人通例》规定商人的概念、商业能力、商号及商业账簿等内容。

《公司律》共11节，即公司分类及创办等办法、股份、股东权利各事宜、董事、查账人、董事会议、股东会议、账目、公司章程的变更、公司的整顿及解散、罚例。《公司律》是仿照西方资本主义公司法制定的，在当时的中国具有某种超前立法的性质。《公司律》与《商人通例》一起称为《钦定大清商律》。虽然其中有的还杂有封建因素，有的脱离了当时中国的实际，但它是中国第一部独立的商法，对于推动商业的发展起了很大的作用。

1906年，针对企业"乃或因经营未善，或因市价不齐，即不能不有破产之事"，需要有关法规以调整企业破产后的纠纷，制定了《破产律》。共分九章，六十九条。这九章是：破产呈报、破产管理人，债主会议、清算账目、处分财产、有心倒骗的定性及处理、清偿期限延长、呈清销案即终止、附则。

---

① 《大清法规大全·实业部》。

② 《大清法规大全·实业部》。

《破产律》是仿日本破产法制定的。为了贯彻施行，商部和修律大臣奏请“各省凡有破产之案，各督抚应严饬地方官，尅期定结，不得狃于积习视钱债为细故”，由于《破产律》第四十条规定“归偿成数，仍同各债主一律办理”，与过去首先是洋款，然后官款，再后华洋商款分摊之例不合，户部反对，但沪京钱商赞成，双方发生争执，难于执行，遂明令废止《破产律》。次年，修订法律馆聘请松岗义正博士拟订《破产律草案》三百六十条，但未经审定，清朝即覆亡。

1908 年 10 月，修订法律馆聘请日本法学博士志田钾太郎会同拟订《大清商律草案》，共 5 编 1008 条。第一编总则，第二编商行为，第三编公司律，第四编票据法，第五编海船律。《商律草案》提交审议后，农工商部以其直接抄袭日、德等国商法，不合中国国情，提出质疑，后虽经修改，但未及审定，清朝便已覆亡。

（二）工矿业立法

随着近代工矿业生产的发展，清政府还制定了《大清矿务章程》。1907 年（光绪三十三年）5 月，湖广总督张之洞奏请早定矿务章程，后经外务部、商部审议奏准，由农工商部参酌英、美、德、法、奥、比利时、西班牙、日本等国的矿章，编成中国矿务正章 74 款，附章 73 条。张之洞认为“兴办矿务为大利所在，而措施失当，亦贻害靡穹”，因此所制定的章程“于宽严操纵之处，条款繁简之中，必须体察情形，斟酌尽善，始能通行无阻”。特别是“事关华洋交涉者，尤宜审慎周详”。以上是制定矿务章程的指导思想。

矿务正章共十五章 4 款，其十五章是：总要、管理、旧商限制、新商限制、矿质分类、地权、以地作股、执照、矿界年租、矿税、矿商应遵之禁令、树木水道、外人合股、矿工、矿务警察。正章宣布前此所颁行之矿章一律作废，均以新章为准。同时确认农工商部负责管理一切矿务事宜；外国矿商依法享有合股开矿直至矿尽为止的权利，但不能充当地面业主；

对于曾违反法律的中国人与僧道、教徒不得申请办矿；未与中国订约的外国人及不遵守中国法律或曾违反中国或其本国法律者，也不得申请办矿。更不准外国矿商独自办矿。无论官办、民办、华洋商人合办，均须奉有部照，否则即为非法。民间如私卖矿产于外人，按盗卖律治罪。无论勘矿、开矿均须申请执照，如诈领执照，一经发现除立刻收回执照外，并从严惩办。洋商在内地办矿，如与华人或他国人发生钱债争讼，中国执法官可按中国律例，秉公剖断，现有律例未载者，按各国通例及参酌中国法律公平办理。

在分章73条中，主要是规定地方由各省矿政局派员办理矿务以及有关勘矿、开矿等具体规定。

矿务章程打破了清朝对民间开矿的种种限制，对于矿业的发展以及整个工业的发展是有利的。它的规定也较为细密，尽管晚清覆亡在即，未能全部实施，但对以后的矿务立法具有重要的历史渊源意义。

六、晚清的刑法

晚清修律从“各法之中，尤以刑法为切要”的认识出发，集中力量修订刑律。在步骤上，首先变通旧律例，而后制定新刑律。

（一）变通旧律例

1. 废除凌迟、枭首、戮尸、刺字等酷刑。《大清律例》中缘坐各条，除知情者仍治罪外，余者悉予宽免；此外在刑制上变笞杖为惩役或罚金，改徒流为折赎银。

2. 化除满汉畛域，旗人犯遣军、流、徒各罪，照民人一体同科，旗民交产不算犯罪。

3. 颁行大清现行刑律。沈家本根据日本改订律例的经验，在制定《大清新刑律》之前，先编纂颁行大清现行刑律，作为过渡。现行刑律以大清律例为基础，改订之处如下：

（1）删除总目。理由是“盖因时制宜之办法”，“应即照今律三十门分隶，而删除六律之名，以昭核实”。

（2）董正刑名。即“将律例内各项罪名，概从新章釐订，以免分歧”。

（3）节取新章。主要是采纳新的罪名，“如毁坏电杆，私铸银圆之类，择出纂为定例”。

（4）删并例文。由于例是一时权宜制定的，其中与现今情势未符者，或另定新章，例文已成虚设者，或系从前专例无关引用者，或彼此互见小有出入者，不胜枚举。因此之类须酌加删，并“务归简易”[①]。

1910年5月15日，清廷下谕:《现行刑律》经“朕详加批览，尚属妥协。著即刊刻成书，颁行京外，一律遵守”。

《大清现行刑律》共分30门，律文389条，例文1327条，它吸取了变通旧律例与改良刑制的成果，具有重要的意义。

（二）制定《大清新刑律》

《大清新刑律》于1905年起草，1910年12月颁布，是晚清修律最重要的成果。《大清新刑律》吸收了日本法学博士冈田朝太郎的意见，对旧律例作了以下修改：其一，更定刑名，即将原律例的“笞、杖、徒、流、死”五刑，改为“死刑、徒刑、拘留、罚金”四种。其二，酌减死罪，比照西方近代刑法，只设“大逆、内乱、外患、谋杀、放火等项”，通过由重就轻，以与各国无大悬绝。其三，死刑惟一，执行方法只定“绞刑一种，仍于特定之刑场所密行之”。但“谋反大逆及谋杀祖父母、父母等条，俱属罪大恶极，仍用斩刑，则另辑专例通行”。其四，删除比附，采用罪刑法定主义。其五，惩治教育，确立十六岁为刑事丁年，“工年以内乃教育之主体，非刑罚之主体”[②]。

《大清新刑律》是晚清修律最主要的成果，它打破了民刑不分、诸法合

① 《清末筹备立宪档案史料》下册，第853页。

② 《清末筹备立宪档案史料》下册，第846—849页。

体的传统结构，“凡非科刑定罪者概不入刑律之范围”，是一部单纯的刑法典。《新刑律》采用总则、分则分编的近代刑法体例，引进了缓刑、假释等西方近代刑法制度及罪刑法定、罪及自身、不溯及既往等西方近代刑法原则和刑制。正因为如此，当征求各部院督抚笺注对新刑律意见及提交资政院审议时，遭到顽固守旧派的猛烈抨击。他们以礼治作为武器，以清廷最高统治集团中的顽固派作后盾，迫使以沈家本为代表的法治派同意在《大清新刑律》后，附加《暂行章程》五条，对新刑律的某些条款和精神，作了重要修改。例如：（1）凡危害皇帝乘舆车驾者，内乱罪、外患罪以及杀伤尊亲属者，仍用“斩”。（2）增加死刑。凡有损坏、遗弃、盗取尸体者，以及强盗罪，“应处二等以上徒刑者，得因其情节仍处死刑”。（3）“犯第二八九条之罪为无夫妇女者，处五等有期徒刑、拘役或一百元以下罚金。其相奸者，亦同”。（4）“对尊亲属有犯，不得适用正当防卫之例”。这四条规定，清楚地说明封建顽固势力对皇权和清朝政治统治的保护，对封建纲常礼教的维护，以及对传统的封建重刑主义的坚持。《大清新刑律》未及正式实施，清朝即灭亡。但它对以后的中华民国刑事立法却有深远的历史影响。

不仅如此，由于《大清新刑律》中删去了有关奴婢与雇工人的条款，也遭到张之洞、劳乃宣等人的反对，从而表明他们是何等顽固地维护封建等级制度，他们不仅公开敌视要求法律面前人人平等的资产阶级革命派，而且也落后于与他们同时代的清朝大官僚。例如两江总督周馥于1906年曾就大清律例中奴婢条款上奏说：“嗣后无论满汉官员军民人等，永禁买卖人口，违者以违制论。其使用奴婢只准价雇，纳妾只准媒说。从前原有之奴婢，一律以雇工论。身体许其自主，有犯按雇工科断。所有律例内关涉奴婢诸条，悉予删除。”并具体拟订“条款清单六条”，作为实施细则。大体内容为：无论红契白契，均不准以人口买卖；贫民子女不能养赡，准其议定年限，立据作为雇工；原有契买奴婢及世仆，嗣后概以雇工相待；纳妾不准价买，只准媒说。此六条并未实行。1909年宪政编查馆奏《禁革买卖人口条款十条》，重申严禁买卖人口的禁令，从法律上取消奴婢的名目。“嗣后契雇贫民子女及从前旧有之奴婢，均以雇工人论仍存主仆名分，有犯即按雇工人本律，本例科断。”[①]

七、晚清司法制度的变化与诉讼法的制定

（一）中国司法主权独立性的丧失

1840年鸦片战争以后，资本主义列强通过不平等条约为全面践踏中国的主权提供了法律依据。可耻的鸦片贸易合法化了，关税主权不仅被控制，而且直接操纵在外国总税务司之手。尤其是通过领事裁判权，中国的司法主权严重凌夷。

中国近代史上的领事裁判权，发端于1843年中英《五口通商附粘善后条款》，其中规定英国人违反禁令“擅到内地运游者，不论系何品级，即听该地方民人捉拿，交英国管事官依情处罪”[②]。中英《善后事宜八款》明确记载华英商民涉讼，英商归英国自理，华民归中国管辖[③]。至第二次鸦片战争时签订新约，领事裁判权被延伸，所有与中国签订不平等条约的国家都享有这种特权。具体说来，在中国居留的外国侨民，如成为民刑诉讼的被告，中国法院无权审判，而要由其本国的领事官，依照本国的法律，行使司法管辖权。领事裁判权是晚清司法制度半殖民地化的重要标志。

为了扩张领事裁判权，资本主义列强还蓄意谋取观审权。1896年，英国在《中英烟台条约》中规定：“凡迁内地各省地方或通商口岸，有关系英人命盗案件，议由英国大臣派员前往该处观审。”这是清政府第一次在条约中正式承认观审。但外国侵略者并不满足于观审，而是要取得会审权，进而发展到由外国侵略者主审。1853年刘丽川小刀会起义时，英、美、法驻上海领事乘机攫取“租界”内包括两造均为中国人的全部司法

① 《大清续文献通考》卷26，《户口二·奴婢》。

② 《中外旧约章汇编》第一册，第35页。

③ 《中外条约关系之变迁》，第35页。

诉讼案件的审判权。1858年《中英天津条约》明文规定："两国交涉事件，彼此均须会同公平审断，以昭允当"。1864年，清政府命上海道与英、美、法三国驻上海租界领事多次交涉，遂达成协议，设"洋泾浜北首理事衙门"作为中国派驻租界的常设司法审判专门机构。同年12月28日，《上海洋泾浜设官会审章程》订立，改"洋泾浜北首理事衙门"为"会审公廨"。根据《会审章程》，"凡被告是外国人的案件，必须领事官会同委员审问，或派洋官会审"。"有领事之洋人犯罪，按约由领事惩办。其无领事之洋人犯罪，即由委员酌拟罪名，详告上海道核定，并与一有约之领事公商酌办。"

随着世界资本主义发展到帝国主义阶段，外国侵略者攫取中国司法主权的活动更加猖獗。1902年，列强在《上海租界权限章程》中确定：华人在租界违法犯罪，不通过会审，而由"租界公堂"审判；被告居住于公共租界，其司法审判归租界公堂管辖；若居住在法租界，则由法租界领事及租界法庭审理，会审权的范围，最初只限于一般民刑案件，随着帝国主义列强侵略的深入，逐渐扩展到涉外纠纷和海关争议案件。

领事裁判权与会审权在中国的实施，"外人不受中国之刑章，而华人反就外国之裁判"[①]，使得中国人民在涉外纠纷的审理中处于受侮辱和被歧视的地位，露骨地践踏了中国的司法主权。列强谋求的领事裁判和会审法权的目的，绝不像他们所说是改变中国法律及其审判方式的落后，而是为了确保其在华经济和政治上的特权，保护外国的罪犯流氓在中国胡作非为。美国驻华使节蒲安臣自认"合众国的威权曾经被人嘲笑过，并且我们的国旗曾经被用来掩护所有在中国的流氓……从那个时候起外国人经常地从中国溜走了"[②]。

① 《清史稿·刑法志》。

② 1864年6月3日蒲安臣致西华德函，见《中华帝国对外关系史》。

（二）诉讼法与法院组织法的修订

清朝原没有制定独立的诉讼法规，而是采用实体法与程序法合一的形式，至晚清才陆续编订诉讼法。

1906 年，由沈家本等拟定《刑事民事诉讼法草案》，共 5 章，260 条，分别规定了刑事、民事诉讼的具体程序。其中吸取了日本和西欧的某些诉讼制度，如陪审制度、律师制度，这是沈家本极力主张“应取法者”。他认为陪审员制度的推行，有利于“裁判悉秉公理，轻重胥协舆评，自无纵深故之虞矣”，而律师制度的采用则“尤为挽回法权最要之端”①，对于这个草案，清廷下谕要求地方将军督抚体察情形，悉心研究。其中有无扞格之处，即行缕析条分，据实具奏②。各省督抚均以该法不便执行，请求再行核议，该法遂被搁置。法部为了使各级司法机关有所遵循临时草拟《各级审判厅试办章程》，于 1907 年 12 月报请清廷转饬宪政编审馆核议，至 1909 年经清廷核准颁布试行。该章程第 2 章审判通则，共 8 节，即审级、管辖、回避、厅票、预审、公判、判决之执行、协助。第 3 章诉讼，共 6 节，即起诉、上诉、证人鉴定人、管收、保释、讼费等。这一章程是清末唯一的正式公布的具有近代诉讼法性质的法规，但修订法律馆认为它过于简略。与此同时修订编纂刑事诉讼法和民事诉讼法，并列为《钦定逐年筹备事宜清单》中的项目，从 1907 年起，由沈家本等负责刑事诉讼律和民事诉讼律的起草工作。至 1911 年 1 月 24 日，《大清刑事诉讼律》完成。沈家本在奏折中强调刑事诉讼律的重要性，他说：“查诸律中，以刑事诉讼律尤为切要。四人有言曰：刑律不善，不足以害良民；刑事诉讼律不备，即良民亦罹其害。盖刑律为体，而刑诉为用，二者相为维系，固不容偏废也。”③

《大清刑事诉讼律》共 6 编 5115 条，第一编总则，第二编第一审，第

---

① 《大清光绪新法令》第 19 册。

② 《清实录》德宗朝卷 558。

③ 参见戴炎辉主编：《中国现代法制研究资料索引》。

三编上诉，第四编再理，第五编特别诉讼程序，第六编裁判之执行。

《大清刑事诉讼律》以日本1890年刑事诉讼法为蓝本，采取一系列近代西方诉讼原则和制度，尽管由于清朝的迅速覆亡而未能颁行，但却为民国时期的北洋军阀政府和国民政府所援用。

1911年1月27日，沈家本、俞廉三等又将《民事诉讼律草案》提交审议。在《修订法律大臣沈家本等奏民事诉讼律草案编纂告竣缮册呈览折》中提出："东西各国法制虽殊，然于人民私权秩序，维持至周。既有民律以立其基，更有民事诉讼律以达其用，是以专断之弊绝，而明允之效彰。中国民刑不分由来已久，刑事诉讼虽无专书，然其规程尚互见于刑律，独至民事诉讼因无整齐划一之规，易为百弊丛生之府，若不速定专律曲防，事制政平讼理未必可期，司法前途不无障碍臣等从事编纂，博访周咨，考列国之成规，采最新之学理，复斟酌中国民俗，逐一研求。……谨缮成册，恭呈御览。"

《民事诉讼律草案》共4编22章800条。第一编审判衙门，第二编当事人，第三编通常诉讼程序，第四编特别诉讼程序。《民事诉讼律草案》以日本1890年民事诉讼法为蓝本，在中国诉讼法史上具有重要的意义，表现了对保护私权的重视。

1906年在预备立宪先改官制声中，大理院奏请"自应将裁判之权限等级区分划明，次第建设，方合各国宪政之制度"[1]。至1906年12月12日，法部制定《大理院审判编制法》5节45条。第一节总纲，第二节大理院，第三节京师高等审判厅，第四节城内外地方审判厅，第五节城谳局。1907年9月，修订法律馆为适应各地方推行四级审判制的需要，又在暂定施行于京师地区的《大理院审判编制法》的基础上，编成《法院编制法》，于1910年2月7日，正式颁布。清廷在上谕中说："自此颁布《法院编制法》后，所有司法之行政事务，著法部认真督理，审判事务著大理院以下审判

① 《东华录》光绪朝。

各衙门各按国家法律审理。以前部院权限未清之处，即著遵照此次奏定各节，切实划分。……嗣后各审判衙门，朝廷既予以独立执法之权，行政各官即不准违法干涉。……”①

《法院编制法》共16章164条。主要是确定四级审判制，民刑诉讼及军法审判分理。同时采用三审终审制、独任制和合议制等原则。但《法院编制法》的实施尚需年限，辛亥革命发生前并未全面推行。

① 《大清宣统政纪》卷28。

第四章　法律随笔与思考

民主必须法律化 *

马克思恩格斯指出：无产阶级革命的“第一步就是使无产阶级上升为统治阶级，争得民主”。① 这就揭示了无产阶级专政的国家制度也就是无产阶级的民主制度。其后，列宁也不只一次地阐明了民主和专政是无产阶级专政国家两个不可分割的方面，无产阶级专政既是新型民主的国家，也是新型专政的国家。国家以法律的形式保障人民的民主权利，人民当家作主才成为可能。法律越是健全，越是反映、体现人民的民主权利，无产阶级专政才越能巩固。

在民主和法制的关系上，民主是法制的前提和基础，法制是对民主成果的确认和保障。毛泽东同志说：“世界上历来的宪政，不论是英国、法国、美国，或者是苏联，都是在革命成功有了民主事实之后，颁布一个根本大法，去承认它，这就是宪法。” ②

欧美资产阶级革命的历史，从一定意义上说，是资产阶级为争得民主而向封建专制展开浴血斗争并取得胜利的历史。从 1644 年 11 月 3 日查理一世被迫召开“长期国会”算起，到法国资产阶级革命成功为止，资产阶

* 本文发表于《北京日报》1979 年 4 月 7 日。

① [德]马克思:《共产党宣言》。

② 《新民主主义的宪政》,《毛泽东选集》第二卷，人民出版社 1991 年版，第 735 页。

级与封建贵族阶级展开了绵延一百多年、震撼整个欧洲大陆的阶级大搏斗。无数的劳动者和许多资产阶级革命的先驱者，为确立资产阶级的民主制而流血牺牲。所以资产者珍视本阶级争得的民主，一旦确立了它的政治统治，资产阶级立即颁布宪法和一系列法律法令，确保资产阶级民主权利的具体化、制度化、法律化。由于资产阶级民主制度得到法律的确认和有效的保障，因此，国家领导虽然经常易人，而基本制度不变，政局比较稳定，这是一个很值得借鉴的历史经验。

我国近代争取民主制度的历史，也证明了实现民主政治是一个大斗争，绝不是一件轻松容易的事。但是，由于中国民族资产阶级的软弱性，它所领导的资产阶级民主革命不能成功。1898 年的戊戌变法，康有为等人幻想用下跪上书、叩头请愿的方法，建立君主立宪政体。结果不堪掌握军政实权的顽固派猝然一击，顷刻间作鸟兽散，“六君子”血染菜市口，空有“我自横刀向天笑”的牺牲精神，却不能赢得所向往的民主。

辛亥革命推翻了清朝专制政权，建立了南京临时政府，颁布了具有资产阶级共和国宪法性质的《中华民国临时约法》和一些法令，确认了主权在民，天赋人权，自由、平等、博爱等资产阶级原则，初步建立了资产阶级民主制度。但是，人民争得的胜利果实和民主权利，很快被以袁世凯为首的反动派所窃取。南京临时政府如同沙上筑屋，只存在了两个多月，“临时约法”所确认的民主制度，也随之全部风流云散，化作泡影。革命派领导人之一宋教仁，尽管竭诚希望袁世凯赐予民主，却依然被枪杀于上海车站。此后，北洋军阀和国民党反动派采取更加狡猾、残忍的手段，把封建专制与法西斯专政结为一体，剥夺了人民的一切民主权利。

历史雄辩地说明了，在半殖民地半封建的旧中国，只有在共产党的领导下，才能争得人民民主，建立民主的国家制度，也就是无产阶级专政的国家制度。没有无产阶级专政的社会主义制度，也就不会有人民的民主权利。无产阶级专政之所以强有力，就在于它是大多数人享受广泛的民主而对少数人实行专政。离开了人民民主，无产阶级专政也不能巩固和加强。

正是从这个意义上，我们说社会主义制度就是人民的民主制度。这种制度又必须以法律的形式加以确定和体现，使之不徒具形式。

党的十一届三中全会强调“为了保障人民民主，必须加强社会主义法制，使民主制度化、法律化，使这种制度和法律具有稳定性，连续性和极大的权威，做到有法可依，有法必依，执法必严，违法必究”。健全民主和法制，对于实现党的工作重点的转移，促进安定团结的政治局面，加速“四化”的建设步伐，具有十分重要的现实意义和深远的历史意义。

社会主义法律是无产阶级和广大劳动人民意志的体现，是实现无产阶级专政国家职能和任务的重要工具。否认和取消社会主义的法律，必然导致否认和取消无产阶级专政和社会主义民主。因此，健全法制本身就是发扬社会主义民主的一个重要标志。社会主义民主越发展，越要求有完善的社会主义法制与之相适应。社会主义法制越健全，社会主义民主也就越有保障，二者相辅相成，互为补充。社会主义法制贯彻执行的过程也就是保障人民行使民主权利的过程，向着一切反民主的行为作斗争的过程。“四人帮”剥夺人民的民主权利，首先就是从践踏社会主义法制开始的。这个用鲜血换来的历史教训，我们要永远记住。

为了使民主法律化，必须确立法律的权威。正如叶剑英委员长对新华社记者谈话时所指出的那样，法律一定要具有极大的权威，只有经过法律程序才能修改，绝不能以任何领导人个人的意志为转移；检察机关和法院一定要忠实于人民和法制，保持应有的独立性；要培养、造就一大批大无畏的不惜以身殉职的检察官和法官。只有这样，才能维护法律的尊严，保证法律的统一性和普遍的强制力，使人民群众真正行使当家作主的权利。

民主的制度化和法律化必须有马克思列宁主义理论的指导。所谓拨乱反正的“正”，就是马克思列宁主义的国家观、法律观。偏离这个轨道就不是社会主义的民主。马列主义认为从来没有超阶级的民主，正如没有超阶级的专政一样。我们今天讲的民主，是为社会主义经济服务的、绝大多数人享受的无产阶级民主，而不能是为资本主义经济服务的少数人的资产阶级民主。这就决定了我们所要的是社会主义的民主秩序，而不是无政府主义；我们所需要的民主，是在宪法范围以内，以法律为保障的民主，而不是超出宪法之外，违反法律的民主。我们今天强调发扬社会主义民主，是为了调动广大人民的社会主义积极性，加速四个现代化的进程，巩固和加强无产阶级专政，这也就是衡量是否为社会主义民主的政治标准。

中国近代政治史上重要的一课*

从资产阶级民主政治发展到人民民主政治，这是中国近代政治史上重要的一课，对此我们不可忽略，而且为了进一步完善社会主义的民主政治，也有必要重温。

一、社会危机与各阶层的救国方案

具有五千多年文明历史的中国发展到十九世纪初，由于专制制度的严酷统治，已经是日薄西山，濒临末世。广大无地和少地的农民不仅遭受沉重的封建经济剥削，而且还承担着清政府有增无已的苛赋聚敛和官僚胥吏的敲诈勒索，因而日渐趋于贫困、破产与流亡。与此相伴随的是土地的兼并和集中，以及地主阶级和农民阶级的矛盾更加尖锐。由于农民反抗斗争的不断发展汇合，构成了对清政府腐败统治的严重威胁，使其渐渐陷入风雨飘摇之中。

正当清朝封建帝国沉沦衰落的时候，西方资本主义势力却趁机把侵略魔爪伸向了中国。始则以鸦片贸易作为掠取中国财富的手段。继则蓄意用武力打开扩大侵略中国的通道，于是在1840年爆发了中英鸦片战争。除了战败的清政府被迫签订了不平等条约，割地赔款之外，资本主义侵略者还

* 1988年，为了以确凿的历史阐述中国走资本主义道路是走不通的，中国只有按着中国共产党所指引的方向走社会主义的道路，才是唯一正确的道路，这是历史发展的必然选择，林中撰写了此文，发表于《政法论坛》1988年第1期。

攫取了在中国的种种特权。资本主义势力的侵入进一步加剧了中国固有的社会危机，在农民阶级与地主阶级的矛盾之外，又加上中华民族与外国资本主义侵略者的矛盾，使得整个中国真正是“岌岌乎不可以支日月”了。眼看沦入了半殖民地半封建的境地。

面对严重的不断深化的社会危机，各阶级阶层都在思索中国的命运，探讨摆脱危机的出路，设计救国的方案。代表大地主阶级利益的清统治集团中的保守势力，依然奉行“祖宗家法不可变”的教条，坚持对外屈辱投降和对内专制主义，以传统的蒙昧主义愚弄大众，反对师夷之长技，敌视任何改革。他们在西学东渐的冲击面前，依然举起礼教纲常的盾牌，鼓吹中国自有“致治保邦”之法，何需学习“西政”“西法”。直到十九世纪末二十世纪初，在农民起义和资产阶级革命的双重夹击下，才仰承帝国主义列强的志意，被迫实行新政，变法立宪。但他们的宗旨始终是“大权统于朝廷”，维护封建专制统治，所以最终被历史所淘汰。

在鸦片战争前后，地主阶级内部的一些比较开明的官僚、士大夫，敏锐地感觉到清朝统治的危机和资本主义侵略的威胁。为了“救偏补弊”，他们主张经世致用，更法改图。特别是反对闭关锁国，提出“开眼看世界”和“师夷之长技以制夷”的号召。他们初步接触到西方资本主义国家民主政治与法制的知识，不仅使他们对封建专制主义的抨击，不同于清初黄宗羲为代表的启蒙思想家，而且他们所宣扬的初步学习西方、改革旧制的思想，对后来资产阶级改良主义思潮的兴起，起了引路的作用，尽管他们还没有形成确切的救国方案。

鸦片战争后十年，在爆发的太平天国农民起义中，展现了新的历史条件下农民阶级的救国方案。太平天国的领袖洪秀全要求在现实的土地上建设一个平等的“天国”。他不仅继承了历代农民战争中所提出的均平思想，也接受了来自西方的平等观念。他的天国方案尽管不具备实现的基础，却起了很大的动员鼓舞作用。特别是受西方资产阶级思想影响较多的洪仁玕，在他提出的《资政新篇》中，主张采用西方的生产技术和某些经济、政治、法律制度。《资政新篇》是农民起义队伍中出现的要求发展资本主义的纲领。它开创了历代农民起义所未有的先例。但在太平天国革命中，农民阶级提出的救国方案，由于主观上的局限性，客观条件的不具备，随着太平天国革命的被绞杀而化作泡影。不过的确是一种伟大的尝试。

在镇压太平天国革命中，中外反动势力互相勾结，从此“曲全邻好”成了清王朝对外的基本政策。统治集团内部出现了以保持孔孟圣道、纲常名教为前提，在练兵、工艺、法制等问题上，可以采用西法以应世变，以加强清王朝统治力量，对付严重危机的一派人物。他们被称作洋务派。洋务派是日趋买办化的官僚集团，代表着买办性大封建官僚集团的利益。洋务派的主张是“中体西用”，融合封建性与买办性于一体。在他们看来，“中体西用”是摆脱困境的唯一救国方案。他们既反对主张改良的戊戌维新派，攻击沈家本、伍廷芳按西方法制修订封建旧律的活动，更敌视孙中山领导的资产阶级革命运动。洋务派同清朝统治集团中的顽固派本质上是一致的，所不同的是顽固派反对“用夷变夏”，采用西法。但至清朝覆亡前夕，顽固派也走向“中学为体，西学为用”的道路，二者合流。

十九世纪六十、七十年代，在中国近代资本工商业有所发展的基础上，产生了早期改良主义思潮。改良主义的国家方案中，已经由效仿西方国家工业生产技术的经济领域逐渐转向改革传统的专制政体、实行君主立宪的政治领域。但是他们对有些问题的认识还是朦胧的、动摇的。例如，他们都拥护封建的纲常名教，尤其反对民主共和政体。至十九世纪九十年代，民族资产阶级上层逐渐形成了一个新的派别——资产阶级维新派。其国家方案集中起来就是改清朝专制政体为君主立宪政体，借以为资产阶级上层争取政治地位和发展民族工商业。这个方案是从进一步学习西方政治、法律制度之中孕育而生的，也是挽救严重民族危机的一种新的尝试。在当时比较完整地勾画出君主立宪蓝图的是以康有为为代表的维新派。

康有为出身于封建地主官僚家庭，既熟悉儒家经典，又接触过资本主义的政治制度与文明，是十九世纪末向西方寻找救国真理的先进代表人物。他在历次上皇帝书中表达了他所设计的改良国家政体的方案，其主要内容是：

1. 设议院，开国会。他认为“中国败弱之由，百弊丛积，皆由体制尊隔之故”[①]，只有设议院，才可以通下情；只有开国会，才可能使“君与国民共议一国之政法”[②]。他以东西各资本主义国家为例来说明其所以富强，“在其举国君民，合为一体，……有国会以会合其议”[③]。

2. 制定宪法。他认为宪法是推行君主立宪政治的根据和保证，只有“宪章草定”，才能“奉行有准，然后变法可成，新政有效也”[④]。通过制定宪法来划定君、臣、民的权限，限制专制皇权的滥用，实现君民共主。因此，制定宪法是康有为君主立宪国家方案中的重要一环，只有“采万国之良规，行宪法之公议”，才能主宰变法，让国家富强。梁启超在《康有为传》中说：“先生以为欲维新中国，必以立宪法、改官制、定权限为第一义”，“若能立宪法、改官制、行真维新，则内乱必不生”[⑤]。

3. 实行三权分立，改革中国沿袭二千多年的君主专制制度。这是维新派国家方案中的重要内容。康有为说：“近泰西政论，皆言三权，有议政之官、有行政之官、有司法之官。三权立，然后政体备”[⑥]。又说：“盖自三权鼎立之说出，以国会立法，以法官司法，以政府行政，而人主总之……东西各国皆行此政体，故人君与千百万之国民合为一体，国安得不强？吾国行专制政体，一君与大臣数人共治其国，国安得不弱？”[⑦]结论就是：“立行宪法，大开国会，以庶政与国民共之，行三权鼎立之制，则中国之治强可计日待也”[⑧]。

---

① 《上清帝第七书》。

② 《请定立宪开国会折》，《戊戌变法》第二册，第236页。

③ 《请君民合治满汉不分折》，《戊戌变法》第二册，第236页。

④ 《应诏统筹全局折》，《戊戌变法》第二册，第200页。

⑤ 《康有为传》，《戊戌变法》第四册，第34、35页。

⑥ 《应诏统筹全局折》，《戊戌变法》第二册，第199页。

⑦ 《请定立宪开国会折》，《戊戌变法》第二册，第236页。

⑧ 《请定立宪开国会折》，《戊戌变法》第二册，第236页。

以上就是康有为综合十九世纪七十年代以来改良主义思潮所制订的救国方案，并在戊戌变法期间把这个方案作了有限的实践。在当时确有利于启发民智，新耳目。但是以康有为为首的维新派为实现这个方案所采取的行动是乞求皇帝的恩赐，是“先借君权以转移之”的自上而下的改良。既缺乏广泛的群众基础，又没有掌握推动变法的重要权力机关和军队，因此维新只维持百日，便在顽固派的镇压下以失败告终。

到十九世纪末二十世纪初，中国民族资本主义有了明显的发展，民族资产阶级中下层的力量也迅速成长起来。他们与国内封建势力联系较少，又承受了帝国主义强大的经济压力，因此要求推翻腐朽的专制主义的清王朝，建立共和政体，发展资本主义，逐渐形成了以孙中山为首的资产阶级革命民主派。他们从戊戌变法的失败中认识到只有武装革命才是中国的唯一出路，只有建立民主共和政府才能给中国带来富强。他们的国家方案就是建立民国。

二、资产阶级革命派的民主政治理论与实践

戊戌变法和义和团运动的失败，促使资产阶级民主革命迅速成为历史发展的主流。以孙中山为代表的资产阶级革命派所主张的民主共和政治，也成为这一时期起主要进步作用的国家方案。其内容和理论基础可概括如下：

1. 以政治革命的手段，推翻“恶劣政治之根本”的清王朝。孙中山首先深刻揭露了清政府是封建专制制度最腐朽的形态。他说：“前清沿数千年专制之秕政，变本加厉，抑又甚焉”[①]；这个政府“政治不修，纲维败坏，朝廷则鬻爵卖官，公然贿赂，官府则剥民刮地，暴过虎狼”[②]；这个政府剥夺了民众的一切权利，“无论为朝廷之事，为国民之事，甚至为地方之事，百姓均无发言与或闻之权；其身为官吏者，操有审判之全权，人民身受冤枉，

① 《南京临时政府公报·第四十一号》，《辛亥革命资料》。

② 《兴中会宣言》，《孙中山全书》第3册。

无所吁诉，……至其堵塞人民之自由，锢蔽人民之聪明，……凡政治书多不得流览，报纸尤悬为厉禁，……国家之法律，非人民所能与闻，……至于创造新器，发明新学，人民以惧死刑，不敢从事。异以中国人民无一非被困于黑暗之中”[①]。他还痛责清朝媚外卖国的罪行，然后旗帜鲜明地宣布“欲救国救人，非锄去此恶劣政府不可”[②]。为达此目的，孙中山主张必须把民族革命和政治革命结合起来，他说：“我们推倒满洲政府，从驱逐满人那一面说，是民族革命，从颠复君主政体那一面说，是政治革命，并不是把它分作两次去做”[③]。

2. 提出资产阶级共和国的方案。早在 1895 年孙中山创立兴中会时，便以“建立合众政府”作为会员入会的誓词，表明了以资产阶级共和国取代专制清朝的决心。1904 年在孙中山手定的“致公堂”章程中，首次提出“创立民国”。1905 年在《中国同盟会总章》中再次提出：“本会以驱逐鞑虏，恢复中华，创立民国，平均地权为宗旨”。稍晚，孙中山在《民报发刊词》中又创立三民主义的思想体系，作为资产阶级革命派的理论基础和战斗旗帜。在设计资产阶级共和国方案的过程中，年青的革命家邹容，把未来的国家定名为“中华共和国”，喊出了“中华共和国万岁”的震撼人心的口号。对于“建立民国”这一政纲的内容，孙中山作了如下解释：“今者，由平民革命以建国民政府，凡为国民皆平等以有参政权。大总统由国民共举。议会以国民公举之议员构成之，制定中华民国宪法，人人共守。敢有帝制自为者，天下共击之！”这个民国以自由、平等、博爱作为“一贯之精神”[④]。孙中山曾把法国十八世纪资产阶级革命时期提出的“自由、平等、博爱”与三民主义相比较，说：“平等和我们的民权相同，因为民权主义是提倡人

① 《伦敦被难记》，《孙中山选集》上卷。

② 《总理全集》第 2 集，第 141 页。

③ 《三民主义与中国前途》，《孙中山选集》下卷，第 582 页。

④ 《同盟会宣言》，《孙中山选集》上卷。

民在政治之地位都是平等的，要打破君权使人人都是平等的"[①]。同时他也赞赏美国林肯关于“民有、民治、民享”的思想，把它与三民主义等同视之，说：“林肯所主张的民有、民治、民享主义，就是兄弟的民族、民权、民生主义”[②]。可见这个民国是以美国和法国的共和制度作为蓝图的。

资产阶级革命派提出的共和国方案，是近代中国经济政治发展到一定阶段的产物。不仅昭然宣告清王朝之后不是重建汉族封建政权，同时也和保皇派所鼓吹的开明专制、君主立宪划清了界限，成为指导革命的重要精神武器。

3. 三权分立与五权宪法。资产阶级革命派接受了西方资产阶级三权分立的学说，以建立三权分立的政治体制作为未来民国的政治体制。革命派领袖之一章太炎说：“晚世之言治者；三分其立法行政司法而各守以有司”[③]。孙中山不仅批判地接受了西方资产阶级国家立法、行政、司法三权分立的制度，而且参酌中国固有的考试、监察制度，形成了具有中国资产阶级特色的五权宪法学说。所谓考试权就是使“有才能有学问的人，才能做官，当我们的公仆”。所谓监察权，就是建立独立的监察机关，对官吏进行监督弹劾。只有这样，才是“完全无缺的治理”。1906 年 12 月，孙中山在《民报》创刊周年纪念会上，第一次论述了五权宪法，他说：“兄弟的意思，将来中华民国的宪法是要创一种新主义，叫作五权分立”，由于“五权分立”是“立宪政体之精义”，所以五权分立为基本内容的宪法就是“五权宪法”。五权宪法是孙中山旨在克服三权分立的弊病，结合中国的国情发展而创造出来的，二者并没有实质上的不同。“五权宪法是根据于三民主义的思想，用来组织国家的”，所以他把三民主义与五权宪法都看作“建国的方略”[④]。

4. 以法治为国家活动的准则。孙中山是以法治国的鼓吹者、实践家，

---

① 《民权主义第二讲》，《孙中山选集》下卷，第 690 页。

② 《五权宪法》，《孙中山选集》下卷，第 582 页。

③ 《刑官》，《章氏丛书检・论卷七》。

④ 《宣传造成群力》，《孙中山选集》。

他的法治思想的核心是制定宪法。他认为“宪法者国家之构成法，亦即人民权利之保障书也”①，“政治上的宪法，就是支配人事的大机器，……讲民治就是要把机器给予人民”②。早在同盟会纲领中便规定了“制定中华民国宪法，人人共守”。只有制定一部良好的宪法才是真正民国的命脉，才能“使人民有集会、结社、言论、出版、居住、信仰之绝对自由权”③。孙中山不仅主张制定全国宪法，也主张各省可自定宪法、自举省长，以实现地方自治。

孙中山在批判清朝封建法制的实质时，便渴望建立资产阶级民主的法治，以便“使最宜之治法适应于吾群，吾群之进步适应于世界”④。他就任临时大总统之后，立即着手进行立法工作，把设立法制局当作“刻不容缓”之举。以议院为最高立法机关，他在《大总统令》中宣布“民国一切法律，皆当由参议院议决宣布乃为有效”⑤。为了把民国的国家活动纳入法治的轨道，孙中山强调制定民刑诉讼各律和政府各机关组织法，以便国家的活动有法可依，吏治得到整饬。孙中山以法治国的思想，是在反对封建专制暴政，接受资产阶级民主政治影响的过程中形成的，它指导了辛亥革命以后中华民国的法制建设。

为了实现资产阶级共和国的方案，孙中山不仅提出革命的理论，而且重视把理论变为实际的革命实践。早在1894年冬便于檀香山联合华侨中经营商和农牧业的反清志士二十余人，组成中国最早的资产阶级革命团体——兴中会。1905年9月在联合地方性革命团体的基础上建立了中国近代史上第一个具有资产阶级政党性质的全国性组织——同盟会。孙中山被推举为总理。从此中国旧民主主义革命进入了一个新的发展时期。同时，革命的发展要求从舆论上粉碎保皇派开明专制的滥言，划清与保皇派的界

① 胡汉民:《总理全集》第1集，第1053页。
② 《五权宪法》,《孙中山选集》下卷，第582页。
③ 《五权宪法》,《孙中山选集》下卷，第582页。
④ 《民报发刊词》,《孙中山选集》上卷。
⑤ 《南京临时政府公报·第33号》,《辛亥革命资料》。

限，以便将广大群众组织在民主革命的旗帜下。为此，以孙中山为首的资产阶级革命派从1905年至1907年，站在鲜明的中国革命民主派的立场同改良派展开论战。这场政治思想战线上的尖锐斗争，以资产阶级革命派的胜利告一段落。从此“不革命决不能立宪”、中国未来的政体是民主共和国而不是君主立宪的信念深入人心。

这为后来的辛亥革命在思想上作了准备。所以1911年10月10日爆发的武昌起义，终于把思想的批判转化为武器的批判。

三、资产阶级共和国方案在中国的失败

1. 南京临时政府的结束和约法的被撕毁

1911年1月1日成立的南京临时政府，是辛亥革命的产物，是中国近代史上资产阶级共和国性质的政府。它的成立宣告了封建专制制度的灭亡和中华民国的诞生，在广大人民面前树立了资产阶级共和国的具体形象，有力地促进了人民的民主觉醒。孙中山说，中华民国的成立，是“我国有史以来所未有之变局，吾民破天荒之创举也”①。又说“临时政府，革命时代之政府也”②。然而由于辛亥革命并没有触动根深蒂固的封建的半封建半殖民地的经济基础，也没有触动封建性质的军阀官僚机构，资产阶级革命派又不可能依靠广大人民推进革命。因此，南京临时政府的根基软弱，经不起反革命的风雨摇撼。

从南京临时政府成立之日起，立宪派便同封建官僚沆瀣一气，结成对抗革命派的联盟，从政治、经济各方面向南京临时政府施加压力。由袁世凯所控制的北方政府，利用军事上的优势对南京临时政府采取又打又拉的政策，迫使资产阶级革命派按照南北议和的方式交出革命政权，实现袁世凯的统一。迫于反动势力的震慑，孙中山在就任临时大总统的宣言中，不

① 《孙中山选集》上卷，第157页。

② 《总理全集》，近芬书屋1944年版，《宣言》第4页。

得不表示“暂时承乏，虚位以待”。至于帝国主义列强不仅在财政上胁迫南京临时政府，而且采取政治上不承认的立场，给革命派以沉重打击。在严峻的斗争面前，资产阶级革命派没有力量和勇气把革命进行到底，也没有力量和勇气把资产阶级民主政治全面变成现实。他们对内与代表封建买办关系的军阀官僚势力谋求妥协，对外以承认帝国主义强迫清政府签订的不平等条约、赔款和在华各项特权，来换取帝国主义的同情和支持。结果这个在革命中产生的政府完全陷入了软弱无力的境地，以致政令不出都门。在这种形势下，终于被迫接受了向北方反动势力妥协的南北议和。南京临时政府只存在了短暂岁月，便在袁世凯反革命统一的名义下被摧毁了。资产阶级革命派十几年来为之流血奋斗的资产阶级共和政权，只是昙花一现，继之而起的是以民国为名、以封建军阀统治为实的北洋政府。

当南北议和已为反革命统一铺平道路，以孙中山为首的资产阶级革命派，力图用法律的形式肯定革命的成果，确保民国的存在。经过资产阶级革命派的斗争，1912 年 3 月 11 日颁布了《中华民国临时约法》。这是民国近代史上仅有的资产阶级共和国宪法性质的历史文献，它是辛亥革命的胜利成果；也是孙中山“永绝帝制”，克服共和危机的唯一希望。临时约法规定了资产阶级共和国的国家制度，宣布了人民的权利自由，特别是在中央行政体制上采取了责任内阁制，借以限制未来总统袁世凯的专恣自为。对此外国报纸也评论说，约法“务在制裁大总统，俾其不得专肆”，“限制总统之处甚严，殊不易于排解矣”[①]。然而对于袁世凯来说，只是以口头承认约法的代价换取合法的统一，反动的生涯使他深知一纸约法是没有约束力的，一旦立定脚跟便向约法进攻。《中华民国临时约法》作为一个历史运动的产物，肯定了资产阶级共和国方案，确立了共和“合法”、帝制“非法”的政治是非观念。但是临时约法所具有的资产阶级性质，使它没有提出当时最紧迫的反对帝国主义的斗争任务，没有提出完整的从经济基础到上层建筑的反封建的纲领，没

① 《辛亥革命》卷 8，第 521—522 页。

有满足广大农民最迫切的土地要求和广大工人的劳工保护问题。这些都表现了辛亥革命的不彻底性。资产阶级革命派以为有了共和国的形式，有了临时约法和责任内阁，就可以确保资产阶级共和制度的存在，而没有料到向袁世凯交权之日，就已经敲响了资产阶级共和制度的丧钟。

1912年3月10日，袁世凯以胜利者的姿态在北京就任临时大总统。之后便肆意诋毁约法，“限制过苛，因而前参议员干涉太甚，即无内忧外患之压迫，必且穷年累月莫为功”[①]。甚至以朕即为家的口吻声称“本大总统一人之身受束缚于约法，直不啻胥吾四万万同胞之身命财产之重，同受束缚于约法”[②]。为了撕毁约法，他首先下令解散根据临时约法产生的由资产阶级地主、官僚所构成的国会，并于1914年2月18日成立修改《中华民国临时约法》的约法会议。1914年5月1日公布了被称为“袁记约法”的《中华民国约法》。这部约法是以确认大总统的无限权力为特征的。实际上是为袁世凯复辟封建帝制作法律上的铺垫。资产阶级革命派所凭借的“法律限袁”已被袁世凯的权力所粉碎。

2. 封建军阀对资产阶级民主政治形式的践踏

作为资产阶级民主政治重要形式的国会，是资产阶级革命派多年所追求的。然而袁世凯却只不过是利用它来谋取合法的统治地位，在袁世凯发展极权的过程中，首先是向国会开刀的。他攻击国会是“暴民专制”[③]，“不宜于统一国家”，是“大乱所由生”，将会“遗害全国”，“转至乱亡”[④]。当完成了选举，袁世凯为正式大总统之后，国会便成为一个赘物，被下令解散。民国的法定权力机关，在军阀权力的冲击下毫无还手之力。由此可见，民主政治在中国的根基是何等的薄弱。袁世凯复辟帝制失败以后，国会又成了北洋军阀各派系手中谋取私利的工具。皖系军阀段祺瑞恢复了被袁世凯

① 《袁大总统书牍汇编》卷1，第13、15页。

② 《袁大总统书牍汇编》卷1，第13、15页。

③ 白蕉编著：《袁世凯与中华民国》，第101—122页。

④ 白蕉编著：《袁世凯与中华民国》，第101—122页。

解散的国会，并在国会内部通过威胁利诱各种手段，组织了一个听命于自己的所谓安福系，控制了国会。因此这届国会被称为“安福国会”。安福国会随着直皖战争中皖系的失败而解散。掌握政权的直系军阀曹锟、吴佩孚又以恢复法统为号召，宣布恢复国会。他们真实的目的是，借国会把曹锟推上合法总统的宝座。这届国会由于公开收受贿赂而声名狼藉，被全国人民嘲骂为“猪仔国会”。民国的国会再一次在全国人民的嘲笑辱骂声中破了产。孙中山当时曾指出：“现在的代议士都变成了‘猪仔议员’，有钱就卖身，分赃贪利，为全国人民所不齿。”[①] 可见，北洋军阀统治时期，国会的主要作用就是在军阀的刺刀威逼下完成选举总统和制定宪法的政治骗局。资产阶级民主的形式，成了封建军阀手中的工具。

3. 护法运动的失败

在北洋军阀翻云覆雨，迭起执政，践踏民国的时候，孙中山进行了以保护《中华民国临时约法》为旗帜的护法运动。《中华民国临时约法》尽管没有完全实现孙中山的民主政治理想，但他仍然把临时约法看作民主共和国的象征。1917 年 7 月中旬，在要求段祺瑞政府恢复临时约法的主张被拒绝以后，孙中山便提出打倒伪共和，建设真共和，维护临时约法的号召，反对段祺瑞的独裁统治。1917 年 7 月 17 日，孙中山率领受革命影响的宣布脱离北洋政府的海军，南抵广州，联合桂系军阀陆荣廷、滇系军阀唐继尧等举起护法的旗帜。9 月 1 日选举孙中山为大元帅，成立了以“戡定叛乱，恢复临时约法”为目的的“中华民国军政府”。护法运动是孙中山为保卫民国而进行的斗争，也是资产阶级民主主义革命的尾声。孙中山在护法之始，曾经充满信心地要“为民国一清官僚盗贼之害，以树立真正的共和”，并且表示“既以护法为职志，则只有努力奋斗，期必达目的而后止”。[②] 护法和毁法，是以孙中山为代表的资产阶级革命派和以北洋军阀为代表的封建买

① 《民权主义》，《孙中山全集》第 9 卷，第 313—314 页。

② 吴忠慈：《中华民国宪法史前编序》。

办势力之间，围绕民国而展开的激烈斗争。正如孙中山后来阐明的："拥护约法即所以拥护民国。使国人对于民国无有异志也"。

在军阀肆意践踏民国，肆行独裁的历史条件下，孙中山举起护法的旗帜具有一定的进步意义。但是护法运动仅以恢复《中华民国临时约法》为目的，缺乏积极的政治内容和政治目标，没有触及当时中国社会的根本问题，没有提出反帝反封建的根本任务，也没有涉及工农群众的迫切要求，譬如土地问题、劳工权利问题等。因而不可能起到有力的组织和动员群众的作用，以致"闻有毁法者不加怒，闻有护法者亦不加喜"①。尤其是孙中山把护法的希望寄托于与北京政府只是权力分配之争的滇桂两系军阀，这就决定了不可避免的败局。事实正是如此，当直系和皖系的矛盾激化，反皖系的滇、桂军阀便与直系勾结，拒不执行护法军政府的命令，枪杀了拥护孙中山的海军总长程璧光，并且操纵非常国会，修改了军政府组织法，把大元帅一长制改为总裁合议制，孙中山居七总裁之一，并选举岑春煊为主席总裁，剥夺孙中山对护法军政府的领导权，使孙中山无法立足。1918 年 5 月 5 日，孙中山通电全国辞去大元帅职务。孙中山在护法军政府内"艰难支撑一年之久，孑然无助，徒为亲者所痛，仇雠所快，终至解职而去"②。这次护法运动使孙中山对南北军阀的实质有了进一步的认识，他愤懑地指出："南与北如一丘之貉。"③

第一次护法运动的失败，虽使孙中山增加了新认识；但他还没有完全放弃对约法的信心。因此 1921 年 5 月在粤系军阀陈炯明的支持下，孙中山在广州就任中华民国政府大总统，再一次举起护法的旗帜。这次护法运动，从一开始就遭受到了内外反动势力的极大压力。帝国主义者从政治上公开扼制，从财政上肆行刁难，从军事上支持北方军阀，而且还暗中拉拢陈炯明从内部倒戈。不仅如此，第二次护法运动发生在五四运动之后，中国共

① 《制定宪法大纲宣言》，《中山丛书》四。
② 《复港商陈如庚函》。
③ 《孙中山辞大元帅通电》，《孙中山全集》第 4 卷。

产党诞生前夜，革命斗争和民主运动都进入了一个新的时代，因此护法进一步丧失了号召力。终于在帝国主义策动下，广东军阀陈炯明叛变了，使第二次护法运动遭到失败。惨痛的经历使孙中山认识到护法已经不是动员和组织群众革命的旗帜，“护法断断不能解决问题”①。

四、人民共和国取代资产阶级共和国是历史的必然

从1911年辛亥革命到1921年中国共产党诞生，这十年间无论中国或世界都发生了天翻地覆的巨大变化。1917年，爆发了十月社会主义革命，建立了无产阶级专政的苏维埃共和国。1919年5月4日，中国掀起了彻底反对帝国主义和封建主义的五四运动，拉开了新民主主义革命的序幕。1921年7月1日，诞生了中国共产党。这十年间中国激进的思想家面对资产阶级民主政治日趋破产的现实，在焦急地找寻新的出路，终于从十月革命的曙光中豁然打开了视野，发现了人民民主主义的新世界。在这以后，为建立人民共和国而斗争成了中国革命的主流，由人民共和国取代资产阶级共和国已是历史的必然。

在北洋军阀窃国弄权，践踏资产阶级民主政治的时候，陈独秀、李大钊、鲁迅等人，对所谓的中华民国进行了深刻的揭露和批判。陈独秀指出：“中华民国的假招牌虽然挂了八年，却仍然卖的是中华帝国的药，中华官国的药，并且是中华匪国的药。”② 李大钊以犀利的笔锋抨击北洋军阀奉行的所谓资产阶级民主政治，是“武人专制的政治，也可以叫做武乱”③，是用人民的血肉喂饱民国大员的“宰猪场式的政治”④，是“几个政客，抱住强盗的大腿转来转去，混一口饭吃的政治”⑤。他以惊雷骇电之笔书写了“共和国的政

---

① 《中山丛书》(讲演)，上海太平洋书店，1927年版第4卷。

② 陈独秀：《实行民治的基础》，《新青年》第7卷第1号。

③ 《文治国庆》，《李大钊选集》，第245页。

④ 《宰猪场式的政治》，《李大钊选集》，第245页。

⑤ 《政客》，《李大钊选集》，第167页。

主到底是谁”的大问号。这在黯然窒息的“民国”的确振聋发聩，发人深省。到底谁是政主？在五四运动以前，陈独秀等人还没有超出资产阶级民主政治的藩篱，还把“法国、美国作榜样”，尽管他们已经在探索新的出路。经过五四运动的革命风暴，开阔了先驱者的视野，“触醒了空泛的民主主义的噩梦”①。李大钊不仅提出“民众的势力，是现代社会上一切构造的唯一的基础”，而且强调要赋予农民选举权，他们“来到议院，才能替老百姓说话。这样的民主主义，才算有了根底，有了泉源。这样的农村才算是培养民主主义的沃土”②。

对于中国未来的国家体制，先驱者们从十月革命所诞生的无产阶级专政的苏俄得到了前所未有的启迪。他们从新的高度抨击了资产阶级的民主，“表面上是共和政治，实际上是金力政治，所以共和的自由幸福多数人民是没有份的”③。“共和政治为少数资本阶级所把持，无论那国都是一样，要用他来造成多数幸福、简直是妄想”④。与此同时，热烈赞美社会主义的民主政治，公开宣称“在十月革命的火光里，诞生了劳农群众的国家和政府！这是全世界劳农群众的祖国，先驱，大本营”⑤。为了回答机会主义者对于所谓“劳农专制”的攻击，李大钊阐明了无产阶级专政的阶级性质和历史作用，他指出：“专制的确专制，但要问，他的专制，是绅士阶级的专制呢？还是劳农阶级的专制呢？”⑥这种专政的“政治机关只是为全体人民，寓于全体人民而由全体人民执行的事务管理工具”⑦。毛泽东也指出劳农专政的不可避免性，他说“历史上凡是专制主义者……非等人家来推倒，决没有

---

① 《瞿秋白文集》，第 23 页。
② 《青年与农村》，《晨报》1919 年 2 月 20 日—2 月 23 日。
③ 《国庆纪念的价值》，《独秀文存》卷 1。
④ 《国庆纪念的价值》，《独秀文存》卷 1。
⑤ 《十月革命与中国人民》，《李大钊选集》，第 401 页。
⑥ 《我们的大敌究竟是谁呢？》，《觉悟》1920 年 9 月 20 日。
⑦ 《平民主义》，《李大钊选集》，第 246 页。

自己肯收场的"[①]。这种专政是"为解放全人类"[②]，是"无产阶级为贯彻阶级斗争，消灭一切阶级所必需的……"[③]。陈独秀阐述了用革命的手段建设劳动阶级的国家，创造那禁止对内对外一切掠夺的政治法律的必要性，因为"现存的资产阶级的国家、政治，法律有扫除社会罪恶的可能性"[④]。由工人阶级的"平民政治"取代中产阶级的"平民政治"，是历史经验的总结，是新时代历史潮流的反映。

列宁曾经指出"民主是一种国家形式，一种国家形态"[⑤]，因此争取民主政治的斗争，就是争取民主的国家制度的斗争。从十九世纪末以来，这场斗争是相当广泛的、深入的、流血的和不流血的。伟大的辛亥革命虽然推翻了封建专制制度，但它所产生的民国并没有给中国带来西方那种资产阶级民主政治。这是因为中国资产阶级的软弱性，不可能把资产阶级民主主义革命进行到底，不可能触动根深蒂固的封建经济制度和封建的军阀官僚机构，不可能抗击帝国主义列强的侵略和干涉，也不可能依靠广大工农群众实现他们的切身利益。这就决定了徒有民国之名，而无民国之实的根本政治特征。辛亥革命以后的十年，经过革命洗礼的人民的民主觉醒是空前的，他们由不满足到厌恶资产阶级的民主政治而追求真正的民主政治。资产阶级民主政治的破产和对于人民民主政治的追求是密切联系的两个方面。五四运动以后，接受了马克思主义的中国先进知识分子，批判了照搬西方资产阶级民主政治的观点，总结了旧民主主义革命时期争取民主政治的历史经验，痛击了改良主义者和无政府主义者的各种滥言，揭示了只有社会主义道路才是救中国的唯一出路，论证了由社会主义民主政治取代资产阶级民主政治，也如资产阶级民主政治取代封建专制一样，是不可抗拒的历

① 转引自《中国新民主主义革命时期通史》第1卷，第89页。

② 周恩来:《宗教精神与共产主义》,《少年》第2期。

③ 《觉悟》，1921年9月25日。

④ 《谈政治》,《新青年》第8卷第1号。

⑤ 《列宁选集》第3卷，第257页。

史发展的规律性。近代中国的历史雄辩地证明了资产阶级民主政治在中国是行不通的。五四时期的先驱者，用确凿的史实和无容争辩的论据已经对此作了论断，并在全国人民面前提出了未来的理想国家——无产阶级专政的社会主义国家。这恰如昭苏大地的春雷，给人民群众以新的觉醒，新的方向，新的力量。在中国共产党诞生以后，便揭开了为新的人民民主政治而斗争的纪元，经过二十八年的艰苦斗争终于建立了社会主义的中华人民共和国。重温中国近代政治史上这重要一课，会帮助我们更深刻理解“只有社会主义能够救中国”的道理，会激发我们热爱祖国、建设祖国的热情，会坚定我们建设具有中国特色的社会主义中国的信心。

讲授中国法律思想史的浅见*

在现有的教材中，多半是就人物谈人物的思想，以致每个思想家的法律思想都是孤立的，没有内在的联系和严格关系，就人物的思想谈思想，容易流于简单化，我认为每个思想家的法律思想都不是孤立的，都有它形成的历史背景和文化渊源，因而是特定思潮的反映，如果能从特定的社会思潮、在特定思潮中所形成的学派以及构成学派的思想家的思想去分析，会加深对某个思想家法律思想的理解，也就是说，由社会思潮到学派再到人物的法律思想，如果能这样去讲授法律思想史，将会加深对特定人物法律思想的理解。比如，春秋战国时期在社会大变动中形成了延续数百年的社会思潮，其中儒墨道法阴阳五行各种学派纷纷走上社会走上历史舞台，而各个学派又涵盖了众多的思想家，他们的法律思想互相补充，又各有特色。比如孔子是儒家学派的代表，孔子的法律思想又为其后的孟子荀子所传承。如果研究孟子的法律思想，仅就孟子的七篇研究，不可能理解孟子在儒家学派中的地位和特有的法律思想。如果将孟子的法律思想放在儒家

* 本文是林中20世纪80年代后期为专业硕士生讲课的记录。

学派去研究可以看出他对思想的本质和源流关系，以及发展的轨迹，这将会使对孟子法律思想的研究深入一步。对法家的研究也是如此，如果仅仅就商鞅的法律思想谈，忽视他在法家学派中的地位以及众多的法家人物对他的影响，便不可能理解商鞅法律思想的源流，具体说来，没有早期法家李悝尽地利之教，就不可能有商鞅废井田开阡陌土地立法，没有李悝所著《法经》，商鞅变法就缺乏法律上的指导和依据，事实上，商鞅就是根据《法经》实施变法的。

再如，明末清初，在爱国的士大夫中间，总结明亡的教训，掀起了反对专制主义，提倡经世致用的思潮，并且形成了以黄宗羲为代表的浙东学派，除黄宗羲外，王夫之、顾炎武也都属于以经世致用为宗旨的思想家，所以不能撇开明末清初特定的思潮与学派孤立地研究某一位思想家的法律思想，否则，事倍而功半。再如，鸦片战争以后，半个多世纪的时间，为了救亡图存，出现了改良维新派，以王韬、马建忠、梁启超、康有为为代表，在民主派中以章太炎、周荣、孙中山为代表，无论写维新派中某位思想家的法律思想还是写民主派中某位思想家的法律思想，都要深入到学派和思潮中去探索其法律思想的成因以及学派加给他的烙印，这样会加深对他的法律思想的理解，总之，我认为，法律思想史要避开就某个孤立的人物去谈他的法律思想，而要尽可能地以他所处的学派、社会思潮、历史背景综合起来进行考察分析，为此要建构一种新的法律思想史的框架，而且要付出更多的力量去探索某个思想家所受到的学派思潮的影响。这是我对于中国法律思想史的讲授和编写教材的一点想法。

《中国法律思想史》课程简介*

中国法律思想史是我国社会主义法学的重要组成部分，也是我国法学

---

* 本文发表于《法大成人教育》1993年1—2期。

教育的基础学科。中国法律思想史是研究中国不同历史发展阶段，不同阶级阶层法律思想的内容及其历史演变过程与规律性的科学。学习中国法律思想史，可以使我们了解中国丰富的法律文化的内涵及其在世界法律文化史上的地位，从而增强爱国主义意识；可以拓宽我们对于法律的知识面，有助于对其它法律学科的理解；可以从历代法律思想与法制建设的相互关系中，启发我们如何总结法律思想发展的历史经验、为完善社会主义法制提供借鉴。

第一章是夏商西周时期的法律思想。夏商西周是中国奴隶制社会的形成和发展时期。当时的生产力水平低下，人们认识自然界能力的局限，以及中国由氏族社会末期向阶级社会转化过程的特殊性，决定了这一时期的法律思想主要是神权法思想和宗法礼治思想。神权法思想的主要表现是夏商时期的天命、天罚思想和西周时期的以德配天思想。至于礼治思想，它是和宗法等级制度的形成密切关联的。礼治的原则是亲亲、尊尊。礼治的作用是维护尊卑上下的等级秩序。礼治的特权性表现为“礼不下庶人”。礼治调整的范围由家及国，涉及的层面既广泛而又深入。

本章的重点是阐述西周“明德慎罚”思想的产生、内涵以及由此而形成的用刑原则和制度等。西周建立以后，针对商末滥刑酷法遭致覆亡的教训，提出了“明德慎罚”思想，即主张彰明德教，谨慎用刑，以刑辅德，反对专任刑罚，由此而形成了区分情节，注意主观动机，罚当其罪和刑止一身，反对族诛等刑法原则。明德慎罚的法律思想集中反映在《吕刑》一书。《尚书·吕刑》是适应西周中期新的政治形势而产生的，它总结了在明德慎罚思想指导下的立法与司法的实践经验，并在此基础上进一步阐明了明法慎刑、德刑互补的基本精神，是研究先秦法律思想重要的文献。西周“明德慎罚”思想是儒家法律思想的直接来源。

第二章是春秋战国及秦朝时期的法律思想。春秋战国是中国奴隶制向封建制社会过渡的大变革时期。春秋社会大变革反映到思想领域中，是出现了学派林立、“百家争鸣”的局面，使古代法律思想也得到了前所未有的大发展。

在百家争鸣不同学派的主张中，儒家、墨家、道家、法家以及阴阳家等都提出了自己的法律主张，但最有代表性的首推儒、法两家。从春秋以来，儒、法二家就围绕着“礼治”与“法治”展开了激烈的争辩。因此阐明儒、法二家的法律思想，也就是本章的重点。

以孔丘、孟轲、荀况为代表的儒家学派，建立了以“仁”为核心的思想体系，要求继承周礼的主张、强调礼义教化的作用。到战国时期，荀况发展了儒家学说，在继承儒家礼治基础上更重视法的作用，开创了儒法合流、礼法统一的先河，对中国封建时期的法律思想产生了很大影响。

综括儒家法律思想主要内容大致如下：儒家对“周礼”进行了修正，突出了“礼”的伦理性和强制作用，并使礼成为国家意志的表现。荀况更进而将“礼治”系统化、制度化，使礼成为治国、治家的准则。儒家还继承和发展了西周时期的“明德慎罚”思想。他们强调教化的作用，主张以德去刑，以刑辅德，先教后刑，以及统治者道德感化的重要作用。

春秋战国时期法家学派代表人物辈出，大致可分为春秋时期法家先驱、战国前期法家代表和战国后期法家思想集大成的代表等三个阶段。春秋时期法家先驱以管仲、子产、邓析为代表，他们不仅是当政者，还是力主改革的革新家。他们在改革实践中体会到法治的重要和修改奴隶制典章制度的必要性，开创了先秦法家学派“法治”的新思想。到战国时期，李悝、吴起、商鞅、慎到、申不害等，分别从不同的侧面阐发了法家的法治主张，李悝编撰了我国历史上第一部比较系统的封建法典——《法经》。作为保证变法顺利进行的强大武器，《法经》以惩罚侵犯地主阶级的政治、经济利益的各种行为为基本的指导思想。《法经》前五篇是关于维护地主阶级政治、经济利益不得侵犯的规定，后一篇是关于惩罚执行的规定。《法经》确实起到了削弱奴隶制贵族根据礼治所获得的世袭政治特权，正式确认了与封建等级相适应的权利义务关系，《法经》所表现的“王者之政莫急于盗贼”“不别亲疏，不殊贵贱，一断于法”“一刑去刑”等主张都为以后的法家所继承，并对封建立法产生了深远影响。

商鞅是前期法家中变法最有成效的政治家，也是法家思想体系的奠基者之一。他的变法理论、法治思想、重刑思想都是为建立封建主义中央集权制服务的。他是法家中以“重法”著称的代表。

慎到在前期法家中以主张“势治”著称，他认为君主治国必须有法。只有国君有权立法和变法，臣民只能严格遵守和执行君主的法令，但又认为为使臣民服从法令，实行法令，先决条件是君主必须掌握使臣民服从的权势，否则臣民是不会听从君主的法令的。可见他是“尚法”与“重势”的积极倡导者。

申不害在前期法家中以主张“术治”著称。他从加强君主专制制度出发，认为要保证法治的实施，君主必须有驾驭群臣的统治术，君主要掌握关系国家安危的立法、任免、赏罚等大权。同时要以秘密的方法考查臣下是否忠诚于君主。

战国后期韩非集前期法家思想的大成。他对前期法家各派学说进行总结，形成了一个“以法为本”，“法”“势”“术”三者结合的系统而又完整的理论体系，为秦王朝封建主义中央集权制国家的建立奠定了思想基础。

综括先秦法家的法律观与法治思想，大致如下：他们从维护极端的君主专制出发，提出了近代法理学意义上的法的概念、法的性质、法的起源、法的作用，得出了“任法”“以法治国”的主张。他们还提出了推行“法治”的方法，是“法”“势”“术”三者互相结合，形成一个整体。首先，强调君主集中掌握立法大权；有法必依，执法必信；明法、从法，刑无等级，法不阿贵；赏信罚必，少赏多罚，轻罪重罚，以刑去刑。其次，主张权势“独制于君”，如果“法”没有君主的威势作为实施的保证，法也就成为具文。最后，为发挥“法”对人民的普遍统治作用，君主要以“术”来控制从中央到地方的各级官僚队伍，使官吏忠实执行君主的法令。可见法家的法治完全是建立在有组织的政治暴力的基础之上，是为君主专制集权服务的，与近代西方资产阶级国家的法治主张是根本不同的。

秦统一六国以后，建立了皇帝制度，使专制主义制度化法律化，由此出现了“法令由一统”的局面。秦统治者奉行法家思想，制定了调整国家、社会、政府、经济、文化等各个方面的法律。

确实如史书所说，“皆有法式”。为了使百姓知法和使法律宣传教育服从于官方的轨范，秦实行“以吏为师”的制度。在法家重刑思想指导下，秦统治者乐以“刑杀为威”，实行严刑峻罚，把法家的重刑主义发展到了极端。特别是秦二世非法滥刑破坏了既定的法制秩序，秦迅即灭亡。

第三章是两汉的法律思想。两汉是中国封建社会的重要发展阶段，也是封建的典章制度确立时期。就法律思想而言，本章重点要掌握，经过两汉，儒家的法律思想占据了统治地位，并且儒家法律思想的基本内核开始渗透到法典中。

汉初统治者鉴于秦末社会大动荡以后出现的生产破坏，民生凋蔽的状况，实行与民休养生息的政策。反映在统治集团的法律主张上主要是“约法省禁”，力主“德主刑辅”。至汉武帝时期儒家思想开始确立统治地位，儒家的法律思想也逐渐取代汉初约法省禁的黄老思想。儒家通过说经解律，给现行法律以儒家的解释，从而大开了礼法结合的门户，以至于儒家经典《春秋》的“微言大义”成了断狱的依据。在德刑关系上，不仅强调德主刑辅，而且运用阴阳五行学说给它以新的解释，并使之神秘化。东汉时期儒家对德主刑辅思想又进行了多方面的论证，使之成为封建正统法律思想的核心，影响了汉以后历代封建的立法与司法。

东汉时期谶纬思想盛行。宣传天变灾异与人间政事互相呼应，并使“天刑”“天罚”论再次泛起。这种以谶纬迷信为特征的法律思想遭到了一些思想家的反对。以桓谭、汪充等为代表的反谶纬神学的思想家对谶纬迷信公开进行批判，指出“天”是没有意志的，自然界的怪异现象既不是上天的“谴告”，也与人生祸福毫无关系。君权不是神授的。天罚论也完全是统治者人为地制造出来的虚妄无稽之谈。

第四章是三国、两晋、南北朝时期的法律思想。三国至南北朝是中国封建社会自秦统一后第一次大分裂时期，也是秦以来，中华民族第一次大融合时期。从全国范围看是封建割据形势，但就某一个王朝而言，仍然是封建专制主义中央集权的政体。各国统治者为了在割据斗争中取得胜利，都注意强化国家机器，加强法制建设，因此这一时期出现了魏律、晋律、北齐律等著名的法典，也出现了许多著名的律学家。

三国时期，具有法治思想的政治家强调“明法犯，肃威刑”，“拨乱之致，以刑为先”，“忠君礼臣”，“德主刑辅”。两晋时期，在立法上主张“文约例直”，“情理兼顾”，特别是张斐注律，通过注律使一些法律概念更加明确，并且进一步纳礼入律，使“礼律结合”。晋朝法律思想家的影响，加速了法制儒家化的进程。根据当时的国情引礼入律，有助于发挥法律作用，巩固国家的统治。

以少数民族为主体的北朝政权，入主中原以后，为了统治的需要，积极吸收先进的汉族法律文化，开始强调依法行事，以礼教正风俗，以严刑维护封建纲常、忠孝尊卑。北朝法律的成就体现了法律文化上的互相吸收与融合。

在这一历史时期由于社会动荡，战争频繁，人民贫困，以致犯罪者众多，因而有人提出恢复汉文、景帝已经废除的肉刑，但反对者强调教化的作用，认为重刑并不能缓和社会矛盾。

第五章是隋唐时期的法律思想。隋唐是中国封建社会高度发展时期，也是封建典章制度成熟和法律思想家辈出的时期。隋初主张“以轻代重，化死为生”的轻刑、恤刑的仁政思想。唐初惩于隋亡的教训，主张革除“苛酷之政”，以“导德齐礼”，法贵宽平，安人宁国。唐太宗综合汉代以来“德主刑辅，礼法并用”的统治经验，不将德礼与刑罚对立，而是强调“刑典仍用，盖风化未洽之咎”。这对当时的刑事立法与司法都有极大的影响。《贞观律》中有许多原属礼的规范的内容，却被赋予刑的外貌，自汉初以来流行七百余年的“春秋经义决狱”也由于《唐律》完满地体现了礼与刑的结合而终于废止。高宗李治继承皇位后，仍遵循太宗的遗训，在他主持下制定的《永徽律》以颇具贞观遗风而著称。《唐律疏议》的开篇疏文即明确宣布："德礼为政教之本，刑罚为政教之用，犹昏晓阳秋相须而成者也。"这正道出了唐代法律指导思想的真谛。《唐律疏议》的制定是律学家注律、解释集大成者，使得封建的法律概念、原则都达到了规范化。

此外，唐太宗既要求法律简约易明，还强调法律应保持稳定，变更法律一定要"详慎而行之"。否则，简约之法也将流于苛烦。他认为隋朝的弊政在于"法之不行，自上犯之"，因此将执法的重点放在督促各级官吏奉法、守法上。在中央和地方都设有监察机构，监督法律的贯彻执行，并对贪财枉法的官吏"随其所犯，绳以重法"。由于唐太宗带头守法，出现了"贞观之初，志存公道，人有所犯，一一于法"的局面。

第六章是宋辽金元时期的法律思想。宋代是封建社会开始走向衰败的时期，也是专制主义加强时期。随着北宋政权的南迁，出现了宋与辽金元的长期对峙，最终由元统一了中国。

宋时法律思想围绕着政治上的变革与反变革，产生了两种不同的法律主张。同时围绕着理学与反理学的斗争也产生了两种不同的法律观。围绕着变法而展开法律的论证，是本章的重点。

以王安石为代表的思想家政治家，主张变法，改革法制，立善法以治天下，否则革新政治无从谈起。善法确立后，必须遵守法律，据法论罪，不得舍法任情断案。为了实施善法，还需要培养一批具有远见卓识的法吏，否则徒法不足以自行。

以司马光为代表的保守派，则坚持祖宗之法不可变。认为国家的治乱不在于法，而在于礼，因此，强调振举纪纲，恢复礼治。以"一遵正法"为号召反对数变法令。

南宋时期朱熹集诸儒之大成，创立了程朱理学。宋代理学的兴起，是由两宋的政治斗争历史条件决定的。理学究其实质是儒家思想在新的历史条件下的发展，主要认为君主是"天理"的化身，君主在人间的统治，就是"天理"的统治，礼与法也是"天理"的体现。从天理的不可违犯性中引申出封建等级制度与法律制度均是永恒的、绝对的，是神圣不可侵犯的。为存天理，必须尽灭人欲，所谓“胜私欲，而复于礼，则事皆天理”。在理学家看来天理和人欲不能并立，因此在法律思想方面“存天理，灭人欲”，就要求人们遵守三纲五常的天理，以封建的礼法作为“规矩准绳”，来规范人们的行为，要求人们自觉遵守法律制度和伦理关系，否则就要运用法律进行镇压。理学家们还是重刑的提倡者，不惜以重刑来维护义理，为此提出恢复肉刑的主张。理学家们还主张以三纲五常作为断狱听讼的原则，即所谓“义理决狱”。以陈亮等人为代表的功利主义者，反对“义理决狱”，否认“义”是先验的“天理”，抨击了“存天理，灭人欲”之说的荒诞。尤其反对为维护义理，而实行的重刑，提出了“法深无善治”的重要思想。

与宋朝对峙的辽金元是少数民族建立的王朝，入主中原以后统治者接受汉族先进的法律文化，开始主张确立法制，革除旧习惯。辽圣宗耶律隆绪“更定法令”，取消“贵贱异法”，要求实现“准法同科”。金世宗完颜雍对汉族传统的“八议”制度提出异议，认为法律是公天下持平之器，不可因亲因贤而“开后世轻重出入之门”。元初政治家耶律楚材强调治国必须“信赏罚，正名分”，限制蒙古贵族特权。

第七章是明清时期的法律思想。明清是中国封建社会后期两个著名的王朝。明初朱元璋从总结元末农民大起义的历史经验出发，形成了重法治吏、治民的思想。但在“定律以绳顽”的同时，也重视“明礼以导民”。明中叶以后，封建统治危机加深，形成了以邱浚、王阳明、海瑞、张居正为代表的以强化封建伦理与法制为主要内容的政治思想派别。王阳明所创立的唯心主义“心学”，给予当时法律思想的发展以一定的影响。

明末清初农民大起义和满族入主中原，以黄宗羲、王夫之、顾炎武为代表的思想家，在社会巨变面前提出了一系列改革方案。他们批判唯心主义心学，提倡经世致用的学风，抨击专制主义的危害，阐发了具有启蒙意义的民主与法制思想。

清朝入关前统治者形成的“参汉酌金”的法律思想，指导了关外时期的政权与法制建设；入关以后吸收了汉族的先进法律文化，以及酌取满族固有的典章法度，开始了清朝的法制建设。

明初统治者朱元璋鉴于元末贪官虐民，激起农民起义的历史教训，主张强化封建法制，以重刑治乱世，严法以治吏，同时注意法制宣传以预防犯罪。在他统治后期又提出“明礼以导民，定律以绳顽”，要求在加强君主专制的条件下，礼刑并用。至明中叶，以邱浚为代表的思想家们提出振兴封建伦理，加强封建法制，以辨尊卑上下，达到家齐国治天下平。他们重视吏治，把整饬吏治看作以法绳天下的重要内容，主张通过严明刑罚、严格察吏等办法，重惩不守礼义、贪贼之吏，以正百官，除弊攻。此外他们强调刑赏公平，以彰法纪。

清初以黄宗羲为代表的思想家从反专制主义出发，主张“君臣共治”，以“天下之法”取代君主“一家之法”。强调有治法而后有治人。他们重视法律的作用，力图以法律的力量推行均田制度和工商皆本的政策。他们主张法简、刑轻，要求执法原情区分情节，注重情理。特别是要求首先重责权贵犯罪的“法贵责上”思想，是对封建特权者的沉重打击。

清朝入关后基于统治全国的需要，吸收和发展了封建正统的法律思想，加强了法制建设。从顺治到乾隆积百年之经验编成了《大清律例》，所载十分详尽，以便“永远遵行”。清朝为全面强化专制统治，从努尔哈赤起就把禁悖乱、惩盗贼作为法制建设的重要内容。到康熙年间，在上谕中明确宣布“禁暴止奸，安全良善”作为国家设立法制的目的。雍正在遗诏中也再一次表述“国家刑法禁令之设，所以诘奸除暴，惩贪黜邪，以端风俗，以肃官方”。因此，一方面，对于危害专制国家统治的行为，处刑之严，株连之广，远远超过历代。为维护封建皇帝的专制统治和君臣、父子、尊卑、上下的伦常关系，《大清律例》把“谋反”“谋大逆”“谋叛”“大不敬”“不孝”等十种罪行称为“十恶”，是最重的犯罪。另一方面，在惩恶惩暴的同时，康熙等有为的皇帝也注意安民，“图治首在安民”。他们认为治天下之道，应以宽为本，“宽则得众，信则民任”，法律应当“协于中”，适中平稳。

为争取民心，统治者要求严惩确有恶迹、大为民害的势要豪强，旗人庄头，“以警奸徒，用安良善”，“移风易俗，爱养民生”，并要求司法官吏以德化民，以刑弼教。

清中叶以前的统治者都重视吏治，要求选用良吏为政执法，通过考核、监察等手段奖赏廉吏，严惩贪吏。康熙还要求司法官吏，审查要“从公审断，勿徇一时私见”，对那些“诬良为盗”的不肖官员，要“照律例从重治罪”，如果督抚没有觉察，“将督抚一并严行议处”，对没有及时结案，或改造口供，或误拟死罪等的承审官员，一律按律惩处。

第八章是晚清时期各派别的法律思想。1840 年鸦片战争后，外国侵略者凭借不平等条约，打破中国闭关锁国的大门，攫取了中国的经济、政治、司法大权，使中国由封建社会逐渐沦为半殖民地半封建社会。随着外国侵略的加强和深入，社会危机也不断深化，民族矛盾、阶级矛盾更日趋尖锐，在社会危机和民族存亡面前，中国社会各阶级、阶层都在思索摆脱危机的出路，设计救国方案。地主阶级改革派主张经世致用，更法改图；太平天国农民起义的领袖要求推翻专制政府，建立农民的天国；统治集团内部的洋务派主张“中体西用”，即在保持封建纲常名教的基础上采用某些西法以应世变；资产阶级改良派则主张设议院、开国会、定宪法，实行三权分立，建立君主立宪的国家政体；资产阶级民主革命派主张武装推翻清朝专制政权，建立资产阶级民主共和国。上述不同的阶级阶层和派别，都相应提出了自己的法律主张。但是清朝统治集团中的顽固派坚持奉行“祖宗家法不可变”的教条，在民族危机和社会危机面前仍然内行专制、外降强敌，拒绝任何改革，镇压改革势力，直到二十世纪初，在内外交困形势下才被迫实行新政、变法立宪，起草新律。

以下分述本时期各派法律思想的主要内容：

地主阶级改革派主张更法改图，认为法律不是永恒不变的，应该因时制宜，特别是清朝专制主义的法律和司法制度弊病众多，应该革旧图新。他们面对世界的发展形势，提出学习西方，振兴中国，向中国人民介绍西方国家的民主制度，此外他们还坚持传统礼主刑辅的思想，认为这是致治之道。

太平天国的法律思想可以概括为行天法、立法制两大方面。在太平天国革命前期，在为推翻清廷、建立天国的斗争中，他们主张废除“妖法”，奉行“天法”，以重刑惩处清朝兵将以及天国内部通敌谋叛、扰乱社会秩序的人，并初步建立起有限的男女平等和一夫一妻的婚姻制度，以及有限的民主诉讼制度。到太平天国后期，为挽救革命危机，以洪仁玕为代表的领导人把整饬法制、建立新法放在首要地位。他们主张以严法确保权归于整顿吏治、改革刑制、废除鹏刑。同时要求创立新法，保护私人投资，发展资本主义经济与文化，企望把农民革命引上发展资本主义的道路。

洋务派。“中体西用”论是洋务派法律思想的总原则和出发点。他们坚持孔孟圣道、纲常名教为永世不变的教条，并作为立法、司法的总原则，反对任何蔑视礼法、有悖纲常伦理的法律观点，此外为应世变、办洋务的需要，他们也主张采用西律，整顿中法。如提倡“公法学”，培养熟悉中外法律的人才，制定矿律、商律、交涉刑律等，并以恤刑为重点提出了整顿中法的九项内容，即禁讼累、省文责、省刑责、重众证、修监制、教工艺、恤相验、改罚镜、派专官等。

资产阶级改良派。无论是早期改良派还是维新派，都是从要求君主立宪的总原则出发，来阐发具体的法律主张。早期改良派认为变革是历史的必然，中国的变革应该是触及政治领域的大变。因此他们主张设议院，君民共主，实现政治体制的改革；以法护商，制定商律，以振兴商务，修改旧律例，删减律例繁文，改革审判制度，废除枭首等酷刑。维新派认为，为救亡图存必须变法维新，必须着眼于“变本”，即改清朝君主专制为君主立宪政体。要求设议院，开国会。康有为认为设议院可以收到如下功效：因得民信，巨款可筹，政出一堂，德意无不下达，事皆本于众议，权奸无可容其私。开国会，君与民共议一国之政法，可求得中国之治强。他们还以日本明治维新为例，说明开制度局定宪法，使全国上下同受宪法之治的重要性。梁启超还指出“采定政体，决行立宪，实维新开宗明义第一章”。他们提出按照西方三权分立的学说，实行国会立法、法官司法、政府行政的三权分立制度，“只有三权立，然后政体备，中国之治强可计日待也”。维新派从鼎革维新的观点出发，十分重视改革旧律、制定新律，要求仿照西方法律体系制定刑法、民律、商法、市则、舶则、讼律、军律、国际公法等。

晚清沈家本奉命修律，以“会通中西”作为修律宗旨。认为现在处于“法典革新时代”，修律具有迫切性；为使中国法律纳入世界资本主义法系的藩食，“与各国无大悬绝”，应该取“西人之学”之长来“补吾之短”，同时也强调要体察中国情形，在吸收西法的同时，对中国古代的法律文献资料的考证与整理，以便鉴古明今。

沈家本积极主张参考资本主义国家法律的原则。删除中律中与时代截然相悖的落后及野蛮的部分。因此，第一，他仿照西法改革诸法合体的旧律编算体系，1905 年后主持制定新律，按照西方大陆法系六法的体系，先后制定了《大清新刑律》《民律草案》《刑事诉讼法草案》《民事诉讼法草案》《法院编制法》等实体法和诉讼法。第二，在新刑律中引进西方法律思想与原则：刑法改重为轻，废除酷刑，以合乎时代潮流；按世界各国刑制，改中国传统的封建五刑为死刑、无期徒刑、有期徒刑、拘留、罚款五种，使刑制现代化：从资产阶级民主平等与人权思想出发，废除清朝禁止“旗民交产”的法律，规定旗民犯罪一体同科，并删除奴婢律例；仿照西方罪刑法定的原则，废除比附，实行律无正条不为罪，以及实行惩治教育等。此外，在司法审判中实行律师制、陪审制、公开审判制，以及司法独立等。

资产阶级革命派从建立民主共和政体出发，主张以宪法确立资产阶级民主共和国的政体。国民皆以平等的资格参加政权，国民公举大总统，国民公举之议员构成国会，制定中华民国宪法，人人共守，实行资产阶级法治原则。首重制定法律，制定中华民国临时约法及各种法律；法律面前人人平等，国家机关、总统、各级官吏、百姓等均需依法活动；依法保护各种民权，如公权、私产、人身自由权、人民财产权等；实行五权分立，以五权为核心制定五权宪法，五院制的中央政府均对国民大会负责；人民拥有选举、任免、创制、复决四权，来管理政府，达到人民与政府力量的平衡。此外，主张建立资产阶级的民主司法制度，法官独立审判，司法官要经过法官考试；废除刑讯，重证据不重口供；建立律师制度，保护诉讼当事人的辩护权；等等。资产阶级改良派、革命派以及沈家本的法律主张，是本章的重点部分。

从以上中国法律思想史课程内容简介中可以看出，它是内容极为丰富的法学基础学科。通过它既可以看到传统法律思想的内容，又可以看到西方资本主义国家法律文化输入后，与传统法律思想碰撞中所引起的转向。本提要改变过去法律思想史教材中按人头排列、分别讲授的结构形式，而是概括为特定时期的社会思潮、派别与人物的法律思想，进行系统讲授，以便于同学们学习、了解和掌握中国法律思想的演变过程和发展的规律性。

重伦理，孝道为先*

中国古代沿着由家而国的路径进入文明社会，不仅保留了氏族社会的宗法关系的遗痕，而且发展成具有浓重的政治意义的宗法制度。宗法制度以男性为中心，以嫡长子继承为核心内容，以祭祀祖宗血食为条件，在宗法制度的影响下，形成了特有的以孝道为先的伦理道德，这种尊卑之间的法则经过儒家的论证更广泛地笼罩于古代社会。在儒家一整套的道德哲学中，以孝为支点，以忠为终极的取向，强调在家为孝，在国为忠，由家而国，移孝作忠，故云："其为人也孝悌，而好犯上作乱者，鲜矣；不好犯上而作乱者，未之有也。"[1] 孝之所以获得古代社会的广泛认同，就在于它树立了尊

* 2014年林中鉴于社会上为争产业，父子兄弟之间对簿公堂有感而作，未刊稿。

① 《论语·学而》。

长的权威，借以维持家内秩序，调整尊卑之间的关系，进而维持生产和再生产的需要，巩固家的统治基础。

儒家甚至将孝的意义提高到人与动物的区别，孔子说："今之孝者，是谓能养，至于犬马，皆能有养，不敬，何以别乎。"[①] 由于国之本在家，因此，历代王朝都旌表孝子、孝女、贤媳，惩治不孝的逆子，由此可见孝不仅是维持家内秩序的需要，也是维持社会的稳定和国家的长治久安的重要元素。至汉代，经过汉儒说经解律，伦理道德开始入律，构成了伦理法。历代王朝都号召以孝治天下，其着眼点不仅在于齐家，更重要的是治国平天下。因此，孝亲之道得到国家强制力的保护，以至于孝道成为社会尊崇的风尚，而且不孝罪受到国家法律的严厉制裁。孝道逐渐形成为中华民族的民族精神和中华法系的重要表征。

改革开放以来，各种思潮纷至沓来，严重冲击了以孝为中心的中华民族的传统道德，可怜的是个别子女对父母竟然不能有养，甚至对簿公堂，真是犬马不如了。

---

① 《论语·为政》。

图书在版编目 (CIP) 数据

学术与生活 / 张晋藩编著 . —北京：中国法制出版社，2022.3

ISBN 978-7-5216-2577-6

Ⅰ . ①学…　Ⅱ . ①张…　Ⅲ . ①法制史—中国—文集 ②法律—思想史—中国—文集　Ⅳ . ① D929-53 ② D909.2-53

中国版本图书馆 CIP 数据核字（2022）第 043682 号

责任编辑：靳晓婷　　封面设计：李　宁

学术与生活

XUESHU YU SHENGHUO

编著 / 张晋藩

经销 / 新华书店

印刷 / 北京虎彩文化传播有限公司

开本 / 710 毫米 ×1000 毫米　16 开　　印张 / 39.75　字数 / 566 千

版次 / 2022 年 3 月第 1 版　　2022 年 3 月第 1 次印刷

中国法制出版社出版

书号 ISBN 978-7-5216-2577-6　　定价：159.00 元

北京市西城区西便门西里甲 16 号西便门办公区

邮政编码：100053　　传真：010-63141600

网址：http://www.zgfzs.com　　**编辑部电话：010-63141827**

市场营销部电话：010-63141612　　**印务部电话：010-63141606**

（如有印装质量问题，请与本社印务部联系。）